매튜 풀

청교도 성경주석

MATTHEW POOLE'S COMMENTARY

고린도전후서 · 갈라디아서

박문재 옮김

역자 박문재

역자는 서울대학교 법과대학, 장로회신학대학교 신대원 및 대학원(Th.M.)을 졸업하였다. 역서로 비슬리 머리의『예수와 하나님 나라』, 존 브라이트의『이스라엘 역사』, F.F. 브루스의『바울』, B.S. 차일즈의『구약신학』, 아이히로트의『구약성서신학 I, II』, 제임스 D.G. 던의『바울 신학』,『매튜 헨리 주석』(「요한복음」, 시가서·선지서 전부) 외에 다수 있다.

청교도
성경주석

18

매튜 풀

청교도 성경주석

MATTHEW POOLE'S COMMENTARY

고린도전후서 · 갈라디아서

박문재 옮김

MATTHEW POOLE'S COMMENTARY

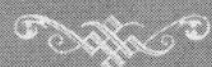

고린도전서

MATTHEW POOLE'S COMMENTARY

서론

고린도인들이 살고 있던 고린도(Corinth)는 아가야 지방(지금은 모레아[Morea]라 불린다)의 유명한 도시로서, 에게 해와 이오니아 해 사이의 지협에 위치해 있었기 때문에, 무역이 아주 번성해서, 무역으로 인해 부유하게 되었고, 이러한 부로 인해서 사치와 술 취함, 음행 등의 큰 유혹들이 있었다. 따라서 고대의 저술가들이 쓴 글에 의하면, 고린도인들은 음행으로 아주 악명이 높았고, 자신들의 도시에 매춘부들이 더 늘어나게 해 달라고 그들의 우상들에게 기도하고, 매춘부들을 다른 곳들에서 자신들의 도시로 데려오겠다고 서원하는 등, 그 후안무치함이 극에 달해 있었다. 세계사에서 아주 유명한 고급 매춘부였던 라이스(Lais)도 고린도 출신이었다. 부에는 통상적으로 교만이 수반되는 법이기 때문에, 고린도인들은 매우 교만하고 잘난 체하는 사람들이었다. 또한, 그들은 예로부터 이교 학문으로도 유명해서, 스토아학파와 에피쿠로스학파의 철학이 그들 가운데서 성행하였는데, 이 철학들은 육신의 부활에 관한 가르침을 비웃고, 근친상간과 간음과 음행을 비록 합법적인 것으로 보지는 않았지만 아주 가벼운 별 것 아닌 것으로 여겼다.

사도 바울은 아테네에서 처음으로 고린도로 건너가서(행 18:1), 거기에서 18개월 동안을 머물렀다(행 16:11). 고린도에서 바울은 그리스보(고전 1:14)와 소스데네(고전 1:1)를 회심시킨 것을 비롯해서, 많은 사람들이 믿고 세례를 받았다. 그는 고린도에서 에베소로 갔다(고전 16:18-19). 고린도전서는 이렇게 고린도에 세워진 교회에 바울이 써 보낸 서신인데, 어느 때에 씌어진 것인지는 확실하지 않지만, 씌어진 장소는 에베소인 것으로 생각된다. 그는 에베소에 두 번 갔다(행 19:1). 사도행전 19:10은 그가 고린도와 에베소를 오가면서 2-3년 동안 사람들을 가르쳤음을 보여준다. 그가 이 서신을 쓴 계기가 무엇이었는지는 이 서신을 꼼꼼하게 읽다 보면 저절로 드러난다. 그는 "글로에의 집 편으로" 고린도 교회 내에 파당을 지어 서로 다툰다는 말을 들었고(고전 1:11), 그들의 회중 가운데 근친상간을 행하는 신자가 있다는 말도 들려 왔다(고전 5:1). 또한, 고린도 교회의 지도자들은 그에게 편지를 보내어서, 혼인과 이혼 등등과 관련된 여러 문제들을 어떻게 해야 하는지에 대하여 물어 왔다. 게다가, 그는 고린도 교회에서 성찬을 거행할 때에 여러 가지 무질서가 행해지고 있고, 그들 중에 육신의 부활을 부정하는 자들이 있다는 말도 전해 들었다. 따라서 그는 고린도 교인들이 서로 파당을 지어 분쟁을 일으키고 있는 시끄러운 상황을 잠재우고, 그들이 자기에게 물어본 여러 문제들을 어떻게 처리해야 하는지에 대하여 대답해 주고, 육신의 부활에 관한 잘못된 생각을 바로잡아 주고, 그들에게 주어진 성령의 은사들을 제대로 유익하게 사용할 수 있도록 지도해 주고, 성찬을 올바르게 거행하게 해 주고, 그들의 사랑의 본분을 일깨워 주기 위하여 이 서신을 쓴다.

고린도전서는 시간적으로는 로마서보다 앞서 씌어졌음이 분명한데도, 우리의 성경 속에서 로마서 다음에 놓이게 된 것은, 로마서는 칭의론을 아주 자세하게 설명해 놓은 서신인 반면에, 고린도전서는 교회의 질서와 치리에 관한 문제들을 좀 더 자세하게 다루고 있기 때문인 것으로 여겨진다. 하나님이 이 서신의 저자라는 것에 대해서는 결코 그 어떤 의심도 있을 수 없다. 이 서신은 상당히 방대한 분량으로 되어 있어서, 신약의 서신서들 중에서도 가장 다양한 문제들을 다루고 있고, 베드로 사도가 자신의 서신에서 "알기 어려운 것들"(δυσνόητα - '뒤스노에타')이라고 말한 것들도 가장 많이 담고 있는데, 이렇게 우리가 이 서신의 내용을 이해하기 힘든 이유 중의 많은 부분은, 초대 교회에서는 사용되었지만 오래 전부터 사용되지 않게 되었던 몇몇 예식들에 대한 우리의 무지, 그리고 당시 그 지역의 문화나 풍습이 지금의 우리의 것과는 달랐다는 사실로부터 기인한다.

MATTHEW POOLE'S COMMENTARY

고린도전서 1장

개요

1. 고린도 교회에 문안인사를 함(1–3).
2. 그들을 향하신 은혜에 대하여 하나님께 감사함(4–9).
3. 하나 될 것을 권면함(10).
4. 파당을 지어 분쟁하는 것에 대하여 책망함(11–16).
5. 복음의 교훈은 세상의 눈에는 지극히 어리석게 보이지만, 믿는 자들에게는 구원을 가져다주는 하나님의 능력과 지혜임(17–25).
6. 하나님께서는 인간의 자랑을 제거하시기 위하여, 지혜 있는 자들이나 힘 있는 자들이나 고귀한 자들이 아니라, 어리석은 자들이나 약한 자들이나 멸시 받는 자들을 부르심(26–29).
7. 그리스도는 우리의 지혜와 의와 거룩함과 속량함이심(30–31).

1. 하나님의 뜻을 따라 그리스도 예수의 사도로 부르심을 받은 바울과 형제 소스데네는.

그리스도 예수의 사도로 부르심을 받은 바울. 우리의 일반적인 관례는 서신을 쓴 사람의 이름을 편지의 맨 마지막에 쓰는 것이다. 하지만 사도 바울의 서신들은 그들의 방식은 우리와 달랐다는 것을 보여 준다. 바울은 데살로니가후서 3:17에서 "나 바울은 친필로 문안하노니 이는 편지마다 표시로서 이렇게 쓰노라"고 말한다. 어떤 이들은 바로 바울의 이 말을 근거로, 히브리서가 바울의 저작이 아니었을 것이라고 주장하지만, 어떤 이들은 바울이 다른 서신들의 경우와는 달리, 히브리서에서 자신의 이름을 밝히지 않은 것은, 유대인들이 자기에게 품은 특별한 앙심 때문이었을 것이라고 생각한다. 사도행전 7:58; 9:1은 바울이 사울이라는 이름으로도 불렸다는 것을 보여 주는데, 많은 유대인들이 그랬듯이, 그도 이 두 이름을 함께 병행해서 사용했던 것인지, 아니면 사울은 그가 회심하기 이전에 사용하던 이름이었고, 회심 후에는 오직 바울이라는 이름만을 사용한 것인지(신약성경에서 그는 회심한 이후에는 사울이라는 이름으로 불린 적이 없기 때문에), 또는 바울이 로마식 이름인 것으로 보아서, 로마 시민이 된 이후로는 바울이라는 이름을 사용하게 된 것인지에 관한 것들은 우리가 굳이 논쟁을 벌일 만한 가치가 없는 문제들이다. 그는 "길리기아 다소 시의 시민"이었지만, 부모가 모두 유대인이었기 때문에, 순수 혈통의 유대인, 즉 베냐민 지파에 속한 히브리인 중의 히브리인이었고, 당대의 위대한 랍비 중 한 사람이었던 가말리엘의 문하에서 배운 바리새인이었다(행 21:39; 22:3; 빌 3:5). 또한, 그는 스스로 밝히고 있듯이(행 22:27) "로마 시민"이었고, 그의 "생업은 천막을 만드는 것"이었다(행 18:3). 그는 유대교의 율법과 예식들에 대하여 큰 열심이 있는 자였기 때문에, 그런 까닭에 스데반의 죽음을 당연한 것으로 여겼고, 그리스도인들을 잡아들여 죽이려고 살기등등하게 활동하였다. 그가 기적적으로 회심한 장면은 사도행전 9장에 기록되어 있다. 또한, 그는 그리스도께서 이 땅에 계실 때에 최초로 부르심 받은 사도들 중의 한 사람은 아니었지만, 부활하신 그리스도에 의해서 부르심 받은 사도였는데, 사도행전 26:12-19에는 그가 자신이 사도로 부르심을 받은 것에 대하여 아그립바 왕 앞에서 자세하게 말하는 장면이 나온다.

하나님의 뜻을 따라. 바울은 "하나님의 뜻을 따라," 즉 하늘로부터 온 하나님의 특별한 계시에 따라 사도가 되었다. 그는 자기 스스로 자신의 생각에 따라 이 일에 뛰어든 것이 아니라, 아주 특별한 방식으로 하나님의 보내심을 받았다. 그는 다른 모든 사역자들과 같이 간접적으로가 아니라 직접적으로 사도로 부르심을 받고 파송을 받았다. 형제 소스데네. 바울은 이 서신의 첫머리에 나오는 인사말에서, 자신이 "형제"라 부르는 "소스데네"와 함께 고린도 교인들에게 문안인사를 건넨다. "소스데네"는 사도행전 18:17에 언급되는데, 그는 유대인들의 회당을 관장하던 "회당장"이었다가, 기독교로 회심한 인물이었다. 바울은 그를 자신의 "형제"라고 부르는 것을 부끄러워하지 않는다.

2. 고린도에 있는 하나님의 교회 곧 그리스도 예수 안에서 거룩하여지고 성도라 부르심을 받은 자들과 또 각처에서 우리의 주 곧 그들과 우리의 주 되신 예수 그리스도의 이름을 부르는 모든 자들에게.

"고린도에 있는 하나님의 교회"는, 고린도에서 복음의 교훈을 받아들이고, 예수 그리스도를 자신들의 구주로 고백하여, 하나님의 예배를 위한 교회의 한 몸으로 연합되어 서로 교제하는 자들을 가리킨다. 고린도가 있던 아가야 지방은 에게 해와 이오니아 해 사이의 지협을 통해서 헬라 본토와 연결되어 있었기 때문에, 고린도는 헬라 전체에서 가장 유명한 시장으로 성장하였다. 바울은 아테네에서 고린도로 건너가서 복음을 전하였고(행 18:1), 거기에서 "회당장 그리스보가 온 집안과 더불어 주를 믿으며 수많은 고린도 사람도 듣고 믿어 세례를 받았다"(행 18:8). 사도 바울은 거기에 18개월 동안 머물렀고(행 18:11), 고린도전서 1:1에 언급된 "소스데네"도 거기에서 회심하였다. 그는 고린도에서 에베소로 건너갔다(행 18:19). 이 신자들이 여기에서 "고린도에 있는 하나님의 교회"로 불린 사람들이었고, 바울은 에베소에서 "삼 년"을 머무는 동안(행 20:31) 이 서신을 그들에게 써 보낸 것으로 보인다(고전 16:8).

사도는 이 교회의 지체들을 "그리스도 예수 안에서 거룩하여지고 성도라 부르심을 받은 자들"이라고 부른다. 사도의 이러한 표현이 고린도에서 복음 전파를 통해서 이교도들로부터 구별되어 그리스도에 대한 믿음을 고백한 자들을 가리키는 것인지(그는 사도행전 15:9에서 이방인들의 마음이 믿음으로 말미암아 깨끗하게 되었다고 말한다), 고린도에서 진정으로 중생해서 그 마음이 새롭게 되고 변화된 자들만을 가리키는 것인지는, 결정하기가 쉽지 않다. 이 두 부류는 둘 다 성도라 불리는데, 전자는 외적으로 복음을 받아들였다는 의미에서 성도라 불리고, 후자는 은혜의 성령의 역사를 통해서 내적으로 및 실효적으로 거룩하게 되었다는 의미에서 성도라 불린다. 사도 바울은 특히 성령의 새롭게 하시는 역사를 통해서 그리스도 안에서 진정으로 거룩해진 자들을 염두에 두고서 이 글을 썼기는 하지만, 어쨌든 고린도에서 기독교 신앙을 고백한 모든 자들을 대상으로 이 서신을 썼다. 또한, 바울은 고린도에 사는 신자들만이 아니라, 아가야 지방의 "각처에서 예수 그리스도의 이름을 부르는 모든 자들"을 대상으로 이 서신을 쓴다.

바울은 여기에서 예수 그리스도를 "우리의 주 곧 그들과 우리의 주"라고 부름으로써, 이 대목을 그리스도의 신성을 증명하는 아주 좋은 기회로 활용한다. 예수 그리스도는 "우리의 주," 즉 우리의 공통의 주라 불릴 뿐만 아니라, 우리의 기도와 예배의 대상이라는 것이다. 이것은 오직 우리의 주 예수 그리스도의 이름을 부르는 자들만이 복음 교회를 이루는 자들이기 때문에, 그리스도의 신성을 부인하는 자들이나, 예수 그리스도를 자신들의 주로 고백하고서 아버지 하나님과 주 예수 그리스도를 하나님으로 예배하지 않고, 하나님 없이 살아가는 자들은 복음 교회에 속하지 않는다는 것을 우리에게 가르쳐 준다.

3. 하나님 우리 아버지와 주 예수 그리스도로부터 은혜와 평강이 있기를 원하노라.

이것은 바울의 모든 서신들에 공통된 인사말인데, 단지 한두 서신에는 "긍휼"이 추가되어 있다(딤전 1:2; 딤후 1:2, "은혜와 긍휼과 평강"). "은혜"는 값없이 거저 주어지는 사랑을 의미하고, "평강"은 하나님과 화목한 상태, 또는 형제 사랑과 연합을 의미한다. 로마서 1:7에 대한 설명을 보라. 사도는 영적인 복들, 그 중에서도 가장 큰 영적인 복들인 "은혜와 평강"이 사람들로부터가 아니라 "하나님 우리 아버지와 주 예수 그리스도로부터" 그들에게 주어지기를 기원한다.

4. 그리스도 예수 안에서 너희에게 주신 하나님의 은혜로 말미암아 내가 너희를 위하여 항상 하나님께 감사하노니.

바울은 자기가 앞서 한 인사말이 그들에게 은혜가 없어서 하나님께 은혜를 주시라고 기원한 것으로 그들이 오해하지 않도록 하기 위하여, 여기에서 하나님이 그들에게 지금까지 주신 은혜에 대하여, 하나님께 감사한다고 말함으로써, 자기가 앞에서 한 말이 무슨 의미인지를 분명히 한다: 하나님의 은혜를 너무 많이 받아서 더 이상 받을 필요가 없는 그런 사람은 아무도 없다. 사람은 누구나 더 많은 은혜를 받을 수 있고, 더 많은 감화를 필요로 한다. 따라서 그는 한편으로는 여기에서 하나님께서 예수 그리스도로 말미암아 지금까지 그들에게 은혜를 베풀어 주신 것에 감사하면서도, 다른 한편으로는 앞서 "하나님 우리 아버지와 주 예수 그리스도로부터 은혜와 평강"이 너희에게 더욱더 주어지기를 기원한 것이다. 그리스도는 우리의 믿음을 개시시키시는 분이자 완성시키시는 분이다. 그러므로 그리스도께서는 우리에게 믿음을 주시고자 하시고, 아울러 우리의 믿음을 완성시키고자 하신다. 우리에게 은혜를 주기 시작하시는 것, 더욱 큰 은혜를 주셔서 우리로 하여금 은혜 안에서 자라가게 하시는 것, 은혜로 말미암아 우리를 온전하게 하시는 것은 모두 예수 그리스도로 말미암는다. 은혜는 아버지 하나님으로부터 오지만, 예수 그리스도로 말미암는다. 즉, 은혜는 "사랑" 그 자체이신 분으로부터 흘러나오지만, 그분이 사랑하시는 자를 통해서 우리에게 온다. 예수 그리스도로 말미암지 않고는 아무도 하나님의 사랑을 얻을 수 없다.

5. 이는 너희가 그 안에서 모든 일 곧 모든 언변과 모든 지식에 풍족하므로.

모든 일. 바울이 여기에서 영적인 것들에 대해서 말하고 있다는 것은 분명하기 때문에, "모든 일"은 온갖 은혜와 모든 좋은 은사를 의미한다. 따라서 우리는 "모든"이라는 단어가 가리키는 것을 현세의 것들에까지 확장시켜서는 안 되고, 영적인 은사들 또는 영적이고 거룩한 습관들을 가리키는 것으로 한정하는 것이 마땅하다. 그래서 에베소서 1:7에서는 "우리는 그리스도 안에서 그의 '은혜의 풍성함'을 따라 그의 피로 말미암아 속량 곧 죄 사함을 받았느니라"고 말하고, 에베소서 3:8에서는 "모든 성도 중에 지극히 작은 자보다 더 작은 나에게 이 은혜를 주신 것은 측량할 수 없는 '그리스도의 풍성함'을 이방인에게 전하게 하시고"라고 말한다. 이 두 본문에서 "풍성함"(riches)이 차고 넘치게 많은 것을 의미하든, 아니면 사람이 현세에서 살아갈 때에 필요한 모든 것들이 부족함이 없이 공급되는 것을 의미하든, 이 은유는 결코 부적절한 것이 아니다.

모든 언변. "모든 언변"으로 번역된 헬라어는 "모든 일"로도 번역될 수 있고 "모든 말씀"으로도 번역될 수 있지만, 이미 앞에서 "모든 일"이 언급되었기 때문에, 여기에서는 "모든 말씀" 또는 "모든 언변"으로 번역하는 것이 더 적절한 것으로 보인다. 여기에서 이 단어가 "모든 말씀"을 의미한다면, 그것은 바울과 아볼로가 그들에게 전한 복음의 교훈을 가리키는 것이 된다. 그들은 "그리스도의 풍성함을 이방인에게 전하였다"(엡 3:8). 반면에, 이 단어가 흠정역의 번역처럼 "모든 언변"을 의미한다면, 그것은 고린도 교인들이 하나님으로부터 받은 지식을 기도에서나 영적인 대화에서나 하나님께는 영광을 돌리고 다른 사람들에게는 유익이 되는 방식으로 잘 말하고 잘 전할 수 있게 되었다는 것을 가리킨다. 모든 지식. 어떤 이들은 여기에서 "지식"이 예언의 은사를 가리키는 것으로 이해하지만, 하나님께서 그들로 하여금 복음의 신비들과 하나님의 크고 깊은 것들을 이해하고 깨달을 수 있게 해 주신 것을 가리키는 것으로 보는 것이 더 합당하다. 따라서 사도는 하나님께서 복음 사역을 통해서 그들의 마음을 조명하셔서 하나님께 속한 것들을 알게 하신 것과 그들로 하여금 하나님으로부터 받은 지식을 다른 사람들에게 잘 전할 수 있게 하신 것에 대하여 감사한다.

6. 그리스도의 증거가 너희 중에 견고하게 되어.

바울은 고린도 교인들 가운데 풍성하게 주어진 "지식"과 "언변"으로 말미암아 "그리스도의 증거," 즉 그리스도께서 자기 자신에 대하여 증거하신 것과 사도들이 그리스도에 관하여 증거한 것들을 담고 있는 복음(복음은 "하나님의 증거"[고전 2:1] 또는 "우리 주의 증거"[딤후 1:8]라 불린다)이 "너희 중에 견고하게 되었다"고 말한다. 어떤 이들은 "그리스도의 증거"가 복음이 아니라 성령의 은사들을 가리키는 것으로 이해한다. 왜냐하면, 성령은 이 땅에서 그리스도를 증거하는 증인들 중의 하나이기 때문이다(요일 5:8). 또한, 어떤 이들은 여기에서 바울은 사도들이 행한 이적들을 통해서 그리스도의 증거가 고린도 교인들 중에 견고하게 되었다고 말하고 있는 것으로 이해하지만, 바울 자신은 그들 가운데 풍족하게 주어진 "지식"과 "언변"으로 인해서 그리스도의 증거가 확증되고 견고하게 되었다고 말하고 있는 것으로 보인다. 복음, 복음의 교훈, 하나님이 성령을 보내신 것은, 하나님이 사도들과 고린도 교인들에게 하나님의 큰 일들을 알게 해 주심과 아울러, 그러한 지식을 다른 사람들에게 제대로 잘 전달하여, 하나님께 영광을 돌리고, 사람들에게는 유익을 가져다줌으로써, 그들과 세상에 대하여 확증되고 견고하게 되었다.

7. 너희가 모든 은사에 부족함이 없이 우리 주 예수 그리스도의 나타나심을 기다림이라.

"너희가 모든 은사에 부족함이 없다"는 것은, 고린도 교인들 각 사람이 성령의 모든 은사를 다 받았다는 것을 의미하는 것이 아니라, 사도가 고린도전서 12:7-8에서 직접 설명하고 있듯이, 각 사람이 저마다 하나의 특별한 은사를 받아서, 전체적으로 고린도 교회에 모든 은사들이 부족함 없이 다 갖추어지게 되었다는 것을 의미한다. 또한, 사도는 그들이 받은 은사들이 완벽하다고 말하는 것이 아니라, 그들이 받은 은사들이 결코 다른 교회에 뒤처지거나 다른 교회에 비해서 부족한 것이 없다고 말한다. 바울이 여기에서 그들이 "우리 주 예수 그리스도의 나타나심," 즉 예수 그리스도께서 심판하시기 위하여 이 땅에 다시 오실 재림의 그 날을 "기다리고" 있다고 말하는 것은, 그들로 하여금 지금까지 해 왔던 대로 계속해서 해 나가도록 격려하기 위한 것이다.

8. 주께서 너희를 우리 주 예수 그리스도의 날에 책망할 것이 없는 자로 끝까지 견고하게 하시리라.

바로 앞에 언급된 "주 예수 그리스도" 또는 바로 뒤에 언급된(9절) "미쁘신 하나님"께서 너희의 은혜의 습관들을 "끝까지 견고하게" 하심으로써, 너희가 넘어지지 않게 하시고, 또는 적어도 넘어지더라도 완전히 엎드러지지 않고 또다시 일어나서 너희의 본분을 다하게 하셔서, 우리 주 예수의 날에 책망할 것이 없는 자들로 나타나고, 주 예수께서는 마치 너희가 자신을 거슬러 범죄한 적이 없는 자들인 것처럼 너희를 받아들이셔서, 자기가 너희의 믿음을 완성하시는 분이심을 스스로 증명하실 수 있게 되실 것이다.

9. 너희를 불러 그의 아들 예수 그리스도 우리 주와 더불어 교제하게 하시는 하나님은 미쁘시도다.

하나님은 미쁘시도다. "미쁘심" 또는 신실하심은 참된 것만을 말하고, 자기가 말한 것들을 반드시 지키는 것을 의미하기 때문에, "미쁘다"는 것은 믿을 수 있다는 것이다. 이것은 하나님의 주요한 속성 중의 하나이다: "사람이 감당할 시험 밖에는 너희가 당한 것이 없나니 오직 하나님은 미쁘사 너희가 감당하지 못할 시험 당함을 허락하지 아니하시고 시험 당할 즈음에 또한 피할 길을 내사 너희로 능히 감당하게 하시느니라"(고전 10:13); "너희를 부르시는 이는 미쁘시니 그가 또한 이루시리라"(살전 5:24). 바울은 믿는 자들을 끝까지 지키실 것이라는 하나님의 약속과 관련해서, 여기에서 하나님의 미쁘심을 상기시키는데, 하나님께서 이렇게 자신의 신실하심을 보여 주신 예는 성경에서 많이 발견된다. 하지만 이 약속은 모든 사람들에게 해당되는 것이 아니고, 오직 하나님이 세상으로부터 택하셔서, 그리스도와 하나되게 하시고 더불어 교제하게 하신 자들에게만 해당된다. 따라서 사도는 여기에서 하나님께서 그들을 끝까지 지키셔서, 그리스도의 날에 책망할 것이 없는 자들이 되게 하실 것임을 그들에게 확증해 주는 또 하나의 근거를 제시하고 있는 것이다. 왜냐하면, 하나님께서는 그들이 지금 서 있는 저 은혜의 자리로 그들을 부르셨는데, 하나님은 미쁘신 분이신 까닭에, 그 은혜를 시작하셨다가 완성하지도 않으신 채로 도중에 그들을 내버려 두시고 떠나시는 일은 결코 없을 것이기 때문이다. 하나님은 그들을 부르셔서, "예수 그리스도와 더불어 교제하도록" 하셨다: "우리가 보고 들은 바를 너희에게도 전함은 너희로 우리와 사귐이 있게 하려 함이니 우리의 사귐은 아버지와 그의 아들 예수 그리스도와 더불어 누림이라"(요일 1:3). 예수 그리스도와 더불어 교제한다는 것은, 그리스도와 하나가 되고 친구가 되어, 날마다 성령으로 말미암아 그리스도의 은혜를 공급받으며 살아간다는 것을 의미한다.

10. 형제들아 내가 우리 주 예수 그리스도의 이름으로 너희를 권하노니 모두가 같은 말을 하고 너희 가운데 분쟁이 없이 같은 마음과 같은 뜻으로 온전히 합하라.

내가 우리 주 예수 그리스도의 이름으로 너희를 권하노니. "우리 주 예수 그리스도의 이름으로" 권한다는 것은, 그리스도의 권위로 권하는 것이고, 그리스도께서 권하는 것이다. 왜냐하면, 이것은 그리스도의 뜻이기 때문이다. 또는, 그것은 그들이 주 예수 그리스도에 대하여 지니고 있는 사랑에 호소하는 것이다. 그리스도께서는 그들에게 서로에 대하여 화목하고 형제를 사랑하는 마음을 지니라고 자주 권면하셨기 때문에, 그들이 그리스도를 사랑한다면, 그 권면을 들어야 한다는 것이다. 모두가 같은 말을 하고. 너희는 교리와 교훈에 있어서 모두 "같은 것"을 말해야 한다. 너희 가운데 분쟁이 없이. 너희는 정서나 견해나 감정에 있어서 나뉨이 있어서는 안 된다. 같은 마음과 같은 뜻으로 온전히 합하라. 바울은 "모두가 같은 말을 하여야" 한다는 것과 "너희 가운데 분쟁이 없어야" 한다는 것을 이 구절을 통해서 다시 한 번 강조한다. 정서에 있어서의 하나 됨은 그리스도의 제자들인 모든 자들에게는 없어서는 안 되는 필요불가결한 의무인데, 단지 동일한 민족에 속한 그리스도인들 상호 간의 의무에서 그치는 것이 아니라, 모든 민족의 그리스도인들 상호 간의 의무이기도 하고, 우리의 정욕과 욕심에 의해서 방해를 받지 않는다면, 이루어질 수 있는 일이다. 생각, 즉 기본적인 신앙 진리들에 있어서의 하나 됨은, 하나님의 교회가 상당한 정도로 이미 도달해 있다. 그러나 모든 구체적인 진리의 명제들에 있어서의 하나 됨은, 우리 모두가 노력하고 애써야 하는 일이기는 하지만, 우리가 기대할 수 있는 일이 아니다. 왜냐하면, 하나님께서는 모든 사람에게 동일한 은혜의 방편이나 동일한 타고난 역량을 주신 것이 결코 아니기 때문이다.

11. 내 형제들아 글로에의 집 편으로 너희에 대한 말이 내게 들리니 곧 너희 가운데 분쟁이 있다는 것이라.

글로에의 집 편으로 너희에 대한 말이 내게 들리니. 사도는 자기가 그들에게 서신을 쓰게 된 한 가지 이유, 그리고 앞 절에서 그들에게 하나 될 것을 그토록 간곡하게 강권한 이유를 여기에서 제시하는데, 그것은 자기가 "글로에"의 권속 중의 어떤 사람으로부터 전해 들은 말이라고 밝힌다. "글로에"는 도시나 성읍의 이름이 아니라, 고린도에 살던 어떤 가문의 가장의 이름이었을 가능성이 대단히 높다. 너희 가운데 분쟁이 있다는 것이라. 바울은 자기가 전해 들은 이 "분쟁"이 무엇이었는지에 대해서는, 다음 절부터 말해 나간다.

12. 내가 이것을 말하거니와 너희가 각각 이르되 나는 바울에게, 나는 아볼로에게, 나는 게바에게, 나는 그리스도에게 속한 자라 한다는 것이니.

너희가 각각 이르되. "너희가 각각"은 축자적으로는 "너희 모두"를 의미하지만, 여기에서는 너희 중 다수 또는 몇몇 사람들을 의미한다. 이것은 고린도전서 14:26에서도 마찬가지이다. 즉, "너희가 모일 때에 각각 찬송시도 있으며 가르치는 말씀도 있으며 계시도 있으며 방언도 있으며 통역함도 있나니 모든 것을 덕을 세우기 위하여 하라"에서, "각각"으로 번역된 단어는 원래 "너희가 각각"을 의미하는데, 이것을 축자적으로 이해하면, 고린도 교인들 한 사람 한 사람이 다 찬송시와 말씀과 계시와 방언과 통역함을 다 가지고 있다는 의미가 된다. 그러므로 우리는 거기에서도 "너희가 각각"은 "너희 중 다수에게" 그런 여러 은사들이 골고루 주어져 있다는 의미로 이해하여야 한다. 따라서 히브리서 2:9에서 "오직 우리가 천사들보다 잠시 동안 못하게 하심을 입은 자 곧 죽음의 고난 받으심으로 말미암아 영광과 존귀로 관을 쓰신 예수를 보니 이를 행하심은 하나님의 은혜로 말미암아 모든 사람을 위하여 죽음을 맛보려 하심이라"는 본문을 근거로, 그리스도께서는 "모든 사람을 위하여" 죽으신 것이기 때문에, 모든 사람이 구원을 받게 되어 있다는 만인구원론을 증명하고자 하는 자들은, 더 나은 증거 본문을 찾아낼 필요가 있을 것이다.

나는 바울에게, 나는 아볼로에게, 나는 게바에게, 나는 그리스도에게 속한 자라. 우리가 이것으로부터 알 수 있는 것은, 고린도 교인들 가운데서의 분쟁과 파당은 신앙의 문제가 아니라, 각 사람이 누구를 더 존경하느냐에 따라 갈라졌다는 것이다. 이것은 아마도 하나님께서 그들 중의 어떤 사람들을 회심시키시는 데에는 "바울"을 사용하셨고, 또 어떤 사람들을 회심시키시는 데에는 "아볼로"를 사용하셨으며, 또 어떤 사람들을 회심시키시는 데에는 "베드로"를 사용하셨기 때문에 일어난 문제였거나, 바울과 아볼로와 게바의 은사가 서로 달랐던 데서 기인한 문제였던 것으로 보인다. "아볼로"는 사도행전 18:24에 언급되어 있는데, 거기에서는 그에 대해서, "알렉산드리아에서 난 아볼로라 하는 유대인이 에베소에 이르니 이 사람은 언변이 좋고 성경에 능통한 자라"고 소개한다. 사도행전 18:28이 그가 "성경으로써 예수는 그리스도라고 증언하여 공중 앞에서 힘 있게 유대인의 말을 이김이러라"고 말하고 있는 데서 알 수 있듯이, 그는 고린도 교인들에게 큰 유익을 끼쳤을 것이다. 믿는 자들은 그리스도의 한 사역자를 다른 사역자보다 더 좋아할 수 있다. 하나님께서 어떤 사역자에게 더 성령을 충만히 부어 주시거나, 그의 수고를 더 형통하게 하실 때, 우리는 하나님이 더 많이 높이시는 그 사역자를 더 많이 존경하고 공경하여야 한다. 하지만 우리가 어떤 사역자를 더 좋아하고 더 존경한다고 해서, 다른 사역자들을 멸시하는 지경에까지 이르는 것은 합당하지 않다. 우리는 모든 사역자를 우리 자신의 목회자로 여길 필요는 없지만, 가르침과 거룩한 행실로 자신의 신앙 고백과 거룩한 부르심에 부응하여 일하며 살아가는 모든 사역자에게 합당한 공경을 드리는 것이 마땅하다.

13. 그리스도께서 어찌 나뉘었느냐 바울이 너희를 위하여 십자가에 못 박혔으며 바울의 이름으로 너희가 세례를 받았느냐.

이 파당들은 도대체 어떻게 된 것인가? 너희를 위해서 십자가에 못 박히신 이도 오직 한 분 그리스도밖에 없고, 너희로 하여금 믿고 구원을 받게 하신 이도 오직 한 분 그리스도밖에 없으며, 너희가 세례를 받은 것도 오직 한 분 그리스도의 이름으로 받은 것이다. 베드로도 그리스도의 이름으로 너희에게 세례를 주었고, 나도 마찬가지였다. 나는 내 이름이 아니라 오직 그리스도의 이름으로 사람들에게 세례를 주었다. 머리가 오직 하나뿐인데, 몸이 나뉜다는 것은 있을 수 없는 일이다.

14. 나는 그리스보와 가이오 외에는 너희 중 아무에게도 내가 세례를 베풀지 아니한 것을 감사하노니.

사도가 그리스보에게 세례를 준 것은 사도행전 18:8에 나온다: "회당장 그리스보가 온 집안과 더불어 주를 믿으며 수많은 고린도 사람도 듣고 믿어 세례를 받더라." 그는 유대인들의 회당의 책임자인 "회당장"이었다. 바울은 자기가 많은 사람들에게 세례를 베풀지 않은 것에 대하여 하나님께 감사하는 이유를 다음 절에서 우리에게 말해 준다.

15. 이는 아무도 나의 이름으로 세례를 받았다 말하지 못하게 하려 함이라.

바울이 앞 절에서 하나님의 섭리로 말미암아 자기가 소수의 사람들에게만 세례를 베풀게 된 것에 대하여 감사한 이유는, 바울의 이름으로 세례를 받은 것처럼 말하고 다닐 수 있는 사람이 그만큼 별로 없게 되었다는 사실 때문이었다.

16. 내가 또한 스데바나 집 사람에게 세례를 베풀었고 그 외에는 다른 누구에게 세례를 베풀었는지 알지 못하노라.

내가 또한 스데바나 집 사람에게 세례를 베풀었고. 바울은 14절에서 자기는 "그리스보와 가이오"에게만 세례를 주었다고 말한 후에, 여기에서 갑자기 자기가 "스데바나 집 사람"에게도 세례를 준 것이 생각이 나서, 이 말을 여기에 덧붙인다. 그는 고린도전서 16:15에서, "스데바나의 집은 곧 아가야의 첫 열매요 또 성도 섬기기로 작정한 줄을 너희가 아는지라"고 말한다. 그 외에는 다른 누구에게 세례를 베풀었는지 알지 못하노라. 이것은 바울이 다른 지역들을 여행하며 전도하였을 때에는 여러 사람들에게 세례를 베풀었을 것이지만, 자기가 고린도에서 세례를 준 사람은 더 이상 기억이 나지 않는다고 말하는 것이다.

17. 그리스도께서 나를 보내심은 세례를 베풀게 하려 하심이 아니요 오직 복음을 전하게 하려 하심이로되 말의 지혜로 하지 아니함은 그리스도의 십자가가 헛되지 않게 하려 함이라.

그리스도께서 나를 보내심은 세례를 베풀게 하려 하심이 아니요 오직 복음을 전하게 하려 하심이로되. 사람들에게 세례를 주는 것은 바울의 주된 일도 아니었고, 주님께서 바울을 보내신 주된 목적도 아니었다. 물론, 세례를 주는 것도 그가 해야 하는 일들 중의 하나이기는 하였다. 만일 그렇지 않았다면, 그는 그리스보나 가이오, 또는 스데바나 집 사람들에게 세례를 주지 않았을 것이다. 하지만 사람들에게 세례를 주는 것은 그의 주된 일은 아니었다. 사도들이 아니라 다른 사역자들이 사람들에게 세례를 주었을 가능성이 아주 높다. 만일 베드로가 그들 모두에게 직접 세례를 주었다면, 하루에 삼천 명이 교회에 더해졌다는 것은 상상하기 힘든 일이었을 것이다(행 2:41).

말의 지혜로 하지 아니함은 그리스도의 십자가가 헛되지 않게 하려 함이라. 사도는 계속해서 자기가 어떤 식으로 복음을 전하였는지를 우리에게 말해 줌으로써, 모든 신실한 사역자들이 복음을 어떻게 전하여야 하는지를 가르쳐 준다. 먼저, 그는 "말의 지혜로" 복음을 전하지 않았다고 말한다. "말의 지혜"는 우리가 수사학이나 논리학이라 부르는 것을 사용해서 고상하고 듣기 좋은 말들로 복음의 신비를 전하는 것을 의미하는 것이거나, 합리적인 예시들이나 논거들을 사용해서 복음을 증명하고자 하는 것을 의미하는 것임에 틀림없다. 바울은 그런 식으로 "말의 지혜"로 복음을 전하는 것은 "그리스도의 십자가"의 교훈으로부터 모든 권세를 빼앗아 버리는 것이라고 말한다. 왜냐하면, 이성의 원리들에 근거해서 복음을 논증하거나, 화려하고 근사한 미사여구들로 복음을 채색하게 되면, 그리스도의 십자가가 지닌 권세는 배제되고, 오로지 하나님의 계시에 대한 지적인 동의만이 남게 되고, 마치 복음에 대한 지적인 동의가 하나님으로부터 온 믿음인 것처럼 되어 버리기 때문이다. 물론, 하나님의 뜻을 사람들에게 전하는 데에는 고상하고 품위 있는 표현이 사용되어야 한다. 그러나 우리는 겉만 그럴 듯한 미사여구나 철학적인 사변을 동원해서, 하나님의 계시된 뜻이 지닌 권세를 가리지 않도록 조심하여야 한다.

18. 십자가의 도가 멸망하는 자들에게는 미련한 것이요 구원을 받는 우리에게는 하나님의 능력이라.

십자가의 도가 멸망하는 자들에게는 미련한 것이요. 나는 십자가에 못 박히신 그리스도를 분명하고 단순하게 전하는 말들이 어떤 사람들에게는 어리석고 위선적인 말들로 들린다는 것을 안다. 그렇다면, "십자가의 도"가 어떤 사람들에게 그렇게 들리는 것인가? 그것은 영원히 멸망하게 될 자들, 또는 영원히 멸망하지는 않는다고 하여도 현재적으로 멸망해 가는 상태에 있는 자들에게 그렇게 들린다. 그런 자들은 그리스도에 관한 말씀들을 어리석고 실없는 것으로 여긴다. 구원을 받는 우리에게는 하나님의 능력이라. 그러나 영원히 구원받게 될 자들, 또는 현재에 있어서 영생과 구원의 참된 길에 있는 자들에게는 복음의 도는 구원을 주시는 하나님의 능력이다. 왜냐하면, 하나님께서는 복음이 구원받게 될 자들을 구원하시는 자신의 능력을 보여 주시는 통로가 되게 하셨기 때문이다. 사도는 로마서 1:16에서도 "내가 복음을 부끄러워하지 아니하노니 이 복음은 모든 믿는 자에게 구원을 주시는 하나님의 능력이 됨이라 먼저는 유대인에게요 그리고 헬라인에게로다"라고 동일하게 말한다.

19. 기록된 바 내가 지혜 있는 자들의 지혜를 멸하고 총명한 자들의 총명을 폐하리라 하였으니.

선지자 이사야가 자기 시대에 유대인들 중의 "지혜 있는 자들"에 대하여 말한 것은 이방인들 중의 지혜 있는 자들에게도 그대로 적용될 수 있는데, 그것은 하나님께서는 그들의 지혜를 멸하시고, 그들의 명철을 우매함으로 만드신다는 것이다. 따라서 이 세상의 철학자들이 복음 및 복음의 도를 어리석은 것으로 치부해 버리는 것은 전혀 놀라운 일도 아니고 이상한 일도 아니다. 하나님께서 이사야 시대에 그 세대의 사람들에게 행하시겠다고 하신 것, 즉 세상적으로 지혜로운 자들의 지혜와 총명을 폐하시는 것은 하나님의 통상적인 섭리이다.

20. 지혜 있는 자가 어디 있느냐 선비가 어디 있느냐 이 세대에 변론가가 어디 있느냐 하나님께서 이 세상의 지혜를 미련하게 하신 것이 아니냐.

지혜 있는 자가 어디 있느냐 선비가 어디 있느냐. 바울은 여기에서도 또다시 이사야서 33:18에 나오는 "공세를 계량하던 자가 어디 있느냐 망대를 계수하던 자가 어디 있느냐"라는 말씀을 간접적으로 인용해서 이렇게 말한다. 이방인들 중에 "지혜 있는 자들"이 어디 있느냐? 유대인들 중에 율법에 정통한 "서기관들"(한글개역개정에는 "선비")이 어디 있느냐? 이 세대에 변론가가 어디 있느냐. 유대인들이나 이방인들 중에서 사물들의 이치와 본질에 대하여 위대한 탐구를 행하여 그것들에 대하여 변론을 펼치는 자들이 어디 있느냐? 세상에서 지혜 있다고 하는 자들이나 율법에 정통했다고 하는 자들이나 사물의 이치를 꿰뚫고 있다고 하는 자들은, 하나님께서 예수 그리스도 안에서 및 예수 그리스도를 통해서 세상에 내놓으신 복음의 신비들 또는 구원의 길에 대해서 아무것도 알지 못하고 깨닫지 못한다. 또는, 그런 자들이 한 일이 도대체 무엇인가? 우리 그리스도의 사역자들이 복음의 가르침과 십자가의 도를 전하여, 사람들을 죄에서 돌이켜 하나님을 알게 하고, 죄악의 길에서 돌이켜 의의 길로 가게 하는 동안에, 세상에서 지혜 있다고 하는 자들이나 율법에 정통했다고 하는 자들이나 사물의 이치를 꿰뚫고 있다고 하는 자들이 자신들의 모든 철학과 도덕적인 가르침을 통해서 한 일이 무엇이었는가?

하나님께서 이 세상의 지혜를 미련하게 하신 것이 아니냐. 하나님께서 이 세상의 지혜를 미련하게 하신 것이 너희 눈에는 보이지 않느냐? 하나님께서는 사람들의 영혼을 구원하는 일과 관련해서는, 세상의 지혜를 헛되고 멸시받을 만하며 무익한 것으로 만들어 버리시고, 십자가의 도를 세상에 널리 전하는 일에 세상의 박사들과 위대한 랍비들을 단 한 사람도 택하지 않으시며, 그들로부터 배울 수 있는 모든 것들은 그리스도를 믿는 믿음이 없이는 우리의 영혼에 아무 짝에도 쓸모가 없다는 것을 사람들에게 깨우쳐 주신다.

21. 하나님의 지혜에 있어서는 이 세상이 자기 지혜로 하나님을 알지 못하므로 하나님께서 전도의 미련한 것으로 믿는 자들을 구원하시기를 기뻐하셨도다.

하나님의 지혜에 있어서는. 어떤 이들은 여기에서 "하나님의 지혜"가 예수 그리스도를 가리키는 것으로 이해하고서, 이 어구는 "하나님의 지혜이신 이가 오셔서 세상에 말씀을 전하셨을 때"를 의미하는 것이라고 생각한다. 어떤 이들은 고린도전서 1:24("오직 부르심을 받은 자들에게는 유대인이나 헬라인이나 그리스도는 하나님의 능력이요 하나님의 지혜니라")과 2:7("오직 은밀한 가운데 있는 하나님의 지혜를 말하는 것으로서 곧 감추어졌던 것인데 하나님이 우리의 영광을 위하여 만세 전에 미리 정하신 것이라")을 근거로, 여기에서 "하나님의 지혜"는 복음을 가리키는 것으로 이해한다. 그러나 나는 이 본문에서 "하나님의 지혜"는 하나님께서 이 세상을 자신의 지혜로우신 목적을 위하여 다스리심에 있어서 자신의 섭리를 지혜롭게 경영해 나가시는 것을 의미하는 것이라고 본다. 이 세상이 자기 지혜로 하나님을 알지 못하므로. 세상에서 중생하지 않은 자들은 사물을 이해하고 파악하여 아는 능력이나, 이치를 따져서 추론해 나가는 능력에 있어서 결함이 있기 때문에, 하나님을 알지도 못하고, 하나님께서 자신의 뜻에 따라서 예수 그리스도 안에서 및 예수 그리스도를 통해서 자기 자신을 계시하셨다는 것을 알지도 못한다. 하나님께서 전도의 미련한 것으로 믿는 자들을 구원하시기를 기뻐하셨도다. 하나님께서는 세상 사람들이 "미련한 것"으로 여기는 "전도"를 구원의 방편으로 정하셔서, 전도를 통한 복음의 계시를 믿고 거기에 계시된 그리스도를 영접하는 모든 자들을 영생과 구원으로 인도하시는 것을 기뻐하셨다.

22. 유대인은 표적을 구하고 헬라인은 지혜를 찾으나.

"유대인들" 에게는 하나님의 참된 계시가 없지 않았고, 참 하나님에 대한 신앙 고백도 있었기 때문에, 그들은 오직 그리스도께서 하나님으로부터 보내심을 받았음을 확증해 주는 어떤 놀라운 이적을 원하였다(마 12:38; 요 4:48). 그들은 이렇게 표적들과 기사들을 봄이 없이는 믿으려고 하지를 않았고, 그리스도의 말씀들을 전혀 신뢰하지 않았다. "헬라인들"(사도는 이방인들 전체를 나타내는 데 이 표현을 사용한다), 특히 그들 중에서 좀 더 배운 자들(헬라는 당시에 인문학으로 아주 유명하였기 때문에)은 합리적인 이성을 토대로 인과관계를 따져서 논증해 나가는 것을 통해 모든 것들을 증명하고자 하였고, 그렇게 해서 증명될 수 없는 모든 것들은 진리가 아닌 것으로 여겨 멸시하였다.

23. 우리는 십자가에 못 박힌 그리스도를 전하니 유대인에게는 거리끼는 것이요 이방인에게는 미련한 것이로되.

우리는 십자가에 못 박힌 그리스도를 전하니. 그리스도의 사역자들인 우리는 사람들에게 나아가서, 예루살렘에서 십자가에 못 박히신 한 분이 계시는데, 그분이 바로 세상의 구주로서, 자신의 죄가 아니라 자기 백성의 죄를 위하여 죽으셨다는 것을 전한다. 유대인에게는 거리끼는 것이요. 이것은 유대인들에게는 거리끼는 것이다. 왜냐하면, 그들은 한편으로는 메시야가 오시면, 자신들을 이방인들의 지배와 압제에서 건져 주고, 예전의 이스라엘 나라를 회복하여, 이스라엘이 중심이 되어, 천하 만민을 다스리게 될 것이라고 기대하였고, 다른 한편으로는 자신들이 나서서 십자가에 못 박은 이를 자신들의 구주로 믿는다는 것은 그들에게 수치스럽고 불명예스러운 일이라고 여겼기 때문이다. 이방인에게는 미련한 것이로되. 이방인들 중에서 가장 박식한 헬라인들은 영원히 찬송 받으실 하나님이신 분이 십자가에 못 박혔다는 것을 미련하고 어처구니없는 이야기로 치부하였다.

24. 오직 부르심을 받은 자들에게는 유대인이나 헬라인이나 그리스도는 하나님의 능력이요 하나님의 지혜니라.

우리가 하나님께 감사할 일은 그리스도가 모든 유대인들에게 "거리끼는 것" 또는 걸림돌이었던 것은 아니었고, 모든 헬라인들에게 "미련한 것"이었던 것은 아니었다는 것이다. 왜냐하면, 복음의 외적인 부르심이 아니라 성령에 의한 내적인 부르심과 실효적 역사를 통해서 "부르심을 받은 자들에게는," 그들이 어느 민족이나 나라에 속하였든, 또는 유대인이든 이방인이든, 그리스도와 복음의 교훈은 "미련한 것"이 아니라, "하나님의 능력"이자 "하나님의 지혜"라는 것이 드러났기 때문이다.

25. 하나님의 어리석음이 사람보다 지혜롭고 하나님의 약하심이 사람보다 강하니라.

하나님의 어리석음이 사람보다 지혜롭고. 하나님께서 인류를 구원하시기 위하여 자신의 지혜로 생각해 내신 것들, 즉 죄악 되고 어리석은 세상이 "미련한 것"이라고 부르는 것들 중에서 가장 하찮고 시시한 것들조차도, 사람들이 자신의 지혜로 생각해 낸 것들 중에서 가장 지혜로운 것들보다 무한히 더 지혜로운 것들이다. 하나님의 약하심이 사람보다 강하니라. 하나님께서 어떤 목적을 위하여 정해 놓으신 것들과 방편들은, 사람들의 이성적인 눈에 가장 큰 힘과 능력과 효력이 있어 보이는 것들과 방편들보다, 하나님이 의도하신 목적을 이루는 데 더 큰 힘과 능력과 효력을 지니고 있다. 이것으로부터 우리가 알 수 있는 것은, 심령들을 변화시키고 회심시키는 전도의 힘은 하나님이 정해 놓으신 저 거룩한 방편들을 통해서 역사하시는 하나님의 능력에 달려 있다는 것이다. 또한, 하나님이 정해 놓으신 그러한 방편들은 통상적으로, 사람들에 의해서 부름 받고 보냄을 받은 데서 그치지 않고, 하나님에 의해서 준비되어서, 충성되게 일하는 자들의 사역을 수반한다.

26. 형제들아 너희를 부르심을 보라 육체를 따라 지혜로운 자가 많지 아니하며 능한 자가 많지 아니하며 문벌 좋은 자가 많지 아니하도다.

하나님께서 자신의 크신 일들을 이루시기 위하여 겉보기에 약하고 부실한 것 같은 방편들을 사용하시는 것이 하나님의 섭리이자 방식이라는 것을 증명해 주는 증거를 찾고자 한다면, 너희는 멀리까지 갈 필요도 없이, 너희 자신을 보면 된다. 고린도에 있는 너희 교회의 몸을 보라. 고린도 교회라는 몸은 너희 성내에서 "지혜로운 자들"이나 "문벌 좋은 자들"로 명성이 있는 많은 이들로 구성되어 있지 않다. 물론, 너희 가운데는 그런 이들도 가끔 눈에 띈다. 회당장 그리스보와 소스데네가 그런 사람들에 속한다. 그러나 고린도 교회를 이루고 있는 대부분의 지체들은 아주 평범한 사람들이다.

27. 그러나 하나님께서 세상의 미련한 것들을 택하사 지혜 있는 자들을 부끄럽게 하려 하시고 세상의 약한 것들을 택하사 강한 것들을 부끄럽게 하려 하시며.

심지어 너희 중에서도, 하나님께서는 세상이 "미련한 것들"이라고 여기는 사람들을 택하셔서 세상에서 "지혜 있는 자들"을 부끄럽게 하셨고, 세상이 "약한 것들"로 여기는 사람들을 택하셔서 세상에서 "강한 것들"로 이름이 나 있는 자들을 당혹스럽게 하셨다.

28. 하나님께서 세상의 천한 것들과 멸시 받는 것들과 없는 것들을 택하사 있는 것들을 폐하려 하시나니.

하나님께서는 세상이 보기에는 "없는 것들"이나 다름없는 사람들을 택하셔서, 세상이 보기에 "있는 것들," 즉 세상에서 크게 존경받는 자들을 "없는 것들"이나 다름없는 존재로 만들어 버리신다.

29. 이는 아무 육체도 하나님 앞에서 자랑하지 못하게 하려 하심이라.

하나님께서 이렇게 하시는 것은 하나님이 자신의 무한하신 지혜로 홀로 존귀와 영광을 받으시기 위한 것이다. 왜냐하면, 하나님께서 사도가 앞에서 말한 대로 하실 때에만, 하나님은 세상에서 문벌 좋은 자들이나 유명한 자들이나 존경 받는 자들을 선택하신다고 말할 사람이 아무도 없게 될 것이고, 도리어 하나님이 세상에 멸시받고 약하고 비천한 자들을 택하셔서, 전적으로 자신의 모든 은혜의 행위들 속에서 하나님이 값없이 거저 은혜를 베풀어 주신다는 것을 누구나 인정하게 될 것이기 때문이다.

30. 너희는 하나님으로부터 나서 그리스도 예수 안에 있고 예수는 하나님으로부터 나와서 우리에게 지혜와 의로움과 거룩함과 구원함이 되셨으니.

너희는 하나님으로부터 나서 그리스도 예수 안에 있고. 너희는 하나님의 은혜로 말미암아 그리스도를 믿고 그 안에 심겨져 있다. 너희는 모든 피조물들과 같이 하나님에 의해서 지음 받았다는 의미에서만이 아니라, "하나님으로부터 나와서 우리에게 지혜"가 되신 "그리스도 예수 안에서" 속량함을 받고 거듭남을 얻었다는 의미에서도 "하나님으로부터 난" 자들이다. 그리스도 예수는 우리로 하여금 하나님을 알고 하나님의 뜻을 깨닫게 해 준 주된 방편이시다. 왜냐하면, "그는 보이지 아니하는 하나님의 형상"이시고(골 1:15), "하나님의 영광의 광채시요 그 본체의 형상"이시기 때문이고(히 1:3), "하나님께서 예수 그리스도의 얼굴에 있는 하나님의 영광을 아는 빛을 우리 마음에 비추셨기" 때문이다(고후 4:6). 따라서 그리스도께서는 "나를 본 자는 아버지를 보았거늘 어찌하여 아버지를 보이라 하느냐"(요 14:9)고 말씀하셨고, "그 안에는 지혜와 지식의 모든 보화가 감추어져 있으며"(골 2:3), "아버지 외에는 아들을 아는 자가 없고 아들과 또 아들의 소원대로 계시를 받는 자 외에는 아버지를 아는 자가 없다"(마 11:27).

예수는 하나님으로부터 나와서 우리에게 지혜와 의로움과 거룩함과 구원함이 되셨으니. 앞에서 살펴본 것처럼, 하나님께서는 지혜 있는 자들의 지혜를 폐하셨지만,

고린도 교인들에게는 지혜가 없는 것이 아니었다. 왜냐하면, 하나님께서는 그리스도를 그들에게 "지혜"가 되게 하셨기 때문이다. 원인론적으로 그리스도는 그들에게 지혜의 원천이셨고, 객관적으로 그들의 지혜는 그리스도를 알고 그리스도와 교제하는 데 있었다. 또한, 그들에게는 그들로 하여금 하나님 앞에 서서 의롭다 하심을 얻고 열납되게 해 줄 "의로움"이 없었지만, 하나님께서는 그리스도를 그들에게 "의로움"이 되게 하셨다: "율법이 육신으로 말미암아 연약하여 할 수 없는 그것을 하나님은 하시나니 곧 죄로 말미암아 자기 아들을 죄 있는 육신의 모양으로 보내어 육신에 죄를 정하사 육신을 따르지 않고 그 영을 따라 행하는 우리에게 율법의 요구가 이루어지게 하려 하심이니라"(롬 8:3-4). 또한, 하나님께서는 그리스도를 그들에게 "거룩함"이 되게 하셨기 때문에, 믿는 자들은 성령으로 말미암아 새로워지고 성결하게 된다. 마찬가지로, 하나님께서는 그리스도를 그들에게 "속량함"이 되게 하셨다. 여기에서 "속량함"(한글개역개정에는 "구원함")은 로마서 8:23에서 말하는 "몸의 속량"을 의미한다: "우리 곧 성령의 처음 익은 열매를 받은 우리까지도 속으로 탄식하여 양자 될 것 곧 우리 몸의 속량을 기다리느니라." 따라서 여기에 언급된 "속량함"은 몸의 부활을 가리킨다. 그리스도는 "부활이요 생명"이시다(요 11:25).

31. 기록된 바 자랑하는 자는 주 안에서 자랑하라 함과 같게 하려 함이라.

하나님께서 이 모든 것을 행하셨고 지금도 행하고 계시는 것은, 사람들로 하여금 자신의 지혜나 의로움이나 거룩함이나 속량함을 자랑하지 말고, 오직 "주 안에서 자랑하게" 하기 위한 것이다. 어떤 사람에게 지혜나 의로움이나 거룩함이 조금이라도 존재한다면, 그것은 모두 주 예수 그리스도 안에서 및 주 예수 그리스도로 말미암아 하나님으로부터 온 것이다.

MATTHEW POOLE'S COMMENTARY

고린도전서 2장

개요

1. 바울은 자기가 복음을 전하여 사람들을 회심시킬 때에 인간적인 학식이나 웅변이 아니라 성령의 증언과 이적들로 한 것은, 그들의 믿음이 오직 하나님으로 말미암게 하기 위한 것이었다고 말함(1-5).
2. 복음은 사람들을 영광으로 인도하기 위한 하나님의 지혜로우시지만 비밀한 계획을 담고 있는데, 이것은 인간의 타고난 능력으로는 발견할 수가 없고, 오직 하나님의 성령이 사도들에게 나타내신 것임(6-13).
2. 그런 까닭에, 복음의 교훈과 복음을 가르치는 자들은, 거기에 대해 제대로 판단할 수 있는 능력을 갖추지 못한 자연인들에게서는 멸시를 받게 됨(14-16).

1. 형제들아 내가 너희에게 나아가 하나님의 증거를 전할 때에 말과 지혜의 아름다운 것으로 아니하였나니.

사도가 이렇게 자주 "말과 지혜의 아름다운 것"이 헛되다고 역설하고 있는 것을 보면, 당시 사람들은 수사학적인 아름다운 말, 즉 단지 품위 있을 뿐만 아니라 화려한 미사여구를 동원한 말을 숭상하였기 때문에, 복음 사역자들도 거룩한 것들에 대하여 말할 때에 그렇게 지혜롭고 아름다운 말들을 사용해야 한다고 생각하였고, 사도 바울이 그들의 귀를 즐겁게 해 주는 그런 말들을 사용하지 않는 것에 대하여 험담하고 비방하였던 것으로 보인다. 하지만 사도는 이미 1:17에서 자기가 복음을 전할 때에 "'말의 지혜' 로 하지 아니함은 그리스도의 십자가가 헛되지 않게 하려 함이라"고 분명하게 선언한 바 있고, 그것을 여기에서는 "말의 아름다운 것," 1:4에서는 "설득력 있는 지혜의 말," 4:19에서는 "교만한 자들의 말," 곧 자신의 능력과 언변에 자부심이 대단한 자들의 말이라고 부른다. 바울은 이것은 자기가 그들에게 나아가 복음, 곧 "하나님의 증거"를 전할 때에 사용한 방식이 아니었다고 분명하게 말한다. 즉, 자기가 복음을 전할 때에는 아름다운 미사여구나 훌륭하고 탁월한 언변이 필요하지 않았다는 것이다.

2. 내가 너희 중에서 예수 그리스도와 그가 십자가에 못 박히신 것 외에는 아무것도 알지 아니하기로 작정하였음이라.

나는 "예수 그리스도와 그가 십자가에 못 박히신 것" 외에는, 내가 지금까지 얻은 그 어떤 지식도 소중하게 여기지 않았다. 또는, 나는 너희 가운데로 나아갈 때, 마치 내가 예술이나 학문, 또는 언어에 대해서는 아무것도 알지 못하고, 오로지 "예수 그리스도와 그가 십자가에 못 박히신 것"만을 아는 것처럼, 다른 것들에 대해서는 일체 말하지 않기로 작정하였다. 나는 유대교의 율법과 예식들과 전통들은 물론이고, 이방의 시인들과 철학자들에 대해서도 알고 있었지만, 내가 복음을 전할 때에는 그런 것들에 대해서는 너희에게 언급하지 않았다. 내가 한 일은 복음의 신비들을 너희에게 풀어서 전하여, 너희로 하여금 예수 그리스도를 알게 하는 것이 전부였다. 이것이 나의 목적이었고, 나는 그 목적을 이루는 데 합당한 수단들만을 사용하였다.

3. 내가 너희 가운데 거할 때에 약하고 두려워하고 심히 떨었노라.

내가 너희 가운데 거할 때에 약하고. 나는 너희에게 복음을 전할 때, 사람들이 훌륭한 언변이라고 감탄할 만한 말을 사용하지 않고, 누구나 다 분명하고 쉽게 이해할 수 있는 평이한 말을 사용하려고 애썼다. 또는, 나는 너희 가운데서 복음을 전할 때, 약하고 미천한 상태에 있었다. 우리는 사도행전 18:2이 바울이 고린도에서 아굴라와 그의 아내 브리스길라와 "생업이 같으므로 함께 살며 일을 하니 그 생업은 천막을 만드는 것"이었다고 말하는 것을 들을 수 있고, 사도행전 20:34에서도 "여러분이 아는 바와 같이 이 손으로 나와 내 동행들이 쓰는 것을 충당하여"라고 말하는 것을 듣는다. 또는, 이것은 바울의 몸이 약한 상태에 있었음을 가리키는 것일 수도 있고, 바울이 스스로를 낮추어 겸손하게 행한 것이 세상 사람들의 눈에는 마음이 약한 것으로 보인 것을 가리키는 것일 수도 있다. 두려워하고 심히 떨었노라. 이것은 유대인들로부터의 위험 때문이었을 수도 있고, 바울은 자기에게 맡겨진 복음 전도의 일이 막중하다는 것을 알고서 그 책임감으로 인해서, 자기가 전하는 복음의 은혜를 사람들이 받아들이지 않으면 어쩌나 하는 염려와 두려움 때문이었을 수도 있다. 따라서 여기에서 바울은 이렇게 말하고 있는 것이다: 나는 가난하고 미천한 상태에서, 나의 언변도 신통치 않고, 너희 가운데서 두려워하고 떠는 가운데 복음을 전하였던 까닭에, 내 자신의 자질들만을 놓고 본다면, 나는 멸시 받을 만한 자였을 뿐이기 때문에, 너희 가운데서 일어난 모든 복음의 역사는 전부 하나님께서 하신 일이었다는 것을 너희는 알 수 있을 것이다.

4. 내 말과 내 전도함이 설득력 있는 지혜의 말로 하지 아니하고 다만 성령의 나

타나심과 능력으로 하여.

내 말과 내 전도함이 설득력 있는 지혜의 말로 하지 아니하고. "내 말"과 "내 전도함"은 동일한 것을 서로 다르게 표현한 말들을 가리키는 것일 수도 있고, "내 말"은 바울이 그들과 좀 더 사적으로 나눈 말들을 가리키는 반면에, "내 전도함"은 좀 더 공식적인 사역에서 전한 말씀들을 가리키는 것일 수도 있다. 바울은 이 둘 중 어느 것을 행할 때, 사람의 지혜로 남을 설득하거나 유인하는 말로 하지 않았다. 여기에서 "설득력 있는 지혜의 말," 즉 사람의 지혜로 남을 설득하는 말이 무엇을 가리키는지는, 다른 사람을 설득하는 데 사용되는 인간의 두 가지 기술이 존재한다는 것을 떠올리면, 그 대답은 금방 드러나는데, 그 중 하나는 수사학이고, 다른 하나는 논리학, 즉 추론의 기술이다. 수사학은 사람의 이해력이나 판단력이 아니라 정서와 감성에 호소하여 설득하는 약간 낮은 수준의 기술이고, 추론의 기술인 논리학은 사람의 이해력과 판단력에 작용하여, 사람들로 하여금 자연적인 원리들을 토대로 결론을 이끌어내도록 가르치는 좀 더 강력한 수준의 기술이다. 이제 바울은 이렇게 말한다: 나의 전도 방식은 이 둘 중의 어느 하나를 사용한 것이 아니었다. 나는 훌륭하고 탁월한 언변을 사용해서 사람들의 마음을 움직이려고 애쓰지도 않았고, 복음의 진리들을 자연의 이치에 속한 원리들로부터 이끌어내어 사람들에게 제시하는 것을 나의 일로 삼지도 않았다.

반론: 그렇다면, 복음 사역자들은 그러한 말들을 사용해서는 안 된다는 것인가? 대답: 가톨릭계의 한 박식한 저술가는 "당시에는 사역자들이 평이한 말을 사용하는 것이 하나님의 뜻이었지만, 지금의 상황은 그 때와는 달라서, 단어들을 신중하게 숙고해서 선택하고 배열하여 사용하는 것이 사람들을 설득하는 통상적인 방식이다"라고 말한다. 그러나 (1) 그런 식으로 말하는 것은, 당시에는 하나님의 뜻이었던 것이 지금은 그렇지 않다고 말함으로써, 하나님의 뜻을 회피하고자 하는 것일 뿐이다. (2) 그런 식으로 말하는 것은 사실관계를 호도하는 것이다. 왜냐하면, 수사학적인 미사여구들과 추론의 기술을 사용하는 것은 오늘날과 마찬가지로 당시에도 사람들을 설득하는 통상적인 방식이었기 때문이다. (3) 오늘날 수사학과 논리학을 사용해서 사람들을 설득하는 방식은 상당한 정도로 교육을 받은 유식한 사람들 사이에서나 통상적으로 사용될 뿐이고, 대다수의 사람들의 경우에는 전혀 그렇지 않다. (4) 사도가 자기는 복음을 전할 때에 평이한 말을 사용하는 이유로 제시한 것은 그 때나 지금이나 유효하다. 화려한 미사여구나 이성적인 논리를 추구하는 말을 사용

하는 것은 그리스도인들의 믿음이 "하나님의 능력"이 아니라 "사람의 지혜"에 있게 하는 방식이다.

반론: 그렇다면, 사역자들은 어떤 말씀을 전해야 할지를 고민하고 애쓰지 말고, 자신의 입에서 나오는 대로 말씀을 전해야 하며, 자기가 전한 말씀을 증명하기 위해서 그 어떤 추론도 사용해서는 안 되는 것인가? 대답: 결코 그렇지 않다. (1) 어떤 내용을 전해야 할지를 고민하는 것과 어떤 단어들을 사용할지를 고민하는 것은 서로 다른 문제이다. (2) 품위와 품격이 있는 단어들을 선택하려고 고민하는 것과 그럴 듯하게 보이는 화려하고 거창한 단어나 표현을 사용하려고 고민하는 것은 서로 다른 문제이다. 전하는 자가 통상적인 부류에 속한 사람이라면, "어떤 내용을 전할지에 따라서 단어들도 결정된다"(verba sequuntur res)는 옛말이 옳다. 어떤 단어들을 선택해야 할지를 고민할 때, 우리가 유의해야 할 것은 두 가지이다: (a) 모든 사람들이 쉽게 알아 들을 수 있는 단어들을 사용하는 것. (b) 품위와 품격이 있는 단어들을 사용하는 것. (3) 우리는 복음을 전할 때에 우리의 이성을 사용하여야 한다. 그러나 이성은 두 가지 방식으로 작동한다: (a) 자연적이거나 철학적인 원리들로부터 결론들을 이끌어 내는 것. (b) 성경의 원리들로부터 결론들을 이끌어 내는 것. 우리는 모든 자연적이거나 철학적인 원리들로부터가 아니라 계시의 원리들로부터, 우리가 할 수 있는 한 가장 강력하게, 신령한 것들을 신령한 것들과 비교하여 결론들을 이끌어 내기 위해서 고민하여야 한다. 왜냐하면, 자연의 원리들을 토대로 해서 추론을 전개해 나가게 되면, 셋이 하나일 수 없고, 하나가 셋일 수 없는 까닭에, 하나님은 한 분이시면서도 세 위격으로 이루어져 있다는 삼위일체 교리가 진리일 수 없다는 결론이 도출되어야 하고, 한 번 죽어서 소멸된 것이 다시 원상태로 회복되는 것은 있을 수 없는 까닭에, 부활 교리도 참일 수 없다는 결론이 도출되어야 하기 때문이다. (4) 또한, 하나님의 계시에 의해서 먼저 확증된 것들을 예시하고 재확인하기 위한 보조 수단으로서 우리의 자연적인 이성을 사용하는 것과, 자연적인 이성을 토대로 삼아서, 그 위에 영적인 결론들을 세워나가거나, 그러한 결론들을 영적인 것들에 대한 주된 증거로 사용하는 것은, 서로 다른 문제이다. 바울의 전도는, 자신의 청중들이 알아들을 수 있고 충분히 품위와 품격이 있으며 충분히 이치에 맞는 말들로 행해졌지만, 자연의 원리들을 토대로 삼아서 결론을 도출하지도 않았고, 그러한 자연적인 결론들의 토대로 복음을 증명하거나 제시하지도 않았다.

다만 성령의 나타나심과 능력으로 하여. "성령의 나타나심"에 대해서, 그로티우스

(Grotius) 같은 사람들은 처음에 복음의 교훈을 확증하기 위하여 사용되었던 이적들을 가리키는 것이라고 이해하지만, 보르스티우스(Vorstius)를 비롯해서 많은 해석자들은, 성령께서 사람들의 심령에 강력하게 역사해서, 바울이 전한 말씀들이 참되다는 것을 깨닫게 해 주는 역사를 가리키는 것으로 이해한다. 모든 사역자들의 전도는 복음 진리가 참된 것 같다는 인상을 사람들에게 줄 뿐이다. 하지만 성령이 복음을 듣는 사람들의 심령에 역사하셔서, 복음의 말씀들이 참되다는 것을 깨닫게 해 주면, 사람들은 그 말씀들에 대하여 더 이상 이의를 제기하거나 부정하거나 반박할 수 없게 된다. "능력"에 대해서도, 어떤 이들은 이적들을 행하는 능력을 가리키는 것으로 이해하지만, 바울이 전한 하나님의 말씀이 그 말씀을 듣는 사람들의 심령과 양심에 미치는 힘을 가리키는 것으로 이해하는 것이 훨씬 낫다. 지금도 충성된 사역자들이 하나님의 말씀을 전할 때, 이 힘은 임한다. 이런 의미에서 마태복음 7:29에서는 그리스도께서 "가르치시는 것이 권위 있는 자와 같고 그들의 서기관들과 같지 아니하였다"고 말하고, 사도행전 6:10에서도 "스데반이 지혜와 성령으로 말함을 그들이 능히 당하지 못하였다"고 말한다. 바울이 전한 복음은 사람들에게 "말로만 이른 것이 아니라 또한 능력과 성령과 큰 확신으로 된 것"이었고(살전 1:5), "살아 있고 활력이 있어 좌우에 날선 어떤 검보다도 예리하여 혼과 영과 및 관절과 골수를 찔러 쪼개기까지 하며 또 마음의 생각과 뜻을 판단하는"(히 4:12) 것이었다. 이렇게 모든 충성된 사역자들은 "성령의 나타나심과 능력으로" 복음을 전하고, 하나님께서는 그들의 수고에 함께 하셔서, 그 복음을 듣는 사람들의 심령을 변화시키신다. 그리스도와 그의 사도들이 복음의 교훈이 참됨을 확증하는 데 사용하였던 그러한 이적들은, 실제로 복음이 참되다는 것을 보여 주는 강력한 증거이긴 하였지만, "성령의 나타나심"으로 불리지 않는다. 왜냐하면, 여기에 언급된 "성령의 나타나심"은, 사람들의 심령으로 하여금 복음을 온전히 수긍할 수밖에 없어서, 복음이 참되다는 것에 대하여 더 이상 이의를 제기하거나 부인하지 못하고, 확고하게 동의하게 만드는 그러한 증거인데 반해서, 그리스도께서 행하신 이적들조차도 사람들의 심령에 그런 효과를 가져오지는 못하였기 때문이다. 바리새인들을 비롯해서 대다수의 유대인들은 그리스도께서 행하신 이적들을 보았으면서도, 그리스도가 참 메시야이시자 하나님의 아들이시라는 것을 믿지 않았다. 따라서 하나님의 성령이 사람들의 내면에 강력하게 역사하셔서, 복음의 원리들이 참되다는 것을 깨닫게 해주심으로써, 사람들의 심령이 그렇게 분별력이 있거나 준비되어 있는 것이 아닌데도,

복음이 진리라는 것을 확실하게 알게 되어, 더 이상 복음을 부인하거나 저항하거나 반론을 제기할 수 없게 만드는 것만이 여기에 언급된 "성령의 나타나심"이 될 수 있다. 하지만 바울이 복음을 전할 때, 그러한 성령의 나타나심과 능력은 복음을 듣는 모든 사람들이 아니라, 구원받는 자들에게만 임하였다. 바울은 수사학적인 웅변이나 논리적인 추론 같은 것들이 지닌 자연적인 힘을 전혀 의지하지 않고, 오직 하나님의 성령이 각 사람의 심령 속에서 강력하게 역사하여, 자기가 전하는 복음이 참되다는 것을 그들로 깨닫게 해 주실 것을 믿고서, 복음의 교훈을 평이한 말로 담대하고 거리낌 없이 전하였다.

5. 너희 믿음이 사람의 지혜에 있지 아니하고 다만 하나님의 능력에 있게 하려 하였노라.

"믿음"이라는 것은 원래 누가 우리에게 말한 것에 대하여 우리가 동의하는 것을 의미한다. 누가 우리에게 말해 준 것이 사람에게서 나온 것이고, 우리가 그것을 믿었다면, 그 믿음은 인간적인 믿음에 지나지 않는다. 하지만 그것이 하나님에게서 나온 것이고, 하나님께서 우리에게 계시하셨기 때문에, 우리가 그것을 믿었다면, 그것은 하나님으로부터 온 믿음이다. 따라서 하나님으로부터 온 믿음이 사람들의 지혜에 의해서 생겨난다는 것은 있을 수 없는 일이다. 우리가 우리의 외적인 감각들이나, 우리에게 선천적인 이성의 원리들이나, 그러한 원리들로부터 도출된 결론들에 근거해서, 복음의 명제들에 대하여 동의한다고 할지라도, 그러한 성격의 동의는 하나님으로부터 온 믿음, 즉 하나님의 계시에 근거해서 우리가 행한 동의인 믿음이 될 수는 없다. 하나님의 계시 이외의 방식으로 이루어진 동의는 우리의 감각이나 이성을 토대로 한 지식이나 인식일 수는 있지만, 하나님의 능력을 토대로 해서 하나님으로부터 온 믿음일 수는 없다. 따라서 복음 사역자들이 무엇보다도 신경을 써야 할 것은, 사람들을 믿음으로 부를 때, 그들의 믿음이 "사람의 지혜에 있지 않게" 하는 것이다. 왜냐하면, 사람의 지혜로부터는 인간적인 믿음만이 생겨날 수 있을 뿐이기 때문이다. 이것은 모든 양심적인 사역자들에게, 자기가 전한 것이 성경을 토대로 해서 증명되지 않는 것이라면 쓸데없는 것임을 보여 준다. 성경에 근거가 없는 것들을 전하는 것은, 설교자가 말하는 것을 설교자 자신의 권위에 의거해서 사람들에게 믿으라고 하는 것으로서, 아테네의 철학자나 웅변가처럼 자연적인 원리들을 설파하는 것일 뿐이고, 복음 사역자가 해야 할 일은 아니다.

6. 그러나 우리가 온전한 자들 중에서는 지혜를 말하노니 이는 이 세상의 지혜가

아니요 또 이 세상에서 없어질 통치자들의 지혜도 아니요.

그러나 우리가 온전한 자들 중에서는 지혜를 말하노니. 사도는 사람들이 자기가 앞서 한 말이 마치 지혜를 폄하하는 말처럼 왜곡되게 받아들여서, 어떤 이들이 복음을 어리석고 미련한 것이라고 불경스럽게 비난한 것이 마치 맞는 말인 것처럼 비쳐지는 일이 일어나지 않도록 하기 위해서, 여기에서 자기가 앞서 한 말을 다른 각도에서 해명하면서, 사실은 자기를 비롯한 사도들이 "온전한 자들"에게는 "지혜"로 여겨질 그런 말들을 전한 것이라고 단언한다. 여기에서 "온전한 자들"은 절대적이 아니라 상대적으로 온전한 사람들, 즉 "지각을 사용함으로 연단을 받아 선악을 분별하는 자들"(히 5:14) 또는 참되고 건전한 분별력과 판단력을 지니고 있어서 무엇이 참된 지혜인지를 분별할 수 있는 자들을 가리킨다. 사도는 그런 자들에게는 "우리가 지혜를 말하고" 있다고 밝힌다. 바울이 사람들에게 전한 것은 당연히 "지혜"일 수밖에 없다. 왜냐하면, "지혜"라는 것은 사람들로 하여금 최고의 목적을 달성하기 위하여 최고의 수단을 사용하도록 이끄는 특질을 지니고 있는데, 사람들의 영혼을 구원하는 것이 최고의 목적이고, 사람들로 하여금 그러한 최고의 목적을 달성하도록 이끄는 최고의 수단은 복음의 교훈이기 때문이다. 따라서 복음은 지혜일 수밖에 없고, 지혜 중에서도 가장 순전한 최고의 지혜일 수밖에 없다.

이는 이 세상의 지혜가 아니요 또 이 세상에서 없어질 통치자들의 지혜도 아니요. 바울은 자기가 전하는 지혜는 철학자들이나 세상에서 영리한 사람들이나 정치인들이 지혜라고 여기는 그런 것이 아니라고 말한다. 왜냐하면, 그들이 지혜라고 하는 것들은 모두 다 인간의 최고의 목적인 영혼의 구원을 위해서는 아무 짝에도 소용없는 것들일 뿐만 아니라, 결국에는 모두 남김없이 다 사라져 버릴 것들이기 때문이다.

7. 오직 은밀한 가운데 있는 하나님의 지혜를 말하는 것으로서 곧 감추어졌던 것인데 하나님이 우리의 영광을 위하여 만세 전에 미리 정하신 것이라.

오직 은밀한 가운데 있는 하나님의 지혜를 말하는 것으로서. 우리는 복음을 전하는데, "복음에는 하나님의 의가 나타나서 믿음으로 믿음에 이르게"(롬 1:17) 하고, 사람들은 복음에 나타난 이 의를 믿음으로 붙잡을 때에만, 저 마지막 날의 심판 때에 하나님 앞에서 열납될 수 있다. 복음은 많은 사람들에게 감추어져 있던 거룩한 비밀이자 신비이지만, 사람으로 하여금 인간의 최고의 목적을 달성할 수 있게 해 주는 최고의 수단을 제공해 주는 교훈인 "하나님의 지혜"이다.

곧 감추어졌던 것인데 하나님이 우리의 영광을 위하여 만세 전에 미리 정하신 것이

라. 복음은 "감추어진 지혜"이다. 복음은 하나님께서 우리의 영광을 위하여 창세 전에 정하신 것이다. 즉, 하나님은 사람이 구원받을 수 있는 길로서, 영원 전부터 복음을 미리 정해 놓으셨다는 것이다. 그러나 하나님께서 자기 아들을 세상에 보내셔서 복음을 전하게 하시고, 또한 그 아들의 뒤를 이어 복음의 사역자들로 하여금 온 세상에 복음을 전하게 하실 때까지, 이 복음은 하나님의 비밀한 계획 속에 감추어져 있었다.

8. 이 지혜는 이 세대의 통치자들이 한 사람도 알지 못하였나니 만일 알았더라면 영광의 주를 십자가에 못 박지 아니하였으리라.

이 지혜는 이 세대의 통치자들이 한 사람도 알지 못하였나니. 이 하나님의 지혜는, 가야바이든 본디오 빌라도이든, 유대인이든 이방인이든, 이 세대의 그 어떤 통치자도 듣기는 들어도 깨닫거나 알 수는 없었다. 만일 알았더라면 영광의 주를 십자가에 못 박지 아니하였으리라. 그들이 이 지혜를 알아서 믿고 확신하였더라면, 이 지혜의 중심이자 원천이신 분, 즉 "영광의 주"를 십자가에 못 박지 않았을 것이다. 그리스도는 그의 신성과 관련해서 영원히 찬송 받으실 하나님이시라는 점에서, 그리고 믿는 자들이 받게 될 영광의 원천이신 중보자이시라는 점에서 "영광의 주"이셨다. 하지만 그들의 이러한 무지는 그들이 그리스도를 십자가에 못 박은 것에 대한 변명이 될 수 없다. 왜냐하면, 그들에게는 그것을 알 수 있는 충분한 방편들이 주어져 있어서, 그들은 얼마든지 그리스도를 알아볼 수 있었던 까닭에, 그들이 그리스도를 알아보지 못한 것은 불가항력적인 것이 아니라, 그들 스스로 자원한 것이었고 그렇게 하기를 좋아한 것이었기 때문이다.

9. 기록된 바 하나님이 자기를 사랑하는 자들을 위하여 예비하신 모든 것은 눈으로 보지 못하고 귀로 듣지 못하고 사람의 마음으로 생각하지도 못하였다 함과 같으니라.

사도가 여기에서 인용한 본문이 기록된 곳은 이사야서 64:4이라는 것에 대해서는 모든 해석자들이 동의한다: "주 외에는 자기를 앙망하는 자를 위하여 이런 일을 행한 신을 옛부터 들은 자도 없고 귀로 들은 자도 없고 눈으로 본 자도 없었나이다." 성경의 기자들이 구약에 나오는 본문들을 축자적으로가 아니라 그 의미를 중심으로 인용하는 일은 너무나 흔한 일이기 때문에, 이 본문은 구약성경에 기록된 것이 아니고, 바울이 어떤 외경에서 가져와서 인용한 것이라고 주장하는 것은 정말 헛된 일이다. 이사야서 64:4에 기록된 본문의 의미가 바울이 여기에서 말하고 있는 것과 동일하다는 것은 분명하다. 가장 큰 차이는, 사도는 "자기를 사랑하는 자들"이라고 말하는 반면에, 선지자는 "자기를 앙망하는 자"라고 말하고 있다는 것이지만, "앙망하는 것"은 "사랑하는 것"의 산물이자 결과이다. 이사야서 64장 전체와 그 이후의 몇 장은 그리스도에 대하여 다루고 있는 장들이기 때문에, 이 본문도 마찬가지이다. 따라서 선지자와 사도는 "하나님이 자기를 사랑하는 자들을 위하여 예비하신 모든 것"은 그리스도와 그로 인한 모든 은택들을 가리키는 것으로 이해하고 있고, 그것들은 사람의 눈과 귀 같은 감각으로는 알 수 없는 것들이고, 이성에 의해서도 깨달을 수 없는 것들이라고 말한다. 즉, 하나님께서 장차 자신의 품에 계시던 독생자를 우리에게 주셔서, 우리의 본성을 입게 하시고, 십자가 위에서 죽게 하시리라는 것, 또는 그리스도께서 자신을 한없이 낮추시고서 십자가 위에서 죽으시기까지 순종하시리라는 것은 사람의 마음이나 이성으로는 도저히 생각할 수도 없고 알 수도 없었다는 것이다.

10. 오직 하나님이 성령으로 이것을 우리에게 보이셨으니 성령은 모든 것 곧 하나님의 깊은 것까지도 통달하시느니라.

오직 하나님이 성령으로 이것을 우리에게 보이셨으니. 하나님께서는 자신의 성령으로 우리의 지각(understanding)을 여셔서, 성경과 거기에 나오는 그리스도에 대한 모형들과 예언들, 거룩한 선지자들이 그리스도의 인격과 직임들에 대하여 예언한 것들을 깨닫게 해 주셨다. 성령은 모든 것 곧 하나님의 깊은 것까지도 통달하시느니라. 성령께서는 찬송 받으실 삼위일체 하나님의 제3위이시고 성부 및 성자와 동등하신 분이시기 때문에, 하나님의 모든 계획들, 즉 하나님이 사람들로 하여금 주 예수 그리스도에 관하여 알게 하고자 하시는 모든 것들을 우리에게 계시하실 수 있으시다. 따라서 이 본문은 성령이 하나님이시라는 것을 분명하게 보여 주는 증거 본문이다. 왜냐하면, 성령께서는 "하나님의 깊은 것들"을 살피셔서 사람들에게 계시해 주심으로써, 사람들로 하여금 그것들을 깨닫게 하고 믿게 하시기 때문이다.

11. 사람의 일을 사람의 속에 있는 영 외에 누가 알리요 이와 같이 하나님의 일도 하나님의 영 외에는 아무도 알지 못하느니라.

사람의 경우를 예로 들어 보자면, 어떤 사람의 은밀한 생각들과 계획들과 의도들은 그 사람 안에 있는 그의 심령만이 알 수 있는 것과 마찬가지로, 하나님의 일들도 하나님께서 자신의 영을 통해서 사람들에게 계시하실 때까지는, 오직 하나님의 영 외에는 아무도 알 수가 없다. 이것은 사람의 경우에도 그대로 적용된다. 어떤 사람이 자신의 혀로 자기 마음이나 생각을 다른 사람들에게 드러내었을 때에만, 다른 사람들은 그 사람이 얘기해 준 만큼만 그 사람의 마음이나 생각을 알게 될 뿐이고, 그 사람이 말하지 않은 모든 생각들과 계획들까지 알 수 있는 사람은 아무도 없다. 마찬가지로, 사람들은 하나님께서 자신의 말씀 속에서 자신의 뜻을 분명하게 계시하신 것들만을 알 수 있을 뿐이다. 그러나 하나님의 영이 사람들에게 계시하였을 때까지, 사람들이 알지 못하였고 깨닫지 못하였던 "하나님의 깊은 것들," 즉 신비들이 성경에는 있다. 왜냐하면, "하나님의 깊은 것들"을 다 헤아려서 아시는 "하나님의 영," 즉 성령 하나님 외에는 아무도 그 신비들을 알 수 없기 때문이다.

12. 우리가 세상의 영을 받지 아니하고 오직 하나님으로부터 온 영을 받았으니 이는 우리로 하여금 하나님께서 우리에게 은혜로 주신 것들을 알게 하려 하심이라.

여기에 나오는 "세상의 영"을 어떤 이들은 세상에 있어서 세상적이고 육신적인 사람들을 지배하고 있는 악한 영인 마귀를 가리키는 것으로 이해하고, 어떤 이들은 사람들로 하여금 세상적인 것들을 알게 해 주는 인간의 영을 가리키는 것으로 이해한다. 따라서 이 본문의 의미는, 우리는 단지 세상적인 가르침과 교훈을 받고, 세상으로부터 가르침과 교훈을 받은 자들이 아니라("세상의 영"은 세상의 영으로 인한 결과들을 나타낸다고 보아서), 성령의 가르침과 교훈을 받아서, "하나님께서 우리에게 은혜로 주신 것들," 즉 그것이 하나님의 신비들이든 하나님의 은택들이든, 하나님이 우리를 위하여 행하시거나 우리 안에서 행하신 것들을 "알게" 되었다는 것이다.

13. 우리가 이것을 말하거니와 사람의 지혜가 가르친 말로 아니하고 오직 성령께서 가르치신 것으로 하니 영적인 일은 영적인 것으로 분별하느니라.

우리가 이것을 말하거니와 사람의 지혜가 가르친 말로 아니하고 오직 성령께서 가르치신 것으로 하니. 인간의 이성과 모든 경험은 사람들이 어떤 주제에 대하여 말을 하거나 글을 쓸 때에 그 주제에 적합한 문체와 표현을 사용하도록 지시한다. 여기에서 사도는 이렇게 말한다: 우리가 다루는 주제들은 지극히 고상하고 영적인 주제들이었기 때문에, 나는 그 주제들에 대하여 말할 때, 웅변가들처럼 "말과 지혜의 아름다운 것"(고전 2:1)이나 "설득력 있는 지혜의 말"(고전 2:4)이나 "사람의 지혜가 가르친 말"(고전 2:13)로 하지 않았고, 오직 성령께서 성경을 통해서, 또는 우리의 마음에 대한 감화들을 통해서(사도들의 경우에) 우리에게 가르치신 말씀들로 하였다.

영적인 일은 영적인 것으로 분별하느니라. 베드로 사도가 "만일 누가 말하려면 하나님의 말씀을 하는 것 같이 하라"(벧전 4:11)고 말한 것처럼, 나는 영적인 내용들을 영적인 언어로 설명해서, 영적인 사람들로 하여금 영적인 것들을 깨닫게 하기 위해서, 친숙하고 평이하며 영적인 문체를 사용하여, 그 어떤 화려한 겉치장도 없이 하나님의 진리들을 있는 그대로 너희에게 전하였고, 웅변가처럼 미사여구를 사용해서 열변을 토하거나, 아테네의 철학자들처럼 철학적인 논증을 전개하지 않았다.

14. 육에 속한 사람은 하나님의 성령의 일들을 받지 아니하나니 이는 그것들이 그에게는 어리석게 보임이요, 또 그는 그것들을 알 수도 없나니 그러한 일은 영적으로 분별되기 때문이라.

육에 속한 사람. 여기에서 "육에 속한 사람"으로 번역된 '프쉬키코스 안트로포스'(ψυχικὸς ἄνθρωπος)가 누구를 의미하느냐를 놓고 심한 논란이 있어 왔다. 어떤 이들은 육신적인 사람을 의미하는 것이라고 생각하고서, 바울은 이것과 동일한 맥락 속에서 고린도전서 15:44에서 "영의 몸"과 "육의 몸"을 대비시키고 있다고 본다. 나아가, 그들은 이렇게 말한다: 성경에서는 육과 영이라는 두 가지 필수적인 부분들로 구성된 인간은 항상 이 둘 중의 하나로 불리기 때문에, 세상의 모든 사람들은 육신적인 사람이거나 영적인 사람에 속하는데, 헬라어 '프쉬케'(ψυχὴ)는 모든 사람들에게 공통적으로 있어서 모든 행동과 감정의 원천이 되는 저 혼(soul)과 목숨(life)을 가리키는 것으로서, 거룩하게 된 사람들의 심령 속에 거하여 그들을 인도하고 지도하는 성령과 반대된다. 따라서 "육에 속한 사람"은, 오로지 자연적이고 타고난 대로의 자신의 혼의 완전한 지배를 받아 욕심들과 썩어짐의 종이 되어서, 그러한 죄와 썩어짐의 상태에서 언제나 정도에서 벗어나 방탕한 움직임들만을 보이는 사람이다. 어떤 이들은 여기에서 사도는 믿음이 약한 자들, 그리스도 안에서 작은 자들, 즉 단단한 음식을 먹지 못하고 젖을 먹어야 하는 어린 아기들, 좀 더 영적이고 온전한 자들에 비해서 자연적인 본성을 따라 행하는 사람들에 대하여 말하고 있는 것이라고 생각한다. 실제로 사도는 고린도전서 3:4에서 그런 의미에서 그런 사람들을 "육의 사람"이라고 부른다. 그러나 사도가 여기에서 사용한 '프쉬키코스 안트로포스'(이것을 한글개역개정은 "육에 속한 사람"으로, 흠정역은 "자연적인 사람"으로 번역하였다 — 역주)가 온전하지도 않고 영적이지도 않은 모든 사람들, 하나님의 영을 통해서 하나님의 깊은 것들을 계시 받지 않은 모든 자들(10절), "하나님의 영"이 아니라 오직 "세상의 영"만을 받았기 때문에, "하나님께서 우리에게 은혜로 주신 것들"을 알지 못하는 모든 자들(12절)을 가리킨다는 것은 너무나 분명하다.

하나님의 성령의 일들을 받지 아니하나니 이는 그것들이 그에게는 어리석게 보임이요. 우리가 앞에서 살펴본 그러한 "육에 속한 사람들"은, 모두 서로 정도 차이는 있겠지만, 그들의 마음과 생각이 세상적인 지식과 지혜로 계발되어 있고 꽉 차 있기 때문에, 순전히 하나님의 계시를 믿음으로만 알 수 있는 하나님의 신비들과 영적인 가르침들을 그들의 귀로 듣기는 들어도, 그들의 마음으로는 받아들여 시인하고 믿을 수 없다. 왜냐하면, 성령에 속한 일들은 인간의 감각이나 자연적인 이성을 통해서 이해할 수 없는 것들인 까닭에, 이성적인 논리로 가득 차 있는 사람들은 그것들을 "어리석은" 것들로 여기기 때문이다.

또 그는 그것들을 알 수도 없나니 그러한 일은 영적으로 분별되기 때문이라. 또한, 성령의 일들은 하나님의 영에 의한 영적인 빛 가운데서만 보고 분별할 수 있다. 즉, 그리스도를 알게 해 주는 "지혜와 계시의 영"이신 성령께서 사람들의 지각을 깨우치시고 빛을 비쳐 주셔서, 그들의 "마음의 눈을 밝히사 그의 부르심의 소망이 무엇이며 성도 안에서 그 기업의 영광의 풍성함이 무엇이며 그의 힘의 위력으로 역사하심을 따라 믿는 우리에게 베푸신 능력의 지극히 크심이 어떠한 것을" 그들로 "알게" 하실 때에만, 그들은 성령의 일들을 알 수 있기 때문에, 자연적인 감각과 이성이 준 것들로 가득한 "육에 속한 사람들"은 성령의 일들을 이해할 수도 없고 깨달을 수도 없고 확고하게 동의할 수도 없다. 이렇게 사도는 8절에서 "이 지혜는 이 세대의 통치자들이 한 사람도 알지 못하였다"고 말한 후에, 여기에서 그 이유를 제시한다.

15. 신령한 자는 모든 것을 판단하나 자기는 아무에게도 판단을 받지 아니하느니라.

신령한 자는 모든 것을 판단하나. 여기에서 "신령한 자"로 번역된 '프뉴마티코스' (πνευματικὸς)는 앞 절에 나온 '프쉬키코스 안트로포스' (ψυχικὸς ἄνθρωπος, "육에 속한 사람")와 반대되는 개념이다. 따라서 "신령한 자"는 하나님의 성령에 의해서 가르침을 받고 구원을 가져다주는 특별한 빛을 받고 있는 사람을 가리킨다. "모든 것을 판단한다"는 것은 사람의 영원한 생명 및 구원과 관련된 하나님의 모든 신비들을 분별한다는 것이다. 하지만 모든 그리스도인들이 성령의 일들을 온전히 분별할 수 있는 판단력이나 능력을 지니고 있는 것은 아니고, 그 분별의 정도는 각 사람이 성령으로부터 받은 빛의 분량에 의해서 결정된다.

자기는 아무에게도 판단을 받지 아니하느니라. 여기에서 "아무에게도"는 "아무것에 대해서도"로 번역될 수도 있고, "판단하다"는 사도행전 4:9; 12:19; 17:11; 24:8에 나오는 용례들의 경우처럼 "심문하다, 샅샅이 살피다," 또는 "단죄하다"로 번역될 수도 있다. 하나님께 속한 지혜는 사람들의 지혜로는 절대로 알 수 없고, 그 어떤 사람도 판단할 수 없으며, 오직 영적인 사람만이 판단하고 분별할 수 있다. 영적인 사람이 시인하고 고백하는 진리는 오직 하나님과 그의 말씀에만 의거한 것으로서, 사람들의 권위와 판단, 또는 이성의 명령들에 종속되지 않는다. 따라서 영적인 사람은 영적인 일들과 관련해서는 아무에게도, 그리고 그 어떤 것에 의해서도 판단을 받지 않는다. 어떤 이들은 여기에서 "자기"는 하나님의 성령을 가리키는 것이라고 생각해서, 이 구절은 "성령은 아무에게도, 또는 그 어떤 것에 대해서도 판단을 받지 않는다"고 말하고 있는 것이라고 주장하지만, 그러한 주장은 우리가 앞에서 설명한 것보다 훨씬 더 억지스러워 보인다.

16. 누가 주의 마음을 알아서 주를 가르치겠느냐 그러나 우리가 그리스도의 마음을 가졌느니라.

누가 주의 마음을 알아서 주를 가르치겠느냐. 이 구절은 이사야서 40:13에서 가져온 것으로서, 사도는 로마서 11:34에서도 이 구절을 인용한 바 있다. 여기에서 사용된 이 구절의 의미는 이런 것이다: 하나님의 영에 의해서 가르침을 받거나 그 빛을 받은 적도 없는 육에 속한 자, 즉 자연인이 인간의 구원과 관련된 하나님의 비밀한 계획들과 신비들을 어떻게 알 수 있겠는가? 또한, 그 누구도 그런 육에 속한 자에게 어떻게 하라고 가르칠 수도 없다. 어떤 이들은 여기에서 "가르치다"로 번역된 '쉼비바세이' (συμβιβάσει)는 어떤 사람이 논증을 통해서 다른 사람으로 하여금 자신의 마음이나 생각을 알게 하고 동의하게 하는 것을 의미한다고 지적한다. 이것은 일종의 가르침이다.

그러나 우리가 그리스도의 마음을 가졌느니라. 하나님의 영이 우리에게 주어져서, 우리 속에 거하시며 역사하시고 우리를 가르치시고 있기 때문에, 우리는 "그리스도의 마음"을 가지고 있다. 왜냐하면, 우리를 가르치시는 선생이신 그리스도의 영은 그리스도의 마음과 생각을 아시고, 그것을 우리에게 계시해 주시기 때문이다.

MATTHEW POOLE'S COMMENTARY

고린도전서 3장

개요

1. 바울은 고린도 교인들이 육신에 속한 자들이었기 때문에 기독교 신앙의 좀 더 깊은 가르침들을 그들에게 가르칠 수 없었다고 말함(1–2).
2. 그들이 육신에 속한 자들이라는 것은 그들이 파당을 지어 분쟁하는 것을 통해 드러남(3–4).
3. 아무리 훌륭한 복음 전도자들일지라도, 하나님이 자신의 교회를 세우시는 데 사용하시는 도구들에 불과함(5–9).
4. 바울은 그 건물의 유일하게 참된 터이신 그리스도 예수를 놓았는데, 다른 사람들은 자신들이 그 터 위에 무엇을 세우고 있는지를 유의하여야 함(10–15).
5. 그리스도인들은 하나님의 성전이기 때문에 더럽혀져서는 안 된다(16–17).
6. 세상 지혜는 하나님에게 어리석은 것임(18–20).
7. 그리스도의 것인 사람들은 사람을 자랑하지 말아야 함(21–23).

1. 형제들아 내가 신령한 자들을 대함과 같이 너희에게 말할 수 없어서 육신에 속한 자 곧 그리스도 안에서 어린 아이들을 대함과 같이 하노라.

사도는 이 서신의 서두에서 고린도 교인들이 서로 파당을 지어 분쟁하고 있다고 책망하였었는데(1:11), 이 장에서 다시 그 문제로 되돌아가고 있음이 분명하다. 어떤 이들은 사도 바울은 자기가 바로 앞에서 "신령한 자는 모든 것을 판단하나 자기는 아무에게도 판단을 받지 아니하느니라"고 분명히 말한 것에 비추어 보았을 때, 앞서 자기가 그들을 책망하고 판단한 것은 잘못된 것이 아니냐고 고린도 교인들이 반론을 제기할 수도 있겠다고 예상하고서, 그들의 반론을 미리 차단하기 위하여 여기에서 이런 말을 하고 있는 것이라고 생각한다: "형제들아, 나는 신령한 자들에게 말하듯이 너희에게 말할 수 없어서, 육신에 속한 자들에게 말하듯이 너희에게 말해야 하였다." 즉, 사도는 고린도 교인들을, 하나님의 도에 어느 정도 정통해서, 상당한 정도의 영적 완전함에 도달해 있는 그리스도인들이 아니라, 온전히 육신적이고 감각적인 욕망의 지배를 받고서 온통 그러한 행실들만을 행하고 있는 것은 아닐지라도, 믿음이나 성결함에 있어서 완전함과는 거리가 먼 그런 자들로 상대하여야 하였다는 것이다. 사도는 그런 그들을 "그리스도 안에서" 다 자란 성인들이 아니라

"어린 아이들"이라고 부르는데, "그리스도 안에서 어린 아이들"이 어떤 자들인지에 대해서는 히브리서 5:12-14에서 다음과 같이 좀 더 자세하게 설명한다: "때가 오래되었으므로 너희가 마땅히 선생이 되었을 터인데 너희가 다시 하나님의 말씀의 초보에 대하여 누구에게서 가르침을 받아야 할 처지이니 단단한 음식은 못 먹고 젖이나 먹어야 할 자가 되었도다 이는 젖을 먹는 자마다 어린 아이니 의의 말씀을 경험하지 못한 자요 단단한 음식은 장성한 자의 것이니 그들은 지각을 사용함으로 연단을 받아 선악을 분별하는 자들이니라."

2. 내가 너희를 젖으로 먹이고 밥으로 아니하였노니 이는 너희가 감당하지 못하였음이거니와 지금도 못하리라.

"젖"은 사도가 히브리서에서 "하나님의 말씀의 초보"라 부른 것을 가리키는데, 여기에서 "밥"으로 표현되고 히브리서 5:14에서는 "장성한 자의 것"인 "단단한 음식"으로 표현된 좀 더 깊은 영적인 가르침들과 대비된다. 어린 아이들의 위가 단단한 음식을 소화시킬 수 없는 것과 마찬가지로, 회심한 지 얼마 안 되는 초신자들은 "지각을 사용함으로 연단을 받아 선악을 분별하는 자들"이 될 때까지는 좀 더 깊은 영적인 신비들을 소화할 수 없다. 사도는 자기가 그들에게 "하나님의 깊은 것들"을 전하지 않은 이유가 거기에 있었다고 설명한다. 즉, 그들은 사도가 그들에게 처음으로 나아가서 가르칠 때에도 그런 깊은 가르침들을 감당할 수 없었고, 사실은 지금도 그런 상태 가운데 있었다. 우리가 앞으로 이 서신을 계속해서 살펴 나가면 드러나겠지만, 고린도 교회에는, 참된 그리스도인들이기는 하였지만, 성숙하고 분별력 있는 그리스도인들이라고 하기에는 한참이나 부족한 자들이 많았던 것으로 보인다.

3. 너희는 아직도 육신에 속한 자로다 너희 가운데 시기와 분쟁이 있으니 어찌 육신에 속하여 사람을 따라 행함이 아니리요.

너희는 아직도 육신에 속한 자로다. 너희는 온전히 육신에 속한 자들은 아니지만, 상당한 정도로 육신에 속한 자들이다. 즉, 그리스도인들은 자신의 육신의 욕심들과 부패하고 타락한 성정들을 하나님의 뜻에 온전히 복종시키는 것이 마땅한데도 불구하고, 너희는 그렇게 하지 못하고 있다. 사도는 그들 가운데 있는 "시기와 분쟁"이 그들이 육신에 속한 자임을 보여 주는 증거라는 것을 그들에게 일깨워 주는데, 갈라디아서 5:19-21에서는 "분쟁과 시기 … 당 짓는 것과 분열함"을 "육체의 일"이라고 말한다. 그런 것들은 모두 한 그리스도인을 완전하게 만들어 주는 "사랑"과 반대되는 것들이다. 사도는 앞에서 그들 가운데 있는 "시기와 분쟁"이 무엇을 의미하는지를 이미 앞에서 말한 바 있지만, 다음 절에서 다시 한 번 그것을 말해 준다.

4. 어떤 이는 말하되 나는 바울에게라 하고 다른 이는 나는 아볼로에게라 하니 너희가 육의 사람이 아니리요.

고린도 같은 큰 도시에서 그리스도인들은, 어떤 사역자가 하나님으로부터 더 탁월한 은사들을 받았다거나(이 점에서는 바울이 아볼로보다 더 선호되었을 것임에 틀림없다), 어떤 사역자가 지닌 은사들이 자기에게 더 잘 맞는다는 이유로, 여러 사역자 중에서 어떤 특정한 사역자 아래에 자신을 두거나, 어느 한 사역자를 다른 사역자들보다 더 선호하는 일은 얼마든지 있을 수 있다. 그러나 고린도 교인들은 자기가 선호하는 특정한 복음 사역자만을 고집하고 추종하는 가운데 파당을 지어, 복음 사역을 신실하게 감당하는 하나님의 참된 종들인 다른 사역자들을 서로 헐뜯고 멸시하며 서로 다투었고, 그것이 죄악 된 일이었기 때문에, 사도는 그들이 성도답게 행하지 않고, "사람을 따라" 악하고 부패한 성정이 시키는 대로 행하고 있으며, 그리스도의 사역자들에 대하여 올바른 개념을 지니고 있지 못하고, 사역자들에 대하여 합당하게 처신하지 못하고 있다고 말한 것이었다.

5. 그런즉 아볼로는 무엇이며 바울은 무엇이냐 그들은 주께서 각각 주신 대로 너희로 하여금 믿게 한 사역자들이니라.

바울과 아볼로는 너희에게 믿음을 준 자들이 아니라, 단지 그 도구들일 뿐이고, 각 사람에게 믿음을 주시는 분은 주님이시다. 또는, 후반절에서 "주께서 각 사람에게 주신"이라는 어구가 "사역자들"에 걸리는 것으로 이해해서, "바울과 아볼로는 너희로 하여금 믿게 하기 위하여 주께서 각 사람에게 주신 사역자들이다"라는 의미로 해석하는 것도 가능하다. 즉, 사역자들은 주께서 각 사람에게 주신 것이기 때문에, 그들의 사역에 있어서의 능력과 성공은 그들 자신에게 달려 있지 않고, 전적으로 하나님께 달려 있다는 것이다. 따라서 이 구절의 의미는 이런 것이다: 복음 사역자들은 하나님으로부터 받은 은사들이 서로 다르고, 사역의 성공 정도도 각각 다르지만, 하나님께서 사람들을 부르셔서 복음의 교훈을 믿게 하시고 그리스도를 영접하게 하기 위하여 사용하시는 자들이자 그리스도의 종들로서 일하고 있다는 점에서는 서로 같다. 그들이 하는 일은 하나님의 일이지, 그들 자신의 일이 아니다.

6. 나는 심었고 아볼로는 물을 주었으되 오직 하나님께서 자라나게 하셨나니.

하나님께서는 내게 너희 중에서 처음으로 복음을 전하는 영광을 주셨고(행 18

장), 나의 전도에 복을 주셔서, 너희를 회심시켜 그리스도께로 돌아오게 하셨다. 그런 후에, 나는 너희를 떠났고, 아볼로가 그 뒤에 와서 매일 같이 너희 가운데서 강론하여, 내가 "심은" 것에 "물을 주었다." 사도행전 18:24-26을 보라: "알렉산드리아에서 난 아볼로라 하는 유대인이 에베소에 이르니 이 사람은 언변이 좋고 성경에 능통한 자라 그가 일찍이 주의 도를 배워 열심으로 예수에 관한 것을 자세히 말하며 가르치나 요한의 세례만 알 따름이라 그가 회당에서 담대히 말하기 시작하거늘 브리스길라와 아굴라가 듣고 데려다가 하나님의 도를 더 정확하게 풀어 이르더라." 아볼로는 하나님께서 너희의 믿음과 성결을 더욱 세우시기 위하여 사용하신 도구였고, 너희로 하여금 "자라나게 하시고" 열매를 맺을 수 있게 하신 분은 하나님이시다.

이 비유는 농부들이나 정원사들이 나무나 식물을 기르는 것으로부터 가져온 것이다. 그들은 특정한 식물을 심고 물을 주는 일을 하지만, 그 식물이 자라나서 싹을 틔우고 꽃이나 열매를 맺는 것은, 그 식물을 심고 물을 준 사람의 손길보다는, 그 식물이 심겨져 있는 땅과 하늘로부터 내려오는 햇빛과 이슬과 비, 그리고 자연의 하나님이 창조하신 그 식물에 내재된 어떤 힘에 많이 좌우된다. 사람들의 심령도 마찬가지이다. 어떤 사역자는 사람들의 심령을 처음으로 회심시키는 일에 사용되고, 어떤 사역자는 사람들의 심령에 더욱더 덕을 세우는 일에 사용된다. 그러나 사람들의 심령을 회심시키고 덕 세우는 일은, 그러한 일들에 있어서 하나님이 사용하시는 도구들에 불과한 사역자들이 아니라, 하나님이 그 심령들에게 주시는 새 마음과 새로운 본성, 그 심령들에 역사하시는 은혜의 성령으로 말미암은 "의의 해"로부터 오는 능력에 의해서 많이 좌우된다.

7. 그런즉 심는 이나 물 주는 이는 아무 것도 아니로되 오직 자라게 하시는 이는 하나님뿐이니라.

땅의 식물을 기르는 경우에, 그 식물을 자라나게 하시고 열매를 맺게 하시는 데에는 하나님의 힘이 지대하게 작용하고, 거기에 비하면, 농부들이나 정원사들의 힘은 아무것도 아니다. 하나님께서는 땅에 심겨진 식물에 본성적인 생명력을 주시고, 그 위에 햇빛과 비를 내려 주심으로써, 그 식물로 하여금 싹을 내고 열매를 맺게 하신다. 이러한 법칙은 영적인 경작에도 그대로 적용된다. 사람들의 심령으로 하여금 영적으로 자라나서 열매를 맺게 하는 일에 있어서, 그 일차적이고 주된 실효적인 힘은 하나님으로부터 오고, 하나님의 손에 들려서 그 일에 사용되는 도구들인 우리가 기여하는 것은 거의 없다고 할 정도로 미미하다. "나는 심었고 아볼로는 물을 주었다." 그러나 우리가 어떤 영혼이 변화되거나 자라거나 어떤 영적인 성숙을 보이는 것을 발견하면, 우리는 "여호와여 영광을 우리에게 돌리지 마옵소서 우리에게 돌리지 마옵소서 오직 … 주의 이름에만 영광을 돌리소서"(시 115:1)라고 말하는 것이 마땅하다. 그 일과 관련된 모든 것을 하신 분은 하나님이시고, 우리는 하나님에 비하면 아무것도 한 것이 없다.

사도의 이 말은 복음의 사역을 쓸모없는 것이라고 폄하하고자 하는 것이 아니라, 땅에서의 경작에 비유해서 말하자면, 만일 하나님께서 먼저 각 식물에 그 고유한 본성과 효능을 주시고, 그런 후에 하늘로부터 햇빛과 이슬과 비를 내려 주시지 않는다면, 농부들이나 정원사들이 아무리 식물들을 심거나 물을 준다고 해도, 그 식물들에서 싹이 나거나 자라거나 열매를 맺는 일은 결코 없을 것이기 때문에, 그들의 모든 일들은 아무 짝에도 쓸모없는 것들이 되고 말 것임을 말하고자 하는 것이다. 우리가 여기에서 주목할 것은, 사도는 사람들이 자신의 의지 속에 본성적으로 내재되어 있는 능력을 잘 사용해서 심령들을 자라나게 하는 것이라고 말하지 않고, 하나님께서 자라나게 하시는 것이라고 말하고 있다는 사실이다. 이것은 사람들의 심령이 회심하거나 덕 세움을 입기 위해서는, 사역자들이 복음이나 말씀을 제대로 잘 전해야 할 뿐만 아니라, 반드시 거기에 하나님의 특별한 은혜가 더해져야 한다는 것을 보여 준다. 바울은 복음 전도를 통해 심었고, 아볼로는 많은 강론들을 통한 가르침으로 물을 주었지만, 사람들의 심령을 자라나게 하실 수 있으신 분은 하나님이시다. 따라서 사도는 여기에서 어떤 사역자인지를 막론하고 모든 사역자들은 회심이나 덕 세움과 관련해서 복된 결과를 만들어 내는 데 일차적이거나 주된 원인이 아니고, 단지 도구적인 원인에 불과하고, 그 복된 결과가 이루어지느냐의 여부는 오로지 하나님께 달려 있기 때문에, 하나님이 하시는 일에 비하면, 사역자들이 하는 일은 아무것도 아니라는 논증 위에서, 어느 특정한 사역자를 다른 사역자들보다 더 높이거나 공경하는 것은 도무지 이치에 맞지 않는 한심스러운 일이라는 결론을 제시한다.

8. 심는 이와 물 주는 이는 한가지이나 각각 자기가 일한 대로 자기의 상을 받으리라.

심는 이와 물 주는 이는 한가지이나. 그리스도의 사역자들은, 심는 일에 사용되든 물 주는 일에 사용되든, 터를 놓는 일에 사용되든 그 위에 집을 짓는 일에 사용되든,

모두가 다 "한가지"이다. 왜냐하면, 그들은 직임과 사역의 종류는 각각 다를지라도, 모두 한 분이신 그리스도의 종들이기 때문이다. 모든 사역자들은 한 분 동일하신 주님을 섬기고, 동일한 일을 하며, 그들이 온 힘을 다해 일하는 목적도 동일하기 때문에, 파당이나 분파로 나뉠 수 없다. 그러므로 너희도 각자가 선호하는 사역자를 고집하며 나뉘어서는 안 된다.

각각 자기가 일한 대로 자기의 상을 받으리라. 하지만 사역자들이라고 해서, 모두 다 동일한 상을 받는 것은 아니다. 왜냐하면, 사역자들마다 수고하는 정도가 다르고, 자신의 일을 성공적으로 수행하여 하나님께 영광을 돌리는 정도도 다르기 때문이다. 따라서 각각의 사역자들은 자신의 수고에 걸맞은 상을 받게 될 것이다. 사도는 사역자들은 자신의 일에 성공한 정도대로(이것은 그들의 능력에 달려 있는 것이 아니기 때문에) 상을 받게 될 것이라고 말하는 것이 아니라, "자기가 수고한 대로"(한글개역개정에는 "자기가 일한 대로") 상을 받게 될 것이라고 말한다.

9. 우리는 하나님의 동역자들이요 너희는 하나님의 밭이요 하나님의 집이니라.

우리는 하나님에 비하면 아무것도 아니지만, 우리의 위치는 결코 미천한 것이 아니다. 하나님께서는 일차적이고 주된 실효적 원인으로서 일하시고, 우리는 하나님의 도구들이 되어서 하나님과 함께 일한다. 하나님께서는 사람들의 마음에 비밀하게 역사하시는 방식으로 일하시고, 우리는 사람들의 귀에 복음을 들려 주는 방식으로 일하지만, 하나님과 우리가 하는 일의 취지와 목적은 동일하다. 복음서 기자는 "제자들이 나가 두루 전파할새 주께서 함께 역사하사 그 따르는 표적으로 말씀을 확실히 증언하시니라"(막 16:20)고 보도함으로써, 하나님이 자신의 사역자들과 동역하신다고 말하고, 여기에서는 복음 사역자들은 하나님과 함께 일하는 "동역자들"이라고 말한다. 이렇게 함으로써, 사도는 자기가 앞에서 말했던 것, 즉 하나님의 사역자들이 상을 받게 될 것이라고 한 말이 사실이라는 것을 증명한다. 하나님께서는 자기와 동역하는 자들에게 반드시 상을 주실 것이다. 이렇게 사역자들은 모두 다 "하나님의 동역자들"이기 때문에 "한가지"이다. 하지만 너희는 너희 자신을 우리의 밭이라고 생각해서는 안 된다. 왜냐하면, 너희는 "하나님의 밭"이기 때문이다. 그래서 하나님의 백성은 "여호와께서 심으신 자"(사 61:3)로 불린다. 또한, 너희는 "하나님의 집"이다. 그래서 교회는 "하나님의 집"(딤전 3:15)으로 불린다. 사도는 이렇게 계속해서 그들은 사역자들의 것이 아니라 하나님의 것이라는 사실을 일깨워 준다. 그들이 회심하고 덕 세움을 받은 것은 모두 다 전적으로 하나님 덕분이라는 것이다.

10. 내게 주신 하나님의 은혜를 따라 내가 지혜로운 건축자와 같이 터를 닦아 두매 다른 이가 그 위에 세우나 그러나 각각 어떻게 그 위에 세울까를 조심할지니라.

내게 주신 하나님의 은혜를 따라 내가 지혜로운 건축자와 같이 터를 닦아 두매. 여기에서 "은혜"로 번역된 '카린' (χάριν)은, 하나님께서 바울에게 복음을 전하라고 주신 능력이나, 하나님이 그를 부르신 사도직을 가리킨다. 바울은 이 두 가지가 모두 하나님으로부터 온 것이고, 하나님이 자기에게 값없이 거저 주신 사랑과 은총의 결과들이라고 말한다: "지혜로운 건축자"가 먼저 터를 닦고 나서, 자기가 닦아 둔 터 위에 집을 짓는 것과 마찬가지로, 나는 하나님이 주신 은혜를 따라서 이 유명한 도시에서 최초로 복음을 전하여 "터를 닦아 두었다." 이렇게 복음을 처음으로 전하는 것은 "터를 닦는 것"이라 불린다(롬 15:20; 히 6:1).

다른 이가 그 위에 세우나 그러나 각각 어떻게 그 위에 세울까를 조심할지니라. 바울이 떠난 후에, 아볼로를 비롯한 여러 사역자들이 와서, 고린도 교인들 가운데서 복음을 전하는 일을 계속해 나갔다. 그러나 바울은 자기가 터를 닦아 둔 곳에 나중에 와서 무엇을 세우려고 하는 자들은 자신들이 무엇을 세우고 있는 것인지를 주의할 필요가 있다고 말한다. 왜냐하면, "우리나 혹은 하늘로부터 온 천사라도 우리가 너희에게 전한 복음 외에 다른 복음을 전하면 저주를 받게" 될 것이기 때문이다(갈 1:8).

11. 이 닦아 둔 것 외에 능히 다른 터를 닦아 둘 자가 없으니 이 터는 곧 예수 그리스도라.

이 본문에 나오는 "능히"는 단순히 그 일을 할 수 있는 능력이 있거나 그 일이 허용되어 있다는 의미가 아니라, 그 일을 하는 것이 합법적이라는 것을 가리킨다: 내가 닦아 둔 터 외에 다른 터를 닦는 것은 합법이지 않고 불법이다. 즉, 내가 이미 너희에게 전한 구원의 교훈, 즉 예수 그리스도로 말미암은 구원에 관한 가르침 외의 다른 것을 가르치거나 전하는 것은 불법이다. "다른 이로써는 구원을 받을 수 없나니 천하 사람 중에 구원을 받을 만한 다른 이름을 우리에게 주신 일이 없음이라"(행 4:12).

12. 만일 누구든지 금이나 은이나 보석이나 나무나 풀이나 짚으로 이 터 위에 세우면.

사도는 9절에서 고린도 교회를 건물에 비유해서 "하나님의 집"이라고 하였는데,

여기에서도 계속해서 그 비유를 이어간다. 앞에서 사도는 그들이 복음의 교훈이라는 터, 즉 그들에게 그리스도를 전한 사도들과 선지자들의 가르침이라는 터 위에 세워져 있다고 말하였고, 그 터 외에 다른 터를 닦는 자는 모두 불법이라고 말하였다. 그러나 이 터 위에는 어떤 형태로든 집이 지어져야 하는데, 그 집은 여러 가지 재료로 지어지게 될 것이다. 사도는 여섯 가지 재료를 열거한다. "금"과 "은"과 "보석"이라는 세 가지 재료는 매우 귀하고 훌륭한 재료들이고, "나무"와 "풀"과 "짚"이라는 세 가지 재료는 별 가치도 없고 나쁜 재료들이다. 사도는 선한 일들이나 악한 일들, 또는 선한 가르침들이나 악한 가르침들을 이런 식으로 표현하고 있다. 즉, "금"과 "은"과 "보석"은 선한 가르침들을 의미하고, "나무"와 "풀"과 "짚"은 악한 가르침들을 의미한다. 또한, 악한 가르침들 중에서도 다른 것들보다 더 사람들의 심령에 해롭고 위험하며 가증스러운 것들이 있는 반면에, 사람들의 심령에 아무런 유익도 주지 못하는 거짓되고 무익하며 하찮기 때문에 나쁜 것들로 분류된 것들도 있기 때문에, 사도는 "나무"와 "풀"과 "짚"이라는 여러 악한 재료들을 열거함으로써, 악한 정도가 서로 다른 가르침들이 있다는 것을 표현하고 있다.

13. 각 사람의 공적이 나타날 터인데 그 날이 공적을 밝히리니 이는 불로 나타내고 그 불이 각 사람의 공적이 어떠한 것을 시험할 것임이라.

사도는 이렇게 말한다: "각 사람," 즉 각각의 선생의 "공적," 즉 가르침이 어떠한 것이었는지가 분명하게 "나타날" 때가 장차 도래하게 될 것이다. 금속을 시금석에 비추어 연단하여, 그것이 금인지 은인지 보석인지, 아니면 무가치한 다른 금속인지를 가려내듯이, 그 때가 되면, 모든 가르침들이 시험대에 올라서, 그것이 하나님으로부터 나온 것인지 그렇지 않은 것인지가 분명하게 드러나게 될 것이다. 사도는 "그 날이 공적을 밝힐" 것이라고 말하고 있는데, "그 날"이 언제인지에 대해서는 해석자들 사이에서 일치된 견해가 없다. 어떤 이들은 여기에서 "그 날"을 오랜 시간이 지난 어느 날을 가리키는 것으로 이해하고서, 이 구절은 시간이 흐르면서 그것이 밝혀질 것임을 의미하는 것으로 본다. 블레셋의 우상인 다곤이 법궤 앞에서 무너지듯이, 잘못된 가르침들은 오랜 세월을 견뎌낼 수 없다는 것이다. 어떤 이들은 "그 날"이 역경과 큰 환난의 날, 하나님께서 원수 갚으시는 날을 가리키는 것으로 이해한다. 실제로 우리는 거짓된 신앙이나 잘못된 것을 믿는 믿음을 지닌 자들은 악한 날을 만났을 때에 자신들의 그러한 잘못된 신앙에 의지해서 그 어려움들을 극복해 나가지 못하는 것을 자주 본다. 복음의 진리들을 믿는 자들은 하나님의 섭리 속에서 지독한 환난에 처하게 된 날에도 영혼의 평안함과 안식과 힘을 얻어서 넉넉히 그 환난을 헤쳐 나가는 반면에, 거짓과 오류들을 믿는 자들은 그렇게 하지 못한다. 어떤 이들은 "그 날"이 흔히 "주의 날"(고전 1:8)로 불리는 심판의 날, 즉 불에 의해서 만물이 살라지게 될 그 날을 가리키는 것으로 본다(욜 2:3; 살후 1:8): "주의 날이 도둑같이 오리니 그 날에는 하늘이 큰 소리로 떠나가고 물질이 뜨거운 불에 풀어지고 땅과 그 중에 있는 모든 일이 드러나리로다"(벧후 3:10). 그러나 이 본문은 "주의 날"이라고 말하지 않고, 단지 "그 날"이라고만 말한다. 따라서 여기에서 "그 날"은 복음의 빛이 밝게 비추게 되는 날을 가리키는 것으로 보인다. 왜냐하면, 이 본문은 심판의 날에 모든 것이 드러나게 될 것에 대해서가 아니라, 현세에서 각각의 가르침들의 진위 여부가 드러나게 될 것에 대하여 말하고 있는 것으로 보이기 때문이다.

이는 불로 나타내고 그 불이 각 사람의 공적이 어떠한 것을 시험할 것임이라. 여기에 언급된 "불"은 하나님의 진노의 불이나 환난과 역경의 불, 최후의 심판의 불이 아니라, 세상에서 밝히 빛나서, 사람들이 가르치는 모든 가르침들을 시험하여, 타락하고 거짓된 가르침의 찌꺼기와 덤불을 다 태우는 복음 진리의 불을 가리킨다.

14. 만일 누구든지 그 위에 세운 공적이 그대로 있으면 상을 받고.

어떤 사역자가 이 참된 터 위에 자신의 가르침을 세웠고, 그 가르침이 그리스도의 뜻과 합치하는 경우에는, 하나님께서는 그 사역자에게 그의 수고에 대한 상을 주실 것이다. 그 사역자는 하나님으로부터 다음과 같은 음성을 듣게 될 것이다: "잘하였도다 착하고 충성된 종아 … 네 주인의 즐거움에 참여할지어다"(마 25:21, 23).

15. 누구든지 그 공적이 불타면 해를 받으리니 그러나 자신은 구원을 받되 불 가운데서 받은 것 같으리라.

어떤 사역자가 이 참된 터에 자신의 가르침을 세우기는 하였지만, "나무"와 "풀"과 "짚" 같은 헛되고 꾸며낸 이야기들과 복음의 교훈을 뒤섞어서 혼잡한 가르침을 그 터 위에 세운 것이어서, 복음의 진리가 좀 더 밝고 분명하게 드러났을 때, 그 가르침이 불에 다 타버리는 경우에는, 그 사역자는 하나님의 손에 의한 환난이나, 자신의 명성을 잃는 것 같은 "해를 받게" 될 것이다. 그러나 하나님께서는 예수 그리스도라는 참된 터를 고수한 사람에 대해서는, 그 사람이 비록 무수한 잘못과 오류들을 저질렀다고 하더라도, 그 사람을 내치지는 않으실 것이기 때문에, 그 사역자 "자신은 구원을 받기는" 하겠지만, "불 가운데서," 즉 어렵게 가까스로 구원을 받게 될 것이다.

교황주의자들은 여기에 언급된 "불"이 복음의 불, 또는 연옥의 불을 가리키는 것이라고 해석하지만, 다음과 같은 이유들로 인해서, 우리가 앞에서 설명한 것이 이 본문의 좀 더 자연스러운 의미라는 것은 확실하다: (1) "불 가운데서 받다"라는 표현은 속담이나 격언에서 어떤 것을 어렵게 얻은 경우를 나타내는 데 사용되어 왔고, 지금도 사용되고 있다. 예컨대, 우리는 "곤경을 이겨내고 이루어내었다"고 말하고자 할 때, "get out of the fire"라고 표현한다. (2) 연옥의 불이라는 것은 단지 상상 속에서 만들어낸 허구적인 것에 불과하고, 교황의 굴뚝에서 연기가 나게 하기 위하여 꾸며낸 것에 불과하다. (3) 설령 연옥의 불을 가정한다고 하더라도, 교황주의자들이 주장하는 연옥의 불은 단지 사소한 죄들을 정화시킬 뿐이지만, 이 본문에 나오는 "불"은 각 사람이 행한 모든 것, 즉 "나무와 풀과 짚"만이 아니라 "금과 은과 보석"도 태워 시험하는 불이다.

16. 너희는 너희가 하나님의 성전인 것과 하나님의 성령이 너희 안에 계시는 것을 알지 못하느냐.

사도는 고린도 교회와 거기에 속한 지체들을 "하나님의 집"(9절)이라고 한 후에, 건축자들과 터, 그리고 그 터 위에 지어지는 구조물에 관한 얘기를 뒤이어서 자세하게 얘기해 왔는데, 이제 여기에서는 다시 교회 전체에 대한 얘기로 돌아와서, 그들을 "하나님의 성전"이라고 말한다. 이것은 레위 율법에 따라서 유대 교회가 함께 만나 하나님을 공적으로 예배하도록 정해져 있던 공적인 장소였던 예루살렘에 처음에는 솔로몬이 지었고, 나중에는 스룹바벨과 에스라와 느헤미야가 재건하였던 저 고귀하고 장엄한 성전을 염두에 둔 표현임이 분명하다. 레위기에서는 하나님께서 그 성전에 거하셔서, 자기 백성을 만나시고, 그들에게 복을 주시며, 속죄소 또는 시은좌에서 그들에게 응답을 주실 것이라고 말하였다. 사도가 고린도 교회의 지체들을 "하나님의 성전"이라고 한 것은, 그들이 예루살렘 성전이 건축된 것과 동일한 목적을 위하여 실효적으로 부르심을 받고 지음을 받았기 때문이었다. 사도는 이것을 에베소서 1:6에서는 "이는 그가 사랑하시는 자 안에서 우리에게 거저 주시는 바 그의 은혜의 영광을 찬송하게 하려는 것이라"고 말하고, 사도 베드로는 이것을 좀 더 자세하게 풀어서, 하나님의 백성은 "신령한 집"이고 "예수 그리스도로 말미암아 하나님이 기쁘게 받으실 신령한 제사를 드릴 거룩한 제사장"(벧전 2:5)이라고 말한다. 하나님께서는 자신의 영으로 말미암아 그들 가운데 친히 자신의 인격 및 은사들과 은혜들로 거하시기 때문에, 이렇게 하나님이 자기 백성 가운데 거하시는 것은 옛적에 하나님이 유대 성전에 거하실 때와는 비교할 수 없을 정도로 고귀하고 대단한 것이다.

우리는 이 본문 속에서 삼위일체 하나님 중에서 제3위이신 성령의 신성에 대한 분명한 증거를 볼 수 있다. 왜냐하면, 이 본문은 성령을 단지 "하나님의 영"으로 부르는 데서 그치는 것이 아니라, 성도들 안에 계신다고 말하고 있고, 그들이 하나님의 성전인 것은 그들 안에 하나님이 거하시는 까닭이기 때문이다. 사도는 하나님의 백성을 여기에서는 "하나님의 성전"이라고 부르지만, 고린도전서 6:19-20에서는 "성령의 전"이라고 부른다: "너희 몸은 너희가 하나님께로부터 받은 바 너희 가운데 계신 성령의 전인 줄을 알지 못하느냐 너희는 너희 자신의 것이 아니라 값으로 산 것이 되었으니 그런즉 너희 몸으로 하나님께 영광을 돌리라."

17. 누구든지 하나님의 성전을 더럽히면 하나님이 그 사람을 멸하시리라 하나님의 성전은 거룩하니 너희도 그러하니라.

누구든지 하나님의 성전을 더럽히면 하나님이 그 사람을 멸하시리라. 여기에서 "더럽히다"와 "멸하다"로 번역된 헬라어는 서로 동일한데, "범하다, 부패시키다, 파괴하다"를 의미한다. 흠정역 번역자들은 대체로 이 단어를 "부패시키다"로 번역한다(고전 15:33; 고후 7:2; 고전 11:3; 엡 4:22; 유 1:10; 계 19:2). 여기에서 "하나님의 성전"으로 불리는 하나님의 백성이 더럽혀지는 것은 거짓된 가르침을 흡수하여 물들거나, 유혹을 받아서 방탕한 삶과 행실에 빠질 때이다. 사도는 이렇게 말한다: 어떤 사역자가 거짓된 가르침이나, 육체의 욕심을 채우는 방탕하고 추악한 삶으로 이끄는 신앙 원리들을 가르친다면, 하나님께서는 반드시 그 사역자를 멸하실 것이다.

하나님의 성전은 거룩하니 너희도 그러하니라. 옛적의 하나님의 성전이 거룩한 용도를 위하여 지어졌고 구별되었기 때문에, 그 성전을 악용하고 더럽히는 자들은 하나님에 의해서 멸망 받게 될 큰 위험이 상존하였던 것과 마찬가지로, 하나님의 백성도 하나님의 존귀와 영광을 위하여 하나님에 의해서 좀 더 직접적이고 강력한 방식으로 부르심을 받고 구별된 자들이기 때문에, 그들을 타락시키거나 더럽히고자 하는 자들은 하나님에 의해서 멸망 받게 될 극한 위험을 자초하는 것이 될 수밖에 없다.

18. 아무도 자신을 속이지 말라 너희 중에 누구든지 이 세상에서 지혜 있는 줄로 생각하거든 어리석은 자가 되라 그리하여야 지혜로운 자가 되리라.

아무도 자신을 속이지 말라. 어떤 자들은 너희를 놀랍도록 지혜롭게 만들어 주겠다고 호언장담하면서, 화려하고 감동적인 화술과 언변으로, 또는 철학적으로 깊은 사변과 추론으로(이것에 대해서 사도는 골로새서 2:8의 전반절에서 "누가 철학과 헛된 속임수로 너희를 사로잡을까 주의하라"고 경고한다), 또는 "사람의 전통과 세상의 초등학문"으로(사도는 골로새서 2:8의 후반절에서 이 말을 덧붙인다) 너희의 심령을 속이고 미혹하려고 할 것이지만, "이 세상 지혜는 하나님께 어리석은 것"일 뿐이다(19절).

너희 중에 누구든지 이 세상에서 지혜 있는 줄로 생각하거든 어리석은 자가 되라 그리하여야 지혜로운 자가 되리라. 너희 중에, 세상이 "지혜"라고 부르는 것이 가득해서, 다른 사람들이, 또는 스스로 자기가 지혜롭다고 생각하는 자가 있다면, 그것은 다른 사람들을 속이고, 스스로 속고 있는 것이다. 그러므로 너희가 하나님 앞에서 진정으로 지혜롭게 되어서 영원한 생명과 구원을 얻는 자가 되고자 한다면, 너희는 이 세상의 지혜자들과 철학자들에게 "어리석은 자"가 되어야 한다. 왜냐하면, 자연적인 이성과 철학적인 원리들을 토대로 너희가 쌓아 온 온갖 개념들과 생각들은 하나님의 계시와 부합하지 않는 까닭에, 너희가 진정으로, 그리고 영적으로 지혜로운 자가 되고자 한다면, 너희가 지금까지 쌓아 온 그러한 개념들과 생각들을 다 부인하고, 오직 하나님이 자신의 말씀 속에서 계시하신 것들만을 진정으로 깨닫고 받아들여 믿어서, 하나님의 사람으로서 구원에 속한 일과 관련하여 지혜롭게 되고, 모든 선한 일을 행하기에 온전히 준비된 자가 되어야 하기 때문이다.

19. 이 세상 지혜는 하나님께 어리석은 것이니 기록된 바 하나님은 지혜 있는 자들로 하여금 자기 꾀에 빠지게 하시는 이라 하였고.

이 세상 지혜는 하나님께 어리석은 것이니. 하나님께서는 세상이 지혜라고 부르는 것을 "어리석은 것"으로 여기시고, 하나님의 판단은 잘못될 수 없고 오류가 있을 수 없는 까닭에, 하나님이 어리석은 것이라고 여기시면, 실제로도 그것은 어리석은 것이다. 세상의 철학자들과 지혜자들은 인간을 행복하게 하고자 하는 것이 자신들의 목표라고 설명하고, 실제로 행복은 모든 사람들이 추구하는 진정한 목표이다. 참된 지혜는 최고의 목표를 달성하기 위해서 최고의 수단을 사용한다. 따라서 최고의 목표로 이끌지 않거나, 최고의 목표를 달성하기 위한 최고의 수단이 아닌 것은, 아무리 지혜라도 불러도, 사실은 어리석은 것일 수밖에 없다. "세상 지혜"는 기껏해야 현세의 행복만을 추구하는 것이기 때문에 최고의 목표로 이끄는 것도 아니고, 현세의 행복이라는 목표를 달성하기 위한 최고의 수단도 아니다. 따라서 하나님께서

"세상 지혜"를 "어리석은 것"으로 여기시는 것은 지극히 합당하다.

기록된 바 하나님은 지혜 있는 자들로 하여금 자기 꾀에 빠지게 하시는 이라 하였고. 세상의 지혜롭고 박식한 사람들이 이런 식으로 자신들의 판단과 실천에 있어서 오류를 범하는 것은 결코 이상한 일이 아니다. 왜냐하면, 하나님께서는 옛적에 엘리바스를 통해서, 하나님은 "지혜로운 자가 자기의 계략에 빠지게 하시는"(욥 5:13) 이시라는 것을 우리에게 가르쳐 주셨기 때문이다.

20. 또 주께서 지혜 있는 자들의 생각을 헛것으로 아신다 하셨느니라.

또한, 하나님께서는 시편 기자를 통해서, "여호와께서는 사람의 생각이 허무함을 아시느니라"(시 94:11)고 말씀하셨다. 사람이 생각하고 계획하고 추론하는 모든 것들이 다 "헛것"이다. 사람들은 자기가 달성할 수 없는 목표들을 설정하고, 그러한 목표들을 달성하기에 역부족인 수단들을 사용해서 그 목표들을 추구한다.

21. 그런즉 누구든지 사람을 자랑하지 말라 만물이 다 너희 것임이라.

그리스도는 오직 한 분이시고, 그의 사역자들은 "주께서 각각 주신 대로 너희로 하여금 믿게 한 사역자들"(5절)로서 모두 똑같이 그리스도의 일꾼들일 뿐이기 때문에, 너희의 심령 속에서 구원을 시작하시거나, 너희의 심령 속에서 역사하셔서 계속해서 너희를 점점 더 온전함을 이루게 하시는 모든 역사는 하나님으로부터 오고, 거기에 비하면 사역자들이 하는 일은 아무것도 없다고 해도 과언이 아니다. 너희는 사역자들이 일구는 밭이나 사역자들이 짓고 있는 집이 아니라, 하나님께서 자신의 일꾼들을 사용하셔서 일구시고 지으시는 "하나님의 밭"이자 "하나님의 집"이고, 더 나아가 하나님이 너희 속에 친히 거하시는 "하나님의 성전"이다. 그러므로 너희는 "나는 바울에게 속한 자라"거나 "나는 아볼로에게 속한 자라"고 말함으로써(고전 1:12) "사람을 자랑하지 말고," 오직 너희가 "그리스도의 것"(23절)이라는 사실을 자랑하는 것이 마땅하다. 게다가, "만물이 다 너희 것"인데, 왜 너희는 특정한 사역자를 자랑하는 것이냐? 그것은 마치 모든 재산이 두 명의 공동상속자의 것인데, 그들이 다른 많은 집들과 토지들은 멸시하고, 오로지 어느 한 특정한 집이나 토지를 자랑하는 것과 마찬가지가 아니겠는가?

22-23. [22]바울이나 아볼로나 게바나 세계나 생명이나 사망이나 지금 것이나 장래 것이나 다 너희의 것이요 [23]너희는 그리스도의 것이요 그리스도는 하나님의 것이니라.

사도는 이 두 절에서 다음과 같이 세 가지를 단언한다: (1) "만물"은 믿는 자들의 소유이다. (2) 그들은 그리스도의 소유이다. (3) 이 두 가지 사실을 근거로 도출된 결론은, 그들이 "사람을 자랑해야" 할 이유가 없다는 것이다.

사도는 방금 앞에서 "만물이 다 너희 것"이라고 말하였었는데, 여기 22절에서 또 다시 그 말을 반복한다. 즉, 그들에게는 만물에 대한 적법한 소유권이 있고, 만물은 그들의 유익을 위해 사용되도록 되어 있다. 사도는 만물 중에서 먼저 사역자들을 거론한다. 믿는 자들에게는 누구나 바울과 아볼로와 베드로를 자신들의 유익을 위하여 사용할 권한이 있다. 왜냐하면, 모든 사역자들은 교회의 유익을 위하여 일하는 그리스도의 종들이고, 믿는 자들은 교회의 일원이기 때문이다. 다음으로, 사도는 계속해서 "세계," 즉 세계에 속한 모든 것들이 다 믿는 자들의 것이라고 말한다. 세계의 모든 것들은, 하나님께서 믿는 자들의 유익을 위하여 자신의 섭리를 통해 운용하시는 것들이고, 그 소유권은 믿는 자들에게 있다. 따라서 하나님의 사역자들의 "생명이나 사망," 믿는 자들의 "생명이나 사망," 그리고 "지금 것이나 장래 것" 전부도 믿는 자들의 소유이다. 이 모든 것들은 하나님의 섭리에 의해서 믿는 자들에게 주어져 있기 때문에, 믿는 자들은 마음 편히 그것들을 사용할 수 있다.

믿는 자들은 "그리스도의 것"이다. 그들은 바울의 것이거나 아볼로의 것이거나 베드로의 것이 아니다. "신부를 취하는 자는 신랑이다"(요 3:29). 복음 사역자들은 단지 신랑의 "친구들"일 뿐이다. 그리고 "그리스도는 하나님의 것"이다. 즉, 그리스도는 신성으로는 영원한 출생에 의해서 나신 하나님의 아들이시고, 인성으로는 율법 아래에서 나셔서 아버지의 뜻에 죽기까지 복종하신 하나님의 종, 곧 기름 부음 받은 자 메시야이자 하나님으로부터 보내심을 받으신 중보자이시다. 만물은 하나님의 것인데, 하나님께서 그리스도에게 주셨고, 그리스도께서는 너희에게 주셨기 때문에, 만물의 소유권은 믿는 자들에게 귀속되어 있다. 세상 사람들이 소유한 것들은 창조주이신 하나님으로부터 받은 것들이고, 그들은 그리스도께 접붙임 되거나 그리스도 안에 심겨져 있는 자들이 아닌 까닭에, 그것들은 그리스도에게서 받은 것들이 아니다.

따라서 고린도 교인들이 이런저런 특정한 사도나 사역자와 자신들의 관계를 자랑하는 것은 어이없고 헛된 것이라고 사도가 결론을 내리고 있는 것은 지극히 옳다. 왜냐하면, 그들에게는 모든 사역자들의 수고를 요구할 수 있는 정당하고 적법한 권한이 주어져 있고, 그들은 모든 신실한 사역자들을, 하나님이 고린도 교회 전체의 유익을 위하여 주신 선물로 여기는 것이 마땅한데도, 어느 특정한 사역자만을 고집하고 자랑하며, 하나님의 선물인 다른 사역자들을 배제하는 어리석음을 범하고 있기 때문이다. 하지만 그렇다고 해서, 이것은 어느 특정한 목회자나 교사가 한 특정한 회중을 담임해서 그들을 돌보고 사역해 나가서는 안 된다는 말이 결코 아니다. 도리어, 특정한 회중은 그 회중을 담당한 사역자를 공경하는 것이 마땅하다. 단지, 그 회중이 오직 특정한 사역자만을 공경하고, 하나님의 다른 신실한 사역자들을 멸시하거나 폄하함으로써, 하나님의 교회 안에 파당을 만들어서는 안 된다는 것이다.

MATTHEW POOLE'S COMMENTARY

고린도전서 4장

개요

1. 바울은 사람들이 자기를 어떤 식으로 판단하든지 간에, 하나님이 자기에게 맡기신 일에 자기가 충성을 다하였는지를 최종적으로 판단하실 이는 하나님이시라고 말함(1–5).
2. 하나님의 모든 사역자들은 각자가 하나님이 맡긴 일들을 하고 있는 것일 뿐이기 때문에, 고린도 교인들은 사역자들을 비교해서 평가해서는 안 된다고 함(6–7).
3. 바울은 고린도 교인들이 모든 것에 풍족하여 자만에 빠져서 헛되이 왕 노릇 하고 있는 것을 멸시와 환난 가운데 있는 자신의 처지와 대비시킴(8–13).
4. 바울은 자기가 그리스도 안에서 그들의 유일한 영적 아버지라는 것을 근거로 그들에게 경고하며, 자기를 본받으라고 강력하게 권함(14–16).
5. 바울은 그들에게 경고하고 권하기 위하여 자기가 가기 전에 먼저 디모데를 보내었다고 말하고, 나중에 자기가 가서, 자기에게 반대한 자들이 과연 하나님의 권세로 그렇게 하고 있는 것인지를 따져 보겠다고 말함(17–21).

1. 사람이 마땅히 우리를 그리스도의 일꾼이요 하나님의 비밀을 맡은 자로 여길지어다.

여기에서 사도는 복음 사역자들을 어떤 사람들로 보아야 하는지, 그 제대로 된 개념을 그들에게 제시한다. 즉, 복음 사역자들은 "일꾼들," 곧 종들이기 때문에, 고린도 교인들은 자신들을 회심시키고 덕 세운 역사와 관련된 영광을 사역자들이 아니라 그 주인에게 돌리는 것이 마땅하다는 것이다. 그들은 "그리스도의 일꾼들"이기 때문에, 그들에게는 그리스도와의 관계가 주된 것이고, 교회와의 관계는 부차적인 것일 뿐이다. 그들은 "그리스도의 일꾼들"이기 때문에, 오직 그리스도께서 원래 명하신 것들만을 수행하여야 한다. 그들은 율법의 일꾼들이 아니라 복음의 일꾼들이기 때문에, 그들의 일차적인 책무는 그리스도와 그의 복음을 사람들에게 전하는 것이다.

또한, 그들은 "하나님의 비밀을 맡은 자들," 즉 하나님께서 자신의 말씀과 성례전들을 자신의 교회에 시행하는 책무를 맡기신 자들이다. 여기에서 "비밀"은 은밀한 모든 것을 가리키지만, 특히 표적들과 예표들을 통해서 나타난 하나님의 비밀, 또는 모든 사람들에게 분명하게 인식되는 것은 아닌 종교적인 비밀을 가리킨다. 이 단어가 이러한 의미로 사용된 예로는 마태복음 13:11의 "천국의 비밀들," 디모데전서 3:16의 "경건의 비밀," 에베소서 3:4의 "그리스도의 비밀," 골로새서 2:2의 "하나님의 비밀인 그리스도" 등이 있고, 이러한 "비밀"로 여겨지는 것들로는 디모데전서 3:16에 언급된 그리스도의 성육신, 에베소서 3:4에 나오는 이방인들의 부르심, 고린도전서 15:21에 언급된 "죽은 자의 부활," 에베소서 5:32에 나오는 그리스도와 그의 교회 간의 신비의 연합과 교통(communion) 등이 있다. 복음 사역자들은, 우리가 통상적으로 말씀과 성례전이라고 말하는 그리스도의 비밀한 가르침들과 제도들을 맡은 청지기들이다.

2. 그리고 맡은 자들에게 구할 것은 충성이니라.

"충성"은 모든 종들에게 요구되는 것이기는 하지만, 그 중에서도 주인의 소유를 맡아서 사람들에게 나누어 주는 청지기 역할을 하는 주요한 종들에게는 특히 더 요구된다. 맡은 자들, 즉 청지기들이 주인의 명령과 지시를 따라 주인의 소유를 각 사람에게 정해진 분량대로 나누어 주고, 주인이 어떤 사람들에게 어느 정도의 분량을 주라고 명령하신 것을 하나도 어기지 않고 그대로 시행할 때, 우리는 그 청지기들을 충성된 자들이라고 말할 수 있다. 따라서 바울은 사도행전 20:20, 27에서 자기는 "유익한 것은 무엇이든지 공중 앞에서나 각 집에서나 거리낌이 없이" 그들에게 "전하여 가르치고" "꺼리지 않고 하나님의 뜻을 다" 그들에게 "전하였다"고 자부심을 가지고 말한다. 그리스도께서는 "거룩한 것을 개에게 주지 말며 너희 진주를 돼지 앞에 던지지 말라"(마 7:6)고 명하셨기 때문에, 청지기들은 이 명령도 거슬러서는 안 된다.

3. 너희에게나 다른 사람에게나 판단 받는 것이 내게는 매우 작은 일이라 나도 나를 판단하지 아니하노니.

너희에게나 다른 사람에게나 판단 받는 것이 내게는 매우 작은 일이라. "나는 아볼로에게 속하였다"거나 "나는 게바에게 속하였다"고 말한 사람들은, 적어도 암묵적으로 자신들은 바울보다 아볼로나 게바를 더 높이 친다는 속내를 보임으로써, 바울을 판단한 것이었다. 고린도전후서의 여러 대목들에서는, 고린도 교인들이 바울을 아주 원색적으로 비난하였을 가능성이 높다는 것을 보여 주는 낌새들이 드러난다. 그래서 사도는 여기에서 사람들이 자기에 대하여 무엇이라고 말하며 자기를 판단하든, 자기는 그들의 그러한 판단들을 별 것 아닌 사소한 것들로 여긴다고 고린도 교인들에게 말한다. 여기에서 "다른 사람에게나"로 번역된 헬라어는 직역하면 "사람의 날에 의해서"로 번역될 수 있지만, 흠정역 번역자들은 예레미야서 17:16에 나오는 "재앙의 날"이 재앙의 심판을 의미하듯이, 여기에서도 "날"은 "심판"을 의미하는 것으로 보고서, 이 어구를 "사람의 심판에 의해서"로 번역하였는데, 이 번역은 일반적으로 이 어구의 참된 의미를 드러낸 번역으로 여겨진다. 따라서 성경에서 "여호와의 날"은 여호와의 심판을 의미한다. 이렇게 "날"이 "심판"을 가리키는 의미로 사용되게 된 것은 아마도 재판정에 출두하게 되어 있는 사람들이 특정한 날에 출두하도록 요구받은 것에서 유래한 것으로 보인다.

나도 나를 판단하지 아니하노니. 사도는 이렇게 말한다: 나도 나 자신에 대하여 그 어떤 판결을 내리지 않고, 나에 대한 판결을 하나님께 맡겨 드리고 있다. 내가 내 자신에 대하여 판단한다면, 그 판단에는 착오가 있을 수 있기 때문에, 나는 내 자신에 대하여 그 어떤 판단도 하지 않으려 한다.

4. 내가 자책할 아무 것도 깨닫지 못하나 이로 말미암아 의롭다 함을 얻지 못하노라 다만 나를 심판하실 이는 주시니라.

내가 자책할 아무 것도 깨닫지 못하나 이로 말미암아 의롭다 함을 얻지 못하노라. 사도는 자기는 잘못한 것도 없고 악한 일을 저지른 것도 없다고 말한다. 하지만 사도는 로마서 7장에서 그 정반대의 취지로 말을 하고 있기 때문에, 우리는 여기에서 사도가 자신이 악하거나 죄악 된 일을 한 것을 알지 못한다고 말한 것을 보편적으로 적용해서, 자기는 모든 면에서 그 어떤 잘못도 하지 않았다는 의미로 말한 것으로 해석해서는 안 되고, 자기가 복음 사역자로서의 직무를 수행함에 있어서 잘못을 행한 것이 없다는 의미로 이해하여야 한다: 나는 나의 직무를 수행함에 있어서 그 어떤 일과 관련해서도 의도적으로 잘못을 저지른 적이 기억이 없다. 하지만 그럴지라도, 나는 하나님 앞에서 나의 의로움과 정당함을 주장할 수는 없다. 왜냐하면, 나는 나도 모르는 사이에 범죄하였을 수도 있고, 내가 여러 가지 잘못들을 저질러놓고도 잊어버린 것일 수도 있기 때문이다.

다만 나를 심판하실 이는 주시니라. 하나님께서는 내가 내 자신을 아는 것보다 더 나를 잘 아시기 때문에, 나를 판단하실 분이자 나를 판단하셔야 할 분은 하나님이시다. 이 본문에서 바울은 자신의 삶과 행실 전체가 아니라, 오직 복음 사역자로서의 자신의 행실과 관련해서만 이렇게 말하고 있다. 하지만 우리가 이 본문을 근거로 해서, 자신의 행위로 인해서 의롭다 함을 얻을 수 있는 사람은 아무도 없다는 결론을 내린다고 하여도, 그러한 추론은 합당하다. 어떤 사람이 자신의 행실 중의 한 부분과 관련해서 자신의 양심에 비추어 어떤 잘못을 저질렀다고 자신을 자책할 것이 없다고 할지라도, 자신을 의롭다고 할 수 없다고 한다면, 자신의 행실 전체와 관련해서 스스로 책망할 것이 없다고 해도, 자신을 의롭다고 할 수 없을 것임은 너무나 분명하다. 왜냐하면, 율법은 어떤 사람이 율법에 속한 모든 조목들을 다 지켜 행할 때에만 그 사람을 의롭다고 하고, 그 중의 하나라도 범하는 경우에는 율법 전체를 범한 것으로 여겨 그 사람을 단죄하기 때문이다.

5. 그러므로 때가 이르기 전 곧 주께서 오시기까지 아무것도 판단하지 말라 그가 어둠에 감추인 것들을 드러내고 마음의 뜻을 나타내시리니 그 때에 각 사람에게 하나님으로부터 칭찬이 있으리라.

그러므로 때가 이르기 전 곧 주께서 오시기까지 아무것도 판단하지 말라. 우리는 은밀한 것들을 판단하시는 것은 하나님의 소관이라는 것을 명심하고서, 하나님께서 모든 것을 판단하시고 심판하실 "때가 이르기 전에는 아무것도 판단하지 말아야" 한다. "육체의 일들은 분명하게" 드러나기 때문에(갈 5:19), 그것들은 사람들이 판단할 수도 있다. 그러나 사람들은 다른 사람의 마음속을 알 수가 없기 때문에, 사람의 마음속에 있는 은밀한 일들에 대해서는, 하나님께서 오셔서 모든 사람을 판단하시고 심판하실 "때"가 이르기 전에는 판단하지 말아야 한다.

그가 어둠에 감추인 것들을 드러내고 마음의 뜻을 나타내시리니 그 때에 각 사람에게 하나님으로부터 칭찬이 있으리라. 사람들이 "어둠에 감추인 것들"을 위선과 그럴듯한 외양이라는 덮개들로 덮어서 숨긴다면, 그러한 덮개들은 그 날, 곧 하나님께서 오셔서 각 사람을 판단하시고 심판하시는 그 날에 벗겨져 나갈 것이고, 사람들의 마음속의 은밀한 생각들과 계획들과 음모들은 그 날에 아주 분명하게 드러나게 될 것이다. "그 때에" 하나님께서 명하신 대로 잘해 온 사람들은 "하나님으로부터 칭찬"을 받게 될 것이지만, (본문에 명시적으로 표현되어 있지는 않지만, 본문 속에 함축되어 있는 바에 의하면) 반대로 겉으로는 하나님의 명령들을 잘 수행해 온 것처럼 보였지만, 사실은 그들의 마음속에 온갖 악한 생각들과 계획들로 가득 차서 살아 온 자들은 하나님에 의해서 그 정체가 속속들이 다 드러나서 공개적으로 수치와 멸시를 당하게 될 것이다.

6. 형제들아 내가 너희를 위하여 이 일에 나와 아볼로를 들어서 본을 보였으니 이는 너희로 하여금 기록된 말씀 밖으로 넘어가지 말라 한 것을 우리에게서 배워 서

로 대적하여 교만한 마음을 가지지 말게 하려 함이라.

형제들아 내가 너희를 위하여 이 일에 나와 아볼로를 들어서 본을 보였으니. 사도는 이 말을 통해서, 자기가 앞에서 그들 가운데서 어떤 사람들은 바울에게 속하였다고 말하고, 어떤 사람들은 아볼로에게 속하였다고 말한다고 얘기하였지만(고전 1:12), 바울이나 아볼로는 단지 그들 가운데 있는 여러 파당들이 앞세우는 사역자들을 나타내기 위하여 하나의 예를 들기 위하여 사용한 이름들일 뿐이라고 말한다. 실제로 바울과 아볼로에게서 배운 사람들은 복음의 가르침을 제대로 받아서, 자신들이 바울에게 속하였다거나 아볼로에게 속하였다고 말하는 사람이 없었고, 고린도 교인들은 그들 가운데 있는 다른 사역자들을 중심으로 파당을 만들어서 분쟁을 하고 있는 것인데, 사도는 바로 그런 사역자들과 그 추종자들을 책망하기 위해서, 바울이나 아볼로를 따르는 자들을 예로 들어 책망한 것임을 여기에서 분명히 하고 있는 것이다. 즉, 사도는 파당을 만든 사역자들과 그 추종자들이 자신의 책망을 고깝게 듣고 심기가 불편해할 것을 우려해서, 일부러 그들의 이름을 직접적으로 거론하는 것을 피하고, 마치 바울과 아볼로를 추종하는 자들을 책망하는 것처럼 얘기해서, 원래 책망과 경책을 들어야 마땅한 자들이 이 책망을 그들에 대한 책망으로 알아 듣고 자신의 권면을 받아들이게 하고자 한 것이었다.

이는 너희로 하여금 기록된 말씀 밖으로 넘어가지 말라 한 것을 우리에게서 배워 서로 대적하여 교만한 마음을 가지지 말게 하려 함이라. 사도는 고린도의 온 교회는 일반 신자들이든 사역자들이든 모두 그들 자신에 대하여 겸손하게 생각해서, 구약성경에 기록된 하나님의 말씀이라는 규범에 따라, 또는 자기가 이 서신이나 로마서에서 쓴 것을 따라 생각하는 것이 마땅하기 때문에, 그 이상을 넘어서서 생각하지 않는 것을 배워야 한다고 말한다: "내게 주신 은혜로 말미암아 너희 각 사람에게 말하노니 마땅히 생각할 그 이상의 생각을 품지 말고 오직 하나님께서 각 사람에게 나누어 주신 믿음의 분량대로 지혜롭게 생각하라"(롬 12:3). 따라서 고린도 교인들은 사역자들이든 일반 신자들이든 그 누구도 "교만한 마음"을 가져서는 안 된다. 여기에서 "교만하다"로 번역된 단어는 공기 주머니나 손잡이가 두 개 달린 풀무처럼 공기가 가득 들어가서 잔뜩 부풀어 오른 것을 의미하는데, 이 단어의 이러한 용례는 고린도전서 4:18-19("스스로 교만하여졌으나"); 8:1("지식은 교만하게 하며"); 골로새서 2:18("그 육신의 생각을 따라 헛되이 과장하고")에서 발견된다.

7. 누가 너를 남달리 구별하였느냐 네게 있는 것 중에 받지 아니한 것이 무엇이냐

네가 받았은즉 어찌하여 받지 아니한 것 같이 자랑하느냐.

누가 너를 남달리 구별하였느냐 네게 있는 것 중에 받지 아니한 것이 무엇이냐. "교만"은 고린도 교회에 속한 많은 사람들을 지배하고 있던 죄였다는 것은 분명한데, 사람들은 자기가 선천적인 것이든 후천적인 것이든 남들보다 더 뛰어난 재능이나 은사를 가지고 있든지, 아니면 성령을 통해서 놀라운 은사들을 받았을 때에 교만해지기 쉽다. 사도는 그들 가운데 있는 그러한 악성 종양을 완화시키기 위해서, 그들이 자랑하는 재능이나 은사들이 어디에서 온 것인지, 즉 그것들이 원래부터 그들 자신의 것이었는지, 아니면 하나님으로부터 받은 것인지를 곰곰이 생각해 보라고 그들을 일깨운다.

네가 받았은즉 어찌하여 받지 아니한 것 같이 자랑하느냐. 어떤 사람에게 있는 재능이나 은사들이 원래부터 자기 것이 아니라 남으로부터 받았거나 남 덕분에 갖게 된 것이라면, 그가 그것들을 자랑하는 것은 합당하지 않다. 사도가 여기에서 자연적이거나 영적인 재능들에 대하여 말하고 있는 것은 모든 좋은 것들에 다 그대로 적용된다. 각 사람에게 있는 모든 것이 남으로부터 받은 것이라는 사도의 지적은 어떤 이유에 의해서 마음이 부풀어서 생겨난 사람의 교만을 완화시키는 데 강력한 힘을 발휘한다. 왜냐하면, 어떤 사람이 남들과 다른 것이나 남들보다 더 뛰어난 것을 가지고 있다고 하더라도, 그것이 모두 하나님으로부터 받은 것이라면, 자랑할 이유는 전혀 없기 때문이다. 재물이든 명예든, 자연적이거나 영적인 은사들과 재능들을 막론하고, 그것들은 모두 하나님이 선물로 주신 것들이다. 신명기 8:18에서는 "네 하나님 여호와를 기억하라 그가 네게 재물 얻을 능력을 주셨음이라"고 말하고, 시편 75:7에서는 "오직 재판장이신 하나님이 이를 낮추시고 저를 높이시느니라"고 말하며, 사도는 고린도전서 12:7-10에서 하나님이 "각 사람에게 성령을 나타내심은 유익하게 하려 하심이라 어떤 사람에게는 성령으로 말미암아 지혜의 말씀을, 어떤 사람에게는 같은 성령을 따라 지식의 말씀을, 다른 사람에게는 같은 성령으로 믿음을, 어떤 사람에게는 한 성령으로 병 고치는 은사를, 어떤 사람에게는 능력 행함을, 어떤 사람에게는 예언함을, 어떤 사람에게는 영들 분별함을, 다른 사람에게는 각종 방언 말함을, 어떤 사람에게는 방언들 통역함을 주시나니 이 모든 일은 같은 한 성령이 행하사 그의 뜻대로 각 사람에게 나누어 주시는 것이니라"고 말한다.

8. 너희가 이미 배 부르며 이미 풍성하며 우리 없이도 왕이 되었도다 우리가 너희와 함께 왕 노릇 하기 위하여 참으로 너희가 왕이 되기를 원하노라.

"너희가 이미 배 부르며 이미 풍성하며." 고린도 교회에 있는 교사들인 너희, 또는 고린도 교회의 지체들인 너희는 너희 자신이 이미 지식과 지혜로 충만해서, 더 이상 배우거나 가르침을 받을 필요가 없다고 생각한다. "우리 없이도 왕이 되었도다." 너희는 지금 너희가 하나의 왕국을 갖고 있고, 거기에서 왕으로서 더할 나위 없는 지극한 행복을 누리고 있다고 생각한다. "우리가 너희와 함께 왕 노릇 하기 위하여 참으로 너희가 왕이 되기를 원하노라." 나는 그런 너희를 시기하는 것이 아니라, 너희가 진정으로 그렇게 되기를 원하고, 너희가 진정으로 왕이 되었을 때, 우리도 너희와 함께 하기를 원할 뿐이다. 여기에서 사도는 그들이 진정으로 왕이 된 것이 아니라, 단지 헛된 망상에 빠져서 그들 자신을 지나치게 과대평가 하고 있는 것임을 이런 식으로 반어법을 사용하여 말한다.

9. 내가 생각하건대 하나님이 사도인 우리를 죽이기로 작정된 자 같이 끄트머리에 두셨으매 우리는 세계 곧 천사와 사람에게 구경거리가 되었노라.

"내가 생각하건대 하나님이 사도인 우리를 죽이기로 작정된 자 같이 끄트머리에 두셨으매." 그리스도의 사도들인 우리의 처지는 외적으로 그렇게 행복하기는커녕, 도리어 우리는 마치 세상에서 가장 비참한 자들인 것처럼, 극심한 환난과 가난에 처해 있어서, "죽이기로 작정된" 자들로 보일 정도이다. "우리는 세계 곧 천사와 사람에게 구경거리가 되었노라." 즉, 우리는 왕 노릇 하기는커녕, 세계와 천사들과 사람들에게 단지 구경거리나 볼거리에 불과한 자들이 되어 있다. 어떤 이들은 사도가 여기에서, 로마인들이 사나운 짐승들과 싸우는 형을 선고받은 죄수들을 먼저 군중들 앞으로 끌고 나와서 구경시킨 후에, 많은 군중들이 보는 앞에서 그들이 사나운 짐승들에 의해서 갈기갈기 찢기는 것을 보여 준 야만적인 행위를 염두에 두고서, 사도들의 처지를 그런 죄수들에 빗대어 말한 것이라고 생각한다. 사도는 이렇게 말한다: 너희가 그리스도를 시인하고 기독교 신앙을 고백하는데도, 마치 왕들처럼 세상으로부터 그토록 큰 신망과 총애를 받고 지식과 지혜가 넘치고 부요한 자들로 살아갈 수 있다면, 너희는 행복한 자들이다. 반면에, 하나님으로부터 자신의 사도들이자 최초의 복음 사역자들로 부르심을 받는 영광을 얻은 우리의 처지는 너희와는 정반대이다.

10. 우리는 그리스도 때문에 어리석으나 너희는 그리스도 안에서 지혜롭고 우리는 약하나 너희는 강하고 너희는 존귀하나 우리는 비천하여.

"우리는 그리스도 때문에" 세상의 지혜로운 자들로부터 "어리석은" 자들로 취급받고 있고, 그렇게 취급받는 것을 기꺼이 받아들이고 있다. 그러나 너희는 너희 자신이 지혜롭다고 생각하고, 그것도 "그리스도 안에서" 지혜롭다고 생각하고 있다. 또한, "우리는" 사람들이 보기에 "약하여," 사람들로부터 해를 받아도 저항하지 않는다. 그러나 "너희는" 너희 자신을 "강하다"고 여기고, 세상에 의해서도 강한 자들로 취급을 받고 있다. "너희는 존귀하고" 고귀한 자들로 취급받고 있는 반면에, "우리는 비천한" 자들로 취급받아서 멸시와 경멸을 받고 있다.

11. 바로 이 시각까지 우리가 주리고 목마르며 헐벗고 매맞으며 정처가 없고.

이 세상에서 우리의 처지는 비천하다. 너희는 배부르지만, 우리는 "주리고 목마르다." 너희는 부요하게 차려 입지만, 우리는 "헐벗어서" 거의 벌거벗은 것처럼 누더기를 걸치고 있을 뿐이다. 너희는 세상 사람들에 의해서 따뜻하게 포옹을 받지만, 우리는 "매맞으며" 살아가고 있다. 너희는 크고 으리으리한 집에서 풍요롭게 살아가지만, 우리는 "정처가 없다." 사도는 이렇게 말한다: 우리의 처지는 그리스도를 고백하는 순간부터 그래 왔고, "바로 이 시각까지도" 그렇다. 사도는 이렇게 말함으로써, 고린도 교회에서 활동하는 거짓 교사들과 그들을 중심으로 한 파당들에게, 이 세상에서의 그들의 처지가 하나님께서 자신의 사도들로 부르셔서 고귀한 직책과 직임을 주어 높이신 자들의 처지와 이렇게 너무나 판이하게 다른 이유가 무엇인지를 곰곰이 생각해 보고서, 그들이 정말 참된 신앙인들인지 그렇지 않은지를 살펴볼 필요가 있다는 것을 일깨워 준다. 이 세상에서 가장 충성되고 유능한 사역자들과 가장 진실한 그리스도인들의 처지는 언제나 환난과 고난 가운데서 비천하게 살아가는 것이었다.

12. 또 수고하여 친히 손으로 일을 하며 모욕을 당한즉 축복하고 박해를 받은즉 참고.

또 수고하여 친히 손으로 일을 하며. 사도는 고린도전서 9장에서 "누가 자기 비용으로 군 복무를 하겠느냐"(7절)는 예를 들어서, 교회에서 일하는 사역자들인 "우리가 먹고 마실 권리가 없겠느냐"(4절)고 반문하였듯이, 그에게는 교회의 부양을 받을 권리가 있었다. 그러나 사도는 사도행전 20:34에서 "여러분이 아는 바와 같이 이 손으로 나와 내 동행들이 쓰는 것을 충당하여"라고 말한 것처럼, 단지 교회에서 말씀을 선포하고 가르침을 베푸는 사역만을 한 것이 아니라, 교회에 부담을 주지 않기 위해서, "친히 손으로 일을 하며" 수고를 하였다. 이것으로부터 우리가 알 수 있는 것은 그리스도의 사역자들은 자신들이 일하고 있는 교회의 부양을 받을 권리가 있고, 교회가 그것을 소홀히 하는 것은 죄를 짓는 것이지만, 교회의 신자들이 그러한 의무를 소홀히 하는 죄를 범하거나, 교회의 지체들이 가난해서 사역자들을 부양할 수 없는 경우에는, 사역자들이 친히 손으로 일하고 수고해서 생계를 유지하는 것은 합법이라는 것이다.

모욕을 당한즉 축복하고 박해를 받은즉 참고. 우리는 사람들로부터 욕을 먹고 비방을 들을 수 있지만, 우리 자신은 남들을 욕하거나 비방해서는 안 되고, 그들에게 선하게 말하고, 그들이 잘되기를 빌어 주어야 한다. 우리는 사람들로부터 박해를 당하여 생명과 자유를 잃을 위험에 처할 수 있지만, 거기에서 저항해서는 안 되고, 인내로써 그러한 고난을 감당하고 견뎌내야 한다. 이 말을 통해서 사도는 현세에서 그리스도인들의 처지와 아울러서 그리스도인들의 의무도 고린도 교인들에게 보여주면서, 그들 가운데 있는 거짓 교사들과 그들을 추종하는 무리들이 사도들을 욕하고 비방하는 것은 잘못된 것이고, 그들이 비록 자신들의 손으로 사도들을 치지는 않았을지라도, 자신들의 언어로 사도들을 박해하였음을 암묵적으로 일깨워 주는 한편, 사도들과 그들 중에서 누가 과연 그리스도께서 마태복음 5:39-41에서 주신 기독교 신앙의 규범을 따라 살아 왔는지를 곰곰이 생각해 보라고 은연중에 권면한다: "나는 너희에게 이르노니 악한 자를 대적하지 말라 누구든지 네 오른편 뺨을 치거든 왼편도 돌려 대며 또 너를 고발하여 속옷을 가지고자 하는 자에게 겉옷까지도 가지게 하며 또 누구든지 너로 억지로 오 리를 가게 하거든 그 사람과 십 리를 동행하고."

13. 비방을 받은즉 권면하니 우리가 지금까지 세상의 더러운 것과 만물의 찌꺼기 같이 되었도다.

비방을 받은즉 권면하니. 여기에서 "비방한다"는 것은 사람들이 우리의 명성이나 평판을 깎아내리려고 온갖 나쁜 말들과 비방을 하였다는 것을 의미하고, 여기에서 "권면한다"는 것은 우리를 비방하는 자들에게 우리가 하나님을 믿으라고 권하였다는 것을 의미한다. 따라서 사도는 여기에서 사람들이 우리를 비방하고 험담하며 어떻게든 깎아내리려고 해도, 우리는 그들에게 하나님의 사랑으로 우리 자신의 모든 경건한 직무를 다하고 있다는 것이다.

우리가 지금까지 세상의 더러운 것과 만물의 찌꺼기 같이 되었도다. 사도는 여기에서 자신의 처지를 나타내기 위하여, 이 세상에서 가장 더럽고 혐오스러우며 경멸할 만한 것들을 나타내는 두 단어, 즉 "배설물"과 "쓰레기"라는 표현들을 사용한다. 사도는 이 두 단어를 통해서, 이 세상에서 자신을 비롯한 사도들보다 사람들로부터 배설물이나 쓰레기 같이 혐오스러운 존재로 취급받고 인간 이하의 멸시를 받는 사람은 아무도 없을 것이라고 말하고 있다. 그러나 사도는 세상 사람들이 자신들을 그런 식으로 취급하는 것이나, 자신들로 하여금 그러한 대우를 받게 하시는 하나님의 뜻에 불만이 있거나 야속한 처사라고 불평하는 것이 결코 아니고, 사도들의 처지가 지금 고린도 교회에서 분란을 일으키고 있는 교사들이나 그 추종자들의 처지와 어떻게 다른지를 극명하게 보여 줌으로써, 이렇게 비천하고 고난 받는 처지에 있는 사도들을 멸시하고 조롱하거나 무시하는 것이 적어도 그들이 해서는 안 될 일이라는 것을 은연중에 일깨워 주고 있는 것이다.

14. 내가 너희를 부끄럽게 하려고 이것을 쓰는 것이 아니라 오직 너희를 내 사랑하는 자녀 같이 권하려 하는 것이라.

나는 너희가 우리를 이렇게 부당하게 모욕하고 멸시해 온 것이 얼마나 잘못된 일인지를 낱낱이 파헤쳐서, 너희로 하여금 얼굴을 붉히게 만들거나 "부끄럽게 하려고" 이런 말을 하는 것이 아니고(물론, 너희가 우리를 무시하고, 우리의 고난에 아픔을 더한 것에 대해서는, 너희가 부끄러워하는 것이 마땅하기는 하지만), "너희를 내 사랑하는 자녀 같이" 여기고서, 너희가 우리를 어느 정도 존중하고 공경하는 것이 너희의 마땅한 본분이라는 것과 너희가 너희의 본분을 뛰어넘어서 우리를 무시하고 주제넘게 행한 것은 너희의 죄라는 것을 너희에게 일깨워 주기 위해 이 글을 쓰는 것일 뿐이다.

15. 그리스도 안에서 일만 스승이 있으되 아버지는 많지 아니하니 그리스도 예수 안에서 내가 복음으로써 너희를 낳았음이라.

"그리스도 안에서 일만 스승이 있으되 아버지는 많지 아니하니." 이 본문의 위대한 교훈은 이런 것이다: 사람들은 하나님께서 자신에게 보내 주셔서 자신으로 하여금 맨 처음에 회심하게 하는 데 사용하신 사역자를 공경하고 사랑하는 것이 마땅하다. 하나님께서는 그리스도인들을 가르치시고 그 심령을 온전함으로 이끄시는 역사를 지속하시기 위하여 많은 사역자들을 사용하실 수 있으시지만, 그들로 하여금 처음으로 자신의 죄를 깨닫고 변화 받게 하는 데에는 어느 특정한 사역자를 사용하시는데, 그 사역자는 본래적인 의미에서 그들의 영적인 "아버지"이기 때문에, 그들은 그 사역자를 지극히 공경하는 것이 마땅하다.

여기에서 사도는 "그리스도 예수 안에서 내가 복음으로써 너희를 낳았음이라" 고 말함으로써, 그들의 중생에 어떤 원인들이 개입되어 있는지를 보여 준다. 즉, 그들의 중생에 있어서 일차적이고 주된 실효적 원인은 "그리스도 예수"이고, 도구적 원인은 "복음"을 전한 사역자이며, 그들의 중생의 수단 또는 방편은 복음의 교훈, 또는 복음 전도라는 것이다. 여기에서 "그리스도 예수 안에서"는 "그리스도 예수의 은혜로 말미암아"라는 뜻이다. 거듭나는 자들은 "혈통으로나 육정으로나 사람의 뜻으로 나지 아니하고 오직 하나님께로부터 난 자들"이다(요 1:13). 하나님께서는 복음 사역자를 자신의 도구로 사용하시고(벧전 1:23, "너희가 거듭난 것은 썩어질 씨로 된 것이 아니요 썩지 아니할 씨로 된 것이니 살아 있고 항상 있는 하나님의 말씀으로 되었느니라"), 복음 사역자는 하나님이 그러한 목적을 위하여 사용하도록 정하신 "말씀"과 복음 전도를 사용하지만, 사람들의 마음을 변화시키는 것은 그리스도의 감화력이다. 이 모든 원인들이 합력해서, 중생의 역사를 일구어낸다.

16. 그러므로 내가 너희에게 권하노니 너희는 나를 본받는 자가 되라.

나는 너희의 영적 아버지로서 너희에게 명령할 수도 있지만, 교회의 하나 됨을 지키고 교회의 성결함을 더욱 끌어올리는 일에 있어서 "나를 본받는 자가 되라"고 이렇게 간곡하게 부탁한다. 사도는 고린도전서 11:1에서 "내가 그리스도를 본받는 자가 된 것 같이 너희는 나를 본받는 자가 되라"고 말함으로써, 이 본문의 의미를 좀 더 자세하게 풀어서 설명한다. 성결한 삶과 행실은 그리스도의 참된 사역자에게 있어서 필수적이다. 왜냐하면, 사람들은 단지 사역자들의 말을 듣는 자들이 되는 것으로 그치지 않고, 사역자들을 본받는 자들이 되어야 하기 때문이다. 복음 사역자들은 "양 무리의 본"이 되어야 하고(벧전 5:3), "말과 행실과 사랑과 믿음과 정절에 있어서 믿는 자에게 본"이 되어야 하며(딤전 4:12), "범사에 네 자신이 선한 일의 본을 보이며 교훈에 부패하지 아니함과 단정함과 책망할 것이 없는 바른 말"을 하여야 한다(딛 2:7). 가르치는 것은 잘하는데 삶은 엉망인 사람들은 그리스도의 선한 사역자들이 아니다. 그런 사역자들은 사람들에게 "너희는 나를 본받는 자가 되라"고 말할 수 없다.

17. 이로 말미암아 내가 주 안에서 내 사랑하고 신실한 아들 디모데를 너희에게 보내었으니 그가 너희로 하여금 그리스도 예수 안에서 나의 행사 곧 내가 각처 각 교회에서 가르치는 것을 생각나게 하리라.

내가 주 안에서 내 사랑하고 신실한 아들 디모데를 너희에게 보내었으니. 바울은 디모데를 루스드라에서 만났다: "바울이 더베와 루스드라에도 이르매 거기 디모데라 하는 제자가 있으니 그 어머니는 믿는 유대 여자요 아버지는 헬라인이라 디모데는 루스드라와 이고니온에 있는 형제들에게 칭찬 받는 자니 바울이 그를 데리고 떠나고자 할새 그 지역에 있는 유대인으로 말미암아 그를 데려다가 할례를 행하니 이는 그 사람들이 그의 아버지는 헬라인인 줄 다 앎이러라"(행 16:1-3). 디모데의 어머니는 "유니게"였고, 그의 외할머니는 "로이스"였다(딤후 1:5). 바울은 자신의 전도여행에 디모데를 데리고 다녔다. 디모데는 "장로의 회에서 안수"를 "받아" 목회자가 되었다(딤전 4:14; 딤후 1:6). 바울이 디모데를 "내 사랑하는 아들"이라고 부르는 것은, 그가 그의 영적인 아들이었기 때문일 수도 있고, 그가 바울에게서 복음으로 가르침을 받았기 때문일 수도 있다. 바울은 디모데전서 1:2에서는 "믿음 안에서 참 아들"이라고 부른다. 디모데는 주의 일과 목회 사역에 있어서 충성된 자였기 때문에, 바울은 그를 "주 안에서 신실한" 자라고 부른다.

그가 너희로 하여금 그리스도 예수 안에서 나의 행사 곧 내가 각처 각 교회에서 가르치는 것을 생각나게 하리라. 사도는 이렇게 말한다: 디모데는 주 안에서의 "나의 행사," 곧 내가 각 교회에서 어떤 것들을 가르쳐 왔고, 지금까지 어떤 삶을 살아 왔는지를 너희에게 생각나게 해 주고 알게 해 줄 것이다. 즉, 그는 내가 "각처 각 교회에서" 어떻게 가르쳐 왔고, 각 교회가 온전한 질서 가운데서 제대로 서도록 하기 위해서 어떠한 규범들을 제시해 왔으며, 그들 앞에서 및 그들에 대해서 어떻게 행해 왔는지를 너희에게 말해 줄 것이다.

18. 어떤 이들은 내가 너희에게 나아가지 아니할 것 같이 스스로 교만하여졌으나.

너희의 교사들과 지체들 중에서 일부가 스스로 자고해지고 기고만장해져서, 마치 내가 그들의 얼굴을 볼 면목이 없거나, 감히 그들과 얼굴을 맞대고 대화할 엄두가 나지 않아서, "내가 너희에게 나아가지 아니할 것"처럼 너희에게 말을 퍼뜨리고 다닌다는 말을 나는 전해 듣고 있다.

19. 주께서 허락하시면 내가 너희에게 속히 나아가서 교만한 자들의 말이 아니라 오직 그 능력을 알아보겠으니.

주께서 허락하시면 내가 너희에게 속히 나아가서. 바울은 마게도냐와 아가야를 거쳐서 로마로 가고자 하였지만, 하나님께서 자신의 그러한 여정을 허락하지 않으실 수도 있다는 것을 알고 있었기 때문에, "주께서 허락하시면"이라는 말을 덧붙인다. 실제로 바울은 가능한 한 "속히" 고린도 교회에 가려고 하였지만, 우리가 나중에 보게 되겠지만, 그들에게 가기 전에 또 하나의 서신을 쓴 후에야 그들에게 갈 수 있었다. 모든 그리스도인들은 어떤 여정을 계획하거나 약속할 때, 하나님께서 그들의 계획에 개입하셔서 그 계획을 바꾸어 놓으실 수 있기 때문에, 그런 때에 하나님의 기쁘신 뜻에 순종할 수 있도록 하기 위하여, "하나님께서 허락하시면"이라는 말을 덧붙이는 것이 좋다. 물론, 우리가 언제나 그런 말을 반드시 덧붙여야 하는 것은 아니지만, 하나님은 우리의 발걸음을 세시고 우리의 "유리함을 계수하시며"(시 56:8) 우리의 발걸음을 정하시는 분이심을 명심하여야 한다.

교만한 자들의 말이 아니라 오직 그 능력을 알아보겠으니. 내가 너희에게 가면, 나는 너희 중에서 나를 그토록 비방하는 교사들의 정체를 드러내게 될 것이다. 나는 그들의 교묘한 언변과 철학적이고 논리적인 추론을 보는 것이 아니라, 과연 그들에게 영적인 생명과 능력이 있는지를 살펴볼 것이다. 즉, 나는 그들의 가르침이나 삶이 얼마나 사람들을 복음이 목표로 하는 것들로 이끄는 것이고, 얼마나 복음 진리에 합치하는 것인지, 그리고 그들이 너희 가운데서 얼마나 큰 유익을 끼치고 있는 것인지, 그들이 어떤 삶을 살아 가고 있는지를 알아볼 것이다. 내가 너희에게 가서 그들을 살펴볼 때에 내가 주목할 것은 바로 그런 것들이다.

20. 하나님의 나라는 말에 있지 아니하고 오직 능력에 있음이라.

여기에서 "하나님의 나라"는 교회 안에 있는 하나님의 나라, 또는 특정한 심령 속에 있는 하나님의 나라를 가리킨다. 하나님께서 자신의 사역자들을 보내신 것은, 청산유수 같은 언변을 통해서가 아니라, 그 사역자들에 의해서 복음이 생생하게 전해지고 증거될 때에 그 전도의 미련한 것에 능력으로 역사하시는 것을 통해서 사람들의 심령을 하나님께 복종시키시기 위한 것이었다. 그리고 복음 사역자들의 가르침의 능력과 효력은 그들의 거룩한 삶과 행실 속에 드러나기 때문에, 사람들이 그 사역자들의 삶 속에 존재하는 영적인 질병들을 보게 되면, 다른 사람들을 고치려고 하기 전에 먼저 "의사야 너 자신을 고치라"(눅 4:23)고 말할 수밖에 없게 된다. 따라서 특정한 심령들 속에 있는 하나님의 나라는 말을 통해서 드러나는 것이 아니라, 하나님의 말씀이 사람들의 마음에 능력으로 역사함으로써, 그들이 자신의 욕심들과 부패한 것들을 굴복시켜서 하나님의 뜻에 순복하게 하는 모습을 통해서 드러나게 된다.

21. 너희가 무엇을 원하느냐 내가 매를 가지고 너희에게 나아가랴 사랑과 온유한 마음으로 나아가랴.

내가 마치 어떤 잘못을 저지른 자녀를 벌하고 바로잡기 위해서 아버지가 그 자녀에게 나아가는 것과 같이 너희에게 나아가는 것이 좋은지, 아니면 아버지가 어떤 자녀에게 그 어떤 화도 낼 필요가 없어서 온전히 사랑과 온유한 마음으로 나아가는 것과 같이 너희에게 나아가는 것이 좋은지, 이제 너희는 선택하여야 한다. 나는 그리스도께서 내게 교회를 치리할 때에 사용하라고 맡기신 "매"를 가지고서 너희에게 나아가 너희 중 어떤 사람들을 벌하고 바로잡고 싶지 않고, 도리어 사랑하는 마음과 온유한 마음으로 너희에게 나아가서, 너희와 함께 교제하며 기뻐하고 즐거워하기를 원한다.

MATTHEW POOLE'S COMMENTARY

고린도전서 5장

개요

1. 바울은 고린도 교인들 중에 추악한 근친상간을 범한 자를 책망하고, 교회가 그 사람을 치리하지 않은 것에 대하여 책망함(1–2).
2. 바울은 그리스도 안에서 자신의 권위로 근친상간의 죄를 범한 자를 출교시킴(3–5).
3. 묵은 누룩은 반드시 제하여야 한다고 말함(6–8).
4. 바울은 흉악한 죄들을 자행하는 그리스도인들을 회중 가운데 그대로 두어서는 안 된다고 경고함(9–13).

1. 너희 중에 심지어 음행이 있다 함을 들으니 그런 음행은 이방인 중에서도 없는 것이라 누가 그 아버지의 아내를 취하였다 하는도다.

너희 중에 심지어 음행이 있다 함을 들으니. 사도는 앞 장에서 자기가 그들에게 나아갈 때에 매를 가지고 나아가는 것을 그들이 정말 원하느냐고 반문한 이유를 여기에서 설명하는데, 자기는 그리스도로부터 그의 교회를 치리하는 책무를 위임받은 사도이기 때문에, 고린도 교인들 가운데서 끔찍한 악을 저지른 자가 있는데도, 그 사람을 바로잡지 않고 그냥 넘어갈 수는 없기 때문이라고 말하면서, 여기에서 "음행"이라고 표현한 한 가지 사건을 예로 든다. 엄밀하게 말해서, 영어의 일반적인 용법에서는 "음행"은 결혼하지 않은 사람이 저지르는 성적으로 타락한 행위를 의미하고, "간음"은 결혼한 사람이 성적인 부정을 저지르는 것을 의미하며, "근친상간"은 남자가 자신의 어머니나 여자 형제 같은 가까운 혈육에 대하여 성적으로 부정한 짓을 저지르는 것을 의미하지만, 성경에서 "음행"은 흔히 온갖 종류의 불법적인 성적 부정을 가리키는 의미로 포괄적으로 사용된다.

그런 음행은 이방인 중에서도 없는 것이라. 사도는 단지 자연의 빛, 또는 본성의 빛을 따라 분별하는 이방인들조차도 "그런 음행"을 가증스러운 죄악으로 여겨서 단죄한다고 말함으로써, 이 음행의 죄가 얼마나 끔찍한 죄인지를 한층 더 뚜렷하게 부각시킨다. 우리는 여기에서 "이방인"은 야만적인 부류의 족속들만이 아니라, 로마인들 같이 좀 더 문명화된 민족들까지 포괄하는 이교도들 전체를 가리키는 것으로 이해하여야 한다.

누가 그 아버지의 아내를 취하였다 하는도다. 여기에서 "그 아버지의 아내를 취하였다"는 것은, 아버지가 죽자, 아들이 아버지의 아내와 결혼하였다는 것을 의미하는 것이 아니라, 몇몇 분별 있고 신중한 해석자들이 생각하듯이, 아버지가 아직 버젓이 살아 있는데도, 아들이 자기 아버지의 아내를 마치 자신의 아내처럼 사용하였다는 것을 의미하는 것으로 이해하여야 한다. 왜냐하면, 아버지가 죽었다고 해서, 아들이 아버지의 미망인과 공개적으로 결혼하는 것을 용납하는 사회는 거의 없었을 것이기 때문이다. 사도는 고린도후서 7:12에서 "내가 너희에게 쓴 것은 그 불의를 행한 자를 위한 것도 아니요 그 불의를 당한 자를 위한 것도 아니요"라고 말하는데, 거기에서 "그 불의를 당한 자"는 이 일을 저지른 아들의 아버지를 가리키는 것임에 틀림없기 때문에, 이 사건 속에서는 근친상간의 죄와 간음의 죄가 결합되어 있었다.

2. 그리하고도 너희가 오히려 교만하여져서 어찌하여 통한히 여기지 아니하고 그 일 행한 자를 너희 중에서 쫓아내지 아니하였느냐.

그리하고도 너희가 오히려 교만하여져서. 너희는 너희 자신에게 주어진 은사들로 인하여 스스로 자고해져서, 서로 특정한 사역자들을 옹호하며 분쟁을 일으키고 다투는 데 몰두하느라고, 너희의 영혼이나 교회의 유익에 관한 일들을 등한히 한 까닭에, 그리스도의 교회가 그러한 추악한 죄를 저지른 자를 치리해서 출교시켜야 함에도 불구하고, 그렇게 하지 않았다. 그들이 이러한 죄악을 범한 자를 보고서 "통한히 여기지" 않은 이유는 바로 거기에 있었고, 그들이 율법에 의해서 닫혀 있었던 이러한 방탕하고 음란한 삶을 위한 길이 복음에 의해서 열리게 된 것으로 생각해서, 근친상간을 범한 이 사람을 자신들의 교사들 중의 한 사람으로 세워서 죄악 된 삶을 누리고자 하였던 것이 그 이유였다고는 거의 생각할 수 없다.

어찌하여 통한히 여기지 아니하고 그 일 행한 자를 너희 중에서 쫓아내지 아니하였느냐. 그들은 자신들의 회중 가운데 이렇게 근친상간을 범한 지체가 있다는 사실 자체를 "통한히 여기고서," 전 교회적으로 금식하며 회개기도 할 것을 선포함으로써, 그 죄 범한 사람이 자신의 죄의 심각성을 깨닫고 회개하여 죄 사함을 받게 되도록 기도함과 동시에, 회중 가운데서 그런 자가 나와서 교회가 더럽혀지게 된 것을 씻어내기 위하여, 그 사람을 회중의 교제와 교통으로부터 쫓아내는 것이 마땅한 일이었다. 하지만 이렇게 그들 중의 한 지체가 썩고 부패하여 이런 엄청난 죄악을 저질러서 교회 전체가 더럽혀지고 썩어 들어가고 있는데도, 그들은 자신들에게 주어진 풍성한 은사들로 인하여 교만해져서, 자신들이 생각하기에 더 훌륭한 재능과 은사를 지닌 것으로 여겨진 특정한 교사들 또는 지체들을 중심으로 파당을 지어 서로 잘났다고 다투고 있었다. 하지만 이 때는 그들이 스스로 교만하여져서 그들 자신을 자랑하며 누가 더 잘났는지를 다툴 때가 아니라, 저 가증스럽고 끔찍한 죄악을 저지른 자를 통한히 여기고 치리하여 쫓아냄으로써 교회를 정화하고, 그들 자신을 철저히 낮추어 스스로를 돌아보아야 할 때였다.

3. 내가 실로 몸으로는 떠나 있으나 영으로는 함께 있어서 거기 있는 것 같이 이런 일 행한 자를 이미 판단하였노라.

나는 몸으로는 너희에게서 떠나 있지만, 하나님께서 너희 중에 있는 자신의 교회를 감독하고 돌볼 책무를 내게 맡기신 까닭에, 그리스도의 다른 교회들과 마찬가지로 너희 중에 있는 교회에 대해서도 나의 염려가 크기 때문에, 하나님이 내게 맡기신 권한을 발동해서, 마치 내가 너희 가운데 있는 것처럼, 이 흉악하고 끔찍한 죄를 저지른 자에 대하여 너희가 어떻게 하는 것이 마땅한지를 이미 판단하고 결정하였다.

4. 주 예수의 이름으로 너희가 내 영과 함께 모여서 우리 주 예수의 능력으로.

"주 예수의 이름으로"라는 어구는, 주 예수 그리스도의 이름을 부르며, 주님의 뜻과 지도를 구하거나, 그 죄 범한 자에 대한 너희의 조치에 복을 주셔서, 관련된 모든 사람이 영적으로 유익을 얻을 수 있게 해 주시라고 기도했다는 의미일 수도 있고, 그리스도의 명령을 따라, 또는 그리스도의 권위에 의지해서, 또는 그리스도의 영광을 위해서라는 의미일 수도 있다. 이 어구가 앞쪽에 걸리는 것으로 본다면, "내가 그리스도의 권위에 의지해서 이미 판단하거나 결정하였다"는 의미가 되고, 뒤쪽에 걸리는 것으로 본다면, "그리스도의 권위에 의지해서 너희가 내 영과 함께 모여서 이런 자를 사탄에게 내주었다"는 의미가 된다. "너희가 내 영과 함께 모여서"는 "너희가 예수 그리스도의 권위에 의지해서, 또는 예수 그리스도께서 정하신 대로 함께 모이고, 내 영도 너희와 함께 있어서"라는 것을 의미하고, "우리 주 예수의 능력으로"는 "사도인 나와 그리스도의 교회인 너희에게 맡겨진 그리스도의 능력과 권위로"를 의미한다.

5. 이런 자를 사탄에게 내주었으니 이는 육신은 멸하고 영은 주 예수의 날에 구원을 받게 하려 함이라.

이런 자를 사탄에게 내주었으니. 사도는 여기서와 마찬가지로 디모데전서 1:20에서도 "그 가운데 후메내오와 알렉산더가 있으니 내가 사탄에게 내준 것은 그들로 훈계를 받아 신성을 모독하지 못하게 하려 함이라"고 말하고 있는데, 이렇게 어떤 사람을 사탄에게 내준다는 것이 무엇을 의미하는지를 놓고서 해석자들 사이에서 의문이 생겨났다. 다음과 같은 이유들을 고려할 때, 사도가 여기에서 "이런 자"를 출교시켜서 교회의 친교로부터 내쫓아야 한다고 말한 것임을 의심하는 해석자는 거의 없다: (1) 여기서 사도는 고린도 교회가 함께 만나서 이 사람에 대하여 할 수 있었고, 또한 진작에 이미 했어야 했지만 그렇게 하지 않아서, 자기가 책망하고 있는 그런 조치에 대해서 말하고 있다. (2) 사도가 염두에 둔 조치의 목적은, 저 근친상간의 가증스러운 죄를 저지른 자를 고린도 교회의 회중으로부터 내쫓아서(2절), "묵은 누룩을 제거하여, 그들이 "새 덩어리"가 되는 것이었다(7절). (3) 이 조치는 교회의 많은 사람들에 의해서 가해지는 벌이었다. 따라서 이 구절이 사도들이나 초대 교회에게 주어진 놀라운 권세, 즉 가증스러운 죄를 범한 자를 이적적인 방식으로 마귀에게 넘겨 주어 괴로움과 고통을 당하게 할 수 있는(죽게 하는 것까지는 아닐지라도) 권세를 가리키는 것이라고 해석하는 이들은, 사도는 고린도 교회가 그러한 이적을 행하지 않았다고 해서 그들을 책망한 것이 아니라는 것과, 우리는 신약성경의 그 어디에서도 그리스도의 교회에 그러한 권세가 위임되었다는 말을 듣지 못한다는 것을 고려하지 않은 것으로 보인다. 또한, 우리는 초대 교회가 그러한 상황에 처한 사람들을 꺼려하고 피하고자 한 것이 아니라 도리어 불쌍히 여기고 도와주려고 했을 것이라고 생각하는 것이 더 옳아 보인다.

따라서 유일한 의문은 이것이다: 왜 사도는 그 사람을 출교시키는 것에 대하여 말할 때, 사탄에게 내준다는 표현을 사용한 것인가? 어떤 이들은 하나님께서 자신의 교회의 합당한 치리를 인정하시는 의미에서, 교회에서 출교된 자들을 사탄의 손에 넘겨주셔서 괴롭힘과 고통을 당하게 하셨기 때문에, 사도가 출교를 이런 식으로 표현한 것이라고 생각해 왔다. 그리고 그들은 이렇게 사탄에게 내주는 것이 모든 출교된 자들에 대한 하나님의 일반적이고 통상적인 섭리임을 우리에게 보여 주는 충분한 증거가 없기 때문에, 아마도 그것은 특별한 경우들에만 적용되었을 것이라고 말한다. 반면에, 어떤 이들은 사탄은 세상의 신 또는 "세상 임금"이라 불리고, 세상은 하나님의 교회와 반대되는 개념이기 때문에, 사탄에게 내준다는 것은 우리 구주께서 마태복음 18:17에서 "만일 그들의 말도 듣지 않거든 교회에 말하고 교회의 말도 듣지 않거든 이방인과 세리와 같이 여기라"고 하신 말씀과 동일한 의미라고 설명하는데, 나는 이러한 설명이 이 구절에 대한 좀 더 유력한 설명이라고 본다. 그러므로 사도는 단지 교회에서 출교되는 것이 얼마나 끔찍한 일인지를 좀 더 생생하게 보여 주기 위해서, 사탄에게 내준다는 표현을 사용하고 있는 것이다. 이것은 하나님의 특별한 보호하심에서 내쳐져서, 은혜와 구원의 통상적인 방편들로부터 배제되고 차단되어, 우리의 불구대천의 원수인 마귀의 온갖 시험에 노출되는 것이 얼마나 무시무시하고 끔찍한 일인지를 우리에게 알게 해 준다. 그것은 교회 밖에 있는 모든 자들, 즉 교회의 지체가 된 적이 없는 자들이나, 그리스도께서 정하신 규범을 따라 교회로부터 출교된 자들의 상태이다.

이는 육신은 멸하고 영은 주 예수의 날에 구원을 받게 하려 함이라. 출교의 목적은, 출교당하는 자를 멸하기 위한 것이 아니라, 슬픔과 괴로움과 고통을 통해서 그 사람의 육체를 괴롭혀서 마치 물에 불리듯 약하게 하여 그 사람의 "육신," 즉 성경에서 흔히 "육"이라 불리는 육체의 정욕이나 욕심을 멸하기 위한 것이다. 우리는 여기에서 사도가 "육신은 멸하고"라고 말한 것을 그 사람의 육체의 멸망을 의미하는 것으로 해석할 수 없다. 왜냐하면, 그런 것은 출교의 효과가 아니기 때문이다. 그리고 사탄에게 내준다는 것이 사도나 초대 교회에 주어진 특별한 권세, 즉 죄 범한 어떤 사람을 출교해서 사탄에게 내주어 괴롭힘을 당하게 하는 권세를 가리키는 것이라고 해석하는 이들조차도 여기에서 "육신은 멸하고"는 그 사람을 죽인다는 의미가 아니라 단지 고통스럽게 한다는 의미라고 말한다. 또한, 사도는 이러한 징벌이 그 사람의 영혼이 그리스도의 날에 영원한 구원을 받게 하고자 하는 수단이라고 말한다.

성경에서 출교의 규례와 성격에 대하여 이 본문보다 더 명확하게 규정하고 설명해 주는 본문은 없다. 출교를 결정하고 행하는 자들과 관련해서, 이 본문은 출교는 교회가 "함께 모여서" 결정하여야 한다는 것을 우리에게 알게 해준다. 교회의 장로들이 모여서 출교를 결정한다고 할지라도, 그 결정은 반드시 온 교회의 추인과 동의를 받아야 한다. 교회의 직분자들이 어떤 사람을 출교시켜서 회중의 친교로부터 내쫓기로 결정하였다고 할지라도, 그 회중의 지체들이 출교된 사람과 여전히 함께 교제한다면, 출교는 유명무실한 것이 되고 말 것이다. 또한, 이 본문은 출교는 어떤 사람을 한 사람의 인간으로 대하는 것을 금지하는 것이 아니라, 어떤 사람이 그리스도의 교회라는 한 몸 속에서 그리스도인으로서 함께 신앙적인 행위들과 의무들을 행하지 못하도록 금지하는 것임을 우리에게 알게 해준다. 따라서 교회의 신자들이 출교된 자와 더불어 사고파는 행위를 하는 것은 불법이 아니지만, 출교된 자와 성찬에서 함께 먹고 마시거나, 그리스도의 교회에 고유한 모임들이나 행위들 속에서 출교된 자와 교제하는 것은 불법이 된다. 출교된 자는 어떤 의미에서는 이방인보다는 더 나은 처지에 있다고 할 수 있다. 왜냐하면, 사도가 데살로니가후서 3:14-15에서 "누가 이 편지에 한 우리 말을 순종하지 아니하거든 그 사람을 지목하여 사귀지 말고 그로 하여금 부끄럽게 하라 그러나 원수와 같이 생각하지 말고 형제 같이 권면하라"고 말한 것처럼, 출교된 자는 교회의 "원수"가 아니라, 교회가 "형제 같이" 여겨 권면해야 하는 대상이기 때문이다. 이방인들은 교회에 와서 말씀을 들어도 되지만, 단지 교회의 친교의 행위들에 참여하는 것만이 금지될 뿐이다. 고린도전서 5:11과 데살로니가후서 3:14에서 그런 자와는 "사귀지도 말고 함께 먹지도 말라"고 한 것은 종교적이고 신앙적인 성격을 지니지 않은 친교도 말하고 있는 것임에 틀림없다. 또한, 이 본문이 우리에게 가르쳐 주는 것은, 가증스럽고 극악무도한 죄를 범한 자가 아니라면 출교를 시켜서는 안 된다는 것과, 출교를 결정할 때에는 교회적으로 기도하여 그리스도의 뜻을 진지하게 묻고서 결정하여야 한다는 것이다. 또한, 이 본문은 적법하게 출교된 자는 오직 하나님의 교회에만 해당되는 하나님의 특별한 보호하심으로부터 쫓겨나서, 사탄에게 넘겨져서, 가공할 만한 시험들에 자주 노출되는 비참한 처지에 놓이게 된다는 것을 가르쳐 준다. 끝으로, 이 본문은 출교당하는 자의 영혼이 궁극적으로 구원을 얻게 되는 데 가장 유익한 방향으로 출교가 시행되어야 한다는 것을 우리에게 가르쳐 준다. 왜냐하면, 출교의 목적은 출교된 자가 건강이나 재물을 잃고 멸망하게 되는 것이 아니라, 단지 출교된 자를 낮추어서 자신의 죄를 깨닫고 참된 회개를 하게 하는 데 있기 때문이다. 그러한 목적을 위해서 모든 수단이 동원되는 것이 마땅하기 때문에, 교회는 가증스러운 죄를 범한 자를 출교시키고, 그렇게 출교된 자를 계속해서 반복하여 권면하고, 교회적으로 그 사람을 위해서 기도하여야 한다.

6. 너희가 자랑하는 것이 옳지 아니하도다 적은 누룩이 온 덩어리에 퍼지는 것을 알지 못하느냐.

너희는 너희 가운데 유능하고 재능 있는 사람들이 많고, 세상이 지혜롭다고 여기는 사람들이 많다는 것을 자랑한다. 하지만 "너희가 자랑하는 것이 옳지 아니하도다." 너희 가운데 가증스러운 죄를 범한 자가 버젓이 활개를 치고 다니는데도, 너희는 그 사람을 너희의 회중에서 내쫓을 생각도 하지 않는데, 도대체 무슨 자랑할 것이 있다고 그렇게 자랑하는 것이냐? "적은 누룩"이 반죽 덩어리에 있으면, 얼마 있지 않아서 "온 덩어리에 퍼져서" 덩어리 전체를 온통 부풀리는 것과 마찬가지로, 한 명의 가증스럽고 추악한 죄인이 교회의 품 안에 안겨 있으면, 온 교회가 죄악으로 더럽혀진다는 것을 설마 너희가 모르고 있는 것은 아닐 것이다.

7. 너희는 누룩 없는 자인데 새 덩어리가 되기 위하여 묵은 누룩을 내버리라 우리의 유월절 양 곧 그리스도께서 희생되셨느니라.

묵은 누룩을 내버리라. "묵은 누룩" 앞에 붙어 있는 정관사 '텐'(τὴν)이 어떤 이들의 생각처럼 강조의 의미로 사용된 것이라면, 여기에서 "묵은 누룩"으로 번역된 어구는 "이 묵은 누룩"으로 번역하는 것이 합당하다. "이 묵은 누룩"은 앞에서 말한 근친상간을 저지른 자를 가리킨다. 사도는 앞에서 고린도 교인들이 이 가증스러운 죄를 범한 자를 교회로부터 출교시켜 내쫓아야 하는데도, 그런 의무를 소홀히 하고, 그 사람이 계속해서 교제하게 함으로써, 온 회중을 더럽히고 있다고 책망한 바 있다. 반면에, 이 정관사가 강조의 의미로 사용된 것이 아니라고 본다면, "묵은 누룩을 내버리라"는 말은 고린도 교회에 속한 각각의 지체들에게 "옛 사람을 벗어 버리라"(엡 4:22)고 말한 것으로 이해될 수 있다. 즉, 사도는 앞서 예로 든 근친상간을 저지른 사람을 고린도 교회가 어떻게 처리했어야 하는지를 말한 후에, 이것을 계기로 좀 더 일반적으로 고린도 교회의 각각의 지체들에게, 거짓 교훈은 물론이고 우리 마음의 욕심들과 부패한 것들을 "누룩"에 비유해서, 누룩이 덩어리 전체를 부풀리듯이, 그러한 거짓 교훈이나 죄악들은 각각의 지체 전체를 더럽히는 것들이기 때문에 내버리라고 권면하고 있는 것이다. 나는 앞에서 사도가 교회 전체를 향하여 말하고 있었고, 각각의 지체가 행하여야 할 일이 아니라, 교회 전체가 함께 모여서 행해야 할 일에 대하여 말하고 있었다는 점을 고려하면, 이 두 견해 중에서 전자가 여기에 더 합당한 해석이라고 본다. 따라서 우리는 사도가 여기에서 저 특정한 "묵은 누룩," 즉 근친상간의 죄를 범한 자를 고린도의 회중으로부터 내버릴 것을 명령하고 있는 것으로 보아야 한다.

새 덩어리가 되기 위하여. 사도는 앞에서 말한 대로, 고린도 교회가 복음의 교훈 및 그들의 신앙 고백에 합치하지 않는 것들을 내버릴 때에만, 참된 기독교회가 될 수 있다고 말한다. 너희는 누룩 없는 자인데. 유대인들은 유월절에 무교절을 지켜서, 모든 가족이 칠일 동안 함께 모여서 무교병만을 먹었던 것과 같이(레 23:6), 너희 가운데 누룩이 있게 해서는 안 되고, 너희도 "누룩 없는" 자들이 되어야 한다. 우리의 유월절 양 곧 그리스도께서 희생되셨느니라. 유대인들의 절기인 유월절의 효력은 이제 중단되었고, 레위기의 그 어떤 규정도 너희를 속박할 수 없지만, 너희는 이제 율법의 완성인 복음 안에서 너희에게 요구되는 것들을 지켜야 한다. 왜냐하면, 참된 유월절 어린 양이신 그리스도께서 우리를 위한 희생제물이 되어 죽으시고, 너희의 옛사람이 그리스도와 함께 십자가에 못 박힌 까닭에, 너희는 더 이상 죄를 섬겨서는 안 되기 때문이다.

8. 이러므로 우리가 명절을 지키되 묵은 누룩으로도 말고 악하고 악의에 찬 누룩으로도 말고 누룩이 없이 오직 순전함과 진실함의 떡으로 하자.

"이러므로 우리가 명절을 지키되." 사도는 유대인들의 "명절"인 유월절과 그 직후에 칠일 동안 지켜진 무교절을 염두에 두고서, 여기에서 이런 말을 하고 있다는 것은 분명하다. 유월절은 그리스도에 대한 예표였기 때문에, 우리는 성찬이라는 성례전을 통해서 우리의 참된 유월절 어린 양이신 그리스도의 살과 피를 먹고 마신다. 또한, 유월절 직후에 지켜진 무교절은 그리스도인의 삶의 모든 날들에 대한 예표였기 때문에, 우리는 "묵은 누룩으로도 말고 악하고 악의에 찬 누룩으로도 말고 누룩이 없이 오직 순전함과 진실함의 떡으로" 우리의 삶을 채우고 살아가야 한다. 어떤 이들은 여기에서 "묵은 누룩"이나 "악하고 악의에 찬 누룩"은 악한 습관들을 가리키고, "누룩이 없이 순전함과 진실함의 떡"은 선한 습관들을 가리키는 것으로 이해해서, 이 본문은 각각의 그리스도인들은 그 어떤 악의나 악도 조심해야 할 의무가 있다는 것을 가르쳐 주고 있는 것이라고 생각한다. 반면에, 어떤 이들은 "악의와 악"이라는 추상명사들은 사악하고 악의적인 자들을 가리키는 구체적인 의미를 지니고, "순전함과 진실함"이라는 추상명사들은 순전하고 진실한 사람들을 나타내는 것으로 보는데, 이 후자의 해석이 여기에 더 어울리는 것으로 보인다. 따라서 이 본문이 우리에게 가르쳐 주는 것은, 한편으로는 그리스도께서 모든 그리스도인들의 죄를 위한 희생제물인 어린 양으로서 죽임을 당하신 것이기 때문에, 주님이 우리에게 주신 교훈과 규범을 따라 살아가면서, 악의와 모든 악을 혐오하고, 진실하고 순전하게 행하는 것이 모든 그리스도인들의 의무라는 것이고, 다른 한편으로는 그리스도의 모든 참된 교회는 자신들의 회중과 교제에 악하고 악의적인 자들이 끼어들지 못하게 하여, 순전하고 진실한 자들의 모임으로 깨끗하게 지켜 나갈 의무가 있다는 것인데, 이 둘 중에서도 본문이 일차적으로 강조하는 것은 후자인 것으로 보인다.

9. 내가 너희에게 쓴 편지에 음행하는 자들을 사귀지 말라 하였거니와.

바울은 이전에도 고린도 교회에 편지를 써 보내서 어떤 일들에 대하여 지시를 한 것으로 보이지만, 그 편지는 오늘날 전해지지 않는다. 사도 바울은 지금 성경에 기록되어서 보존되어 있는 것들보다 더 많은 편지들을 여러 교회들에 써서 보냈을 것임에 틀림없다. 하지만 그 편지들이 모두 성경에 보존되어 있지 않다고 해서, 성경의 온전함이 훼손되는 것은 결코 아니다. "음행하는 자들"은 성적으로 부정한 짓을 저지르는 온갖 부류의 사람들을 가리킨다. 사도는 고린도 교인들에게 그런 자들과 "사귀지 말라"고 하였는데, 여기에서 "사귄다"는 것은 단지 그런 자들이 행하는 어둠의 일에 함께 참여하는 것만을 의미하는 것이 아니라, 그런 자들과 친밀하게 어울리며 교제하는 것도 포함한다.

10. 이 말은 이 세상의 음행하는 자들이나 탐하는 자들이나 속여 빼앗는 자들이나 우상 숭배하는 자들을 도무지 사귀지 말라 하는 것이 아니니 만일 그리하려면 너희가 세상 밖으로 나가야 할 것이라.

이 말은 이 세상의 음행하는 자들이나 탐하는 자들이나 속여 빼앗는 자들이나 우상 숭배하는 자들을 도무지 사귀지 말라 하는 것이 아니니. 나는 그리스도인이 아닌 자들, 교회의 지체가 아닌 자들과 관련해서 이런 권면을 하는 것이 아니다. 주님께서는 요한복음 15:19에서 "너희가 세상에 속하였으면 세상이 자기의 것을 사랑할 것이나 너희는 세상에 속한 자가 아니요 도리어 내가 너희를 세상에서 택하였기 때문에 세상이 너희를 미워하느니라"고 말씀하셨고, 마찬가지로 요한복음 17:14에서도 "내가 아버지의 말씀을 그들에게 주었사오매 세상이 그들을 미워하였사오니 이는 내가 세상에 속하지 아니함 같이 그들도 세상에 속하지 아니함으로 인함이니이다"라고 말씀하셨는데, 여기에서 사용된 "세상"이라는 단어의 의미는 바로 거기에서 사용된 의미와 동일하다. 사도는 앞에서 말하였던 근친상간을 저지른 자와 관련하여 고린도 교회에 한 권면을 여기에서는 그 밖의 다른 가증스럽고 추악한 죄들을 범한 자들로 확대시킨다. "탐하는 자들"은, 돈을 너무나 사랑하여, 온갖 방법을 동원하여 사람들을 속이고 압제해서 돈을 끌어 모으는 추악한 짓을 행하는 자들이고, "속여 빼앗는 자들"은 원래 정해진 것보다 부당하게 더 많은 것을 사람들에게서 징수하거나 받아내는 자들이며, "우상 숭배하는 자들"은 나무나 돌 등으로 여러 가지 형상들을 만들어 놓고 경배하는 자들이다. 사도는 고린도 교인들이 "사귀지 말아야" 할 가증스럽고 추악한 죄인들을 여기에서 다 열거하고 있는 것이 아니라, 단지 그 전형적인 예들만을 일부 들고 있는 것이다.

만일 그리하려면 너희가 세상 밖으로 나가야 할 것이라. 사도는 이렇게 말한다: 만일 너희가 그리스도인이냐 아니냐를 막론하고 그런 자들과 일체 상종하지 않고자 한다면, 너희는 세상 사람들과 그 어떤 거래도 할 수 없게 될 것이다. 이것은 당시보다도 훨씬 더 기독교화 된 오늘날의 세상에도 그대로 적용된다.

11. 이제 내가 너희에게 쓴 것은 만일 어떤 형제라 일컫는 자가 음행하거나 탐욕을 부리거나 우상 숭배를 하거나 모욕하거나 술 취하거나 속여 빼앗거든 사귀지도 말고 그런 자와는 함께 먹지도 말라 함이라.

사도가 여기에서 "그런 자와는 함께 먹지도 말라"고 한 것이 성찬을 가리키는 것이냐, 아니면 일반적인 식탁 자리까지 포함해서 말한 것이냐를 두고 최근에 상당한 논쟁이 있어 왔다. 함께 먹는다는 것이 친밀한 사귐과 교제를 가리킨다는 것은 의심의 여지가 없다. 따라서 사도가 이렇게 말한 취지는, 고린도 교회의 지체들은 그리스도인이라고 하면서도 그 어떤 가증스럽고 추악한 죄악들에 빠져 살아가는 자들과의 사이에서 불필요한 교제와 사귐이 있어서는 안 된다는 것인데, 사도는 그러한 죄악들 중에서 몇 가지를 여기에서 예로 든다. (1) 어떤 종류의 음행이든, 그러한 음행을 저질렀거나 저지르고 있는 것으로 알려져 있는 자들. (2) 탐욕을 부리는 자들. 이것은 돈을 지나치게 사랑해서 수단과 방법을 가리지 않고 재물을 모으는 데 혈안이 되어 있거나, 남들에게 마땅히 주어야 할 것들을 주지 않는 자들을 가리킨다. (3) 우상 숭배를 하는 자들. 이것은 자신들과 함께 살고 있는 이방인들이 두려워서, 또는 그들의 환심을 사기 위해서 우상의 신전에 가서 자주 우상을 숭배하는 자들을 가리킨다. (4) 모욕하는 자들. 이것은 자신의 혀를 함부로 무절제하게 놀려서 욕하거나 험담을 늘어놓음으로써, 다른 사람들에 대한 명성이나 명예를 깎아내리는 자들을 가리킨다. (5) 술 취하는 자들. 이것은 술을 마시고 이성을 잃고 술주정을 하는지의 여부를 떠나서, 습관적으로 독주를 무절제하게 마시는 자들을 가리킨다. (6) 속여 빼앗는 자들. 이것은 사람들로부터 합당하게 받아야 할 것보다 더 많은 것들을 받아내어 착취하는 자들을 가리킨다. 그리스도인들이라고 하는 자들 중에서 이런 자들이 있다면, 고린도 교인들은 그런 자들과 성찬의 상에서 함께 먹어서는 안 될 뿐만 아니라, 의례적으로 함께 먹는 것을 제외하고는 불필요하게 그런 자들과 어울려 교제하거나 먹어서도 안 된다고 사도는 말한다. 왜냐하면, 하나님께서는 그런 자들을 위해 상을 베푸신 적이 없고, 그 어떤 교회도 자신의 회중에 그런 자들을 용납해서는 안 되며, 그 어떤 그리스도인도 그런 "묵은 누룩"을 제거하고자 하지 않는 그런 교회에 오래 몸을 담고 있어서는 안 되기 때문이다. 사도는 종교적이고 신앙적인 측면이 아닌 경우에도 형제라고 하는 자들 중에서 그런 가증스럽고 추악한 죄를 범하고 있는 자들과 친하게 지내는 것을 금지하고 있다고 한다면, 하물며 성찬 같은 성례전과 관련해서 그런 자들과의 친교를 금지하고 있다는 것은 두말할 필요가 없다.

12. 밖에 있는 사람들을 판단하는 것이야 내게 무슨 상관이 있으리요마는 교회 안에 있는 사람들이야 너희가 판단하지 아니하랴.

밖에 있는 사람들을 판단하는 것이야 내게 무슨 상관이 있으리요마는. 사도는 이방인들을 치리하는 것은 자신의 소관사항이 아니라고 말한다. 하나님께서는 내게 세상을 다스리는 일이 아니라 하나님의 교회를 다스리는 일을 맡기셨다. 교회 안에 있는 사람들이야 너희가 판단하지 아니하랴. 고린도 교회의 지체들은 너희에게 자원해서 합류하여 너희 교회의 경계 내에 있고 너희의 치리하는 권세에 복종하기로 한 자들이기 때문에, "교회 안의 사람들"을 너희가 살피고 판단하는 것은 너희에게 주어진 책무이고 본분이다.

13. 밖에 있는 사람들은 하나님이 심판하시려니와 이 악한 사람은 너희 중에서 내쫓으라.

밖에 있는 사람들은 하나님이 심판하시려니와. 짐승처럼 본능을 따라 추악한 죄악들을 저지르며 살아가는 이방인들을 판단하고 심판하는 것은 하나님의 소관사항이다. 교회는 그들과는 아무 상관이 없다. 그들은 너희에게 그들 자신을 다스려 달라고 위임한 적이 없다. 따라서 그들은 오로지 하나님의 공의 아래 있고, 하나님께서는 자신의 섭리를 따라 행하셔서 그들을 다스리시고 심판하신다.

이 악한 사람은 너희 중에서 내쫓으라. 너희는 단지 너희에게 맡겨진 일을 하면 되지만, 그 일은 반드시 하여야 한다. 이 근친상간의 죄를 범한 자는 교회 안팎의 모든 사람의 심판주이신 하나님에 의해서 심판을 받게 될 것은 물론이지만, 너희에게는 그 자를 너희의 회중으로부터 내쫓는 조치를 취할 의무가 있다. 그러므로 하나님께서 너희에게 주신 권세를 사용해서, "이 악한 자를 너희 중에서 내쫓으라." 사도가 이 장의 마지막 절에서 결론적으로 한 이 말은, 그가 7절에서 "묵은 누룩을 내버리라"고 명령하고, 8절에서 "우리가 명절을 지키되 묵은 누룩으로도 말고 … 누룩이 없이 오직 순전함과 진실함의 떡으로 하자"고 말한 것이 무슨 의미인지를 분명하게 이해하는 데 도움을 준다. 즉, 사도는 개별 그리스도인들이 자신의 육체의 욕심들과 부패한 것들을 제거하라(이것은 모든 선한 그리스도인의 의무이기는 하지만)는 의미에서가 아니라, 모든 기독교회에게는 가증스럽고 추악한 죄악을 범하는 자들을 자신들의 회중에서 제거할 의무가 있다는 의미에서 그런 말들을 한 것이었다.

MATTHEW POOLE'S COMMENTARY

고린도전서 6장

개요

1. 바울은 고린도 교인들이 자신들의 분규들을 그들 가운데서 스스로 판결하여야 함에도 불구하고, 세상 법정으로 가져가서 다투고 있는 것을 책망함(1–6).
2. 사람들이 도덕법을 어기는 온갖 흉악한 죄인들을 하나님의 나라에서 배제시키는 복음의 원칙들을 따라 살아간다면, 그들 가운데서 분규나 소송이 일어날 일이 없게 될 것임(7–11).
3. 우리에게 합법적이고 허용된 일이라고 해서, 그런 일들이 모두 다 유익한 것은 아님(12–14).
4. 음행은 그리스도의 지체이자 성령의 전인 우리의 몸에 범하는 큰 죄인데, 우리는 우리 자신의 몸을 오직 하나님의 영광을 위한 일에만 사용하여야 함(15–20).

1. 너희 중에 누가 다른 이와 더불어 다툼이 있는데 구태여 불의한 자들 앞에서 고발하고 성도 앞에서 하지 아니하느냐.

사도는 앞에서 고린도 교인들의 교만과 그 뿌리에서 뻗어나온 당 짓는 일들과 분쟁들, 그리고 그들이 그들의 영적 아버지인 자기를 비방하면서, 자신들의 교사들을 바울 자신보다 더 높이고 칭송하는 한편, 그들의 교회에서 가증스러운 죄악을 범한 자에 대한 치리는 소홀히 한 것에 대하여 이미 그들을 호되게 책망하고 나서, 이제 여기에서는 또 다른 문제, 즉 그들이 서로 간에 다툼이 있는 일들을 세상 법정으로 가져가서 이방의 재판관들에게서 판결을 받고자 하는 것에 대하여 다룬다. 당시에는 교회 내에 법정이 설치되지 않았고, 이교도들에 의한 박해도 아직 시작되지 않았기 때문에, 이렇게 교회 내에서 다툼이 있는 문제들을 세상 법정으로 가져가서 해결하는 비참한 일이 벌어졌다. 사도는, 그들이 그리스도인답게 선한 행실을 보여 기독교회의 명성을 높이고 하나님께서 세상 사람 중에서도 영광을 받으시게 하는 데 깊이 마음을 쓰기는커녕, 그들 가운데서 분쟁이 일어났을 때, 그들의 지체들 중에서 중재자들을 선택해서 그 분쟁들을 심리하여 결정하게 하지 않고, 도리어 그들 자신의 분쟁들을 세상 법정으로 가져가서, 그리스도인들이 서로 반목하고 다투는 모습을 그대로 다 드러내어, 세상 사람들로 하여금 기독교를 비방하고 욕할 빌미를 제공하는 짓을 거리낌 없이 자행하고 있는 것에 대하여 경악을 금치 못한다. 여기에서 바울의 관심은 복음 및 복음을 고백하는 자들의 명성과 평판에 있기 때문에, 그것에 대하여 그는 그리스도인들은 형제들 간에 어떤 다툼이 있는 경우에는, 그 다툼을 세상 법정에 가져간다면, 재판관들이나 방청객들이 그 재판 과정에서 그리스도인들이 사소한 이해관계 때문에 서로 냉정하고 무정하게 다투는 것을 보고, 기독교나 하나님을 욕하고 비방할 것이 틀림없다는 것을 고려한다면, 절대로 그렇게 하지 못할 것이라고 말하고 있는 것이다.

2. 성도가 세상을 판단할 것을 너희가 알지 못하느냐 세상도 너희에게 판단을 받겠거든 지극히 작은 일 판단하기를 감당하지 못하겠느냐.

만일 고린도 교인들 중에 형제들 간의 분쟁을 해결해 줄 수 있는 능력을 지닌 유능한 재판관들이 존재하지 않았다면, 그들이 자신의 분쟁들을 세상 법정으로 가져가서 "불의한" 재판관들의 판단을 받아 해결하는 것을 용서받을 수 있는 측면이 있었을지도 모른다. 그러나 사도는 그들이 순복하고자 하는 용의만 있다면, 그들 중에 얼마든지 그들의 분쟁을 판단하고 해결해 줄 능력을 갖춘 사람들이 있다고 말한다. 왜냐하면, 그들은 장차 "세상을 판단하게" 될 "성도"이기 때문이다. 어떤 이들은 우리 주님께서 "심판 때에 니느웨 사람들"과 "남방 여왕이 일어나" 당시의 유대인들을 "정죄할" 것이라고 말씀하신 것(눅 11:31-32; 마 12:41-42)도 여기에서와 동일한 의미라고 생각하지만, 사도가 여기에서 말한 것 속에는 주님의 그런 말씀보다 더 많은 의미가 함축되어 있는 것이 분명하다. 즉, 사도는 성도에게는 이방인들에게는 없는 그 무엇이 있다는 것을 말하기 위해서, 장차 성도가 세상을 심판할 것이라고 말한 것이다. 따라서 어떤 이들은 심판 때에 성도들은 배심원으로 앉아서, 그리스도께서 세상에 대하여 내리실 선고와 판결을 증인이 되어 시인하는 방식으로 세상에 대한 심판에 참여하게 될 것이라고 생각하고, 그리스도께서 마태복음 19:28과 누가복음 22:30에서 "세상이 새롭게 되어 인자가 자기 영광의 보좌에 앉을 때에 나를 따르는 너희도 열두 보좌에 앉아 이스라엘 열두 지파를 심판하리라"고 사도들에게 하신 말씀도 그런 의미라고 말하는 반면에, 어떤 이들은 이 구절은 단지 장차 성도들이 하나님으로부터 높임을 받아 지극히 큰 존귀와 영광을 받게 될 것임을 의미하는 것일 뿐이라고 생각한다.

최근의 박식하고 매우 예리한 한 해석자는, 선지자 다니엘이 "지극히 높으신 이의 성도들이 나라를 얻으리니 그 누림이 영원하고 영원하고 영원하리라"(단 7:18)

거나 "나라와 권세와 온 천하 나라들의 위세가 지극히 높으신 이의 거룩한 백성에게 붙인 바 되리니 그의 나라는 영원한 나라이라 모든 권세 있는 자들이 다 그를 섬기며 복종하리라"(단 7:27)고 예언한 것처럼, 사도가 여기에서 "성도가 세상을 판단할 것"이라고 말한 것은 장차 현세에서 세상을 다스리는 권세가 성도들에게 주어질 것에 대하여 말한 것이라고 해석한다. 만일 이 해석이 옳다면, 이것은 하나님께서 장차 그리스도인들로 하여금 세상을 다스리게 하실 것에 대한 예언(이것은 콘스탄티누스 시대에 이루어졌다고 여겨진다)이거나, 다섯 번째 나라를 기대하는 자들의 견해대로, 세상의 종말이 다가올 즈음에 참된 성도들이 세상을 다스리게 될 때가 올 것임을 의미한다. 하지만 성경은 세상의 종말이 다가올수록 박해와 전쟁과 무질서가 줄어드는 것이 아니라 도리어 점점 더 심해질 것이라고 말하고 있다는 점을 고려하면, 그러한 해석이 옳을 가능성은 별로 없어 보인다.

따라서 여기에서 사도는 성도가 마지막 날에 배심원과 증인이 되어서, 산 자와 죽은 자의 심판주이신 그리스도의 판결을 시인하는 방식으로 세상을 심판하는 일에 참여하게 될 것에 대하여 말하고 있는 것이거나, 기독교가 세상에 널리 퍼지고 성도들이 큰 힘을 얻어서, 성도들이 온 세상 또는 세상의 대부분을 다스리게 될 때가 올 것임을 예언한 것으로 보인다. 이것을 근거로 해서, 사도는 그리스도인들 간에 거래를 비롯해서 민사상에 다툼이 생겼을 때에 그런 사소한 분쟁들을 판단하고 해결할 능력이 그리스도인들에게 충분히 있다는 결론을 강력하게 제시한다.

3. 우리가 천사를 판단할 것을 너희가 알지 못하느냐 그러하거든 하물며 세상 일이랴.

사도는 그리스도인들 간의 분쟁을 판단할 수 있는 충분한 능력이 성도들에게 있다는 것을 의심할 수 없도록 하기 위해서, 여기에서는 성도들이 천사들까지 판단하게 될 것임을 아주 분명하게 단언한다. 그러나 성도들이 어떤 천사들을 언제 어떻게 판단하게 된다는 것인지를 결정하는 것은 그렇게 쉬운 문제가 아니다. 최고의 해석자들은 여기에 언급된 "천사들"은 악한 천사들, 즉 마귀의 졸개들인 귀신들을 가리키는 것으로 이해한다. 즉, 성도들은 마지막 날에 온 땅의 심판주이신 그리스도와 더불어 앉아서, 악한 천사들에 대한 심판에 참여하여, 이 세상이 존속하는 동안에 "공중의 권세 잡은 자들"로서 제멋대로 활보하고 다니며 "불순종의 아들들 가운데서 역사하여" 막강한 힘을 휘둘렀던(엡 2:2) 그들을 무저갱에 가두는 일에 관여하게 될 것이다. 어떤 이들은 사도가 성도들이 "천사를 판단할 것"이라고 말한 것은, 악한 천사들이 복음이 전해지지 않은 곳들에서 거짓 신탁으로 사람들을 속여서 우상들과 귀신들을 숭배하게 하며, 이 세상에서 흑암의 나라를 이루어 사람들을 장악하여 자신의 종으로 부리다가, 성도들에 의해서 그 나라가 무너지고 그 악한 천사들이 쫓겨나게 될 것을 의미하는 것이라고 생각하고, 그리스도께서 "이제 이 세상에 대한 심판이 이르렀으니 이 세상의 임금이 쫓겨나리라"(요 12:31)고 하신 말씀이 바로 그런 의미라고 말한다. 이러한 사실을 근거로 해서, 사도는 성도들 사이에 다툼이 있어서 생겨난 작은 일들을 판단하고 해결하는 일은 마지막 날에 세상과 악한 천사들을 판단하는 일에 비하여 정말 하찮고 시시한 "세상 일"이기 때문에, 그런 일을 할 수 있는 충분한 능력이 성도들에게 있다는 결론을 이끌어낸다.

4. 그런즉 너희가 세상 사건이 있을 때에 교회에서 경히 여김을 받는 자들을 세우느냐.

사도는 "그런즉 너희가 세상 사건이 있을 때에," 즉 그 일이 어떤 성격의 일이든, 너희 중에서 현세와 관련된 일과 관련해서 서로 간에 고소하거나 다투는 일이 생겼을 때에, "교회에서 경히 여김을 받는 자들을 세우느냐"고 책망하는데, 후반절은 성도 간에 다투는 그런 사소한 문제들을 믿지 않는 이방인들의 법정에 가져가서 해결하느니, 차라리 교회의 가장 미천한 지체들에게 맡겨 판단하고 해결하게 하는 편이 훨씬 더 낫다는 의미일 수도 있고, 그런 문제들을 교회에서 판단하게 하고 해결하고자 할 때에 그런 일에 유능한 신뢰 받는 교사들이 아니라, 교회에서도 별로 신뢰받지 못하고 세속적인 일들에 관심이 많은 자들을 세우는 것은 큰 문제라고 지적하는 것일 수도 있다.

5-6. [5]내가 너희를 부끄럽게 하려 하여 이 말을 하노니 너희 가운데 그 형제간의 일을 판단할 만한 지혜 있는 자가 이같이 하나도 없느냐 [6]형제가 형제와 더불어 고발할 뿐더러 믿지 아니하는 자들 앞에서 하느냐.

내가 이렇게 말하는 것은, 너희 중에서 다툼이 있을 때에는, 정말 실제로 너희 중에서 "경히 여김을 받는 자들," 즉 가장 미천한 자들을 세워서 그 문제를 중재하고 판단하며 결정하라고 말하는 것이 아니라, 너희 중에서 현세와 관련된 세상일을 놓고 서로 다툼이 있을 때에 그런 사소한 문제 하나를 판단하고 결정하는 데 충분한 지혜를 갖춘 사람을 너희 중에서 찾아낼 수 없어서, 그 사건을 세상 법정으로 가져가서, 너희가 고백하고 신앙을 욕되게 하고 비방을 받게 하는 것이라면, 그것은 정말 부끄러운 일이 아닐 수 없기 때문에, 믿지 않는 자들을 재판관으로 세워서 하나님의 거룩한 이름을 욕되게 하는 가운데 너희 중의 분쟁을 해결할 바에는, 차라리 너희 중에서 가장 미천한 자라도 세워서 교회 안에서 분쟁을 해결하라고 말하는 것이다.

7. 너희가 피차 고발함으로 너희 가운데 이미 뚜렷한 허물이 있나니 차라리 불의를 당하는 것이 낫지 아니하며 차라리 속는 것이 낫지 아니하냐.

너희가 피차 고발함으로 너희 가운데 이미 뚜렷한 허물이 있나니. 인간의 법과 법정과 사법절차를 이용하는 것은 불법이 아니다. 아무리 인간의 법이라고 해도, 합법적으로 사용될 수만 있다면, 그 법은 선한 것이기 때문이다. 사도가 여기에서 사용하고 있고 "허물"로 번역된 단어인 '헷테마'(ἥττημα)는 어떤 추악한 죄를 가리키는 것이 아니라, 생각이나 정서의 어떤 무력함이나 연약함, 또는 온전하지 못하고 어떤 결함이 있는 것을 의미한다. 형제를 고발하는 것이 그 자체로는 합법적인 것이라고 할지라도, 다음과 같은 요인들에 의해서 불법적인 것이 될 수 있다: (1) 형제가 잘못한 것을 세상 법정으로 가져가서, 믿지 않는 재판관들로 하여금 그 일을 판단하게 함으로써 우리의 신앙에 누를 끼치고 욕을 먹게 하는 경우. 왜냐하면, 복음의 신뢰성과 명성을 지키는 것이 세상적인 사소한 이권관계를 챙기는 것보다 우리에게는 더 소중한 것이 되어야 하기 때문이다. 이것은 이 경우에 해당되는 것이었다. (2) 겉옷을 가지고 서로 다투는 것과 같이 아주 사소한 일들로 형제를 고발하는 경우. 우리의 작은 권리를 회복하고 되찾기 위해서 형제에게 큰 손실이나 해악을 끼치는 것은 사랑의 법에 어긋나는 일이다. (3) 형제를 고발하는 데 분노와 울분, 참을 수 없어 하는 것, 탐욕, 보복하고자 하는 앙심 등이 개입되어 있는 경우. 그리스도인들이라고 할지라도, 죄를 짓지 않는 가운데 형제를 고발하는 일을 진행하는 것이 가능하기는 하겠지만, 우리의 본성에 끈질기게 붙어 있는 부패한 성정으로 인해서 실제로 그렇게 할 수 있는 사람은 극히 드물 수밖에 없다.

차라리 불의를 당하는 것이 낫지 아니하며 차라리 속는 것이 낫지 아니하냐. 따라서 자신의 권리를 회복하기 위해서는 형제를 고발해야 하는데, 실제로 그렇게 했을 때에는, 특히 위에서 열거한 요인들이 존재하고 있어서, 자신이 얻는 이익보다 복음과 신앙의 신뢰성이 크게 훼손될 염려가 있는 경우에는, 양심적인 그리스도인들은 "차라리 불의를 당하고 차라리 속아서" 자신의 권리를 잃는 편이 훨씬 더 합당하다. 사도는 그렇게 하지 않고 형제를 고발하는 것은 '헷테마'("허물"), 즉 그리스도인으로서 온전히 행하지 못하고 결함 있고 부족하게 행하는 것이라고 표현하였지만, 사실은 거기에 죄가 없는 것이 아니다. 왜냐하면, 그리스도인들이 서로 다툼이 있는 일을 법정으로 가져가서 분쟁하고 다투는 것은 인간의 법에 비추어 볼 때에는 악한 것이 되지 않는다고 할지라도, 그리스도께서 "너의 이 뺨을 치는 자에게 저 뺨도 돌려대며 네 겉옷을 빼앗는 자에게 속옷도 거절하지 말라"(눅 6:29; 마 5:39-40)고 말씀하셨고, 사도 바울이 "내 사랑하는 자들아 너희가 친히 원수를 갚지 말고 하나님의 진노하심에 맡기라 기록되었으되 원수 갚는 것이 내게 있으니 내가 갚으리라고 주께서 말씀하시니라"(롬 12:19)고 말한 것처럼, 기독교 신앙의 규범에 비추어 보았을 때에는 악한 것이 될 수 있기 때문이다.

8. 너희는 불의를 행하고 속이는구나 그는 너희 형제로다.

사도는 그들에 대한 책망의 수위를 한층 더 높인다. 그는 앞에서는 단지 그들에게 자기를 부인하는 것이 부족해서, 손해를 감수하는 것을 하지 못한다고 책망하였었지만, 이제 여기에서는 "불의를 행하고 속이는" 짓을 행하고 있다고 책망하면서, 이방인들을 상대로 그런 짓을 해도 충분히 악한 것인데, 최선을 다해서 사랑하고 선하게 대해 주어야 할 형제들인 같은 그리스도인들에게 그런 짓을 하고 있다고 목소리를 높여 성토한다. 사도의 이러한 책망은 그들이 서로 형제라는 사실로부터 직접적으로 따라 나오는 것이다. 왜냐하면, 전쟁에서 두 군대가 싸울 때, 한 군대는 언제나 다른 군대를 죽여서 피 흘리게 하는 죄를 범하는 살인자들이 될 수밖에 없듯이, 두 당사자인 형제들 간에 민사상의 전쟁인 소송이 벌어졌을 때에는, 둘 중의 한 쪽은 자신의 권리에 속하지 않은 것을 지키려고 하거나, 진정으로 다른 형제의 권리에 속한 것을 그 형제로 하여금 소유하지 못하게 하려고, 형제로 괴로움을 겪게 하고 비용과 수고를 들이게 하는 것이어서, 그것은 형제에게 "불의를 행하고 속이는 것"일 수밖에 없기 때문이다.

9. 불의한 자가 하나님의 나라를 유업으로 받지 못할 줄을 알지 못하느냐 미혹을 받지 말라 음행하는 자나 우상 숭배하는 자나 간음하는 자나 탐색하는 자나 남색하는 자나.

사도는 미래 시제로 말하고 있는 것으로 보아서, 여기에 언급된 "하나님의 나라"는 영광의 나라, 내세에서 누리게 될 지극한 복을 의미하는데, "불의한 자," 즉 불의하게 살다가 죽은 자들은 이 나라를 "유업으로 받지 못할" 것이라고 말한다. 우리가 여기에서 사용된 "불의한"이라는 단어를 나중에 열거될 몇몇 예들을 포함한 그런 온갖 부류들을 가리키는 총칭적인 단어로 본다면, 여기에서 "불의하다"는 것은 현저하게 악한 자들을 가리킨다. 그러나 우리가 이 단어를 그들 자신이나 다른 사람들에게 불의한 일들을 행하는 자들을 가리키는 것으로 본다면, 이 단어는 나중에 열거된 몇몇 죄인들을 포함해서 그런 부류의 온갖 죄인들을 포괄하는 총칭적인 단어로 이해할 수 없다. 왜냐하면, "우상 숭배하는 자"는 불의한 자가 아니라 불경건한 자로 불리는 것이 합당하기 때문이다. 사도는 이렇게 말한다: 너희는 거짓 교사들이나, 너희 가운데 늘 있는 그러한 죄인들이 보여 주는 수많은 악한 본보기들이나, 방백들이 그러한 죄들을 묵인하고 눈 감아 주는 것을 보고서, 스스로 속아 넘어가서 "미혹을 받지 말아야" 한다.

"음행하는 자"는 결혼을 하지 않고 독신으로 있으면서 다른 사람들과 성적으로 부정한 짓을 저지르는 자들을 가리킨다. 이렇게 사도는 여기에서 독신자가 저지르는 성적 죄악들과 결혼을 한 상태에서 저지르는 성적 죄악들을 구별해서, 후자에 대해서는 나중에 언급한다. "우상 숭배하는 자"는 창조주 하나님 대신에 피조물들을 숭배하거나, 참 하나님의 형상들을 만들어 놓고서 그 형상들에 절하는 자들을 가리킨다. "간음하는 자"는 결혼을 한 상태에서 혼인 서약을 파기하고 자신의 배필이 아닌 자와 성적으로 부정한 짓을 저지르는 자들을 가리킨다. "탐색하는 자"는 끊임없이 정욕으로 불타서 자신을 음탕한 짓들에 내던져 몰두하는 자들을 가리킨다. "남색하는 자"는 소돔에서 성행하였던 죄를 저지르는 자들로서, 이 죄는 그리스도인들이나 인류 가운데서 그 이름조차 입에 올려서는 안 되는 죄이다.

10. 도적이나 탐욕을 부리는 자나 술 취하는 자나 모욕하는 자나 속여 빼앗는 자들은 하나님의 나라를 유업으로 받지 못하리라.

"도적"은 주인의 동의나 어떤 정당한 권리 없이 남의 물건을 몰래 가져가거나, 폭력을 사용해서 빼앗는 자들을 가리킨다. "탐욕을 부리는 자"는 돈을 지나치게 사랑해서, 다른 사람들을 압제하거나 속이거나 사기를 치는 등, 수단과 방법을 가리지 않고 돈을 자신의 수중에 넣기 위해 애쓰는 자들을 가리킨다. "술 취하는 자"는 정상적인 삶을 살 수 없을 정도로 무절제하게 술을 지나치게 마시고 습관적으로 밥 먹듯이 술을 마시는 자들을 가리킨다. "모욕하는 자"는 자신의 혀를 아무렇게나 놀려서, 다른 사람들을 상스럽고 부끄러운 욕과 말로 공격하는 자들을 가리킨다. "속여 빼앗는 자들"은 자신의 것이 아닌 것을 다른 사람들의 손에서 무력으로 강탈하는 자들을 가리킨다. 이러한 자들은, 자신의 죄악 된 행실을 회개하고 돌이켜서 변화된 삶을 살아가지 않는 한, 결코 하나님의 나라에 들어갈 수 없다.

11. 너희 중에 이와 같은 자들이 있더니 주 예수 그리스도의 이름과 우리 하나님의 성령 안에서 씻음과 거룩함과 의롭다 하심을 받았느니라.

사도는 앞의 두 절에서 특히 최근까지만 해도 이방인들로서 엄청난 죄악 속에서 뒹굴며 살아 왔던 고린도 교인들을 향하여, 그들이 지난날에 지었던 그러한 죄악들을 지금도 짓고 있는 자들이 장차 어떤 벌을 받게 될지에 대하여, 끔찍하고 무시무시한 선고를 내리고 나서, 앞서 그들에게 경고하였듯이, 그들이 그들 자신을 대단한 자들로 여겨서 자고하며 교만해서는 안 된다는 것을 일깨워 주고, 그들로 하여금 그들 자신을 철저하게 낮추도록 하기 위하여, 이제 여기에서는 그들도 자기가 앞서 열거한 여러 부류의 죄인들 중에서 이런저런 죄인에 해당하는 자들이었다는 것을 지적한다. 그러나 사도는 그들이 자신들의 지난날의 끔찍한 죄악들을 되돌아보고서 낙심하고 절망에 빠지지 않도록 하기 위해서, 지금 그들은 물 세례를 통해서 "씻음"을 받았을 뿐만 아니라, 그리스도의 피의 세례와 성령의 세례를 받아 "물과 성령으로" 거듭 "났다"(요 3:5)고 말해 준다. 즉, 그들은 씻음을 받았을 뿐만 아니라, 성령의 새롭게 하시는 역사를 통해서 영적인 새로운 습성들을 얻어 "거룩함"을 받았고, 그리스도의 의를 덧입고서 "의롭다 하심"을 받아 참된 의를 얻게 되어, 장차 하나님 앞에 그 의로 설 수 있게 되었다는 것이다. 그들은 주 예수 그리스도의 공로로 말미암아 "의롭다 하심"을 받았고, 성결의 영으로 말미암아 "거룩함"을 얻었다. 따라서 이 절에서 가장 먼저 언급된 "씻음"은, 의롭다 하심을 얻은 것, 죄 사함을 얻은 것, 죄책으로부터 건짐을 받은 것만이 아니라, 고린도 교인들의 심령 속에서 새로운 습성들과 성향들을 만들어 내어서 그들로 하여금 죄에 대하여 죽고 하나님에 대하여 살 수 있게 해 주는 은혜의 성령의 역사의 고유의 결과로서 거룩함을 받은 것도 포함하는 총칭적인 단어인 것으로 보인다. 하지만 사도는 고린도 교회에 속한 모든 신자들이 아니라, 그들 중의 일부가 그런 자들로 변화를 받았다고 말한다. 왜냐하면, 고린도 교회에도 외식하는 자들이 있었을 것이 거의 틀림없기 때문이다.

12. 모든 것이 내게 가하나 다 유익한 것이 아니요 모든 것이 내게 가하나 내가 무엇에든지 얽매이지 아니하리라.

이 본문의 말씀 자체를 이해하는 것은 그리 어렵지 않지만, 이 말씀이 사도가 직전에 한 말씀이나 직후에 하게 될 말씀과 어떤 식으로 이어지고 연결되어 있는가를 이해하는 것은 그리 쉽지 않다. 어떤 이들은 사도가 이 장의 처음 일곱 절에서 형제들 간의 다툼을 세상 법정으로 가져가서 믿지 않는 재판관들 앞에서 고발하는 것은 잘못된 것이라고 말한 것에 대하여, 고린도 교인들 중에서 혹시라도, "그렇다면, 사람이 자신의 정당한 권리를 회복하기 위해서 법정에 고발하는 것은 불법이란 말인가"라고 반문하며 이의를 제기하는 사람이 있을지도 모르는 일이었기 때문에, 사도는 그러한 반문에 대하여 여기에서 이 말씀을 통해서 대답하고 있는 것이라고 생각한다: 물론, 형제를 세상 법정에 고발하는 것 자체는 불법이 아니다. 그렇지만 그리스도인들은 어떤 일이 엄밀하게 합법이고 정당한 것인가만을 따져서는 안 되고, 반드시 그 일과 관련된 여러 상황들을 고려하지 않으면 안 된다. "그 자체로는 합법적인 행위도 여러 상황들에 의해서 죄악 되고 불법적인 행위가 될 수 있다"(Quicquid non expedit, in quantum non expedit non licet)는 오래된 금언이 있는데, 이 금언은 지금 우리가 다루고 있는 문제, 즉 그리스도인들이 형제와의 다툼을 세상 법정으로 가져가서 믿지 않는 재판관에게 고발하는 문제에 그대로 적용된다.

하지만 대다수의 해석자들은 사도는 여기에서 새로운 주제로 넘어가서, 음행의 죄, 그리고 정욕을 부추겨서 그러한 죄를 범하게 만드는 행위, 즉 음식을 무절제하고 먹고 마시는 것에 대하여 경고하기 위하여, 그 서두로서 이 말을 꺼낸 것이라고 생각한다. 즉, 사도는 지금부터 이 새로운 주제에 대하여 말해 나갈 때, 고린도 교인들 중에는, "그렇다면, 음식을 먹고 마시는 것은 사람에게 꼭 필요한 것인데도, 우리가 자유롭게 먹고 마시는 것도 불법이란 말인가"라고 이의를 제기하는 사람들이 분명히 있을 것이라고 생각해서, 그 서두에서 선제적으로 그런 반론의 싹을 아예 제거하고자 하였다는 것이다. 사도는 그러한 반론에 대하여 이렇게 대답한다: "모든 것이 내게 가하다." 즉, 나는 정상적인 상황 아래에서는 하나님의 법이 금하지 않은 모든 것들을 사용할 수 있고 행할 수 있다. 그러나 어떤 상황에서는 사정이 바뀌어서, 분명히 하나님의 법에서 금하지 않은 합법적인 것들인데도, 그것들을 사용하거나 행하는 것이 유익하지 않을 수 있다. 따라서 "모든 것이 내게 가하나 다 유익한 것은 아니다."

사도가 앞에서 그들이 "씻음과 거룩함과 의롭다 하심을 받았다"고 말하자, 고린도 교인들은 사도의 그 말을 잘못 이해해서, 자신들에게는 이제 모든 것, 적어도 하나님의 말씀 속에서 분명하고 절대적으로 정죄하지 않은 모든 것이 합법적인 것이 되었다고 생각했을 가능성이 있다. 그래서 사도는, 그들은 단지 어떤 것이 합법적인지 아닌지만을 따져서는 안 되고, 그들이 어떤 합법적인 것을 행하였을 때, 그것이 다른 사람들에게 유익이 되느냐 되지 않느냐도 반드시 따져야 하고, 그렇게 따져 보았을 때에 자기가 하고자 하는 것이 다른 사람들의 유익을 해치는 일이 되는 경우에는, 그 일이 아무리 합법적인 것이라고 해도 불법이 된다고 대답해 줌으로써, 그들의 잘못된 생각을 바로잡아 준다. 또한, 그들은 아무리 그들에게 합법적으로 허용되어 있는 것들이라고 할지라도, 그것들의 노예가 되어 그것들에 "얽매이고" 휘둘리지 않도록 조심하여야 한다. 왜냐하면, 만약 그들이 어떤 합법적인 것들의 노예가 되어 거기에 휘둘리게 되면, 그것들은 그들로 하여금 어떤 식으로든 하나님을 거슬러 범죄하도록 이끄는 강력한 시험거리들이 되고 말기 때문이다.

13. **음식은 배를 위하여 있고 배는 음식을 위하여 있으나 하나님은 이것 저것을 다 폐하시리라 몸은 음란을 위하여 있지 않고 오직 주를 위하여 있으며 주는 몸을 위하여 계시느니라.**

이 절의 전반절은 우리에게 앞 절을 제대로 이해할 수 있는 큰 빛을 비춰 주는 것으로 보이는데, 사도가 앞에서 "모든 것이 내게 가하나"라고 말한 것이 음식을 먹고 마시는 것과 관련되어 있을 개연성이 대단히 높다는 것을 보여 준다. 하나님께서는 사람들로 하여금 자신들의 "배"를 채우도록 하시기 위하여 "음식"을 주셨고, 사람들의 몸에 자양분을 공급하여 유지할 수 있도록 하기 위하여 "음식"을 담을 그릇으로 "배"를 만드신 것이기 때문에, 먹고 마시는 것은 합법적인 것이지만, 도가 지나치게 먹고 마셔서, "몸"의 욕구를 있는 대로 다 채워주어, 몸으로 하여금 제멋대로 방자하게 자신의 욕심을 채우도록 방임하는 것은 결코 유익하지 않고 무익한 일이기 때문에, 그렇게 하는 것을 피하는 것이 마땅하다. 어떤 이들은 앞 절과 이 절의 연결관계를 이렇게 설명한다: 너희가 힘쓰는 것은 오직 사람의 "배"와 관련된 것들, 먹고 마시는 것, 썩어 없어질 것들이다. 그런 모든 것들은 합법적인 것이어서 너희에게 "가하다"고 하여도, 너희에게 유익을 가져다주는 것은 결코 아니다.

어떤 이들은 사도는 여기에서 니골라당(the Nicolaitanes)이나 에피쿠로스학파(the Epicureans)의 주장, 즉 온갖 종류의 먹고 마시는 것, 그리고 심지어 "음행"까지도 합법적인 것이라고 한 그들의 주장을 반박하고 있는 것이라고 말한다. 사도는 그들의 주장 중에서 첫 번째에 대해서는 수긍하지만, 두 번째에 대해서는 부정하면서, 먹고 마시는 것과 음행을 동일한 차원에서 둘 다 합법적이라고 말하는 것은 옳지 않다고 말하고 있다는 것이다: 하나님께서는 사람의 배를 위해서 음식을 주셨고, 사람의 몸에 자양분을 공급해서 이 세상에서 생명을 유지해 나가도록 하시기 위하여 음식을 담을 수 있는 배와 위를 만드셨다. 하지만 사람은 음식을 어느 정도로 먹고 마셔야 유익한지를 따져서 적절하게 먹고 마셔야 하고, 먹고 마시는 것을 지나치게 탐해서는 안 된다. 왜냐하면, 하나님께서는 장차 사람의 "배"와 그 배를 위한 "음식"을 둘 다 "폐하실" 것이기 때문이다. 사람들은 장차 부활한 후에는 장가가거나 시집가지도 않게 될 것임과 마찬가지로, 더 이상 주리거나 목마르지도 않게 될 것이다. 그러나 "음행"의 문제는 음식을 먹고 마시는 문제와 차원 자체가 다르다. 왜냐하면, 하나님께서는 사람의 "몸"을 "음행"을 위하여 만드신 것이 아니라, "주를 위하여," 즉 사람들로 하여금 자신의 "몸"으로 하나님의 뜻을 행하여 하나님의 이름에 영광을 돌리도록 하시기 위하여 만드신 것이기 때문이다. 또한, "주는 몸을 위하여 계신다." 주님은 사람들의 몸의 머리로서 그 지체들을 인도하고 지도하시는 분이실 뿐만 아니라, 사도가 다음 절에서 말하고 있는 것처럼, 사람들의 몸의 구주로서 장차 마지막 날에 그 몸을 다시 살리실 것이다.

14. 하나님이 주를 다시 살리셨고 또한 그의 권능으로 우리를 다시 살리시리라.

하나님이 주를 다시 살리셨고. 주 예수 그리스도는 잠자는 자들의 첫 열매이시다. 사도는 주님의 부활이라는 사실을 근거로 해서, 우리의 몸이 장차 다시 부활하게 될 것임을 고린도전서 15장에서 자세하게 설명하고 증명한다. 또한 그의 권능으로 우리를 다시 살리시리라. 하나님께서는 장차 자신의 전능하신 능력으로 자기 성도들을 다시 살리실 것이다.

15. 너희 몸이 그리스도의 지체인 줄을 알지 못하느냐 내가 그리스도의 지체를 가지고 창녀의 지체를 만들겠느냐 결코 그럴 수 없느니라.

그리스도는 믿는 자의 인격과 연합되어 있으시고, 그의 신비의 몸인 교회의 머리이시다. 따라서 믿는 자들의 "몸"은 어떤 의미에서 "그리스도의 지체"이기 때문에, 우리는 우리의 몸을 그리스도에게서 찢어내거나, 그리스도의 지체로서 합당하지 않게 사용해서는 안 된다. 그런데 음행을 저지르는 자는 자신의 몸을 그리스도에게서 찢어내어, "창녀의 지체"로 만드는 것이다. 왜냐하면, 남편과 아내가 하나님의 정하심에 따라 한 몸인 것과 마찬가지로(창 2:24, "남자가 부모를 떠나 그의 아내와 합하여 둘이 한 몸을 이룰지로다"), 음행하는 자와 창녀는 부정한 결합에 의해서 한 몸이 되기 때문이다.

16. 창녀와 합하는 자는 그와 한 몸인 줄을 알지 못하느냐 일렀으되 둘이 한 육체가 된다 하셨나니.

음행하는 자와 창녀의 결합은 창세기 2:24에 언급된 남편과 아내의 결합과 행위의 속성과 관련해서는 서로 다르지 않고, 다만 행위의 도덕성에서만 서로 다를 뿐이다. 전자는 부정직하고 추악한 행위인 반면에, 후자는 정직하고 합법적인 행위이다. 따라서 창녀와 합하는 저 어리석고 음탕한 악을 저지르는 자는 자신을 창녀와 한 몸이 되게 함으로써, 그리스도의 지체인 자신의 몸을 그리스도에게서 찢어내는 것이다. 왜냐하면, 거룩하신 주님께서는 그러한 결합을 용납하셔서, 그런 자의 몸을 그대로 자신의 지체로 두실 수 없으시기 때문이다.

17. 주와 합하는 자는 한 영이니라.

"주와 합한다"는 표현은 신명기 10:20에 나오는 "네 하나님 여호와를 경외하여 그를 섬기며 그에게 의지하고 그의 이름으로 맹세하라"는 말씀에서 가져온 것으로 생각된다(한글개역개정에 "그에게 의지하고"로 되어 있는 어구는 히브리어 본문에서는 "그에게 꼭 붙어 있고" 또는 "그와 합하여 있고"라는 의미이기 때문에 — 역주). 그리스도와 각각의 참된 신자 간의 저 신비적 연합에 도달해 있는 자는 본질적이거나 실체적인 의미에서가 아니라 영적이고 신비적인 의미에서 그리스도와 "한 영"이다. 믿는 자의 영은 그리스도의 영과 연합되어 있어서, 믿는 자는 믿음과 사랑과 순종 안에서 그리스도와 한 영이고, 그리스도와 믿는 자는 하나의 의지를 갖고 있으며, 믿는 자는 그리스도의 통치와 다스리심을 받는다. 따라서 자신의 몸을 창기의 지체로 만드는 자는 동시에 자신의 몸을 그리스도의 지체가 되게 할 수 없기 때문에, 너희는 창기와 한 몸이 되지 않도록 조심하여야 한다.

18. 음행을 피하라 사람이 범하는 죄마다 몸 밖에 있거니와 음행하는 자는 자기 몸에 죄를 범하느니라.

사도는 여기에서 새로운 근거를 제시하면서, 고린도 교인들에게 성적으로 부정한 죄를 짓는 것을 피하라고 압박한다. 어떤 이들은 사도가 여기에서 단지 음행의 죄가 어떤 성격의 죄인지를 깊이 숙고해서 이 죄를 피하라는 의미가 아니라, 음행의 죄로부터 멀리 달아나서, 그 죄를 짓게 만들 수 있는 온갖 빌미들이 처음부터 아예 생겨나지 않게 하고, 음행을 저지를 생각조차 들지 않게 해야 한다는 의미로, 이렇게 말한 것이라고 생각한다. 그러나 사도가 여기에서 음행을 피해야 할 근거로 제시하고 있는 것은, 다른 죄들은 "몸 밖에" 있지만, 음행은 "자기 몸에 죄를 범하는" 것이라는 것이다. 즉, 술 취하는 죄를 범할 때에는 술이 개입되고, 탐욕적으로 먹고 마실 때에는 음식이 개입되며, 그 밖의 다른 죄들도 사람의 몸 밖에 있는 어떤 것이 개입되어서 죄를 짓게 되지만, 이 더러운 음행의 죄를 지을 때에는 그 사람의 몸 자체가 개입된다는 것이다. 따라서 음행의 죄를 짓는 자는 단지 자기와 한 몸인 자신의 아내에 대하여 죄를 범하는 것일 뿐만 아니라, 이 사악하고 추악한 행위를 통해서 자신의 몸에 오욕의 흔적, 그리스도의 피 외에는 그 어떤 것으로도 씻어지지 않는 오점을 남김으로써, "자기 몸에 죄를 범하는" 것이다. 물론, 사람은 다른 죄들을 통해서도 자신의 몸에 죄를 범할 수 있지만, 음행의 죄를 지었을 때에는 다른 그 어떤 죄들보다도 한층 더 자신의 몸에 직접적으로 죄를 범하게 된다. 다른 죄들의 경우에는, 그 죄는 사람의 생각과 심령 속에 자리를 잡고, "몸"은 그 사람의 생각과 심령의 종이 되어서, 그 사람이 저지르고자 하는 죄에 참여하는 반면에, 음행의 경우에는, 그 죄가 비록 마음으로부터 생겨나기는 하지만, 다른 그 어떤 죄보다도 몸으로 그 죄를 직접 저지르게 된다.

19. 너희 몸은 너희가 하나님께로부터 받은 바 너희 가운데 계신 성령의 전인 줄을 알지 못하느냐 너희는 너희 자신의 것이 아니라.

사도는 고린도전서 3:16에서 고린도 교회를 "하나님의 성전"이라고 부르면서, 그들이 파당을 지어 분쟁을 하는 것은 하나님의 성전을 더럽히고 파괴하는 것이라는 논거를 제시하며, 서로 분쟁하는 것을 그만두라고 설득하였었는데, 이제 여기에서는 고린도 교회의 지체들을 "성령의 전"이라고 부른다. 이것은 성령이 하나님이시라는 것을 보여 주는 강력한 증거이다. 사도는 그들이 성령의 전이라는 사실을 음행의 죄를 범해서는 안 된다는 논거로 사용한다. 하나님의 성전은 하나님이 이 땅에서 자신의 거처로 사용하시기 위하여 지으라고 하신 곳으로서, 하나님께서는 주로 성전에서 자기 백성에게 나타나셨고, 율법의 경륜 아래에서 자기 백성이 성전에서 자기를 예배하며 희생제사를 드리게 하셨다. 따라서 사도가 그들을 "성령의 전"이라고 부른 것은, 하나님의 은총이 그들에게 임하여 있다는 것과 그들이 자신의 몸으로 하나님께서 원하시는 것들을 행하고 하나님을 예배하여야 한다는 것을 그들에게 동시에 일깨워 주기 위한 것이었다. 만약 그들이 후자의 본분을 제대로 행하지 않고서, 하나님의 뜻을 거스르는 죄를 저지르며 살아가는 동안에는, 그들에게 전자의 은총이 주어질 소망은 사라지게 된다.

또한, 사도는 그들의 몸은 그들 자신의 것이 아니라, 하나님으로부터 받은 것임을 그들에게 일깨워 준다. 하나님께서는 그들의 몸을 지으셨을 뿐만 아니라, 날마다 자신의 섭리를 통해서 역사하셔서 그들의 몸을 유지시키시고 보호해 주신다. 사도가 13절에서 이미 그들에게 말했듯이, 하나님께서는 그들이 자신의 몸으로 음행을 저지르도록 하기 위하여 그들의 몸을 지으시고 그들에게 주신 것이 아니었다. 이렇게 그들의 몸은 그들의 것이 아니기 때문에, 그들은 자신의 몸을 자기 마음대로 남용하고 악용할 권한이 없고, 오직 그들에게 몸을 주신 이가 정하시고 명하신 용도와 방식으로 자신의 몸을 사용하여야 한다. 따라서 사람이 자신의 몸을 남용하고 악용하는 것은 하나님께 속한 거룩한 것을 도둑질하여 제멋대로 사용하는 일종의 신성모독의 죄를 범하는 것이다. 그래서 옛적에 하나님께서는 유대인들에게, "네가 또 내가 준 금, 은 장식품으로 너를 위하여 남자 우상을 만들어 행음하며 또 네 수 놓은 옷을 그 우상에게 입히고 나의 기름과 향을 그 앞에 베풀며 또 내가 네게 주어 먹게 한 내 음식물 곧 고운 밀가루와 기름과 꿀을 네가 그 앞에 베풀어 향기를 삼았나니 과연 그렇게 하였느니라"(겔 16:17-19)고 말씀하셨다.

20. 값으로 산 것이 되었으니 그런즉 너희 몸으로 하나님께 영광을 돌리라.

값으로 산 것이 되었으니. 사도가 여기에서 "값으로 산 것이 되었다"고 하였을 때, 그 "값"이 무엇을 의미하는지에 대해서는, 베드로 사도가 그 적극적인 의미와 소극적인 의미를 둘 다 우리에게 말해 준다: "너희가 알거니와 너희 조상이 물려 준 헛된 행실에서 대속함을 받은 것은 은이나 금 같이 없어질 것으로 된 것이 아니요 오직 흠 없고 점 없는 어린 양 같은 그리스도의 보배로운 피로 된 것이니라"(벧전 1:18-19). 따라서 사도는 그들이 값으로 산 것이 된 자들이라는 것, 즉 그리스도의 보배로운 피로 속량함을 받은 것이라는 사실을 논거로 제시하며, 그들에게 음행의 죄를 짓지 말라고 압박한다. 어떤 노예 상태나 포로 상태로부터 속량함을 받은 자들이, 이미 거기에서 속량함을 받았는데도, 그들을 속량해 준 이를 섬기는 것이 아니라, 자신을 노예나 포로로 삼았던 저 폭군들을 또다시 종이 되어 섬긴다면, 그것은 도무지 이치에 맞지 않는 일일 것이다. 고린도 교인들을 이전에 노예와 포로로 삼았던 폭군들은 육체의 욕심들과 부패한 성정들이었고, 주님께서는 그들을 그 폭군들로부터 속량하여 주셨을 뿐만 아니라, 그러한 죄악들로 인한 저주와 진노로부터도 건져 주셨다.

그런즉 너희 몸으로 하나님께 영광을 돌리라. 사도는 이렇게 말한다: 너희는 값으로 산 것이 된 자들, 그것도 그리스도의 보배로운 핏값으로 속량함을 받은 자들이기 때문에, 하나님의 이름을 높이며 하나님의 뜻에 순종함으로써, "하나님께 영광을 돌리는" 것이 마땅하다(마 5:16, "이같이 너희 빛이 사람 앞에 비치게 하여 그들로 너희 착한 행실을 보고 하늘에 계신 너희 아버지께 영광을 돌리게 하라"). 그리고 너희는 너희의 몸이나 영, 어느 하나로가 아니라, 너희의 몸과 영 둘 모두로, 즉 전인적으로 하나님께 영광을 돌려야 한다. 왜냐하면, 하나님께서는 너희의 몸과 영을 창조하시고 자신의 섭리로 지켜 주셨을 뿐만 아니라, 그리스도의 피로 속량함을 얻게 해 주신 분이신 까닭에, 너희의 몸과 영은 둘 다 하나님의 것이기 때문이다. 사도는 고린도 교인들이 자기에게 써 보낸 몇 가지 문제들에 대한 자신의 답변을 이러한 권면으로 마무리한다.

MATTHEW POOLE'S COMMENTARY

고린도전서 7장

개요

1. 혼인은 음행을 막는 치료책으로 사용되어야 함(1-9).
2. 그리스도께서는 혼인으로 인한 연합을 깨는 것을 금지하셨음(10-11).
3. 한 쪽 배우자가 불신자인 경우에 어떻게 해야 하는가(12-16).
4. 각 사람은 자기가 부르심 받은 상태에서 자신의 본분을 다하여야 함(17-24).
5. 환난의 때에 처녀들은 혼인과 관련해서 어떻게 행하는 것이 좋은가(25-38).
6. 과부들의 재혼에 대하여(39-40).

1. 너희가 쓴 문제에 대하여 말하면 남자가 여자를 가까이 아니함이 좋으나.

고린도 교회는 아주 많이 타락하고 부패하기는 했지만, 그들 중의 일부는 여전히 이 위대한 사도를 공경하는 마음을 지니고 있어서, 그 교회에서 문제가 된 몇 가지 일들에 대해서 사도의 답변을 들으려고 서신들을 써 보냈던 것으로 보이는데, 그들이 문의한 일들 중의 하나가 혼인에 관한 것이었다. 하지만 그들은 혼인하는 것이 적법한 것인지를 물은 것이 아니라(혼인을 금하는 "미혹하는 영과 귀신의 가르침"은 이 세상에서 그렇게 초기에 대두되지는 않았다, 딤전 4:1-3), 교회가 이렇게 환난에 처해 있는 때에 과연 남자가 여자와 혼인하는 것이 바람직한 것인지를 물었다. 이 질문에 대해서, 사도는 "남자가 여자를 가까이 아니함이 좋다"고 답변한다. 여기에서 "좋다"는 것은, 단지 교회가 환난에 처해 있는 때에 혼인을 하게 되면 곤란한 처지에 빠질 가능성이 많기 때문에 혼인을 하지 않는 쪽이 좀 더 그런 곤란을 덜 수 있어서 유익할 것이라는 의미이거나, 좀 더 자유로운 몸이 되어서 오로지 하나님을 섬기고 신앙의 본분들을 행하는 데에 집중할 수 있어서 유익할 것이라는 의미일 뿐이다. 그런 의미에서 남자는 혼인하지 않는 편이 좀 더 유익하다. 여기에서 "여자를 가까이 아니한다"는 것은 혼인하지 않는 것을 의미한다.

2. 음행을 피하기 위하여 남자마다 자기 아내를 두고 여자마다 자기 남편을 두라.

음행을 피하기 위하여. 이 어구의 헬라어 본문을 직역하면 "음행들로 인하여"가 되지만, 결국 그 의미는 "음행을 피하기 위하여"가 된다. 이 단어가 "음행들"이라는 복수형으로 사용된 것은, 사도가 이 단어를 통해서 육체의 정욕의 산물들인 온갖 종류의 성적으로 부정하고 더러운 죄들을 나타내고자 한 것임을 보여 준다. 우리는 어떤 죄들을 온전히 극복할 수 없는 경우에는, 어쩔 수 없다고 생각하고 그 죄들로 돌진하기보다는, 그 죄들을 훼방하고 회피하는 차선책을 선택하여야 하는데, 이 죄들이 바로 그런 경우이다. 따라서 사도는 앞에서 이미 혼인하지 않는 것이 최선이기는 하지만, 일반적으로 사람이 혼인하지 않게 되면, 음행을 저지르게 되어 있기 때문에, 그렇게 될 바에는 차라리 음행을 피하기 위하여 남자도 여자도 혼인하여야 한다고 말한다. 사도가 이렇게 음행으로 인하여 혼인하는 것이 남자와 여자의 의무라고 말하는 이유는, 하나님께서 사람들이 지나치게 정욕을 따라 행하는 것에 재갈을 물려 억제하는 수단으로 혼인을 정하셨기 때문이다. 남자마다 자기 아내를 두고 여자마다 자기 남편을 두라. 이것은 일부다처제나 일처다부제가 잘못된 것임을 분명하게 보여 준다.

3. 남편은 그 아내에 대한 의무를 다하고 아내도 그 남편에게 그렇게 할지라.

여기에서 "의무"로 번역된 단어는 일반적으로는 합당한 선의 또는 호의를 의미하지만, 5절은 사도가 이 단어를 통해서 말하고자 한 것은 모세가 출애굽기 21:10에서 말한 혼인의 의무로서의 "동침하는 것"임을 분명하게 보여 준다. 바울과 모세는 둘 다 부부관계를 나타내는 데 완곡한 표현을 사용하는데, 우리는 성경에서 속된 마음을 지닌 자들에게 비웃거나 조롱할 빌미를 줄 수 있는 그런 말들을 할 때에는 언제나 완곡한 표현들을 사용하는 것을 본다. 부부가 동침하는 것은 통상적인 상황에서 남편과 아내가 둘 다 마땅히 해야 할 일이기 때문에, 사도는 그것이 의에 맞는 합당한 행위로 요구된다는 것을 보여 주기 위하여 "의무를 다한다"는 표현을 사용한다.

4. 아내는 자기 몸을 주장하지 못하고 오직 그 남편이 하며 남편도 그와 같이 자기 몸을 주장하지 못하고 오직 그 아내가 하나니.

사도는 앞 절에서 남편과 아내가 서로에 대한 의무를 다하라고 말한 이유를 여기에서 제시하는데, 그것은 혼인을 하게 되면, 각각의 배우자는 자신의 몸을 자기가 주장하지 못하고 자신의 몸을 주장하는 것을 자신의 배우자에게 넘겨주게 되기 때문이라고 말한다. 사도는 여기에서 고린도 교회의 일부 지체들이 자기에게 문의한 다음과 같은 질문에 대하여 대답하는 것으로 보인다: 그들이 혼인을 하였다고 할지라도, 남편과 아내가 서로 동침하지 않고, 단지 생계를 꾸려나가는 것이나, 가사를 돌보는 것 등과 같은 일들에서만 서로 도우며 살아가도 괜찮은 것인가? 그러한 질문에 대해서, 사도는 그렇게 하는 것은 결코 바람직하지 않다고 대답해 준다.

5. 서로 분방하지 말라 다만 기도할 틈을 얻기 위하여 합의상 얼마 동안은 하되 다시 합하라 이는 너희가 절제 못함으로 말미암아 사탄이 너희를 시험하지 못하게 하려 함이라.

"서로 분방하지 말라." 사도는 남편과 아내는 혼인을 할 때에 자신의 몸을 자기가 주장하는 것이 아니라 배우자가 주장하도록 약속한 것이기 때문에, 동침하기를 거부하고 분방한다면, 그것은 자신이 한 약속을 파기하고 사기를 치는 것이라고 말하면서, "다만 기도할 틈을 얻기 위하여" 신앙상의 이유로 "합의상 얼마 동안은" 분방할 수 있다고 말한다. 왜냐하면, 상호 간에 서로 합의가 된 경우에는, 그것을 사기치는 것이라고 할 수 없기 때문이다. 또한, 하나님께서는 우리가 기도하거나 금식할 때에 반드시 부부관계를 피하고 금욕하라고 명하신 것은 아니어서, 기도하기 위한 경우에도 반드시 분방할 필요는 없는 것이었기 때문에, 사도는 부부 간에 합의가 있는 경우에만 분방하라고 명한다. 하나님께서 이스라엘 백성에게 자신의 율법을 듣게 해 주실 때에는, 그 준비과정의 일환으로 "여인을 가까이 하지 말라"고 명하셨지만(출 19:15), 사무엘상 21:4에서 "제사장이 다윗에게 대답하여 이르되 보통 떡은 내 수중에 없으나 거룩한 떡은 있나니 그 소년들이 여자를 가까이만 하지 아니하였으면 주리라"고 한 것을 보면, 이것은 율법의 결례 중의 일부였다는 것을 알 수 있고, 그리스도인들은 그러한 의식법으로부터 자유롭기 때문에, 그러한 율법은 부부 간의 합의에 따라 지켜도 되고 지키지 않아도 된다.

다시 합하라 이는 너희가 절제 못함으로 말미암아 사탄이 너희를 시험하지 못하게 하려 함이라. 하지만 부부 간에 합방하지 않고 금욕하는 기간이 길어지면, 마귀는 그들이 성적인 욕구를 절제하고 정절을 지킬 수 없다는 것을 아는 까닭에, 그들을 시험하여 불법적인 음행을 행하도록 유혹할 것이기 때문에, 사도는 기도하기 위하여 꼭 필요한 기간이 지나면, 반드시 다시 이전의 상태로 돌아와서 "다시 합하라"고 명한다.

6. 그러나 내가 이 말을 함은 허락이요 명령은 아니니라.

어떤 이들은 여기에서 "이 말"은 사도가 이 장의 앞부분 전체에서 말한 것을 가리킨다고 생각하지만, 최고의 해석자들은 오직 사도가 바로 앞 절에서 한 말만을 가리키는 것으로 보고서, 자기가 그들에게 기도나 금식을 할 때에는 부부 간의 합의하에 잠시 동안 금욕한 후에 다시 합방을 하라고 한 것은 하나님으로부터 명시적으로 받은 명령이 아니라, 단지 자기가 합리적이고 합당하다고 판단한 것을 그들에게 권고한 것일 뿐이라고 밝힌 것이기 때문에, 각 사람마다 자신의 특수한 사정을 고려해서 그들 스스로 판단하고 결정할 일이라고 말한 것으로 생각한다.

7. 나는 모든 사람이 나와 같기를 원하노라 그러나 각각 하나님께 받은 자기의 은사가 있으니 이 사람은 이러하고 저 사람은 저러하니라.

나는 모든 사람이 나와 같기를 원하노라. 여기에서 "나는 … 원하노라"는, 하나님의 뜻이라면, 모든 그리스도인이 하나님께서 내게 주신 독신의 은사를 받았으면 좋겠다고 하는 사도의 바람을 나타낸다. 이 구절이 그런 의미라는 것은, 다음 절에 나오는 "나와 같이 그냥 지내는 것"이라는 말과 9절의 "만일 절제할 수 없거든 결혼하라"는 말이 분명하게 보여 준다. 따라서 사도가 모든 그리스도인들이 자기처럼 독신으로 지내게 되기를 절대적으로 원한 것이 아니었다. 왜냐하면, 실제로 모든 사람이 독신으로 지낸다면, 바울의 세대가 끝날 때에는 교회는 물론이고 인류 전체가 소멸되고 말 것이기 때문이다. 그러나 각각 하나님께 받은 자기의 은사가 있으니 이 사람은 이러하고 저 사람은 저러하니라. 사도는 모든 사람이 다 독신의 은사를 받은 것은 아니라고 말한다. 독신의 은사를 받은 사람도 있고, 그런 은사를 받지 않은 사람도 있다는 것이다. 이것은 제자들이 "만일 사람이 아내에게 이같이 할진대 장가 들지 않는 것이 좋겠나이다"라고 말하자, 우리 구주께서 "사람마다 이 말을 받지 못하고 오직 타고난 자라야 할지니라 어머니의 태로부터 된 고자도 있고 사람이 만든 고자도 있고 천국을 위하여 스스로 된 고자도 있도다 이 말을 받을 만한 자는 받을지어다"라고 대답하신 것과 같다(마 19:10-12).

8. 내가 결혼하지 아니한 자들과 과부들에게 이르노니 나와 같이 그냥 지내는 것이 좋으니라.

여기에서 "결혼하지 아니한 자들"로 번역된 헬라어는 한 번도 결혼한 적이 없는 처녀들과 한 번 결혼했다가 남편을 잃은 과부들을 모두 포괄해서 가리키는 단어이지만, 사도는 거기에 다시 "과부들"이라는 말을 덧붙인 것은 논란이나 이론의 여지를 없애기 위한 것이었다. 사도가 처녀들과 과부들에게 "나와 같이 그냥 지내는 것이 좋으니라"고 말할 때에 사용한 "좋다"라는 표현은 그리스도인들의 현재의 상황으로 보아서 그렇게 하는 것이 바람직하거나 합당하다는 의미이다. 이렇게 성경에서는 "좋다"라는 표현은 절대적으로 선하다는 의미가 아니라 편의상 바람직하거나 합당하다는 의미로 자주 사용된다. 그리고 실제로 어떤 사물이나 일이 "좋다"거나

"선하다" 고 할 때, 그 "좋다" 거나 "선하다"는 속성은 그 사물이나 일이 바람직하거나 합당한 상태에 있다는 것을 의미한다. 하나님이 명하신 것들에는 언제나 그러한 합당함이 존재하기 때문에, 그것들은 언제나 좋고 선할 수밖에 없지만, 지금 우리가 살펴보고 있는 혼인 문제 같이 하나님께서 우리의 자유에 맡겨 두신 일들에 있어서는, 각 사람의 사정에 따라, 또는 동일한 사람의 경우에도 그때그때의 사정에 따라, 그 특정한 사람에게 그 일은 좋은 것일 수도 있고 나쁜 것일 수도 있게 된다. 따라서 사도 바울은 여기에서 각각의 그리스도인의 특수한 사정은 고려하지 않고, 오직 모든 그리스도인들이 이 세상에서 공통적으로 처해 있는 상황만을 고려해서, 어떻게 하는 것이 선하고 좋은 것인지를 말하고 있는 것이다.

사도가 그들에게 결혼하지 않는 것이 좋다고 말한 것이 아니라, "나와 같이 그냥 지내는 것이 좋으니라" 고 말한 것으로 인해서, 다음과 같은 의문이 제기되어 왔다: 바울은 결혼한 적이 있었는가, 아니면 처음부터 독신으로 지내었던 것인가? 이것은 별로 중요한 문제는 아니지만, 교부들 간에도 대답이 갈린 문제였다. 그러나 바울은 과거는 어땠든 이 때에는 결혼하지 않은 독신으로 지내고 있었다는 데에는 모든 해석자들의 견해가 다 일치하고, 바울이 여기에서 말하고자 하는 것은 바로 그것이기 때문에, 우리는 이 문제를 해결하기 위해 쓸데없이 시간을 낭비할 필요는 없다. 바울이 처음부터 결혼하지 않은 독신으로 있었는지는 확실하지 않지만, 마가복음 1:30에 "시몬의 장모" 에 대한 언급이 나오는 것으로 보아서, 베드로가 결혼한 것은 분명하다.

9. 만일 절제할 수 없거든 결혼하라 정욕이 불 같이 타는 것보다 결혼하는 것이 나으니라.

바울이 "나으니라" 또는 "좋으니라" 고 말하는 것이 그것이 하나님의 뜻이라거나, 교황주의자들의 주장처럼, 그들이 좀 더 완전함으로 나아가는 데 유익한 사도의 권면이라는 의미가 아니라는 것은, 여기에서 처녀들과 과부들에게 "만일 절제할 수 없거든 결혼하라" 고 명하고 있는 것이 분명하게 보여 준다. 또한, 사도의 이 말은 재혼은 합법일 뿐만 아니라, 정절의 의무를 제대로 지킬 수 없을 정도로 절제할 수 없는 처지에 놓여 있는 과부들은 재혼하는 것이 도리어 의무일 수 있다는 것을 우리에게 보여 준다. 사도는 과부들이 단지 성적인 요구를 절제할 수 없어서 성적으로 부정한 짓을 저지를 수밖에 없는 그런 처지에 놓인 경우만이 아니라, 비록 외적으로는 다른 사람과 불법적으로 간음을 저지르지 않는다고 하여도, 마음속으로 "정욕이" 들끓어 올라서 "불 같이 타는" 경우에도, 그것을 그대로 감내하기보다는 "결혼하는 것"이 훨씬 더 합당하다고 말한다.

10. 결혼한 자들에게 내가 명하노니 (명하는 자는 내가 아니요 주시라) 여자는 남편에게서 갈라서지 말고.

사도는 앞서 결혼한 자들에 대하여 말하였었지만, 이제 여기에서는 아마도 고린도 교인들이 자기에게 물어온 것으로 보이는 또 다른 문제에 대하여 답변하기 위해서, 다시 결혼한 자들을 거론하는 것으로 돌아간다. 그들이 문의한 문제가 무엇이었는지는 본문에 분명하게 표현되어 있지는 않지만, 이 절에 나오는 사도의 답변과 사도가 12-13절에서 한 말로부터 쉽게 추론될 수 있는데, 그것은 이런 문제였다: 간음의 사유가 아닌 경우에도, 남편이 아내로부터 갈라서거나, 아내가 남편으로부터 갈라서는 것이 합법적인 것인가? 물론, 이 본문에서는 간음의 사유가 있을 때에는 예외라는 말을 전혀 하고 있지 않지만, 우리 구주께서 말씀하신 대로 간음의 경우에는 남편과 아내가 갈라설 수 있다는 것은 분명하다. 하지만 그리스도인들이 살아가고 있던 그 시대에서는, 유대인들과 마찬가지로 이방인들 가운데서도 결혼에 의한 연합을 너무나 하찮게 여기는 경향이 팽배해 있어서, 아주 사소한 사유로도 툭하면 이혼하는 것이 만연되어 있었는데, 12절과 13절은 시대의 그러한 분위기 속에서 그리스도인들도 자신의 배우자가 그리스도를 믿지 않는 경우에는, 그것이 이혼의 충분한 사유가 된다고 생각하였음을 보여 준다. 이것에 대해서 사도는 이렇게 말한다: "내가 명하노니," 내가 지금부터 너희에게 말하는 것은 하나님의 뜻이다. 이것은 단지 내가 너희에게 명하는 것이 아니라, 너희에 대한 하나님의 뜻인데, 하나님의 사역자인 내가 대신 너희에게 전하는 것이다. **여자는 남편에게서 갈라서지 말고.** 남편이 간음을 저지른 경우에, 아내는 남편과 갈라설 수 있지만, 그 밖의 다른 이유로는 남편에게서 갈라서서는 안 된다.

11. (만일 갈라섰으면 그대로 지내든지 다시 그 남편과 화합하든지 하라) 남편도 아내를 버리지 말라.

여기에서 "갈라섰다"로 번역된 '코리스테' (χωρισθῇ)는 분명히 수동형의 동사인데, 왜 흠정역 번역자들이 "만일 아내가 남편에게서 갈라섰으면"이라고 능동의 의미로 번역했는지를 나는 알지 못하겠다. 헬라어 본문에서 이 구절의 의미는, 자원해서 갈라선 것을 의미하기도 하지만, 법원의 판결에 의해서 남편과 이혼하게 된 것을 의미하기도 한다. 유대인들은 아주 사소한 사유로도 아내에게 이혼증서를 내주고 이혼을 하곤 하였다. 따라서 이 구절은 자원해서 갈라선 경우는 물론이고, 하나님의 율법의 취지에 맞지 않은 이혼 사유로 법원의 판결에 의해서 이혼이 성립한 경우를 가리키는 것으로 해석되어야 한다. 사도가 여기에서 그런 경우에 아내에게 다른 남자와 재혼하지 말라고 명하는 것은, 그러한 이혼은 원천적으로 무효여서 결혼의 연합이 여전히 유효하기 때문이다. 그런 경우에 이 부부는 인간적인 관점에서는 이혼한 것이라도 해도, 하나님께서 보시기에는 여전히 부부이기 때문에, 우리 구주께서 "누구든지 음행한 이유 없이 아내를 버리면 이는 그로 간음하게 함이요 또 누구든지 버림 받은 여자에게 장가드는 자도 간음함이니라"(마 5:32; 19:9)고 말씀하신 것처럼, 갈라서게 된 아내가 다른 남자와 재혼하면, 그것은 간음을 저지르는 것이 된다. 따라서 사도는 그런 처지에 있는 아내에게 "다시 그 남편과 화합하라"고 권한다. 율법에서는 "사람이 아내를 맞이하여 데려온 후에 그에게 수치되는 일이 있음을 발견하고 그를 기뻐하지 아니하면 이혼 증서를 써서 그의 손에 주고 그를 자기 집에서 내보낼 것이요 그 여자는 그의 집에서 나가서 다른 사람의 아내가 되려니와 그의 둘째 남편도 그를 미워하여 이혼 증서를 써서 그의 손에 주고 그를 자기 집에서 내보냈거나 또는 그를 아내로 맞이한 둘째 남편이 죽었다 하자 그 여자는 이미 몸을 더럽혔은즉 그를 내보낸 전남편이 그를 다시 아내로 맞이하지 말지니 이 일은 여호와 앞에 가증한 것이라 너는 네 하나님 여호와께서 네게 기업으로 주시는 땅을 범죄하게 하지 말지니라"(신 24:1-4)고 정하고 있기 때문에, 남편으로부터 버림 받은 아내가 다른 남자와 재혼한 경우에는, 그 재혼한 남편이 죽은 때에도, 다시 첫 남편에게로 돌아갈 수 없지만, 재혼하지 않고 그대로 지낸 경우에는 첫 남편과 다시 화합할 수가 있게 된다. 남편도 아내를 버리지 말라. 사도는 앞 절에서 아내에게 했던 명령을 여기에서는 남편에게도 똑같이 한다.

12. 그 나머지 사람들에게 내가 말하노니 (이는 주의 명령이 아니라) 만일 어떤 형제에게 믿지 아니하는 아내가 있어 남편과 함께 살기를 좋아하거든 그를 버리지 말며.

그 나머지 사람들에게 내가 말하노니 (이는 주의 명령이 아니라). 사도는 이렇게 말한다: 앞에서 내가 말한 것 외에, 너희가 내게 보낸 편지에서 문의한 다른 문제들에 대해서는, 우리 예수 그리스도께서 확실한 규범을 정해 주신 것이 없기 때문에, 이것은 "주의 명령"은 아니지만, 나는 하나님의 성령의 가르치심을 따라 너희에게 권면하고자 한다.(한글개역개정에 "그 나머지 사람들에게"로 번역된 부분의 헬라어 본문은 "그 나머지들에 대해서는"으로 되어 있다 — 역주.) **만일 어떤 형제에게 믿지 아니하는 아내가 있어.** 여기에서와 13절에서 "믿지 아니하는"은 기독교 신앙을 받아들이지 않고 계속해서 이방인으로 살아가는 것을 의미한다. **남편과 함께 살기를 좋아하거든 그를 버리지 말며.** 부부 간에 오직 신앙 문제 외에는 다른 것들에서는 갈등과 반목이 있지 않다면, 아내에게 기독교 신앙이 없다고 해서, 남편이 아내를 버려서는 안 된다. 어떤 남자나 여자가 그리스도인이고, 자신에게 배우자를 선택할 기회가 주어져 있는 경우에는, 믿지 않는 이방인을 자신의 배우자로 선택하여 멍에를 함께 매고자 하는 것은 불법이 될 것이다. 그러나 부부가 모두 결혼하기 전에는 믿지 않는 자들이었다가, 결혼한 후에 어느 한 쪽은 기독교 신앙을 받아들이고, 다른 한 쪽은 여전히 이방인으로 남아 있게 된 경우에는, 자신의 배우자가 믿지 않는다는 사실은 그 자체로는 이혼의 충분한 사유가 되지 않는다.

사도가 여기에서 말한 것은 사도 자신의 견해인 것으로 보인다는 이유로, 일부 신학자들은 한 쪽 배우자가 우상을 숭배하는 자여서, 하나님과 참된 신앙을 모독하고, 다른 배우자를 끊임없이 유혹하여 배교하게 하려고 하는 경우에는, 그 배우자와 이혼하는 것이 허락된다고 본다. 그러나 이것은 바울 같은 위대한 사도가 분명하게 명한 것이고, 특히 사도가 그렇게 명한 이유를 우리가 고려해 볼 때, 이 문제를 다르게 생각하는 것은 어려워 보인다.

13-14. [13]어떤 여자에게 믿지 아니하는 남편이 있어 아내와 함께 살기를 좋아하거든 그 남편을 버리지 말라 [14]믿지 아니하는 남편이 아내로 말미암아 거룩하게 되고 믿지 아니하는 아내가 남편으로 말미암아 거룩하게 되나니 그렇지 아니하면 너희 자녀도 깨끗하지 못하니라 그러나 이제 거룩하니라.

성경에서 "거룩하게 한다"는 것은 일반적으로, 어떤 외적인 예식들을 통해서, 또는 어떤 내적인 영적 은혜를 주입하는 것을 통해서, 어떤 사람이나 물건을 세속적인 용도에서 분리하거나 따로 구별해서 거룩한 용도로만 사용하게 하는 것을 의미한다. 하지만 여기에서 사용된 "거룩하게 한다"는 표현은 성경에서 통상적으로 사용되는 것과는 다른 의미를 지니는 것으로 보인다. 왜냐하면, "믿지 아니하는 남편이나 아내가 믿는 아내나 남편으로 말미암아 거룩하게 된다"는 것은, 믿지 않는 남편이나 아내가 믿는 아내나 남편으로 말미암아 은혜의 주입을 통해서 거룩하게 된다는 것을 의미할 수도 없고, 믿지 않는 남편이나 아내가 어떤 율법적인 예식을 통해서 하나님을 섬기는 일을 위해 따로 구별된다는 것을 의미할 수도 없기 때문이다.

따라서 어떻게 해서 "믿지 아니하는 남편이" 믿는 "아내로 말미암아 거룩하게" 되거나, "믿지 아니하는 아내가" 믿는 "남편으로 말미암아 거룩하게 되는" 것인지를 놓고, 해석자들 간에 의견이 분분해 왔고, 서로 간에 해석상의 차이도 크다. 어떤 이들은 이사야서 13:3에서 하나님께서 "내가 거룩하게 구별한 자들에게 명령하고 나의 위엄을 기뻐하는 용사들을 불러 나의 노여움을 전하게 하였느니라"고 말씀하신 것처럼, 여기에서 "거룩하게 된다"는 것은 하나님을 위해 준비된다는 의미라고 생각한다. 어떤 이들은 부부가 이혼하지 않았기 때문에 도덕적으로 결함이 없게 된다는 의미라고 생각한다. 나는 믿지 않는 배우자가 믿는 배우자와 함께 멍에를 메고 계속해서 연합하여 살면서, 하나님의 법을 범함이 없이 혼인관계를 유지해 나가면, 한 쪽 배우자가 믿지 않는다고 하여도, 그러한 혼인 상태는 거룩한 상태라는 것을 의미하는 것이라고 생각한다.

그렇지 아니하면 너희 자녀도 깨끗하지 못하니라. 사도는 그렇지 않은 경우에는 그러한 부모에게서 태어난 자녀들은, 교회 밖에 있고 언약 밖에 있으며 약속 아래 있지 않은 이방인 부모들에게서 태어난 자녀들과 동일한 처지가 되어 부정하게 될 것이라고 말한다. 모든 자녀들은 죄악 가운데서 태어나서 죄악 중에 길러지는 진노의 자녀들이기 때문에 그런 의미에서는 부정하지만, 어떤 자녀들은 교회 안에 있고 은혜의 언약 안에 있으며 세례를 받을 수 있다는 점에서는 부정하지 않다.

그러나 이제 거룩하니라. 여기에서 "거룩하다"는 것은 내면적으로 새로워지고 거룩해졌다는 의미가 아니라, 유대 민족이 "거룩한 민족"이라 불리는 것과 동일한 의미에서 상대적으로 "거룩한" 자녀들이라 불릴 수 있다는 것이다. 이것은 우리에게 이 절의 전반부에 나온 "거룩하게 되다"라는 표현이 무슨 의미인지를 이해할 수 있는 추가적인 빛을 던져 주는 것일 수 있다. 즉, 어느 한 쪽이 믿지 않는 부부가 합법적인 결혼관계를 지속해 나가면서, 남편과 아내로 함께 살아가는 경우에는, 믿지 않는 남편은 믿는 아내로 말미암아 거룩하게 되고, 믿지 않는 아내는 믿는 남편으로 말미암아 거룩하게 되는 것과 마찬가지로, 그런 부부에게서 태어난 자녀들은, 양쪽이 모두 믿는 자들인 부부에게서 태어난 자녀들처럼, 하나님의 언약 아래 있고 세례를 받을 수 있기 때문에, 그 자녀들도 거룩하게 된다는 것이다.

15. 혹 믿지 아니하는 자가 갈리거든 갈리게 하라 형제나 자매나 이런 일에 구애될 것이 없느니라 그러나 하나님은 화평 중에서 너희를 부르셨느니라.

혹 믿지 아니하는 자가 갈리거든 갈리게 하라 형제나 자매나 이런 일에 구애될 것이 없느니라. 믿지 않는 남편이나 아내가 자신의 배우자를 떠나고자 한다면, 즉 그리스도인인 아내나 남편을 떠나서 다시는 남편이나 아내로 살고자 하지 않는 경우에는, **갈리게 하라.** 믿지 않는 배우자가 혼인의 연합을 깨뜨렸을 때에는, 하나님의 법은 그리스도인인 다른 쪽 배우자에게 그 어떤 구속이나 속박을 가하고 있지 않기 때문에, 그는 자기를 떠난 믿지 않는 배우자를 다시 데려와서 재결합하거나, 믿지 않는 배우자의 그러한 잘못된 선택으로 인해서 평생 독신으로 살아갈 이유가 없다. 여기에서 하나님의 법에 의하면, 간음 이외의 그 어떤 사유로도 혼인의 연합을 깨뜨려서는 안 된다는 것이 아니냐는 반론이 제기될 수 있다. 물론, 간음 이외의 그 어떤 것도 이혼의 정당한 사유가 되지 않는다. 남편이나 아내는 간음 이외의 그 어떤 이유로도 자신의 아내나 남편을 버릴 수 없다. 그러나 남편이나 아내가 자원해서 자신의 아내나 남편을 떠나가서 다시는 돌아오지 않고 혼인의 연합을 깨뜨려서, 하나님이 정하신 혼인의 목적이 이루어지지 못하게 된 경우에, 그 떠난 배우자를 다시 돌아오게 하여 혼인의 의무를 다하게 하기 위하여 모든 적절한 수단들을 다 사용한 후에도, 그 배우자가 돌아오지 않은 때에는, 다른 쪽 배우자는 혼인으로 인한 연합에서 자유롭게 된다. 따라서 배우자의 간음 외에는 그 어떤 사유로도 배우자와 이혼하거나 배우자를 버릴 수 없지만, 한 쪽 배우지가 다른 쪽 배우자의 동의 없이 오랫동안 떠나 있고, 모든 적절한 수단들을 동원해서 돌아오도록 요청한 경우에도 끝까지 돌아오기를 거부한 경우, 특히 다른 쪽 배우자의 신앙에 대한 적대감과 증오심으로 인해서 떠난 경우에는, 그렇게 해서 버려진 배우자는 적절한 기간의 기다림과 떠난 배우자를 돌아오게 하려고 적절한 수단들을 다 사용한 후에는 자기를 떠난 배우자를 완전히 버릴 수 있다. 왜냐하면, 그런 경우에 하나님의 법은 떠난 배우자에 의해 버려진 그리스도인 배우자에게 그 어떤 구속이나 속박을 가하지 않기 때문이다.

그러나 하나님은 화평 중에서 너희를 부르셨느니라. 하나님께서는 그리스도인들을 "화평"을 위해 부르셨고, 하나님이 주신 혼인의 규례도 자기 백성이 가족을 이루어 화평함과 고요함 중에 자기를 섬길 수 있게 하시기 위한 것이었다. 따라서 그리스도인들은 자신의 배우자나 혈육을 믿지 않는 자들이라고 해서 버림으로써, 자신의 양심의 화평을 어지럽혀서는 안 되지만, 자신의 믿지 않는 배우자나 혈육이 자원해서 그들을 떠난 경우에는, 그 문제를 가지고 끊임없이 괴로워하고 심란해해서는 안 된다.

16. 아내 된 자여 네가 남편을 구원할는지 어찌 알 수 있으며 남편 된 자여 네가 네 아내를 구원할는지 어찌 알 수 있으리요.

사도는 앞에서 믿지 않는 배우자가 믿는 배우자와 계속해서 함께 살고자 하는 경우에는, 믿는 배우자는 믿지 않는 배우자와의 혼인 관계를 지속해 나가야 한다고 말했었는데, 이제 여기에서는 그렇게 하는 것이 큰 유익이 될 수 있다는 것, 즉 믿는 배우자의 그러한 결단이 믿지 않는 배우자의 영혼을 잘되게 함으로써 하나님께 영광을 돌릴 수 있는 기회가 될 수 있다는 것을 보여 준다. 사도는 이렇게 말한다: 하나님께서 믿는 아내나 남편으로 인해서 믿지 않는 남편이나 아내에게 복을 주셔서, 믿는 배우자의 가르침이나 권면이나 모범을 통해서 믿지 않는 배우자가 그리스도께로 나아가게 될 것인지는 확실하지 않다. 그러나 믿지 않는 배우자가 신앙이 없는데도 불구하고 믿는 배우자와 함께 살기를 원한다는 것은 믿는 배우자의 말에 귀를 기울일 수 있는 가능성이 있다는 것을 보여 주는 것이기 때문에, 결국에는 신앙을 갖게 되는 것이 불가능하지 않다. 성경에서는 어떤 사람이 다른 사람들로 하여금 그리스도께로 나아가게 하는 데 도구로 사용되는 것을, 그 사람이 다른 사람들을 구원한다고 흔히 말한다(고전 9:22; 딤전 4:16; 약 5:20). 우리는 다른 사람들을 그리스도께로 인도하여 결국 구원을 받게 함으로써, 하나님께 영광을 돌리고 그 사람들의 영혼에 유익을 끼치기 위해서는, 많은 불편함들을 감수하지 않으면 안 된다.

17. 오직 주께서 각 사람에게 나눠 주신 대로 하나님이 각 사람을 부르신 그대로 행하라 내가 모든 교회에서 이와 같이 명하노라.

오직 주께서 각 사람에게 나눠 주신 대로 하나님이 각 사람을 부르신 그대로 행하라. 여기에서 "부르셨다"는 것은 하나님의 섭리로 말미암아 어떤 사람이 놓여 있게 된 인생 길을 가리킨다. 어떤 이들은 사도의 이 명령이 앞에 나온 것과 연결되어 있는 것으로 보고서, 사도가 여기에서 말하고자 하는 것은 이런 것이라고 생각한다: 하나님께서 자신의 섭리 가운데서 너의 마음을 변화시키셨지만, 너의 배우자의 마음은 아직 변화시키지 않으심으로써, 그 배우자가 여전히 이방인으로 살아가고 있는 경우에는, 너는 그것을 이유로 들어서 너의 배우자와 이혼하지 말고, 믿지 않는 네 배우자가 너를 떠나고 싶어 하지 않는다면, 계속해서 남편과 아내로 살아가면서 부부로서의 본분을 다하여야 한다. 그러나 사도가 21-22절에서 "네가 종으로 있을 때에 부르심을 받은" 경우에 대하여 말하고 있는 것을 보면, 그러한 해석은 지나치게 좁게 해석하고 있는 것임이 드러난다. 이 본문의 의미는, 기독교 신앙을 고백하는 것과 인생의 어느 자리에서 부르심을 받았든 거기에서 정직하게 살아가는 것은 서로 모순되는 것이 아니기 때문에, 그리스도인들이 자신의 신앙을 핑계로 삼아서, 자신이 처해 있는 처지나 관계로 인하여 생겨나는 의무들이나 본분들을 소홀히 하는 것은 하나님의 뜻이 아니라는 것이다. 내가 모든 교회에서 이와 같이 명하노라. 사도는 이것은 단지 고린도 교회에만 적용되는 규범이 아니라, 사도의 가르침 위에 세워진 모든 그리스도의 교회에 적용되는 보편적인 규범이라고 말한다.

18. 할례자로서 부르심을 받은 자가 있느냐 무할례자가 되지 말며 무할례자로 부르심을 받은 자가 있느냐 할례를 받지 말라.

너희 중에 유대인으로 태어나서 유대 율법에 따라 할례를 받았고, 그런 상태에서 나중에 회심하여 그리스도를 믿는 신앙을 갖게 된 사람들은, 마치 자기가 원래부터 이방인으로 태어나서 할례를 받지 않은 자들인 것처럼 행해서는 안 된다. 반대로, 처음부터 이방인으로 태어나서 할례를 받지 않고 있다가 그리스도인이 된 사람들은, 마치 자기가 원래부터 할례를 받은 자로서 유대교로부터 회심한 것처럼 행해서는 안 된다. 어떤 이들은 사도는 여기에서 마카베오1서 1:15에서 어떤 유대인들이 이방인들의 환심을 사기 위해서 자신의 "할례받은 흔적을 없애고" 이방인들인 것처럼 행세한 것을 악한 짓으로 단죄하면서, 할례자들이 마치 자신들이 무할례자들인 것처럼 보이려고 해서는 안 된다고 말하고 있는 것이라고 주장하지만, 우리가 앞에서 설명한 것이 이 본문의 의미라는 것은 의심의 여지가 없다.

19. 할례 받는 것도 아무 것도 아니요 할례 받지 아니하는 것도 아무 것도 아니로되 오직 하나님의 계명을 지킬 따름이니라.

할례는 구약 시대에는 율법에 규정된 모든 것들을 지켜 행하겠다는 하나님과의 언약의 증표로서, 하나님이 세우신 규례였기 때문에, 당시에는 구원에 필수적인 것이었고, 그런 의미에서 할례냐 무할례냐는 중요한 문제였다. 하나님과의 언약이라는 성격으로 인해서 할례는 중요한 것이었기 때문에, 이스라엘 남자들 중에서 할례를 받지 않은 자는 하나님과의 언약을 배반한 자로 단죄되어, 할례의 규례에 따라 이스라엘 회중에서 끊어지는 벌을 받았다(창 17:10-14). 그러나 신약 시대에는 교회에서 할례는 구원과 관련해서 아무런 의미나 중요성을 지니지 않았다: "그리스도 예수 안에서는 할례나 무할례나 효력이 없으되 사랑으로써 역사하는 믿음뿐이니라"(엡 5:6).

20. 각 사람은 부르심을 받은 그 부르심 그대로 지내라.

사도는 각 사람은 처음으로 회심하여 기독교 신앙을 갖게 된 때에 자기가 처해 있던 신분과 처지에 그대로 머물러 있어야 한다고 말한다. 물론, 거기에는 각 사람이 회심하기 전에 가지고 있던 직업과 살아 온 생활을 그대로 유지해도, 그리스도인으로서 정직한 삶을 살아갈 수 있어야 한다는 전제가 깔려 있다. 따라서 사도행전에서는 사람들이 그리스도를 믿게 된 후에는, 그들 중에서 마술사들은 마술서들을 불태웠고 불법적인 일을 업으로 삼고 살아 왔던 사람들은 그 업을 버렸다고 말한다. 여기에서 사도가 말하고자 하는 취지는, 어떤 사람이 회심 이전에 합법적인 직업이나 관계 속에서 살아 왔다면, 기독교 신앙을 고백한 후에도 그 직업이나 관계를 지속해 나가는 것이 마땅하고, 거기에서 생겨나는 여러 의무들을 기독교 신앙을 핑계로 소홀히 하거나 행하지 않는 것은 합당하지 않다는 것이다. 어떤 이들은 사도는 여기에서 기독교로 회심한 모든 사람들은 자기가 이전에 몸담아 왔던 특정한 직업이나 관계를 바꾸지 말고 그대로 고수할 의무가 있다고 말하고 있는 것으로 해석하지만, 그러한 해석은 지나치게 억지스럽다. 물론, 그리스도인이 된 사람들이라고 해도, 자신의 이전의 직업이나 관계를 바꾸는 것은 정말 중요하고 중대한 일이기 때문에, 제대로 된 올바른 조언과 숙고 없이는 그렇게 하고자 하지도 않을 것이다. 세상은 끊임없이 변하고, 생계를 위한 직업이나 생활 관계도 세월이 흐르면서 변하기 때문에, 지금 어떤 직업이나 관계가 우리가 생활하는 데 부족함이 없는 것들을 제공해 준다고 할지라도, 칠 년 후에는 사정이 완전히 바뀌어 있을 수도 있다. 이렇게 어떤 사람에 대한 섭리가 끊임없이 변하는데도, 그 사람이 그리스도인이 된 후에도 자신의 이전의 직업이나 관계를 고수하는 것이 마땅하다고 하면서, 그 사람이 그 직업이나 관계 속에서는 얼굴에 땀이 흘러도 떡을 먹을 수 없는데도, 그렇게 하기를 고집하는 것은 이치에 맞지 않는다.

21. 네가 종으로 있을 때에 부르심을 받았느냐 염려하지 말라 그러나 네가 자유롭게 될 수 있거든 그것을 이용하라.

네가 종으로 있을 때에 부르심을 받았느냐 염려하지 말라. 네가 다른 사람의 종으로서 정직하게 일할 수 있는 처지에서 기독교 신앙을 갖게 되었다면, 너는 너의 처지를 염려하지 않아도 된다. 왜냐하면, 그리스도의 종이 된 사람도, 정직하게 일하고 살아갈 수 있는 여건이 허락되기만 한다면, 얼마든지 사람들의 종이 되어서 살아갈 수 있기 때문이다. 그러나 네가 자유롭게 될 수 있거든 그것을 이용하라. 너의 친구들의 도움으로 네 주인의 동의 아래 네가 종에서 벗어나 자유인이 될 수 있다면, 그렇게 하는 것도 좋다. 반면에, 어떤 이들은 이 본문의 의미를 이렇게 해석한다: 네가 종으로 그대로 있을 때에 하나님을 더 잘 섬길 수 있고, 네 주인이나 다른 심령들에게 더 큰 유익을 끼칠 수 있다면, 계속해서 종으로 머물러 있는 쪽을 택하는 것이 좋다. 물론, 어떤 경우들에 있어서는 그렇게 종으로 계속 머물러 있는 것이 선한 그리스도인들의 의무일 때도 있을 것이다. 그러나 이 본문에서 사도가 말하고자 하는 것은 그리스도인이 된 종들이 종의 신분에서 벗어날 기회가 주어진다면 그 기회를 활용하여 자유인이 되라는 것일 가능성이 높다. 왜냐하면, 통상적으로 종으로 있는 것보다는 자유인으로 살아가는 것이 하나님을 더 잘 섬기는 데 유리할 것임은 분명하기 때문이다.

22. 주 안에서 부르심을 받은 자는 종이라도 주께 속한 자유인이요 또 그와 같이 자유인으로 있을 때에 부르심을 받은 자는 그리스도의 종이니라.

그리스도인인 어떤 사람이 사람들의 종이라는 신분이나 처지에 있다고 해서, 그의 영적인 자유가 침해당하거나 훼손되는 것은 결코 아니다. 그리스도와 관련해서 보면, 종이나 자유인이나 매한가지이다. 어떤 사람이 종이라고 할지라도, 그는 자유인만큼이나 천국에 가까울 수 있다. 어떤 사람이 시민적인 자유를 마음껏 누리는 그런 신분이나 처지에 있다고 할지라도, 그가 그리스도인이라면, 그는 모든 일에서 그리스도께 순종하여야 하는 "그리스도의 종"이다. "거기에는 종이나 자유인이 차별이 있을 수 없나니 오직 그리스도는 만유시요 만유 안에 계시니라"(골 3:11).

23. 너희는 값으로 사신 것이니 사람들의 종이 되지 말라.

사도는 고린도전서 6:20에서 이미 우리가 "값으로 산 것이 되었다"고 말한 바 있고, 우리는 거기에서 "값"이라는 것이 무엇을 의미하는지에 대해서도 이미 살펴보았다. 사도는 우리가 값으로 산 것이 되었다는 사실을 근거로 해서, 거기에서는 우리의 몸과 영으로 하나님께 영광을 돌리는 것이 우리의 의무이자 본분이라고 역설하였는데, 여기에서는 또 하나의 의무 또는 본분, 즉 우리가 "사람들의 종"이 되어서는 안 된다는 것을 역설한다. 어떤 이들은 사도의 이 말은 그리스도인들이 자기 자신을 믿지 않는 자들에게 종으로 파는 것을 금지하는 것이라고 생각하고, 어떤 이들은 이것은 사도가 에베소서 6:6-7에서 말한 대로, "눈가림만 하여 사람을 기쁘게 하는 자"가 되는 것을 금한 것일 뿐이라고 생각한다. 왜냐하면, 사도는 에베소서 본문에서 그리스도인들이 실제로 사람들의 종이 될 수 있다는 것을 전제한 후에, "눈가림만 하여 사람을 기쁘게 하는 자처럼 하지 말고 그리스도의 종들처럼 마음으로 하나님의 뜻을 행하고 기쁜 마음으로 섬기기를 주께 하듯 하고 사람들에게 하듯 하지 말라"고 말하고 있기 때문이다. 그러나 가장 유력한 해석은 다음과 같은 것이다: 사람들의 욕심에 복종하는 종이 되지 말라. 너희는 사람들의 종이라는 신분으로 살아가면서, 사람들을 섬김과 동시에, 하나님의 뜻을 행하여 하나님을 섬겨야 한다. 그러므로 너희는 사람들의 욕심에 복종해서 행하는 종이 되어 사람들을 섬김으로써, 하나님께 불순종하는 자들이 되어서는 안 된다.

24. 형제들아 너희는 각각 부르심을 받은 그대로 하나님과 함께 거하라.

어떤 신분이나 처지에서 그리스도인으로 부르심을 받았든, 즉 너희가 그리스도인이 되었을 때에 결혼을 한 상태이든 아니든, 주인이든 종이든, 할례를 받은 상태이든 무할례자의 처지이든, 너희는 그리스도인이 되었기 때문에, 자신의 처지나 상태를 바꾸어야 한다고 생각하지 말아야 한다. 너희는 자신의 이전의 처지나 상태에 그대로 머물러 있는 것이 좋다. 다만, 너희는 이제 하나님의 지체이자 하나님의 법 아래에 있는 자로 변화된 자이기 때문에, 하나님이 너희를 지켜보고 계신다는 것을 알고, 자신의 기존의 처지나 상태 속에서 하나님 앞에서 부끄러움 없이 정직하게 행하고 양심에 거리낌이 없도록 행하여야 한다. 사도가 "하나님과 함께 거하라"고 한 것은 바로 그런 의미이다.

25. 처녀에 대하여는 내가 주께 받은 계명이 없으되 주의 자비하심을 받아서 충성스러운 자가 된 내가 의견을 말하노니.

사도는 앞에서 결혼한 자들과 과부들에 대하여 말하였고, 이제는 "처녀에 대하여" 말을 하기 시작한다. 사도는 여기에서 오직 처녀에 대해서만 언급하고 있지만, 이후에 나오는 내용을 보면, 우리는 사도의 권면이 처녀와 총각 모두에게 해당되는 것임을 알 수 있다. 결혼하지 않은 처녀들에 대하여, 사도는 모든 처녀에게 해당되는 특별한 지시를 그리스도로부터 받지는 않았지만, 자기에게 최선으로 보이는 것을 따라 권면하겠다고 말하면서, 그들이 자기를 "주의 자비하심을 받아서" 주께서 자기에게 맡기신 일들을 믿을 만하게 수행한 "충성스러운 자"로 여겨서, 자기가 지금부터 개진하고자 하는 자신의 "의견"을 믿고 받아 주었으면 좋겠다는 바람을 피력한다. "충성스럽다"는 말은 성경에서 믿을 만하고 신뢰할 만하다는 의미로 사용된다: "미쁘다 이 말이여"(딤전 1:15; 4:9; 딤후 2:11; 딛 3:8); " 미쁘신 창조주"(벧전 4:19).

26. 내 생각에는 이것이 좋으니 곧 임박한 환난으로 말미암아 사람이 그냥 지내는 것이 좋으니라.

여기에서 "좋다"는 것은, 앞에서와 마찬가지로 각 사람의 특별한 사정으로 인해서 이것이 죄악 된 것이 되지 않는 한, "임박한 환난"에 비추어 보았을 때, 일반적으로 합당하거나 바람직하다는 의미이다. 사도가 여기에서 말한 "임박한 환난"은, 이 세상에 태어난 사람은 언젠가는 한 번 죽을 수밖에 없다는 사실과 관련해서 모든 사람들이 공통적으로 처해 있는 곤경을 의미하는 것도 아니고(이 경우에도 혼인을 하지 않으면 이 세상을 떠날 때에 안타깝게 헤어져야 하는 혈육이 적어져서 죽기가 좀 더 손쉬워지기는 하겠지만), 가족과 관련된 일들이나 어려움들을 의미하는 것도 아니며(이 경우에도 혼인을 하지 않으면 이 세상에서 돌볼 가족의 수가 줄어들어서 육신의 괴로움이 덜해지기는 하겠지만), 물 위에 떠 있는 방주 같은 하나님의 교회가 이 세상에서 지속적으로 겪을 수밖에 없는 환난들, 특히 초대 교회가 겪게 되어 있는 좀 더 특별한 환난들을 의미한다. 왜냐하면, 이교도들에 의한 큰 박해들은 아마도 당시에는 아직 시작되지 않았겠지만, 그리스도께서는 이미 그러한 박해들을 예고하셨고, 사도들도 아주 가까운 미래에 그런 박해를 받아서 죽게 될 것이었기 때문이었다(실제로 바울은 네로 황제 재위 제10년 또는 제11년에 순교한 것으로 생각된다). 따라서 사도는 교회가 처한 그러한 "임박한 환난"을 고려해서, 처녀들은 혼인을 하지 않고 독신으로 혼자 지낼 수 있기만 하다면, 그렇게 하는 편이 더 좋고 바람직하다는 자신의 의견을 제시한다.

27. 네가 아내에게 매였느냐 놓이기를 구하지 말며 아내에게서 놓였느냐 아내를 구하지 말라.

네가 결혼이나 약혼에 의해서 매여 있다면, 믿지 않는 배우자나 약혼자가 자원해서 스스로 너를 떠난 경우에는, 네가 그 배우자나 약혼자에게 사정을 해서 굳이 네 곁에 붙잡아 둘 의무는 없지만, 그렇지 않은 경우에는 이혼이나 약혼을 파기하거나 스스로 떠나는 방식으로 너의 배우자나 약혼자를 버려서는 안 된다. 네가 아직 결혼하지 않아서, 또는 하나님의 손길에 의해서 너의 귀책 사유 없이 갈라서서, 아내에게서 놓인 상태에 있고, 네가 처한 상황이나 처지로 인해서 반드시 혼인을 해야 하는 것이 아니라면, 너는 아내를 구하지 말고 그냥 독신으로 지내는 것이 좋다. 왜냐하면, 환난과 곤경으로 가득하게 될 때가 머지않아 올 것이기 때문이다. 우리 주님께서는 "그 날에는 아이 밴 자들과 젖 먹이는 자들에게 화가 있으리로다"(마

24:19)고 말씀하셨다.

28. 그러나 장가 가도 죄 짓는 것이 아니요 처녀가 시집 가도 죄 짓는 것이 아니로되 이런 이들은 육신에 고난이 있으리니 나는 너희를 아끼노라.

너희는 총각이나 처녀들이 결혼하는 것이 특별히 죄악될 만한 그런 경우가 아니어서 결혼을 하는 것인데도, 마치 내가 결혼 자체를 죄악시 하여 말하는 것처럼 오해하지 말아야 한다. 나는 결혼하는 것이 죄악이라고 말하는 것이 아니라, 단지 어느 시대에서든 결혼한 자들은 현세의 삶 속에서 괴로움과 고통들을 겪게 될 것이고, 특히 지금과 같이 환난이 임박한 때에는 그러한 고난을 다른 시대보다 더 많이 겪게 될 것이라고 말하는 것이다. 여기에서 "나는 너희를 아끼노라"는 다음 두 가지 중 하나의 의미일 수 있다: 나는 오직 너희를 아끼는 마음에서, 너희가 할 수만 있다면 결혼하지 않고 독신으로 지내기를 바라는 것일 뿐이다. 또는, 나는 이제부터는 꼭 필요한 경우를 제외하고는 이런 말을 해서 너희를 괴롭게 하지 않으려고 한다.

29. 형제들아 내가 이 말을 하노니 그 때가 단축하여진 고로 이 후부터 아내 있는 자들은 없는 자 같이 하며.

그 때가 단축하여진 고로. 사도는 앞에서 일부 사람들에게만 해당되는 말을 했었는데, 이제는 모든 사람들에게 해당되는 말을 하기 시작한다. "단축되었다"는 것은 항구가 가까워지면서 선원들이 배의 돛을 감아 올린 것을 나타낸다. 여기에서 "그 때"는 다음 두 가지 중에서 하나를 의미한다: 첫 번째는 현세의 때, 또는 이 세상이 존속하는 때를 의미할 수 있다. 우리는 흔히 사도들이 자신들의 시대를 마지막 때라고 말하는 것들을 발견하는데, 그런 의미에서 사도가 여기에서 하는 말들은 모든 사람과 관계된 권면들이다. 두 번째는 그들이 지금까지 누려 왔던 때, 즉 교회가 상당히 평화롭고 고요하게 지낼 수 있었던 때를 의미할 수 있다. 하지만 이제 머지않아 교회의 상황이 급변해서, 지금까지와는 너무나 다른 환난의 때가 찾아올 것이고, 열 번의 극심한 박해가 꼬리를 물고 연이어서 교회에 들이닥칠 것이다.

이 후부터 아내 있는 자들은 없는 자 같이 하며. 사도는 이렇게 말한다: 상황이 이러하기 때문에, 모든 그리스도인들은 너나 할 것 없이 현세에서 너희에게 즐거움이나 만족을 주는 것들에 지나치게 빠져 있어서는 안 된다. 따라서 너희가 결혼을 했거나 앞으로 하게 될 것이라면, 너희는 아내를 맞이함으로써 남편이 느낄 수 있는 여러 가지 만족감이나 즐거움 같은 것들을 적극적으로 누릴 생각을 접고, 마치 너희에게 아내가 없다는 듯이, 초연하게 생활해 나가야 한다.

30. 우는 자들은 울지 않는 자 같이 하며 기쁜 자들은 기쁘지 않은 자 같이 하며 매매하는 자들은 없는 자 같이 하며.

우는 자들은 울지 않는 자 같이 하며. 사도는 현세에서 좀 더 큰 환난을 겪고 있는 자들이나, 자신의 가까운 혈육을 잃고서 애곡하는 자들을 염두에 두고서 이 말을 하고 있는 것으로 보인다. 그런 자들은 자기 곁에 영원히 둘 수 없는 사람들이나 물건들을 잃은 것일 뿐이기 때문에, 그 사람들이나 물건들로 인하여 누려 왔던 기쁨들을 생각하고서, 크게 슬퍼하거나 괴로워하지 말아야 한다는 것이다. 기쁜 자들은 기쁘지 않은 자 같이 하며. 사도는 세상이 주는 것들로 인해서 기뻐하는 자들은, 자신들이 그것들로 인해서 기쁨을 누리게 될 시간이 한정되어 있고 짧다는 것을 생각해서, 그 기쁨을 절제하고 적당한 선에서 누리는 것이 좋을 것이라고 권면한다. 왜냐하면, 우리가 세상에서 누리는 기쁨들은 솥단지 밑에서 소리를 내며 타고 있는 가시나무들과 같아서 요란하게 타다가 금세 사라져 버리고 말기 때문이다. 매매하는 자들은 없는 자 같이 하며. 현세에서 좋은 물건들을 많이 가지고 있는 사람들은 그 물건들이 자신의 것이 아닌 것처럼 여기고, 그 물건들을 사용할 때에도, 머지않아 자기에게서 떠나갈 것들인 것처럼 사용하여야 한다.

31. 세상 물건을 쓰는 자들은 다 쓰지 못하는 자 같이 하라 이 세상의 외형은 지나감이니라.

세상 물건을 쓰는 자들은 다 쓰지 못하는 자 같이 하라. 너희에게 이 세상의 물건들이 있을 때, 너희는 그 물건들을 사용할 수 있다. 아니, 그 물건들을 사용하지 않고는 세상에서 살아갈 수 없을 것이기 때문에, 너희는 그 물건들을 사용할 수밖에 없다. 그러나 너희는 그 물건들을 사용할 때, 그 물건들을 사용할 시간이 너희에게 별로 주어져 있지 않다는 것을 염두에 두고서, 오직 하나님께서 너희에게 그 물건들을 주시거나 허락하신 목적으로만 사용하고, 그 이외의 다른 용도로 그 물건들을 악용하거나 남용하지 말아야 한다. 이 세상의 외형은 지나감이니라. 왜냐하면, 이 세상은 여러 장면으로 구성된 연극 무대와 같아서, 현재의 장면은 잠시 동안만 있다가 지나가고, 조금 후에는 또 다른 장면이 등장하게 되어 있는 까닭에, 오늘은 왕이나 고관대작이었던 사람들이 내일은 거지나 미천한 신분의 사람들이 되는 것이 인생이기 때문이다.

32. 너희가 염려 없기를 원하노라 장가 가지 않은 자는 주의 일을 염려하여 어찌 하여야 주를 기쁘시게 할까 하되.

너희가 염려 없기를 원하노라. 내가 임박한 환난 가운데 있는 교회의 상황을 고려해서, 하나님으로부터 독신의 은사를 받은 사람들의 경우에는 결혼해서 살기보다는 독신으로 살아가라고 권면하는 이유는, 결혼을 하는 경우에는 남자이든 여자이든 그 생각이 나뉘고 이런저런 "염려"와 걱정에 휘말리게 되기 때문에, 그리스도인들이 그런 "염려"와 걱정으로부터 벗어나서 자유롭게 주님을 섬길 수 있는 자들이 되게 하기 위한 것이다. 장가 가지 않은 자는 주의 일을 염려하여 어찌하여야 주를 기쁘시게 할까 하되. 영적인 심령을 지니고서 경건한 일들에 마음을 둔 사람들이 결혼을 하지 않게 되면, 결혼으로 인하여 세상사들에 얽히게 되면서 일어나는 염려들과 여러 가지 일들로부터 벗어나서, 오로지 하나님을 향한 자신의 의무와 본분만을 생각하게 되고, 어떻게 하면 하나님을 기쁘시게 해 드릴까 하는 것에만 전념할 수 있게 된다.

33. 장가 간 자는 세상 일을 염려하여 어찌하여야 아내를 기쁘게 할까 하여.

하지만 결혼한 사람은 자기가 염려하여야 할 다른 일들이 생길 수밖에 없다. 왜냐하면, 결혼한 사람은 자신의 가족을 부양해야 할 의무를 져야 할 뿐만 아니라, 남편과 아내는 여러 가지 일들을 통해서 서로를 기쁘게 해 줄 의무가 있는데, 그런 일들이 죄악 된 일들은 아니라고 할지라도, 시간을 꽤 많이 빼앗는 일들이어서, 결혼하지 않은 사람이 그 시간을 온전히 하나님을 섬기는 데 드릴 수 있는 반면에, 결혼한 사람은 그렇게 할 수가 없다.

34. 마음이 갈라지며 시집 가지 않은 자와 처녀는 주의 일을 염려하여 몸과 영을 다 거룩하게 하려 하되 시집 간 자는 세상 일을 염려하여 어찌하여야 남편을 기쁘게 할까 하느니라.

결혼한 남자와 독신인 남자 간의 차이는 결혼한 여자와 독신의 처녀 간에도 그대로 적용된다. 여자가 결혼을 하지 않고 경건한 일에 힘쓰는 경우에는, 그녀는 모든 시간과 기회를 하나님을 섬기는 일에 마음을 쓰게 된다. 그러나 결혼한 여자는 세상 일들을 신경을 쓸 수밖에 없게 되고, 가족을 돌보고 남편을 기쁘게 하기 위해 시간과 노력을 들이게 된다. 우리가 앞에서 결혼한 남자의 경우에 대하여 말한 것들은 결혼한 여자의 경우에도 그대로 해당된다. 사도가 32-34절을 통해서 말하고자 하는 것은, 결혼을 하게 되면 남편이든 아내이든 하나님을 섬기는 일 이외에 여러 가지 일들에 얽매이게 되어서, 결혼하지 않은 사람들처럼 오로지 하나님을 섬기는 일에만 전념할 수 없게 된다는 것이다.

35. 내가 이것을 말함은 너희의 유익을 위함이요 너희에게 올무를 놓으려 함이 아니니 오직 너희로 하여금 이치에 합당하게 하여 흐트러짐이 없이 주를 섬기게 하려 함이라.

내가 이것을 말함은 너희의 유익을 위함이요. 내가 앞에서 한 말들은 너희의 유익, 곧 너희가 이 세상에서 살아갈 때에 염려와 괴로움에 얽혀서 살아가지 않게 함과 동시에, 너희가 하나님을 향하여 행해야 할 의무들과 본분들을 제대로 온 마음을 다하여 하기 위한 것이다. 왜냐하면, 결혼한 사람들은, 결혼을 하지 않아서 가족에 대한 염려에 얽혀 있지 않은 사람들에 비해서, 이 세상에서 살아갈 때에 더 많은 염려와 괴로움에 얽히게 되어서, 하나님을 섬기는 일과 경건에 착념할 수 없게 되기 때문이다. 너희에게 올무를 놓으려 함이 아니니. 내가 이렇게 말하는 것은, 하나님께서 너희에게 부과하지 않으신 것을 내가 새롭게 너희에게 부과하고, 하나님께서 너희에게 의무로 명하시지 않은 것을 내가 새롭게 너희에게 명하여서, 너희를 올무에 걸리게 하고 덫에 걸리게 하고자 하는 것이 아니다.

오직 너희로 하여금 이치에 합당하게 하여. 여기에서 "이치에 합당하게"로 번역된 '유스케몬' (εὔσχημον)은 엄밀하게 말해서 "좋은 모습을 하고 있는 것"을 가리키고, 성경에서는 마가복음 15:43; 사도행전 13:50; 17:11에서 사용된 이 단어는 세상 사람들의 눈에 보기에 평판이 좋고 명성이 있고 고귀한 것이라는 의미에서 "존귀한"으로 번역되고, 고린도전서 12:24에서 "우리의 아름다운 지체는 그럴 필요가 없느니라 오직 하나님이 몸을 고르게 하여 부족한 지체에게 귀중함을 더하사"라고 하였을 때, "아름다운"으로 번역된 이 단어도 그런 의미를 지닌다. 그러나 여기에서 이 단어는 좀 더 폭넓은 의미로 사용되어서, 유익이 되는 것 정도의 의미를 지닌다. 왜냐하면, 결혼이라는 것은 그 자체로 고귀하지 못한 것도 아니고, 이 세상의 어느 나라에서도 결혼을 그런 식으로 보는 경우는 없으며, 히브리서 13:4에서도 "모든 사람은 결혼을 귀히 여기고"라고 말하고 있기 때문이다. 그러므로 여기에서 '유스케몬'은 실질적으로, 이 절의 앞부분과 고린도전서 6:12에서 "유익"으로 번역된 '쉼페론' (συμφέρον)과 동일한 의미를 지닌다.

흐트러짐이 없이 주를 섬기게 하려 함이라. 여기에서 "주를 섬기다"로 번역된 헬라어는 영어로 제대로 옮기기가 매우 어려운 단어인데, 직역하면, "주를 향하여 꼭 붙어 앉아 있다"는 의미이다. 흠정역 번역자들은 이것을 "주를 섬기다"로 번역하였다. 이 단어의 의미는 어떤 일을 하느라고 한시도 자리를 뜨지 않고 자리에 꼭 들러

붙어서 그 일에 몰두한다는 것이다. 따라서 이 단어의 의미와 정반대되는 것은, 자리에 앉아서 어떤 일을 하고 있는데, 호출이 와서 그 자리를 떠나 잠깐 다른 일을 보고 오는 일을 자주 반복하다 보니, 원래의 일을 하기 위해 그 자리에 꼭 붙어 있지 못한다는 것이다. 따라서 여기에서 사도는 이렇게 말하고 있는 것이다: 교회와 관련된 세상의 상황이 안 좋은 지금, 결혼하지 않고 독신으로 살아도 괜찮은 사람들은, 결혼을 하게 되면 가정이나 가족과 관련된 여러 가지 신경 쓸 일들로 인해서 마음과 생각이 분산된다는 점을 생각해서, 그러한 염려들을 하지 않고 "흐트러짐이 없이" 오로지 그들의 영혼에 가장 유익이 되는 일들인 "주를 섬기는" 일에 착념하고 몰두하여 살아가는 데에 방해를 받지 않게 결혼을 하지 않는 것이 유익한 일이다.

36. 그러므로 만일 누가 자기의 약혼녀에 대한 행동이 합당하지 못한 줄로 생각할 때에 그 약혼녀의 혼기도 지나고 그같이 할 필요가 있거든 원하는 대로 하라 그것은 죄 짓는 것이 아니니 그들로 결혼하게 하라.

그러므로 만일 누가 자기의 약혼녀에 대한 행동이 합당하지 못한 줄로 생각할 때에. 합당하지 못한 것에도 보편적으로 합당하지 못한 것과 특정한 경우에 합당하지 못한 것이 있다. 어떤 것들은 모든 사람과 관련해서 합당하지 못하지만, 사도는 여기에서 그런 것들에 대하여 말하고 있는 것이 아니라, 특정한 사람의 사정이나 처지와 관련해서 그 특정한 경우에 합당하지 못한 것에 대하여 말하고 있다. 여기에서 "합당하지 못한"으로 번역된 단어는 단지 흉하고 고상하지 못하며 볼썽사납다는 것을 의미하는 것이 아니라, 복음의 일반적인 규범들을 특정한 사람들의 경우에 적용해서 판단해 보았을 때에 합당하지 않다는 것을 의미한다. 그 약혼녀의 혼기도 지나고 그같이 할 필요가 있거든. 여기에서 "약혼녀"로 번역된 헬라어는 "결혼하지 않은 여자," 즉 "처녀"를 의미한다. 이것은 어떤 사람에게 미혼의 딸이 있고, 그 딸은 이미 혼기가 지나 자기가 사랑하는 남자와 혼인하기를 원하는 상황이어서, 만일 그 딸이 결혼하도록 허락하지 않는다면, 그 딸은 부모의 조언이나 허락도 받지 않고 자포자기 상태로 자신 마음대로 처신하거나 나쁜 쪽으로 유혹을 받아 잘못될 우려가 있게 되는 경우를 말한다. 따라서 "그같이 할 필요가 있거든"은 앞에서 말한 두 가지, 즉 어떤 사람이 자기 딸을 결혼하도록 하지 않는 것이 합당하지 못한 일이라고 생각된다는 것과 그 딸의 혼기가 지났다는 것, 이 두 가지 조건으로 인해서 결혼을 안 시킬 수 없는 경우를 가리키는 것으로 보인다.

원하는 대로 하라 그것은 죄 짓는 것이 아니니 그들로 결혼하게 하라. 그런 경우에 그리스도인 부모가 자신의 딸을 다른 남자에게 주어서 서로 결혼하도록 하는 것은 결코 죄가 아니고, 그 딸에게도 합당한 일이 될 것이다. 결혼은 남자와 여자, 두 사람 사이에 이루어지는 일이기 때문에, 사도는 여기에서 "그들로 결혼하게 하라"고 복수형으로 말한다. 사도가 이렇게 결혼을 하게 하라고 말하는 것은, 앞에서 이미 말했듯이, 비록 임박한 환난이 있다고 하여도, 결혼 자체가 죄악 되거나 불법적인 것이 아니고, 단지 현재의 환난 아래에서 결혼하지 않고 혼자 사는 것보다 하나님을 섬기는 일에 제약이 따르고 현세에서의 삶에서도 괴로움과 염려가 더 많아질 뿐이기 때문이다. 사도는 고린도전서 7:9에서도 "만일 절제할 수 없거든 결혼하라 정욕이 불 같이 타는 것보다 결혼하는 것이 나으니라"고 말한 바 있다. 유익이 덜한 것과 명백하게 죄악 된 것 중에서 한 쪽을 선택하라고 한다면, 우리는 당연히 전자를 선택하는 것이 마땅하다. 따라서 사도는 어떤 남자나 여자가 결혼하지 않으면 죄를 지을 수밖에 없는 상황이라면, 비록 결혼을 하면 하나님의 일을 하는 데 제약을 받고 현세에서 더 큰 고통을 받게 된다고 하여도, 결혼을 하지 않아서 명백한 죄를 짓는 것보다는 낫기 때문에, 결혼을 하는 쪽을 택하여야 한다고 말하고 있는 것이다.

37. 그러나 그가 마음을 정하고 또 부득이한 일도 없고 자기 뜻대로 할 권리가 있어서 그 약혼녀를 그대로 두기로 하여도 잘하는 것이니라.

어떤 사람이 여러 가지 상황을 종합적으로 제대로 고려해 보았을 때, 자기 딸로 하여금 하나님을 거슬러 죄를 짓지 않도록 하거나, 그 딸을 시집보내지 않으면 부양할 여력이 없는 것도 아니어서, 자기 딸을 반드시 혼인시켜야 한다는 생각이 들지 않고, 그 생각이 확고하고 흔들림이 없는데다가, 그 딸에 대하여 자신의 뜻대로 할 수 있는 여건이 되는 상황에서, 그 딸도 반드시 혼인하기를 원하는 것은 아니어서, 그 딸을 혼인시키지 않고 처녀로 그대로 두기로 작정하였다면, 그것은 잘하는 것이다. 그러나 어떤 사람이 자기 딸에 대하여 "자기 뜻대로 할 권리"가 있지 않을 때에는, 즉 아버지는 딸을 시집보내지 않았으면 하지만, 딸은 혼인하고 싶어 하는 경우에는, 아무리 자녀의 영혼이 영적으로 유익하고 잘되기를 바라는 마음이 있더라도, 혼인하고자 하는 딸의 의사를 무시하고 강제로 혼인을 못하게 할 수는 없다. 왜냐하면, 부모에게는 자녀를 다스리는 권세가 있어서, 자녀의 결혼 문제에 대하여 허락하지 않을 권한이 있다고 할지라도, 자녀로 하여금 일생 동안 혼인하지 못하도록 할 권한은 없기 때문이다. 따라서 어떤 사람이 모든 상황을 제대로 잘 고려해 보고서 자기 딸을 혼인시키지 않기로 온전히 작정하고, 그 딸도 아버지의 그러한 결정을 불만 없이 동의하고 따르고자 하는 경우에, 그 사람이 자신의 딸을 결혼시키지 않고 처녀로 그대로 두기로 결정하였다면, 그것은 "잘하는" 것이다. 즉, 그것은 하나님을 거슬러 범죄하는 것도 아닐 뿐더러, 그 사람이 자신의 딸에게 남편감을 찾아 결혼시키는 경우보다도, 현재 그리스도인들이 처한 환난의 상황을 고려할 때에 더 잘하는 일이다.

38. 그러므로 결혼하는 자도 잘하거니와 결혼하지 아니하는 자는 더 잘하는 것이니라.

그러므로 결혼하는 자도 잘하거니와. 부모가 자기 자녀를 결혼시켜야 하느냐 말아야 하느냐와 관련해서 모든 경우에 적용되는 일률적이고 보편적인 규범은 존재하지 않고, 결혼을 시키는 것이 합당한 일인지, 아니면 결혼을 시키지 말아야 하는 것이 합당한 일인지는 각각의 부모나 자녀의 상황이나 사정에 따라 좌우된다. 따라서 어떤 부모가 모든 상황을 제대로 잘 고려해 보고서, 자기 딸을 혼인시키기로 온전히 작정하고, 그 딸도 혼인하는 데 동의하여, 부모가 원하는 대로 하고자 하는 경우에, 그 부모가 자기 딸을 혼인시키는 것은 죄를 짓는 것이 아니기 때문에, 얼마든지 그렇게 해도 된다. 결혼하지 아니하는 자는 더 잘하는 것이니라. 그러나 부모가 이 세상에서 교회가 처해 있는 현재의 상황을 고려하고, 자기 딸로 하여금 하나님을 섬기는 일에 온 힘을 다할 수 있도록 하기 위하여, 그 딸을 혼인시키지 않기로 하였다면, 그것은 더 잘한 것이다. 결혼을 하느냐 안 하느냐의 문제는 그 자체로는 가치중립적인 것이기 때문에, 그리스도인들은 자신이 처한 상황에 따라 자기에게 유익한 쪽을 선택하여야 한다.

39. 아내는 그 남편이 살아 있는 동안에 매여 있다가 남편이 죽으면 자유로워 자기 뜻대로 시집 갈 것이나 주 안에서만 할 것이니라.

사도는 이 장 전체에 걸쳐서 내내, 고린도 교회가 결혼에 관하여 그에게 문의해 온 여러 문제들을 다루어 왔는데, 어떤 것들은 이미 결혼한 사람들에 관한 것이었고, 어떤 것들은 한 번도 결혼하지 않은 사람들에 관한 것이었다. 이제 사도는 마지막으로 한 번 결혼하였다가 남편을 잃은 과부들의 재혼 문제를 다루면서, 먼저 첫 남편이 살아 있는 동안에는 재혼할 수 없다고 분명하게 말한다. 즉, 남편이 간음을 이유로 법적으로 이혼한 상태이거나, 남편이 믿지 않는 자여서 자원해서 아내를 버리고 떠난 경우가 아니라면, 여자는 재혼할 수 없다는 것이다. 그러나 남편이 죽은 경우에는, 과부는 자유롭게 재혼할 수 있다. 하지만 그렇다고 해서 이것이 믿지 않는 자와 재혼을 해도 괜찮다는 뜻은 아니다. 여기에서 믿지 않는 자들이라는 것은 명목상으로는 이교도이든 그리스도이든 상관없이, 실질적으로 예수 그리스도를 믿는 참된 믿음과 어긋나는 신조들을 신봉하는 우상 숭배자들, 속된 자들, 이단들을 가리킨다. "주 안에서만"이라는 어구는 경건한 과부들은 그리스도를 믿지 않는 자들만이 아니라 명목상의 그리스도인들, 즉 세례도 받고 입으로 그리스도를 고백하기도 하였지만, 그럼에도 불구하고 여전히 저주 받을 생각들과 신념들을 지니고 있거나, 속된 삶을 살아가거나, 우상 숭배를 하는 방식으로 하나님을 예배하는 등, 그리스도를 믿는 참된 믿음과 어긋나는 삶을 사는 자들과의 재혼도 피하여야 한다는 것을 의미하는 것으로 보인다. 따라서 믿지 않는 자와 재혼하는 것은 물론이고, 그리스도인으로 자처하면서도 참된 신앙과는 거리가 먼 삶을 살아가는 자와 재혼하는 것도 "주 안에서" 시집 가는 것이 아니다.

40. 그러나 내 뜻에는 그냥 지내는 것이 더욱 복이 있으리로다 나도 또한 하나님의 영을 받은 줄로 생각하노라.

그러나 내 뜻에는 그냥 지내는 것이 더욱 복이 있으리로다. 그러나 여러 가지 상황과 사정을 고려해 보았을 때, 과부가 정욕을 참지 못하고 유혹에 빠져 음행을 저지를 염려도 없고, 남편의 도움 없이도 자신의 생계를 유지하며 생활을 해나갈 수 있는 경우에는, 그런 과부는 재혼하지 않고 그냥 혼자 지내는 편이 "더욱 복이 있으리라"는 것이 나의 생각이다. 그런 과부는 좀 더 거룩한 삶을 사는 가운데 천국으로 가는 길을 더 잘 준비할 수 있어서 복될 뿐만 아니라, 앞에서 말한 두 가지 이유, 즉 세상에서의 염려들과 산만함들을 피할 수 있다는 점과 세상 일들로부터 좀 더 많이 벗어나서 하늘의 것들을 생각하는 데 착념할 수 있다는 점에서도 복되다. 나도 또한 하나님의 영을 받은 줄로 생각하노라. 마지막으로 사도는 이렇게 말한다: 너희는 너희에게 내가 지금까지 말한 것과는 다르게 말하거나 반대로 말하는 너희 교사들만이 하나님의 영을 받아 말하는 것으로 생각할지 모르지만, 나도 하나님의 영을 받아 너희에게 말하고 있다는 것을 생각해 주었으면 한다.

MATTHEW POOLE'S COMMENTARY

고린도전서 8장

개요

1. 사랑이 지식보다 나음(1–3).
2. 한 하나님과 한 주 예수 그리스도를 제대로 아는 자들에게는 우상은 아무것도 아님(4–6).
3. 자신의 지식을 분별 없이 사용해서 우상 제물을 먹음으로써 약한 양심을 지닌 형제들로 하여금 시험에 빠져 범죄하게 만드는 자들은 죄를 짓는 것임(7–13).

1. 우상의 제물에 대하여는 우리가 다 지식이 있는 줄을 아나 지식은 교만하게 하며 사랑은 덕을 세우나니.

사도는 고린도 교인들이 편지를 써서 그에게 문의해 온 또 다른 새로운 문제, 즉 우상들에게 바쳐진 제물을 먹는 것과 관련된 문제에 대하여 답변하기 시작한다. 옛 글들에는 사람들이 우상들에게 제물을 어떻게 바쳤는지에 대한 설명이 나온다. 이교도들 가운데서는 많은 축제들이 있었고, 그 축제들에는 거의 희생제사들이 행해졌다. 먼저, 사람들은 소나 양, 또는 그 밖의 다른 가축을 우상에게 바쳤다. 그러면, 제관들은 사람들이 바친 희생제물 중의 일부를 우상의 제단 위에서 태워서 우상에게 바쳤고, 희생제물의 나머지 부분은 제물을 바친 자들에게 다시 돌려주거나 제관들 자신이 가졌다. 제관들은 사람들을 초청해서, 자신들에게 돌아온 제물의 나머지 부분을 가지고 우상의 신전에서 잔치를 벌였고, 희생제물을 바친 자들도 제관들이 그들에게 돌려준 제물의 나머지 부분을 가지고 우상의 신전에서, 또는 집에서 이웃들과 함께 잔치를 벌이거나, 그 제물들을 시장에서 내다팔았다. 여기에서 고린도 교인들이 직면하였던 문제는 이런 것이었다: 사람들이 우상에게 제사를 지낸 후에 다시 돌려받은 제물을 가지고 우상의 신전에서나 이교도의 집에서 잔치를 벌여 놓고서는 그리스도인들을 초청하였을 때, 그리스도인들이 거기에 가서 우상의 제물을 이교도들과 함께 먹어도 괜찮은 것인가? 그리고 그리스도인들은 시장에서 파는 우상의 제물을 사서 먹어도 괜찮은 것인가? 고린도 교회의 일부 신자들은 우상들은 나무막대기나 돌덩이에 불과한 아무것도 아닌 존재여서 그 어떤 것도 더럽히거나 속되게 할 수 없다는 것을 알고 있었기 때문에, 우상의 신전이나 이교도의 집에 가서 우상의 제물을 먹어도 괜찮고, 시장에서 파는 우상의 제물도 사서 먹어도 괜찮다고 생각하였다.

사도는 그들 중의 아주 많은 사람들이 상당한 정도의 "지식"을 갖고 있고, 우상이 아무것도 아니라는 것은 누구나 다 알고 있다는 것을 자기도 안다고 그들에게 말한다. 그러면서, 그는 그들이 자신들이 갖고 있는 지식으로 말미암아 교만해지고 자신만만해져서, 자신들은 잘못을 범할 수 없다고 생각함으로써, 그러한 자만심으로 인해서 죄악 된 일을 저지르게 되는 일이 있어서는 안 된다고 경고한다. 사도가 "사랑은 덕을 세우나니"라고 말할 때, "사랑"은 하나님을 향한 사랑을 의미할 수도 있고, 이웃을 향한 사랑을 의미할 수도 있는데, 여기에서는 후자인 것으로 보인다. 따라서 사도가 여기에서 말하고자 하는 것은 이런 것이다: 고린도 교회에서 우상의 제물에 대하여 지식이 있는 자들은 오직 자신들의 영혼의 유익에만 관심을 갖는 것이 아니라, 다른 형제들의 영혼의 유익에도 관심을 가져서, 그 형제들의 영혼을 파멸시키는 것이 아니라, 도리어 덕을 세우고 유익이 되게 하는 방향으로 행동하도록 주의를 기울여야 한다.

2. 만일 누구든지 무엇을 아는 줄로 생각하면 아직도 마땅히 알 것을 알지 못하는 것이요.

이런저런 일에 대해서 어떤 사람이 자신의 지식을 자랑하고, 자기가 충분히 알고 있다고 자부하여, 자기는 아무에게서도 가르침 받을 필요가 없다고 생각한다면, 그 사람은 실제로 그 일을 머리로는 알고 있을지 모르지만, 그 지식은 그 사람에게 아무런 유익이 되지 않을 것이다. 왜냐하면, 사람은 자신의 지식을 하나님의 영광을 위해서, 그리고 다른 사람들의 덕을 세우기 위해서 사용하여야 하는데, 사람이 겸손하지 않은 경우에는, 그 지식을 제대로 사용할 수 없기 때문이다. 따라서 어떤 사람이 자신의 지식을 하나님의 영광과 사람들의 유익을 위하여 사용하지 않는다면, 그 사람은 "마땅히 알 것을 알지 못하는" 것이다. 지식이라는 달란트는 보자기에 싸서 고이 모셔 두어서는 안 된다.

3. 또 누구든지 하나님을 사랑하면 그 사람은 하나님도 알아 주시느니라.

어떤 사람이 하나님께 속한 것들을 머리로 많이 알고 있는 것보다는, 그 사람이 하나님에 의해서 아신 바 되고 하나님의 인정을 받는 것이 그 사람에게 훨씬 더 유익이다. 어떤 사람이 하나님에 대해서 많이 알고 있을지라도, 장차 하나님께서 그 사람에게 "내가 너를 도무지 알지 못하니 불법을 행하는 자야 내게서 떠나가라"(마

7:23)고 말씀하실지 모른다. 그러나 어떤 사람이 하나님을 사랑한다면, 그 사람은 하나님의 사랑하심을 받고, 하나님의 시인과 인정을 받게 될 것이다. 이렇게 성경 본문들에서 "알다"는 "시인하고 인정하다"는 의미로 많이 사용된다(한글개역개정에서는 이 의미를 살려서, "알아 주신다"로 번역하였다 — 역주): "영생은 곧 유일하신 참 하나님과 그가 보내신 자 예수 그리스도를 아는 것이니이다"(요 17:3); "내가 행하는 것을 내가 알지 못하노니 곧 내가 원하는 것은 행하지 아니하고 도리어 미워하는 것을 행함이라"(롬 7:15).

4. 그러므로 우상의 제물을 먹는 일에 대하여는 우리가 우상은 세상에 아무 것도 아니며 또한 하나님은 한 분밖에 없는 줄 아노라.

"우상의 제물"은 우상에게 바쳐진 희생제물 중에서 다시 제관이나 제물을 바친 자의 몫으로 돌려져서, 우상의 신전이나 제물을 바친 자의 집에서 사람들이 먹게 된 고기를 가리킨다. "우상은 세상에 아무것도 아니며." 우리는 우상이라는 것이 나무나 돌이나 흙으로 어떤 형상을 만들어 놓은 것일 뿐이고, 그 우상이 자신이 나타내는 형상을 대표하는 것도 아니고 그 어떤 능력도 지니고 있지 않아서 "아무것"도 아니라는 것을 안다. 사람들은 어떤 신을 형상으로 나타내서 세워 놓고 숭배하지만, 그 우상에게는 신적인 능력이나 속성도 없고, 그 신을 대표하거나 상징하는 것도 아니다. 따라서 저 가련하고 눈먼 이교도들은 마치 우상이 신이라도 된다는 듯이 숭배하지만, 사실은 "세상에 아무것"도 아니기 때문에, 히브리어에서 "우상"은 "아무것도 아님"을 의미하는 단어에서 유래하였다. 또는, "우상은 세상에 아무것도 아니며"는 우상은 자기 앞에 놓인 그 어떤 음식도 거룩하게 하거나 부정하게 할 수 없다는 의미일 수도 있다. "또한," 우리는 "하나님은 한 분밖에 없는 줄 안다." 이것은 사도가 그들 자신이 우상의 제물에 대하여 잘 알고 있다고 여기는 자들이 "우리가 하나님은 한 분밖에 없는 줄 아노라"고 당당하게 말한 것을 비꼬는 의미로 그대로 여기에 옮겨놓은 것일 수도 있고, 그들의 말이 백 번 천 번 지당하다는 것을 인정하고서 그것을 강조하기 위하여 여기에서 자신의 말로 다시 한 번 말한 것일 수도 있다.

5. 비록 하늘에나 땅에나 신이라 불리는 자가 있어 많은 신과 많은 주가 있으나.

이교도들이 "신"이라고 부르는 존재들도 많고, 하나님께서 친히 "신"이라고 부르시는 존재들도 많다. 하늘에 있는 천사들은 "하나님의 군대"(창 32:2), "천군"(눅 2:13), "하나님의 아들들"(욥 1:6; 2:1)로 불린다. 군왕들도 "신들"이자 "지존자의 아들들"이라 불린다(시 82:6). 왜냐하면, 하나님께서는 군왕들에게 자신의 권능의 상당 부분을 그들에게 맡기셨기 때문이다. 이렇게 하늘과 땅에는 "많은 신과 많은 주"가 있다.

6. 그러나 우리에게는 한 하나님 곧 아버지가 계시니 만물이 그에게서 났고 우리도 그를 위하여 있고 또한 한 주 예수 그리스도께서 계시니 만물이 그로 말미암고 우리도 그로 말미암아 있느니라.

우상을 숭배하는 이교도들이 어떻게 생각하고 무엇을 믿든, 그리스도인들인 우리에게는 본질적으로 참된 "하나님"은 한 분뿐이시다. "한 하나님" 안에는 세 위격이 존재하지만, 삼위일체 하나님은 그 자체가 "한 하나님"이시다. "아버지," 즉 성부 하나님은 모든 신성의 원천으로서, 자신의 신성을 다른 두 위격에게 나누어 주시고, "만물"도 성부 하나님에게서 "났다." 이것은 만물의 일차적인 원인이자 원천이 성부 하나님임을 의미한다. "우리도 그를 위하여 있고"로 번역된 헬라어 구절은, 우리는 성부 하나님을 위하여 존재하고, 성부 하나님의 존귀와 영광을 위하여 지음 받았다는 것을 의미할 수도 있고, 사도 바울이 사도행전 17:28에서 "우리가 그를 힘입어 살며 기동하며 존재하느니라"고 말한 것처럼, 우리가 성부 하나님 안에서 존재한다는 것을 의미할 수도 있다.

또한 한 주 예수 그리스도께서 계시니 만물이 그로 말미암고. 예수 그리스도는 삼위일체 하나님의 두 번째 위격이시다. 한 박식한 저술가는 하나님이라는 이름은 종종 그리스도께 주어지기는 하지만, 바울은 성부 하나님을 언급하는 곳에서는 그리스도를 하나님으로 부르지 않는다고 지적하면서, 이것은 바울이 그리스도를 "주"라는 칭호로 부르는 것은, 그가 고린도전서 15:27에서 "만물을 그의 발 아래에 두셨다 하셨으니 만물을 아래에 둔다 말씀하실 때에 만물을 그의 아래에 두신 이가 그 중에 들지 아니한 것이 분명하도다"라고 말하였듯이, 그리스도께서 성부 하나님을 제외한 만물 위에 탁월하시다는 것을 나타내기 위한 것이라고 결론을 내린다. 사도는 "만물이" 그리스도로 "말미암았다"고 말하는데, 이것은 요한복음 1:3에서 "만물이 그로 말미암아 지은 바 되었으니 지은 것이 하나도 그가 없이는 된 것이 없느니라"고 말한 것과 동일한 의미이다. 이렇게 사도가 "만물이 아버지에게서 났다"고 먼저 말한 후에, "만물이 그리스도로 말미암았다"고 말한 것은, 삼위일체 하나님께서 일하시는 순서를 우리에게 잘 보여 준다: 만물은 성부에게서 났고 성자로 말미암았다. "우리도 그로 말미암아 있느니라." 사도는 우리가 성자로 말미암아 지음 받았고 속량 받았다고 말한다.

7. 그러나 이 지식은 모든 사람에게 있는 것은 아니므로 어떤 이들은 지금까지 우상에 대한 습관이 있어 우상의 제물로 알고 먹는 고로 그들의 양심이 약하여지고 더러워지느니라.

너희 중의 일부는 오직 한 분 살아 계시고 참되신 하나님이 계시다는 것과 우상은 세상에서 아무것도 아니라는 것과 우상 앞에 바쳐진 음식이 거룩해지거나 부정하게 되는 것이 결코 아니라는 것을 알지만, 모든 사람이 다 그렇게 잘 아는 것은 아니다. 너희가 오랫동안 복음 안에서 가르침을 받아 오기는 하였지만, 지금까지도 너희 중의 어떤 사람들에게는 "우상에 대한" 미신들이 남아 있어서, 그들은 우상의 제물은 우상에 의해서 부정하게 된 음식이라고 생각하기 때문에, 양심에 거리낌을 느끼면서 우상의 제물을 먹는 까닭에, 그들의 "양심이 약하여지고 더러워진다." 그것은 오늘날 교황주의자들이 미신에 사로잡혀서, 성상들을 만들어 숭배하고 성인들의 이름을 부르며 기도하는 것과 거의 흡사하다. 그런 교황주의자들 중에서 가장 지혜롭고 박식한 자들은 자신들은 성상들이나 성인들을 신으로 섬기는 것이 아니라, 단지 성상들을 보면서 참되고 살아 계신 하나님께 경배하는 것이고, 성인들의 이름은 단지 그들로 하여금 하나님께 대신 기도해 달라고 청원하기 위해 부르는 것일 뿐이라고 말한다. 하지만 그렇게 주장하는 자들은 다음과 같은 질문에 대답하여야 한다: 우리가 참되신 하나님을 섬기고 경배할 때, 우리 속에서 그 하나님을 경배할 마음이 생겨나도록 우리에게 동기를 부여하거나 유인하기 위하여, 우리 앞에 "형상"을 세워 놓는 것이 과연 합당하고, 우리가 참되신 하나님께 기도할 때에 그리스도 외에 다른 중재자를 세워서 활용하는 것이 과연 합당한가? 사도가 여기에서, 고린도 교인들 중 믿음이 강한 사람들은 우상이 아무것도 아니라는 것을 알고서, 우상에게 바쳐진 제물을 아무런 양심의 거리낌 없이 먹지만, 고린도 교회에 속한 모든 신자들이 다 그런 지식을 갖고 있는 것이 아니기 때문에, 그런 지식이 없는 믿음이 약한 사람들은 양심에 거리낌을 느끼면서 우상의 제물을 먹음으로써 시험에 들게 된다는 점에서, 지식 있는 자들이 자신의 지식에 의지해서 우상의 제물을 먹는 것이 옳지 못하다고 말하는 것과 동일한 이유에서, 지식 있는 교황주의자들이 성상들을 세워 놓고 그 앞에서 기도하고, 성인들을 중재자로 내세워 기도하는 것도 옳지 못하다. 왜냐하면, 교황주의자 중에는 그런 지식이 없는 사람들이 많을 것임은 의심의 여지가 없고, 그런 사람들은 지식 있는 자들로 인해서 성상들을 섬기고 경배하며 성인들을 신적인 존재로 여겨서 성인들을 향하여 기도함으로써 우상 숭배를 하게 되어, 그들의 양심이 더러워지게 되기 때문이다. 즉, 그러한 행위들은 지식 있는 자들에게는 우상 숭배가 아니고 합당한 일이지만, 지식 없는 자들에게는 합당한 일이 아니라 우상 숭배가 되고 만다는 것이다.

8. 음식은 우리를 하나님 앞에 내세우지 못하나니 우리가 먹지 않는다고 해서 더 못사는 것도 아니고 먹는다고 해서 더 잘사는 것도 아니니라.

사도는 고린도 교인들 중에서 우상에게 바쳐진 제물을 먹는 데 아무런 문제가 없었던 일부 신자들이나 교사들이 한 말을 그대로 여기에 옮겨 놓는다. 그들은 음식 또는 음식을 먹는 일을 가지고 사람이 하나님께 칭찬 들을 수 있는 것은 아니라고 말하면서, 우리가 어떤 것을 먹는다고 해서 더 잘하는 것도 아니고 먹지 않는다고 해서 더 잘못하는 것도 아니라는 논리를 폈다. 사도도 로마서 14:17에서 "하나님의 나라는 먹는 것과 마시는 것이 아니요 오직 성령 안에 있는 의와 평강과 희락이라"고 분명하게 말한 바 있다.

9. 그런즉 너희의 자유가 믿음이 약한 자들에게 걸려 넘어지게 하는 것이 되지 않도록 조심하라.

'엑수시아' (ἐξουσία)는 현실에서의 실제적인 권리 또는 자유가 아니라 추정된 권리 또는 자유를 의미하지만, 흠정역 번역자들이 여기에서 이 단어를 "권리"가 아니라 "자유"로 번역한 것은 잘한 것이다. 왜냐하면, 우리는 다음 절에서 사도가 믿음이 강한 자들이 우상의 신전에 앉아서 먹는 것에 대하여 말하는 것을 보게 될 것인데, 사도가 고린도전서 10:21에서 "너희가 주의 잔과 귀신의 잔을 겸하여 마시지 못하고 주의 식탁과 귀신의 식탁에 겸하여 참여하지 못하리라"고 말한 것처럼, 그런 것은 귀신들과 교제하는 것이어서 불법적인 일인 까닭에, 권리일 수 없기 때문이다. 따라서 사도는 여기에서 단지 그들이 우상의 신전에서 우상의 제물을 먹는 것과 관련해서, 먹는 것으로 인해서 사람이 잘못되는 것은 아니라는 점에서, 그것이 범죄하는 것은 아니라고 일단 말하는 것으로 보인다. 하지만 우리가 나중에 보게 되겠지만, 사도는 그들의 그러한 행위는 형제 사랑의 의무나 본분을 어긴 일이기 때문에, 결코 죄악 된 일이 아니라고 할 수 없다고 분명하게 선언한다.

10. 지식 있는 네가 우상의 집에 앉아 먹는 것을 누구든지 보면 그 믿음이 약한 자들의 양심이 담력을 얻어 우상의 제물을 먹게 되지 않겠느냐.

여기에서 사도는 그들이 우상의 신전에 앉아서 우상에게 바쳐진 제물을 먹는 것이 그 자체로는 본질적으로 죄가 아니라고 할지라도(사실은 죄가 아닌 것이 아니지만), 부수적으로 그것이 믿음이 약하고 우상의 제물에 관하여 올바른 지식을 갖고 있지 않은 형제들을 넘어지게 하는 걸림돌을 놓는 것이기 때문에 범죄하는 것이 된다는 것을 보여 준다. 왜냐하면, 믿음이 약한 자들은 우상의 신전에 들어가서 우상의 제물을 먹는 것에 대하여 양심에 거리낌이 있는 자들인데, 믿음이 강하고 지식이 있다고 생각되는 네가 아무런 거리낌 없이 "우상의 집에 앉아 먹는 것"을 보면, 그들은 스스로는 우상의 제물을 먹는 것이 불법이라고 생각하면서도 너의 그런 모습을 보고 그런 불법을 저질러도 괜찮은 것이라고 생각하여, 대담하게 불법을 저지르게 될 것이기 때문이다. 여기에서 "담력을 얻어"로 번역된 헬라어는 신약성경의 다른 곳에서는 흔히 "덕을 세우다"로 번역되는 단어로서, 선이나 악에 있어서 어떤 진보나 능숙함이 더해지는 것을 의미한다(신약성경에서 이 단어는 오직 여기에서만 이렇게 나쁜 의미로 사용된다). 사도는 믿음이 강한 자들이 우상의 신전에 들어가서 우상의 제물을 먹는 것은 믿음이 약한 자들로 하여금 이렇게 담대하게 불법을 저지르게 만드는 일이라는 점에서 죄악 된 행위라고 단호하게 말한다. 이것은 그리스도인들에게 어떤 자유가 주어졌다고 할지라도, 그들이 그 자유를 사용하였을 때에는, 다른 사람들에게 올무가 되어 그 사람들의 영혼에 해악을 가져다주게 되는 경우에는, 그 자유를 사용하지 않는 것이 모든 선한 그리스도인들의 의무이자 본분이라는 것을 우리에게 알게 해 준다.

11. 그러면 네 지식으로 그 믿음이 약한 자가 멸망하나니 그는 그리스도께서 위하여 죽으신 형제라.

네 지식으로. 이것은 "네 지식이 빌미가 되어"라는 의미이다. 하나님께서 사람들에게 지식을 주신 목적은, 다른 사람들을 해롭게 하고 멸망시키게 하기 위한 것이 아니라, 그들을 유익하게 하고 구원하게 하기 위한 것이다. 그러므로 하나님으로부터 진리의 지식을 받은 자들이 그 지식을 가지고 다른 사람들의 영혼을 멸망시키는 일을 한다면, 그것은 정말 어이없는 일일 수밖에 없다. 그 믿음이 약한 자가 멸망하나니. 여기에서 "멸망한다"는 것은 믿음이 약한 자가 자신의 양심의 판단을 거슬러서 반대로 행함으로써 죄악에 빠지게 되는 것을 의미한다. 왜냐하면, 사도가 로마서 14:23에서 "의심하고 먹는 자는 정죄되었나니 이는 믿음을 따라 하지 아니하였기 때문이라 믿음을 따라 하지 아니하는 것은 다 죄니라"고 말한 것처럼, 우상의 제물을 먹는 것은 죄가 아니고 합법적인 것임을 확실하게 알고, 또한 그렇게 믿고서 그 제물을 먹는 것은 죄가 되지 않지만, 죄라고 알고 있으면서도 먹는 것은 분명히 죄라는 것을 알면서도 의도적으로 죄를 범한 것이 되기 때문이다. 그는 그리스도께서 위하여 죽으신 형제라. 믿음이 약한 자는 비록 그 믿음이 약할지라도 참된 신자이기 때문에, 그리스도께서 그 형제를 위하여 죽으셨다는 것은 엄연한 사실이고, 그리스도께서 사람의 몸을 입으시고 이 땅에 내려오셔서 바로 그 형제를 구원하시기 위하여 죽으셨는데도 불구하고, 믿음이 강하다고 하는 자들이 자신의 자유를 남용하여, 그 형제의 영혼으로 하여금 죄에 빠지게 하여 멸망하게 한다면, 그것은 선한 그리스도인의 본분을 한참이나 거스른 일일 수밖에 없다.

12. 이같이 너희가 형제에게 죄를 지어 그 약한 양심을 상하게 하는 것이 곧 그리스도에게 죄를 짓는 것이니라.

이같이 너희가 형제에게 죄를 지어. 죄는 원래 하나님에게 짓는 것이다. 왜냐하면, 죄는 하나님의 법을 어기는 것이기 때문이다. 그러나 이웃에 대한 우리의 의무와 관련된 하나님의 법을 어기는 것들은 우리 형제들에게 짓는 죄들이라 말한다. 즉, "형제에게 죄를 지었다"는 것은 우리 형제들에 대한 우리의 의무나 본분과 관련된 일들에서 하나님을 거슬러 죄를 지었다는 것을 의미한다. 그 약한 양심을 상하게 하는 것이. 너희가 하는 행위를 보고서, 어떤 믿음이 약한 형제가 스스로는 그 행위가 죄악 된 것이라고 생각하면서도, 너희가 그렇게 하는 것을 보았기 때문에, 그것이 빌미가 되어서, 그 죄악 된 행위를 해도 괜찮다고 생각하여 담대하게 죄를 범하게 되는 경우에, 그 형제는 그 죄악 된 행위를 통해서 자신의 양심을 다치게 하고 더럽히게 되는데, 사도는 그것을 "그 약한 양심을 상하게" 한 것이라고 말한다. 그리스도에게 죄를 짓는 것이니라. 사도는 이것을 "그리스도에게 죄를 짓는 것"이라고 단호하게 말한다. 믿음이 강한 자들의 그러한 행위는 형제를 사랑하라는 그리스도의 법을 거슬러 죄를 짓는 것이고, 믿음이 약한 자들을 위하여 죽으심으로써 그 형제들에 대한 최고의 사랑을 보여 주신 그리스도의 사랑을 거슬러 죄를 짓는 것이다. 그것은 그들의 주이신 그리스도를 따르는 일과는 거리가 멀다. 왜냐하면, 그들에게 주어진 자유를 조금만 양보하고 절제하면 얼마든지 약한 형제들의 영혼에 해악을 끼치지 않을 수 있는데도, 그 작은 자유를 이기적으로 사용함으로써, 약한 형제들로 하여금 죄를 짓게 만드는 빌미를 주어, 그 형제들의 영혼을 멸망의 위험에 빠뜨린 것이기 때문이다.

13. 그러므로 만일 음식이 내 형제를 실족하게 한다면 나는 영원히 고기를 먹지 아니하여 내 형제를 실족하지 않게 하리라.

그러므로 만일 음식이 내 형제를 실족하게 한다면. 사도는 이렇게 말한다: 내가 우상에게 바쳐진 제물을 먹는 것이 그 자체로는 죄도 아니고 불법도 아니라고 할지라도, 내가 그렇게 하는 경우에는 내 형제로 실족하여 죄를 범하게 만들 수밖에 없다면, 나는 우상의 제물을 먹는 것을 결코 하지 않을 것이다. 어떤 이들은 사도의 이 말을 좀 더 일반적으로 이해해서, 여기에서 "음식"은 앞서 언급된 우상의 제물을 가리키는 것이 아니라 모든 짐승의 고기를 가리키는 것이라고 보고, "내가 고기를 먹는 것이 내 형제를 실족하게 하는 일이라면, 나는 다시는 고기를 먹지 않고 떡과 채소로만 살아갈 것이다"라고 말한 것으로 해석한다. 사도는 여기에서 고기를 결코 먹지 않고 살아가야 할 경우가 있을 수 있다는 것을 전제하고서 이런 말을 하고 있는 것이 아니라, 단지 형제로 하여금 하나님을 거슬러 범죄하지 않도록 미연에 방지하기 위해서, 선한 그리스도인이 어떻게 하는 것이 마땅한 일인지만을 분명하게 보여 주고 있는 것이다.

나는 영원히 고기를 먹지 아니하여 내 형제를 실족하지 않게 하리라. 마태복음 5:29-30에서 주님께서 "만일 네 오른 눈이 너로 실족하게 하거든 빼어 내버리라 네 백체 중 하나가 없어지고 온 몸이 지옥에 던져지지 않는 것이 유익하며 또한 만일 네 오른손이 너로 실족하게 하거든 찍어 내버리라 네 백체 중 하나가 없어지고 온 몸이 지옥에 던져지지 않는 것이 유익하니라"고 하신 말씀도 여기에서 사도가 한 말과 그 취지가 동일하다. 이렇게 주님께서 하신 말씀이나 사도가 한 말은 둘 다 우리 자신이나 다른 사람들로 하여금 죄를 짓게 만들 수 있는 일들은 우리가 결코 해서는 안 된다는 취지이다.

사도가 고린도전서 8장 전체에 걸쳐서 준 가르침을 통해서 우리가 아주 분명하게 알 수 있는 것은, 그리스도인들은 하나님의 법에 의해서 해도 되고 안 해도 되는 자유가 주어진 일들 중에서, 형제들로 하여금 죄를 짓게 하는 빌미가 되지 않는 것들은 행해도 되지만, 형제들로 하여금 죄를 짓게 하는 빌미가 될 수 있는 것들은, 그것들을 행하는 것이 그 자체로는 하나님의 법에 의해서 금지된 것이 아니라는 점에서 합법적인 것들이라고 할지라도, 그것들을 행함으로써 형제들을 실족하게 하여 죄를 짓게 만드는 것은 죄이기 때문에, 그것들을 행하는 것도 죄가 되는 까닭에 그것들은 행하지 말아야 한다는 것이다. 그러나 여기에서 두 가지 중대한 질문이 생겨난다: (1) 윗사람의 명령이 있는 경우에는 사정이 달라지는가? 이것은 어떤 일이 하나님의 법에서 하라고 하지도 않고 하지 말라고 하지도 않은 것이기 때문에, 그 일을 하느냐 마느냐의 여부가 우리의 자유에 맡겨져 있을 때, 우리의 윗사람이 우리에게 그 일을 하라고 하거나 하지 말라고 명령하였는데, 우리가 그 명령을 따르게 되는 경우에는, 그 일이 합법적인 것인가에 대해서 의심이 있는 형제들을 실족하게 할 가능성이 매우 높다면, 우리는 그 때에 어떻게 하여야 하는가 하는 문제이다. (2) 어떤 일을 하거나 하지 않는 것이 우리의 자유에 맡겨져 있을 때, 사람들이 우리에게 그 일을 하라고 명령하는데, 우리가 그 명령을 따라 그 일을 하게 되면, 다른 형제들이 그것을 보고 실족하게 될 것이고, 만일 우리가 그 명령을 따르지 않는다면, 사람들이 우리와 우리의 가족을 죽이겠다고 하는 경우에는, 우리가 어떻게 하여야 하는가?

이 두 경우에는 모두 명령들 간의 충돌이 존재하는 것으로 보인다. 첫 번째의 경우에는 이웃을 사랑하라는 명령과 윗사람을 공경하고 순종하라는 많은 명령들 간의 충돌이 존재하는 것으로 보이고, 두 번째의 경우에는 이웃을 사랑하라는 명령과 우리 자신을 포함한 우리 가족을 보호해야 한다는 명령 간의 충돌이 존재하는 것으로 보인다. 따라서 문제는 이것이다: 우리가 두 가지 명령을 다 순종할 수 없을 때에는 어느 명령을 따라야 하는가? 그러나 우리는 그러한 문제들은 철학적으로 따지기 좋아하는 자들에게 맡겨 놓는 것이 좋을 것 같다. 두 명령 중에서 어느 쪽을 따르는 것이 하나님의 뜻인가를 결정하는 것은, 현재의 본문을 주석하는 데 합당한 정도를 훨씬 뛰어넘는 것으로서, 본문의 취지를 아주 복잡하게 뒤엉키게 만드는 것일 뿐이다. 특히, 고린도 교인들은 그들에게 우상의 제물을 먹으라고 명령하는 윗사람들이 있지도 않았고, 우상의 제물을 먹지 않는 경우에는 그들 자신이나 가족들이 굶어죽게 되는 그런 상황이 아니라 얼마든지 다른 고기들을 먹을 수 있었다는 점에서, 우상의 제물을 먹는 문제와 관련해서 앞에서 제기된 두 가지 문제에서 온전히 자유로웠을 뿐만 아니라, 우상의 제물과 관련해서 그들이 어떻게 하여야 한다는 것은 사도가 여기에서 분명하게 제시하고 있기 때문에, 우리가 이 본문을 설명할 때에 그런 문제들을 다룰 이유는 더더욱 없다.

MATTHEW POOLE'S COMMENTARY

고린도전서 9장

개요

1. 바울이 자신의 사도직을 변호함(1–2).
2. 자기에게는 교회들로부터 부양을 받을 권리가 있다고 말함(3–14).
3. 하지만 자신의 필수불가결한 책무만을 다하는 데 만족하지 않고, 복음의 진보를 위하여 그러한 권리를 포기하였다고 말함(15–18).
4. 자기는 많은 점들에서 자유롭지만, 그리스도를 위하여 더 많은 사람을 얻기 위하여 자원해서 종이 되었다고 말함(19–23).
5. 썩을 면류관을 얻고자 하는 자들도 많은 수고와 절제를 행함(24–25).
6. 자기는 썩지 아니할 면류관을 얻기 위하여 수고하고 절제한다고 말함(26–27).

사도는 앞 장에서 아주 구체적으로 우상에게 바쳐진 제물을 먹는 문제를 가지고 말하였다면, 이제 이 장의 대부분에서는 그 문제를 일반화시켜서, 우리에게 어떤 일과 관련해서 자유가 주어져 있다고 할지라도, 다른 그리스도인들에게 해악을 끼치거나 실족하게 하지 않는 범위 내에서만 그 자유를 사용하는 것이 마땅하다는 것을 자신의 모범에 의거해서 계속해서 설명해 나간다. 사도는 자기에게 주어진 세 가지 자유를 자기가 사용하지 않았다고 말한다. 사도가 그렇게 포기한 세 가지 자유 중에서 두 가지는, 그들로 하여금 범죄하지 않게 하기 위한 것이 아니라, 단지 그들에게 과중한 부담을 지우지 않기 위한 것이었다: (1) 먹고 마시는 것을 절제한 것. (2) 결혼을 하지 않은 것. 이것은 사도가 그들을 더욱 헌신적으로 돌보기 위한 것이었다. (3) 자신의 수고의 대가로 자기를 부양해 줄 것을 교회들에게 요구하지 않은 것. 여기에서 사도는 첫 번째 및 세 번째와 관련해서는 하나님이 자기에게 자유와 권리를 주셨지만, 자기가 교회에 부담을 주거나 폐를 끼치지 않기 위해서 그러한 자유와 권리를 사용하지 않은 것이라고 분명하게 말한다.

1. 내가 자유인이 아니냐 사도가 아니냐 예수 우리 주를 보지 못하였느냐 주 안에서 행한 나의 일이 너희가 아니냐.

사도가 아니냐. 일부 교만하거나 미혹된 자들은 내가 "사도"라는 것, 즉 내가 그리스도에 의해서 직접 보내심을 받아 저 고귀하고 탁월한 복음을 전하는 자가 되었다는 것을 부인할 수 있을지 모르지만, 너희 중에도 과연 그런 자가 있을까? 내가 자유인이 아니냐. 하나님의 법이 너희에게 준 자유 안에서 너희가 어떤 일들을 자유롭게 할 수 있다면, 그런 일들에서 내게도 너희와 동일한 자유가 주어져 있는 것이 아니냐? 하나님께서 어떤 다른 말씀을 통해서 너희와 나에게 공통적으로 주신 자유 외에 다른 자유를 너희에게 주신 적이 있느냐? 결코 그렇지 않다. 예수 우리 주를 보지 못하였느냐. 나는 다메섹으로 가는 길에 부활하신 그리스도를 보았고(행 9:5; 22:13-14), 탈혼 상태에서 삼층천에 이끌려가서도 그리스도를 보았으며(고후 12:2-4), 감옥에서도 그리스도를 보았다(행 23:11). 성경에 기록된 것만을 본다면, 바울은 승천하신 후에 나타나신 그리스도를 본 유일한 사도였다. 주 안에서 행한 나의 일이 너희가 아니냐. 나의 사역을 통해서 그들의 심령에 일어난 하나님의 역사를 경험하지 않은 사람들은 나를 사도로 여기지 않는다고 하여도, 너희의 믿음의 일차적인 실효적 원인은 주님이시지만, 하나님이 나를 도구로 사용하셔서 너희 안에 믿음이 생겨나게 하신 것이기 때문에, 너희는 내가 사도라는 것을 부인할 수 없다. 내가 예수 그리스도를 보았고, 그리스도에 의해서 직접 보내심을 받았다는 것이 너희에게 내가 사도임을 보여 주는 충분한 증거가 될 수 없더라도, 너희에 대한 나의 사역의 열매를 볼 때, 너희는 내가 사도라는 것을 결코 부인할 수 없다.

2. 다른 사람들에게는 내가 사도가 아닐지라도 너희에게는 사도이니 나의 사도 됨을 주 안에서 인친 것이 너희라.

사도는 앞 절에서 "주 안에서 행한 나의 일이 너희가 아니냐"고 말하였는데, 이제 여기에서는 그러한 사실을 토대로 해서, 자기가 다른 사람들에게는 어떤 존재인지와는 상관없이, 그들에게는 그들의 영혼의 유익을 위하여 그리스도로부터 보내심을 받은 사도라는 결론을 이끌어 낸다: 적어도 너희와 관련해서는, 너희는 나의 사도직을 "인친" 자들이다. 사람들이 자기가 쓴 글에 "인"을 쳐서 자신의 글임을 확증하듯이, 나의 사도직은 너희에게서 나타난 열매를 통해서 인침을 받아 확증되었다. 왜냐하면, 만일 하나님이 나를 보내신 것이 아니라면, 내가 전한 복음에 하나님이 역사하셔서, 너희를 이교의 우상 숭배와 방탕한 삶으로부터 돌이켜서, 그리스도를 믿는 참된 신앙 및 거룩한 삶과 행실로 돌아오게 하신 일이 어떻게 일어날 수 있었겠는가? 어떤 사역자가 그리스도로부터 보내심을 받은 자라는 것을 보여 주는 가장 확실한 증거는, 그 사역자의 전도를 통해서 사람들이 회개하고 하나님께로 돌아오는 역사가 일어나는 것이다. 물론, 어떤 사역자에게서 그가 하나님으로부터 보내심을 받았음을 분명하게 인쳐 주는 그러한 증거들이 겉으로 나타나지 않는다고 하여도, 우리는 그 사역자가 참된 사역자가 아니라고 결론을 내릴 수는 없다. 왜냐하면, 영적인 씨앗은 한동안 땅 속에 있으면서, 사람들의 심령을 서서히 변화시킬 수 있는 까닭에, 그 열매가 세상에 당장 나타나지 않을 수 있고, 우리가 이사야 선지자의 경우에서 볼 수 있듯이, 심지어 하나님께서는 사람들의 마음을 완악하게 하시기 위하여 자신의 사역자들을 보내시기도 하시기 때문이다. 그러나 어떤 사역자의 전도를 통해서 사람들이 회심하는 열매가 나타난다면, 그것은 그 사역자가 하나님으로부터 보내심을 받았음을 보여 주는 아주 확실한 증거이고 인침이다. 왜냐하면, 하나님께서 그 사역자와 함께 하지 않으시면, 그 사역자는 하나님의 그러한 역사들을 위한 도구로 사용될 수 없고, 따라서 사람들이 회심하는 열매나 인침도 나타나지 않을 것이기 때문이다. 또한, 하나님이 그 사역자를 보내지 않으셨다면, 하나님께서는 그 사역자와 함께 하시거나 그 사역자의 사역에 복을 주시지 않으실 것이다. 그럼에도 불구하고, 하나님께서 공개적으로 추악한 악인에게 사람들을 회심시키는 도구로 쓰임 받는 영광을 주신 예가 과연 있었는지에 대해서 의구심을 품는 사람들이 있기는 하지만, 우리는 가룟 유다가 사람들을 회심시키는 도구로 전혀 쓰임 받지 않았다고 성급하게 단정할 수는 없다(물론, 유다는 "멸망의 자식"[요 17:12]이긴 하였지만, 마지막에 가서야 추악한 죄를 저질렀다는 것이 고려되어야 한다).

3. 나를 비판하는 자들에게 변명할 것이 이것이니.

우리는 이 절에서 사도가 한 말의 의미를 두 가지로 이해하여야 한다. 먼저, 이 말을 사도가 앞에서 한 말과 관련지어서 해석하면, 이 말은 이런 의미이다: 나의 사도직을 의심하여 나를 비판하는 자들에 대한 나의 대답은, 내가 주를 보았다는 것과 너희는 내가 주 안에서 행한 일이자 나의 사도직을 확증해 주는 인침이라는 것이다. 다음으로, 이 말을 사도가 이후에 계속해서 이어나갈 내용과 관련지어서 해석하면, 이 말은 이런 의미이다: 사람들이 내가 다른 사람들에게 가르친 것을 스스로는 어떻게 실천하였느냐고 따져 묻는다면, 즉 내가 다른 사람들의 유익과 덕 세움을 위하여 나의 자유를 과연 포기하고 살아 왔느냐고 반문한다면, 내가 그들에게 해 줄 대답은 이것이다.

4. 우리가 먹고 마실 권리가 없겠느냐.

사도는 이렇게 말한다: 나라고 해서 너희처럼 우상에게 바쳐진 제물들을 먹고 마실 자유가 없겠는가? 내가 우상의 제물들에 대하여 너희만큼 잘 알지 못해서 그 제물들을 먹고 마시지 않는 것이라고 너희는 생각하는 것이냐? 나는 너희와 똑같이 자유도 있고 지식도 있지만, 그 자유와 권리를 포기하고 우상의 제물을 먹지 않는다. 그러나 대다수의 해석자들은, 사도가 여기에서 짤막하게 말한 후에 나중에 좀 더 자세하게 설명하고 있는 것이라고 보고서, 이 말을 다음과 같이 해석한다: 나라고 해서 너희에게 나를 부양해서 나로 하여금 먹고 마시게 하라고 요구할 권리가 없겠는가?

5. 우리가 다른 사도들과 주의 형제들과 게바와 같이 믿음의 자매 된 아내를 데리고 다닐 권리가 없겠느냐.

우리가 … 믿음의 자매 된 아내를 데리고 다닐 권리가 없겠느냐. 여기에서 "믿음의 자매 된 아내"로 번역된 '아델펜 귀나이카' (ἀδελφὴν γυναῖκα)가 자신의 재물로 사도들의 쓸 것을 공급하고 부양하는 여자(누가복음 8:3이 "헤롯의 청지기 구사의 아내 요안나와 수산나와 다른 여러 여자가 함께 하여 자기들의 소유로 그들을 섬기더라"고 말한 것처럼)를 가리키는 것으로 이해하는 자들은 다음과 같은 점들을 고려하지 않은 것으로 보인다: (1) 사도는 여기에서 교회에 부담을 주지 않기 위해서, 자기가 '아델펜 귀나이카'를 데리고 다니지 않는 것이라고 말하고 있는 것인데, 만일 이것이 그러한 여자를 가리키는 것이라면, 그것은 여기에서 사도가 말한 의도와는 반대로, 교회에 짐이 되는 것이 아니라 도움이 되었을 것이기 때문에, 맥락상으로 앞뒤가 맞지 않게 된다. (2) "데리고 다니다"라는 표현은 부부로 함께 다닌다는 의미를 지닌다. (3) 만일 이것이 그러한 여자를 가리키는 것이었다면, 사도는 "믿음의 자매 된"이라는 말을 굳이 덧붙일 필요 없이, 그 말을 빼고 단지 "여자"라고 말하면 되었을 것이다. (4) 사도가 자기 아내가 아니라 "여자"를 데리고 다녔다면, 그것은 문제가 되었을 것이다. (5) "믿음의 자매 된 아내"라는 어구는 사도행전 23:1에서 그리스도인 남자들을 가리키는 "믿음의 형제 된 남자"(한글개역개정에는 "여러분 형제들")와 대응되는 표현이다. 따라서 "믿음의 자매 된 여자"는 그리스도인 아내를 가리킨다. (6) 누가복음 8:3에서는 여자들이 그리스도를 따라다니며 자신의 소유로 주님과 그 제자들을 섬겼다고 보도하지만, 신약성경에는 그런 여자들이 여러 사도들과 "주의 형제들," 즉 베드로, 야고보, 요한, 유다 등을 자신의 소유로 섬겼다는 보도가 전혀 나오지 않는다. 따라서 흠정역 번역자들이 '아델펜 귀나이카'를 "믿음의 자매 된 아내"로 번역한 것은 잘한 것이고, 이 구절의 의미는 "나라고 해서 결혼할 권리가 없겠느냐"고 반문하는 것이다. 이 구절은 우리에게 두 가지를 가르쳐 준다:

(a) 그리스도인들은 그리스도인이 아닌 여자와 결혼할 권리가 없고, 그들의 아내는 반드시 그리스도 안에서 그들의 자매여야 한다. (b) 남편과 아내는 함께 다녀야 하고 서로 떨어져 있어서는 안 된다.

다른 사도들과 주의 형제들과 게바와 같이. 사도 바울은 "게바"라 불린 베드로, 야고보, 요한, 알패오의 아들 유다 등과 같이 결혼한 여러 사도들과 "주의 형제들"의 예를 든다. 이것으로부터 우리가 알 수 있는 것은, 사역자들이 결혼하는 것은 합법적인 것이고, 하나님의 법은 결혼과 관련해서 사역자들에게 특히 더 엄격한 제한을 두고 있지 않다는 것이다. 사도는 디모데전서 4:1, 3에서 교황주의자들처럼 "혼인을 금하는" 것은 "귀신의 가르침"이라고 단호하게 말한다.

6. 어찌 나와 바나바만 일하지 아니할 권리가 없겠느냐.

여러 사도들 중에서 나와 바나바만 우리 자신의 손으로 일을 해서 생계를 유지해나가야 할 이유가 어디 있겠는가? 사도행전 18:2-3에서는 "아굴라라 하는 본도에서 난 유대인 한 사람을 만나니 글라우디오가 모든 유대인을 명하여 로마에서 떠나라 한 고로 그가 그 아내 브리스길라와 함께 이달리야로부터 새로 온지라 바울이 그들에게 가매 생업이 같으므로 함께 살며 일을 하니 그 생업은 천막을 만드는 것이더라"고 말하고 있다. 우리도 형제들의 사정을 고려함이 없이 순전히 우리에게 주어진 자유를 다 사용하고자 한다면, 우리 자신의 손으로 일해서 먹고 사는 것이 아니라, 다른 나머지 사도들과 마찬가지로, 우리가 사역하고 수고하는 곳의 신자들이 우리를 부양하고 먹여 살리는 것이 마땅하다.

7. 누가 자기 비용으로 군 복무를 하겠느냐 누가 포도를 심고 그 열매를 먹지 않겠느냐 누가 양 떼를 기르고 그 양 떼의 젖을 먹지 않겠느냐.

누가 자기 비용으로 군 복무를 하겠느냐. 복음 사역은 "전쟁"이었다. 최초의 복음 사역자들이 유대인들과 이방인들로부터 받은 반대와 공격은 후대의 그 어떤 사역자들이 겪은 것보다 더 컸다는 점에서, 당시의 사역자들은 말 그대로 전쟁터에 나가는 심정으로 복음의 사역을 수행하여야 하였다. 여기에서 사도는 전쟁을 위해서 군대로 징집된 자들이 모든 비용을 스스로 대가면서 군 복무를 하고 전쟁을 한다는 것이 말이 되겠느냐고 반문한다. 누가 포도를 심고 그 열매를 먹지 않겠느냐. 복음 사역은 포도나무를 심고 돌보는 것과 같다. 성경에서는 교회를 "포도원"으로 표현한다(사 5:1-2). 포도나무들은 하나님의 것이지만, 하나님께서는 사역자들의 손을 빌려 포도나무들을 심으신다. 포도나무를 심는 자들 중에서 그 열매를 먹기를 기대하지 않는 자는 아무도 없고, 일꾼들을 고용해서 포도나무들을 심고 돌보면서, 그런 일꾼들에게 먹을 것과 입을 것을 주지 않는 자는 아무도 없다. 누가 양 떼를 기르고 그 양 떼의 젖을 먹지 않겠느냐. 교회는 "양 떼"에 비유되는데, 사도는 이렇게 말한다: 양 떼를 기르는 자들 중에서 "그 양 떼의 젖"을 먹게 될 것을 기대하지 않는 자는 아무도 없다. 사도는 사람들 사이에서 잘 알려져 있던 이 세 가지 예를 들어서, 복음의 사역자들이 자신들이 수고하여 일한 곳에서 먹을 것과 입을 것을 얻는 것은 당연한 순리라는 것을 보여 준다.

8. 내가 사람의 예대로 이것을 말하느냐 율법도 이것을 말하지 아니하느냐.

나는 단지 오류가 있을 수 있는 인간의 이성이나 생각을 따라서 이렇게 말하고 있는 것도 아니고, 오직 사람들 사이에서 친숙하게 잘 알려져 있는 예들을 근거로 해서 이렇게 단언하고 있는 것이 아니다. 내가 말한 것은 본성의 빛이 보여 주는 것에 부합하고 본성의 법이 사람들에게 명령하는 것과 부합하여서 이치에 꼭 맞는 것일 뿐만 아니라, 최고의 이치인 하나님의 뜻에도 부합하는 것이다.

9. 모세의 율법에 곡식을 밟아 떠는 소에게 망을 씌우지 말라 기록하였으니 하나님께서 어찌 소들을 위하여 염려하심이냐.

예전에는 오늘날처럼 그렇게 농업이 발달하지 않아서, 유대 땅에서나 헬라에서나 소로 하여금 밟아서 곡식을 떨게 하였는데, 오늘날에도 프랑스의 일부 지역들에서는 여전히 그렇게 하고 있다고 한다. 그런데 아주 탐욕스러운 자들은 소로 하여금 곡식을 밟아 떨게 하는 동안에 소가 곡식을 먹지 못하도록 하기 위해서 소의 입에 망을 씌우곤 하였기 때문에, 모세의 율법에서는 "곡식 떠는 소에게 망을 씌우지 말지니라"(신 25:4)고 명령하였다. 하나님께서는 곡식을 밟아 떠는 소에게 망을 씌우는 일을 잔인하고 무자비한 행위로 보시고서, 자신의 옛 백성인 유대인들에게 그렇게 하는 것을 금지시키신 것이다. 이제 사도는 "하나님께서 어찌 소들을 위하여 염려하심이냐"고 말한다. 즉, 하나님께서 소들을 이렇게 염려하신다면, 자신의 사역자들이나 사람들에 대해서는 얼마나 더 염려를 하시겠느냐는 것이다. 하나님은 단지 소들만을 염려하시는 것이 아니라, 사람과 짐승을 둘 다 염려하시고 보호하신다. 우리 구주께서 다른 곳에서 가르치셨듯이, 하나님께서는 참새들과 공중의 새들과 들의 풀을 염려하시고 돌보시기 때문에, 그런 것들보다 더 고귀한 피조물인 소들을 염려하시고 돌보시는 것은 당연하다. 동일한 이유에서 하나님께서는 사람들, 특히 자기를 좀 더 직접적으로 섬기는 자들을 그런 피조물들보다 더 염려하시고 돌보신다는 결론을 우리가 내리는 것은 너무나 당연하다.

10. 오로지 우리를 위하여 말씀하심이 아니냐 과연 우리를 위하여 기록된 것이니 밭 가는 자는 소망을 가지고 갈며 곡식 떠는 자는 함께 얻을 소망을 가지고 떠는 것이라.

오로지 우리를 위하여 말씀하심이 아니냐 과연 우리를 위하여 기록된 것이니. 신명기 25:4의 말씀은 일차적으로 사역자들의 부양과 관련한 하나님의 뜻을 보여 주는 율법이 아니었다. 왜냐하면, 그 말씀은 문자적으로는 일차적으로 사람들에게 자신들이 사용하는 짐승들을 잔인하고 무자비하게 다루지 말 것을 명령하는 것이었음에 틀림없기 때문이다. 즉, 사람들이 소를 사용하여 곡식을 밟아 떠는 경우에는, 소가 그 일을 하는 동안에는 굶주려도 다른 음식을 먹을 수 없기 때문에 어느 정도는 그 곡식을 먹을 수 있게 해 주어야 한다는 것이다. 그러나 사도는 이러한 이치는 일하는 사람들, 특히 다른 사람들의 영혼을 위하여 사역하고 수고하는 사람들에게 특히 적용되어야 한다고 말한다.

밭 가는 자는 소망을 가지고 갈며 곡식 떠는 자는 함께 얻을 소망을 가지고 떠는 것이라. 남의 밭을 갱기로 가는 자는 약속된 품삯을 받아 자신이 먹을 떡을 살 수 있을 것이라고 소망을 가지고 밭을 갈고, 곡식을 떠는 자는 그 곡식 중에서 얼마를 자기가 가져가서 먹을 소망을 가지고 떠는 것이다. 마찬가지로, 우리는 주님으로부터 지시와 힘을 받아서 사람들의 심령의 밭을 갈고 사람들의 심령에 의의 씨앗을 뿌리는 자들임과 동시에, 우리의 수고와 권면과 설득을 통해서 우리가 수고하는 자들로부터 거두어들인 선한 일들의 곡식을 떨어서 하나님께 드려 하나님을 영화롭게 하는 자들이기 때문에, 이러한 주님의 일을 통해서 먹을 것과 입을 것을 얻을 수 있을 것이라는 소망을 가지고서 이 일을 하는 것이다.

11. 우리가 너희에게 신령한 것을 뿌렸은즉 너희의 육적인 것을 거두기로 과하다 하겠느냐.

사도가 여기에서 말한 "신령한 것들"은 복음의 교훈과 성례전들을 의미한다. 이것들은 하늘로부터 와서, 사람들의 심령에 감화를 끼쳐서, 사람들을 신령하게 만들어, 그들로 하여금 천국에 들어갈 준비를 갖추게 하기 때문에 "신령한 것들"이라 불린다. 반면에, "육적인 것들"은 우리의 육신에만 도움이 되는 것들을 의미한다. 사도는 신령한 것들은 육적인 것들보다 비할 바 없이 더 귀하다는 사실에 근거해서, 사역자들이 사람들에게 비할 바 없이 귀한 것들을 준 것에 대한 최소한의 정당한 대가로, 사람들로부터 먹을 것과 입을 것을 받는 것은 지극히 합당한 것으로서 결코 "과한" 것이 아니라고 말한다. 왜냐하면, 신령한 것들에 비하면 육적인 것들의 가치는 지극히 하찮기 때문이다. 따라서 복음 사역자들이 신령한 것들을 주고 육적인 것들을 받는다고 하여도, 그것은 훨씬 더 큰 가치를 지닌 것들을 사람들에게 주고, 사람들로부터 훨씬 덜한 가치를 지닌 것들을 받는 것일 뿐이다.

12. 다른 이들도 너희에게 이런 권리를 가졌거든 하물며 우리일까보냐 그러나 우리가 이 권리를 쓰지 아니하고 범사에 참는 것은 그리스도의 복음에 아무 장애가 없게 하려 함이로다.

다른 이들도 너희에게 이런 권리를 가졌거든 하물며 우리일까보냐. 고린도 교회에 침투해 있던 거짓 사도들이나 교사들은 이러한 "권리"를 행사해서, 고린도 교인들에게 자신들을 부양할 것을 요구하였던 것으로 보인다. 사도는 이렇게 말한다: 우리에게도 그러한 권리가 있고, 따라서 너희에게 우리를 부양하도록 요구하는 것이 마땅하지 않는가? 반론: 고린도 교인들은 사도 바울에게 이렇게 반박했을 수도 있었을 것이다: 그 사도들과 교사들은 우리 가운데 거하며 우리와 늘 함께 하고 우리를 가르치며 돌보기 때문에 그런 것들을 요구할 권리가 있지만, 당신은 늘 우리와 함께 있지도 않고 늘 우리를 가르치며 돌보고 있는 것도 아니기 때문에, 그런 것들을 요구할 권리가 없다. 대답: 사도 바울이 여기에서 말하고 있는 것을 통해서, 우리는 초대 교회들은 어느 한 곳에 정착해서 특정한 교회를 돌보는 사역자들만이 아니라, 하나님의 부르심을 받아서 모든 교회를 돌아다니며 돌보는 일을 하게 된 사역자들도 부양할 의무가 있었다는 것을 알게 된다. 또한, 여기에서 사도가 한 말은, 그리스도인들은 우선적으로 먼저 자신들을 담임하는 사역자들을 부양할 의무가 있지만, 종종 자신들을 위해 수고하여 유익을 끼치거나, 하나님의 교회의 다른 부분에서 수고하는 사역자들에 대해서도 힘이 닿는 한 부양의 의무를 지는 것이 마땅하다는 것을 우리에게 가르쳐 준다.

그러나 우리가 이 권리를 쓰지 아니하고 범사에 참는 것은 그리스도의 복음에 아무 장애가 없게 하려 함이로다. 사도는 이렇게 말한다: 우리에게 그러한 권리 또는 자유가 있음에도 불구하고, 나와 바나바가 그러한 권리나 자유를 사용하지 않고, 우리에게 닥친 온갖 어려움들, 곧 굶주림이나 목마름이나 우리 자신의 손으로 수고해서 생계를 꾸려나가야 하는 것 같은 것들을 감수한 것은, 혹시라도 우리를 부양하는 것에 대하여 부담감을 느끼고서 우리가 전하는 복음의 가르침을 듣지 않으려고 하는 자들이 생겨나는 것을 미연에 방지하고, 우리를 탐욕스럽다고 비난할 수 있는 빌미를 사람들에게 주는 것을 아예 차단함으로써, 우리가 복음의 진보에 장애가 되는 일이 없게 하기 위한 것이었다.

13. 성전의 일을 하는 이들은 성전에서 나는 것을 먹으며 제단에서 섬기는 이들은 제단과 함께 나누는 것을 너희가 알지 못하느냐.

우리는 구약 시대에 하나님의 생각과 뜻이 어떻게 나타났는지를 반추함으로써, 신약 시대에 하나님의 생각과 뜻이 무엇인지를 알 수가 있는데, 구약 시대에 레위 지파 사람들이 하나님의 일을 하는 사역자들이었기 때문에, 하나님께서는 "내가 이스라엘의 십일조를 레위 자손에게 기업으로 다 주어서 그들이 하는 일 곧 회막에서 하는 일을 갚나니"(민 18:21)라고 말씀하시고, "레위 사람 제사장과 레위의 온 지파는 이스라엘 중에 분깃도 없고 기업도 없을지니 그들은 여호와의 화제물과 그 기업을 먹을 것이라"(신 18:1; 10:9)고 말씀하셔서, 그들이 어떻게 생계를 유지해야 하는지를 율법에 정해 놓으심으로써, 레위 지파 사람들은 다른 지파 사람들과는 달리 자신들의 손으로 수고하여 자신들이 먹을 떡을 얻을 필요가 없었다.

14. 이와 같이 주께서도 복음 전하는 자들이 복음으로 말미암아 살리라 명하셨느니라.

구약 시대에서나 신약 시대에서나 하나님의 뜻은 동일하다. 사역자들을 부양하는 일은 사람들의 자유에 맡겨진 것이 아니기 때문에, 사람들이 자신들의 사역자들을 부양해야 할지 말지를 선택할 수 있는 것이 아니고, 하나님께서 정해 놓으신 규례로서 반드시 그렇게 행해야 하는 일이다. 세상일들로부터 떠나서 오로지 복음을 연구하고 전하는 일에 전념하는 자들이 바로 그 일로 인해서 생계를 유지하게 되는 것이 하나님의 뜻이다.

15. 그러나 내가 이것을 하나도 쓰지 아니하였고 또 이 말을 쓰는 것은 내게 이같이 하여 달라는 것이 아니라 내가 차라리 죽을지언정 누구든지 내 자랑하는 것을 헛된 데로 돌리지 못하게 하리라.

내게는 다른 사도들처럼 결혼할 권리도 있고, 내가 전하는 복음을 듣고 나의 가르침을 받는 자들에게 나를 부양하도록 요구할 권리도 있지만, 나는 그 어떤 권리도 사용하지 않았다. 또한, 나는 지금이라도 나를 부양하도록 요구해서 너희에게 짐을 지울 목적으로 이렇게 쓰고 있는 것도 아니다. 나는 마치 내가 내 자신의 이득을 챙기기 위해서 복음을 전하는 것처럼 나를 비방하고 중상모략하는 자들이 있다는 것을 안다. 하지만 나는 "내가 아무의 은이나 금이나 의복을 탐하지 아니하였고 여러분이 아는 바와 같이 이 손으로 나와 내 동행들이 쓰는 것을 충당하였으며"(행 20:33-34), "내가 복음을 전할 때에 값없이 전하고 복음으로 말미암아 내게 있는 권리를 다 쓰지 아니하는 이것"(고전 9:18)을 나의 자랑으로 여겨왔다. 나는 내가 그렇게 해 온 것을 나의 큰 자랑으로 여기고 있기 때문에, 나의 그러한 자랑을 잃느니 차라리 굶주려 죽는 쪽을 택할 것이다. 이렇게 내가 너희의 유익과 복음의 진보를 위하여 내게 주어진 자유와 권리를 사용하지 않는 것처럼, 너희도 믿음이 약한 너희 형제들이 너희의 자유로 인하여 하나님께 범죄함으로써 멸망하지 않도록 하기 위해서라면 너희의 자유와 권리를 사용하지 않는 것이 마땅하지 않겠는가?

16. 내가 복음을 전할지라도 자랑할 것이 없음은 내가 부득불 할 일임이라 만일 복음을 전하지 아니하면 내게 화가 있을 것이로다.

내가 복음을 전할지라도 자랑할 것이 없음은. 내가 복음을 전하지만, 내게는 그것을 자랑할 이유가 전혀 없다. 나의 모든 자랑은 (너희의 거짓 사도들과 교사들과는 달리) 나는 복음을 전할 때에 "값없이" 전한다는 데 있다. 왜냐하면, 나는 주님의 종으로서 복음을 전하는 것은 너무나 당연한 일인 까닭에, 복음을 전하는 것 자체는 내게 자랑이 될 수 없지만, 내가 "값없이" 전할 때에는, 그것은 나의 자랑이 될 수 있기 때문이다.

내가 부득불 할 일임이라 만일 복음을 전하지 아니하면 내게 화가 있을 것이로다. 하나님께서는 내게 복음을 전하라고 명령하셨기 때문에, 내가 복음을 전하지 않음으로써 하나님의 명령을 어기는 경우에는, 나는 무시무시한 벌을 받게 될 것이고 화를 당하게 될 것이다. 그런 이유 때문에, 나는 복음을 전한다고 하여도, 그것은 내가 "부득불 할 일"이고, 내가 자랑할 것은 전혀 없다. 내가 자랑할 수 있는 모든 것은, 내가 사람들에게 복음을 전할 때에 아무런 대가도 받지 않고 "값없이" 전한다는 것이다. 어떤 이들은 지금 복음을 전하는 사역자들도 사도 바울과 동일한 처지여서, 복음을 전하지 않는 경우에는 동일한 벌을 받게 될 위험이 있는지에 대하여 의구심을 품지만, 나는 그것을 의심할 이유가 전혀 없다고 본다. 왜냐하면, 바울을 비롯한 사도들에게 주어진 의무는 복음을 전하라는 하나님의 명령에 순종해야 할 의무이고, 사람이 부모를 공경하라는 하나님의 명령에 불순종하여 자신의 의무를 다하지 못한 때에, 하나님이 정하신 벌을 받게 되는 것과 마찬가지로, 사도들도 복음을 전하여야 하는 자신의 의무를 다하지 못하는 경우에는 응당 벌을 받고 화를 입을 수밖에 없게 되는 것은 당연하기 때문이다. 이렇게 복음을 전하여야 하는 의무와 그 의무를 소홀히 하였을 때의 위험은 모든 사역자들에게 지워져 있다. 만일 그렇지 않다면, 우리는 복음을 전하라는 명령은 오직 하나님의 진정한 사역자들인 사도들에게만 주어진 것이고, 오늘날에는 그런 사역자들이 존재하지 않는다고 말하여야 한다(실제로 소키누스주의자들은 그렇게 말한다). 하지만 목회 사역과 관련된 하나님의 규례가 존재한다면, 사역자들은 하나님이 정하신 그 규례와 명령 아래 있는 것이고, 그 명령 중의 하나는 복음을 전하는 것이다. 그들이 복음을 전하라는 동일한 명령 아래 있는 것이라면, 그 명령에 순종해야 할 의무는 바울에게나 그들에게나 매한가지로 주어져 있는 것이기 때문에, 그런데도 그들이 그 명령에 불순종하는 경우에는, 바울이 말한 것 같은 화와 벌이 그들에게 닥칠 것은 당연한 일이다. 물론, 모든 사역자들이 온 세상을 두루 다니며 복음을 전하라는 명령을 받는 것은 아니고, 대부분의 사역자들은 특정한 양 무리를 담당하여 그들을 가르치고 돌보라는 명령을 받는다. 복음이 세상에 뿌리내리도록 하기 위하여 온 세상을 두루 다니며 복음을 전하라는 명령은 사도들에게 특별히 주어진 것이지만, 복음을 전하라는 명령은 사도들만이 아니라 모든 사역자들에게 주어진 것이다. 만일 그런 것이 아니었다면, 사도 바울은 디모데와 디도에게 "전도자의 일을 하며 네 직무를 다하라"(딤후 4:5)는 말을 하지 않았을 것이다. 사역자들은 다른 사람들의 집에서 주인의 허락 없이 복음을 전해서는 안 되었기 때문에, 우리는 신약성경에서 사도들이 유대인들의 허락 없이 성전이나 회당에서 복음을 전하는 모습을 거의 찾아볼 수 없다. 그래서 바울은 "두란노 서원에서"(행 19:9)와 "자기 셋집에서"(행 28:30-31) 복음을 전하는 것이 합당하다고 판단하였다. 복음을 듣는 청중이 어느 정도의 규모인지에 따라서, 사역자들이 어디에서 복음을 전해야 하는지가 달라지기 때문에, 성경은 복음을 전해야 할 장소를 정하지 않았고, 사역자들로 하여금 상황에 맞춰 스스로 지혜롭게 정하도록 맡겨 놓으셨다. 그러나 하나님에 의해서 사역자들로 부르심을 받았다면, 그 사역자들은 반드시 복음을 전하여야 한다. 하나님께서는 그들로 하여금 복음을 전하도록 하시기 위하여 그들에게 그 일을 할 수 있는 힘을 주시고 사명을 주어 보내셨는데, 그렇게 부르심을 받고 보내심을 받은 사역자들에게 복음을 전할 수 있는 기회가 주어졌고 복음을 전할 지혜도 주어졌음에도 불구하고, 그들이 복음을 전하지 않는다면, 그런 사역자들이 화를 입게 될 것은 당연하다.

17. 내가 내 자의로 이것을 행하면 상을 얻으려니와 내가 자의로 아니한다 할지

라도 나는 사명을 받았노라.

내가 내 자의로 이것을 행하면 상을 얻으려니와. 내가 복음을 위하여 수고한 대가로 다른 사람들로부터 부양을 받을 권리가 있는데도 불구하고, 그리스도의 영광을 위하여 스스로 자원하는 마음으로 기꺼이 "값없이" 복음을 전한다면, 나는 "상"을 기대할 수 있다. 내가 자의로 아니한다 할지라도 나는 사명을 받았노라. 하지만 내가 자원해서 복음을 전하지 않는다고 하여도, 내게는 복음을 전하여야 할 사명이 주어져 있기 때문에, 나는 자원하든 자원하지 않든 복음을 전할 수밖에 없다. 복음을 전하는 것과 관련해서 내가 말할 수 있는 것은 나는 자의든 타의든 복음을 전하여야 할 "사명"을 받았다는 것이다. 사도가 여기에서 하고 있는 말의 취지는, 누구라도 자신의 윗사람으로부터 어떤 일을 하도록 명령을 받았고, 그 일을 하지 않는 경우에는 큰 벌을 받게 되어 있는 경우에는, 비록 그 일을 하였다고 해도, 윗사람으로부터 감사나 큰 상을 기대할 이유가 전혀 없다는 것이다. 사도는 자기는 하나님으로부터 복음을 전하라는 명령을 받았고 그 명령을 행하지 않는 경우에는 벌을 받게 되어 있기 때문에, 복음을 전할 수밖에 없었는데, 그래서 자기는 단지 복음을 전하기를 원하였을 뿐만 아니라, 자원해서 기꺼이 복음을 전하고자 하였다고 말한다. 이것은 사도가 복음을 전하면서 자기가 한 모든 수고에 대해서 그 어떤 상도 원하거나 기대하지 않았다는 것을 분명하게 밝힌 것임과 동시에, 혹시라도 복음을 위한 자신의 수고에 대하여 하나님께서 자기에게 어떤 상을 주신다면, 그것은 전적으로 하나님의 은혜로 말미암아 그에게 주어지는 것일 뿐이라고 분명하게 선언한 것이다. 앞에서 사도는 자신의 이러한 자랑을 헛되게 하고 싶지 않다고 말하였다. 따라서 여기에서 '헤콘'(ἑκὼν)은 "타의로"로 번역될 수 있는 '아콘'(ἄκὼν)의 반대말로서 "자의로"로 번역하는 것이 옳기는 하지만, 사도가 복음을 전하는 사역을 기쁜 마음으로 자원해서 행하고 있음을 보여 주는 증거로서, 자신의 수고에 대하여 아무런 대가도 받지 않고 값없이 전한다는 의미가 거기에 내포되어 있는 것으로 보인다. 그리고 이렇게 값없이 자원해서 복음을 전하는 것은 하나님께서 사도 바울에게 명령하신 것이 아니기 때문에, 사도는 자기가 거짓 사도들과는 달리 그렇게 값없이 복음을 전하는 것을 자신의 자랑으로 삼을 수 있었고, 자기와 똑같이 복음을 전하기는 하지만 값없이 기쁜 마음으로 전하는 것이 아니라 자신들의 수고의 대가를 받고 전하는 자들에 비해서, 하나님으로부터 더 큰 상을 기대할 수 있는 근거가 되었다.

18. 그런즉 내 상이 무엇이냐 내가 복음을 전할 때에 값없이 전하고 복음으로 말

미암아 내게 있는 권리를 다 쓰지 아니하는 이것이로다.

그런즉 내 상이 무엇이냐 내가 복음을 전할 때에 값없이 전하고. 그렇다면, 내가 하나님으로부터 더 큰 상을 기대하는 근거는 무엇인가? 또는, 내가 앞에서 말한 대로, 나의 자랑은 어디에 있는가? 복음을 전하는 것은 하나님이 내게 명령하신 것이고, 그 일을 하지 않으면 내게 화가 있을 것이기 때문에 "부득불" 할 수밖에 없다는 점에서, 내가 복음을 전하는 것은 내가 상 받을 일도 되지 못하고 내가 자랑할 일도 되지 못한다. 하지만 내가 상을 기대할 수도 있고 자랑할 만한 것이 있는데, 그것은 "내가 복음을 전할 때에 값없이 전한" 것이었다. 복음을 값없이 전하는 것은 하나님의 법에 의해서 강제된 것은 아니었지만, 바울에게 있어서는 딱히 공로가 되는 일도 아니었다. 왜냐하면, 복음 사역자가 스스로 생계를 유지할 수 없어서 신자들의 도움이 필요한 경우에는 그러한 도움을 받는 것이 합법적인 것이기는 하지만, 신자들이 가난해서 사역자를 부양할 수 없는 상황이고, 사역자도 스스로 생계를 해결할 수 있는 경우이거나, 아니면 사역자가 신자들로부터 부양을 받으면 복음의 원수들로부터 비방과 중상모략을 받아서 복음의 진보에 장애가 될 수 있는 상황인 경우에는, 사역자가 값없이 복음을 전하는 것이 사역자의 의무이자 본분이라고 바울은 이해하고 있었기 때문이었다. 하지만 그러한 특별한 상황이나 사정인 경우를 제외한다면, 사역자가 신자들로부터 충분히 부양을 받는 것은 합당한 일이었다.

복음으로 말미암아 내게 있는 권리를 다 쓰지 아니하는 이것이로다. 어떤 이들은 여기에서 "다 쓰다"로 번역된 헬라어는 고린도전서 7:31의 "세상 물건을 쓰는 자들은 다 쓰지 못하는 자 같이 하라 이 세상의 외형은 지나감이니라"에서 사용된 것과 동일한 의미라고 생각한다. 하지만 일반적으로 이 헬라어는 "남용하다"를 의미하고, 여기에서도 그러한 통상적인 의미에서 벗어난 의미로 사용되었다고 볼 만한 근거가 없기 때문에, 흠정역처럼 "남용하다"로 번역하는 것이 좋을 것이다. 따라서 이 본문은 다음과 같은 주목할 만한 교훈, 즉 하나님께서 어떤 일들에 대해서 우리에게 자유와 권리를 주셨다고 할지라도, 그것은 하나님의 영광과 사람들의 유익을 위하여 사용하도록 우리에게 그런 자유와 권리를 주신 것이기 때문에, 하나님의 영광을 가리거나 다른 사람들의 유익을 해치게 되는데도 불구하고, 우리가 그 자유와 권리를 사용하는 것은 우리의 자유와 권리를 "남용하는" 것이 된다는 교훈을 우리에게 가르쳐 준다. 왜냐하면, 우리의 삶에서 우리가 해야 할 가장 중요한 일은 하나님께 영광을 돌리고 다른 사람들을 영적으로 유익하게 하는 것인데도, 하나님께서 우리로 하여금 하나님의 영광을 해치고 다른 사람들의 영적인 유익을 해치도록 하시기 위하여 우리에게 어떤 자유와 권리를 주신 것이 아니라는 것은 너무나 분명하기 때문이다. 따라서 어떤 일에 있어서 우리에게 주어진 자유와 권리를 그런 식으로 사용하는 것은 분명히 "남용"에 해당한다.

19. 내가 모든 사람에게서 자유로우나 스스로 모든 사람에게 종이 된 것은 더 많은 사람을 얻고자 함이라.

내가 모든 사람에게서 자유로우나. "모든 사람"이라는 어구에서 "사람"은 헬라어 본문에는 없는데, 우리의 해석자들이 이 문장의 뜻이 통하도록 하기 위하여 보충해 넣은 것이다. 따라서 어떤 이들은 이 어구가 예식법에 속한 것들을 가리키는 것으로 보고서, "모든 사람"이 아니라 "모든 것"으로 해석한다. 이 어구는 모든 사람과 모든 것을 둘 다 가리키는 것으로 해석될 수도 있다. 여기에서 사도는 자기는 어떤 사람의 종으로 태어나지도 않았고, 하나님의 법에 의해서 어떤 사람의 종이 된 것도 아니며, 복음을 위한 자신의 수고로 인하여 교회들로부터 부양을 받는 것도 아니어서 다른 많은 것들로부터도 자유롭다고 말한다.

스스로 모든 사람에게 종이 된 것은 더 많은 사람을 얻고자 함이라. 사도는 사람들의 심령을 회심시켜서 복음을 받아들여 천국으로 가는 길로 들어서게 하는 것을 "사람을 얻는다"고 표현한다. "많은 사람을 옳은 데로 돌아오게 한 자는 별과 같이 영원토록 빛나리라"고 한 다니엘서 12:3의 말씀이 보여 주듯이, 우리는 그리스도를 위하여 사람을 얻는 것이야말로 이 세상에서 가장 큰 이득이 있는 일이라고 여겨야 한다. 여기에서 사도는 "나는 그리스도를 위하여 사람들을 얻으려고 자원해서 모든 사람에게 종이 되었다"고 말한다. 사람들의 정욕과 욕심과 부패한 것들의 종이 되는 것은, 사람들을 얻는 것이 아니라, 도리어 사람들의 영혼을 멸망하게 하는 것이기 때문에, 사도는 그런 의미에서 종이 되었다고 말하는 것이 아니라, 모든 사람들의 연약한 것들(죄악 된 것들이 아닌)을 다 받아 주는 그런 종이 되었다고 말한다: 나는 내게 주어진 자유와 권리를 사용하지 않고, 도리어 사람들로 하여금 복음을 받아들이게 하거나 더욱 복음을 사랑하게 만드는 데 도움이 되는 일이라면 무엇이든지, 모든 일에서 모든 사람에게 종이 되어 사람들을 섬겨 그들의 영적인 유익을 도모하는 데 온 힘을 쏟아 왔다.

20. 유대인들에게 내가 유대인과 같이 된 것은 유대인들을 얻고자 함이요 율법 아래에 있는 자들에게는 내가 율법 아래에 있지 아니하나 율법 아래에 있는 자 같

이 된 것은 율법 아래에 있는 자들을 얻고자 함이요.

에베소서 2:15-16에서 "법조문으로 된 계명의 율법을 폐하셨으니 이는 이 둘로 자기 안에서 한 새 사람을 지어 화평하게 하시고 또 십자가로 이 둘을 한 몸으로 하나님과 화목하게 하려 하심이라"고 말하고 있듯이, 예식법은 그리스도와 함께 죽었기 때문에, 그리스도인들은 주님의 죽으심 이후에는 예식법을 준수할 의무가 없다. 그러나 하나님께서는 유대인들이 그리스도께서 그들을 율법에서 해방시키셔서, 그들은 이제 율법으로부터 자유롭게 되었다는 것을 분명히 알고 확신할 때까지는, 한동안 예식법을 지키도록 하셨다. 왜냐하면, 유대인들은 그리스도인이 되었다고 할지라도 대체로 여전히 "율법 아래에 있고자"(갈 4:21) 하였기 때문에, 그들이 율법에서 자유롭게 되는 데에는 상당한 시간이 필요하였기 때문이었다. 사도가 "유대인들에게 내가 유대인과 같이 된 것은 유대인들을 얻고자 함이요"라고 말한 것은, 자기는 예식법에서 자유로웠지만, 유대인들로 하여금 그리스도께로 돌아오게 하거나 이미 그리스도께로 돌아온 유대인들의 영적인 유익을 위하여, 자기가 유대인들에게 해당되는 고유한 예식법을 지켜 행하였다고 말한 것이다. 우리는 그러한 예를 사도행전 21:23-26에서 볼 수 있는데, 거기에서 바울은 서원한 네 사람과 함께 유대의 예식법에 따라 결례를 행한다. 유대인들은 그리스도의 죽으심 이전에는 "율법 아래에" 있었다. 그들 중의 다수는 그리스도의 죽으심 이후에 회심하고 기독교로 개종하였지만, 그리스도께서 그들을 율법에서 자유롭게 하시고 그들에게 자유를 주신 것을 아직 제대로 알지를 못했기 때문에, 그들 자신이 여전히 율법 아래에 있는 것으로 인식하였다. 사도는 이렇게 말한다: 나는 하나님께서 유대인들의 연약함을 생각하셔서, 그들이 한동안 율법 아래에 있는 것처럼 행하는 것을 허락하셨다는 것을 알고 있었기 때문에, "율법 아래에 있는 자들을 얻고자," 즉 그들로 하여금 기독교를 용납하게 하고, 어느 정도 복음을 받아들일 수 있는 준비가 되게 하기 위하여, 내 스스로가 "율법 아래에 있는 자 같이" 되었다. 우리는 바울이 그렇게 행한 예를 사도행전 16:3에서 볼 수 있는데, 거기에서 그는 그 지역에 있는 유대인들을 자극하지 않고, 그들이 복음의 교훈에 대하여 적대하지 않도록 하기 위하여, 어머니가 유대 사람이었던 디모데를 데려다가 할례를 행하였다. 이 모든 일에서 바울은 죄악 된 일을 한 것이 전혀 없었고, 단지 하나님께서 자기에게 주신 자유, 즉 어떤 일을 해도 되고 안 해도 되는 경우에, 하나님께 영광을 돌리고 사람들을 얻는 데 가장 유익하다고 생각되는 것을 행한 것이었다.

21. 율법 없는 자에게는 내가 하나님께는 율법 없는 자가 아니요 도리어 그리스도의 율법 아래에 있는 자이나 율법 없는 자와 같이 된 것은 율법 없는 자들을 얻고자 함이라.

이 절에 언급된 "율법 없는 자"가 앞 절에 언급된 "율법 아래에 있는 자"와 반대되는 개념이라는 것은 분명하다. 따라서 후자는 유대인들을 가리키고, 전자는 유대인들에게 주어진 예식법이나 소송법을 지킬 의무 아래 있지 않았던 이방인들을 가리킨다. 예식법은 그리스도께서 오실 때까지 하나님에 대한 예배와 관련해서 유대인들의 지침이 되도록 하기 위하여 주어진 것이고, 소송법은 범죄와 사람들 간의 분쟁을 다루는 데 지침이 되도록 하기 위하여 주어진 것이다. 따라서 여기에서 '아노모이스' (*ἀνόμοις*, "율법 없는 자들")는 성경의 다른 많은 본문들에서 이 단어가 지닌 의미와는 다른 것을 의미한다. 즉, 이 단어는 통상적으로 하나님이나 사람들의 법을 도외시하고 자기 멋대로 살아가는 사람들을 가리키지만(막 15:28; 눅 22:37; 행 2:23; 살후 2:8; 딤전 1:9 등), 여기에서는 단지 유대인들에게 주어진 하나님의 율법을 지킬 의무가 없이 살아가는 자들을 가리킨다. 사도는 바로 다음에 "내가 하나님께는 율법 없는 자가 아니요 도리어 그리스도의 율법 아래에 있는 자"라고 말함으로써, 자기가 이 단어를 어떤 의미로 사용하고 있는지를 우리에게 분명하게 보여 준다. 즉, 사도는 이방인들을 대할 때에는, 마치 자기가 이방인인 것처럼, 이방인들은 지킬 의무가 전혀 없었던 레위기 율법, 즉 예식법이나 소송법을 자기도 지키지 않고 그들을 상대하였지만, 그렇다고 해서, 자기가 하나님의 율법 자체를 도외시하는 자처럼 처신한 것이 아니라, 그리스도의 종으로서 자기가 여전히 하나님의 율법 아래 있는 자로 인정하고서, 하나님의 율법을 계속해서 지켰고, 단지 하나님의 율법 중에서 하나님이 자기에게 꼭 지키라고 명령하신 것들이 아니라, 행해도 되고 행하지 않아도 되는 자유를 주신 일들과 관련해서, 자신의 자유와 권리를 최대한으로 주장하거나 행하지 않고, 오직 그리스도를 위하여 유대인들과 이방인들을 얻는 데 더 도움이 되는 쪽으로 행하였다고 말한다.

22. 약한 자들에게 내가 약한 자와 같이 된 것은 약한 자들을 얻고자 함이요 내가 여러 사람에게 여러 모습이 된 것은 아무쪼록 몇 사람이라도 구원하고자 함이니.

약한 자들에게 내가 약한 자와 같이 된 것은 약한 자들을 얻고자 함이요. 지식과 믿음이 약해서, 그리스도인들은 모세 율법에 의해서 요구된 할례와 결례 등과 같은 예식법으로부터 자유롭다는 확고한 확신을 가지고 있지 않은 자들에게는, "내가 약한 자와 같이 되었다." 즉, 나는 모세 율법 중에서 예식법에 속한 것들은 그리스도인들이 행해도 되고 행하지 않아도 되기 때문에, 그것들을 지키지 않아도 하나님의 율법을 범하는 것이 되지 않는다는 것을 잘 알고 있지만, 지식과 믿음이 약한 자들은 여전히 그것들을 지키지 않으면 하나님의 율법을 범하는 것이라고 믿고 있는 까닭에, 그런 경우에는 나는 그들이 그렇게 믿는 것이 지식과 믿음이 약하기 때문임을 알면서도, 그들의 양심을 다치게 하지 않기 위하여, 나의 지식을 사용해서 내게 주어진 자유를 마음껏 누리는 쪽을 포기하고, 도리어 그들이 믿는 대로 그 예식법들을 지켜서 그들을 만족시키는 쪽을 택하였는데, 그것은 그들을 잃지 않기 위한 것이었다.

내가 여러 사람에게 여러 모습이 된 것은 아무쪼록 몇 사람이라도 구원하고자 함이니. 그리스도인들은 그 지식과 믿음의 정도에 있어서 서로 격차가 있기 때문에, 나는 어떻게든 각 그리스도인들이 구원을 받는 데 도움이 되는 방향으로 그들에게 수준에 맞춰서 처신해 왔다. 그렇다고 해서, 나는 하나님께 죄가 되는 일인데도, 그들이 원한다고 해서, 그 일을 하여 그들을 만족시키고 그들의 비위를 맞추는 짓을 하였다는 것이 아니고, 단지 하나님의 율법에 의해서 해도 되고 안 해도 되는 그런 일들에 대해서만, 사람들로 하여금 영원한 구원을 받게 하는 데, 내가 그 일을 하는 것이 조금이라도 유익한 경우에는 그 일을 하였고, 그 일을 하지 않는 것이 조금이라도 유익한 경우에는 그 일을 하지 않았다는 것이다. 신령한 일들과 관련해서 사도 바울보다 더 뛰어나고 탁월하다고 말할 수 있는 사람이 아마도 없을 것이라는 점을 생각할 때, 우리는 여기에서 이 위대한 사도의 놀라운 겸손과 사랑을 본다. 그런 점에서, 이 사도는 우리 모두의 모범이 되기에 충분하다!

23. 내가 복음을 위하여 모든 것을 행함은 복음에 참여하고자 함이라.

내가 복음을 위하여 모든 것을 행함은. 그리스도인들이 해도 되고 안 해도 되는 일들과 관련해서 바울이 이렇게 자기를 부인하는 쪽으로 행한 데에는 두 가지 큰 목적이 있었다. 그 중 하나는 유대인들이나 이방인들이나 둘 모두의 영혼에 유익을 끼치기 위한 것이었는데, 이것은 사도가 이미 앞에서 말한 것이다. 다른 하나는 하나님의 영광을 위한 것이었다. 사도는 여기에서 "복음을 위하여"라는 어구를 통해서 그러한 목적을 천명하는데, 앞에서는 이것을 "그리스도의 복음에 아무 장애가 없게 하려 함이로다"(고전 9:12)라고 표현한 바 있다. 어떤 일을 행해도 되고 행하지 않아도 되는 상황에서, 만일 바울이 자신의 자유와 취향만을 생각해서, 자신의 고집을 따라 그 일을 행하였다면, 그의 그러한 행동은 원수들의 비방이나 중상모략을 불러일으키거나, 믿음이 약한 그리스도인들의 마음을 소외시키거나, 그 일이 그 자체로는 죄가 아니지만, 믿음이 약한 자들이 그 일을 죄악 된 것이라고 믿으면서도, 사도가 행하는 것을 보고서 담력을 얻어 자신의 양심을 거슬러 그 일을 행하여 범죄함으로써, 결과적으로 사도가 그들 앞에 걸림돌을 놓은 셈이 되어, 복음의 진보를 방해하고 그리스도의 복음에 장애를 가져왔을 것이다. 그래서 사도는 자기가 모든 일에서 그렇게 하지 않은 것이 "복음을 위한" 것이었다고 말하는 것이다.

복음에 참여하고자 함이라. 사도는 이렇게 말한다: 내가 그렇게 한 것은 너희로 하여금 복음의 교제에 참여하게 하기 위한 것이었다. 어떤 이들은 여기에서 사도가 복음의 상(reward)에 참여하기 위하여 자기가 그렇게 하였다고 말한 것으로 해석하지만, 나는 전자의 해석이 더 옳다고 본다. 우리는 전자의 해석 속에서 이 위대한 사도의 겸손이 너무나 지극함을 보게 된다. 왜냐하면, 사도는 자기가 교회의 가장 미천한 지체들과 더불어서 복음에 참여하는 자(*συγκοίνωνος* - '슁코이노노스')가 되는 것을 결코 하찮게 여기지 않았고, 주님이 형제라고 부른 자들을 자기도 형제라고 부르기를 부끄러워하지 않았기 때문이다.

24. 운동장에서 달음질하는 자들이 다 달릴지라도 오직 상을 받는 사람은 한 사람인 줄을 너희가 알지 못하느냐 너희도 상을 받도록 이와 같이 달음질하라.

운동장에서 달음질하는 자들이 다 달릴지라도 오직 상을 받는 사람은 한 사람인 줄을 너희가 알지 못하느냐. 사도는 고린도 교인들에게 천국에 도달하는 것이 어렵다는 것과 그들에게는 이 영적인 경주에서 일등이 되어야 할 의무가 있다는 것을 상기시켜 줌으로써, 자기가 지금까지 한 모든 말들을 그들이 힘써 지켜 행하지 않으면 안 된다고 압박하는데, 그렇게 하기 위하여 로마인들과 고린도인들이 기분전환을 위해서 자주 간 경기장에서 늘 보아 왔던 달리기 시합에 이러한 영적인 경주를 빗대어 말한다. 로마인들과 헬라인들 사이에서는 올림피아 제전(Olympian), 피티아 제전(Pythian), 네메아 제전(Nemean), 고린도 지협 경기대회(Isthmian) 등과 같은 여러 경기대회들이 있었다. 그 중에서 고린도 지협 경기대회는 고린도에서 열렸고, 도보로 달리거나 말을 타고 달리는 시합과 격투기가 주종목이었으며, 우승한 사람에게는 면류관이나 화관이 상으로 주어졌는데, 옛 글에 의하면, 우승자에게 주어지는 면류관이나 화관은 달리기 코스의 결승점에 걸려 있어서, 도보나 말을 타고 달리는 자들은 결승점에 가장 먼저 도착해야 그 면류관이나 화관을 손에 넣을 수 있었다고 한다. 그래서 사도는 고린도 교인들에게, 많은 사람들이 달릴지라도 오직 한 사람만이 면류관이나 화관을 얻는다는 것을 그들이 잘 알고 있지 않느냐고 강조해서 말한다.

여기에서 이렇게 달리기 경주에서 결승점에 도달하여 면류관이나 화관을 얻는 것은 천국에 도달하는 것을 가리키는 비유이다. 사람들은 면류관이나 화관을 얻는 것을 작은 일로 생각할지 모르지만, 영광의 면류관을 얻고자 하는 자들은 다른 모든 사람들보다 더 빨리 달리기 위하여 온 힘을 다해 달려야 하기 때문에, 무척 힘이 들고 어려운 일이 될 수밖에 없다. 이것은 천국에 들어가는 것에도 그대로 적용된다. 우리 구주께서는 "좁은 문으로 들어가기를 힘쓰라 내가 너희에게 이르노니 들어가기를 구하여도 못하는 자가 많으리라"(눅 13:24)고 말씀하셨고, 사도 바울도 "경기하는 자가 법대로 경기하지 아니하면 승리자의 관을 얻지 못할 것이며"(딤후 2:5)라고 말하였다. 그래서 사도는 이렇게 말한다: **너희도 상을 받도록 이와 같이 달음질하라.** 즉, 단지 그 자체로 합법적이거나 선한 일들만을 행하는 것에서 그쳐서는 안 되고, 언제 어디서든 모든 상황 속에서 하나님의 영광과 다른 사람들의 영적 유익을 위하여 가장 최선이라고 여겨지는 일들을 행하기 위하여 온 힘을 다하라는 것이다.

25. 이기기를 다투는 자마다 모든 일에 절제하나니 그들은 썩을 승리자의 관을 얻고자 하되 우리는 썩지 아니할 것을 얻고자 하노라.

사도는 이렇게 말한다: 천국에 가고자 하는 자들은 단지 자신의 자유를 악용하거나 남용해서 하나님을 욕되게 하거나 다른 사람들에게 해악을 끼치는 일을 하지 않는 것만으로 충분한 것이 아니고, 경기장에서 벌어지는 격투기 시합에서 "이기기를 다투는" 선수들이 하는 것처럼, "모든 일에 절제하여야" 한다. 최고가 되고자 하는 격투기 선수들은 자신들이 시합에서 싸울 때에 사용하여야 하는 동작들을 원활하게 하기 위해서 육체적인 힘을 더 강하게 기르는 데 최선인 방식으로 먹고 마시며, 그러한 동작들을 하는 데 장애를 주거나 굼뜨게 하는 그런 방식으로 먹고 마시지 않는다. 마찬가지로, 그리스도인인 우리도 천국에 도달하는 데 장애나 방해가 되는 것이 아니라, 그러한 목적에 가장 잘 부합하는 방식으로 먹고 마시며 입고 행하여야 하는 것은 너무나 당연한 일이고, 우리는 마땅히 그렇게 하여야 한다. 만일 그렇게 하지 않는다면, "썩지 아니할" 면류관을 얻고자 하는 우리는 "썩을 승리자의 관"을 얻고자 하는 격투기 선수들보다 더 못한 자들이 될 것이고, 그 선수들 앞에서조차 부끄러워 고개를 들지 못하게 될 것이다. 왜냐하면, 그 선수들은 시합에서 일등을 해서 최고가 되어도, 기껏해야 "썩을" 면류관을 얻을 뿐인데도, 그 상을 얻기 위해서 자기 자신을 부인하고 절제하며 최선을 다하는데, 우리 앞에는 "썩지 아니할" 면류관, 곧 "썩지 않고 더럽지 않고 쇠하지 아니하는 유업 … 곧 너희를 위하여 하늘에 간직하신 것"(벧전 1:4)이 예비되어 있는데도, 우리는 자기 자신을 부인하지도 않고 절제하지도 않으며 제멋대로 행하여 최선을 다하지 않는 자들이 될 것이기 때문이다.

26. 그러므로 나는 달음질하기를 향방 없는 것 같이 아니하고 싸우기를 허공을 치는 것 같이 아니하며.

여기에서 사도는 앞에서 고린도 교인들에게 가르친 것을 자기가 어떻게 실천하고 있는지를 자신의 예를 들어 설명한다. 시골에서 주인이 자신의 하인들에게 밭에서 일하라고 지시만 한 후에, 자기는 손가락 하나 까딱 하지 않거나, 적어도 하인들이 밭에서 일하는 것을 옆에서 지켜보며 감독하지 않는다면, 그 주인은 거의 아무 일도 하지 않은 것이 된다. 마찬가지로, 영적인 일에 있어서도, 복음 사역자가 단지 강단에서 사람들에게 여러 의무들과 본분들을 지시하기만 하고, 스스로는 아무것도 행하지 않는다면, 그 사역자는 자신의 설교를 통해서 사람들에게 유익을 끼친 것이 거의 없게 된다. 왜냐하면, 당연히 그런 경우에 사람들은 사역자 자신은 전혀 자기가 사람들에게 가르친 대로 살아가지 않고 다른 사람들에게만 이래라 저래라 하는 것을 보고서, "의사여, 네 자신을 고쳐 보라"는 옛 속담을 떠올리며, 사역자가 스스로 그 가르침을 실천할 때에만 믿겠다고 속으로 생각하면서, 그 사역자가 가르치거나 명령한 영적인 의무들이나 본분들을 행하려 하지 않을 것이기 때문이다. 그래서 사도는 이렇게 말한다: 나는 너희와 동일한 달음질을 하고 있기 때문에, 너희가 달려가고 있는 결승점과 상을 향하여 나도 지금 달려가고 있는 중이다. 나는 너희에게 어떻게 달음질하라고 명령만 하고, 나 스스로는 뒷짐을 지고 바라보고 있는 것이 아니라, 나도 내가 너희에게 명령한 것과 똑같은 방식으로 달음질하고 있다. 나는 모든 일에서 하나님을 기쁘시게 해드리고 천국에 한 발자국 더 가까이 다가가는 쪽을 택하여 달음질하고 있고, 나도 너희와 같이 그리스도의 군사로 부르심을 받는 자이기 때문에, 죄와 맞서 싸우며 전진해 나아가고 있다. 죄와 맞서 싸우는 이 싸움은 내게 아주 크고 중요한 싸움이기 때문에, 나는 바람을 향하여 돌을 던지거나, 막대기로 허공을 치는 그런 열매 없고 무익한 방식으로 싸우지 않는다. 왜냐하면, 사람이 무조건 달음질하고 무조건 싸운다고 해서, 천국을 향하여 나아갈 수 있는 것이 결코 아니기 때문이다. "향방 없이" 달음질하고 "허공을 치는 것 같이" 싸우는 것은 천국으로 나아가는 길에서 아무런 도움도 되지 않는다. 우리는 우리의 온 힘을 다하여 달음질하여야 하고, 결승점에 도달할 때까지 끊임없이 달음질하지 않으면 안 된다. 우리의 싸움은 모든 죄를 거슬러 싸우는 싸움이고, 이 싸움이 끝날 때까지, 우리는 온 힘을 다하여 이 싸움을 싸워 나가야 한다.

27. 내가 내 몸을 쳐 복종하게 함은 내가 남에게 전파한 후에 자신이 도리어 버림을 당할까 두려워함이로다.

내가 내 몸을 쳐 복종하게 함은. 사도는 여기에서 자기가 아무렇게나 달리지 않기 위해서 어떻게 달려 왔고, 자기가 허공을 치는 것 같이 하지 않기 위해서 어떻게 싸워 왔는지를 우리에게 말해 준다: "내가 내 몸을 쳐 복종하게 함은." 여기에서 "몸"은, 일부 학자들이 주장해 온 것과는 달리, 우리가 통상적으로 "육신"이라고 부르는 사도의 육체적인 부분만을 가리키는 것도 아니고, 우리의 좀 더 더럽고 조악한 감정들과 욕심들만을 가리키는 것도 아니며, 사도가 다른 곳에서 "옛 사람"이라고 부른 것, 즉 인간이 타락한 이래로 지니게 된 죄악 된 의지의 성향들과 부패한 이성의 명령들까지 다 포함해서 가리킨다. 따라서 여기에서 "몸"이라는 단어가 가리키는 모든 것은 성경의 다른 많은 본문들에서는 "육" 또는 "땅에 있는 지체들"(골 3:5)이라는 개념으로 표현되고 있고, 사도는 이것을 로마서 7:24에서는 "사망의 몸"이라고 부른다. 바로 이것이 여기에서 사도가 쳐서 복종시킨 대상이었다. 사도가 이 "몸"에 대하여 한 행위들은 '휘포피아조'(ὑπωπιάζω)와 '둘라고고'(δουλαγωγῶ)라는 두 단어로 표현되어 있다. '휘포피아조'는 앞에서 언급한 경기장에서의 격투기 시합에서 빌려온 단어로서, 한 선수가 상대방 선수를 거의 죽을 지경에 이를 정도까지 두들겨 패서 항복을 받아내는 것을 의미하고, '둘라고고'는 어떤 사람을 자신의 종으로 만들어서 자기 명령에 따르게 하여, 어떤 명령을 내려도 다 그대로 행하게 만드는 것을 의미한다. 이렇게 사도는 자기가 천국을 향하여 달음질하는 것이 헛된 것이 되지 않게 하고, 영적인 싸움에서 자기가 수고한 것을 잃지 않으며, 허공을 치는 것처럼 시간을 들이고 수고만 했지 정작 얻는 것은 아무것도 없게 되지 않고 자신의 시간과 수고에 합당한 유익을 얻기 위하여, 자기 "몸"을 죽이며 살아 온 것을, 이 두 단어로 표현한다. 어떤 이들은 바울이 단지 금식이나 금욕, 자기 자신을 치는 것 등과 같은 외적인 극기훈련들을 통해서 자기 몸을 쳐서 복종시킨 것이라고 생각하는데, 그들의 그러한 견해는 너무나 짧은 단견일 뿐이다. 그러한 행위들은 더 큰 극기행위들을 위한 좋은 수단이 될 수는 있겠지만, 몸의 지체들의 방종에 생명을 불어 넣어 주는 사람의 부패하고 타락한 심성과 욕심들을 죽이지는 못한다. 따라서 바울이 여기에서 말하고자 하는 것은, 자기는 자신의 부패하고 타락한 의지나 이성의 요구가 하나님의 거룩한 뜻에 어긋나는 경우에는 언제든지 그러한 의지나 이성의 요구를 하나도 들어주지 않고 거부함으로써, 자신의 의지나 이성의 방종을 철저하게 다스려 왔다는 것이다. 그렇게 하기 위해서, 사도는 금식이나 기도를 비롯해서, 그러한 목적을 이루는 데 조금이라도 도움이 된다고 여겨지는 외적인 극기 훈련들도 지혜롭게 사용해 온 것은 물론이다.

내가 남에게 전파한 후에 자신이 도리어 버림을 당할까 두려워함이로다. 사도는 자기가 그렇게 한 이유, 즉 자기 몸을 쳐서 복종하게 하며 살아 온 이유를 이렇게 설명한다. 이것으로부터 우리가 알 수 있는 것은, 바울은 어떤 사람이 평생 동안 다른 사람들에게 복음을 전파하며 그들을 천국으로 인도하는 일을 해 왔지만, 마지막에 가서 자기 자신은 지옥에 던져지는 일이 있을 수 있다고 생각하였다는 것이다. 만일 그런 일이 있지 않다면, 우리 구주께서 마지막 날에 "많은 사람이 나더러 이르되 주여 주여 우리가 주의 이름으로 선지자 노릇 하며 주의 이름으로 귀신을 쫓아 내며 주의 이름으로 많은 권능을 행하지 아니하였나이까"라고 말할 것이지만, "그 때에 내가 그들에게 밝히 말하되 내가 너희를 도무지 알지 못하니 불법을 행하는 자들아 내게서 떠나가라 하리라"고 말씀하시지 않으셨을 것이다(마 7:22-23). 또한, 우리 구주께서 "멸망의 자식"(요 17:12)이라고 부르신 가룟 유다가 한때는 다른 사도들처럼 복음을 전하는 자였지만, 결국에는 영원히 멸망 받을 자가 되어 버렸다는 것은 의심의 여지가 없다. 이것이 가능한 일이었기 때문에, 크리소스토모스(Chrysostom)는 목회자들 중에서 구원받을 자는 거의 없다는 말을 하였다. 또한, 여기에서 우리가 알 수 있는 것은, 외적으로는 먹고 마시는 것과 입는 것과 즐기는 일들을 통해서 자신들에게 주어진 자유를 마음껏 사용하여 육신적인 방종에 빠지고, 내적으로는 죄악 된 생각들과 감정들과 취향들에 빠져서 마음을 더럽히는 사역자들은, 사도 바울이 그들에게 합당한 자유라고 여긴 것보다 훨씬 더 큰 자유를 그들 자신의 육신으로 하여금 누리게 함으로써, 천국 가는 길과는 정반대의 길을 가면서도, 자신들은 주 안에서 바울보다 훨씬 더 큰 자유를 누리고 있다고 생각하게 된다는 것이다.

MATTHEW POOLE'S COMMENTARY

고린도전서 10장

개요

1. 애굽에서 나온 유대인들에게는 우리의 성례전들의 모든 모형이 주어져 있었지만, 그들 중 다수는 죄로 말미암아 멸망하였음(1-5).
2. 그들의 본보기들은 우리의 경책을 위한 것임(6-12).
3. 하나님께서는 자신의 종들에게 감당할 수 없는 시험을 주지 않으심(13).
4. 그리스도인들은 우상 숭배를 피하여야 하고, 우상의 제사에 참여함으로써 귀신과 교제하는 자가 되어서는 안 됨(14-22).
5. 우리에게 허락된 일들조차도 다른 사람들의 유익을 고려하여 행하는 것이 마땅함(23-30).
6. 우리는 모든 것을 하나님의 영광을 위하여 하여야 함(31).
7. 사도 자신의 모범을 따라 아무에게도 거치는 자가 되지 않도록 조심하여야 함(32-33).

1. 형제들아 나는 너희가 알지 못하기를 원하지 아니하노니 우리 조상들이 다 구름 아래에 있고 바다 가운데로 지나며.

사도는 고린도 교회에 속한 많은 신자들이 하나님으로부터 받은 지식과 은사들과 큰 특권들로 인하여, 그리고 자신들이 이방인들 중에서 그리스도의 소유가 된 첫 열매들 중 하나가 되어서 복음 교회를 이루고 있다는 생각으로 인하여 마음이 높아지고 교만해져서, 자신들은 스스로를 엄격하게 살피고 조심할 필요가 별로 없다고 생각하고 있다는 것을 알았다. 그래서 사도는 그들의 그러한 헛된 자만심과 주제넘은 생각을 그들로부터 떨쳐내기 위해서, 여기에서 그들 앞에 유대 교회의 본보기를 제시한다. 사도가 그들에게 "형제들아 내가 너희가 알지 못하기를 원하지 아니하노니"라고 말한 것은, 그들이 자신들의 조상들이라고 부르는 모세 시대의 모든 유대인들에게 일어난 일들을 잘 알고 기억하며 깊이 숙고하기를 원한다고 말한 것이었다. 왜냐하면, 그리스도인들은 유대인들의 후손이 아니었던 까닭에, 모세 시대의 유대인들은 육신을 따라서는 그들의 조상들이 아니었지만, 그 유대인들이 이 땅에서 하나님과 계약을 맺어 하나님의 백성이 된 유일한 민족이었다는 점에서는 그들의 조상들이었기 때문이었다. 사도는 바로 그 유대인들, 당시에 존재하였던 하나님의 유일한 백성인 이스라엘의 진영 전체가 하나님께서 그들에게 주신 여러 지극히 큰 특권들 아래에 있었다고 말한다. 즉, 당시의 유대인들은 "구름 아래에" 있었고 (출 13:21-22, "여호와께서 그들 앞에서 가시며 낮에는 구름 기둥으로 그들의 길을 인도하시고 밤에는 불 기둥을 그들에게 비추사 낮이나 밤이나 진행하게 하시니 낮에는 구름 기둥, 밤에는 불 기둥이 백성 앞에서 떠나지 아니하니라"), 하나님께서 홍해를 가르셔서, 그들로 하여금 마치 마른 땅을 지나는 것처럼 "바다 가운데로 지나게" 하시는 놀라운 은혜도 맛보았다.

2. 모세에게 속하여 다 구름과 바다에서 세례를 받고.

이 절와 관련해서 두 가지 큰 난점이 있다: (1) 사도가 말한 "모세"는 무엇을 의미하는가? (2) 이스라엘 백성이 "모세에게 속하여 세례를 받았다"는 것이 무슨 의미인가?

여기에 언급된 "모세"가 무엇을 의미하느냐 하는 첫 번째 난점과 관련해서, 어떤 이들은 모세라는 인물을 가리키는 것이라고 생각하고, 어떤 이들은 모세의 율법 또는 가르침을 가리키는 것이라고 본다. "모세"가 모세라는 인물을 가리키는 것으로 보는 이들 사이에서도, 다양한 의미를 지닌 전치사 '에이스'(εἰς)를 어떻게 해석해야 하느냐를 놓고 서로 의견이 갈린다. 어떤 이들은 이 전치사를 "~에 의해서"로 해석해서, 이 구절이 모든 유대인들이 구름과 바다 가운데서 모세에 의해서, 즉 모세의 사역에 의해서 세례를 받았다는 것을 말하고 있는 것으로 이해한다. 그리고 실제로 이 전치사는 사도행전 7:53의 "천사가 전한 율법"(즉, "천사에 의해 전해진 율법")이나 사도행전 19:3의 "요한의 세례"(즉, "요한에 의한 세례")에서도 그러한 의미로 해석되고 있다. 하지만 어떤 이들은 이것을 "모세 안에서"로 해석하여야 한다고 생각한다. 즉, 모세가 그들보다 앞장선 가운데, 모세의 인도 하에 구름과 바다 아래에서 세례를 받았다는 의미라는 것이다. 또한, 어떤 이들은 이것을 "모세와 합하여"로 해석하여야 한다고 주장한다. 즉, 이것은 모세가 그들보다 앞서 갔다는 의미이거나, 모세가 그리스도의 모형이라는 의미라는 것이다(갈 3:19). 어떤 이들은 이 전치사가 "~와 더불어"를 의미하는 것으로 보아야 한다고 생각한다. 어떤 이들은 모세 자신도 다른 유대인들과 마찬가지로 구름과 바다 가운데서 세례를 받았다는 의미에서, 이것은 "모세까지도"로 해석되어야 한다고 본다.

반면에, 어떤 이들은 여기에 언급된 "모세"는 모세의 율법이나 가르침을 가리키는 것으로 이해한다. "모세"라는 단어가 그러한 의미로 사용된 예들로는 누가복음 16:29("아브라함이 이르되 그들에게 모세와 선지자들이 있으니 그들에게 들을지니라")과 사도행전 15:21("이는 예로부터 각 성에서 모세를 전하는 자가 있어 안식일마다 회당에서 그 글을 읽음이라 하더라")이 있다. 따라서 이렇게 해석하는 자들은 여기에서 "모세에게 속하여 세례를 받았다"는 것은, 당시의 유대인들이 모세를 믿고서 모세의 인도를 받아 바다를 지나고 구름 아래에서 지냈다는 것을 의미하는 것으로 본다.

이 절에서 두 번째 난점은 "세례를 받았다"는 것이 무엇을 의미하는가 하는 것이다. 이 단어는 일반적으로는 "씻음을 받았다"는 것을 의미하고, 기독교의 용어로 사용되는 경우에는 어떤 사람이 그리스도인이 되어 하나님의 교회로 들어올 때에 성부와 성자와 성령의 이름으로 물로 씻김을 받는 입교의식으로서 신약의 거룩한 제도 중의 하나를 가리킨다. 그렇다면, 유대인들이 모세 안에서, 또는 모세에 의해서, 또는 모세와 더불어, 또는 모세와 합하여 씻김을 받았다(즉, 세례를 받았다)는 것은 무엇을 의미하는 것인가? 구약성경은 모세와 모든 이스라엘 백성이 마치 마른 땅처럼 바다를 지났다는 것을 우리에게 말해 주고 있지만, 이스라엘이 구름 아래를 지날 때, 구름이 물을 쏟아 부어 유대인들이나 그들의 지도자인 모세를 씻겼다는 말을 하지는 않는다.

대답: 어떤 이들은 이스라엘 백성이 구름 아래를 지날 때, 그것은 그들의 원수들에게는 온통 어둠으로 보여졌지만, 사실은 구름이 이스라엘 백성들의 머리 위에 내려서 그들을 깨끗하게 씻겨 주었고, 이러한 사실은 시편 68:7-9에 암시되어 있다고 생각한다. "하나님이여 주의 백성 앞에서 앞서 나가사 광야에서 행진하셨을 때에 땅이 진동하며 하늘이 하나님 앞에서 떨어지며 저 시내 산도 하나님 곧 이스라엘의 하나님 앞에서 진동하였나이다 하나님이여 주께서 흡족한 비를 보내사 주의 기업이 곤핍할 때에 주께서 그것을 견고하게 하셨고." 어떤 이들은 사도가 고린도 교인들이 자신들의 세례를 자랑하는 것을 보고서, 옛 이스라엘 백성도 그들 못지 않은 특권을 가졌고 그 특권을 자랑할 만하였다는 것을 보여 주기 위하여, 이스라엘 백성이 지니고 있던 당시의 특권을 "세례"에 빗대어 표현한 것이라고 생각한다. 어떤 이들은 이스라엘 백성이 구름과 바다 가운데를 지난 것은 그들의 대적들에게는 온통 흑암과 멸망인 것처럼 보였지만, 실제로는 신약 시대에 그리스도께서 우리의 영적인 원수들을 쳐부수고 승리하신 것을 인치는 것인 세례의 예표였기 때문에, 사도는 그런 의미에서 이스라엘 백성이 "세례를 받았다"고 말한 것이라고 생각한다. 어떤 이들은 고린도 교인들이 세례를 받을 때에 물 속으로 완전히 잠겼다가 나왔듯이,

옛적의 이스라엘 백성도 엄청난 물을 담고 있던 바다 속으로 내려가서, 비록 그 물들이 그들의 양옆으로 절벽처럼 세워져 있었고 실제로 그들을 덮은 것은 아니었지만, 밖에서 볼 때에는 물 속에 완전히 잠긴 것처럼 보였기 때문에, 고린도 교인들이 받은 세례에 빗대어서 옛적의 이스라엘 백성도 세례를 받은 것이라고 비유적인 표현을 사용한 것이라고 생각하는데, 나는 이것이 가장 유력한 견해라고 본다.

또한, 여기에서 사도가 옛적의 유대인들이 "구름에서 세례를 받았다"고 말한 것으로 보아, 실제로 그 유대인들 위에 있던 구름은, 우리가 앞에서 인용한 시편이 노래한 대로, 그들의 머리 위에 비를 뿌려서, 마치 그들이 세례를 받는 것 같은 모습을 연출하였을 가능성이 대단히 높다.

3. 다 같은 신령한 음식을 먹으며.

광야에서 멸망한 유대인들도 모두 가나안 땅으로 들어간 갈렙과 여호수아가 먹었던 것과 동일한 만나를 먹었다. 또는, 광야에서 멸망한 유대인들도 우리가 지금 먹고 있는 참된 "신령한 음식"의 모형인 만나를 먹었다. 만나는 다음과 같은 이유들에서 "신령한 음식"이라 불린다: (1) 만나는 신령한 존재들의 거처인 하늘로부터 내려온 양식이었다(요 6:31). (2) 만나는 이적에 의해서 만들어졌다. (3) 만나는 천사들의 사역에 의해서 배분된 천사들의 양식이었다. (4) 그러나 가장 중요한 것은 만나는 "하늘로부터" 온 "참 떡"이신 그리스도를 나타내는 것이었다는 사실이다(요 6:32).

4. 다 같은 신령한 음료를 마셨으니 이는 그들을 따르는 신령한 반석으로부터 마셨으매 그 반석은 곧 그리스도시라.

당시의 모든 유대인들, 즉 살아서 가나안으로 들어간 자들만이 아니라 광야에서 멸망당한 자들도 반석에서 나온 물을 마셨는데, 이 이야기는 출애굽기 17:6과 민수기 20:11에 나온다. 만나가 "신령한 음식"이었던 것과 동일한 이유에서, 이 물은 이적에 의해서 만들어진 것임과 동시에 그리스도의 예표였다는 점에서 "신령한 음료"였다. 사도는 "그 반석은 곧 그리스도시라"고 말함으로써, "그 반석"이 그리스도를 상징하거나 예표하는 것이었음을 보여 준다. 성찬에서 떡이 그리스도의 몸인 것과 동일한 의미에서, 그 반석은 그리스도였다. 즉, 하나님의 정하심을 따라 그 반석은 그리스도를 나타내는 표징이었다.

여기에서 사도가 "그 반석이 그들을 따랐다"고 말한 것이 무슨 의미인가 하는 질문이 생겨난다. "반석"이 하나님께서 반석으로부터 솟아나게 하신 물을 가리킨다는 것은 분명하다. 구약성경은 모세가 바위를 쳐서 물을 나오게 한 것이 두 번이었다는 것을 우리에게 말해 준다. 이 일은 한 번은 시내 산에 도착하기 전에 르비딤에서 있었고(출 17:6, "내가 호렙 산에 있는 그 반석 위 거기서 네 앞에 서리니 너는 그 반석을 치라 그것에서 물이 나오리니 백성이 마시리라 모세가 이스라엘 장로들의 목전에서 그대로 행하니라"), 또 한 번은 가데스에서 있었다(민 20:7-8, "여호와께서 모세에게 말씀하여 이르시되 지팡이를 가지고 네 형 아론과 함께 회중을 모으고 그들의 목전에서 너희는 반석에게 명령하여 물을 내라 하라 네가 그 반석이 물을 내게 하여 회중과 그들의 짐승에게 마시게 할지니라"). 하지만 구약성경은 유대인들이 가나안으로 여행하는 길에, 반석이 그들을 따랐다는 말은 그 어디에서도 우리에게 들려주지 않는다. 그러나 구약성경의 그 어디에도 기록되어 있지 않은 어떤 정황들을 신약성경이 우리에게 말해 주는 경우는 비단 이 대목만이 아니다. 따라서 신약성경에서 "반석이 그들을 따랐다"고 우리에게 분명하고 단호하게 말해 주고 있다면, 우리는 그것이 사실이라고 믿고 의심하지 말아야 한다. 만일 이렇게 반석이 그들을 따르지 않았다면, 이스라엘 백성들은 광야에서 40년을 지내는 동안에 어디에서 물을 공급받을 수 있었겠는가? 어떤 이들은 르비딤의 반석에서 나온 물이 그들을 계속해서 따라왔다면, 모세가 가데스에서 다시 반석을 쳐서 물을 나오게 할 필요가 없었을 것이라고 반론을 제기하지만, 거기에 대한 대답은 하나님께서는 유대인들을 시험하시기 위하여 물이 중단되게 하셨을 가능성이 높다는 것이다.

신학자들은 반석과 그리스도 간에는 다음과 같은 구체적인 점들에서 유비가 성립된다고 말한다: (1) 그리스도께서는 자신의 교회의 견고하고 요동하지 않는 터이시기 때문에, "돌," "시험한 돌," "견고한 기촛돌," "모퉁잇돌," "바위"라 불리신다(사 28:16; 롬 9:33; 벧전 2:6). (2) 이 반석은 모세가 치기 전까지는 이스라엘 백성이 마실 물을 내지 않은 것과 마찬가지로, 우리가 중보자이신 그리스도로 말미암아 얻게 되는 온갖 은택들도 하나님께서 그리스도를 치셔서 고난을 받게 하신 후에야 그리스도에게서 우리에게로 흘러나온다. (3) 이 반석의 물이 이스라엘 백성들을 깨끗하게 씻어 줌과 동시에, 그들의 목마름을 해갈시켜 주어서 생명을 유지할 수 있게 해 주었던 것과 마찬가지로, 그리스도의 피는 사람들의 심령을 죄책으로부터 깨끗하게 씻어 줌과 동시에, 사람들에게 영적인 생명을 주어 진정으로 영적인 삶을 살아갈 수 있게 해 준다. (4) 이스라엘 백성을 따랐던 반석이 모세가 그 반석을 쳤을 때에 살아 있던 세대만이 아니라, 이스라엘 백성이 가나안에 들어갈 때까지, 그 이후의 모든 세대들에게도 물을 공급해 주었던 것과 마찬가지로, 그리스도의 피로 말미암은 공로는 주님께서 이 땅에 계셨을 때와 동일한 시대나 장소에 살던 사람들만이 아니라, 하나님의 택함 받은 자들이 모두 하늘의 가나안으로 들어가게 될 때까지, 장차 그리스도를 믿게 될 모든 사람들에게 적용된다.

5. 그러나 그들의 다수를 하나님이 기뻐하지 아니하셨으므로 그들이 광야에서 멸망을 받았느니라.

그러나 그들의 다수를 하나님이 기뻐하지 아니하셨으므로. 여기에서 "다수"는 사실은 당시에 스무살 이상의 성인으로 이루어진 그 세대 전체를 가리킨다. 민수기 14:28-30에서 하나님은 모세에게 "그들에게 이르기를 여호와의 말씀에 내 삶을 두고 맹세하노라 너희 말이 내 귀에 들린 대로 내가 너희에게 행하리니 너희 시체가 이 광야에 엎드러질 것이라 너희 중에서 이십 세 이상으로서 계수된 자 곧 나를 원망한 자 전부가 여분네의 아들 갈렙과 눈의 아들 여호수아 외에는 내가 맹세하여 너희에게 살게 하리라 한 땅에 결단코 들어가지 못하리라"고 경고하셨고, 민수기 26:64-65에서는 "모세와 제사장 아론이 시내 광야에서 계수한 이스라엘 자손은 한 사람도 들지 못하였으니 이는 여호와께서 그들에게 대하여 말씀하시기를 그들이 반드시 광야에서 죽으리라 하셨음이라 이러므로 여분네의 아들 갈렙과 눈의 아들 여호수아 외에는 한 사람도 남지 아니하였더라"고 보도한다.

그들이 광야에서 멸망을 받았느니라. 그들이 이렇게 광야에서 멸망을 받은 것은 하나님께서 그들을 기뻐하지 않으셨다는 것을 보여 주는 증거였다. 이렇게 멸망을 받은 자들 중에서 다수는 비록 더 악한 자들과 함께 하나님께 반역하고 불평한 자들이긴 했지만, 하나님의 영원하시고 특별하신 사랑의 대상들로서 영원히 구원 받을 자들이었을 것이다. 그런데도 하나님께서 그들을 심판하셔서 광야에서 멸망 받게 하셨다는 것은, "모세에게 속하여 구름과 바다에서 세례를 받았고," 그리스도의 모형이자 예표들인 "신령한 음식"과 "신령한 음료"를 마시는 큰 특권들에 참여한 자들이라고 해서, 하나님의 심판을 받을 위험성에서 벗어나 있는 자들이 아니라는 것을 충분히 증명해 주고, 사도는 바로 그러한 사실을 들어서 고린도 교인들에게 경고하고 있는 것이다.

6. 이러한 일은 우리의 본보기가 되어 우리로 하여금 그들이 악을 즐겨 한 것 같이 즐겨 하는 자가 되지 않게 하려 함이니.

"우리의 본보기"로 번역된 헬라어는 "우리의 모형들 또는 모본들"이라는 의미를 지닌 단어이다. 하나님께서 옛적의 유대인들에게 이렇게 행하신 일들을 통해서, 우리는 하나님께서는 우리에게도 그렇게 하실 것임을 배울 수 있다. 그들은 영적으로 큰 특권들에 참여한 자들이라는 점에서 우리의 모본들이었던 것과 마찬가지로, 그들은 우리가 그들과 똑같이 행하였을 때, 하나님께서 우리를 어떻게 하실 것인지를 예상할 수 있게 해 준다는 점에서도 우리의 모본들이다. 그들은 하나님께서 금하신 죄악 된 것들을 행하여, 애굽의 고기 삶는 솥단지와 파와 마늘을 그리워하였고, 애굽으로 다시 돌아가려고 하였고(민 11:4-5, 33; 14:2-4), 하나님께서는 그들이 자신들의 악한 욕망을 따라 행하는 것을 보시고 그들에게 응분의 심판을 내리셨다. 따라서 사도는 성경에 기록된 "이러한 일들"은, "우리로 하여금 그들이 악을 즐겨 한 것 같이 악을 즐겨 하는 자가 되지 않게 하려고" 우리에게 본보기가 되게 한 것이라고 말한다.

7. 그들 가운데 어떤 사람들과 같이 너희는 우상 숭배하는 자가 되지 말라 기록된 바 백성이 앉아서 먹고 마시며 일어나서 뛰논다 함과 같으니라.

그들 가운데 어떤 사람들과 같이 너희는 우상 숭배하는 자가 되지 말라. 이스라엘 백성은 처음에는 모압 여자들에게 유혹되어 음행을 하는 것으로 시작하였다가, 나중에는 "그 여자들이 자기 신들에게 제사할 때에 이스라엘 백성을 청하매 백성이 먹고 그들의 신들에게 절하게" 된 것이었다(민 25:1-2). 우상 숭배는 창조주 대신에 피조물에게 절하거나, 어떤 형상을 만들어 놓고서 그 형상을 창조주라고 하며 절하는 것이었다. 기록된 바 백성이 앉아서 먹고 마시며 일어나서 뛰논다 함과 같으니라. 이 말씀은 출애굽기 32:6에 나오는 것으로서, 이스라엘 백성이 금송아지에게 절하는 우상 숭배의 죄를 범하는 장면에 관한 보도이다. 그들은 희생제사를 드린 후에는 뒤풀이로 잔치를 벌여서 먹고 마시며 여흥을 즐기는 시간을 가지곤 하였다. 특히, 우리는 금송아지 사건에 관한 기사 속에서 이스라엘 백성이 금송아지 앞에서 춤을 추었다는 보도를 듣는다. 사도행전 7:41을 보면, 스데반은 "그 때에 그들이 송아지를 만들어 그 우상 앞에 제사하며 자기 손으로 만든 것을 기뻐하였다"고 말한다.

8. 그들 중의 어떤 사람들이 음행하다가 하루에 이만 삼천 명이 죽었나니 우리는 그들과 같이 음행하지 말자.

이 절에서 말하고 있는 이야기는 민수기 25:1-9에 자세하게 기록되어 있다. 발람은 이스라엘 백성을 저주할 수 없게 되자, 모압 왕 발락에게 모압 여자들을 이용해서 이스라엘 백성을 타락시키라고 조언해 주었다. 그래서 모압 여자들은 먼저 이스라엘 백성을 유혹해서 자신들과 음행을 하게 만들었고, 그런 후에는 그들을 우상 숭배로 이끌었다. 이렇게 이스라엘 백성이 모압 여자들의 유혹에 넘어가서 음행을 행하자, 하나님께서는 그들 가운데 역병을 보내셔서, "하루에 이만 삼천 명"이 죽는 일이 벌어졌다고 사도는 말한다. 반면에, 모세는 이 일로 인해서 죽은 이스라엘 백성의 수가 "이만 사천 명"이었다고 말한다. 모압 여자들과 음행하다가 죽은 이스라엘 백성의 수가 이렇게 차이가 있는 것에 대해서 해석자들은 많은 추측들이 내놓았다. 어떤 이들은 모세는 이 일로 인해 죽은 사람들의 총 합계를 말한 것이고, 사도는 "하루에" 죽은 자의 수를 말한 것이라고 이해한다. 그러나 성경에서는 어떤 일과 관련된 사람들이나 물건들의 수를 개략적으로 말하거나, 사람들이 그 수를 여러 가지로 말할 때에 어떤 때에는 이 수를, 어떤 때에는 저 수를 사용하는 경우가 비일비재하다. 따라서 이 경우에도 사람들은 그 일로 인하여 죽은 사람들의 수가 이만 삼천 명이었다고도 하고 이만 사천 명이었다고도 하였을 것이고, 바울은 그 중에서 적은 수를 택해서 인용한 것으로 보인다. 모세는 이 일과 관련해서 죽은 사람들이 대략 "이만 사천 명" 정도 되었다는 뜻으로 그렇게 말한 것이었고, 그렇게 죽은 사람들 중에는 음행을 저지르지는 않았고 단지 우상 숭배를 해서 죽은 사람들도 포함되어 있었을 것이다. 모세가 이 일로 인해서 "이만 사천 명"이 죽었다고 말하고 있기 때문에, 어쨌든 바울이 말한 대로 "이만 삼천 명"이 이 일로 인해서 죽은 것은 확실하다고 할 수 있다.

9. 그들 가운데 어떤 사람들이 주를 시험하다가 뱀에게 멸망하였나니 우리는 그들과 같이 시험하지 말자.

여기에서 "시험하였다"는 것은 일반적으로 유혹하였다는 의미가 아니라 시험해 보았다는 의미이다. 따라서 "하나님을 시험하였다"는 것은 하나님께서 하신 말씀을 그대로 받아들여 믿은 것이 아니라, 그 말씀이 사실인지를 실제로 눈에 보이게 나타내 보시라고 하나님께 도전하였다는 것을 의미한다. 이런 식으로, 이스라엘 백성은 하나님의 능력을 시험하거나 하나님의 진실하심과 선하심을 시험하였다: "그들이 그들의 탐욕대로 음식을 구하여 그들의 심중에 하나님을 시험하였으며 그뿐 아니라 하나님을 대적하여 말하기를 하나님이 광야에서 식탁을 베푸실 수 있으랴 보라 그가 반석을 쳐서 물을 내시니 시내가 넘쳤으나 그가 능히 떡도 주시며 자기 백성을 위하여 고기도 예비하시랴 하였도다"(시 78:18-20). 또는, "시험하였다"는 것을 좀 더 일반적으로 하나님께 도발하여 하나님의 화를 돋우었다는 것을 의미할 수도 있다. 왜냐하면, 하나님을 거슬러 저지르는 온갖 흉악한 범죄들은, 하나님께서 그러한 범죄에 대하여 진노하셔서 그들을 벌하시겠다고 미리 말씀하셨는데도, 사람들이 실제로 그 벌을 몸으로 체험하기 전까지는 그 말씀을 믿지 않고 하나님을 시험하는 것이기 때문이다.

사도가 여기에서 "하나님을 시험하다가"라고 말하지 않고 "그리스도를 시험하다가"라고 말한 것(한글개역개정에는 "주를 시험하다가"로 되어 있지만, 헬라어 본문에는 "그리스도를 시험하다가"로 되어 있다 — 역주)은 그리스도의 신성과 그리스도께서 성육신 이전에 존재하셨음을 증명해 주는 매우 주목할 만한 증거이다. 왜냐하면, 여기에서 사도가 "그리스도"라고 부르고 있는 바로 그 동일한 인물은 시편 106:14에서는 "하나님"이라 불리고("광야에서 욕심을 크게 내며 사막에서 하나님을 시험하였도다"), 이 동일한 시편에서 "여호와"로도 불리기 때문이다. 만일 그리스도께서 당시에 존재하지 않으셨다면, 옛적의 이스라엘 백성은 그리스도를 시험할 수 없었을 것이다. "뱀에게 멸망하였나니"에서 "뱀들"은 불뱀들을 가리키는데, 이 이야기는 민수기 21:6-9에 기록되어 있다.

10. 그들 가운데 어떤 사람들이 원망하다가 멸망시키는 자에게 멸망하였나니 너희는 그들과 같이 원망하지 말라.

"원망한다"는 것은 어떤 사람이나 어떤 것이 싫거나 만족스럽지 않거나 참을 수 없어서 불평하고 안 좋은 말을 하는 것을 의미하는데, 이것은 유대인들이 비일비재하게 저질렀던 죄였다(출 15:24; 16:7-8; 민 14:27; 16:11, 41). 사도가 여기에서 "어떤 사람들이 원망하다가" 그들의 그런 죄에 대한 벌로 "멸망시키는 자에게 멸망하였다"고 한 것은, 그들이 이렇게 원망하고 불평한 모든 경우들을 다 가리키는 것일 수도 있고, 민수기 14장에서 정탐꾼들이 가나안 땅을 정찰하고 와서 비관적인 보고를 하는 것을 들은 이스라엘 백성이 원망하다가, 그들 중에서 갈렙과 여호수아를 제외하고 이십 세 이상된 모든 자들이 가나안 땅으로 들어가지 못하고 광야에서 멸망하게 된 것을 가리키는 것일 수도 있다: "온 회중이 소리를 높여 부르짖으며 백성이 밤새도록 통곡하였더라 이스라엘 자손이 다 모세와 아론을 원망하며 온 회중이 그들에게 이르되 우리가 애굽 땅에서 죽었거나 이 광야에서 죽었으면 좋았을 것을 어찌하여 여호와가 우리를 그 땅으로 인도하여 칼에 쓰러지게 하려 하는가 우리 처자가 사로잡히리니 애굽으로 돌아가는 것이 낫지 아니하랴 … 여호와께서 모세와 아론에게 말씀하여 이르시되 나를 원망하는 이 악한 회중에게 내가 어느 때까지 참으랴 이스라엘 자손이 나를 향하여 원망하는 바 그 원망하는 말을 내가 들었노라 그들에게 이르기를 여호와의 말씀에 내 삶을 두고 맹세하노라 너희 말이 내 귀에 들린 대로 내가 너희에게 행하리니 너희 시체가 이 광야에 엎드러질 것이라 너희 중에서 이십 세 이상으로서 계수된 자 곧 나를 원망한 자 전부가 여분네의 아들 갈렙과 눈의 아들 여호수아 외에는 내가 맹세하여 너희에게 살게 하리라 한 땅에 결단코 들어가지 못하리라"(민 14:1-3, 26-30).

11. 그들에게 일어난 이런 일은 본보기가 되고 또한 말세를 만난 우리를 깨우치기 위하여 기록되었느니라.

그들에게 일어난 이런 일은 본보기가 되고. 하나님께서 자신의 옛적의 최초의 백성으로서 앞에서 말한 저 큰 특권들을 누렸던 유대인들 가운데서 몇 가지 부류의 죄인들에 대하여 진노를 나타내셔서 그 일들을 이런 식으로 섭리하시고 경륜을 베푸신 목적은, 단지 그들의 죄를 벌하시는 데서 그치지 않고, 후대의 사람들에게 "본보기"를 보여 주셔서, 그러한 부류의 죄들을 짓는 죄인들을 하나님이 어떻게 다루시는지를 알게 하시기 위한 것이기도 하였다. **또한 말세를 만난 우리를 깨우치기 위하여 기록되었느니라.** 하나님께서 자신의 지혜로우신 섭리 가운데서 이 모든 일들을 성경에 기록하게 하신 것은, 후세 사람들로 하여금 성경에 기록된 이 모든 일들을 읽거나 듣고, 이런 부류의 죄들을 지은 자들은 하나님의 진노하심을 피할 수 없고, 하나님으로부터 더 큰 은총과 특권들을 받거나 친밀한 관계를 맺을 수 없다는 것을 알고서, 두려워하는 가운데 경고를 받아 그런 악한 죄들을 지을 생각을 하지 못하게 하시기 위한 것이었다. 여기에서 사도가 "말세를 만난 우리"라고 말한 것은, 당시에 사도들은 통상적으로 자신들의 세대에 세상의 종말이 올 것이라고 생각하였기 때문이었다. 하지만 실제로는 우리가 살고 있는 오늘날에도 세상의 종말은 아직 오지 않았다. 이것은 사도들이 자신들의 세대에 세상의 종말이 올 것이라고 생각한 것은 하나님의 분명한 계시를 받은 것이 아니라, 단지 그들의 생각이었다는 것을 보여 준다. 그래서 우리 구주께서는 "그런즉 깨어 있으라 너희는 그 날과 그 때를 알지 못하느니라"(마 25:13)고 말씀하셨다. 또한, 이것은 세상의 종말이 언제 올 것인가 하는 문제와 관련해서 지나치게 구체적으로 "그 날과 그 때"를 알려고 하지 않도록 조심하여야 한다는 것을 우리에게 가르쳐 준다. 사도들도 자신들이 "말세"를 살아가고 있다고 말하였고, 마치 세상의 종말을 앞둔 자들처럼 살아갔지만, 세상의 종말이 언제 올 것이라고 구체적으로 말한 것은 아니었다.

12. 그런즉 선 줄로 생각하는 자는 넘어질까 조심하라.

어떤 일들에 대한 바르고 건전한 판단이나 생각, 또는 하나님의 은총을 받고 있는지의 여부, 또는 거룩한 삶과 행실 가운데 견고히 서 있는지의 여부와 관련해서 "선 줄로 생각하는 자," 또는 자기가 은혜 가운데 서 있다(롬 5:2)고 생각하는 자는, 자기가 그러한 일들에 있어서 진정으로 서 있는 것일 수도 있고, 실제로는 서 있지 못하지만 서 있다고 생각하는 것일 수도 있지만, 어느 쪽이든 "넘어질까 조심하여야" 한다. 왜냐하면, 한편으로는 실제로는 서 있지 못하면서도 서 있다고 생각하는 것일 뿐이라면, 그 사람은 반드시 넘어지게 되어 있고, 다른 한편으로는 실제로 어떤 일들에 대하여 올바른 판단과 생각에 서 있고, 그리스도의 교회의 지체로 있는 것이 맞는다고 할지라도, 한순간에 넘어져서, 잘못된 판단과 생각들이나 방탕한 행실에 빠져서, 하나님의 진노하심을 초래할 수 있기 때문이다. 외적인 특권들을 지니고 있고 하나님의 은총 가운데 있는 사람도, 우리가 앞에서 살펴본 여러 죄악들에 빠져 들어간 많은 유대인들처럼 멸망할 수 있다. 어떤 사람이 실제로 의롭다 하심을 받고 거듭난 상태 속에 서 있다고 할지라도, 총체적이고 최종적으로 넘어지지는 않는다고 하여도, 크게 넘어져서, 심령의 평화를 잃어버리고, 하나님의 혹독한 심판을 초래하는 일이 얼마든지 일어날 수 있다. 그러므로 자기가 "선 줄로 생각하는 자"는, 그의 그러한 인식이 잘못된 것이든 옳은 것이든 상관없이, 하나님이 정해 주신 모든 수단을 다 동원하고 모든 주의를 다 기울여서, 넘어지지 않도록 조심하여야 한다. 왜냐하면, 우리는 "말세에 나타내기로 예비하신 구원을 얻기 위하여 믿음으로 말미암아 하나님의 능력으로 보호하심을 받고" 있기는 하지만(벧전 1:5), 우리가 넘어지지 않고 계속해서 서 있으려면, 하나님께서 정해 주신 합당한 수단이나 방편들을 사용하여야 하기 때문이다.

13. 사람이 감당할 시험밖에는 너희가 당한 것이 없나니 오직 하나님은 미쁘사 너희가 감당하지 못할 시험 당함을 허락하지 아니하시고 시험 당할 즈음에 또한 피할 길을 내사 너희로 능히 감당하게 하시느니라.

"사람이 감당할 시험밖에는 너희가 당한 것이 없나니." 앞에서 이미 말했듯이, 일반적으로 "시험"은 유혹을 의미하는 것이 아니라 어떤 것이 과연 그러한지를 알아보기 위하여 시험해 보는 것을 의미하고, 성경에서는 흔히 그러한 의미로 사용된다. 우리는 하나님이나 우리 자신의 욕심들, 또는 마귀나 세상 사람들로부터 오는 환난과 괴로움의 섭리들이나 여러 일들에 의해서 시험을 받는다. 성경에서 "시험"

은 환난을 의미하기도 하고(약 1:2, "내 형제들아 너희가 여러 가지 시험을 당하거든 온전히 기쁘게 여기라"; 벧전 1:6, "너희가 이제 여러 가지 시험으로 말미암아 잠깐 근심하게 되지 않을 수 없으나 오히려 크게 기뻐하는도다"), 하나님께서 우리에게 행하시는 일들을 의미하기도 한다(창 22:1-2, "그 일 후에 하나님이 아브라함을 시험하시려고 그를 부르시되 아브라함아 하시니 그가 이르되 내가 여기 있나이다 여호와께서 이르시되 네 아들 네 사랑하는 독자 이삭을 데리고 모리아 땅으로 가서 내가 네게 일러 준 한 산 거기서 그를 번제로 드리라"). 이 두 종류의 시험은 그 자체로 선한 것이다. 반면에, "시험"이라는 단어는 종종 우리의 심령의 새로워지지 못한 욕심들이나 마귀나 세상의 죄악 된 자들에 의해 행해지는 일들을 가리키기도 하는데, 그러한 것들은 "시험"이라고 불릴지라도 실제로는 죄악 된 "유혹들"이다. 사도가 여기에서 "시험"이라고 했을 때, 그것이 선한 시험들과 악한 유혹들을 모두 포함하는 의미를 지니는 것인지의 여부를 확실하게 알기는 어렵지만, 사도가 여기에서 한 말은 양쪽 모두에 다 적용될 수 있기 때문에, 여기에서는 이 단어가 시험과 유혹, 둘 모두를 포괄하는 의미로 사용되고 있다고 보는 것이 가장 안전할 것이다.

사도는 앞에서 환난의 시험들에 대해서는 그들에게 말하지 않았지만, 그들이 실제로 서 있든지, 아니면 자신이 서 있다고 생각하고 있든지, 언제든지 넘어질 가능성이 있기 때문에, 넘어지지 않도록 조심해야 한다고 경고하였었는데, 이제 여기에서는 그들이 모든 사람들이 겪을 수밖에 없는 공통된 시험들로부터 자유로울 수는 없겠지만, 그들이 겪는 시험은 모든 "사람이 감당할"(ἄνθρωπινος - '안트로피노스') 시험이라는 것을 강조함으로써 그들을 위로하는 가운데, 하나님께서는 자기 백성에게 힘을 주시고 도우시겠다고 약속하셨고(마 7:11; 눅 11:13; 고후 1:18; 살전 5:4; 살후 3:3), 하나님은 "미쁘신" 분인 까닭에, 그들로 하여금 "감당하지 못할 시험," 즉 그들의 힘으로 도저히 대항하여 이길 수 없는 그런 시험을 결코 겪게 하지 않으실 것임을 그들에게 상기시킨다. 아울러, 사도는 하나님께서는 그들이 실제로 시험을 당한 경우에는 "피할 길"을 내셔서, 그들이 시험에 져서 총체적으로 파멸하게 하시거나 시험으로 인한 환난과 해악이 계속해서 그들을 짓누르도록 그냥 두지 않으실 것이며, 앞에서 말한 대로 그들이 넘어지지 않기 위해서 조심하면서 죄와 맞서 싸우기 위하여 합당한 노력을 한 때에는 그 시험을 "능히 감당하게" 하실 것이라고 말한다.

14. 그런즉 내 사랑하는 자들아 우상 숭배하는 일을 피하라.

사도는 그들이 모든 죄를 피하기를 바라지만, 특히 "우상 숭배하는 일"로부터는 가장 멀리 떨어져 있기를 바란다. 왜냐하면, 우상 숭배는 모든 죄 가운데서 가장 큰 죄이기 때문이다. 그런 이유로 인해서, 성경에서는 흔히 우상 숭배를 음행에 비유한다. 우리는 모든 죄를 두려워하고 피하는 것이 마땅하지만, 하나님께서는 모든 죄들 중에서 우상 숭배의 죄에 대하여 특히 자신의 진노를 나타내셨기 때문에, 모든 선한 그리스도인들은 다른 어떤 죄들보다도 우상 숭배의 죄를 혐오하고 질색하는 것이 마땅하다. 우상 숭배의 죄에 대한 사도의 이러한 경고가 고린도 교인들과 어떤 관계에 있는지에 대해서는, 우리가 나중에 20절에서 살펴보게 될 것이다. 우상 숭배는 원래 피조물 자체를 경배하거나, 피조물을 매개로 해서 창조주를 경배하는 것을 의미하지만, 우리가 다른 사람들의 죄들에 참여할 수 있는 길이 그 밖에도 많이 있는 것처럼, 우상 숭배의 죄의 경우도 마찬가지이다. 우상 숭배는 가장 흉악하고 극악무도한 죄이기 때문에, 고린도 교인들은 우상 숭배로부터 가장 멀리 떨어져 있어야 하였고, 다른 사람들이 우상 숭배의 죄를 저지르더라도 거기에 참여하는 자가 되지 않도록 조심하여야 했다.

15. 나는 지혜 있는 자들에게 말함과 같이 하노니 너희는 내가 이르는 말을 스스로 판단하라.

사도는 이렇게 말한다: 너희는 기독교 신앙의 기본원리들을 모르는 자들이 아니라 아는 자들이기 때문에, 나는 이 일과 관련해서 내가 지금부터 하는 말을 너희가 스스로 판단해 보기를 원한다.

16. 우리가 축복하는 바 축복의 잔은 그리스도의 피에 참여함이 아니며 우리가 떼는 떡은 그리스도의 몸에 참여함이 아니냐.

우리가 축복하는 바 축복의 잔은 그리스도의 피에 참여함이 아니며. 해석자들은 사도가 여기에서 믿는 자들이 성찬에 다 함께 참여하는 것에 대하여 말하고 있다고 보는 데 전혀 이의가 없다. 사도가 성찬의 잔을 여기에서 "축복의 잔"이라고 부르는 이유는, 한편으로는 우리가 그 잔에 참여함으로써, 자기 아들을 주셔서 우리를 위하여 죽게 하신 하나님을 송축하고, 우리를 위해 죽으심으로써 우리를 향한 저 큰 사랑을 보여 주신 그리스도를 송축하기 때문이고, 다른 한편으로는 우리가 하나님께 그 잔에 복을 주셔서 거룩한 용도를 위해 성별해 주시라고, 복을 비는 기도를 하기 때문이다. 사도는 우리가 이 "잔"에 참여하는 것은 "그리스도의 피에 참여함"이라고 말한다. 여기에서 "잔"은 그 잔에 담겨 있는 포도주를 의미한다. "축복의 잔"

은 하나님이 복 주신 포도주의 잔, 또는 하나님이 정하신 거룩한 제도를 따라 우리가 그리스도의 죽으심을 감사함으로 기억하고 그 크신 은혜로 말미암아 그리스도의 이름을 송축할 때에 사용하는 포도주의 잔을 가리킨다. 또한, 여기에서 "축복의 잔"은 그렇게 하나님의 복 주시고 우리의 송축함이 담겨 있는 그 잔을 우리가 믿음으로 마시는 행위를 가리키는 것이기도 하다. 사도는 이것을 "그리스도의 피에 참여함"이라고 말한다. 즉, 우리가 잔을 마실 때, 그리스도께서는 자기 자신과 자신의 은혜를 우리에게 주시고, 우리는 우리의 심령을 그리스도께 드리는 일이 일어나게 된다는 것이다. 따라서 믿는 자들이 잔을 마실 때, 그리스도와 믿는 자들 간에는 상호적인 교통(communion)이 일어난다.

우리가 떼는 떡은 그리스도의 몸에 참여함이 아니냐. 성찬에서 잔이라는 한 요소와 관련하여 일어나는 일은 또 다른 요소인 "떡"과 관련해서도 똑같이 일어난다. 그리스도께서 제정하시고 친히 모범을 보이신 것을 따라서, 교회로 하여금 성찬의 떡에 참여하도록 하기 위하여 사역자가 "떼는 떡," 즉 사역자가 교회의 지체들 가운데서 떼어 나누어 주는 떡을 믿는 자들이 먹는 행위는 "그리스도의 몸에 참여함," 즉 믿는 자들이 그리스도와 교통하고 교제를 나누는 행위이다.

17. 떡이 하나요 많은 우리가 한 몸이니 이는 우리가 다 한 떡에 참여함이라.

믿는 자들은 그 수가 "많지만" "한 몸"이다. 그들은 성찬의 규례에 다 함께 참여하여 교제함으로써, 그들이 신비의 한 몸이라는 것을 선언한다. 즉, 그들이 성찬에서 먹는 "떡"은 수많은 곡식의 낱알들이 한데 모여서 한 덩이의 떡을 구성하고 있고, 그들이 거기에서 마시는 포도주는 수많은 포도알들이 한데 모여서 하나의 포도주를 구성하고 있는데, 믿는 자들은 그 떡과 잔을 여럿으로 나누어 분배하여 먹어서, 모두 다 함께 바로 그 "한 떡에" 참여함으로써, 그들이 "한 몸"이라는 것을 선언한다는 것이다. 어떤 이들은 이것을 근거로 삼아서, 우리는 성찬에 참여하는 모든 자들과 한 몸이라는 것을 선언하는 것이기 때문에, 추악한 죄인들이 성찬에 참여하는 것은 불법이라는 것을 증명해 왔다. 그러나 나는 과연 그러한 논리가 타당한지에 대하여 의문이 있다. 왜냐하면, 여기에서 "한 몸"은 눈에 보이지 않는 교회를 가리키는 것이 아니라, 단지 눈에 보이는 하나의 교회를 가리키는 것이고, 우리는 성찬에 참여함으로써 우리 자신이 그 동일한 성찬에 참여하는 자들과 더불어 눈에 보이는 교회의 동일한 지체들이라는 것을 선언하는 것일 뿐이며, 눈에 보이는 교회에는 선한 자들과 악한 자들이 뒤섞여 있는 것은 당연하기 때문이다. 따라서 추악한 죄인들은 성찬에서 배제되어야 하고, 불신자들은 성찬에 참여할 자격이 없다는 것은 의심할 여지가 없지만, 추악한 죄인들이나 불신자들이 성찬에 참여한 경우에, 그 성찬에서 믿는 자들은 그런 자들과 한 몸이 되기 때문에, 그런 성찬에 참여하는 것은 믿는 자들이 자신들을 추악한 죄인이나 불신자라고 선언하는 것이라고 말하는 것은 지나친 주장이다. 믿는 자들이나 불신자들이나 성찬에 참여하는 것은 자기가 눈에 보이는 특정한 교회의 지체라는 것을 고백하는 것일 뿐이다. 사도가 여기에서 이런 말을 하는 취지는, 우상의 제사에 참여하는 자들은 앞에서 말한 것과 동일한 이유에서 그들 자신을 우상 숭배자들과 한 몸이라고 선언하는 것임을 말하기 위한 것이다.

18. 육신을 따라 난 이스라엘을 보라 제물을 먹는 자들이 제단에 참여하는 자들이 아니냐.

"육신을 따라 난 이스라엘"은 야곱의 자손 전체, 즉 유대 교회에 속한 모든 자들을 가리킨다. 왜냐하면, 그리스도를 믿는 자들은 성령을 따라 난 이스라엘이었고(롬 11:6), "하나님의 이스라엘"(갈 6:16)로 불렸기 때문이다. "제물을 먹는 자들이 제단에 참여하는 자들이 아니냐." 유대 교회에서 하나님의 제단에 드려진 제물을 먹는 자들은, 자신들의 그러한 행위를 통해서, 자신들이 유대 교회의 지체라는 것을 분명하게 선언하는 것이었고, 그들이 그런 식으로 제사를 드리며 예배한 하나님을 자신들이 섬긴다고 고백하는 것이었다. 동일한 이유로, 우상의 신전에서 우상에게 바쳐진 제물을 먹는 고린도 교인들은, 우상의 제단에 실제로 참여하는 자들이 되는 자신들의 그러한 행위를 통해서, 자신들이 우상 숭배자들이 섬기는 우상과 그 예배를 시인하고 고백한다는 것을 선언하는 것이었다.

19. 그런즉 내가 무엇을 말하느냐 우상의 제물은 무엇이며 우상은 무엇이냐.

내가 이렇게 말한다고 해서, 이것이 내가 앞서 말한 것과 모순되는 것은 결코 아니다. 나는 앞에서는 우상이 아무것도 아니라고 말해 놓고 이제 와서는 우상이 실제로 존재하는 것이라고 말하는 것도 아니고, 앞에서는 우상에게 바쳐진 제물이 믿는 자들의 양심을 더럽힐 수 없다고 말해 놓고 이제 와서는 실제로 믿는 자들의 양심을 더럽힐 수 있다고 말하는 것도 아니다. 우상은 신적인 존재도 아니고, 자기 앞에 바쳐진 제물을 거룩하게 하거나 부정하게 할 수도 없다. 모든 문제는 너희가 우상 숭배자들과 함께 우상의 제단에 참여하는 데 있다. 왜냐하면, 너희를 부정하게 하고 더럽히는 것은 우상이나 우상에게 바쳐진 제물이 아니라, 바로 너희의 그러한 행위이기 때문이다.

20. 무릇 이방인이 제사하는 것은 귀신에게 하는 것이요 하나님께 제사하는 것이 아니니 나는 너희가 귀신과 교제하는 자가 되기를 원하지 아니하노라.

이방인들은 의도적으로 귀신들에게 제사를 드린 것이 아니었을지라도(사람들은 자기가 귀신에게 제사한다고는 거의 생각하지 않을 것이다), 실제로는 귀신들에게 제사하였다. 왜냐하면, 이방인들이 섬기는 우상들 배후에서 그들이 기도하는 것들에 대하여 응답해 줌으로써, 마치 우상들이 진정으로 신인 것처럼 속여서 믿게 하고, 그들로 하여금 신탁을 받았다고 생각하게 만든 것은 사실 귀신들, 즉 악한 천사들이었기 때문이었다. 또한, 사도가 그들이 귀신들에게 제사하였다고 말한 것은, 그들에게는 귀신들에게 제사할 의도가 없었다고 하더라도, 하나님이 보시기에는 그들은 실제로 귀신들에게 제사한 것이었기 때문이었다. 하나님께서는 사람들이 어떤 대상을 섬기고 경배하는 행위들을 판단하실 때, 그들의 의도를 따라서가 아니라, 실제로 그들이 하는 행위의 실체를 보시고서 판단하신다. 따라서 귀신들에게 제사하는 것이 이방인들의 의도가 전혀 아니었다고 할지라도, 이방인들이 우상들에게 제사하였다면, 그것은 실제로는 귀신들에게 제사한 것이다. 이것은 성상들에게 절하는 교황주의자들과, 그런 교황주의자들에게는 우상 숭배의 의도가 없기 때문에 그들의 행위는 귀신을 섬기는 것이 아니라고 옹호하는 개신교도들이 귀담아들어야 할 말이다. 어떤 사람의 행위가 우상 숭배이냐 아니냐의 여부는 그 사람이 창조주 대신에 피조물을 경배하고자 하는 의도가 있는지의 여부에 의해서가 아니라(의도적으로 피조물을 경배하고자 하는 우상 숭배자는 세상에 거의 없을 것이다), 그 사람이 실제로 무엇을 하고 있는냐에 의해서 결정된다. 성경에는 피조물을 세워 놓고 그 앞에서 창조주를 경배해도 된다는 직접적이고 분명한 말씀이 없음에도 불구하고, 교황주의자들이 성상들을 세워 놓고서, 자신들은 피조물이 아니라 창조주를 경배하는 것이라고 강변하는 것은 소용없는 일이기 때문에, 그들은 마지막 날에 하나님으로부터 그들이 창조주가 아니라 피조물을 경배한 자들이라는 판결을 받게 될 것을 두려워하는 것이 마땅하다. 이제 사도는 이렇게 말한다: 너희는 내가 앞에서 말한 그러한 행위를 통해서 너희가 그리스도와 참되고 살아 계신 하나님 대신에 "귀신들과 교제하는 자들"이 되지 않도록 조심할 필요가 있다.

21. 너희가 주의 잔과 귀신의 잔을 겸하여 마시지 못하고 주의 식탁과 귀신의 식탁에 겸하여 참여하지 못하리라.

"주의 잔"은 믿는 자들이 온갖 믿음의 행위들을 통해서 그리스도와 교제하고 교통하는 것들을 모두 가리키는 것일 수도 있고, 좀 더 구체적으로 성찬에서 그리스도와 교통하고 교제하는 것을 가리키는 것일 수도 있다. 성찬이 "주의 잔"이라 불리는 것은, 하나님께서 성찬을 제정하시고 거기에서 잔을 마시도록 정하셨기 때문이거나, 사도가 고린도전서 11:26에서 "너희가 이 떡을 먹으며 이 잔을 마실 때마다 주의 죽으심을 그가 오실 때까지 전하는 것이니라"고 말한 것처럼, 성찬은 우리 주 그리스도께서 다시 오실 때까지 그의 죽으심을 기념하고 기리며 그에게 영광을 돌리는 것이기 때문이다. 여기에서 사도는 그리스도인이라고 하면서도, 우상 숭배자들과 함께 앉아서 우상의 제단에 참여하는 자들은, 성찬에 참여한다고 해도, 실제로는 주의 잔을 선한 양심으로 올바르게 마실 수 없기 때문에, 그리스도와 교제하거나 교통할 수 없다고 말한다. 또한, "주의 식탁과 귀신의 식탁"이라는 어구들도 우리가 "주의 잔"에 대하여 앞에서 말한 것과 동일한 의미를 지닌다. 따라서 우리가 그리스도와 교통함이 없는 사람들의 한 무리를 참된 교회라고 하거나, 그리스도와 교통함이 없는 사람을 참된 그리스도인이라고 할 수 있는 것이 아니라면, 우리는 우상을 숭배하는 교회를 참된 교회라고 할 수 없고, 우상을 숭배하는 자를 참된 그리스도인이라고 할 수 없다는 것은 너무나 자명하다. 우상 숭배가 사람들의 심령을 그리스도로부터 분리시킨다는 것은 의심의 여지가 없다. 왜냐하면, 그리스도는 교회의 머리이심과 동시에 믿는 자의 머리이시기 때문이다. 실질적으로든 비유적으로든 우상 숭배자들의 한 무리를 참된 교회라고 부르는 것은, 하나님께서 "로암미"("너희는 내 백성이 아니다")라고 하신 자들을 향하여 "암미"("너희는 내 백성이다")라고 말하는 것과 같다. 어떤 사람들이 그들 자신을 무엇이라고 생각하거나 부르든지, 그런 것과는 상관없이, 사도가 단호하게 말하고 있듯이, 그들이 그리스도와 그 어떤 교통이나 교제도 없다면, 그들에게는 교회라는 이름을 붙일 수 없다.

22. 그러면 우리가 주를 노여워하시게 하겠느냐 우리가 주보다 강한 자냐.

우리가 주를 노여워하시게 하겠느냐. 여기에서 "노여워하시게 하다"로 번역된 헬라어는 원래 "질투하시게 하다"라는 의미인데, "질투"는 사람에게 있어서 자기가 사랑하는 대상과 관련해서 경쟁자를 용납할 수 없어 하는 격렬한 감정을 가리킨다. 하지만 성경에서 이 단어가 하나님에 대하여 사용될 때에는, 사람들의 시기나 질투에서 나타나는 것과 같이 지나치게 격렬하고 절제할 수 없는 과격한 감정을 의미하는 것이 아니고, 단지 하나님만이 받으셔야 할 그러한 경배를 사람들이 피조물에게 드리는 것에 대하여 하나님께서 드러내시는 합당하고 의로우신 진노하심을 의미한다. 따라서 하나님이 질투하신다는 것은 마땅히 하나님께 드려야 할 경배를 우상들에게 드리는 자들에 대하여 하나님께서 진노하신다는 것을 뜻한다. 이사야 42:8에서 하나님께서 "나는 여호와이니 이는 내 이름이라 나는 내 영광을 다른 자에게, 내 찬송을 우상에게 주지 아니하리라"고 말씀하셨듯이, 사람들이 하나님을 경배할 때, 하나님은 큰 영광을 받으신다.

그런 까닭에, 신학자들은 "질투"라는 하나님의 속성이 하나님에 대한 좀 더 외적인 경배와 관련된 두 번째 계명과 결부되어 있다는 것을 지적한다: "너를 위하여 새긴 우상을 만들지 말고 또 위로 하늘에 있는 것이나 아래로 땅에 있는 것이나 땅 아래 물 속에 있는 것의 어떤 형상도 만들지 말며 그것들에게 절하지 말며 그것들을 섬기지 말라 나 네 하나님 여호와는 질투하는 하나님인즉 나를 미워하는 자의 죄를 갚되 아버지로부터 아들에게로 삼사 대까지 이르게 하거니와 나를 사랑하고 내 계명을 지키는 자에게는 천 대까지 은혜를 베푸느니라"(출 20:4-6). 따라서 출애굽기 34:14; 신명기 4:24; 5:9; 6:16을 비롯한 많은 본문들은 하나님에 대한 경배는 하나님께서 매우 소중히 여기시는 것인 까닭에, 하나님은 오직 하나님만을 경배하여야 할 자들이 하나님과 피조물을 겸하여 섬기고 경배하는 것을 용납하지 않으시고, 따라서 하나님께만 합당한 경배를 우상에게 바치는 자들에게는 하나님의 불 같은 진노가 임하게 될 것임을 보여 준다.

우리가 주보다 강한 자냐. 그러므로 오직 하나님께만 드려야 할 경배를 다른 피조물들에게 드리는 것, 우상 숭배를 하는 자들은, 자기가 하나님보다 더 "강한 자"라고 착각하는 자들이다. 왜냐하면, 우상 숭배를 하는 자들은 불 같이 진노하시는 하나님의 권능과 힘에 맞서 싸울 각오를 하여야 하기 때문이다. 이렇게 사도는 그리스도인이라 하는 자들이 우상의 신전에 들어가서 우상에게 바쳐진 제물을 먹는 것은 불경스러운 짓일 뿐만 아니라 우상 숭배에 해당한다는 것을 보여 주고, 아울러 우상 숭배에 대하여는 하나님의 불 같은 진노가 임한다는 것을 보여 줌으로써, 그들에게 우상의 신전에 들어가서 우상의 제물을 먹어서는 안 된다는 것을 확실하게 각인시킨다. 그런 후에, 사도는 다음에 이어지는 절들에서, 자기가 앞서 고린도전서 8장에서 형제 사랑의 의무와 본분을 어기고서 그들의 자유를 제멋대로 사용해서는 안 된다고 말하였던 것으로 다시 돌아간다.

23. 모든 것이 가하나 모든 것이 유익한 것은 아니요 모든 것이 가하나 모든 것이

덕을 세우는 것은 아니니.

여기에서 "모든 것"은 많은 것들을 의미하거나, 적어도 우상의 제물을 먹는 것 같이 사도가 앞에서 이미 말하였던 것들을 의미할 것이다. 그러나 우리가 이 어구를 후자의 의미로 해석한다면, "모든 것이 가하다"고 한 것은 사실 맞는 말이 아니다. 왜냐하면, 사도는 방금 우상의 신전에 들어가서 우상의 제물을 먹는 것은 귀신들과 교제하고 교통하는 것이라고 분명하게 말하였기 때문이다. 따라서 나는 성경에서 사용된 "모든"의 통상적인 용법을 따라 여기에서도 "모든 것"은 "많은 것"을 의미하는 것으로 해석하는 편이 좋다고 본다. 이렇게 보았을 때, 이 본문의 의미는 이런 것이다: 하나님의 법에 어긋나는 것이 아니어서 "가하기는" 하지만 유익하지는 않는 많은 것들이 있다. 즉, 통상적인 상황과 여건 속에서 그 자체로 볼 때에는 합법적인 것들이지만, 구체적인 사정을 고려하였을 때에는, 다른 사람들에게 해악을 끼치는 것들이 되어서 유익하지 않게 되는 것들이 있다는 것이다. 사도는 자기가 전반절에서 "유익하다"고 말한 것이 무슨 의미인지를 후반절에서 다시 부연설명을 하면서, "덕을 세우는 것," 즉 복음의 진보를 가져오거나, 개별 그리스도인들의 믿음과 성결에 도움이 되는 것이 아니라면, 그것은 "유익한" 것이 아니라고 말한다.

24. 누구든지 자기의 유익을 구하지 말고 남의 유익을 구하라.

단지 자신의 즐거움이나 유익을 구하는 것이 아니라 다른 사람들의 유익을 구하는 것은 그리스도의 제자인 모든 자들의 의무이자 본분이다. 사도는 고린도전서 13:5에서 사랑은 "자기의 유익을 구하지 않는다"고 말한다. 즉, 사랑은 다른 사람을 해치면서 자신의 유익을 구하지 않는다는 것이다. 따라서 사도는 이렇게 말한다: 너희가 행하는 일이 하나님을 향한 불경이나 우상 숭배가 되는 요소가 전혀 없어 보인다고 할지라도, 그 일로 인해서 너희의 형제에게 해악이 미친다면, 너희는 형제를 사랑하는 마음으로 그 일을 그만두는 것이 마땅하다.

25. 무릇 시장에서 파는 것은 양심을 위하여 묻지 말고 먹으라.

정육점 주인들은 짐승들을 잡아서 그 고기를 시장에서 팔기 전에 먼저 그 일부를 우상에게 제물로 바쳤을 수도 있고, 우상에게 바친 희생제물들 중에서 남은 부분을 자신의 몫으로 배당받은 제관들이나 제사를 드린 자들이 탐욕을 부려서 그 고기를 시장에 내다팔았을 수도 있다. 사도는 고린도 교인들에게 그런 경우에는 그들이 사고자 하는 고기가 어떠한 경로를 통해서 시장에 나온 어떤 고기인지를 살피거나 따지지 말고 사서 먹으라고 명한다. 이것은 비록 우상에게 바쳐진 제물이라고 하더라도, 그 고기 자체는 부정한 것도 아니고, 그런 고기를 먹는 것 자체도 죄악 된 것이 아니라고 말하고 있는 것이다. 하지만 이 말은 그 고기가 어디에서 온 것인지, 또는 우상에게 바쳐진 제물이었던 것인지에 대해서 묻지 않은 경우에만 해당된다. 왜냐하면, 믿음이 강한 그리스도인들이 그런 질문을 해서, 그 고기가 우상의 제물인지를 알면서도 사서 먹는다면, 옆에서 그것을 듣거나 본 믿음이 약한 형제들은 우상의 제물을 먹는 것에 대하여 양심에 거리낌이 있는데도 불구하고, 믿음이 강한 자들을 따라서 자신의 양심을 거슬러 우상의 제물을 먹음으로써 죄를 짓게 되기 때문이다. 또는, 여기에서 사도가 말한 "양심"은 그들 자신의 양심을 가리키는 것일 수도 있다. 즉, 그들은 시장에 나온 우상의 제물이 종교적인 용도에서 해제되어 통상적인 용도로 전환되었기 때문에 얼마든지 먹어도 괜찮다는 것을 알기 때문에, 우상의 제물이라는 것을 알면서도 사서 먹었지만, 자기가 그렇게 한 것을 나중에 반추해 볼 때, 자신의 양심에 일말의 거리낌을 느낄 수 있는 가능성이 있는 까닭에, 그런 질문을 하지 말고 그냥 사서 먹는 것이 좋다는 것이다.

26. 이는 땅과 거기 충만한 것이 주의 것임이라.

이 인용문은 시편 24:1에서 가져온 것이다. "땅"은 하나님의 것, 또는 주 그리스도의 것이다. 하나님께서는 사람들로 하여금 사용하게 하시기 위하여, 만물을 거룩하게 하셨고, 땅에 있는 온갖 다양한 피조물들도 거룩하게 하신다. 우상은 그 어떤 음식도 부정하게 하거나 더럽힐 수 없고, 그 어떤 것에 대해서도 악한 감화력을 미칠 수 없다. 음식이 너희를 더럽히는 것이 아니라, 너희 자신의 행위, 즉 우상의 신전에서 우상 숭배자들과 앉아서 방금 우상에게 바쳐진 제물을 함께 먹는 너희의 행위로 말미암아 너희가 부정하게 되고 더럽혀지는 것일 뿐이다. 우상 자체는 그 제물에 그 어떤 악한 영향도 미칠 수 없다. 우상 숭배자들의 종교 예식이 다 끝난 후에, 우상의 제물이 통상적인 용도로 다시 돌아왔을 때, 그것은 하나님께서 사람들로 하여금 사용하게 하신 음식일 뿐이다. 우상의 신전에서 귀신의 손에서 그 제물을 받아 먹는 것은 죄를 짓는 일이다. 그러나 일단 그 제물이 통상적인 용도로 다시 환원되어서 시장에서 팔리는 경우에는, 사람들이 그 제물을 사서 먹는 것은, 하나님의 일반 섭리를 통해서 하나님의 손으로부터 받은 것이고, "하나님께서 지으신 모든 것이 선하매 감사함으로 받으면 버릴 것이 없다"(딤전 4:4).

27. 불신자 중 누가 너희를 청할 때에 너희가 가고자 하거든 너희 앞에 차려 놓은 것은 무엇이든지 양심을 위하여 묻지 말고 먹으라.

사도는 여기에서 그들이 우상의 제물을 합법적으로 먹을 수 있는 또 다른 경우를 설명하는데, 그것은 이방인인 이웃이 그들을 집에서 식사를 같이 하자고 초대한 경우이다(어떤 이들은 이방인이 우상의 제단에 바쳐진 제물을 함께 먹자는 것이 아니라, 그저 친교의 잔치에 참석해서 함께 식사하자고 우상의 신전으로 그들을 초대한 경우도 여기에 포함된다고 말하지만, 나는 그런 경우가 과연 여기에 포함된 것인지에 대해서 의심이 있고, 아울러 우상의 신전에서 우상의 제단에 바쳐진 제물이 아닌 짐승의 고기로 잔치를 베푸는 경우가 있었는지에 대해서도 의심이 있다). 그런 경우에, 사도는 그들이 그 이방인의 집에 가서 자신들의 앞에 차려진 음식을 먹는 것은 합법적인 것이라고 분명하게 말한다. 그러나 이 경우에도 사도는 그들에게 "양심을 위하여 묻지 말고" 먹으라는 말을 덧붙인다.

28. 누가 너희에게 이것이 제물이라 말하거든 알게 한 자와 그 양심을 위하여 먹지 말라.

우상의 신전에서 반출되어서 통상적인 용도로 전환된 제물을 먹는 것은 불경한 일도 아니고, 귀신들과 교제하거나 교통하는 것도 아니며, 귀신들의 식탁에 참여하는 것도 아니다. 하지만 그 자리에 그 고기가 우상의 제물이라는 것을 알고 있어서 그 사실을 말하거나, 그것을 먹고자 하는 다른 그리스도인들에게 그것은 우상의 제물이라고 알려 주는 형제가 있는 경우에는, 사도는 그런 경우에 우상의 제물임을 알면서도 먹는 것은 형제 사랑의 본분을 저버리는 것이기 때문에, 그들에게 그 고기를 먹지 말라고 명한다. 왜냐하면, 그러한 상황에서 그들이 그 고기를 먹는다면, 그것은 한편으로는 우상의 제물이라고 말한 형제 앞에 걸림돌을 놓는 것이 되어서, 그 형제로 하여금 우상의 제물을 먹는 것은 불법이라고 생각하면서도, 그들을 따라 자신의 양심을 거슬러 대담하게 죄를 짓게 만들 수 있고, 다른 한편으로는 그들 자신의 연약함으로 인하여, 그들이 우상의 제물을 먹은 일이 나중에 자꾸 생각이 나고, 그들의 "양심"에 거리끼는 것이 생길 수 있기 때문이다.

사도는 그들이 그런 경우에 형제에게 해악이 되는 줄을 알면서도 우상의 제물을 먹을 필요가 없는 이유를 한 가지 더 말하는데, 그것은 "땅과 거기 충만한 것이 주의 것"인 까닭에, 그들은 굳이 우상의 제물을 먹지 않아도, 그들이 먹을 수 있는 다른 고기들이 얼마든지 있다는 것이다(흠정역에는 이 절에도 "이는 땅과 거기 충만한 것이 주의 것임이라"는 구절이 첨가되어 있다 — 역주). 시편 24:1에서 가져온 이 인용문은 여기에서는 26절에서와는 다른 방식으로 적용되고 있다. 사도는 26절에서는 우상의 제물이라고 하더라도 일단 통상적인 용도로 환원되어 시장에 나와 팔리게 된 경우에는 그 제물을 사서 먹어도 괜찮다는 근거를 제시하기 위하여 이 시편 구절을 인용한 것인 반면에, 여기에서는 그들이 우상의 제물을 먹지 않아도 다른 먹을 것이 얼마든지 있다는 것을 말하기 위하여 이 시편 구절을 인용한다.

29. 내가 말한 양심은 너희의 것이 아니요 남의 것이니 어찌하여 내 자유가 남의 양심으로 말미암아 판단을 받으리요.

내가 말한 양심은 너희의 것이 아니요 남의 것이니. 사도는 앞의 28절에서 우상의 제물이라는 것을 알고서 그 사실을 말하는 형제가 있는 경우에는, 그렇게 말한 형제와 그들 자신의 양심을 위하여 그 제물을 먹지 말라고 이미 말하였기 때문에, 이 절에서 "너희의 것이 아니요"라는 어구는 "단지 너희의 양심만이 아니라"를 의미하는 것으로 해석하는 것이 합당하다. 왜냐하면, 성경에서는 이렇게 "아니다"라는 전면적인 부정이 아니라 "단지 … 뿐만 아니다"라는 제한적인 부정을 나타내는 데에도 부정의 불변화사를 사용하는 경우가 비일비재하기 때문이다. 그러한 예들을 몇 가지 들어본다면, 요한복음 4:42에서 사마리아 사람들이 "그 여자에게 말하되 이제 우리가 믿는 것은 네 말로 인함이 아니니 이는 우리가 친히 듣고 그가 참으로 세상의 구주신 줄 앎이라 하였더라"고 보도할 때에 "네 말로 인함이 아니니"는 실제로는 "단지 네가 말한 것만을 듣고서"라는 의미이고, 요한복음 6:38의 "내가 하늘에서 내려온 것은 내 뜻을 행하려 함이 아니요 나를 보내신 이의 뜻을 행하려 함이니라"에서 "내 뜻을 행하려 함이 아니요"는 실제로는 "단지 내 뜻을 행하려 함이 아니요"라는 의미이다.

어찌하여 내 자유가 남의 양심으로 말미암아 판단을 받으리요. 사도는 여기에서 이렇게 말한다: 만일 너희가 내 말을 듣지 않고 그런 경우에 우상의 제물을 먹는다면, 너희는 하나님이 너희에게 주신 자유를 따라 행하여도 죄가 되지 않는 일을 한 것뿐이지만, 구체적인 상황 속에서 남들의 양심을 거슬러서 그 일을 한 것이기 때문에, 남들은 너희의 그러한 행위를 죄로 단정하고, 너희가 죄악을 저지른 것으로 판단하게 될 것이다. 너희는 옳지 않은 일을 한 것이 아니지만, 너희가 한 일은 다른 사람들이 보기에는 옳지 않은 일이 된다. 그리스도인들은 다른 사람들이 무엇이라고 하든지와는 상관없이 단지 자기가 보기에 선한 일을 하면 되는 것이 아니라, "모든 사람 앞에서," 즉 모든 사람이 보기에 "선한 일을 도모하고"(롬 12:17), "무엇에든지 사랑 받을 만하며 무엇에든지 칭찬 받을 만한"(빌 4:8) 일들을 행하는 것이 마땅하다.

30. 만일 내가 감사함으로 참여하면 어찌하여 내가 감사하는 것에 대하여 비방을 받으리요.

"만일 내가 감사함으로 참여하면," 즉 우상의 신전에서 우상에게 바쳐졌다가 시장에 나온 제물을 다른 사람들은 지식이 없어서 먹기를 꺼려하지만, 나는 땅과 거기에 충만한 것이 하나님의 것이고, 하나님이 우리에게 사용하라고 은혜로 주신 것이라는 지식에 의지해서, 그 제물을 감사함으로(이렇게 χάρις - '카리스'는 "감사함"을 의미하기도 한다, 눅 6:32) 먹는 것인데, "내가 감사하는 것에 대하여," 즉 내가 하나님의 은혜에 감사하며 먹는 것과 관련해서 굳이 다른 사람들로부터 "비방"을 받으면서까지 먹으려고 할 필요가 어디 있겠는가. 여기에서 사도는 이렇게 말하고 있는 것이다: 하나님께서는 땅과 거기에 충만한 모든 것을 우리에게 주셔서 감사함으로 먹고 마시며 사용하도록 하셨다. 그런데 내가 하나님이 주신 어떤 고기, 즉 우상의 제물을 어떤 경우에 먹게 되면, 그것이 다른 형제들에게 해를 끼치게 되어서, 그들로부터 비방을 받거나 받을 우려가 있다고 한다면, 그런 경우에 내가 그 고기를 먹을 때에 말로는 하나님께 감사한다고 할지라도, 실제로는 내게 주어진 자유를 남용하거나 악용해서, 하나님을 노여워하게 해 드리고 하나님의 영광을 전혀 고려하지 않는 것이 될 것이기 때문에, 그런 경우에는 하나님이 주신 것들이 세상에 널려 있어서 얼마든지 다른 고기를 먹을 수 있다는 것을 생각할 때, 굳이 그 우상의 제물을 먹어서 다른 형제들 앞에 올무를 놓을 이유가 전혀 없다.

31. 그런즉 너희가 먹든지 마시든지 무엇을 하든지 다 하나님의 영광을 위하여 하라.

사도는 이 마지막 세 절에서 하나님의 말씀에 행하라고 되어 있지도 않고 금지되어 있지도 않은 가치중립적인 성격의 일들과 관련해서 그리스도인들이 자신의 자유를 어떻게 사용하여야 하는지를 가르쳐 주는 세 가지 규범을 제시한다. 이 절에는 사도가 제시한 첫 번째 규범이 나오는데, 그것은 우리는 무엇을 하든지 다 "하나님의 영광을 위하여" 하여야 한다는 것이다. 이것은 사도가 앞에서 다루어 온 우상의 제물을 먹는 문제에만 국한되지 않는 일반적인 규범이고, 단지 먹고 마시는 것만이 아니라 사람의 모든 행위들에 적용되는 일반적인 규범이다. 하나님께서 우리 인간을 지으신 목적이 하나님 자신이 영광을 받으시기 위한 것이라는 사실이 이 일반적인 규범이 지극히 옳다는 것을 잘 보여 준다. 잠언 16:4에서는 "여호와께서 온갖 것을 그 쓰임에 적당하게 지으셨나니 악인도 악한 날에 적당하게 하셨느니라"고 말한다. 하나님께서는 만물을 창조하실 때에 어떤 목적을 가지고 창조하셨다. 이성을 지닌 모든 존재들은 자기가 최고라고 생각하는 목적을 이루기 위하여 행하지만, 실제로는 그 목적이 최고가 아닐 수 있다. 그러나 하나님께서 사람을 창조하실 때에 어떤 목적을 위하여 창조하셨는데, 그 목적이라는 것이 하나님 자신의 영광이라는 최고의 목적 이외의 다른 것이 될 수 있는 가능성은 없다. 하나님께서 사람을 지으실 때에 염두에 두신 목적이 하나님의 영광이라면, 사람이 존재하고 행하며 살아가는 목적들 중에서 최고의 목적은 하나님의 영광일 수밖에 없다. 그리고 우리 구주께서 요한복음 17:4, 6에서 "아버지께서 내게 하라고 주신 일을 내가 이루어 아버지를 이 세상에서 영화롭게 하였사오니 … 세상 중에서 내게 주신 사람들에게 내가 아버지의 이름을 나타내었나이다 그들은 아버지의 것이었는데 내게 주셨으며 그들은 아버지의 말씀을 지키었나이다"라고 말씀하심으로써 우리에게 가르쳐 주신 것 같이, 하나님께서는 우리로 말미암아 세상에서 칭송을 받으시거나, 우리가 그의 뜻에 순종할 때에 영광을 받으신다. 이 규범으로부터 벗어나서 자유롭게 행해도 되는 사람은 아무도 없다. 따라서 어떤 사람이 결혼을 해도 되고 안 해도 되는 자유, 어떤 것들을 먹어도 되고 안 먹어도 되는 자유, 어떤 옷을 입어도 되고 안 입어도 되는 자유 등과 같이 수많은 자유들을 지니고 있다고 할지라도, 어떤 구체적인 상황 속에서 하나님의 영광과 복음의 진보와 신앙의 평판을 위하여 가장 도움이 되는 방식으로 그 자유를 사용하여야 할 규범으로부터 벗어나서 제마음대로 자유를 누릴 자유는 그 사람에게 주어져 있지 않다. 이러한 판단은 그때그때 상황에 따라 달라지기 때문에, 어떤 상황에서는 합법적인 것이 또 다른 상황에서는 불법적인 것이 되기도 하고, 어떤 상황에서는 불법적인 것이 또 다른 상황에서는 합법적인 것이 되기도 한다.

32. 유대인에게나 헬라인에게나 하나님의 교회에나 거치는 자가 되지 말고.

여기에서 "거치는 자가 되지 말고"로 번역된 헬라어 '아프로스코포이 기네스테'(Ἀπρόσκοποι γίνεσθε)는 사람들을 화나게 하거나 심기를 불편하게 하지 않아야 한다는 것을 의미하는 것이 아니라, 사람들로 하여금 죄를 짓게 하거나 걸려 넘어지게 하는 빌미를 제공하지 않아야 한다는 것을 의미한다. 사도는 우리가 "모든 사람"과 관련해서 거치는 자가 되지 말아야 한다고 명한다. 왜냐하면, 당시에 온 세상 사람들은 "유대인"이나 "헬라인"(즉, 이방인), 또는 "하나님의 교회"(즉, 그리스도인들) 중 어느 하나에 속해 있었기 때문이다. 그리스도인들이 불신자들을 화나게 하지 않게 처신하는 것은 불가능한 일은 아니었을지라도 언제나 대단히 어려운 일이었지만, 불신자들로 하여금 죄를 짓게 만드는 빌미를 제공하지 않게 처신하는 것은 불가능한 일이 아니었다. 하물며, 양심 있는 그리스도인들이라면, 자신과 똑같이 하나님의 교회를 구성하고 있고, 그리스도를 머리로 한 신비의 몸의 지체들인 다른 그리스도인들에게 거치는 자가 되어서는 안 된다는 것은 너무나 당연한 일이다.

33. 나와 같이 모든 일에 모든 사람을 기쁘게 하여 자신의 유익을 구하지 아니하고 많은 사람의 유익을 구하여 그들로 구원을 받게 하라.

"나와 같이 모든 일에 모든 사람을 기쁘게 하여"에서 "모든 일"은 하나님의 법이 나의 자유에 맡겨 주신 그런 모든 일들을 가리킨다. 왜냐하면, 바울은 하나님께서 자기에게 행하라고 명하신 일을 행하지 않거나, 하나님께서 자기에게 하지 말라고 금지하신 일을 행함으로써, 사람을 기쁘게 하지는 않았기 때문이다. "자신의 유익을 구하지 아니하고 많은 사람의 유익을 구하여 그들로 구원을 받게 하라." 나는 내 자신의 유익, 즉 내 자신의 생각이나 기분을 만족시키는 것을 구하지 않았고, 도리어 모든 일에서, 특히 어떤 식으로든 다른 사람들의 영원한 구원에 영향을 미치는 일들에서 다른 사람들의 유익을 구하였다.

이렇게 바울은 선한 목자답게 양 무리보다 앞장 서서 나아가며 그들을 이끌어 왔기 때문에, 모든 선한 사역자가 마땅히 그래야 하듯이, 그 자신이 그리스도의 양 무리의 본보기이자 모범이었다. 이 절은 그리스도인들이 하나님의 법에 의해서 어떤 특정한 행위들과 관련해서 그들에게 주어진 자유를 사용할 때에 지켜야 할 세 번째 규범을 우리에게 말해 주는데, 그것은 그리스도인들에게 어떤 행위들과 관련해서 자유가 주어져 있다고 할지라도, 그들은 그것들을 행할 때에 반드시 다른 사람들의 영적인 유익과 구원을 고려해서, 다른 사람들이 영적으로 해악이나 손상을 입는 것을 최소화하는 반면에, 다른 사람들이 영적으로 유익을 얻는 것을 극대화할 것이라고 여겨지는 쪽을 택해서 행하여야 한다는 것이다.

MATTHEW POOLE'S COMMENTARY

고린도전서 11장

개요

1. 고린도 교인들에게 자기가 그리스도를 본받은 것처럼 자기를 본받으라고 권면함(1).
2. 그들이 자기가 그들에게 준 규범들을 지킨 것을 칭찬함(2).
3. 남자들이 머리에 무엇을 쓰고 기도하거나 예언하는 것을 금하고, 여자들이 머리에 무엇을 쓰지 않고 기도하거나 예언하는 것을 금하면서, 머리에 무엇을 쓰는 것은 복종의 표시라고 말함(3-16).
4. 그들의 신앙적인 모임에 있어서의 폐단들, 특히 그들의 파벌 싸움을 책망함(17-19).
5. 그들이 성찬을 모독하는 것을 책망함(20-22).
6. 성찬이 처음에 어떻게 제정되었는지를 그들에게 일깨워 주고, 합당하지 않게 성찬에 참여할 때의 위험성에 대하여 경고함(23-34).

1. 내가 그리스도를 본받는 자가 된 것 같이 너희는 나를 본받는 자가 되라.

해석자들은 이 본문이 앞 장에 속한 것이라고 판단한다. 즉, 사도는 앞 장의 마지막 절에서 고린도 교인들에게 자신의 모범을 설명하고 나서, 여기에서는 그런 자기를 본받으라고 말하고 있다는 것이다. 이 본문이 앞 장에 속하는지, 아니면 이 장에 속하는지를 아는 것은 별로 중요하지 않다. 이 본문은 사도들이 보여 준 모범들은 우리의 규범의 일부가 되어야 한다는 것을 우리에게 가르쳐 준다. 하지만 사도는 여기에서 고린도 교인들에게 자기가 행하는 모든 것을 무조건적으로 다 따르라고 명하는 것이 아니라, 자기가 그리스도를 따르는 것만큼만 자기를 따르라고 명함으로써, 겸손함과 조심스러움을 보여 준다. 그 어떤 사역자도 자기에게 맡겨진 자들에게 자기가 주 예수 그리스도를 본받는 것만큼만 자기를 따르라고 요구하는 것이 마땅하고, 그 이상의 요구를 해서는 안 된다.

2. 너희가 모든 일에 나를 기억하고 또 내가 너희에게 전하여 준 대로 그 전통을 너희가 지키므로 너희를 칭찬하노라.

"너희가 모든 일에 나를 기억하였다"는 것은 사도가 그들에게 베푼 그의 가르침과 명령들과 지시들을 그들이 잊거나 흘려듣지 않고 모두 다 기억하였다는 것이다. "내가 너희에게 전하여 준 대로 그 전통을 너희가 지키므로 너희를 칭찬하노라." 여기에서 “전통”으로 번역된 헬라어는 ‘파라도세이스’(παραδόσεις)인데, 이 단어는, 그것이 믿음에 관한 것이든 아니면 행실에 관한 것이든, 가르침을 통해서 사람들에게 전달된 모든 것을 의미한다. 이 본문에서 사용된 ‘파라도세이스’는 사도가 믿음이나 도덕적인 행실이 아니라, 교회의 질서와 관련해서 고린도 교인들에게 전해 준 가르침들을 가리키는 것으로 생각된다. 왜냐하면, 사도는 바로 아래에서 남자나 여자가 “머리에 무엇을 쓰거나 쓰지 않고 기도하거나 예언하는” 문제를 하나의 예로 언급하고 있기 때문이다. 그리고 무오한 성령의 인도하심을 받은 사도가 전한 그러한 성격의 명령들과 교훈들을 고린도 교인들이 지키는 것이 마땅하였다는 것은 의심의 여지가 없다. 사도는 자기가 누군가로부터 전해 받은 어떤 전통을 다시 그들에게 전해 준 것들을 그들이 반드시 지켜 나가야 한다고 명하고 있는 것이 아니라, 단지 그들이 자기가 그들에게 베푼 가르침들을 잘 지키고 있는 것에 대하여 그들을 칭찬하고 있는 것일 뿐이다.

우리와 교황주의자들 간에 큰 논란이 되고 있는 문제가 있는데, 그것은 그리스도인들이 성경에 기록되지 않은 전통들을 지킬 의무가 있느냐 하는 것이다. 그들은 성경에는 나와 있지 않은 것들 중에서 사도들이 전한 예식들과 초대 교회의 전통들이 있다고 주장한다. 사도들이 전해 준 전통들을 지켜야 할 의무가 그리스도인들에게 있다는 것을 반박할 사람은 우리 중에 아무도 없을 것이다. 다만 우리가 문제를 제기하는 것은, 그들이 사도들이 전해 준 전통들이라고 주장하는 것들이 사도들의 글들에서는 전혀 발견될 수 없는데 진정으로 사도 전통인지를 어떤 식으로 증명할 수 있느냐 하는 것이다. 사도들의 전통을 지키는 것은 칭찬할 만한 일이지만, 하나님께서 성경을 통해서 우리에게 요구하지도 않았고, 사도들이 전해 준 전통이라는 것이 확인되지도 않은 것들을 애써 지키려고 하는 것은 도가 지나친 일일 뿐이다.

3. 그러나 나는 너희가 알기를 원하노니 각 남자의 머리는 그리스도요 여자의 머리는 남자요 그리스도의 머리는 하나님이시라.

각 남자의 머리는 그리스도요. 사도는 이 절과 다음 절에서 여자들이 머리에 아무것도 쓰지 않은 채로 기도하거나 예언하는 것을 강력하게 성토하면서, 왜 그것이 잘못된 것인지를 이치를 따져 설명해 나가는데, 사도가 말하고자 하는 것은 다음과 같은 것이다: 여자들은 예배에서 자신이 남편에게 순복해야 하는 위치에 있는 존재로서 처신하는 것이 마땅하기 때문에, 당시의 옷차림과 관습에 따라 자신의 그러한 위치를 나타내는 표시를 하여야 한다. 사도는 그것을 말하기 위해서 먼저 이 절에서

"각 사람의 머리는 그리스도"라고 말한다(한글개역개정에는 "각 남자"로 되어 있다). 그리스도는 자신의 신성으로는 하나님이시라는 점에서 이 세상의 모든 남자와 여자의 머리이시다. 그러나 이 본문은 중보자로서의 그리스도에 대하여 말하고 있는 것으로 보인다. 그런 점에서 사도는 에베소서 5:23에서 그리스도를 "교회의 머리"라고 말한다. 신약성경에서는 흔히 그리스도를 "머리"라고 말하고, 믿는 자들을 그리스도의 지체들이라고 말한다. 이런 의미에서 우리는 여기에서 "각 남자"로 번역된 어구는 각각의 그리스도인, 즉 교회의 "각각의 지체"를 가리키는 것으로 이해하여야 한다. **여자의 머리는 남자요.** 남자가 여자의 머리라 불리는 것은, 하나님이 창세기 3:16에서 "남편은 너를 다스릴 것이니라"고 말씀하심으로써 정하신 규례를 따라, 남자가 여자를 다스리게 되어 있기 때문이다. 남자는 여자에 대한 우월적인 위치에 있고, 여자를 다스릴 권세가 주어져 있다.

그리스도의 머리는 하나님이시라. 남자가 여자의 머리인 것이, 남자와 여자의 본질과 본성이 서로 달라서, 본질과 본성에 있어서 남자가 여자보다 더 우월하기 때문이 아니라(남자와 여자의 본질과 본성은 동일하다), 하나님이 남자에게 여자를 다스리는 위치와 직임을 주셨기 때문인 것과 마찬가지로, 하나님이 그리스도의 머리이신 것은, 그리스도의 신적 본질과 본성에 있어서가 아니라, 중보자로서의 그리스도의 직임과 관련해서이다. 이 본문은 성부 하나님과 주 예수 그리스도가 본질과 본성에 있어서 서도 다르지 않고 동등하다는 것을 증명해 준다는 점에서, 그리스도의 신성을 부정하는 자들은 이 본문 앞에서 곤혹스러워 할 수밖에 없다. 왜냐하면, 하나님이 그리스도의 머리시라면, 그리스도는 하나님의 지체가 될 것인데, 머리와 지체는 본질과 본성에 있어서 서로 다를 수 없고 동일할 수밖에 없기 때문이다. 또한, 신하들이 왕에게 복종한다고 해서, 신하들과 왕이 본질과 본성에 있어서 서로 다르다고 할 수 없는 것과 마찬가지로, 그리스도께서 성부 하나님께 복종하신다고 해서, 그리스도와 성부 하나님이 본질과 본성에 있어서 서로 다르거나 동등하지 않다고 할 수 없다. 따라서 사도가 하나님이 그리스도의 머리시라고 단호하게 말한 것은 하나님이 세우신 질서를 천명한 것이다. 이렇게 그리스도는 자신의 교회의 머리이시고, 그 교회의 지체인 모든 사람들의 머리이시다. 그리고 남자는 여자의 머리이기 때문에, 교회가 그리스도께 순복하고, 그리스도께서 성부 하나님께 순복하시듯이, 여자는 남자에게 순복하는 것이 마땅하다. 사도는 이러한 질서를 근거로 해서, 이하에서 남자와 여자가 기도하거나 예언할 때에 머리에 무엇을 쓰지 않거나 써야 하는 문제를 설명해 나간다.

4. 무릇 남자로서 머리에 무엇을 쓰고 기도나 예언을 하는 자는 그 머리를 욕되게 하는 것이요.

무릇 남자로서 … 기도나 예언을 하는 자는. 박식한 베자(Beza)를 비롯한 어떤 이들은 이것은 공중 예배에서 성령의 강력한 계시를 따라(초대 교회에서는 이런 일들이 자주 있었다) 기도하거나 성경을 펴서 묵상하거나 강론하는 자만이 아니라, 거기에 참석한 모든 사람들에게도 적용된 것으로 본다. 그리고 그들은 사도가 여기에서 기도하거나 예언하는 한 사람만이 아니라 그 자리에 있는 모든 남자들을 의미하는 "무릇 남자로서"라는 어구를 사용하고 있다는 것을 그 근거로 든다(여자는 교회에서 말하는 것이 금지되었다, 딤전 2:12). 그러나 우리의 박식한 홀 주교(Bishop Hall, 주후 1574-1656년)는 자기는 그러한 해석에 동의할 수 없다고 우리에게 단언하고 있고, 실제로 그러한 해석은 이치에 맞지도 않는다. 왜냐하면, 어떤 사람이 대표로 기도할 때는, 그 자리에 있는 사람들도 함께 기도하고 있는 것이라고 할 수 있지만, 어떤 사람이 설교하거나 성경을 강론할 때는, 그 자리에 있는 사람들도 함께 예언한다고 할 수는 없기 때문이다. 또한, 우리는 기도한다거나 예언한다는 용어를 그런 식으로 사용한 용례를 찾아볼 수 없고, 그 용어들을 그런 식의 의미로 해석하는 타당함을 보여 주는 설득력 있는 근거들도 찾을 수 없다. 따라서 사도가 여기에서 이렇게 명령한 이유 또는 근거는 기도나 예언을 하는 당사자만이 아니라 그 자리에 있는 다른 모든 사람들에게도 적용될 여지가 있다는 것은 분명하지만, 반드시 적용되어야 한다는 것을 보장해 주지는 않는다. 그리고 여자들은 통상적인 경우에는 교회에서 가르치는 것이 금지되기는 하였지만, 사도행전 2:17이 요엘서 2:28의 예언을 인용해서 "그 때에 내가 내 영을 내 남종과 여종들에게 부어 주리니 그들이 예언할 것이요"라고 말하고 있듯이, 그 자리에서 성령의 강력한 감동을 받은 여자들에게는 그러한 원칙이 적용되지 않았다(저자는 여기에서 "무릇 남자로서"로 번역된 어구를 "무릇 사람으로서"로 번역하여, 기도하거나 예언하는 남자와 여자를 모두 포함하는 의미로 해석하고 있다 — 역주).

머리에 무엇을 쓰고. 여기에서 "무엇"은 그들이 살고 있던 나라에서 관례적으로 머리에 썼던 모자 등과 같은 것들을 가리키고, 우리의 머리를 자연스럽게 덮고 있는 머리털이나, 생명과 건강을 위해 꼭 필요해서 머리에 쓴 것들은 그런 것들에 해당되지 않는 것으로 보아야 한다. 그러나 그들이 살고 있던 나라에서 하나의 장식물로 사용하던 것들로서 꼭 쓰지 않아도 되는 것들은 여기에 해당된다. **그 머리를 욕되게 하는 것이요.** 여기에서 "머리"는 교회의 머리이신 그리스도를 가리키는 것일 수도 있고, 기도하거나 예언하는 자의 머리를 가리키는 것일 수도 있다. 전자의 해석에 의하면, 머리에 무엇을 쓰는 것은 분명히 자기를 낮추고 복종을 표시하는 것임에도 불구하고, 사도는 여기에서 기도하거나 예언하는 사람이 머리에 무엇을 쓰는 것은 자기가 대표하여야 하고 순복하여야 하는 그리스도를 욕되게 하는 것이라고 선언하고 있는 것이 된다. 후자의 해석에 의하면, 이 본문은 하나님께서는 기도하거나 예언하는 사람에게 자신의 권능과 존귀를 덧입혀 주신 것인데, 그 사람이 머리에 무엇을 씀으로써 복종의 표시를 나타내어 자신을 낮춘다면, 그것은 하나님이 그 사람에게 주신 권능과 존귀를 스스로 욕되게 하는 것이라는 의미가 된다(많은 이들이 이 해석을 따른다).

해석자들은 이 절과 이후의 절들은 당시에 그 나라들에서 행해지고 있던 관례에 비추어서 해석되어야 한다는 데 견해를 같이한다. 그러므로 우리가 이 절로부터 이끌어낼 수 있는 결론은, 하나님의 일들에 복무하는 사람들의 의무와 본분은 주 예수 그리스도를 대표하는 자들답게 처신하는 것이기 때문에, 그들은 자신들이 살고 있는 나라나 지역의 관습과 관례에 따라 그리스도의 대사라는 지위에 걸맞은 권위와 위엄을 갖춘 그런 모습으로 하나님의 일들을 수행하는 것이 마땅하다는 것이다. 따라서 이 본문이 그리스도인 사역자들에게 요구하는 모든 것은 그리스도의 대사들로서의 권위와 위엄을 유지하고, 그들의 외관도 그러한 권위와 위엄을 나타내는 것이어야 한다는 것이다. 우리의 박식한 라이트푸트(Lightfoot) 박사는 유대 제사장들은 하나님을 예배할 때에 자신의 머리를 가리는 것이 관례였기 때문에, 사도 바울은 그리스도인 사역자들이 기도하거나 예언하면서 머리에 무엇을 쓰는 것은 기독교 신앙을 유대교화하는 것이라고 판단해서, 그러한 것을 금한 것이라고 말한다. 또한, 로마인들이나 헬라인들도 종교와 관련된 신성한 일들에 복무할 때에는 머리를 가리는 것이 관례였다. 어떤 이들은 이것이 그리스도인들이 정반대의 조치를 취한 이유였다고 생각한다. 그러나 사도가 여기에서 그리스도가 사람들의 머리라는 사실을 근거로 삼아서 이 문제를 풀어가고 있는 것으로 볼 때, 사도는 고린도에서는 머리에 무엇을 쓰지 않는 것이 권위의 표시였기 때문에, 기도하거나 예언하는 사람들은 하나님을 대표하는 사람들이라는 위치에 있다는 것을 나타내기 위하여 머리에 무엇을 써서는 안 된다는 논리를 전개하고 있는 것으로 보인다. 당시에 회교도들은 자신의 윗사람에게 말하거나, 신을 섬기는 일들을 할 때에는 자신의 머리에 무엇을 쓰는 것이 관례였다. 반면에, 우리 서양에서의 관례는 정반대여서, 머리에 무엇을 쓰지 않는 것이 복종의 표시이다. 그런 까닭에, 사역자들은 자신들이 하나님과 그리스도께 순복한다는 것을 나타내기 위해서, 머리에 아무것도 쓰지 않은 채로 기도하고 설교한다. 하지만 서양이라고 해서 모든 나라나 지역에서 이 관례가 동일하지는 않아서, 프랑스에서는 개혁파 사역자들이 머리에 무엇을 쓰고서 설교한다. 그들은 기도할 때에는 하나님에 대한 공경과 복종을 나타내기 위하여 머리에 아무것도 쓰지 않지만, 설교할 때에는 자신들이 위대한 교사이신 그리스도를 대표한다는 것을 나타내기 위하여 머리에 무엇을 쓴다. 따라서 이 본문은 그리스도인 사역자들이 기도하거나 설교할 때, 그들이 몸담고 살고 있는 나라나 지역의 관례와는 맞지 않는 부자연스럽고 볼썽사나운 어떤 외관을 갖출 것을 그들에게 요구하고 있는 것이 전혀 아니고, 단지 사역자들에 의해서 인위적으로 만들어진 것이 아니라, 그 나라나 지역에서 자연스럽게 하나의 관례로 형성된 권위와 위엄의 표시를 따라 자신들의 외관을 갖추어서 그리스도의 대사로서의 품위를 지키는 것이 그들의 의무이자 본분이라고 말하고 있는 것일 뿐이다. 하지만 여기에서 사도가 고린도 교인들과 관련해서 특히 하나님의 일들에 복무하는 사역자에게 머리에 무엇을 쓰지 말라고 한 것은, 유대인들이나 이교도들이 머리에 무엇을 쓰고 신성한 일들을 하던 관례를 피하기 위한 것일 수도 있고, 기도하거나 예언할 때에는 머리에 무엇을 써야 하는 여자들과는 달리, 여자들을 다스리는 권위와 위엄을 나타내기 위한 것일 수도 있고, 그 사역자는 교회의 머리이신 그리스도를 대표하는 자라는 것을 나타내기 위한 것일 수도 있다. 이렇게 고린도 교인들에게 있어서, 머리에 무엇을 쓰지 않는 것은 권위와 우월함의 표시이기도 하였고, 복종과 순복의 표시이기도 하였다.

5. 무릇 여자로서 머리에 쓴 것을 벗고 기도나 예언을 하는 자는 그 머리를 욕되게 하는 것이니 이는 머리를 민 것과 다름이 없음이라.

무릇 여자로서 … 기도나 예언을 하는 자는. 사도는 디모데전서 2:11-12에서 "여자는 일체 순종함으로 조용히 배우라 여자가 가르치는 것과 남자를 주관하는 것을 허락하지 아니하노니 오직 조용할지니라"고 명하고 있지만, 그 명령은 통상적인 경우에 일반적인 여자들에게만 적용되고, 성령의 특별한 감동을 따라 그 자리에서 예언하게 된 여자들에게는 적용되지 않는 것으로 보아야 한다. 우리는 구약 시대에서나 신약 시대에서나 여러 여선지자들을 본다. 요시야 시대에는 훌다가 있었고, 복음서에는 안나가 나오며(눅 2:36), 전도자 빌립에게는 예언하는 딸 넷이 있었다(행 21:9).

머리에 쓴 것을 벗고. 이미 앞에서 설명하였듯이, 여기에서 "머리에 쓴 것"은, 모자나 후드나 너울 등과 같이 머리를 덮거나 가리기 위하여 인위적으로 쓰는 것을 가리키고, 여자들의 머리에서 자연스럽게 자란 머리털은 해당되지 않는다. **그 머리를 욕되게 하는 것이니.** 여기에서 "머리"는 여자의 머리인 남편을 가리키는 것일 수도 있고, 여자의 머리 자체를 가리키는 것일 수도 있다. 전자의 해석에 의하면, 여자가 자신의 머리에 쓴 것을 벗는 행위는, 자기가 남편에게 순복하는 위치에 있다는 표시를 제거함으로써, 여자를 다스리는 남자의 권위에 도전하는 것이 된다. 후자의 해석에 의하면, 그 나라나 지역에서는 여자가 머리에 무엇을 쓰지 않는 것은 품행이 단정하지 않은 부정한 여자들이나 하는 짓이었기 때문에, 여자가 자신의 머리에 쓴 것을 벗는 것은 그녀 자신을 욕되게 하는 일이 된다는 것이다. 창세기 24:65에서는 이삭이 리브가를 만났을 때, "리브가가 너울을 가지고 자기의 얼굴을 가렸다"고 말한다.

이는 머리를 민 것과 다름이 없음이라. 사도는 고린도 교인들에게 이렇게 말한다: 머리를 민 여자를 너희가 한 번 상상해 보라. 그것은 얼마나 흉하고 볼썽사나운 모습이겠느냐. 그런데 여자가 머리에 쓴 것을 벗고 기도하거나 예언하는 것은 바로 그렇게 여자가 머리를 민 것과 마찬가지이다. 이 절에 나오는 마지막 구절은, 이 절에서 머리에 무엇을 쓰지 않았다는 것은 단지 머리털 외에는 아무것도 머리에 쓰지 않았다는 것만이 아니라, 긴 머리를 단정하게 하지 않고 헝클어진 상태로 두는 것도 가리킨다는 것을 보여 준다. 왜냐하면, 만일 그렇지 않다면, 모자나 후드나 너울 같은 것을 머리에 쓰지 않은 것은 머리를 민 것과 마찬가지라고 말할 수 없기 때문이다. 사도는 나중에 15절에서 여자의 "긴 머리는 가리는 것을 대신하여 주신" 것이라고 말한다. 따라서 사도가 여기에서 여자들이 머리를 가리는 것 대신으로 주어진 머리털을 품위 있게 잘 단장하지 않고 아무렇게도 헝클어진 상태로 공적인 집회에 나오는 것을 염두에 두고 있었을 가능성이 있다. 옛 글을 보면, 술의 신이었던 바쿠스(Bacchus)의 여사제들은 마치 미친 사람들처럼 머리를 산발하여 길게 늘어뜨린 채로 종교적인 예식들을 치르는 것이 관례였고, 이성을 가진 사람들이 아니라, 마치 미친 사람들처럼 행동하였기 때문에, '마나데스'(manades)라 불렸다고 한다. 고린도 교회에서 일부 여자들이 그러한 여사제들의 모습에 영향을 받아서 그런 흉내를 내고 교회의 공적인 집회들에 참석하였을 가능성이 대단히 높고, 사도는 여기에서 바로 그러한 행위를 강력하게 책망하고 있는 것일 수 있다.

6. 만일 여자가 머리를 가리지 않거든 깎을 것이요 만일 깎거나 미는 것이 여자에게 부끄러움이 되거든 가릴지니라.

만일 여자가 머리를 가리지 않거든 깎을 것이요. 하나님으로부터 특별한 계시를 받았다고 하는 여자가 긴 머리를 산발하여 잔뜩 헝클어뜨린 채로 아주 보기 흉한 모습으로 하나님의 마음과 뜻을 계시한다고 하면서 예언을 하는 모습을 보는 것은 정말 눈 뜨고 볼 수 없는 부끄럽고 창피한 광경이라는 것은 인간의 본성이 우리에게 가르쳐 준다. 그래서 사도는 하나님께서 여자에게 머리를 가리는 것 대신으로 주신 머리털을 단정하게 묶거나 곱게 땋을 것이 아니라면, 차라리 그 머리를 밀든지, 아니면 남자들처럼 짧게 깎으라고 여기에서 단호하게 명한다. 왜냐하면, 성령의 강력한 역사로 말미암아 예언을 하게 된 여자는, 여자는 교회에서 잠잠하고 조용하라는 일반적인 규범의 적용을 받지는 않지만, 마치 미친 사람들처럼 머리를 산발하고 보기 흉한 모습으로 하나님의 계시를 예언해서는 안 된다는 본성의 빛, 또는 그 지역에 사는 모든 사람들의 통념의 적용은 받아야 하는 까닭에, 하나님의 말씀을 대언하는 자로서의 권위와 위엄과 품위를 심각할 정도로 훼손하고 깎아내리는 그런 불경스럽고 야만적인 모습으로 예언해서는 안 되기 때문이다.

이 본문으로 한 가지 질문이 제기되어 왔다: 그리스도인 여자들은 머리에 아무것도 쓰지 않고 교회의 공적인 집회에 참가해도 괜찮은 것인가? 그런 질문에 대해서 나는 감히 그런 질문이 과연 이 본문과 무슨 상관이 있는 것이냐고 반문하고 싶다. 왜냐하면, 이 본문에서 사도는 여자들이 교회의 공적인 집회에 참석할 때의 통상적인 복장이나 모습에 대해서 말하고 있는 것이 아니라, 단지 성령의 특별한 감동을 따라 여자들이 기도하거나 예언할 때에 어떤 모습으로 예언하는 것이 마땅한 것인지에 대해서만 말하고 있는 것이고, 아울러 지금의 우리에게는 그러한 여자 선지자들이 없기 때문이다. 따라서 나는 여자들이 머리에 무엇을 쓰지 않고 교회의 공적인 집회들에 참석하는 것이 괜찮은 것인지에 대한 문제는 이 본문이 아니라 다른 본문들을 근거로 해서 결정되어야 한다고 생각하고, 또한 여러 정황들에 비추어 볼 때에 아주 잘 결정될 수 있다고 생각한다. 왜냐하면, 하나님께서 여자들에게 머리를 가리는 것 대신이자 장식물로서 머리털을 주신 것인데, 교회의 공적인 집회들에 갈 때에는 원칙적으로 여자들이 반드시 자신의 머리에 무엇을 써야 하는 이유를 나는 알지 못하겠기 때문이다. 물론, 여자들이 자신의 머리털을 아름답게 단장하고 장식하는 것을, 자신의 교만을 드러내거나, 다른 사람들의 정욕을 부추기거나, 악한 의도로 활용하고자 하는 부작용이 있을 수 있겠지만, 그런 것들은 본질적인 문제가 아니라 또 다른 부수적인 문제일 뿐이다.

만일 깎거나 미는 것이 여자에게 부끄러움이 되거든 가릴지니라. 여자가 머리를 짧게 깎거나 미는 것이 부끄럽고 창피한 일이라는 것을 본성이 우리에게 가르쳐 주듯이, 여자가 자신의 긴 머리털이나 인위적인 가리개로 머리를 가리지 않는 것이 부끄럽고 창피한 일이라는 것도 본성이 우리에게 가르쳐 준다. 신학자들은 사도가 여기에서 "가리라"고 한 것은, 여자가 기도하거나 예언할 때, 머리털로 가려지지 않는 머리의 일부인 얼굴을 너울 같은 것으로 가리라고 말한 것으로 이해한다.

7. 남자는 하나님의 형상과 영광이니 그 머리를 마땅히 가리지 않거니와 여자는 남자의 영광이니라.

남자는 … 그 머리를 마땅히 가리지 않거니와. 당시에 그 나라나 지역에서 머리를 가리는 것은 복종의 표시였기 때문에, 남자는 하나님이 자기에게 부여하신 권능과 탁월함과 권위를 그대로 나타내 보이기 위하여, 자신의 머리를 자연적으로 덮은 머리털 외에는 그 어떤 것으로도 자신의 머리를 가리지 않아야 하였다. 하나님의 형상과 영광이니. 남자는 오로지 하나님께만 복종함으로써 하나님께만 영광을 돌려야 함과 동시에, 하나님을 대표하는 자로서 하나님의 영광과 형상을 드러내는 책무를 부여받았기 때문에, 하나님 이외의 다른 사람들에게 복종한다는 의사를 표시하는 일체의 표시를 해서는 안 되었다. 이런 의미에서 바울은 데살로니가 교인들에게 "너희는 우리의 영광"(살전 2:20)이라고 말하고, 다윗은 하나님을 자신의 "영광"이라고 부르며, 솔로몬은 "아비는 자식의 영광"이라고 말한다(잠 17:6). 따라서 사도는 남자가 머리를 가리지 않아야 하는 두 가지 근거를 여기에서 제시하고 있다: (1) 남자는 하나님께만 직접적으로 복종하는 존재이기 때문에, 하나님의 섭리에 의해서 자신의 윗사람인 자들에게 복종하는 것을 제외하고는(사도가 부모나 친척, 주인이나 권세자들에게 복종하는 것을 금한 것은 아닐 것이기 때문에), 일반적으로 사람들에게 복종하는 표시로 여겨지는 그런 것들을 해서는 안 된다. (2) 또 하나의 근거는 남자는 하나님의 형상과 영광으로서, 하나님을 대표하고, 하나님께서는 남자를 통해서 영광을 받으셔야 한다는 것이다.

여자는 남자의 영광이니라. 이것은 여자는 남자의 영광을 위해서, 그리고 남자를 돕기 위해서 원래 남자로부터 지음을 받았다. 그래서 아담이 하와에게 "이는 내 뼈

중의 뼈요 살 중의 살이라"(창 2:23)고 자랑하였듯이, 남자는 여자를 통해서 영광을 받는다. 하나님의 영광은 가려져서는 안 되고 모든 사람에게 드러나야 하는 반면에, 남자의 영광은 감춰지고 가려져야 한다.

8. 남자가 여자에게서 난 것이 아니요 여자가 남자에게서 났으며.

사도는 앞에서 여자가 "남자의 영광"이라고 한 말을 여기에서 풀어 설명하거나 증명한다. 여자는 남자로부터 지음받았다. 즉, 남자가 여자에게서 취해진 갈비뼈로 지음받은 것이 아니라, 여자가 남자에게서 취해진 갈비뼈로 지음받았다. 이 이야기는 창세기 2:21-22에 나온다. 사도는 이것을 근거로 삼아서, 여자가 남자에게 복종하는 것이 하나님이 정하신 질서임을 논증한다.

9. 또 남자가 여자를 위하여 지음을 받지 아니하고 여자가 남자를 위하여 지음을 받은 것이니.

이것은 창세기 2:18에 설명되어 있다. 거기에서 하나님께서는 "사람이 혼자 사는 것이 좋지 아니하니 내가 그를 위하여 돕는 배필을 지으리라"고 말씀하신다. 하나님은 여자를 먼저 지으시고 나서, 여자를 돕는 배필로 남자를 지으신 것이 아니라, 먼저 남자를 지으시고 난 후에, 남자를 돕는 배필이 되게 하시기 위하여 여자를 지으셨다. 어떤 사람이나 어떤 물건을 위해서 지음 받은 사람이나 물건이 그 원래의 사람이나 물건보다 뛰어나지 않다는 것은 불변의 이치이다. 여기에서 "남자를 위하여"는 "남자를 섬기고 돕기 위하여"라는 의미이다.

10. 그러므로 여자는 천사들로 말미암아 권세 아래에 있는 표를 그 머리 위에 둘지니라.

그러므로 여자는 … 권세 아래에 있는 표를 그 머리 위에 둘지니라. 여기에서 "권세 아래에 있는 표"로 번역된 어구는 헬라어 본문에는 "권세"로만 되어 있다. 흔히 어떤 것의 표시를 원래의 그것을 나타내는 데 사용하는 것과 마찬가지로, 원래의 그것을 그것의 표시를 사용해서 나타내는 경우도 있기 때문에, 여기에서 "여자가 권세를 그 머리 위에 둔다"는 것은 여자가 자기 남편의 권세 아래에 있다는 표로 자신의 머리에 쓰는 것을 가리키는 것으로 이해할 수 있다. 이러한 표현법은 시편 132:8에서는 법궤를 "주의 권능의 궤"라고 부르고 있는 반면에, 역대상 16:11에서는 "그의 능력"이라고 부르고 있는 것에서 볼 수 있다. 그러나 어떤 이들은 여기에서 "머리"는 여자의 육신적인 머리가 아니라, 여자를 다스리는 권세가 있다는 의미에서 여자의 머리라 불리는 남자 또는 남편을 가리키는 것으로 보고, "권세를 남자의 머리 위에 둔다"는 것은 여자가 자신의 권세를 남자 안에서 행사한다는 것을 의미하는 것으로서, 여자는 자신의 머리에 무엇을 씀으로써, 그러한 자신의 뜻을 증언하는 것이라고 말하면서, 사도는 디모데전서 2:12에서 "여자가 가르치는 것과 남자를 주관하는 것을 허락하지 아니하노니 오직 조용할지니라"고 말함으로써 이 본문을 잘 설명해 주고 있다고 생각한다.

천사들로 말미암아. 사도는 "천사들로 말미암아"라고 말함으로써, 또 하나의 이유를 추가한다. 어떤 이들은 여기에서 "천사들로 말미암아"라는 어구는 하나님께서 천사들을 부리셔서 남자와 여자를 그러한 질서로 지으시고 그러한 법을 여자에게 두신 것을 의미하는 것으로 이해한다. 어떤 이들은 여기에서 "천사들"은 남자가 종종 어떤 여자와 정혼하기 위하여 보낸 사자들을 가리키는 것으로 이해하지만, 이것은 오직 유대인들 가운데서만 사용되던 관습이었다. 어떤 이들은 여기에서 "천사들"은 성경에서 종종 "천사들"이라 불리는 교회의 직분자들을 가리키는 것으로 이해하고, 어떤 이들은 남자들을 미혹하여 어떤 대상들을 그들의 눈에 아름답게 보이게 하여 음란한 생각을 품게 만들고 음행을 저지르게 만드는 악한 천사들을 가리키는 것으로 이해한다. 그러나 대부분의 최고의 해석자들은 여기에 언급된 "천사들"은 선한 천사들을 가리키는 것으로 이해한다. 왜냐하면, 사도가 여자들에게 어떤 것을 하지 말도록 설득하는 과정에서, 귀신들을 천사라는 개념으로 표현했을 가능성은 거의 없기 때문이다. 따라서 사도는 "천사들로 말미암아"라는 어구를 통해서, 하나님의 택함 받은 자들의 유익을 위하여 섬기는 영들인 선한 천사들은 특히 사람들이 하나님께 예배하기 위하여 모일 때에 그 자리에 함께 있어서 사람들의 일거수일투족을 살피고 있다는 것을 고린도 교인들에게 일깨워 주는 가운데, 신앙적인 집회들에 참석하는 모든 사람들은 이러한 사실을 명심하고서 두려워하는 가운데 그 어떤 품위 없고 단정하지 않으며 비루한 행위도 해서는 안 된다는 것을 경고하고 있는 것이다.

11. 그러나 주 안에는 남자 없이 여자만 있지 않고 여자 없이 남자만 있지 아니하니라.

사도는 앞에서 하나님께서 남자에게 여자를 다스리는 권세를 주셨다고 말하였기 때문에, 이 말을 들은 남자들은 교만하고 오만방자해져서 고압적으로 처신할 우려가 있었다. 그래서 사도는 그들이 오만해지지 않도록 하기 위해서, 남자와 여자는 둘 다 서로의 도움을 필요로 하는 존재들인 까닭에, 남자든 여자든 어느 쪽이나 하나님이나 세상과 관련된 모든 일들에서 상대방 없이는 잘해나갈 수 없다는 말을 여기에서 덧붙인다. 하나님께서는 남자와 여자가 서로를 돕도록 정하셨고, 그것이 하나님이 세우신 질서라는 것이다. 또는, 사도가 여기에서 한 말의 의미는, 남자와 여자는 "주 안에서" 동일하게 은혜로 살아가는 존재들이기 때문에, 그리스도 안에서는 "남자나 여자의 구별"이 존재하지 않는다는 것일 수 있다. 즉, 창조 질서와 관련해서는 하나님께서 남자에게 여자를 다스리는 권세를 주시고 여자에게는 남자에게 복종할 의무를 지우셨기 때문에, 남자에게는 우선권과 우월함이 있어서, 남자와 여자 간에 차이가 있지만, 영적인 상태나 영적인 일들과 관련해서는 둘 사이에 아무런 차이가 없다는 것이다.

12. 이는 여자가 남자에게서 난 것 같이 남자도 여자로 말미암아 났음이라 그리고 모든 것은 하나님에게서 났느니라.

남자는 여자보다 먼저 지음 받았기 때문에, 우선권이 남자에게 있고, 남자가 여자를 위해서 지음 받은 것이 아니라 여자가 남자를 위해서 지음 받았기 때문에, 우월함이 남자에게 있다. 이것은 남자에게 주어진 고유한 특권이다. 반면에, 첫 번째 남자였던 아담을 제외하고는, 그 이후에 태어난 모든 남자는 여자 안에서 잉태되어 여자의 젖을 먹으며 여자로부터 양육을 받으며 여자의 무릎 위에서 응석을 부리며 자라나기 때문에, 여자를 멸시하거나 짓밟을 이유가 전혀 없다. 그리고 이 "모든 것"은 하나님께서 자신의 지혜로 세우시고 정하신 질서이다. 따라서 남자는 여자보다 먼저 지음받았고 여자가 남자를 위하여 지음 받았다는 사실로 인해서 생겨난 남자의 특권을 내세워서 여자를 모욕하거나 멸시할 이유가 전혀 없고, 여자는 남자가 자기로 말미암아 태어나서 자신의 젖을 먹고 자신에게서 양육을 받았다는 사실로 인해서 생겨난 여자의 특권을 내세워서 남자를 멸시하거나 우월감을 가질 이유가 전혀 없다. 도리어, 남자든 여자든 자신들의 그러한 특권들은 하나님으로부터 온 것임을 알고, 각자에게 주어진 처지 속에서 하나님의 뜻을 따라 행하고 처신하는 데 그 특권들을 사용하는 것이 마땅하다는 것을 깨달아서, 여자는 자기가 남자에게 복종하여야 하는 존재라는 것을 인정하고, 그러한 복종을 나타내는 표를 통해서 자신의 뜻을 표현하며, 남자는 여자에 대하여 하나님의 형상이자 영광인 존재답게 합당한 권위와 위엄 속에서 행하고 처신하여야 한다.

13. 너희는 스스로 판단하라 여자가 머리를 가리지 않고 하나님께 기도하는 것이 마땅하냐.

사람은 자신의 양심으로 말미암아 죄를 깨닫게 되기 전까지는, 자신의 잘못을 진정으로 철저하게 깨달을 수 없다. 그래서 성경에서는 하나님께서 자신의 종들인 성경 기자들을 통해서 사람들의 양심에 호소하셔서, 그들 자신의 이성을 따라 어떤 일을 스스로 잘 살피고 판단해서, 그들의 양심이 그 일에 대하여 어떤 판결을 내리는지를 보라고 하시는 경우가 많다. 여기에서 사도가 고린도 교인들에게 스스로 판단해서 판결을 내려 보라고 한 문제는, 여자들이 자신들의 머리를 어깨까지 길게 늘어뜨리고 산발한 채로, 또는 자신들의 머리를 어떤 것으로 전혀 가리지 않은 채로, 또는 자신들의 머리와 얼굴을 가리지 않은 채로 하나님께 기도하는 것이 과연 하나님께 기도하는 자로서 갖추어야 할 단정함과 품위를 갖춘 합당한 것인가 하는 것이었다.

14. 만일 남자에게 긴 머리가 있으면 자기에게 부끄러움이 되는 것을 본성이 너희에게 가르치지 아니하느냐.

사도는 남자가 머리를 길게 기르는 것은 불미스럽고 부끄러운 일이라는 것을 "본성"에 근거해서 단언한다. 인간의 본성은 남자가 긴 머리를 하는 것이 부끄러운 일이라는 것을 우리에게 가르쳐 준다는 것이다. 어떤 이들은 여기에서 "본성"은 본성의 법을 가리키는 것으로 이해하는데, 이렇게 해석하는 경우에는 우리는 남자가 머리를 길게 기르는 것 속에는 근본적인 악이 내재되어 있다고 보아야 한다. 하지만 사실은 그렇지 않다. 왜냐하면, 만일 남자가 머리를 길게 기르는 것 자체가 악한 일이었다면, 하나님께서는 나실인들에게 머리를 깎지 말고 길게 기르라고 명하지 않으셨을 것이고, 남자가 건강이나 생명을 위해서 머리를 길게 기르는 것도 불법이 될 것이기 때문이다. 어떤 이들은 여기에서 "본성"은 열방의 법을 가리키는 것으로 이해하지만, 이러한 해석도 옳지 않다. 왜냐하면, 당시의 많은 나라들에서는 남자들이 아주 길게 머리를 길렀기 때문이다. 어떤 이들은 아담의 타락 이후에도 사람에게 남아 있는 저 자연적인 이성의 빛과 판단력 또는 상식을 가리키는 것이라고 이해한다. 만일 여기에서 "본성"이 그런 것을 가리킨다면, 그 본성은 모든 사람에게 동일하여야 하기 때문에, 남자가 머리를 길게 기르는 것을 모든 사람이 다 부끄러운 일로 판단하여야 하지만, 실제로는 그렇지 않다는 것을 우리가 안다. 그래서 어떤 이들은 여기에서 "본성"은 제2의 본성이라고 일컬어지는 사람들의 통상적인 관습을 가리키는 것으로 이해한다. 실제로 사도는 로마서 11:24에서 "네가 원 돌감람나무에서 찍힘을 받고 본성을 거슬러 좋은 감람나무에 접붙임을 받았으니 원 가지인 이 사람들이야 얼마나 더 자기 감람나무에 접붙이심을 받으랴" 고 말할 때, 이 단어를 그러한 의미로 사용한다. 그러나 여기에서는 이 단어가 그러한 의미로 사용된 것이라고 할 수 없다. 왜냐하면, 남자가 머리를 길게 기르는 것을 부끄러운 일로 여기는 것이 보편적인 관습으로 정착되어 있는 곳은 지금도 없고 이전에도 없었기 때문이다. 어떤 이들은 여기에서 "본성"은 본성적인 성향이나 소질을 가리키는 것으로 이해한다. 그러나 자신의 머리를 아주 길게 기르고 싶은 본성적인 성향이나 소질은 여자들에게만이 아니라 일부 남자들에게도 존재한다는 점에서, 그러한 해석도 옳다고 할 수 없다. 어떤 이들은 여기에 언급된 "본성"은 로마서 1:26에서 사용된 이 단어의 용법과 동일하게 성별의 차이를 가리키는 것으로 이해한다: "이 때문에 하나님께서 그들을 부끄러운 욕심에 내버려 두셨으니 곧 그들의 여자들도 순리대로 쓸 것을 바꾸어 역리로 쓰며." 즉, 사도가 본성이 이것을 가르쳐 준다고 말한 것은 성별의 차이가 이것을 우리에게 가르쳐 준다고 말한 것으로 이해될 수 있다는 것인데, 이것이 이 본문에 대한 가장 유력한 해석인 것으로 보인다. 따라서 사도가 여기에서 말하고자 한 것은, 남자와 여자는 각기 다른 복장을 함으로써 인위적으로 자신의 성별을 구별해서 나타내고, 그들이 그렇게 하는 것이 하나님의 뜻인 것과 마찬가지로, 여자는 머리를 길게 기르고 남자는 머리를 길게 기르지 않음으로써 각자의 성별을 나타내는 것도 하나님의 뜻이기 때문에, 그렇게 하는 것이 남녀의 구별이라는 순리를 따르는 것으로서 합당한 일이라는 것이다. 그러므로 남자가 여자처럼 옷을 입는 것이 부끄러운 일이듯이, 여자처럼 머리를 길게 기르는 것도 부끄러운 일이다.

15. 만일 여자가 긴 머리가 있으면 자기에게 영광이 되나니 긴 머리는 가리는 것을 대신하여 주셨기 때문이니라.

"만일 여자가 긴 머리가 있으면 자기에게 영광이 된다." 여자가 "긴 머리"를 하면 보기가 좋다. 왜냐하면, 하나님께서는 여자에게 "가리는 것을 대신하여" "긴 머리를 주신" 것인 까닭에, 긴 머리는 여자에게 아름다움이나 장식이 되기 때문이다. 남자가 머리를 길게 기르는 것이 합당한지 합당하지 않은지, 그리고 남자가 어느 정도까지 머리를 기르는 것이 합당한지를 다루는 책들이 지금까지 꽤 출간되어 있고, 그 내용은 여기에 옮길 수 없을 정도로 방대하다. 사도는 이 절들에서 이 문제와 관련해서 하나님의 뜻이 무엇인지를 우리에게 제시해 주는 것으로 보인다: (1) 남자와 여자는 자신의 머리를 기를 때, 다른 사람들이 그 머리를 보고서 각자의 성별을 구별할 수 있도록 하여야 하기 때문에, 남자든 여자든 성별의 구별이 되지 않을 정도로 머리를 간수하는 것은 합당하지 않다. (2) 남자는 여자가 통상적으로 사용하는 방식으로 자신의 머리를 기르거나 장식해서는 안 된다. 따라서 남자가 머리를 길게 길러서 산발하거나, 머리를 땋거나 꼬불꼬불하게 만들거나, 머리에 여러 장식들을 하는 것은 남자 같지 않게 여자처럼 머리를 간수하는 것이기 때문에 합당하지 않고, 그리스도인들에게는 더더욱 합당하지 않다. 남자가 자신의 머리를 이렇게 하는 것이 금지되어 있다고 한다면, 우리는 다른 남자나 여자의 머리털로 가발을 만들어서 자신을 장식하는 것이 과연 합당한지도 생각해 볼 필요가 있다.

16. 논쟁하려는 생각을 가진 자가 있을지라도 우리에게나 하나님의 모든 교회에는 이런 관례가 없느니라.

머리를 길게 기른 남자들을 감싸기 위한 마음에서, 또는 자기 파당에 속한 자들을 옹호하기 위해서, 내가 지금까지 한 말들을 반박할 목적으로 나와 "논쟁하려는 생각을 가진 자가 있을지라도," "우리에게나 하나님의 모든 교회에는" 머리에 무엇을 쓰지 않은 여자나 머리에 무엇을 쓴 남자가 기도하고 예언하는 "이런 관례," 또는 이러한 작고 사소한 일들과 관련해서 논쟁을 벌이는 그런 "관례"가 없다. 선한 그리스도인들은 이런 성격의 일들에 있어서는 그들 자신이 속한 교회의 관례는 물론이고 다른 기독교회들의 관례가 어떠한지에도 눈을 돌려 꼼꼼히 살펴보는 것이 마땅하다. 사도는 이 말을 끝으로 이 문제에 대한 권면과 지시를 끝내고, 다음 절들에서는 이 유명한 교회 속으로 침투한 그 밖의 다른 폐단들을 다루기 시작한다.

17. 내가 명하는 이 일에 너희를 칭찬하지 아니하나니 이는 너희의 모임이 유익이 못되고 도리어 해로움이라.

내가 명하는 이 일에 너희를 칭찬하지 아니하나니. 나는 이제 좀 더 크고 중요한 또 다른 일을 다룰 것인데, 그 일에 대해서는 내가 너희를 많이 책망할 수밖에 없다. 그 일에 있어서 너희가 행하고 있는 것은, 내가 너희를 칭찬할 수 있는 것과는 너무나 거리가 멀기 때문에, 나는 그 일과 관련해서 너희를 호되게 나무라고 책망하지 않을 수 없다. 이는 너희의 모임이 유익이 못되고 도리어 해로움이라. 너희가 너희에게 주어진 신앙적인 의무들과 본분들을 다하기 위하여, 즉 기도하고 가르치며 말씀을 전하거나 들으며 성례전에 참여하기 위하여 교회에서 모임을 가지는 것은, 너희가 갖는 모임으로 인해서 너희 속에 은혜가 더욱 깊어지고, 너희 자신과 다른 사람들의 심령 속에서 하나님이 더욱 강력하게 역사하여 신앙에 진보가 있게 하기 위한 것인데도, 너희가 서로 만나 모임을 갖는 것이 너희에게 그런 유익을 가져다주지 못하고, 도리어 너희로 하여금 더욱 많은 죄를 짓게 만드는 역할을 하고 있다.

18. 먼저 너희가 교회에 모일 때에 너희 중에 분쟁이 있다 함을 듣고 어느 정도 믿거니와.

여기에서 "교회에 모일 때"라는 것은 신앙적인 모임을 갖는 때를 가리킨다. 왜냐하면, 당시에는 그리스도인들이 예배를 드리고 집회를 가질 수 있도록 하기 위한 용도로 지어진 건물들이 없었고, 그리스도인들은 개인 집들에서 모임을 가졌기 때문이다. 반면에, 어떤 이들은 당시에 그리스도인들은 비록 개인 집에서 모였다고 할지라도, 어느 한 곳을 정해 놓고 거기에서 모임을 가졌기 때문에, 여기에서 "교회"는 당시에 그리스도인들이 함께 모여 예배를 드리던 장소를 가리키는 것이라고 생각한다. 그러나 당시의 그리스도인들이 이교도들이 득실대는 상황에서 어느 한 곳을 정해 놓고 교회라 부르며 정기적으로 예배를 드리고 모임을 가졌을 정도로 그렇게 안정되고 평안한 신앙생활을 영위하였을 가능성은 그리 높아 보이지 않는다. 사도가 여기에서 "분쟁"이라고 말한 것이 무엇을 의미하는지는 이하의 절들에서 설명된다. 고린도 교인들은 먹고 마시는 것, 자리에 앉는 순서, 먹는 것을 언제 시작할 것인지, 그리고 모두가 다 올 때까지 기다리지 않은 것 등과 관련해서 서로 다투고 분쟁하였다.

19. 너희 중에 파당이 있어야 너희 중에 옳다 인정함을 받은 자들이 나타나게 되리라.

너희 중에 파당이 있어야. 너희 중에 파당이 절대적으로 있을 수밖에 없는 것은 아니고, 파당은 사람들이 자신들의 부패한 뜻을 따라 제멋대로 행함으로써 생겨나는 것이기는 하지만, 그렇다고 해도, 그런 일들은 우연이 아니라 하나님의 섭리로 말미암아 생겨난다. 왜냐하면, 사탄이 자신의 악의를 따라 사람들에게 행하여, 사람들에게서 그들의 마음의 욕심과 부패한 것들을 드러내게 하고, 그 결과로 사람들이 자신 속에 있는 그러한 악을 발견할 수 있게 하신 것은 하나님께서 정하신 불변의 질서이기 때문이다. 여기에서 "파당"으로 번역된 헬라어는 원래 교회에서 사람들에게 잘못된 교설들을 가르쳐서 믿게 하는 이단들을 가리키지만, 원래부터 반드시 그런 의미로만 사용된 것도 아니고, 여기에서는 그런 의미를 지니는 것으로 볼 수도 없기 때문에, 사도가 앞 절에서 말한 "분쟁" 또는 "파당"을 가리키는 것으로 보아야 한다. 왜냐하면, 고린도전서 15장이 보여 주듯이, 고린도 교인들 가운데는 교리와 관련해서 잘못되고 타락한 가르침들이 있었기는 하지만, 여기에서 사도가 그들 중에 반드시 이단사설들이 있어야 한다는 것이 자기가 그들 가운데 "분쟁"이나 "파당"이 있다는 것을 믿게 된 이유 또는 근거라고 말하고 있다고 보는 것은 말이 되지 않기 때문이다.

너희 중에 옳다 인정함을 받은 자들이 나타나게 되리라. 지혜로우신 하나님께서 너희 중에 분쟁과 파당이 있게 하신 목적은, 참되고 진실한 그리스도인들, 즉 그들 속에 거하여 역사하는 하나님의 사랑의 지배를 받아 참되고 진실하게 행하는 그리스도인들과 정반대로 사랑의 법을 짓밟고 제멋대로 행하면서도 그리스도인으로 자처하는 자들이 서로 뚜렷하게 대비되어 나타나게 하기 위한 것이다.

20. 그런즉 너희가 함께 모여서 주의 만찬을 먹을 수 없으니.

너희가 함께 모여서. (한글개역개정에서 "너희가 함께 모여서"로 번역된 구절은 흠정역에는 "너희가 한 곳에 함께 모여서"로 번역되어 있다.) 흠정역이 "한 곳에"로 번역한 어구는 헬라어 본문에서 반드시 그런 의미로 번역되어야 하는 것은 아니고, 단지 그렇게 번역될 수도 있는 것에 불과하지만, 나는 흠정역이 이 어구를 적절하게 번역하고 있다고 본다. 성찬은 믿는 자들이 하나의 동일한 몸으로서 만나는 자리이고, 믿는 자들은 성찬에 참여함으로써 많은 그들이 모두 한 몸임을 선언하는 자리이기 때문에, 최고의 형제 사랑을 서로 나타내 보여야 마땅한 자리라는 점에서, 성찬을 행할 때에 분쟁하거나 파당을 이루어 분열하는 것은 가장 좋지 않은 일이라고 할 수 있다.

주의 만찬을 먹을 수 없으니. 헬라어 본문은 "주의 만찬을 먹는 것이 아니다"라고만 되어 있기 때문에, 완전한 문장을 만들어서 의미가 통하게 하기 위해서는 어떤 단어들을 여기에 보충해 넣어야 한다. 그래서 흠정역 번역자들은 "이것은"이라는 단어를 보충해 넣어서, 이 구절을 "이것은 주의 만찬을 먹는 것이 아니다"로 번역하였다. 즉, 너희가 그런 식으로 합당하지 않은 방식으로 주의 만찬을 먹는다면, 그것은 실제로 주의 만찬을 먹는 것이 아니라는 것이다. 이것이 "주의 만찬"이라 불리는 것은, 주님께서 이것을 정하시고 제정하신 것이었기 때문이거나, 이것이 주님의 죽으심을 기념할 목적으로 제정된 것이었기 때문이다(고전 11:26; 눅 22:19).

어떤 이들은 여기에서 "주의 만찬"은 성찬이라는 성례전을 가리키는 것이라고 말하면서, 사도가 23-25절에서 "내가 너희에게 전한 것은 주께 받은 것이니"라고 운을 떼고는, 주님께서 잡히시던 밤에 제정하신 성찬을 소개하고 있는 것을 그 근거로 제시한다. 어떤 이들은 여기에서 "주의 만찬"은 통상적으로 성찬 직전에 행해졌던 애찬을 가리키는 것이라고 말하면서, 사도가 여기에서 언급한 폐단들, 즉 온 교회가 다 모이기를 기다리지 않고 먼저 먹는 사람들이 있는 것, 어떤 사람들은 많이 가져와서 배불리 먹고 마시는 반면에 어떤 사람들은 조금밖에 가져오지 않아서 다 먹고도 여전히 배고파하는 것은 성찬에서는 있을 수 없는 일들이라는 것을 그 근거로 제시한다. 왜냐하면, 사역자는 온 교회가 다 모일 때까지는 성찬을 시작하지 않았을 것이고, 성찬을 행할 때에는 사람들이 배불리 먹고 마시는 것이 있을 수 없었을 것이기 때문이다.

옛 글을 보면, 헬라(거기에는 고린도도 포함된다)에는 부자들이 자기가 섬기는 우상에게 풍족한 제물을 드린 후에는(가난한 자들은 그 제물 중의 일부를 취할 수 있었다) 우상의 신전에서 잔치를 열어서, 모든 사람들이 그 잔치에 와서 먹을 수 있게 한 오래된 관습이 있었는데, 그리스도인들은 그런 관습을 본받아서, 주일이 되면, 부자들이 먹고 마실 것을 풍족하게 가지고 와서 잔치를 벌여서, 가난한 그리스도인이나 부자 그리스도인이나 다같이 먹었고, 가난한 자들은 이 잔치에서 남은 음식들을 집으로 싸가지고 갈 수 있었다고 한다. 그런데 고린도 교회는 모든 면에서 타락하고 부패하여, 교사들이 제멋대로 전횡을 일삼아서, 그러한 잔치에 가난한 자들은 오지 못하게 하고, 오직 부자들만을 초청해서, 마음껏 배불리 먹고 마시며 즐기게 하였다. 이러한 잔치는 다음 두 가지 중 하나의 이유로 애찬이라 불렸다: (1) 이러한 잔치를 베푼 것은 적어도 명목상으로는 하나님에 대한 사랑을 표현하는 것이었다. (2) 이러한 잔치는 우리 주님께서 최후의 만찬에서 먼저 유월절 식사를 하신 후에 성찬을 행하신 것을 재현하는 것이었다. 또한, 애찬은 성찬을 거행하기 직전이나 직후에 행해졌기 때문에, 본래의 성찬과 동일한 이름으로 불리게 되었다. 만일 이러한 것들이 사실이라면, 우리는 애찬도 그리스도께서 제정하신 것이고, 그리스도의 죽으심을 기념하여 행하는 것이라고 해야 하지만, 이 둘 중 어느 것도 증명될 수 없다. 사도가 여기에서 말한 것의 의미는 이런 것임에 틀림없다: 너희가 성찬 직전이나 직후에 행하는 애찬에서 그렇게 합당하지 않은 행위들을 자행한다면, 너희는 성찬에서 제대로 올바르게 주님과 교통할 수 없다. 따라서 사도가 여기에서 "주의 만찬"이라고 부르는 것은 오직 그리스도께서 믿는 자들로 하여금 그의 죽음을 기념하게 하시기 위하여 제정하신 성찬만을 가리킨다.

21. 이는 먹을 때에 각각 자기의 만찬을 먼저 갖다 먹으므로 어떤 사람은 시장하고 어떤 사람은 취함이라.

당시에는 대부분의 기독교회에 유대파, 즉 유대교에서 기독교로 개종한 자들이 있었고, 그들에게는 유대교를 믿을 때에 행하던 습관이 몸에 배어 있어서, 유대교의 일부 예식들을 끈질기게 고집하였다. 그리스도께서는 처음에 먼저 유월절 식사를 하신 직후에 성찬을 제정하셨기 때문에, 그들은 성찬을 유월절 식사에 종속된 부수적인 것 정도로 취급하는 경향이 있었다. 즉, 그들은 그리스도께서 성찬에 앞서 유월절 식사를 하신 것을 본떠서, 이미 유월절 식사가 폐하여졌음에도 불구하고, 각자의 집에서 음식을 만들어서, 교회가 모이는 곳으로 가져와서는, 성찬에 앞서 한데 모여 그 음식으로 식사를 하였다. 그런데 가난한 형제들은 집에서 음식을 만들어서 가져올 여력이 없었기 때문에, 집에서 음식을 해서 가져온 사람들은 가난한 형제들을 기다려 주지 않고, "각각 자기의 만찬을 먼저 갖다 먹었고," 이렇게 해서 부자인 형제들은 마음껏 배불리 먹는 반면에, 집에서 음식을 가져 오지 못했거나 조금 가져온 가난한 형제들은 굶주리게 되는 일이 발생하게 되었다. 나는 흠정역 번역자들이 '메튀에이' (μεθύει)를 "취하였다"로 번역한 것은 지나치고 가혹하다고 생각한다. '메튀에이'는 반드시 취한 것만을 가리키는 것이 아니라, 꼭 필요한 분량을 조금 넘겨서 어느 정도 잘 마신 것도 가리킬 수 있고, 실제로 요한복음 2:10에서 연회장이 "사람마다 먼저 좋은 포도주를 내고 취한 후에 낮은 것을 내거늘 그대는 지금까지 좋은 포도주를 두었도다"라고 말하였을 때, 거기에서 "취한"으로 번역된 이 단어는 "어느 정도 마셨다"는 것을 의미한다는 점에서, 여기에서 흠정역 번역자들이 "취하였다"고 번역한 것은 지나치다고 할 수 있다. 또한, 흠정역 번역자들이 이 단어를 그런 식으로 번역함으로써, 결과적으로 마치 고린도 교인들이 실제로 술에 잔뜩 취한 상태로 성찬에 참여한 것으로 묘사한 것이라는 점에서, 그런 번역은 가혹한 것이라고 할 수 있다.

22. 너희가 먹고 마실 집이 없느냐 너희가 하나님의 교회를 업신여기고 빈궁한 자들을 부끄럽게 하느냐 내가 너희에게 무슨 말을 하랴 너희를 칭찬하랴 이것으로 칭찬하지 않노라.

너희가 먹고 마실 집이 없느냐. 사도가 이렇게 말한 것으로부터 우리가 분명하게 알 수 있는 것은 애찬은 교회가 하나님에 대한 공적인 예배를 드리기 위하여 만난 곳에서 행해졌다는 것이다. 왜냐하면, 사도는 그들이 그런 식으로 먹고 마실 것이라면, 하나님의 교회에서 그렇게 하지 말고, 자기 집에서 그렇게 하면 되지 않겠느냐고 말하기 때문이다. 따라서 사도는 그들이 애찬을 악용하고 남용하는 것에 대해서만이 아니라, 그런 식의 애찬을 마치 경건한 예식이라고 되는 양 하나님의 교회에서 버젓이 행함으로써, 교회가 모이는 장소 자체도 욕되게 하는 것에 대해서도 책망하고 있는 것이다. 그들이 애찬을 행한다고 하면서, 그런 식으로 친한 사람들끼리만 어울려서 배불리 먹고 마실 것이라면, 그렇게 먹고 마시기에 가장 적합한 장소는 그들 자신의 개인 집이 아니겠느냐는 것이다. 너희가 하나님의 교회를 업신여기고 빈궁한 자들을 부끄럽게 하느냐. 너희는 애찬이라는 거룩한 예식에서 그런 식으로 처신하여 예식 자체를 엉망진창으로 만드는 것이, 하나님의 교회가 만나는 곳, 또는 그 장소에 모인 사람들, 또는 비록 가난하지만, 그리스도의 피로 말미암아 속량함을 받아서 교회의 일원이 된 너희의 가난한 형제들을 멸시하고 업신여기는 것임을 알지 못하느냐? 사도는 여기에서 "하나님의 교회를 업신여기고"라고 말한 후에, "빈궁한 자들을 부끄럽게 하느냐"고 말함으로써, 특히 집에서 음식을 만들어서 애찬 예식에 가져올 여력이 없는 가난한 형제들이 애찬에서 제대로 먹지도 못하고 집으로 돌아갈 수밖에 없는 그런 상황을 염두에 두고서 이 말을 하는 것으로 보인다.

23. 내가 너희에게 전한 것은 주께 받은 것이니 곧 주 예수께서 잡히시던 밤에 떡을 가지사.

성찬에 앞서 행해지는 그러한 애찬은, 내가 "주께 받은" 것이 아무것도 없고, 너희가 유대인들이나 이교도들이 행하는 관습을 가져와서 행하는 것일 뿐이다. 너희가 교회 밖에서 잔치를 베풀거나 너희의 개인 집에서 먹고 마시는 것에 대해서는 내가 상관할 일이 아니지만, 너희가 주의 식탁에서 거룩하게 먹고 마시기 직전에 애찬을 행하는 것과 관련해서는 주님으로부터 그 어떤 지시도 받은 바가 없다. 내가 너희에게 전한 것은 "주께 받은 것," 곧 "주 예수께서 잡히시던 밤에" 행하셨던 성찬뿐이다. "떡을 가지사"에 대해서는 마태복음 26:26; 마가복음 14:22; 누가복음 22:19에 대한 설명을 보라. 나는 거기에서 그 본문들을 해설하면서, 여기에 나오는 것들을 자세하게 설명하였다. 어떤 이들은 모세가 태어나거나 장성하기 이전 시대에 관하여 말해 주는 창세기와 출애굽기의 일부에 나오는 내용들을 하나님의 직접적인 계시로 알게 되었다고 주장하는 것과 동일한 맥락에서, 바울도 이것을 직접적인 계시를 통해서 주님으로부터 받은 것이라고 생각한다. 어떤 이들은 바울이 여기에서 사용한 단어들이 누가복음에 나오는 것과 동일하다는 것을 근거로 해서, 그가 누가복음을 통해서 이것을 알게 된 것이라고 생각하고, 어떤 이들은 바울이 다른 사도들로부터 이것을 들은 것이라고 생각한다. 사도 바울이 이것을 주님으로부터 받은 것은 확실하지만, 어떻게 받은 것인지는 확실하지 않다.

24-25. [24]축사하시고 떼어 이르시되 이것은 너희를 위하는 내 몸이니 이것을 행하여 나를 기념하라 하시고 [25]식후에 또한 그와 같이 잔을 가지시고 이르시되 이 잔은 내 피로 세운 새 언약이니 이것을 행하여 마실 때마다 나를 기념하라 하셨으니.

우리는 이 말씀을 누가복음 22:19-20을 비롯해서 성찬 제정과 관련된 그 밖의 다른 복음서 기자들의 보도 속에서 이미 만난 적이 있다. 누가복음 22:19-20에 대한 설명을 보라.

26. 너희가 이 떡을 먹으며 이 잔을 마실 때마다 주의 죽으심을 그가 오실 때까지 전하는 것이니라.

사도가 여기에서 우리에게 해 주는 말은, 성찬에 참여하는 자들이 떡과 포도주를 먹고 마실 때, 그 떡과 포도주가 그리스도의 실제의 살과 피로 바뀐다고 하는 교황주의자들의 화체설이 옳지 않다는 것을 분명하게 보여 준다. 성찬에서 사용되는 떡과 잔은 이전과는 다른 어떤 것으로 바뀌는 것이 아니라 동일하고, 주님께서 성찬 예식을 제정하신 목적은 단지 그리스도의 죽으심을 기억하고 전하는 것이다. 그런 까닭에, 이 성례전을 행하며 하나님을 기다리는 것은, 그리스도께서 심판하시기 위하여 다시 오실 때까지, 그리스도인들에게 주어진 변함없는 의무이다. 어떤 이들은 여기에 나오는 "전하다"라는 동사는 서술문이 아니라 명령문이기 때문에, 흠정역에서처럼 "전하는 것이니라"로 번역하는 것보다는 "전하라"로 번역하는 것이 옳다고 생각한다: "너희는 이 떡을 먹으며 이 잔을 마시면서 그 때마다 주의 죽으심을 그가 오실 때까지 전하라." 따라서 사도는 고린도 교인들에게 이렇게 말하는 것이 된다: 너희가 알고 있듯이, 성찬을 통해서 주 예수 그리스도의 죽으심을 전하고 나타내는 것이 너희의 의무이고 본분이기 때문에, 너희는 성찬을 거행할 때에 거기에 걸맞게 처신하는 것이 마땅하다.

27. 그러므로 누구든지 주의 떡이나 잔을 합당하지 않게 먹고 마시는 자는 주의 몸과 피에 대하여 죄를 짓는 것이니라.

누구든지 주의 떡이나 잔을 합당하지 않게 먹고 마시는 자는. 신학자들은 여기에 언급된 "합당하지 않음"은 성찬에 참여하는 자가 아니라 성찬을 받는 태도와 관련된 것이라고 한결같이 말하고 있기 때문에, 성찬에 참여하기에 합당한 자가 "합당하지 않게" 성찬에 참여하게 되는 일이 얼마든지 일어날 수 있다. "합당하지 않게" 성찬에 참여하는 것이 무엇을 의미하는 것이냐는 것에 대해서는, 합당한 신앙과 공경하는 마음이 없거나, 믿음과 사랑이 없거나, 성찬의 목적을 제대로 알지 못하거나, 자신이 알고 있는 죄에 대해서 회개하지 않은 상태에서 성찬에 참여한 경우 등이 제시되어 왔다.

주의 몸과 피에 대하여 죄를 짓는 것이니라. 성찬에 합당하지 않게 참여하는 자는 주님께서 제정하신 성례전을 더럽히고 속되게 하는 죄를 짓는 것이다. 왜냐하면, 주님의 몸과 피를 나타내는 "표들"을 모독하는 것은 곧 그 "표들"이 나타내고 있는 주님의 몸과 피를 모독하는 것이 되기 때문이다. 이것은 왕의 인이나 초상을 모독하는 것은 그 인이나 초상이 나타내는 왕을 모독하는 것으로 간주되는 것과 같다. 어떤 이들은 그리스도께서 자신의 죽으심을 기념하고 전하도록 하시기 위하여 친히 제정하신 성례전을 모독하는 것은 그리스도를 못 박은 자들이 받게 될 것과 동일한 벌을 받게 될 것이라고까지 말한다.

28. 사람이 자기를 살피고 그 후에야 이 떡을 먹고 이 잔을 마실지니.

사람이 자기를 살피고. 성찬에 참여하고자 하는 자는, 그리스도께서 어떤 분이신지, 이 성례전의 성격이 어떤 것인지, 이 거룩한 예식에 참여한다는 것이 무엇을 의미하는지에 대해서 자기가 제대로 알고 있는 것인지를 미리 살펴야 하고, 자신의 믿음과 사랑과 회개와 새로운 순종에 대하여 살펴야 하며, 자기가 과연 하나님께서 준비하신 저 거룩한 상에 앉아 먹기에 합당한 자인지를 살펴야 한다. 왜냐하면, 성찬의 상은 개들을 위한 것이 아니라 자녀들을 위한 것이고, 그리스도께서 자신의 원수들이 아니라 친구들을 위하여 베푸신 상이기 때문이다.

그 후에야 이 떡을 먹고 이 잔을 마실지니. 성찬에 참여하고자 하는 자는 반드시 자기 자신을 철저하게 살피고 나서, "그 후에야" 성찬에 참여하여야 하고, 자신을 살피지도 않은 채로 성찬에 참여해서는 안 된다. 이것은 성찬을 이해할 수 없는 어린 아이들, 성인이라고 해도 이성을 따라 제대로 분별하지 못하는 자들, 불신자들, 자신의 죄를 알면서도 아직 회개하지 않은 자들은 성찬에 참여할 자격이 없다는 것을 보여 준다. 따라서 모든 초대 교회들과 제대로 된 모든 개혁 교회들은 실제로 그렇게 해 왔다. 그런데도 그런 자들이 성찬에 참여하고자 한다면, 누가 어떻게 그런 자들을 성찬에 참여하지 못하도록 하여야 하는가? 선한 그리스도인들이 그런 자들과 함께 거룩한 상에 참여해도 괜찮은 것인가? 성찬 전에 꼭 행하여야 할 것으로는 어떤 것들이 있는가? 이런 문제들은 이 본문에서 다루고 있지 않은 것들이다.

29. 주의 몸을 분별하지 못하고 먹고 마시는 자는 자기의 죄를 먹고 마시는 것이니라.

합당하지 않게 먹고 마시는 자는, 불신자이거나, 죄를 알면서도 회개하지 않은 자이거나, 성찬의 의미를 알지 못하는 자이거나, 불경스러운 자 등과 같이, 처음부터 또는 현재적으로 성찬에 참여할 자격이 없는 자를 가리킨다는 것은 우리가 이미 앞에서 설명한 바 있다. 그런 자는 '크리마'(κρῖμα), 즉 "영벌" 또는 "심판"(이 단어는 어느 쪽으로 번역해도 상관없다)을 "먹고 마시는" 것이다(한글개역개정에는 "죄"로 번역되어 있다 — 역주). 왜냐하면, 그런 자는 현세에서 하나님의 심판들을 받게 될 뿐만 아니라, 죽을 때까지 회개하지 않는다면, 결국에는 영원한 벌을 받게 될 것이기 때문이다. 이 벌이나 심판은 합당하지 않게 성찬에 참여한 당사자에게 임하고, 그런 자와 함께 동일한 상 앞에 앉은 사람들에게 임하는 것이 아니다(물론, 그런 자를 이 거룩한 상 앞에 앉게 한 책임이 그 사람들에게 있다면, 그 사람들에게도 죄가 없는 것은 아니겠지만). 그런 자의 죄책은, 평범한 떡과 주님의 몸을 나타내는 떡을 구별하거나 분별하지 못하고서, 자신이 성찬의 떡을 먹기에 합당한 자인지를 미리 살피고 준비함이 없이, 부주의하게 아무렇게나 성찬의 떡에 참여하여 주님의 몸을 모독한 데 있다.

30. 그러므로 너희 중에 약한 자와 병든 자가 많고 잠자는 자도 적지 아니하니.

너희는 너희 중에 약하거나 병들거나 요절하는 자들이 많은 이유가 성찬에 합당하지 않게 참여한 데 있다는 것을 알지 못하고, 그 원인을 다른 것들에서 찾고 있지만, 예수 그리스도의 사도로서 하나님의 생각과 뜻을 아는 나는, 너희 중에 병들고 약하며 요절하는 자들이 많은 큰 이유 중의 하나는, 너희가 이 거룩한 예식을 불경스럽게 더럽히고 모독한 데 있다는 것을 너희에게 분명하게 말해 두고자 한다. 어떤 이들은 사도가 이렇게 요절한 자들을 "잠자는 자"라고 부르고 있다는 것은 그 요절한 자들이 참된 믿음이 있는 경건한 그리스도인들이었음을 보여 주는 것이라고 말하면서(성경에서는 악인들의 죽음을 잠자는 것으로 표현하는 예가 없기 때문에), 이것은 믿음이 있어서 구원을 받은 자들조차도 하나님의 규례들, 특히 성찬의 규례를 범하여 하나님의 이름을 모독한 것에 대한 징계로 현세에서 심판을 받을 수 있다는 것을 보여 주는 것이라고 생각한다.

31. 우리가 우리를 살폈으면 판단을 받지 아니하려니와.

성경에서 "심판하다"(한글개역개정에는 "판단하다")라는 단어는 심판을 구성하는 모든 요소들, 즉 심문하는 것, 고소하는 것, 단죄하는 것 등등을 다 가리키는데, 여기에서는 우리 자신이 고소당하고 단죄받는 것을 의미한다. 사도는 여기에서 이렇게 말한다: 우리가 우리 자신을 스스로 살피고 판단해서, 회개를 통해 우리 자신의 믿음을 새롭게 함으로써, 불신자들이나 회개하지 않거나 불경스러운 자들처럼 되지 않는다면, 하나님께서는 우리를 고소하시거나 단죄하지 않으실 것이다.

32. 우리가 판단을 받는 것은 주께 징계를 받는 것이니 이는 우리로 세상과 함께 정죄함을 받지 않게 하려 하심이라.

사도는 고린도 교인들이 자기가 앞에서 말한 것을 듣고 겁에 질려서, 자신들이 겪는 환난들이 하나님께서 그들에 대하여 진노하셔서 그들을 이제는 자녀로 여기지 않으신다는 것을 보여 주는 증표들이라고 생각하지 않도록 하기 위하여, 하나님의 백성이 질병이나 죽음 같은 현세의 해악들로 말미암아 환난을 당할 때, 그것은 하나님이 심판주로서 그들을 심판하시는 것이 아니라, 아버지로서 자신의 자녀들을 징계하셔서, 그들로 하여금 현세에서 지옥을 맛봄으로써, 내세에서는 세상의 회개하지 않은 죄인들과는 달리 영원한 멸망과 심판을 피하게 하기 위한 선한 목적으로 그렇게 하시는 것이라고 그들에게 말해 준다: "주께서 그 사랑하시는 자를 징계하시고 그가 받아들이시는 아들마다 채찍질하심이라 하였으니 너희가 참음은 징계를 받기 위함이라 하나님이 아들과 같이 너희를 대우하시나니 어찌 아버지가 징계하지 않는 아들이 있으리요 징계는 다 받는 것이거늘 너희에게 없으면 사생자요 친아들이 아니니라"(히 12:6-8).

33. 그런즉 내 형제들아 먹으러 모일 때에 서로 기다리라.

사도는 성찬으로 모일 때에 불경스럽거나 합당하지 않은 행위들을 하지 않도록 앞으로는 조심하라고 그들에게 권면하는 것으로 이 문제에 대하여 말하는 것을 끝맺는다. 즉, 그들은 온 교회가 다함께 모이기 전에 애찬을 행해서도 안 되고, 부자들은 가난한 자들을 기다려 주지 않고 자기들끼리만 먼저 먹어서도 안 되며, 반드시 한 떡을 먹는 한 몸으로서 교회에 속한 모든 지체가 다 모였을 때에 애찬을 행하여야 한다는 것이다.

34. 만일 누구든지 시장하거든 집에서 먹을지니 이는 너희의 모임이 판단 받는 모임이 되지 않게 하려 함이라 그밖의 일들은 내가 언제든지 갈 때에 바로잡으리라.

너희가 애찬을 행할 때, 너희 중에 굶주리는 자들이 생기게 할 것이라면, 너희는 하나님에 대한 엄숙한 예배를 드리기 위하여 온 교회가 모인 곳에서 애찬을 행하지 말고, 차라리 너희 집에서 각자 배불리 먹고 마시는 것이 나을 것이다. 왜냐하면, 너희가 애찬에서 그러한 불경스럽고 방자한 행위를 하지 않고, 각자의 집에서 그렇게 한다면, 너희가 하나님의 진노를 불러일으켜서, 하나님의 심판이 너희에게 임하는 일도 없을 것이기 때문이다. 끝으로, 사도는 자기가 이 문제와 관련해서 말하지 않은 것들이 아직 남아 있다면, 머지않아 그들에게로 직접 가서, 어떻게 해야 하는지를 지시함으로써, 잘못된 것들을 바로잡을 것임을 그들에게 상기시킨다.

MATTHEW POOLE'S COMMENTARY

고린도전서 12장

개요

1. 성령으로 말미암지 않고는 누구도 그리스도를 시인할 수 없음(1–3).
2. 성령의 은사는 다양함(4–6).
3. 성령은 각 사람을 유익하게 하기 위하여 서로 다른 은사를 나누어 주심(7–11).
4. 많은 지체들이 한 몸을 이루듯이, 그리스도인들도 전체가 한 신비의 몸을 이룸(12–13).
5. 모든 지체가 똑같이 한 몸의 일부로서 꼭 필요한 기능을 함(14–26).
6. 그리스도의 몸인 교회도 마찬가지여서, 하나님은 교회 전체의 유익을 위하여 각 지체에게 서로 다른 은사와 직분을 주심(27–31).

1. 형제들아 신령한 것에 대하여 나는 너희가 알지 못하기를 원하지 아니하노니.

흠정역 번역자들은 헬라어 본문에는 "신령한 것들"로 되어 있는 것에 "은사들"이라는 단어를 보충해 넣어서 "신령한 은사들"로 번역하였다. 따라서 헬라어 본문에 의하면, 이 어구는 단지 신령한 은사들만이 아니라 신령한 직분들이나 사역들 등등을 가리키는 것일 수 있고, 실제로 사도는 나중에 신령한 은사들만이 아니라 그런 것들에 대해서도 나중에 어느 정도 가르침을 주고 있다. 하지만 사도가 다루고 있는 내용들 중의 대부분은 신령한 은사들에 관한 것이기 때문에(이것은 주로 이 장에서 다루어진다), 최고의 해석자들은 이 본문에 "은사들"을 보충해 넣어서 "신령한 은사들"로 번역하고 있는 흠정역 번역자들을 지지한다. "신령한 은사들"은 하나님께서 믿는 자들로 하여금 신령한 일들을 할 수 있도록 주신 능력들을 의미하는데, 고린도 교회에는 신령한 은사들이 차고 넘치게 풍성하게 주어졌다. 그들에게는 이렇게 풍성한 은사들이 주어졌기 때문에, 우리가 나중에 이 장에서 볼 수 있듯이, 그들은 신령한 은사들을 남용하거나 잘못 사용하는 잘못도 많이 저질렀다. 그래서 사도는 여기에서 그들이 신령한 은사들과 관련하여 무지하기를 원하지 않는다고 그들에게 말하는데, 이것은 사도가 고린도전서 1:5에서 "이는 너희가 그 안에서 모든 일 곧 모든 언변과 모든 지식에 풍족하므로"라고 말했듯이, 그들에게 신령한 은사들을 풍성하게 주신 하나님의 은혜를 그들이 모르기를 원하지 않는다는 뜻일 수도 있고, 신령한 은사들을 어떻게 사용하는 것이 하나님께서 영광을 받으실 수 있도록 제대로 올바르게 사용하는 것인지에 대해서 그들이 모르기를 원하지 않는다는 뜻일 수도 있으며, 그런데도 그들이 신령한 은사들을 남용하거나 악용해서 잘못들을 저질러 왔다는 사실을 그들이 모르기를 원하지 않는다는 뜻일 수도 있다.

2. 너희도 알거니와 너희가 이방인으로 있을 때에 말 못하는 우상에게로 끄는 그대로 끌려 갔느니라.

너희도 알거니와 너희가 이방인으로 있을 때에. 그들은 자신들의 태생이나 나라와 관련해서는 여전히 이방인이었다. 따라서 사도는 여기에서 그들의 신앙 및 예배 방식과 관련해서 지금의 그들은 이방인이 아니라고 말하고 있는 것이다. **말 못하는 우상에게로 … 끌려 갔느니라.** 너희는 우상의 제관들에게 이끌려서, 또는 너희 친구들과 이웃들의 본보기를 따라 우상들에게로 끌려갔다. 하지만 그 우상들은 너희에게 무엇인가를 말해 주고 장래의 일에 대해서도 말해 주는 것처럼 보였지만, 사실은 입이 있어도 말하지 못하는 존재들이고, 실제로는 귀신들이 우상으로 가장해서 말한 것이었다. **끄는 그대로.** 그 때에 너희는 이성의 인도함을 받아 행한 것도 아니었고, 이성이 있는 피조물답게 행한 것도 아니었으며, 오직 우상의 제관들의 지시나 다른 우상 숭배자들의 본보기에 의해서 맹목적으로 끌려간 것이었다. 사도가 고린도 교인들의 과거의 모습을 이렇게 상기시켜 주는 것은, 그들이 고린도전서 1:5-6에 언급된 것과 같이 온갖 좋은 은사들을 받은 것은, 그들이 우상을 숭배하다가 기독교 신앙으로 회심하고 나서, 하나님으로부터, 즉 그리스도의 영으로부터 받은 것임을 알게 하기 위한 것이었다. 왜냐하면, 그들은 회심 전에는 아무것도 모르고 다른 사람들에 의해서 맹목적으로 끌려다닌 짐승이나 다름없는 존재들이었기 때문이다.

3. 그러므로 내가 너희에게 알리노니 하나님의 영으로 말하는 자는 누구든지 예수를 저주할 자라 하지 아니하고 또 성령으로 아니하고는 누구든지 예수를 주시라 할 수 없느니라.

하나님의 영으로 말하는 자는 누구든지 예수를 저주할 자라 하지 아니하고. 사도는 그들이 성령을 받지 않았을 때에는 기독교 신앙을 욕하고 모독하였으며, 그리스도를 "저주할 자"라고 불렀다는 사실을 근거로 들어서, 지금 그들에게 있는 신령한 은사들이 하나님의 영으로부터 온 것이고, 그들은 "하나님의 영"을 받아서 지금 그리스도를 "주"라고 시인하고 있는 것임을 증명한다. 즉, 하나님은 오직 한 분뿐이시지만, 하나님의 영이신 성령과 하나님의 영원한 아들이신 예수 그리스도는 삼위일체 하나님의 위격들이시기 때문에,성령의 감화를 받고 말하는 자들은, 유대인들이나 이방인들과는 달리, 그리스도를 "저주할 자"라고 말하여 하나님을 모독할 수 없다는 것이다. 사도는 이렇게 말함으로써, 지금의 고린도 교인들은 과거에 이방인으로 있던 때와는 다른 영으로 행하고 있다는 것을 그들에게 알게 해 줌과 아울러, 그들과는 달리 그리스도를 믿지 않는 이방인들은 하나님의 영이 아니라 악한 영으로 행하고 있는 것임을 알게 해 준다.

아울러, 사도는 "또 성령으로 아니하고는 누구든지 예수를 주시라 할 수 없느니라"고 말한다. 사람이 "예수가 주이시다"라고 말한다고 할 때, 거기에는 두 종류가 있다: (1) 사람들이 마음으로는 예수를 "주"로 믿지 않으면서도 단지 입으로만 그렇게 말하는 경우이다. 이 경우에, 그들은 자신들의 입으로 한 말에 의해서 영향을 받지도 않고, 그러한 표면적인 신앙 고백에 따라 그리스도께 믿음과 순종을 드리지도 않는다. 이렇게 사람들은 마음으로 주님을 영접하지도 않고 믿지도 않으며, 주님이 주신 거룩한 삶의 규범을 따라 살아가지도 않으면서, 그리스도를 주라고 말하며, 다른 사람들에게 그리스도를 전하기도 하는데, 가룟 유다나 가야바 등도 그리스도를 "주"라고 말하였었다. 이런 사람들은 성령에 의해서 거듭나거나 새로워지지 않았음에도 불구하고, 성령의 일반적인 은사를 따라서 그렇게 말한 것이다. 그러므로 이 경우에도 "성령으로 아니하고는 누구든지 예수를 주시라 할 수 없다." 따라서 고린도 교인들이 이제까지 입으로 그리스도를 "주"로 고백하여 왔다면, 그것은 그들이 지금까지 성령의 감화를 받아 왔음을 보여 주는 증거가 된다. (2) 사람들이 "예수를 주시라고" 단지 입술로만이 아니라 진심으로 고백하고서, 진정으로 그리스도를 시인하고 믿으며 사랑하고 순종하며 그리스도의 이름을 부름으로써, 그들로 하여금 영생과 구원에 이르게 해줄 올바른 신앙 고백을 하는 경우가 있다. 이 경우에는, 성령께서 그들을 새롭게 하고 거룩하게 하며, 그들로 하여금 은혜 가운데서 살아가도록 복주고 돕는 역사를 그들 가운데서 행하지 않는다면, 그들이 예수께서 주시라고 진심으로 고백하는 것은 불가능하다. 성경에서는 어떤 동사들을 사용할 때, 그 동사들이 가리키는 행위만이 아니라, 그 행위가 적절하게 이루어졌을 때에 나타나는 결과까지도 포함하는 의미로 그 동사들을 사용하는 경우가 있는데, "듣다"라는 동사가 종종 듣는 행위만이 아니라, 제대로 올바르게 들어서 청종하게 되거나 믿게 되는 것까지 포함하는 의미로 사용되는 것이나, 로마서 10:13에서 "누구든지 주의 이름을 부르는 자는 구원을 받으리라"에서 "부르다"가 올바르게 제대로 부르는 것을 의미하거나, 요한일서 4:15에서 "누구든지 예수를 하나님의 아들이라 시인하면"에서 "시인하다"가 믿음과 사랑을 가지고 시인하는 것을 가리키는 것이 그 예들이다. 따라서 이 본문에서 "누구든지 예수를 주시라 (말)할 수 없느니라"에서 "말하다"는 믿음과 사랑과 합당한 순종이 수반된 고백을 의미한다.

4. 은사는 여러 가지나 성령은 같고.

"은사들"은 어떤 행위들을 할 수 있는 힘이나 능력, 재능 같은 것들을 의미한다. 이 때의 행위들은 먹는 것, 마시는 것, 잠자는 것 등과 같이 자연적인 것일 수도 있고, 정신적인 것일 수도 있으며, 영적인 것일 수도 있다. 이러한 능력들은 유아가 먹거나 마시거나 잠자거나 우는 능력을 지니는 것과 같이 통상적인 섭리를 따라 우리에게서 길러지는 자연적인 것들일 수도 있고, 어린아이가 말하거나 글을 쓰거나 언어와 기술과 학문을 익히는 것과 같이 모방이나 배움을 통해서 획득되는 것들일 수도 있으며, 외부로부터 주입되는 것들일 수도 있다. 최고의 신령한 은혜들 또는 은사들이라 불리는 믿음과 사랑을 비롯해서 진정으로 신령한 능력들은 전적으로 외부로부터 주입되는 것들이고, 기도하거나 말씀을 전하는 것 등과 같은 능력들은 하나님의 거룩한 영의 감화 아래에서 우리가 하나님이 주신 수단들이나 방편들을 사용해서 획득하는 것들이다. 방언이나 예언, 치유의 은사 같은 능력들은 전적으로 외부로부터의 주입에 의한 것들인 것으로 보이지만, 구원받는 것과는 결코 상관이 없는 것들로서, 특히 복음의 초창기에 아주 강력하게 나타났다. 이러한 능력들 중에서 통상적인 섭리를 따라 모든 사람에게 공통적으로 자연스럽게 생겨나는 것들이거나 단지 모방이나 연구, 또는 배움을 통해서 획득되는 것들이 아니라, 전적으로 또는 부분적으로 외부로부터의 주입에 의해서 주어지는 능력들이 바로 사도가 여기에서 "은사들"이라고 부른 것들이다. 사도는 그러한 은사들이 "여러 가지"라고 말한다. 예언의 은사, 치유의 은사, 방언의 은사 등등이 존재하였다. 사도는 이러한 다양한 은사들이 모두 다 한 분 동일한 성령으로부터 흘러나왔다고 고린도 교인들에게 말한다. 성령의 역사는 다양하지만, 다양한 역사를 행하시는 성령은 동일하시다는 것이다.

5. 직분은 여러 가지나 주는 같으며.

하나님의 교회에는 여러 가지 직분들 또는 사역들이 존재한다. 어떤 사람은 장로의 직분을 맡아 봉사하고, 어떤 사람은 집사의 직분을 맡아 봉사한다. 어떤 사람은 교회의 어느 사역에서 일하고, 어떤 사람은 교회의 또 다른 사역에서 일한다. 그러나 그들이 어떤 직분이나 사역에서 봉사하고 일하든지, 그들은 모두 다 한 분 동일하신 "주" 아래에서 일하는 것이다. 그들은 여러 가지 직분과 직임을 맡아 일하지만, 모두 다 교회의 위대하신 "주"이신 예수 그리스도를 섬긴다.

6. 또 사역은 여러 가지나 모든 것을 모든 사람 가운데서 이루시는 하나님은 같으니.

행위가 능력과 다르듯이, "사역"이나 "직분"은 "은사"와 다르다. 사람들이 교회에서 거룩한 직분을 맡아 수행하거나 이적들을 행할 때에 사용하는 능력들은 "은사들"이라 불리고, 그러한 여러 가지 능력들을 행사하여 일하는 행위들은 "직분들"과 "사역들"이라 불린다. 직분과 사역은 서로 달라서, "직분"은 교회에서 상시적이고 지속적으로 행하는 것을 가리키고, "사역들"로 번역된 '에네르게마타' (*ἐνεργήματα*)는 통상적인 수단들을 사용함이 없이 병자들을 고치는 일이나 여러 방언들을 말하는 것 등과 같이 이적의 성격을 지닌 일들을 하는 것을 가리킨다. 이렇게 사도는 교회에는 여러 다양한 은사들 또는 능력들을 받은 사람들이 있어서, 그 사람들은 자신의 은사나 능력을 사용해서 상시적으로 교회를 섬기는 것과 마찬가지로, 교회에는 하나님께서 자신의 교회를 처음으로 세우실 때에 믿지 않는 자들을 믿게 하여 교회로 들어오게 하시기 위하여 어떤 사람들에게 이적들을 행하는 특별한 은사들이나 능력들을 주신 자들이 있어서, 그들은 그러한 다양한 이적의 "사역들"을 통해서 교회를 섬기고 있다고 말하고 나서, 모든 사람들이 다 동일한 일을 하지도 않고 할 수도 없지만, 그들 모두 속에서 역사하셔서, 그들이 행하는 모든 일들을 이루시는 분은 동일한 하나님이시라고 말한다.

7. 각 사람에게 성령을 나타내심은 유익하게 하려 하심이라.

사도가 여기에서 은사들을 "성령을 나타내심" 또는 "성령의 나타나심"이라고 부르는 것은, 이 능력들이 성령으로부터 왔다는 것과 그들이 전에 이방인으로 있으면서 말 못 하는 우상들에게 이끌려 살아갔을 때에는 그런 능력들을 지니고 있지 않았다는 것을 분명히 하는 한편, 이러한 은사들과 능력들은, 그리스도께서 승천하셨다는 것과 아버지 하나님이나 그리스도께서 성령을 보내 주시겠다고 하신 약속이 이루어졌음을 분명하게 보여 주는 증거들이라는 것을 고린도 교인들에게 알게 하기 위한 것이다(행 1:4; 16:7-8; 엡 4:8). 사도는 이러한 은사들이 "각 사람에게" 주어졌다고 말한다. 이렇게 사도가 은사가 "각 사람에게" 주어졌다고 말한 것은, 모든 사람에게 동일한 은사나 능력이 주어지지 않았고, 각 사람에 따라 다양한 은사가 주어졌다는 것을 알게 해 주고, 그러한 은사들이나 능력들은 전적으로 하나님에 의해서 주어진 것들이기 때문에, 그들은 그것들로 인하여 자고해지거나 그것들을 자랑하는 것이 아니라, 도리어 그것들을 가지고 그리스도의 교회를 섬겨서 유익하게 하는 것이 마땅하다는 것을 알게 해 주기 위한 것이다. 왜냐하면, 하나님께서 각 사람에게 은사나 능력을 주신 것은, 그 사람 자신이나 다른 사람들을 해롭게 하기 위한 것이 아니라, 그 사람 자신이나 다른 사람들에게 유익이 되게 하기 위한 것임은 두말할 필요가 없기 때문이다.

8. 어떤 사람에게는 성령으로 말미암아 지혜의 말씀을, 어떤 사람에게는 같은 성령을 따라 지식의 말씀을.

사도가 여기에서 구체적으로 열거한 은사들이 어떤 것들인지에 대해서는 해석이 각기 다른데, 이러한 특별한 은사들은 초대 교회에서 강력하게 나타났다가 지금은 그친 것들이기 때문에, 우리가 지금 사도가 말한 여러 명칭의 은사들이 무엇을 의미하는지를 잘 모른다고 해도, 그것은 전혀 이상한 일이 아니다. "지혜의 말씀"의 은사에 대해서는, 어떤 이들은 중요한 일들과 관련하여 하나님이 주시는 말씀들을 전하는 능력을 가리키는 것으로 이해하고, 어떤 이들은 신앙의 깊은 신비들을 열어서 설명해 주는 능력을 가리키는 것으로 이해하며, 어떤 이들은 신령한 일들을 아는 특별한 지식과 거기에 수반되는 큰 권세를 가리키는 것으로 이해하고, 어떤 이들은 하나님의 깊은 지혜를 설명할 수 있는 능력을 가리키는 것으로 이해한다. 그러나 사도가 "지혜의 말씀"이라고 한 것은 우리가 통상적으로 지혜라고 하는 것, 즉 여러 정황들을 제대로 판단해서 가장 좋은 시기에 가장 좋은 방식으로 어떤 행위들을 함으로써 그 행위의 목적을 제대로 이루어 내는 능력을 가리키는 것일 가능성이 대단히 높다. 마찬가지로, "지식의 말씀"에 대해서도, 그것이 어떤 것들을 우리의 지식 속에서 이해하거나, 다른 사람들에게 그 지식을 전하거나, 구체적으로 설교의 형식을 통해서 그 지식을 전하는 능력을 가리키는 것인지(이것은 목회자들과 교사들이 하는 일이다), 또는 장래에 있을 일들을 미리 아는 능력을 가리키는 것인지, 또는 신령한 일들을 구체적으로 적용하는 능력은 크지 않다고 할지라도 교리적으로 잘 알고 전할 수 있는 능력을 가리키는 것인지는 확실하지 않다.

9. 다른 사람에게는 같은 성령으로 믿음을, 어떤 사람에게는 한 성령으로 병 고치는 은사를.

사도는 "다른 사람에게는 믿음"이 주어진다고 말하고 있기 때문에, 우리는 여기에 언급된 "믿음"을 모든 그리스도인들에게 공통된 믿음을 가리키는 것으로 이해할 수 없다. 왜냐하면, 사도는 여기에서 "믿음"을 모든 그리스도인들이 아니라 일부 그리스도인들에게만 주어지는 은사로 말하고 있기 때문이다. 따라서 이 "믿음"의 은사는 하나님께서 이런저런 경우에 이적을 행하실 것임을 확신하는 믿음을 가리키는 것이거나, 믿음의 문제들과 관련된 큰 지식을 가리키는 것이거나, 자신의 직분을 수행함에 있어서 지니게 되는 큰 확신과 담대함을 가리킬 것임에 틀림없다. "병 고치는 은사"는 통상적이고 합리적인 의술을 사용함이 없이 이적을 통해서 병들을 고치는 능력을 가리킨다.

10. 어떤 사람에게는 능력 행함을, 어떤 사람에게는 예언함을, 어떤 사람에게는 영들 분별함을, 다른 사람에게는 각종 방언 말함을, 어떤 사람에게는 방언들 통역함을 주시나니.

"능력 행함"의 은사는 죄인들에게 벌을 가하거나 귀신들을 쫓아내는 것 같은 이적들을 행하는 능력을 가리킨다. "예언"은 일반적으로 하나님의 뜻을 계시하는 것을 의미하기 때문에, "예언함"의 은사는 장래에 있을 일들을 미리 말하거나, 설교나 가르침을 통해서 성경을 풀어 설명해 주는 방식으로 하나님의 뜻을 드러내는 능력이다. 하나님께서 초대 교회 시대에 자신의 복음의 권위와 신뢰성을 더하시기 위하여 어떤 사람들에게 자신의 대권에 속한 것을 주셨는데, "영들 분별함"의 은사는 바로 그러한 은사로서, 사람들의 내면의 생각과 마음을 분별해서, 그들이 진실하고 참된지, 아니면 거짓되고 위선적인 것인지를 알 수 있는 능력이다. 오순절에 성령이 임해서 주님의 제자들이 "성령의 말하게 하심을 따라 다른 언어들로 말하기를 시작하자"(행 2:4) 천하에서 모인 사람들이 "우리 각 사람이 난 곳 방언으로 듣게 되는 것이 어찌 됨이냐"(행 2:8)고 말한 것에서 알 수 있듯이, "각종 방언 말함"은 여러 언어로 사람들과 소통하는 능력이다. 사도가 각종 방언을 말하는 것과는 다른 은사로 "방언들 통역함"을 언급하고 있기 때문에, 방언을 말하는 자들 중에는 자기가 말하는 것을 해석할 수 없었던 사람들도 있었던 것 같다.

11. 이 모든 일은 같은 한 성령이 행하사 그의 뜻대로 각 사람에게 나누어 주시는 것이니라.

하나님의 영은 하나이고, 거기에서 이러한 여러 다양한 능력들이 나오지만, 성령은 각각의 그리스도인들에게 이 모든 다양한 은사들을 다 주시는 것이 아니라, 하나님의 영광이나 교회의 유익을 위하여 "그의 뜻대로" 이 사람에게는 이런 은사를, 저 사람에게는 저런 은사를 주신다.

12. 몸은 하나인데 많은 지체가 있고 몸의 지체가 많으나 한 몸임과 같이 그리스도도 그러하니라.

육신의 "몸"에 속한 부분들이나 지체들은 많지만, 그 "몸"은 "하나"인 것과 마찬가지로, 영적인 몸, 즉 그리스도를 머리로 하는 저 신비의 몸인 교회도 마찬가지이다. 교회의 지체들은 많고, 교회의 여러 지체들에게는 다양한 은사들과 직분들과 사역들이 주어져 있지만, 교회는 "하나"이다. 즉, 교회는 그리스도를 머리로 해서 하나의 신비의 몸을 이루고 있고, 모든 믿는 자들은 그 지체들이다. 그러므로 이런 저런 은사들이나 직분들이나 능력들이나 사역들을 수여받은 지체들은 자신들이 받은 은사들이나 능력들이나 직분들의 차이로 인해서 서로를 부러워하고 시기하거나 멸시하거나 자랑할 이유가 전혀 없다. 왜냐하면, 그들에게 주어진 여러 다양한 능력들과 직분들과 사역들은 모두 동일한 성령으로부터 받은 것들이고, 그들은 모두 다같이 그리스도를 머리로 하는 하나의 몸을 구성하고 있는 것이기 때문이다.

13. 우리가 유대인이나 헬라인이나 종이나 자유인이나 다 한 성령으로 세례를 받아 한 몸이 되었고 또 다 한 성령을 마시게 하셨느니라.

우리가 유대인이나 헬라인이나 종이나 자유인이나 다 한 성령으로 세례를 받아 한 몸이 되었고. 사도는 모든 그리스도인들이 그들을 위해 제정된 신약의 동일한 성례전들에 모두 다 똑같이 참여하였다는 사실로부터, 그리스도의 몸인 교회가 "하나"라는 것을 증명한다. 즉, 사도는 "세례를 받아 한 몸이 되었다"고 말한다. 여기에서 "몸"은 그리스도를 머리로 하는 보편 교회를 가리키고, 개별 교회들은 그리스도를 머리로 하는 저 보편 교회를 구성하는 여러 부분들이다. 그리스도인이 된 사람들의 출신 민족이 유대인이든 이방인이든, 그들의 사회적 신분이 종이든 자유인이든, 그들은 너나 할 것 없이 모두 다 기독교로 회심하여 "한 성령으로 세례를 받아" 그리스도를 머리로 하는 한 몸의 지체들이 되어 저 보편 교회에 속하게 된 사람들이다. 성례전들과 규례들을 좀 더 편리하게 시행하고 참여하도록 하기 위하여, 그 지체들은 여러 작은 모임들로 나뉘어져 있기는 하지만, 마치 아주 작은 한 방울의 물도 물이라 불리는 것과 마찬가지로, 그들은 모두 교회라 불리고 보편 교회를 이룬다.

또 다 한 성령을 마시게 하셨느니라. 어떤 이들은 성령의 은택들은 신약에서는 물론이고(요 4:10, 14; 7:38-39) 구약에서도(사 12:3; 겔 47장) 종종 "생수"라는 개념으로 표현되기 때문에, "우리가 다 한 성령을 마시게 하셨다"는 것은 우리로 하여금 한 성령에 참여하게 하셨다는 의미라고 해석한다. 그러나 다른 많은 해석자들은 여기에서 "마신다"는 것은 주의 상에서 마시는 것, 즉 성찬에 참여하는 것을 의미하는 것으로 해석해서, 잔에 참여하는 하나의 구체적인 행위를 통해서 성찬에 참여하는 행위 전체를 나타내고 있는 것이라고 이해한다. 사도가 이 절의 전반부에서 복음의 성례전인 "세례"에 대하여 이미 말하고 나서, 후반부에서 이렇게 말하고 있다는 것을 고려하면, 여기에서 "마신다"는 것이 성찬을 가리킬 가능성이 커 보인다. 사도는 고린도전서 10:17에서 "떡이 하나요 많은 우리가 한 몸이니 이는 우리가 다 한 떡에 참여함이라"고 말한 바 있다.

14. 몸은 한 지체뿐만 아니요 여럿이니.

육신의 몸이 많은 지체들로 이루어져 있는 전체인 것과 마찬가지로, 영적인 몸, 즉 그리스도의 신비의 몸도 하나의 지체가 아니라 많은 지체들로 이루어져 있다.

15-16. [15]만일 발이 이르되 나는 손이 아니니 몸에 붙지 아니하였다 할지라도 이로써 몸에 붙지 아니한 것이 아니요 [16]또 귀가 이르되 나는 눈이 아니니 몸에 붙지 아니하였다 할지라도 이로써 몸에 붙지 아니한 것이 아니니.

사도가 여기에서 이런 말을 하고 있을 것을 보면, 사도가 책망하였던 고린도 교회의 분쟁과 파당의 큰 원인 중의 하나는 그들 간의 "은사들"과 "직분들"과 "사역들"의 차이였던 것으로 보인다. 이것은 고린도 교회 내에서 더 신령하다고 여겨진 은사들과 직분들을 받고 이적을 행하는 사역들을 감당함으로써 다른 사람들보다 더 유명해진 자들은 그런 면에서 자신들보다 열등해 보이고 못한 것 같아 보였던 다른 지체들을 멸시하고 업신여기며, 그들을 "몸에 붙지 아니한" 자들로 치부하였음을 보여 주는 것일 수도 있고, 또는 교회 내에서 내세울 만한 직분도 없고, 이적들을 행하는 능력도 없으며, 딱히 은사라고 할 만한 것들도 없어 보였던 지체들은, 직분이나 은사나 능력 면에서 탁월한 것으로 생각되었던 다른 사람들과 자신들을 비교해 보았을 때, 자신들은 고린도 교회의 지체도 아니고 "몸에 붙지 아니한" 것이 아닌가 하는 의구심을 품었음을 보여 주는 것일 수도 있다.

사도는 육신의 몸과 영적인 신비의 몸인 교회 간의 추가적인 유비를 통해서 그러한 생각들이 얼마나 터무니없는 것들인지를 논증한다. 즉, 육신의 몸에 속한 발이 자기는 손이 아니기 때문에 몸에 붙어 있는 것이 아니라고 하거나, 귀가 자기는 눈이 아니기 때문에 몸에 붙어 있는 것이 아니라고 하는 것이 터무니없는 생각인 것과 마찬가지로, 그리스도를 머리로 하는 신비의 몸에 속한 자가, 자기는 교회 내에서 탁월한 직분을 맡거나 대단한 사역을 행하고 있지도 않으며, 자기에게는 탁월한 은사도 없기 때문에, 자신은 교회라는 몸에 붙어 있지 않은 자임에 틀림없다고 하는 것은 정말 터무니없는 생각이라는 것이다.

17. 만일 온 몸이 눈이면 듣는 곳은 어디며 온 몸이 듣는 곳이면 냄새 맡는 곳은 어디냐.

사람의 몸은 생명을 유지하고 살아가기 위하여 여러 가지 수행하여야 할 행위들이 있는데, 여기에 언급된 세 가지 행위인 보는 것, 듣는 것, 냄새 맡는 것은 사실 생명을 유지하는 데 꼭 필요한 것들은 아니지만, 육신을 지닌 사람이 인간으로서 더 잘 살아가는 데 대단히 유익한 것들이다. 그래서 사람의 몸에는 보는 것을 담당하는 지체만 있어서는 안 되고, 듣는 것을 담당하는 지체도 있어야 하며, 또한 그런 지체들만으로도 충분하지 않아서, 냄새 맡는 것을 담당하는 지체도 꼭 필요하다. 지혜로우신 하나님께서는 사람의 몸에 속한 모든 지체들 중에서 어느 한 지체도 쓸데없이 괜히 지으신 것이 아니기 때문에, 각각의 지체는 사람의 몸을 유지시키거나 더 잘 되게 하기 위한 고유한 용도나 쓸모를 지니고 있다. 사도는 27절에서 하나님의 교회도 마찬가지로 말할 것이지만("너희는 그리스도의 몸이요 지체의 각 부분이라"), 여기에서는 먼저 육신의 몸과 신비의 몸 간의 유비를 계속해서 제시해 나간다.

18. 그러나 이제 하나님이 그 원하시는 대로 지체를 각각 몸에 두셨으니.

무한히 지혜로우신 하나님께서는 사람의 몸을 지으시고, 사람의 생명을 유지하거나 인간답게 살아나가는 데 필요한 여러 기능들을 담당할 몸의 모든 지체들을 갖추어 놓으셨을 뿐만 아니라, 마찬가지로 모든 지체들이 사람의 몸의 어느 위치에 있어야 할지도 다 정해 놓으셔서, 예컨대 머리는 온 몸을 좀 더 잘 인도하기에 적합하도록 맨 위쪽에 두셨고, 발은 땅을 밟고 서거나 걷고, 온 몸의 무게를 떠받치는 데 적합하도록 맨 아래쪽에 두셨다. 그러므로 사람의 몸을 지으시고 많은 지체들을 갖추어 놓으셨을 뿐만 아니라, 각각의 지체를 가장 적합한 자리에 두시고 기능을 바꾸거나 자리를 옮기지 못하게 하신 하나님의 지혜에 대하여 불평하거나 불만을 품는 것은 합당하지 않다.

19. 만일 다 한 지체뿐이면 몸은 어디냐.

사람의 몸은 많은 지체들로 이루어진 전체이기 때문에, 오직 "한 지체"만이 있는 것은 몸일 수 없다. 또는, 만일 사람의 몸이 오직 "한 지체"만으로 이루어져 있다면, 사람이 생명을 유지하거나 더 잘 살아가는 데 필요한 여러 가지 일들을 사람의 몸이 어떻게 수행할 수 있겠는가?

20. 이제 지체는 많으나 몸은 하나라.

많은 지체들이 각각 다양한 기능들을 행하고 각각의 고유한 용도로 사용됨으로써 온 몸을 섬기지만, 이렇게 지체들이 많다고 해서 지체들의 수만큼 몸도 많은 것은 결코 아니고, 몸은 여전히 하나일 뿐이다.

21. 눈이 손더러 내가 너를 쓸 데가 없다 하거나 또한 머리가 발더러 내가 너를 쓸 데가 없다 하지 못하리라.

사도는 사람의 몸에서 가장 고귀하고 유익한 지체들 중 두 개, 즉 "머리"와 "눈"을 예로 들어서, 머리와 눈이 비록 가장 고귀하고 사람의 몸에 가장 유익한 기능을 하는 지체들이라고 할지라도, 손이나 발에게 "너를 쓸 데가 없다"고 말하는 것은 있을 수 없는 일이라고 말한다. 왜냐하면, 지혜로우신 하나님께서 창조하신 것 중에서 쓸데없는 것은 아무것도 없기 때문이다. 하나님은 사람의 몸에 속한 각각의 지체를 몸 전체에 유익하도록 지으셨고, 각각의 지체들 간에 서로 유익하도록 지으셨기 때문에, 손은 눈에게 유익하고, 발은 머리에 유익하다. 사도는 여기에서 아주 자세하게 설명하고 있는 이 비유를 나중에 27절 이하에서 구체적으로 적용한다.

22. 그뿐 아니라 더 약하게 보이는 몸의 지체가 도리어 요긴하고.

사도가 여기에서 "약하다"고 한 것은 아주 연약하다는 의미만이 아니라, 사람들이 볼 때에 하찮아 보이고 별 볼일 없어 보이며 멸시할 만하다는 의미도 아울러 지닌다. 실제로 이 단어는 사도가 고린도후서 12:10에서 "내가 그리스도를 위하여 약한 것들과 능욕과 궁핍과 박해와 곤고를 기뻐하노니 이는 내가 약한 그 때에 강함이라"고 말할 때에 그런 의미로 사용되고 있다. 배와 내장이 그런 약한 지체들이고, 눈도 약한 지체이다. 하지만 그러한 지체들이 없다면, 사람의 몸은 생명을 유지할 수가 없을 정도로, 그러한 지체들은 "요긴하고" 꼭 필요한 것들이다.

23. 우리가 몸의 덜 귀히 여기는 그것들을 더욱 귀한 것들로 입혀 주며 우리의 아름답지 못한 지체는 더욱 아름다운 것을 얻느니라 그런즉.

일반적으로 "몸의 덜 귀히 여기는 그것들"이 사람의 몸 중에서 어느 부분들인지는 모두가 안다. 우리는 사람의 몸 중에서 좀 더 귀한 대접을 받는 손이나 얼굴이나 머리는 우리와 교제하는 모든 사람들이 다 볼 수 있게 하지만, "몸의 덜 귀히 여기는" 지체들과 "우리의 아름답지 못한 지체들"은 함부로 사람들 앞에 드러내지 않고 감추며, 사람들에게 드러낼 때에는 다른 지체들보다 더 아름답고 귀하게 꾸미고 장식한다.

24. 우리의 아름다운 지체는 그럴 필요가 없느니라 오직 하나님이 몸을 고르게 하여 부족한 지체에게 귀중함을 더하사.

하나님께서는 자신의 지혜로우신 섭리 안에서 우리의 몸의 지체들 중에서 어떤 것들은 아름다워 보이지 않게 하시고 귀한 용도로 쓰임받지 않는 것처럼 보이게 하셨고, 어떤 지체들은 사실은 더 귀한 용도로 쓰임받고 있는 것인데도, 사람들이 보기에 별로 귀해 보이지 않고 아름다워 보이지 않게 하셨다. 그 동일하게 지혜로우신 하나님께서는 이렇게 사람의 몸에 아름답고 귀해 보이는 지체들과 그렇지 않아 보이는 지체들을 골고루 두셔서, 그 모든 지체들로 하여금 한 동일한 몸을 이루게 하시고, 사람들이 보기에 별로 아름다워 보이지도 않고 귀해 보이지도 않는 지체들에게는 인위적으로 아름다움을 더하게 하심으로써, 그 지체들도 아름답고 귀해 보이는 지체들에 못지 않은 아름다움과 귀함을 얻게 하셔서, 지체들 간에 어떤 차별도 없게 하셨다.

25. 몸 가운데서 분쟁이 없고 오직 여러 지체가 서로 같이 돌보게 하셨느니라.

여기에서 "분쟁"은 구분이나 차별을 의미한다. 사도가 "몸 가운데서 분쟁이 없다"고 한 것은 비유적으로 말한 것으로서, 이 비유적인 말이 무슨 의미인지는 이 절의 후반부에서 설명된다: "여러 지체가 서로 같이 돌보게 하셨느니라." 즉, 사람의 몸에 속한 모든 지체들은 그 귀함과 기능에 있어서 서로 다르지만, 마치 모든 지체가 다 동등한 귀함을 지니고 있는 것처럼, 서로를 돌보고 있다는 것이다.

26. 만일 한 지체가 고통을 받으면 모든 지체가 함께 고통을 받고 한 지체가 영광을 얻으면 모든 지체가 함께 즐거워하느니라.

육신의 몸에 속한 모든 지체들은 이렇게 하나이기 때문에 서로 자연스럽게 공감하여 동일한 감정을 느낀다. 그래서 한 지체가 고통을 받으면, 모든 지체들이 함께 고통을 받고, 어떻게 해서든지 서로를 돕고 합력하여 그 고통을 덜어 내고자 한다. 마찬가지로, 한 지체가 영광을 받으면, 그 영광은 모든 지체들에게 미치기 때문에, 모든 지체들이 기뻐하고 즐거워하게 된다.

27. 너희는 그리스도의 몸이요 지체의 각 부분이라.

너희가 전체적으로 온 교회를 이루고 있다는 점에서 너희는 "그리스도의 몸"이고, 너희 각각을 생각한다면, 너희는 그리스도의 몸의 각 부분인 "지체들"이다. 어떤 이들은 '에크 메루스' (ἐκ μέρους)가 "일부"를 뜻하는 것으로 보고서, 이 어구가 그들 가운데서 참된 신자들만이 그리스도의 지체들이고, 그렇지 않은 자들은 지체가 아니라는 것을 의미하는 것으로 해석한다. 사도는 이 절에서 자기가 앞에서 육신의 몸과 그 지체들에 관하여 했던 말을 적용하기 시작한다: 너희는 너희가 지니고 있는 저 육신의 몸과 아주 비슷한 성격을 지닌 그리스도의 신비의 몸이다.

28. 하나님이 교회 중에 몇을 세우셨으니 첫째는 사도요 둘째는 선지자요 셋째는 교사요 그 다음은 능력을 행하는 자요 그 다음은 병 고치는 은사와 서로 돕는 것과 다스리는 것과 각종 방언을 말하는 것이라.

사도는 에베소서 4:11에서도 여기에서와는 약간 다르게 하나님이 교회에 세운 직분들을 열거한다: "그가 어떤 사람은 사도로, 어떤 사람은 선지자로, 어떤 사람은 복음 전하는 자로, 어떤 사람은 목사와 교사로 삼으셨으니." 거기에 열거된 직분들 중에서 여기에서 언급되고 있는 것은 사도, 선지자, 교사, 이렇게 세 가지뿐이고, "복음 전하는 자"는 여기에 나오지 않는다.

여기에서 가장 먼저 언급된 "사도들"은 그리스도께서 복음 교회의 최초의 토대를 놓도록 하시기 위하여 파송하신 하나님의 종들을 가리키는데, 그들에게는 그리스도의 모든 교회들을 돌보는 책무가 주어졌기 때문에, 모든 곳에서 말씀을 전하고 성례전들을 집례하는 권한만이 아니라, 각 교회에 질서의 규범들을 주고 치리와 관련된 문제들을 지시할 권한도 그들에게 있었다. 물론, 치리의 권한은 개별 교회에게도 주어져 있었다. 만일 사도들에게 치리권이 없었더라면, 바울은 근친상간의 죄를 범한 자를 쫓아내지 않은 것에 대하여 고린도 교회를 책망할 수 없었을 것이다.

"선지자들"은, 내가 앞에서 이미 설명하였듯이, 성령의 특별한 감동과 계시에 의한 것이든, 아니면 통상적인 가르침에 의한 것이든, 그리고 그들이 장래에 있을 일들을 계시하는 것이든, 아니면 이미 계시된 것들을 자세하게 풀어서 설명하는 것이든, 하나님의 마음과 뜻을 사람들에게 드러내는 자들을 가리킨다. 그러나 이 본문과 에베소서 4:11에 언급된 "선지자들"은, 사도행전에 나오는 "아가보"를 비롯해서 초대 교회에서 활동하였던 여러 선지자들처럼, 하나님의 영의 감동을 따라 장래에 있을 일들을 예언하던 자들, 또는 특별한 직접적인 계시를 통해서 성경을 해석하였던 자들을 가리키는 것으로 보인다. 어떤 이들은 여기에서 "선지자들"은 교회의 통상적인 목회자들을 가리킨다고 생각하지만, 목회자들은 바로 다음에 나오는 "교사들"의 범주에 속하는 것으로 보아야 할 것 같다 — 물론, 교사들의 직무는 성경을 통해서 교리를 가르치고 설명하는 것인 반면에, 목회자들의 직무는 좀 더 실용적으로 실제적으로 말씀을 전하는 것이라는 점에서 서로 구별이 되기는 하지만.

어떤 이들은 여기에서 "교사들"은 학교들을 관리하는 책임자들을 가리키는 것으로 이해하고, 어떤 이들은 성경이나 구원의 신비들을 설명하고 가르치는 일만을 하는 사역자들을 가리키는 것으로 이해한다. 그러나 신약성경에서 교회의 직분들에 대하여 가장 자세하게 말하고 있는 이 대목에서 사도가 목회자를 언급하고 있지 않고 단지 "교사들"만을 언급하고 있는 것을 볼 때, 여기에서 "교사들"은 개별 교회들을 담당하여 고정적으로 사역하는 자들, 또는 사도들이 자신들의 사역을 통해서 복음을 받아들인 자들 중에서 각 도시에 남겨 두고서 그 도시의 교회를 돌보게 하였던 장로들을 가리키는 것으로 보인다.

"능력을 행하는 자들"은 하나님으로부터 병을 고치는 이적보다 더 주목할 만하고 두드러진 이적들을 행하는 능력을 받은 자들을 가리킨다. 왜냐하면, 만일 여기에서 "능력"이 그런 이적들을 가리키는 것이 아니라면, 다음에 나오는 "병 고치는 은사"도 어떤 의미에서는 능력을 행하는 것에 속하기 때문이다. "병 고치는 은사"는 통상적인 의술을 사용함이 없이 이적의 방식으로 병자들을 고치는 능력을 가리킨다. 사도가 여기에서 언급한 "서로 돕는 것"과 "다스리는 것"이 무엇을 의미하는지를 확실하게 말하기는 무척 어렵지만, 사도가 세속의 방백들을 이런 식으로 표현한 것이 아님은 확실하다. 왜냐하면, 왕들과 여왕들이 복음 교회를 보호하는 아비들과 어미들로서의 역할을 하게 될 때는 아직 도래하지 않았기 때문이다. 사도가 "서로 돕는 것"과 "다스리는 것"이라고 말한 직분자들이 다른 곳들에서 가난한 자들을 돕는 역할을 했다고 나오는 집사들 또는 과부들, 또는 교회에서 치리를 행함에 있어서 목회자들을 도운 자들, 또는 복음 교회를 처음으로 개척할 때에 사도들에게 아주 많은 도움을 준 자들을 가리키는지를 결정하는 것은 무척 어려운 일이다. "각종 방언을 말하는 것"은, 우리가 앞에서 이미 설명하였듯이, 초대 교회에서 모든 신자들이 아니라 일부 신자들에게 주어졌던 방언의 은사를 받아 각종 방언을 말하는 것을 가리킨다. 사도는 여기에서 이렇게 여러 직분들을 열거함으로써, 자기가 4-6절에서 "은사는 여러 가지나 성령은 같고 직분은 여러 가지나 주는 같으며 또 사역은 여러 가지나 모든 것을 모든 사람 가운데서 이루시는 하나님은 같으니 각 사람에게 성령을 나타내심은 유익하게 하려 하심이라"고 말한 것이 무슨 의미인지를 구체적으로 보여 준다.

29-30. [29]**다 사도이겠느냐 다 선지자이겠느냐 다 교사이겠느냐 다 능력을 행하는**

자이겠느냐 [30]다 병 고치는 은사를 가진 자이겠느냐 다 방언을 말하는 자이겠느냐 다 통역하는 자이겠느냐.

온 몸이 다 귀이거나 눈이거나 손이거나 발일 수 없는 것과 마찬가지로, 그리스도의 몸인 교회에서도 모두가 다 사도거나 선지자거나 교사여서, 다스림을 받는 자들은 없고 오직 다스리는 자들만이 있을 수는 없고, 또한 너희의 경험상으로, 모두가 다 능력을 행하는 자이거나 병 고치는 은사를 가진 자이거나 방언을 말하는 자이거나 통역하는 자일 수도 없다.

31. 너희는 더욱 큰 은사를 사모하라 내가 또한 가장 좋은 길을 너희에게 보이리라.

너희는 더욱 큰 은사를 사모하라. 이 구절은 "사모하다"라는 동사를 직설법으로 이해해서 "너희는 가장 좋은 은사를 사모한다"라고 번역할 수도 있고, 명령법으로 이해해서 "너희는 가장 좋은 은사를 사모하라"로 번역할 수도 있다: 나는 너희가 가장 좋은 은사들, 즉 너희를 하나님의 교회에 가장 유익하고 쓸모 있는 자들이 되게 해 줄 그런 탁월한 은사들을 사모하기를 바란다. 내가 또한 가장 좋은 길을 너희에게 보이리라. 사도는 이렇게 말한다: 하지만 은사들이 너희가 사모해야 할 가장 좋은 것들이 아니다. 구원의 은혜로 말미암은 성품들이 은사들보다 훨씬 더 귀하다. 너희가 은사들보다 더욱더 사모해야 할 것은 하나님과 이웃에 대한 사랑이다. 사도는 이렇게 짤막하게 말한 후에, 은사들보다 훨씬 귀한 사랑에 관한 강론으로 곧바로 넘어간다.

MATTHEW POOLE'S COMMENTARY

고린도전서 13장

개요

1. 모든 은사들이 다 귀하지만, 사랑 없이는 아무것도 아님(1–3).
2. 사랑에 대한 찬가(4–12).
3. 사랑이 믿음과 소망보다 더 나음(13).

1. 내가 사람의 방언과 천사의 말을 할지라도 사랑이 없으면 소리 나는 구리와 울리는 꽹과리가 되고.

내가 사람의 방언과 천사의 말을 할지라도. 앞 장의 마지막에서 사도는 가장 좋고 귀한 은사들을 서로 받으려고 열을 올리며 경쟁하고 있던 고린도 교인들에게, 은사들보다 훨씬 더 좋고 귀한 것, 또는 길을 보여 주겠다고 약속한 바 있다. 이제 여기에서 사도는 바로 그 길을 그들에게 보여주기 시작하는데, 그가 말한 길은 사랑의 길로서, 하나님과 이웃에 대한 자신의 사랑을 보여 줄 방법을 궁리하고 추구하는 것이었다. 왜냐하면, 사도는 가장 좋고 귀한 은사들을 받아서 "사람의 방언과 천사의 말"을 할 수 있다고 할지라도, "사랑이 없으면" 그런 은사들은 아무것도 아니라고 말하고 있기 때문이다. 여기에서 "사람의 방언"은 믿는 자들이 방언의 은사를 받아서 세상의 모든 민족에서 사용되는 말들을 다 할 수 있게 되는 것을 의미한다. 또한, "천사의 말"에 대해서는, 어떤 이들은 우리 자신을 가장 최고로 탁월하게 표현하는 방법을 가리키는 것으로 이해한다. 천사들은 사람들과는 달리 혀가 없기 때문에, 사람들이 귀로 들을 수 있는 어떤 음절로 된 소리들을 입으로 내서 의사소통을 하지는 않는다. 하지만 천사들 사이에서도 의사소통이 이루어지고 있을 것임은 분명한 까닭에, 천사들에게도 자신의 생각과 뜻을 서로에게 전달하는 어떤 방식이 존재할 것임은 의심의 여지가 없다. 우리는 천사들이 어떤 방식으로 의사소통을 하는지를 알지 못하지만, 일부 신학자들은 천사들 사이에서는 감화 또는 감동(impression)의 방식으로 소통이 이루어진다고 말한다. 실제로 하나님께서도 자기 백성에게 자신의 마음을 전하실 때, 종종 그들의 마음과 지각을 은밀하게 감화하시거나 감동시키심으로써 자신의 뜻을 전하신다. 그러나 천사들이 그러한 방식으로 의사소통을 할 수 있는지, 또는 그들이 자신의 마음과 생각을 상대방에게 전하는 방식이 정확히 어떤 것인지는 비밀에 부쳐져 있고, 하나님께서 자신의 뜻을 계시하셔서 우리로 하여금 알게 하기를 기뻐하신 것들 중에 속하지 않은 것이기 때문에, 우리는 그것에 대하여 우리 자신이 무지한 것을 기꺼이 받아들이고 더 이상 캐묻지 않는 것이 마땅하다. 또한, 나는 여기에서 "천사의 말"이 우리 자신을 다른 사람들에게 가장 잘 탁월하게 표현하고 전하는 방식을 의미한다는 것에 대해서 의문을 제기하는 것은 합당하지 않다고 생각한다. 왜냐하면, 시편 78:24에서 시편 기자는 만나를 "천사들의 양식"(한글개역개정에는 "하늘 양식")이라고 부르지만, 천사들은 영적인 존재들인 까닭에, 양식이 필요하지 않고, 양식을 먹을 입이나 소화시킬 배도 없다는 점에서, "천사들의 양식"은 하늘에 속한 가장 좋은 양식을 의미하는데, 여기에서 사도가 말한 "천사들의 말"도 그런 의미를 지닐 것이기 때문이다. 따라서 "내가 사람의 방언과 천사의 말을 할지라도"라는 구절은 "내가 가장 탁월한 방식으로, 또는 아주 다양하고 다채로운 표현으로 내 자신의 마음이나 생각을 다른 사람들에게 표현하거나 전할 수 있다고 할지라도"라는 의미가 된다.

사랑이 없으면 소리 나는 구리와 울리는 꽹과리가 되고. 흠정역에서는 헬라어 '아가펜'(ἀγάπην)을 "자선"(charity)으로 번역하였지만, 이 단어는 "사랑"(love)으로 번역하는 것이 더 좋을 것이다. 왜냐하면, 우리가 "자선"이라고 하면, 일반적으로 굶주린 자들을 먹이고 헐벗은 자들을 입히며 궁핍한 자들에게 베푸는 것과 같은 이웃 사랑을 의미하고, 그러한 이웃 사랑은 사람들이 단순히 인도주의적인 생각이나, 이웃들에게 무엇인가를 베풀면 공로를 쌓을 수 있다는 미신적인 생각에서 얼마든지 할 수 있는 것인 반면에, 우리의 이웃에 대한 참된 "사랑"은 오직 하나님에 대한 사랑으로부터만이 흘러나올 수 있기 때문이다. 사도는 이렇게 말한다: 내게 사랑이 없다면, 즉 하나님에 대한 참된 사랑과 하나님의 계명에 대한 순종으로부터 흘러나오는 사람들에 대한 참된 사랑이 없다면, 나는 단지 "소리 나는 구리와 울리는 꽹과리"일 뿐이다. 즉, 나는 오직 소음만을 요란하게 낼 뿐이고, 그런 은사들은 나의 구원에 아무런 도움이나 쓸모가 되지 못할 것이다. 그러나 내게 "사랑"의 참된 뿌리가 있다면, 그런 은사들은 내게 도움이 되고 쓸모가 있게 될 것이다. 사도는 우리의 마음속에 하나님과 사람을 향한 사랑이 존재할 때, 그 사랑은 방언의 은사보다 훨씬 더 귀하고 탁월하다는 것을 이런 식으로 증명한다. 즉, 고린도 교인들 중에서 방언의 은사를 가진 많은 지체들은 자기가 방언을 한다는 것을 자랑하면서, 그렇지 못한 형제들을 멸시하였고, 방언의 은사를 가지지 못한 지체들은 열등감을 느끼고 심지어 자신들은 교회의 지체가 아닐지 모른다는 의심마저 품는 가운데, 방언의 은사를 받기를 사모하였지만, 사도는 사람들의 온갖 언어를 하고 천사의 말까지도 할 수 있는 가장 훌륭한 방언의 은사를 받았다고 할지라도, "사랑"이 없으면, 아무런 의미도 없는 소음에 불과하다고 선언하고 있는 것이다.

2. 내가 예언하는 능력이 있어 모든 비밀과 모든 지식을 알고 또 산을 옮길 만한 모든 믿음이 있을지라도 사랑이 없으면 내가 아무것도 아니요.

내가 예언하는 능력이 있어. 우리는 앞에서 "예언하는 능력," 즉 "예언의 은사"는, 초대 교회에서 장래에 있을 일들이나 이 세상에서 나중에 일어나게 될 일들과 관련된 하나님의 생각과 뜻을 계시하거나, 성경에 이미 계시된 하나님의 생각과 뜻을 추가적으로 설명하거나 적용할 수 있도록 하나님께서 사람들에게 주신 특별한 능력 또는 은사를 가리킨다고 말한 바 있다. 모든 비밀과 모든 지식을 알고. 이것은 하나님께 속한 것이든 인간에게 속한 것이든, 일반적으로 사람들에게 감추어져 있는 신비들에 속한 가장 고상한 지식들까지 온갖 지식을 다 갖고 있는 것을 의미한다. 산을 옮길 만한 모든 믿음이 있을지라도. 여기에서 "믿음"은 사람으로 하여금 구원을 얻게 하고 의롭다 하심을 얻게 하는 믿음을 가리키는 것이 아니라, 사도가 "산을 옮길 만한 모든 믿음"이라고 한 것에서 알 수 있듯이, 어떤 사람이 하나님께서 자신의 기도를 들으셔서 자연의 순리를 뛰어넘는 이적들을 베푸실 것이라는 확고한 확신을 지니고 있을 때에 그 사람이 지닌 믿음을 가리킨다. 사도는 여기에서 우리 구주께서 마태복음 17:20에서 "만일 너희에게 믿음이 겨자씨 한 알 만큼만 있어도 이 산을 명하여 여기서 저기로 옮겨지라 하면 옮겨질 것이요 또 너희가 못할 것이 없으리라"고 하신 말씀을 간접적으로 인용하고 있다. 사랑이 없으면 내가 아무것도 아니요. 하나님과 사람들에 대한 저 참된 사랑, 구원을 이루는 믿음으로 하여금 일하게 하고 자신을 드러내게 해 주는 저 사랑이 내게 없다면, 가장 좋은 은사들에 속한다고 하는 예언의 은사나 지식의 은사나 믿음의 은사 같은 것들도 나의 영원한 구원을 위해서는 내게 아무런 유익도 없고 쓸모도 없게 될 것이고, 나는 그러한 은사들을 갖고 마음껏 그 은사들을 펼친다고 하여도, 영원한 멸망에 처해지게 될 것이다.

3. 내가 내게 있는 모든 것으로 구제하고 또 내 몸을 불사르게 내줄지라도 사랑이 없으면 내게 아무 유익이 없느니라.

사도는 앞에서 여러 가장 좋은 은사들이나 능력들과 사랑을 비교하고 난 후에, 이제 여기에서는 우리가 가장 훌륭하다고 여기는 행위들과 사랑을 비교하는 것으로 나아가서, 두 가지를 예로 드는데, 첫 번째는 최선을 다해서 사람들을 섬기는 행위를 제시하고, 두 번째는 온 힘을 다해서 하나님을 섬기는 것처럼 보이는 행위를 제시한다. **내가 내게 있는 모든 것으로 구제하고.** 사도는 이렇게 말한다: 내가 나의 소유인 재물로 가난한 자들을 먹이고 입히는 일을 하면서, 나의 소유의 일부로 그렇게 하는 것이 아니라, 나의 소유 전부를 그 일에 쏟아 부어서, 나 자신도 그들처럼 가진 것이 없게 될 정도로 그렇게 남들을 구제한다고 하자. **또 내 몸을 불사르게 내줄지라도.** 또한, 내가 그리스도와 그 복음을 위하여, 또는 그리스도께서 명하신 삶을 살다가, 어쩌다 보니 화형장으로 강제로 끌려가게 된 것이 아니라, 가장 혹독하고 잔인한 죽음인 화형을 당하여 내 몸이 불살라질 것을 뻔히 알면서도, 그리스도와 복음을 위하여 기꺼이 내 자신을 화형의 불길에 내어 주게 되었다고 하자. **사랑이 없으면 내게 아무 유익이 없느니라.** 하지만 내 마음속에 하나님을 향한 참된 사랑이 뿌리박고 있어서, 그 사랑이 내가 그러한 일들을 행하고 그러한 고난과 죽음을 감당하게 된 동기이자 근거가 된 것이 아니라면, 그 모든 일들과 고난과 죽음은 나의 영원한 구원이나 행복에 아무런 유익도 없기 때문에, 내게 아무것도 아니게 될 것이다.

이것으로부터 우리는 다음과 같은 것들을 알 수 있다: (1) 우리가 일반적으로 지극히 훌륭한 선행이라고 하는 일들, 즉 사람들에게 후히 베풀고 나누어 주는 구제나 자선 같은 행위들도, 그것을 행하는 사람의 심령 속에 있는 구원의 은혜의 참된 뿌리로부터 나온 것들이 아닌 경우에는, 하나님으로부터 칭찬을 받을 수 없다. (2) 기독교 신앙을 위하여 지극히 큰 고난을 당하고, 그리스도와 복음을 위하여 일하다가 처참한 죽임을 당한다고 하여도, 그것은 그 사람의 심령 속에 자리 잡고 있는 구원의 은혜의 참된 뿌리와 원리로부터 나온 것이 아닐 수 있다. (3) 어떤 사람이 행한 일들이나 겪은 고난들이 아무리 대단하고 훌륭한 것이라고 할지라도, 그 행위나 고난의 동기가 하나님에 대한 참된 사랑의 원리와 하나님께 순종하고 하나님을 기쁘시게 해드리고자 하는 마음으로부터 나오지 않은 경우에는, 그 행위나 고난은 그 사람이 천국에 가는 데 아무런 유익도 될 수 없다. 믿음과 사랑이 어떤 행위들의 뿌리와 원리가 되어야만, 그 행위들은 진정으로 선한 것이 되고, 하나님께서 기뻐 받으시는 것이 되며, 우리의 영원한 구원과 행복에 유익이 되고 쓸모가 있게 된다.

4. 사랑은 오래 참고 사랑은 온유하며 시기하지 아니하며 사랑은 자랑하지 아니

하며 교만하지 아니하며.

고린도 교인들이 사도에게 "당신이 말하는 사랑이라는 것이 도대체 무엇입니까?"라거나, "우리에게 그런 사랑이 있는지 없는지를 어떻게 알 수 있습니까?"라고 반문하지 않도록 하기 위해서, 사도는 여기에서 참된 사랑이 있는 사람의 열세 가지 특징을 열거해 나간다. **사랑은 오래 참고.** 여기에서 "사랑"은 사도가 지금까지 말해 왔던 저 사랑을 소유한 사람을 의미한다. 또는, 여기에서 "사랑"이 사랑이라는 속성 자체를 가리키는 것으로 본다면, 이 어구의 의미는 이런 것이 된다: "사랑"은 어떤 심령으로 하여금 자기에게 잘못하며 자신의 심기를 건드리는 형제들에게 즉시 화를 내는 것이 아니라 "오래 참을" 수 있게 해 주는 속성이나 능력이다. 사랑이 있는 사람은 성급하게 화를 내거나 속히 보복하려고 하지 않고, 화를 참으며 억누르는 사람이다. **사랑은 온유하며.** 사랑은 사람으로 하여금 모든 사람이 잘되기를 바라고, 기회가 주어질 때마다 모든 사람에게 유익이 되게 행하게 만든다. 따라서 다른 사람들을 물어뜯고 해치려는 마음으로 으르렁거리거나 다른 사람들이 어떻게 되어도 상관없다는 듯이 무뚝뚝하고 냉정하게 행하는 것은 사랑과는 정반대의 속성을 따르는 것이다. **시기하지 아니하며.** 사랑이 있는 사람은 다른 사람들이 자기보다 더 높게 되거나 형통하는 것을 볼 때에 그것을 배 아파하지 않고, 다른 사람들이 잘됨으로써 자기가 상대적으로 손해를 본다고 할지라도, 다른 사람들이 잘되고 형통한 것을 기뻐한다. 반면에, 다른 사람들이 잘되는 것을 보면 시기가 나서 화가 나고 기분 나빠하는 사람은 사랑이 없는 사람이고, 그 속에 하나님이나 이웃에 대한 사랑의 참된 뿌리가 없는 사람이다. **사랑은 자랑하지 아니하며.** 사랑이 있는 사람은 자기가 다른 사람들보다 더 잘났다고 생각해서 자랑하며 득의양양해 하지 않고, 자신이 영광을 받기 위하여 약삭빠르게 행하지 않으며, 자신의 합당하지 않은 욕망이나 욕심을 충족시키려 들지 않는다. **교만하지 아니하며.** 사랑이 있는 사람은 자신을 다른 사람들보다 더 우월하다고 여겨서 오만하게 자신을 높이거나, 스스로 자고해져서 자신을 대단한 사람으로 여기지 않는다.

5. 무례히 행하지 아니하며 자기의 유익을 구하지 아니하며 성내지 아니하며 악한 것을 생각하지 아니하며.

무례히 행하지 아니하며. 사랑이 있는 사람은 누구에게도 볼썽사납거나 무례하게 행하지 않고, 누가 보아도 더럽고 추악하며 비열한 짓으로 여겨질 것들은 추호도 자신의 형제들에게 행하지 않는다. **자기의 유익을 구하지 아니하며.** 사랑이 있는 사람은 오직 자기에게 이익이 되거나 유리한 짓만을 골라서 행하려 하지 않고, 자신의 유익만이 아니라 형제들의 유익도 고려하여 행한다. 그러한 사람은 쉽게 **성내지 아니한다.** 그런 사람은 혈기가 없는 것은 아니지만, 혈기에 의해서 지배당하지 않으며, 혈기에 휘둘려서, 별 것 아닌 사소한 일로 형제를 향하여 불같이 화를 내며 공격하지 않는다. 그는 자신에게 가해진 해악들을 감당하는 법을 알고 있기 때문에, 여러 가지 해악들이나 손해를 당했다고 할지라도, 자신에게 그러한 해악이나 손해를 끼친 사람에게 어떻게든 되갚아 주거나 복수하려고 하지 않고, 묵묵히 잘 감당해 낸다. 사랑이 있는 사람은 **악한 것을 생각하지** 않는다. 이것은 자신의 형제나 이웃을 해치거나 해악을 가하려고 하는 생각을 아예 하지 않는다는 것이다. 또는, 이것은 자신의 형제나 이웃이 자기에게 해악을 가하려고 한다고 경솔하게 의심하지 않는다는 의미일 수도 있는데, 아마도 이것이 더 나은 해석인 것 같다. 따라서 사랑이 있는 사람은 "악한 것을 생각하지 않는다"는 사도의 말은, 우리의 형제나 이웃에 대한 나쁜 소문을 쉽게 믿어 버리는 것도 사랑의 법을 깨뜨리는 것임을 우리에게 가르쳐 준다. 왜냐하면, 자신의 형제에 대하여 참된 사랑을 지니고 있는 사람이라도, 그 형제가 죄를 지었다는 것이 분명해졌을 때에는, 그 형제를 책망하겠지만, 그러한 사실이 분명해질 때까지는, 그 형제를 의심하거나 나쁘게 생각하지 않을 것이기 때문이다.

6. 불의를 기뻐하지 아니하며 진리와 함께 기뻐하고.

사랑이 있는 사람은 다른 사람들이 죄악에 빠져 타락하는 것을 기뻐하지 않고, 오직 "진리"만을 기뻐하여, 이 세상에 진리가 널리 행해지는 것을 기뻐한다. 또는, 사랑이 있는 사람은 어떤 사람의 진실함이나 무죄함이나 의가 나타나는 것을 기뻐한다.

7. 모든 것을 참으며 모든 것을 믿으며 모든 것을 바라며 모든 것을 견디느니라.

사랑이 있는 사람은 자신이 겪는 "모든" 해악들을 "참으며," 자신의 형제에게 유익한 "모든 것을 믿으며," "모든 것"이 잘될 것임을 간절하게 "바라며"(이것은 자신의 망상에 빠져서 모든 것이 잘될 것이라고 믿는 것이 결코 아니다), 신앙이 있는 사람이 감당해야 할 "모든 것," 즉 자신에게 가해진 온갖 해악들을 "견딘다." 동일한 의미에서 솔로몬은 "사랑은 모든 허물을 가리느니라"(잠 10:12)고 말하였다.

8. 사랑은 언제까지나 떨어지지 아니하되 예언도 폐하고 방언도 그치고 지식도 폐하리라.

사랑은 언제까지나 떨어지지 아니하되 예언도 폐하고 방언도 그치고. 사도는 또 다른 근거, 즉 사랑은 결코 "떨어지지" 않는다는 사실을 근거로 해서, 사랑의 은혜를 상찬한다. 즉, 우리는 사랑을 내세에까지 가지고 갈 것이고, 거기에서도 사랑은 여전히 유익하고 쓸모가 있으리라는 것이다. 왜냐하면, 내세에는 예언하는 것도 없고, 각종 방언으로 말하는 것도 없을 것이지만, 성도들이 하나님을 사랑하는 것은 여전히 존재할 것이기 때문이다. 이것은 사도가 이 장에서 말하고 있는 것이, 우리가 이미 앞에서 말했듯이, 단지 현세에서 궁핍하거나 곤궁한 자들에게 후히 베풀어 돕는 "자선"(charity)만을 의미하는 것이 아님을 분명하게 보여 준다. 지식도 폐하리라. 여기에 나오는 "지식"은, 어떤 이들은 설교를 통해서 교회에 지식을 전하는 것을 가리키는 것으로 이해하고, 어떤 이들은 우리가 지금 성경을 묵상하거나 연구해서 얻게 된 지식을 가리키는 것으로 이해하며, 어떤 이들은 그것이 어떤 지식이든 우리의 지식이나 우리가 지식을 얻는 방식이 불완전하다는 것을 나타내는 것으로 이해한다. 다음에 이어지는 절들은 여기에 언급된 "지식"이 첫 번째와 두 번째의 견해에서 말한 지식임을 보여 주는 것으로 보이지만, 세 번째 견해에서 말한 것도 옳다.

9. 우리는 부분적으로 알고 부분적으로 예언하니.

우리는 부분적으로 알고. 사람과 관련된 일들에 있어서도, 우리가 알고 있는 것은 극소수이고, 대부분은 우리가 알지 못하는 것들이라는 말이 있다. 하물며 하나님께 속한 일들과 관련해서는 우리가 알고 있는 것은 더더욱 적고, 온전한 지식은 부활과 심판의 날이 되어야 드러나게 될 것이다: "그 날에는 내가 아버지 안에, 너희가 내 안에, 내가 너희 안에 있는 것을 너희가 알리라"(요 14:20). 부분적으로 예언하니. 우리는 우리가 알고 있는 것보다 더 많은 것들을 예언을 통해서 다른 사람들에게 전할 수는 없다. 따라서 우리는 하나님께 속한 일들과 관련해서 짧고 불완전한 지식을 갖고 있기 때문에, 다른 사람들에게도 불완전한 지식을 전할 수밖에 없다.

10. 온전한 것이 올 때에는 부분적으로 하던 것이 폐하리라.

우리가 천국에 갔을 때에는, 우리는 그 어떤 것도 우리에게 더할 필요가 없는 그러한 상태에 있게 될 것이다. 그 때가 되면, 우리의 부분적이고 불완전하였던 지식은 완전하고 온전한 지식에 삼켜지게 될 것이다.

11. 내가 어렸을 때에는 말하는 것이 어린 아이와 같고 깨닫는 것이 어린 아이와 같고 생각하는 것이 어린 아이와 같다가 장성한 사람이 되어서는 어린 아이의 일을

버렸노라.

사도는 현세에서의 믿는 자들의 상태를 "어린 아이"의 상태에 비유하고, 내세에서의 믿는 자들의 상태를 "장성한 사람"의 상태에 비유해서, 자기를 예로 들어 이렇게 말한다: 내가 어린 아이였을 때에는 모든 것들을 불완전하게 알고 있어서, 어린 아이가 지닌 지식 수준에 맞춰 그 모든 것들에 대하여 말하였다. 그러나 내가 장성한 사람이 되자, 나는 다른 사람들의 가르침을 통해서, 또는 내 자신의 경험과 관찰에 의해서 획득하게 된 지식에 맞춰서 모든 것들을 말하게 되었다. 이것은 우리 모두에게 그대로 적용된다. 현세에 우리는 "어린 아이"와 같아서 신령한 일들에 관하여 보잘것없고 불완전하며 미천한 지식만을 가지고 있기 때문에, 그 수준대로 신령한 일들에 대하여 말할 수밖에 없다. 그러나 우리가 천국에 갔을 때에는, 우리는 신령한 일들에 대하여 좀 더 온전하고 완전한 지식을 갖게 될 것이고, 그러한 온전하고 완전한 지식을 따라 신령한 일들에 대하여 말하게 될 것이다.

12. 우리가 지금은 거울로 보는 것 같이 희미하나 그 때에는 얼굴과 얼굴을 대하여 볼 것이요 지금은 내가 부분적으로 아나 그 때에는 주께서 나를 아신 것 같이 내가 온전히 알리라.

사도는 앞에서 다루었던 주제, 즉 현세에서의 지식과 관련해서 믿는 자들의 불완전한 상태를 장차 내세에서의 완전한 상태와 비교하였던 것을 여기에서도 계속해서 이어간다. 현세에서 믿는 자들이 지닌 지식은 "거울로 보는 것"과 같아서, 어떤 사물을 거울로 보면, 거울에 비쳐진 그 사물의 희미하고 불완전한 상만을 볼 수 있는 것과 마찬가지로, 우리는 모든 것들을 긴가민가한 상태에서 단지 희미하게만 알 수 있을 뿐이다. 우리가 갖고 있는 지식은 얼마 되지 않고, 그것도 단편적인 것일 뿐이어서, 우리는 그러한 지식으로 무엇을 하기에는 많은 어려움과 애로를 겪게 된다. 그러나 천국에 가면, 우리는 마치 두 사람이 서로를 대면하여 보는 것과 같은 그러한 완전하고 온전한 지식을 갖게 될 것이고, 하나님이 우리를 아시는 것과 동일한 정도로 완벽하게는 아닐지라도, 완전하고 온전하다고 할 수 있을 정도로 하나님을 알게 될 것이다.

13. 그런즉 믿음, 소망, 사랑, 이 세 가지는 항상 있을 것인데 그 중의 제일은 사랑이라.

현세에서 우리의 상태에 따라 우리 속에서는 세 가지 은혜가 역사하는데, 우리가 지각이나 이성의 눈으로는 볼 수 없는 것들의 존재를 우리에게 증거해 주는 "믿음,"

우리로 하여금 우리에게 주어진 그러한 것들을 장차 받을 것을 기대하며 기다리게 만드는 "소망," 우리로 하여금 그런 것들을 우리를 위하여 예비하신 하나님을 기뻐하며 하나님의 뜻에 순종하게 만드는 "사랑"이 바로 그러한 은혜들이다. 그러나 사람들에게 유익하고 쓸모가 있는 정도나 지속되는 정도에 비추어 보았을 때, 이 세 가지 은혜들 중에서 "제일"은 "사랑"이다. 사도는 이 세 가지 중에서 주로 "사랑"을 염두에 두고서 "항상 있을 것"이라고 말한 것으로 보인다. 왜냐하면, 우리가 하나님을 뵈옵게 될 때에는 "믿음"이 그치게 될 것이고, 우리가 마침내 하나님이 우리를 위하여 예비하신 것들을 영광 중에 받게 될 때에 "소망"도 그치게 될 것이지만, "사랑"과 관련해서는 사랑에 속한 일부 행위들은 그치게 된다고 할지라도, 하나님을 사랑하여 기뻐하고 즐거워하는 것과 같은 그런 사랑은 영원할 것이기 때문이다.

MATTHEW POOLE'S COMMENTARY

고린도전서 14장

개요

1. 자기의 덕을 세우는 방언의 은사보다 교회의 덕을 세우는 데 더 큰 유익이 있는 예언의 은사를 사모하여야 함(1–5).
2. 아마도 알아 듣지 못하는 방언을 하는 것은 어떤 악기인지 불분명한 소리를 내는 것과 같아서 듣는 자들에게 아무런 유익이 없음(6–11).
3. 교회의 덕을 세우는 데 모든 은사를 사용하여야 함(12–20).
4. 방언은 불신자들의 죄를 깨우치는 데 유익함(21–22).
5. 그러나 교회의 모임에서는 예언이 더 유익함(23–25).
6. 교회에서 신령한 은사들을 질서 있게 사용하기 위한 규범들(26–33).
7. 여자들은 교회에서 잠잠하여야 함(34–38).
8. 모든 은사를 자유롭게 사용하되 품위 있고 질서 있게 사용하라고 권면함(39–40).

1. 사랑을 추구하며 신령한 것들을 사모하되 특별히 예언을 하려고 하라.

사랑을 추구하며. 나는 앞에서 모든 은사들보다도 하나님과 이웃을 사랑하는 것이 훨씬 더 귀하기 때문에 사랑의 은혜를 사모하라고 이미 힘주어 많은 말을 해 왔지만, 이제 여기에서 다시 한 번 강조해서 말하고자 하는 것은, 박해자들이 너희를 해치려고 있는 힘을 다해서 추격하는 것 같이, 너희도 있는 힘을 다해서 "사랑을 추구하라"는 것이다. 여기에서 "추구하다"로 번역된 헬라어는 우리가 어떤 일들을 열심으로 추구해야 한다고 말할 때에도 사용되기는 하지만(롬 9:31; 14:19), 통상적으로는 박해자들이 박해할 사람들을 지독할 정도로 끈질기게 추적하고 추격하는 것을 나타낼 때에 사용되는 단어이다.

신령한 것들을 사모하되 특별히 예언을 하려고 하라. 사도는 고린도 교인들에게 신령한 은사들을 사모하라고 말하면서도, 그들이 하나님의 마음과 뜻을 다른 사람들에게 계시할 수 있도록 하기 위하여, 그러한 은사들 중에서 특히 예언의 은사를 사모하라고 말한다. 어떤 이들은 여기에서 "예언을 하는" 것이 장차 있을 일들을 미리 말하는 것을 가리키는 것이라고 생각하지만, 장래의 일들을 예언하는 능력은 신약 시대에 극소수에게만 주어진 것이었기 때문에, 사도가 여기에서 그런 의미에서의

"예언"을 말한 것일 가능성은 희박하다. 따라서 사도가 말한 "예언"은 기도나 거룩한 삶을 통해서 받은 직접적인 계시를 통해서, 또는 성경에 대한 통상적인 묵상이나 연구를 통해서 사람들에게 성경을 풀어 전해 주는 능력을 가리키는 것이라고 보아야 한다. 장래의 일들을 미리 전해 준다는 의미에서의 전자의 예언도, 나중에 그 예언한 것이 이루어져서 그 예언이 참되다는 것이 확인된 경우에, 복음의 가르침을 확증하는 데 큰 유익이 되었던 것은 사실이지만, 성경을 풀어 설명해 준다는 의미에서의 후자의 예언은 모든 사람들에게 전체적으로 더 큰 유익을 끼치는 것이었기 때문에, 사도는 나중에 3절에서 자세하게 말하고 있듯이, 고린도 교인들 모두가 불신자들에게나 교회에 속한 형제들에게나 큰 유익을 끼치는 자들이 되기를 간절히 원하였던 까닭에, 그들에게 다른 그 어떤 은사들보다도 예언의 은사를 사모하라고 간곡하게 당부한다.

2. 방언을 말하는 자는 사람에게 하지 아니하고 하나님께 하나니 이는 알아 듣는 자가 없고 영으로 비밀을 말함이라.

방언을 말하는 자는 사람에게 하지 아니하고 하나님께 하나니 이는 알아 듣는 자가 없고. 여기에서 사도가 말하는 "방언"은 모든 사람, 또는 적어도 그 방언을 듣는 자들 중에서 대부분이 알아 듣지 못하는 언어를 가리킨다. 그래서 헬라어 본문에는 아무런 수식어 없이 "방언을 말하는 자"라고 되어 있는데도, 흠정역 번역자들은 "알지 못하는"을 보충해 넣어서, "알지 못하는 방언을 말하는 자"라고 번역하였다. 그렇다면, 사도가 여기에서 말한 "알지 못하는 방언"은 무엇을 의미하는가? 고린도 교회의 목회자들이나 교사들이 오직 헬라어만을 알아 들을 수 있는 성도들을 상대로, 아랍어나 스키타이어나 파르티아어로 말씀을 전하는 어처구니없는 짓을 하지는 않았을 것임은 너무나 분명하다. 우리의 박식한 라이트푸트(Lightfoot)도 그랬을 가능성은 희박하다고 말하면서, 만일 사역자들이 자신의 학식을 과시하기 위해서 그런 허무맹랑한 짓을 하였다면, 사도는 그런 식으로 성도들이 알아 듣지 못하는 방언으로 설교하는 자는 반드시 그 방언을 통역하여 교회의 덕을 세워야 한다고 명하는 것(5절)이 아니라, 도리어 그런 짓을 해서 성도들에게 고통을 준 사역자들을 호되게 책망하였을 것이고, 다시는 그런 짓을 해서는 안 된다고 엄히 명하였을 것이라고 지적한다. 따라서 라이트푸트의 결론은 사도가 여기에서 "방언"이라고 말한 것은 히브리어를 가리킨다는 것이다. 히브리어는 유대인들이 이방인들과 함께 섞여 살게 되면서 상당 부분 사용되지 않게 되었지만, 교회의 지도자들은 구약성경을 더 잘 이해하기 위한 목적으로 히브리어를 상당한 정도로 복원하여 사용하고 있었고, 유대인들의 회당에서도 모세 율법을 봉독할 때에 히브리어가 계속해서 사용되었다. 따라서 고린도 교회에는 많은 유대인들이 있었고, 유대인들의 회당에서 하나님에 대한 예배가 통상적으로 히브리어로 드려졌기 때문에, 기독교로 개종한 유대인들 중에는, 성도들 중에서 히브리어를 이해하는 사람이 별로 없거나 전무하다는 것을 알면서도, 자신의 실력을 과시하기 위해서, 고린도 교회의 회중을 상대로 히브리어를 사용해서 말씀을 전하는 자들이 있었을 가능성이 대단히 높다. 사도는 그런 식으로 성도들 중에는 히브리어를 이해하는 사람들이 간혹 있을지라도, 말씀을 듣는 성도들의 거의 전부가 히브리어를 알아 듣지 못한다는 것을 뻔히 알면서도, 히브리어로 말씀을 전하는 자는, 자기가 전하는 말씀을 "알아 듣는 자가 없다"는 것을 알면서 전하는 것이기 때문에, "사람에게 하지 아니하고," 모든 언어를 창조하신 분으로서 모든 언어를 다 알아 들으실 수 있는 "하나님"을 상대하는 것이라고 말한다.

영으로 비밀을 말함이라. 이것은 그런 사람은 자기 자신의 영만이 이해할 수 있고 자기 자신만이 아는 "비밀"에 속한 것들을 말하는 것일 뿐이라는 것이다. 어떤 이들은 사도는 여기에서 이렇게 말하는 사람들은 성령의 도구가 되어 말씀을 전하는 것이기 때문에, 자신들이 말하는 모든 것을 그들 자신도 알지 못할 수 있다고 생각하지만, 나는 그랬을 가능성은 거의 없다고 본다.

3. 그러나 예언하는 자는 사람에게 말하여 덕을 세우며 권면하며 위로하는 것이요.

"사람에게 말한다"는 것은 사람들이 알아 듣고서 유익을 얻도록 하기 위하여 말한다는 의미이고, "덕을 세운다"는 것은 사람들로 하여금 은혜와 지식에서 더욱 깊어지게 한다는 의미이며, "권면한다"는 것은 하나님이 사람들에게 행하라고 명하신 것들을 열심으로 행하도록 사람들을 일깨운다는 의미이고, "위로한다"는 것은 환난 가운데 있는 사람들의 짐을 덜어 주고 그들의 괴롭거나 상처 받은 심령을 어루만져 주고 붙들어 준다는 의미이다. 이러한 표현들은 사도가 여기에서 말하는 "예언"이라는 것이 장래에 있을 일들을 미리 말해 주는 것이 아니라 말씀을 전하는 사역을 가리키는 것일 가능성을 한층 더 높여 준다. 왜냐하면, "덕을 세우며 권면하며 위로하는" 데 더 적합한 사역은 전자가 아니라 후자이기 때문이다.

4. 방언을 말하는 자는 자기의 덕을 세우고 예언하는 자는 교회의 덕을 세우나니.

방언을 말하는 자는 자기의 덕을 세우고. 사람이 다른 사람들의 믿음과 사랑을 더 깊게 하고자 할 목적으로 어떤 말을 할 때, 그 말이 그들에게 유익하기 위해서는, 그들이 그 말을 알아듣고 이해하는 것이 필수적이다. 다른 사람들이 말하는 것을 내가 알아듣지 못한다면, 어떻게 그들의 말이 하나님이나 그리스도에 대한 나의 믿음 또는 사랑을 조금이라도 더 깊게 할 수 있겠는가? 사도는 로마서 10:14에서 "듣지도 못한 이를 어찌 믿으리요"라고 말한다. 따라서 다른 사람들이 알지 못하는 방언으로 말하는 자는 스스로 자기가 하는 말을 알아듣는 경우에는 그의 마음이 그 말에 의해 감화를 받아서 유익을 얻을 수는 있겠지만, 다른 사람들에게 유익을 끼치는 것은 불가능하다. 예언하는 자는 교회의 덕을 세우나니. 그러나 다른 사람들이 모두 알아들을 수 있는 언어와 화법을 사용해서 말씀을 전하는 자는 그 말씀을 듣는 모든 자들의 덕을 세울 수 있다.

5. 나는 너희가 다 방언 말하기를 원하나 특별히 예언하기를 원하노라 만일 방언을 말하는 자가 통역하여 교회의 덕을 세우지 아니하면 예언하는 자만 못하니라.

나는 너희가 다 방언 말하기를 원하나 특별히 예언하기를 원하노라. 여기에서 "나는 너희가 다 방언 말하기를 원한다"는 것은 이런 의미이다: 하나님이 기뻐하시기만 하신다면, 나는 너희가 모두 다 방언으로 말하기를 바란다. 사도가 이렇게 말한 것을 보면, 방언으로 말하는 것은 고린도 교회 또는 그 중의 몇몇 지체들이 대단한 자부심으로 느끼고 자랑하던 특별한 은사였던 것으로 보인다. 사도 바울은 하나님께서 기뻐하시기만 하신다면, 자기는 그들이 모두 방언을 할 수 있었으면 좋겠다고 그들에게 말한다. 그러나 사도는 방언을 하는 것과 예언하는 것 중에서 어느 하나를 고르라고 한다면, 자기는 그들이 모두 성경에 나와 있는 하나님의 뜻을 사람들에게 잘 전달하여, 사람들로 하여금 하나님의 뜻을 알게 하고 마음으로 받아들이게 하는 능력 또는 은사를 가졌으면 좋겠다고 말하면서, 그 이유를 덧붙이는데, 그것은 예언의 은사가 방언의 은사보다 더 존귀한 은사이고 사역인 까닭에, 사람들을 진정으로 더 크게 만들기 때문이라고 말한다.

만일 방언을 말하는 자가 통역하여 교회의 덕을 세우지 아니하면 예언하는 자만 못하니라. 사도는 예언하는 것이 방언을 말하는 것보다 더 낫지만, 한 가지 예외가 있다고 말한다. 즉, 방언을 말하더라도 통역이 되는 경우에는 예언하는 것이나 마찬가지로 교회의 덕을 세울 수 있기 때문에, 그런 경우에는 방언을 말하는 자가 예언하는 자보다 못하다고 할 수 없다는 것이다. 이것으로부터 우리는 다음과 같은 것들을 알게 된다: (1) 신령한 지식과 은혜로 말미암은 성품에 있어서 사람들의 영적인 성장과 진보는 말씀을 전하는 모든 자들의 목표가 되어야 한다. 그리고 그러한 것을 목표로 말씀을 전하는 자들은 자신에게 주어진 직분이나 강단을 악용하거나 소홀히 하지 않는다. (2) 그러한 목표 아래에서 말씀을 전하는 자들은 자신의 청중 전체가 가장 잘 알아듣고 이해할 수 있는 그러한 언어와 화법과 전달방법을 사용하는 데 온 힘을 기울여야 한다. 왜냐하면, 청중들이 그들이 전하는 말씀을 알아듣지 못한다면, 그들의 덕을 세우고자 한 목표는 결코 이루어질 수 없을 것이기 때문이다. 이것은 설교자들이 일반 평신도들을 상대로 대중적인 설교를 할 때, 교육 수준이 낮은 청중들이 이해할 수 없는 라틴어나 헬라어, 또는 고상한 문체나 암호 같은 화법을 사용하거나, 복잡한 사고를 하는 데 익숙하지 않은 청중들을 대상으로 철학적으로 복잡한 추론이나 추리를 사용해서 설교하는 것은 헛되고 무익한 일이라는 것을 우리에게 가르쳐 준다. 그런 식으로 말씀을 전하거나 설교하는 것은 이성에 비추어 보아서나, 그리스도와 그의 사도들의 모범에 비추어 보아서나 결코 정당화될 수 없다.

6. 그런즉 형제들아 내가 너희에게 나아가서 방언으로 말하고 계시나 지식이나 예언이나 가르치는 것으로 말하지 아니하면 너희에게 무엇이 유익하리요.

하나님께서 내게 방언으로 말하는 능력을 주셨다고 해서, 만일 내가 너희에게 가서 아랍어나 스키타이어나 파르티아어로 말한다면, 그것이 너희에게 어떤 유익이 있겠는가? 내가 너희에게 나아가서 … 계시나 지식이나 예언이나 가르치는 것으로 말하지 아니하면 너희에게 무엇이 유익하리요. 어떤 이들은 사도가 여기에서 열거한 네 가지, 즉 "계시"와 "지식"과 "예언"과 "가르치는 것"을 따로따로 구별해서 이해하는 반면에, 어떤 이들은 이 네 가지가 모두 앞 절에 언급된 "통역"을 의미하는 것이라고 생각한다. 이 네 가지를 구별하는 자들은 "계시"는 구약성경에 나오는 모형들이나 예표들을 설명해 주는 것, 또는 요한이 밧모 섬에서 받았던 것과 같은 계시, 또는 복음의 신비들을 설명해 주는 것을 가리키고, "지식"은 역사에 대한 지식이나 그 밖의 다른 통상적인 지식을 가리키며, "예언"은 성경의 어려운 본문들을 해석해 주는 것을 가리키고, "가르치는 것"은 교리문답이나 실제적인 문제들에 관한 가르침을 가리킨다고 말한다. 그러나 이러한 설명은 모두 불확실한 추측에 불과할 뿐이고, 사도가 여기에서 말하고자 하는 것은 다음과 같은 것임이 분명하다: 내가 너희에게 가서 너희가 알아듣지 못하는 방언으로 말하고서, 내가 말한 것을 통역을 통해서 너희에게 알아듣게 하지 않는다면, 내가 너희에게 하는 말이 너희에게 전혀 유익하지 않을 것이다.

7. 혹 피리나 거문고와 같이 생명 없는 것이 소리를 낼 때에 그 음의 분별을 나타내지 아니하면 피리 부는 것인지 거문고 타는 것인지 어찌 알게 되리요.

사람들이 여러 악기들을 이용해서 인위적으로 어떤 소리들을 만들어 내면서, 피리는 어떤 소리를 내고 거문고는 또 다른 어떤 소리를 내도록 고안해 내지 않았다면, 사람들은 피리 소리를 들어도, 그것이 피리 소리인지를 알 수 없었을 것이고, 거문고 소리를 듣고도 거문고 소리인지를 알 수 없었을 것이다. 마찬가지로, 어떤 사람이 청중들이 알아들을 수 없는 소리로 말씀을 가르친다면, 그 말씀은 청중들에게 어떤 의미를 전달해 주지 못하기 때문에 무의미한 소리로 들리게 될 것이고, 청중들은 그 교사가 도대체 무슨 말을 하는지를 알아들을 수가 없어서, 그 말씀은 그들에게 아무런 유익도 없게 될 것이다.

8. 만일 나팔이 분명하지 못한 소리를 내면 누가 전투를 준비하리요.

"나팔"은 전투에서 다양한 신호를 보내는 데 사용된다. 군인들은 나팔 소리에 의한 신호를 따라 적을 향해 돌진하기도 하고 후퇴하기도 한다. 그런데 만일 돌격 신호와 후퇴 신호가 서로 구별이 되지 않는다면, 군인들은 나팔 소리를 듣고서도 지금이 돌격해야 할 때인지, 아니면 후퇴해야 할 때인지를 알지 못하게 될 것이다. 군인들로 하여금 돌격하거나 후퇴하게 만들고자 한다면, 나팔은 단지 소리만 내어서는 안 되고, 그 소리가 무슨 의미인지를 군인들이 똑똑히 알아들을 수 있는 소리를 내어야 한다.

9. 이와 같이 너희도 혀로써 알아 듣기 쉬운 말을 하지 아니하면 그 말하는 것을 어찌 알리요 이는 허공에다 말하는 것이라.

"알아 듣기 쉬운 말"로 번역된 '로곤 유세몬' (*λόγον εὔσημον*)은 듣는 사람들이 그 말이 무슨 의미인지를 잘 이해할 수 있는 그런 말을 의미한다. 어떤 말이 그 자체로는 충분히 분명한 의미를 지니고 있을지라도, 학식이 없는 사람들은 그 말을 듣고 무슨 의미인지를 이해할 수 없어서 알아 듣지 못하는 일은 얼마든지 있을 수 있다. 따라서 청중이 알아 들을 수 있는 말을 사용해서 가르치지 않으면, 그러한 가르침은 그 특정한 청중들에게 그 어떤 지식도 더할 수 없어서 유익을 줄 수 없기 때문에, 헛수고만 하는 것이 될 뿐이다. 이것은 설교를 하면서 많은 청중들이 알아 듣지 못하는 언어를 사용하는 것은 아니지만, 문체나 화법 같은 것을 청중들이 잘 알아 듣지 못하게 사용하는 설교자들이 새겨들어야 할 본문이다. 사람들이 알아 듣지 못하는 방언으로 말하는 것이나, 사람들이 이해하지 못하는 문체나 화법으로 말하는 것은 매한가지이다. 왜냐하면, 설교가가 그 자체로는 충분히 의미가 있고 많이 배운 사람들에게는 이해가 되지만, 대다수의 청중들에게는 거의 이해가 되지 않는 문체나 화법을 사용한다면, 그것은 청중들이 알아 듣지 못하는 방언을 말하는 것이나 다름없기 때문이다. 따라서 오직 설교자만이 그 의미를 알 뿐이고, 대다수의 청중들은 그 설교를 알아 듣지 못하는 것은 "허공에다 말하는 것"이다. 어떤 사람이 많은 청중 앞에서 설교를 하는데, 그것을 "허공에다" 대고 "말하는 것"에 비유하는 것은, 생각만 해도 정말 끔찍한 일이다.

10. 이같이 세상에 소리의 종류가 많으나 뜻 없는 소리는 없나니.

창세기 11:1에서는 원래 "온 땅의 언어가 하나요 말이 하나였더라"고 말한다. 그러나 사람들이 바벨탑을 건설하자, 하나님께서는 "그들의 언어를 혼잡하게 하여 그들이 서로 알아 듣지 못하게" 하셨고(창 11:7), 사람들은 사방으로 흩어져서 서로 다른 언어를 사용하게 되었다. 따라서 지금 세상에는 많은 언어들이 있지만, 모든 언어에서 사용되는 "소리"는 그 언어를 알아 듣는 사람에게는 다 "뜻"이 있다.

11. 그러므로 내가 그 소리의 뜻을 알지 못하면 내가 말하는 자에게 외국인이 되고 말하는 자도 내게 외국인이 되리니.

그러나 어떤 사람이 그 언어를 알아 듣지 못한다면, 그 말은 그 사람에게 아무런 의미가 없는 소리에 지나지 않기 때문에, 말하는 사람이나 그 말을 듣는 사람은 서로를 이해하지 못하게 된다. 따라서 서로 다른 민족에 속한 야만인들은 상대방 민족의 언어를 배우지 않는 한 그 민족에 속한 사람이 말하는 것을 알아 들을 수 없다는 점에서, 상대방이 알아 듣지 못하는 말을 하는 사람이나 그 말을 알아 듣지 못하는 사람이나 서로에 대해서 야만인이 될 수밖에 없다.

12. 그러므로 너희도 영적인 것을 사모하는 자인즉 교회의 덕을 세우기 위하여 그것이 풍성하기를 구하라.

그러므로 너희도 영적인 것을 사모하는 자인즉. 사도가 여기에서 "너희도 영적인 것을 사모하는 자인즉"이라고 말한 것은 고린도 교회의 지체들이 신령한 은사들을 몹시 받고 싶어 하였다는 것을 증명해 준다. 불변화사 '후토스'(οὕτως)는 "그러므로"를 뜻하는 것이 분명하다. "너희도 영적인 것을 사모하는 자인즉"이라는 구절은 헬라어로는 "너희도 영들을 사모하는 자들이기 때문에"로 되어 있다. 여기에서 "영들"은 성령의 결과물들인 신령한 은사들을, 그 은사들을 주시는 분인 성령으로 대신 표현한 것이기 때문에, 결국 그 의미는 "너희도 신령한 은사들을 사모하는 자들인즉"이 된다.

교회의 덕을 세우기 위하여 그것이 풍성하기를 구하라. 나는 너희가 신령한 은사들에서 풍성하기를 구하기를 바라지만, 너희가 교회의 덕을 세우고자 하는 마음이 간절하고, 하나님이 너희에게 주신 신령한 은사들을 그러한 목적을 위하여 가장 질서 있고 규모 있게 사용하고자 하는 마음으로 너희 가운데 신령한 은사들이 차고 넘치게 풍성하기를 구하기를 바란다. 이것으로부터 우리가 알 수 있는 것은, 우리가 전하는 말씀을 받는 사람들로 하여금 하나님을 아는 지식과 믿음과 순종에 있어서 진보를 이루게 하는 것이, 우리가 말씀을 전하는 직분을 맡은 자로서 직무를 수행하거나 우리의 은사들을 사용하는 주된 목적이어야 한다는 것이다.

13. 그러므로 방언을 말하는 자는 통역하기를 기도할지니.

여기에서 "통역한다"는 것은, 사람들이 알아 듣지 못하는 방언으로 먼저 말한 후에, 그것을 사람들이 알아 들을 수 있도록 통역하거나 설명해 주는 것을 의미한다. 그러나 방언을 말하는 자가 자신의 방언을 "통역하기" 위해서 "기도할" 필요가 있는가? 그 방언을 자신의 모국어나 외국어로 말할 수 있는 사람이 통역하면 되지 않는가? 그래서 어떤 이들은 여기에서 사용된 '히나'(ἵνα)가 포함된 구절을 "통역하기를 기도할지니"로 번역하지 말고, "기도하고 또한 통역할지니"로 번역해야 한다고 말하지만, 그런 번역은 억지스럽다. 또한, 나는 방언으로 말하는 능력을 가진 자들 중에서 일부는 그들 스스로도 자기가 말한 것을 이해할 수 없었기 때문에, 자신들이 그 방언을 통역할 수 있도록 기도할 필요가 있었다고 생각할 수도 없다. 그러나 방언을 말하는 자들은 자신이 가진 은사로 인해 자고해져서, 자신의 방언을 굳이 청중들에게 통역해 줄 필요가 없다고 생각했을 수 있기 때문에, 사도가 여기에서 그들은 그 자고해진 마음을 낮추어서 통역을 할 마음이 생겨나도록 하기 위해서 기도할 필요가 있다고 말한 것일 수 있다. 어떤 이들은 여기에서 "통역한다"는 것은 단순히 청중들이 알아 듣지 못하는 방언을 청중들이 알아 들을 수 있는 언어로 통역하는 것 이상의 것, 즉 성경을 열어서 그 뜻을 풀어 설명해 주는 것을 가리키는 것이고, 그러한 능력은 특별한 은사에 속하는 것이었기 때문에, 그런 식으로 통역하고자 하는 자들은 하나님이 그들의 눈을 열어 주셔서 하나님의 법의 신비들을 깨달을 수 있게 해 주시라고 기도할 필요가 있었던 것이라고 생각한다.

14. 내가 만일 방언으로 기도하면 나의 영이 기도하거니와 나의 마음은 열매를

맺지 못하리라.

교황주의자들은 이 절과 앞 절을 근거로 삼아서, 일반 사람들이 거의 알아 듣지 못하는 그들의 라틴어 예배를 정당화한다. 그들은 일부 옛 교부들의 견해, 즉 방언으로 말한 자들 중 일부는 자신들이 말한 것을 스스로 알아 듣지 못하지만, 오직 하나님의 성령께서 그들의 혀를 도구로 사용하신 것이라는 견해가 자신들의 그러한 예배의 정당성을 뒷받침해 주고 있다고 주장한다. 그러나 라틴어로 집례하는 사역자 자신에게도, 그런 예배에 참석하는 자들에게도 유익이 되지 않는 사람의 방언을 사용해서 예배를 드리는 것이 정당하다는 주장은 빛과 진리의 성령에 대한 한참이나 모자란 인식에서 나온 것이다. 게다가, 그렇게 하는 경우에는, 사도가 4절에서 "방언을 말하는 자는 자기의 덕을 세운다"고 말한 것이 어떻게 참일 수 있으며, 여기에서 그런 사람은 "영으로 기도하는" 것이라고 말한 것이 어떻게 참일 수 있겠는가? 또한, 우리가 주목할 것은, 이 본문에서 사도는 "나의 마음"은 아무것도 모른다고 말하는 것이 아니라, "열매를 맺지 못할" 것이라고 말하고 있다는 것이다. 즉, 어떤 사람이 방언으로 기도하는 경우에는, 그 사람이 자기가 말하는 방언을 자신의 마음속에서는 이해하고 알아 듣는다고 할지라도, 다른 사람들에게는 전혀 열매를 맺지 못해서, 그 어떤 유익도 끼칠 수 없게 된다는 것이다. 내가 방언으로 기도하면, "나의 영은 기도하지만," 다른 사람들은 나와 더불어 함께 기도할 수 없다.

15. 그러면 어떻게 할까 내가 영으로 기도하고 또 마음으로 기도하며 내가 영으로 찬송하고 또 마음으로 찬송하리라.

사도는 이렇게 말한다: 그렇다면, 우리는 어떻게 해야 할까? 나는 "영으로 기도할" 것이고, 또한 "마음으로 기도할" 것이다. 즉, 나는 내게 임한 하나님의 영의 강력하고 특별한 역사를 통해서 기도하거나, 나의 생각과 마음을 온전히 집중하고 나의 모든 것을 다 바쳐 일편단심으로 열렬하게 내 영혼을 다하여 기도할 것이지만, 거기에서 그치는 것이 아니라, 내가 기도하는 내용을 내 자신과 남들이 알아 듣고 이해할 수 있는 방식으로 기도하고, 내 자신이나 남들이 알아 들을 수도 없고 이해할 수도 없는 방식으로는 결코 기도하지 않을 것이다. 여기에서 "마음으로"라는 어구는 "기도하는 내 자신이 이해할 수 있는 방식으로"라는 능동적인 의미를 지니지 않는 것은 아니지만, 일차적으로 "남들이 이해할 수 있는 방식으로"라는 수동적인 의미를 지닌다. 사도는 이 동일한 논리를 찬송하는 것에도 그대로 적용하는데, 이것은 말씀을 전하는 것이나, 기도하는 것이나, 찬송하는 것 등과 같이 우리가 공적인 모임들에서 행하는 모든 신앙적인 행위들은, 다른 사람들이 이해하고 알아듣고서 유익을 얻을 수 있는 방식으로 행하여야 한다는 것을 우리에게 알게 해 준다.

16. 그렇지 아니하면 네가 영으로 축복할 때에 알지 못하는 처지에 있는 자가 네가 무슨 말을 하는지 알지 못하고 네 감사에 어찌 아멘 하리요.

그렇지 아니하면 네가 영으로 축복할 때에. 여기에서 "축복한다"는 것이 무엇을 의미하는지는 이 절의 후반부에서 설명되고 있는데, 그것은 기도(감사는 기도의 일부이다)나 찬송을 통해서 하나님께 "감사하는" 것을 의미한다. "영으로 축복한다"는 것은 속사람으로 감사하는 것, 또는 하나님의 영의 강력하고 특별한 역사를 통해서 사람들이 알지 못하는 방언으로 감사하는 것을 가리킨다. 알지 못하는 처지에 있는 자가 … 네 감사에 어찌 아멘 하리요. 우리는 이것으로부터 다음과 같은 것들을 분명하게 알 수 있다: (1) 사도 교회에서는 사역자들이 하는 말을 듣고 깨달아 유익을 얻을 수 있도록 하기 위하여, 사역자들은 평신도들과는 구별되는 곳, 즉 자신들이 하는 말을 모든 청중이 잘 들을 수 있는 곳에 자리하였다. (2) 사도 교회에서는 오직 한 사람이 모든 사람이 들을 수 있도록 말하였고, 다른 사람들은 그들을 대표해서 그 사람이 하나님께 구하는 것이 그대로 이루어지기를 바라는 마음으로 그 기도에 대하여 "아멘"으로 화답하였다(대상 16:36; 느 5:13; 8:6; 시 106:48). 네가 무슨 말을 하는지 알지 못하고. 사람들은 하나님의 예배에서 대표로 기도하는 자가 무엇을 기도하는지, 그 기도하는 내용을 알지 못하는 경우에는 "아멘"으로 화답해서는 안 되었는데, "아멘"은 어떤 사람의 기도가 곧 자신의 기도이기도 하다는 것을 공적으로 확인해 줌으로써, 어떤 사람이 대표로 기도한 것이 그대로 되기를 원하고 확증할 때에 사용되던 말이다.

17. 너는 감사를 잘하였으나 그러나 다른 사람은 덕 세움을 받지 못하리라.

사도는 이렇게 말한다: 네가 그렇게 하지 않는다면, 즉 네가 다른 사람들은 알아들을 수 없고 오직 너 혼자만이 아는 방식으로 하나님께 감사하는 기도를 한다면, 너는 제대로 잘 하나님께 감사할 수 있을지는 몰라도, 다른 사람들은 너의 그러한 감사 시도를 통해서 아무런 유익을 얻을 수 없고 영적인 진보도 이룰 수 없게 된다.

18. 내가 너희 모든 사람보다 방언을 더 말하므로 하나님께 감사하노라.

우리의 구주께서는 선한 목자의 비유에서, "양들이 그의 음성을 아는 고로 따라온다"(요 10:4)는 것을 선한 목자의 특징이라고 말씀하신다. 우리는 이 위대한 사도가 도처에서 그들에게 자기를 본받으라고 말하는 것을 듣게 될 것이다. 반면에, 그들은 하나님의 양 무리를 다스리는 악한 목자들이기 때문에, 양들은 그들의 말을 듣기는 들어도 그들을 따라가서는 안 된다. 사도는 하나님께서 자기에게 방언을 말하는 은사를 주시지 않은 것이 아니라, 도리어 그들 모두보다 더 뛰어나게 방언을 말할 수 있는 은사를 주셨기 때문에, 그들이 할 수 있는 방언들을 모두 다 합친다고 하여도, 자기가 할 수 있는 방언들보다 그 수가 적을 것이라고 그들에게 말한다.

19. 그러나 교회에서 네가 남을 가르치기 위하여 깨달은 마음으로 다섯 마디 말을 하는 것이 일만 마디 방언으로 말하는 것보다 나으니라.

사도는 이렇게 말한다: 나는 너희들보다 더 많은 수의 방언들을 할 줄 알지만, 다른 사람들을 가르쳐서 그들에게 하나님께 속한 지식을 전해 주는 것이 나의 사역의 목적이라는 것을 아주 잘 알고 있었기 때문에, 사람들이 알아 듣지 못하는 방언들로 그들에게 많은 것들을 말하는 것을 피하고, 도리어 아주 짧게나마 그들이 알아들을 수 있는 말로 가르치는 일에 집중해 왔다.

20. 형제들아 지혜에는 아이가 되지 말고 악에는 어린 아이가 되라 지혜에는 장성한 사람이 되라.

지혜에는 아이가 되지 말고. 너희는 은사들 간에는 어떤 차이들이 있고, 어떤 은사가 더 좋은 은사이며, 은사들을 어떻게 사용하는 것이 올바르게 제대로 사용하는 것인지를 똑바로 알아야 한다. 악에는 어린 아이가 되라 지혜에는 장성한 사람이 되라. 우리 구주께서는 "진실로 너희에게 이르노니 너희가 돌이켜 어린 아이들과 같이 되지 아니하면 결단코 천국에 들어가지 못하리라"(마 18:3)고 말씀하심으로써, 너희에게 어린 아이 같이 되라고 명하셨지만, 너희는 주님의 그러한 말씀을, 하나님을 아는 지식이나 지혜와 관련해서 어린 아이가 되라는 것이 아니라, 정반대로 악에 있어서 어린 아이처럼 되어 순진무구하여야 한다는 것으로 이해하여야 한다. 너희는 악에 있어서는 어린 아이가 되어 순진무구하여야 하고, 하나님을 아는 지식과 지혜에 있어서는 "장성한 사람"이 되어 명철하여야 한다.

21. 율법에 기록된 바 주께서 이르시되 내가 다른 방언을 말하는 자와 다른 입술로 이 백성에게 말할지라도 그들이 여전히 듣지 아니하리라 하였으니.

율법에 기록된 바. 여기에서 "율법"은 구약성경을 가리키는데(요 10:34; 15:25 등과 같은 많은 본문들에서도 마찬가지이다), 어떤 이들은 서기관들의 말들과 반대되는 의미로 구약성경을 "율법"이라고 부른 것이라고 생각한다. 내가 다른 방언을 말하는 자와 다른 입술로 이 백성에게 말할지라도 그들이 여전히 듣지 아니하리라. 이 말씀은 이사야서 28:11-12에서 인용한 것이다: "전에 그들에게 이르시기를 이것이 너희 안식이요 이것이 너희 상쾌함이니 너희는 곤비한 자에게 안식을 주라 하셨으나 그들이 듣지 아니하였으므로 … 그러므로 더듬는 입술과 다른 방언으로 그가 이 백성에게 말씀하시리라." 이렇게 신약성경의 기자들이 구약성경의 본문들을 인용할 때, 축자적으로가 아니라 그 의미를 따라 인용하고, 해당 본문 전체가 아니라 자신의 인용 목적에 맞게 그 일부만을 인용하는 경우는 비일비재하다. 이사야서에 나오는 말씀은, 하나님께서 유대인들을 가나안 땅으로 데려오셔서, 그들이 자신의 명령들에 순종할 때, 거기에서 안식을 주시겠다고 약속하셨지만, 그들이 청종하고자 하지 않았기 때문에, 이제 "더듬는 입술과 다른 방언으로," 즉 그들이 나중에 포로로 끌려가서 칠십 년 동안 사용하게 될 갈대아 사람들과 바벨론 사람들의 말로 그들에게 말씀하시는 또 다른 저주를 선언하는 내용이다. 어떤 이들은 다른 나라 방언으로 말하는 것과 더듬는 입술로 말하는 것은 사람들을 가르치려는 것이 아니라 도리어 조롱하는 것처럼 보인다는 점에서 그 의미가 거의 동일하다고 생각한다. 어떤 이들은 이사야의 이 예언 속에 신약 시대에 방언의 은사가 주어질 것이 예언되어 있다고 생각한다. 즉, 이사야 선지자의 이 말 속에는 한편으로는 하나님께서 이스라엘 백성에게 갈대아 사람들의 방언으로 말씀하실 것이라는 경고가 담겨 있고, 다른 한편으로는 신약의 복음 시대에는 사도들을 비롯한 복음 사역자들이 각종 방언으로 복음을 전하여 여러 나라 사람들로 하여금 알아 들을 수 있게 할 것이라는 약속이 담겨 있다는 것이다. 어떤 이들은 이사야 선지자가 여기에서 이스라엘 백성이 정신이 완전히 나가서, 하나님께서 그들에게 말씀하시는 것을 마치 하나님이 이방의 언어로 말씀하시는 것으로 여겨서 전혀 들으려 하지 않는다고 탄식하고 있는 것으로 보고, 여기에서 사도는 마치 하나님이 각종 방언으로 자기 백성에게 말씀하시려고 하신다는 듯이, 고린도 교인들이 각종 방언으로 하나님의 말씀을 전하거나 가르치려고 계속해서 고집한다면, 이사야 선지자가 이스라엘 백성에게 경고하셨던 바로 그러한 심판들이 그들에게도 임할 것임을 일깨워 주면서, 그들이 사람들이 알아 들을 수 없는 방언으로 말하는 것을 자제시키고자 하고 있는 것이라고 생각한다. "그들이 여전히 듣지 아니하리라"는 그들이 하나님의 말씀을 귀 기울여 들으려 하지도 않고 순종하지도 않을 것이라는 의미이다.

22. 그러므로 방언은 믿는 자들을 위하지 아니하고 믿지 아니하는 자들을 위하는 표적이나 예언은 믿지 아니하는 자들을 위하지 않고 믿는 자들을 위함이니라.

그러므로 방언은 믿는 자들을 위하지 아니하고 믿지 아니하는 자들을 위하는 표적이나. "방언" 은 복음의 교훈이 참되다는 것을 확증해 주는 하나님의 섭리에 의한 놀라운 산물로서, 사도들이나 복음 사역자들의 입을 통해서 각 나라의 방언으로 천하 사람들에게 전해진 복음의 교훈이 하늘로부터 온 것임에 틀림없다는 것을 보여 주는 것이었다. 그래서 바로 그러한 목적으로 하나님께서는 최초의 복음 사역자들에게 방언을 할 수 있는 능력 또는 은사를 주셨다. 하지만 방언은 단지 복음의 교훈이 하늘로부터 왔다는 것을 증거해 주는 표적이었던 것이 아니고, 사도들과 최초의 복음 사역자들은 천하의 각 나라 언어를 다 말할 수는 없었기 때문에, 자신들이 전하는 것을 알아 들을 수 없었던 사람들에게 복음을 전하고 알게 하는 수단이기도 하였다.

예언은 믿지 아니하는 자들을 위하지 않고 믿는 자들을 위함이니라. 이것은 "예언" 이 오직 "믿는 자들을 위한" 것이고, "믿지 않는 자들" 에게는 아무 유익이나 소용도 없는 것이라고 말하는 것이 아니라, "믿지 않는 자들" 만이 아니라 "믿는 자들" 을 위한 것이기도 하다는 것이다. 왜냐하면, 예언은 믿지 않는 자들에게는 그들을 회심시키는 데 유익하고, "믿는 자들" 에게는 그들의 덕을 세우는 데 유익하기 때문이다.

23. 그러므로 온 교회가 함께 모여 다 방언으로 말하면 알지 못하는 자들이나 믿지 아니하는 자들이 들어와서 너희를 미쳤다 하지 아니하겠느냐.

온 교회가 함께 모여. 이 어구는 "온 교회가 한 곳에 함께 모여" 를 의미할 수도 있고, "온 교회가 하나의 동일한 일을 위해 함께 모여" 를 의미할 수도 있는데, 이하에 나오는 내용을 보면, 전자를 의미하는 것으로 보인다. 다 방언으로 말하면. 어떤 이들은 사도가 여기에서 "다 방언으로 말하면" 이라고 말한 것은 온 교회가 모인 곳에서 모두 또는 다수가 질서를 따라 말하지 않고 여러 사람이 한꺼번에 중구난방으로 혼잡하게 말을 하는 상황을 나타낸 것이라고 생각한다. 실제로 사도는 나중에 고린도 교인들이 질서를 지켜 말하지 않고 그런 식으로 혼잡하게 말하는 것은 잘못이라고 지적하며 책망한다. 그러나 사도가 24절에서 그들이 예언하는 것과 관련하여 여기에서와 동일하게 말하고 있는 것으로 보아서, 나는 여기에서 "다 방언으로 말하면" 은 "너희 중의 다수가 한 사람씩 차례로 방언으로 말하면" 이라는 의미라고 생각한다. 왜냐하면, 만일 24절에 나오는 "다 예언을 하면" 이라는 어구가 많은 사람들이 한꺼번에 중구난방으로 혼잡스럽게 예언하는 것을 의미한다면, 불신자들이 거기로 들어와서 책망을 듣고 자신들의 죄를 깨닫는 것이 아니라, "다 방언으로 말하는" 경우와 마찬가지로 그들을 "미쳤다"고 해야 맞을 것이기 때문이다. 알지 못하는 자들이나 믿지 아니하는 자들이 들어와서 너희를 미쳤다 하지 아니하겠느냐. 너희가 하는 방언들을 알아 듣지 못하거나 믿지 않는 이방인들은, 너희가 너희 자신만 알고 그들은 알아 들을 수 없는 언어로 말하는 것을 보고서, 너희가 정신이 나가서 이성을 잃고 미친 자들이라고 말할 것이다.

24. 그러나 다 예언을 하면 믿지 아니하는 자들이나 알지 못하는 자들이 들어와서 모든 사람에게 책망을 들으며 모든 사람에게 판단을 받고.

그러나 다 예언을 하면. 여기에서 "다"는 회중에 속한 모든 사람을 가리키는 것이 아니라는 것은 분명하다. 왜냐하면, 사도는 고린도전서 12:29에서 "다 선지자이겠느냐"고 말하였고, 만일 많은 수의 사람들이 예언한다면, 그 곳에 온 불신자들이 그 많은 말들을 다 본성의 빛에 비추어서 제대로 판단하기는 어려울 것이기 때문이다. 따라서 이것은 몇 사람이 차례로 성경을 해석하거나 적용하는 것을 가리키는 것임에 틀림없다. 모든 사람에게 책망을 들으며 모든 사람에게 판단을 받고. 믿지 않는 자들이 온 교회가 모인 곳에 들어와서, 그 곳에서 사람들이 질서정연하게 예언을 통해서 말씀을 전하고 듣는 것을 보고는, 그 자리에 가만히 서서 그 예언의 말씀들을 귀 기울여 듣고 죄를 깨달으며, 자신의 악한 삶과 잘못된 종교가 예언하는 모든 사람들에 의해서 판단받고 단죄되는 것을 보게 될 것이다.

25. 그 마음의 숨은 일들이 드러나게 되므로 엎드리어 하나님께 경배하며 하나님이 참으로 너희 가운데 계신다 전파하리라.

하나님께서는 특별한 섭리를 통해서 예언하는 자에게 그 자리에 참석한 어떤 죄인의 "마음의 숨은 일들"을 알려 주셔서 그 자리에서 공개적으로 드러내게 하시는 방식으로, 또는 (오늘날에도 흔히 경험할 수 있는) 좀 더 통상적인 섭리를 따라서 설교자로 하여금 특정한 주제로 말씀을 전하게 하시고, 그 자리에 온 어떤 죄인으로 하여금 그 말씀이 바로 자기에게 하시는 말씀이라는 것을 깨닫게 하시는 방식으로, 자신의 죄악들을 고백하고 회심하여 기독교 신앙으로 개종하고, 하나님께서 그들 가운데 계신다고 밖에 나가서 전파하게 만드신다. 이렇게 예언의 은사를 가진 사람들은 방언의 은사를 가진 사람들이 할 수 없는 이 두 가지 큰 유익을 행할 수 있다. 즉, 그들은 불신자들로 하여금 자신의 죄악을 깨닫고 회심하게 하는 유익과 그렇게 회심한 불신자들이 밖에 나가서 하나님을 증거함으로써 하나님께 영광을 돌리는 유익을 줄 수 있다. 그래서 사도는 방언의 은사보다도 예언의 은사를 더 사모하라고 고린도 교인들에게 당부한다.

26. 그런즉 형제들아 어찌할까 너희가 모일 때에 각각 찬송시도 있으며 가르치는 말씀도 있으며 계시도 있으며 방언도 있으며 통역함도 있나니 모든 것을 덕을 세우기 위하여 하라.

너희가 모일 때에 각각 찬송시도 있으며 가르치는 말씀도 있으며 계시도 있으며 방언도 있으며 통역함도 있나니. 이 절 다음에 이어지는 두 절에 나오는 내용을 보고서, 어떤 사람들은 사도가 여기에서 고린도 교인들 중에서 여러 가지 은사를 받은 사람들이 온 교회가 모일 때에 차례를 따라 질서 있게 각자의 은사를 따라 행하지 않고, 여러 사람들이 한꺼번에 자신들의 은사를 행하여, 어떤 사람은 "찬송시"로 찬송하고, 어떤 사람은 "말씀"을 가르치고, 어떤 사람은 "계시"로 주어진 것들을 말하고, 어떤 사람은 "방언"을 말하고, 어떤 사람은 방언을 "통역하였다"고 말한 것이라고 생각할지도 모르겠다. 그러나 정말 그렇게 생각하는 사람들이 있다면, 그것은 큰 착각이고, 고린도 교인들이 그렇게 말도 안 되는 방식으로 예배를 드리고 모임을 가졌다고 생각하는 것은 이 유명한 교회를 너무나 가혹하게 대하는 것임에 틀림없다. 그러므로 어떤 이들은 사도는 여기에서 모든 은사를 대표해서 다섯 가지 은사만을 열거하고서, 각각의 은사를 가진 사람들이 자신의 은사를 발휘할 시간을 갖기 위하여 서로 다툰 것이 고린도 교회의 상황이었다고 생각한다. 즉, 찬송의 은사를 받은 사람은 온 회중이 자기가 만든 "찬송시"로 찬송하는 시간을 갖고자 하였고, 말씀을 가르치는 은사를 받은 사람은 온 회중에게 말씀을 가르칠 시간을 갖고자 하였으며, 계시를 받은 사람은 온 회중에게 자신이 받은 계시를 들려줄 시간을 갖고자 하였고, 방언의 은사를 받은 사람은 온 회중을 향하여 방언으로 말하는 시간을 갖고자 하였으며, 통역의 은사를 받은 사람은 온 회중에게 자신의 통역을 들려 주는 시간을 갖고자 하였다. 또는, 적어도 그들은 자신들이 모두 차례대로 은사를 다 사용할 때까지, 회중의 예배나 모임이 계속되기를 바랐다.

모든 것을 덕을 세우기 위하여 하라. 사도는 그러한 무질서를 막기 위해서, 그들이 지켜야 할 몇 가지 규범을 제시한다. 첫 번째는 모든 것은 신자들의 믿음과 성결한 삶에 진보를 가져오는 데 가장 유익하다고 여겨지는 방향으로 행해져야 한다는 것이다. 이것은 하나님의 일들을 행하며 섬기는 자들의 첫째가는 주된 목표가 되어야 한다.

27. 만일 누가 방언으로 말하거든 두 사람이나 많아야 세 사람이 차례를 따라 하

고 한 사람이 통역할 것이요.

사도는 방언의 은사를 사용하는 것과 관련해서는 세 가지의 규범을 지시한다: (1) 방언의 은사를 받은 사람들은 예배나 모임이 있을 때마다 너나 할 것 없이 모두 나서서 방언으로 말하려고 해서는 안 되고, 한 번에 "두 사람이나 많아야 세 사람"만이 나서야 한다. (2) 어느 예배나 모임에서 방언의 은사를 행할 사람들은 한꺼번에 또는 중구난방으로 나서서 행하지 말고 "차례를 따라" 행하여야 한다. (3) 방언의 은사를 행할 때에는, 회중이 알아 들을 수 있도록 하기 위하여, 반드시 "한 사람이 통역하여야" 한다. 왜냐하면, 방언은 하나님의 영의 이례적인 역사를 통해서 주어지는 특별한 은사이기는 하지만, 갑작스러운 감동에 의해서 간헐적으로 임하는 것이 아니라 상시적으로 주어져 있는 은사이기 때문이다. 만일 방언이 상시적으로 주어져 있는 은사가 아니었다면, 방언은 방언을 하는 사람에 의해서 통제될 수 없었을 것이다. 그리고 만일 방언이 방언을 하는 사람에 의해서 통제될 수 있는 은사가 아니었다면, 바울은 19절에서 "교회에서 네가 남을 가르치기 위하여 깨달은 마음으로 다섯 마디 말을 하는 것이 일만 마디 방언으로 말하는 것보다 나으니라"고 말할 수 없었을 것이다.

28. 만일 통역하는 자가 없으면 교회에서는 잠잠하고 자기와 하나님께 말할 것이요.

사도는 방언의 은사를 받은 사람이 그 은사를 사용하고자 하는 마음이 있다면, 혼자 있을 때, 모든 언어를 다 알아 들을 수 있으신 "하나님께" 말하면 될 것이기 때문에, 통역하는 자가 없어서 다른 사람들이 알아 들을 수 없는 경우에는, 그리스도인들이 모인 자리에서는 방언으로 말하지 말고 "잠잠하라"고 명한다.

29. 예언하는 자는 둘이나 셋이나 말하고 다른 이들은 분별할 것이요.

예언의 은사와 관련해서는, 사도는 한 번의 예배나 모임에서 "둘이나 셋"만 말하고, 한 사람이 다 예언하고 나면, 또 다른 사람이 일어나 예언하는 식으로 질서를 지켜서 차례대로 예언하라고 명한다. "둘이나 셋" 이외에도, 그 자리에 예언하는 자들이 더 있는 경우에는, 나머지 예언하는 자들은 자리에 조용히 앉아서, 차례를 따라 예언하는 자들의 예언이 과연 참된지를 분별하는 일을 하여야 한다.

30. 만일 곁에 앉아 있는 다른 이에게 계시가 있으면 먼저 하던 자는 잠잠할지니라.

두 종류의 예언이 있었다. 하나는 통상적인 성격의 예언으로서, 이것은 교사가 모임에 앞서 하나님의 감동을 따라 계시를 받아서, 성경의 어느 본문이나 하나님의 진리를 회중에게 풀어 설명해 주는 것이었는데, 이 때에 그 교사는 우리가 오늘날 사용하는 그러한 수단을 사용함이 없이 성령의 감동에 의해서 계시를 받아 성경의 뜻을 다른 사람들에게 말해 줄 수 있었다. 다른 하나는 예배나 모임이 있는 그 자리에서 감동이나 계시를 받아 예언하는 것이었다. 사도가 여기에서 후자가 아니라 전자에 대하여 말하고 있는 것으로 보인다. 또는, 사도가 여기에서 두 가지에 대해서 모두 다 말하고 있는 것이라면, 이것은 어떤 사람이 후자에 속한 예언이나 계시를 받았다고 할지라도, 특별히 하나님의 뜻을 거스르는 것이 아닌 경우에는, 차례를 지켜서, 먼저 예언하는 자가 예언을 다 끝낼 때까지 기다렸다가 예언하는 것이 마땅하고, 자기에게 계시가 임하였다고 하여, 이미 예언하고 있는 사람을 중단시키고, 자기가 나서서 예언함으로써, 예배나 모임을 무질서와 혼란을 야기시켜서는 안 된다는 것을 고린도 교인들에게 분명하게 주지시키고 있는 것이다.

31. 너희는 다 모든 사람으로 배우게 하고 모든 사람으로 권면을 받게 하기 위하여 하나씩 하나씩 예언할 수 있느니라.

너희는 동일한 날이나 시간에 모두 다 예언하고자 해서는 안 되고, 너희 모두가 예언하되, 모든 사람이 다 교훈과 위로를 받을 수 있게 하고자 하는 목적을 위하여 질서 있게 차례로 예언하는 것이 합당하다. 너희가 예언하는 목적이 "모든 사람으로 배우게 하고 모든 사람으로 권면을 받게 하기 위한" 것임을 똑똑히 명심하기만 한다면, 너희는 얼마든지 너희에게 주어진 예언의 은사를 스스로 통제하고 절제하여 행할 수 있다. 이것은 예언의 은사를 받은 사람들은 반드시 그 은사를 사용하여야 하기는 하지만, 반드시 이런저런 특정한 때에 그 은사를 사용하여야 하는 것은 아니라는 것을 우리에게 알게 해 준다.

32. 예언하는 자들의 영은 예언하는 자들에게 제재를 받나니.

사도가 여기에서 말하는 "예언하는 자들의 영"은 예언하는 자들이 받은 예언의 은사 자체를 가리키는 것일 수도 있고, 예언의 은사를 사용하는 행위나 그 은사를 통한 해석이나 가르침을 가리키는 것일 수도 있으며, 그들로 하여금 예언하도록 만드는 충동을 가리키는 것일 수도 있다. 사도는 그러한 것들이 "예언하는 자들에게 제재를 받는다"고 말한다. 이것은 예언하는 자들이 자신의 은사를 통제할 수 있다는 것을 의미하는 것일 수도 있고, 예언하는 자들이 동일한 은사를 받은 다른 사람들의 판단과 검열에 의해서 제재를 받는다는 것을 의미하는 것일 수도 있는데, 대다수의 해석자들은 후자의 해석을 지지한다. 그러나 여기에서 한 가지 어려운 문제가 생겨난다: 성령의 은사들은 성령으로부터 직접 흘러나오는 것인데, 어떻게 사람의 판단이나 검열에 의해서 제재를 받는다는 것인가? 사실, 만일 이 사람 또는 저 사람에게 주어진 하나님의 계시가 온전하고 완벽한 것이고, 샘물처럼 언제나 맑게 흘러나온다면, 하나님의 계시를 사람이 판단하거나 검열한다는 것은 있을 수 없는 일일 것이다. 그러나 실제로는 하나님께서는 우리에게 성령을 제한적으로 부어 주시기 때문에, 우리가 우리에게 주어진 은사들을 사용할 때에는, 거기에는 "우리 자신의 인간적인 이물질"(aliquid humani)이 언제나 끼어들게 된다. 바로 이 점 때문에, 예언하는 자의 예언은 다른 "예언하는 자들에게 제재를 받고," 과연 그 예언이 하나님의 성령으로부터 주어진 것인지 그렇지 않은지를 분별할 필요성이 생겨나게 된다. 예언하는 자들은 예언을 하여야 하지만, "믿음의 분수대로" 예언하여야 한다(롬 12:6). 따라서 예언하는 자가 예언을 하면, 다른 예언하는 자들은 그가 그 예언을 과연 "믿음의 분수대로" 예언한 것인지를 분별하여야 한다. 어떤 이들은 이 본문은 사도가 예언하는 것과 관련해서 단지 한 사람이 예언하는 동안에는 다른 모든 사람들은 잠잠하고 있으라고 명함으로써, 이 문제와 관련해서 너무나 분명한 본성에 따른 질서를 제시하고 있는 것으로 제한적으로 해석되어야 한다고 생각한다.

33. 하나님은 무질서의 하나님이 아니시요 오직 화평의 하나님이시니라 모든 성도가 교회에서 함과 같이.

사도는 자기가 앞 절에서 "예언하는 자들의 영은 예언하는 자들에게 제재를 받는다"고 말한 것이 어떤 원리에 의거한 것인지를 여기에서 밝힌다. 즉, 예언하는 자들이 예언들을 하고, 그 예언들이 참된 것들이라고 할지라도, 그 참된 예언들만큼이나 분명하고 확실한 진리가 있는데, 그것은 "무질서"는 하나님으로부터 온 것일 수 없다는 것이다. 그런데 교회의 공적인 모임에서 두세 사람이 동시에 말하는 것은 "무질서"이고 질서를 깨뜨리는 것이기 때문에, 그것은 결코 하나님으로부터 온 것도 아니고 하나님의 뜻이 될 수도 없다. 그러므로 그런 점에서 예언하는 자들의 영은 다른 예언하는 자들의 제재를 받는 것이 마땅하다. 이것은 고린도 교회만이 아니라 모든 교회에 적용되는 일반적인 규범이다.

34. 여자는 교회에서 잠잠하라 그들에게는 말하는 것을 허락함이 없나니 율법에 이른 것 같이 오직 복종할 것이요.

"여자는 교회에서 잠잠하라"는 규범은 통상적으로 예언하는 것에만 국한되어야 한다. 왜냐하면, 예언의 영이 어느 교회에서 어떤 여자에게 임하였다면, 그녀는 회중 앞에서 말해야 하는 것은 의심의 여지가 없기 때문이다. 여선지자였던 안나는 성전에서 "하나님께 감사하고 예루살렘의 속량을 바라는 모든 사람에게 그에 대하여 말하였고"(눅 2:38), 여선지자들이었던 빌립의 딸들도 많은 사람들이 모여 있는 회중 앞에서 예언하였을 것이 틀림없다(행 21:9). 여자가 "잠잠해야" 하는 이유로 제시된 것은 여자는 "복종하는" 것이 본분이라는 것이다. 사도는 디모데전서 2:11-12에서도 거의 동일한 취지로, "여자는 일체 순종함으로 조용히 배우라 여자가 가르치는 것과 남자를 주관하는 것을 허락하지 아니하노니 오직 조용할지니라"고 말하면서, 여자가 예언하며 가르치는 것을 "남자를 주관하는 것"과 같은 행위로 취급한다. 따라서 어떤 교회의 모임들에서 여자들이 예언하거나 가르치는 것이 일상적인 일이 되어 있다면, 그 교회에는 사도가 말한 이 규범이 적용되어야 한다. 그러나 그런 경우가 아니고, 여자들이 종종 성령의 강력하고 특별한 감동을 받아 예언하거나 가르치는 경우에는 이 규범은 적용되지 않는다.

사도가 여기에서 말한 "율법"은 창세기 3:16인 것으로 생각된다. 거기에서 하나님께서는 하와에게 "남편은 너를 다스릴 것이니라"고 말씀하심으로써, 남자는 여자를 다스리고, 여자는 자기 남편에게 복종해야 한다고 명하신다. 하지만 그러한 율법이 있었음에도 불구하고, 미리암은 예언하였고(출 15:20), 여선지자 훌다는 요시야 왕이 보낸 사람들에게 예언하여 하나님의 뜻을 전하였다(대하 34:22). 물론, 이렇게 성령의 강력한 감동을 받아 예언하는 특별한 경우를 제외한다면, 여자가 교회에서 말하는 것이 합당하지 않다는 것은 의심의 여지가 없다.

35. 만일 무엇을 배우려거든 집에서 자기 남편에게 물을지니 여자가 교회에서 말하는 것은 부끄러운 것이라.

우리는 여기에서 "교회에서 말하는 것"은 회중을 가르치기 위해서 회중에게 말하는 것, 또는 가르침을 받기 위해서 회중 속에서 사역자나 그 밖의 다른 사람에게 말하는 것을 가리키는 것으로 이해하여야 한다. 왜냐하면, 여자들도 대표기도에 대해서 아멘이라고 말할 수 있고, 온 회중과 더불어서 찬송하여 하나님께 존귀와 영광을 돌려드릴 수 있다는 것은 두말할 필요가 없기 때문이다. 그러나 여자가 통상적인 예언을 통해서 사람들을 가르치거나, 자기가 잘 모르는 것에 대하여 가르침 받기 위해서 교회의 모임에서 사역자나 다른 지체를 큰 소리로 부르는 것은 금지된다.

36. 하나님의 말씀이 너희로부터 난 것이냐 또는 너희에게만 임한 것이냐.

고린도 교인들은 그들 자신이 온 세상의 그 어떤 사람들보다도 더 지혜롭다고 생각하였기 때문에, 사도의 이 말을 들을 때에 뜨끔하였을 것이고, 사도는 바로 그러한 점을 염두에 두고 이 말을 한 것으로 보인다. 왜냐하면, 사도는 그들이 그들 자신을 대단한 사람들로 여기고 있었던 까닭에, 분명히 자신의 명령이나 지시들을 무시하고 가볍게 여기게 될 것을 미리 내다보았기 때문이다. 그래서 사도는 여기에서 그들에게 이렇게 반문한다: 너희는 너희 자신에 대해서 무엇이라고 생각하고 있느냐? 너희는 너희 자신이 온 세상에서 유일한 교회이자 그리스도를 가장 먼저 믿은 자들이고, 복음이 너희로부터 나와서 온 세상으로 퍼져나간 것이기 때문에, 너희의 말이 곧 모든 교회에 대한 법이라고 생각하고 처신하고 있는 것이냐? 그러나 사실은 고린도에 교회가 생겨나기 전에, 이미 예루살렘을 비롯한 몇몇 지역들에 교회들이 존재하였고, 복음은 그들로부터 온 세상으로 퍼져나간 것이 아니라, 다른 교회들로부터 그들에게로 전해진 것이었다.

37. 만일 누구든지 자기를 선지자나 혹은 신령한 자로 생각하거든 내가 너희에게 편지하는 이 글이 주의 명령인 줄 알라.

너희 중에 누구라도 자기는 하나님의 감동을 받은 자이고, 그 감동을 통해서 하나님의 마음과 뜻을 알고 있는 자라는 자부심을 갖고 있는 사람이 있다면, 그 사람은 나도 사도로서, 그 사람만큼 하나님의 마음과 뜻을 알고 있다는 것을 인정하고 시인하고서, 내가 너희에게 말하는 것이 "주의 명령"이라는 것을 알아야 한다.

38. 만일 누구든지 알지 못하면 그는 알지 못한 자니라.

누구라도 이것을 모른다고 한다면, 그 사람은 의도적으로 모르는 체하는 것이기 때문에, 나는 더 이상 그 사람에 대해서 무엇이라고 할 생각이 없고, 단지 내 자신과 그 사람을 하나님의 판단에 맡길 수밖에 없다. 여기에서 "그는 알지 못한 자니라"로 번역된 구절은 어떤 사본들에는 "그는 알려지지 않게 되리라"로 되어 있다. 즉, 심판의 날에 하나님께서 그 사람에게 "내가 너를 도무지 알지 못하니 떠나가라"고 말씀하실 것이다(마 7:23).

39. 그런즉 내 형제들아 예언하기를 사모하며 방언 말하기를 금하지 말라.

사도는 자기가 앞에서 말한 모든 것을 요약해서 다시 제시하는 것으로 신령한 은사들에 관한 강론을 마무리한다. 사도는 2절에서 이미 그들에게 신령한 은사들을 사모하라고 권면하였었다. 따라서 사도는 이 장 전체에 걸쳐서 내내 예언의 은사가 모든 사람을 위하여 훨씬 더 유익하게 사용될 수 있다는 점에서 방언의 은사보다 더 낫다고 상찬해 왔음에도 불구하고, 이제 여기에서는 방언의 은사도 하나님께서 주신 은사이기 때문에, 적절할 때에 적절한 방식과 질서를 따라 사용하는 것을 금해서는 안 된다는 것을 고린도 교인들에게 상기시켜 준다.

40. 모든 것을 품위 있게 하고 질서 있게 하라.

사도는 앞에서 교회의 모임이라는 지극히 엄숙한 모임과 하나님의 예배라는 지극히 엄숙한 행위에 걸맞게 모든 일들이 행해져야 마땅하기 때문에, "품위 있고 질서 있게" 방언의 은사를 사용할 것이 아니라면, 교회에서는 방언으로 말하지 말라고 고린도 교인들에게 말한 바 있다. 또한, 사도는 여자가 공적인 모임에서 예언하는 것은 볼썽사납고 품위 없는 일이라고 하면서, 35절에서는 "여자가 교회에서 말하는 것은 부끄러운 것"이라고 말하였었다. 그리고 많은 사람들이 동시에 중구난방으로 말하여 모임을 소란하게 만들고 어지럽히는 것은 무질서한 것이었다. 이렇게 품위 있는 것과 품위 없는 것, 질서 있는 것과 질서 없는 것의 기준은 사도가 자신의 뜻을 따라 정한 것이 아니라, 사도가 33절에서 말하였듯이, 하나님의 율법과 본성의 빛과 모든 기독교회의 관례로부터 생겨난 것이었다. 따라서 사도는 특히 신앙적인 모임이나 행위에서 이루어진 모든 것들은, 하나님의 율법이나 본성의 빛이나 모든 교회의 공통된 관례에 비추어서 품위 없거나 질서 없이 혼란스러운 것으로 여겨지는 방식으로 행해져서는 안 된다고 명한다. 여기에서 매우 주목할 만한 것은, 사도는 이러한 일들에서 지켜야 할 규범들을 제시할 때, 하나님의 율법이나 본성과 이성에 근거한 것들이었고, 부끄럽거나 아름답지 못한 것은 전혀 명하지 않았다는 것이다. 예컨대, 사도가 34절에서 여자들에게 교회에서 잠잠하라고 한 것은 하나님의 율법에 근거한 것이었고, 많은 사람들이 한꺼번에 중구난방으로 말하지 말라고 한 것은 본성과 이성에 근거한 것이었다. 만일 사도가 부끄럽거나 아름답지 못한 것들을 규범으로 제시하였다면, 그런 규범은 사람들을 가르치고 교훈하거나, 불신자들로 하여금 믿는 자들을 미쳤다고 생각하지 않게 하는(23절) 목적에 합당하지 않아서 무익한 것들이 되었을 것이다.

MATTHEW POOLE'S COMMENTARY

고린도전서 15장

개요

1. 그리스도의 부활이 실제로 일어난 일이라는 사실에 근거해서, 장차 우리 자신의 부활도 반드시 일어날 것이라고 함(1-19).
2. 그리스도께서 부활하셔서 잠자는 자들의 첫 열매가 되셨고, 그리스도께 속한 자들이 적절한 순서를 따라 부활하게 될 것임(20-23).
3. 그리스도께서는 모든 원수들을 복속시키신 후에 그 나라를 아버지 하나님께 바치게 될 것임(24-28).
4. 만일 죽은 자의 부활이 없다면, 사도가 그래 왔던 것처럼, 자신의 목숨을 거는 것은 헛된 일이 될 것임(29-34).
5. 부활의 방식(35-50).
6. 마지막 날에 죽은 자와 산 자의 몸에서 일어나게 될 변화(51-57).
7. 믿음을 굳건히 지키고 주의 일에 더욱 힘쓰라는 권면(58).

1. 형제들아 내가 너희에게 전한 복음을 너희에게 알게 하노니 이는 너희가 받은 것이요 또 그 가운데 선 것이라.

사도는 이 서신을 마무리하기에 앞서, 고린도 교인들이 죽은 자의 부활에 관한 가르침과 관련해서 잘못 알고 있는 것에 대하여 책망하기 시작한다. 이 잘못은 사도가 마지막으로 언급하고 있는 것이기는 하지만, 실제로는 극히 중요한 것이었다. 마지막 날에 있을 몸의 부활은 이성으로는 충분히 설득력 있게 말할 수 없는 신앙의 조목이었기 때문에, 수많은 철학자들과 세상의 현자들이 부정해 왔던 것이다: "어떤 에피쿠로스와 스토아 철학자들도 바울과 쟁론할새 어떤 사람은 이르되 이 말쟁이가 무슨 말을 하고자 하느냐 하고 어떤 사람은 이르되 이방 신들을 전하는 사람인가보다 하니 이는 바울이 예수와 부활을 전하기 때문이러라"(행 17:18). 이렇다 보니, 고린도 교회에 속한 사람들 중에는, 그런 철학자들이나 현자들에게 물들어서, 몸의 부활을 부정하는 사람들이 일부 있었던 것으로 보인다. 그래서 사도는 이 장에서 기독교 신앙에서 중요하였던 몸의 부활에 관한 신조를 확증할 필요가 있었다. 이러한 목적으로, 먼저 사도는 자기가 그들에게 전한 것이 "복음"이었다고 못 박는다. 즉, 자기는 전에 그들에게 복음의 가르침을 전하였었고, 그들은 그 복음을 듣고, 하나님의 진리로 믿고 받아들였으며, 그들 중에서 일부는 미혹을 받아 잘못된 길로 갔지만, 대부분은 그들의 이전의 신앙고백에 여전히 견고하게 서 있다는 것을 확인한다.

2. 너희가 만일 내가 전한 그 말을 굳게 지키고 헛되이 믿지 아니하였으면 그로 말미암아 구원을 받으리라.

"그로 말미암아 구원을 받으리라"는 "내가 전한 복음의 가르침을 믿고 받아들임으로써, 너희는 이미 구원의 도상에 있다"는 의미이다. 이것은 요한복음 3:18에서 "그를 믿는 자는 심판을 받지 아니하는 것이요"라고 말하고, 요한복음 3:36에서 "아들을 믿는 자에게는 영생이 있고" 영원히 구원을 받게 될 것이라고 말한 것과 동일한 의미이다. 그러나 "너희가 내가 전한 그 말을" 기억하고서 "굳게 지키지" 않는다면, 너희는 구원의 도상에 있는 것이 아니다. 따라서 너희는 내가 전한 복음의 가르침을 늘 기억하고 지켜 나가야 한다. 그렇지 않으면, 너희는 "헛되이" 믿는 것이 되어서, 너희의 믿음이라고 하는 것은 너희의 영혼을 구원하는 데 아무런 도움도 되지 못하게 될 것이다.

3. 내가 받은 것을 먼저 너희에게 전하였노니 이는 성경대로 그리스도께서 우리 죄를 위하여 죽으시고.

나는 그리스도의 부활을 기독교 신앙의 주된 신조들 중의 하나로 너희에게 전하였는데, 그것은 내가 스스로 지어내거나 생각해 낸 것이 아니라, "예수 그리스도의 계시로"(갈 1:12) 또는 "아나니아"로부터 받은 것이다. 사도는 갈라디아서 1:12에서는 "이는 내가 사람에게서 받은 것도 아니요 배운 것도 아니요 오직 예수 그리스도의 계시로 말미암은 것이라"고 말하였고, 사도행전 9:17은 "아나니아가 떠나 그 집에 들어가서 그에게 안수하여 이르되 형제 사울아 주 곧 네가 오는 길에서 나타나셨던 예수께서 나를 보내어 너로 다시 보게 하시고 성령으로 충만하게 하신다 하니"라고 보도한다. 사도는 "그리스도께서 우리 죄를 위하여 죽으셨다"는 것(롬 4:25), 즉 그리스도께서 우리의 죄에 대한 하나님의 공의의 심판을 대신 받으시고 우리를 대속하셨다는 것을 이런 식으로 받아서 고린도 교인들에게 전하였는데, 그리스도의 대속의 죽음은 구약성경에 주어진 예언의 말씀들을 따른 것이었다. 이사야서 53:5은 "그가 찔림은 우리의 허물 때문이요 그가 상함은 우리의 죄악 때문이라 그가 징계를 받으므로 우리는 평화를 누리고 그가 채찍에 맞으므로 우리는 나음을 받았도다"라고 예언하였고, 다니엘서 9:26은 "예순두 이레 후에 기름 부음을 받은 자가 끊어져 없어질 것이며"라고 예언하였다.

4. 장사 지낸 바 되셨다가 성경대로 사흘 만에 다시 살아나사.

그리스도의 죽음만이 아니라 "장사 지낸 바 되실" 것과 죽은 자 가운데서 다시 살아나게 되실 것도, 비록 모호하게 나와 있기는 하였지만, 구약성경에 계시되어 있었다. 요나와 이삭은 이것을 보여 주는 모형들이었다. 다윗은 하나님께서 그리스도의 "영혼을 스올에 버리지 아니하시며 주의 거룩한 자를 멸망시키지 않으실 것"이라고 예언하였고(시 16:10), 베드로는 다윗의 그 예언이 그리스도에 관한 예언임을 확인시켜 준다(행 2:31; 13:35). 따라서 이러한 일들에 관한 신약성경의 가르침은 구약성경의 가르침과 일치한다. 한 가지 차이점이 있다면, 그것은 구약성경은 신약성경을 다소 모호하고 베일에 싼 것처럼 담고 있는 반면에, 신약성경은 구약성경을 좀 더 온전하고 분명하게 계시하고 있다는 것이다.

5. 게바에게 보이시고 후에 열두 제자에게와.

게바에게 보이시고. 복음서의 이야기 속에는, 그리스도께서 베드로에게 나타나셨다는 기사가 없지만, 만약 베드로가 엠마오로 가던 두 제자 중의 한 사람이었다면, 그리스도께서는 "게바에게 보이신" 것이 될 것인데, 실제로 그랬을 가능성이 크다. 왜냐하면, 엠마오로 가던 두 제자는 부활하신 그리스도를 뵙고 나서 예루살렘으로 돌아와서, 모여 있던 열한 제자 및 그들과 함께 한 자들에게, "주께서 과연 살아나시고 시몬에게 보이셨다"(눅 24:34)고 말하였기 때문이다(물론, 이것은 "시몬"이 베드로를 가리키는 것이라고 전제할 때에만 가능한 추론이기는 하지만).

열두 제자에게. 부활하신 그리스도께서 모든 제자들에게 나타나신 것에 관한 것은 요한복음 20:19-20에 기록되어 있다: "이 날 곧 안식 후 첫날 저녁 때에 제자들이 유대인들을 두려워하여 모인 곳의 문들을 닫았더니 예수께서 오사 가운데 서서 이르시되 너희에게 평강이 있을지어다 이 말씀을 하시고 손과 옆구리를 보이시니 제자들이 주를 보고 기뻐하더라." 거기에서 복음서 기자는 당시에 열두 제자 중에서 유다는 죽고 없었고, 도마도 그 자리에 있지 않았지만, 거기에 모여 있던 제자들을 "열두 제자"로 지칭하는데, 이것은 열둘이라는 숫자는 하나님께서 사도들의 수로 정하신 것이었기 때문이다. 예컨대, 창세기 42:13을 보면, 야곱의 아들들은 당시에 열두 형제 중에서 요셉은 이미 죽은 것으로 알고 있었음에도 불구하고, 자신들은 "열두 형제"라고 지칭한다. 어떤 이들은 "안식 후 첫날 저녁 때에" 부활하신 그리스도께서 제자들에게 나타나셨을 때, 나중에 가룟 유다를 대신해서 사도로 선택된 바나바가 다른 사도들과 함께 그 자리에 있었을 것이라고 생각하는데, 그러한 생각은 단순한 추측 정도가 아니라 대단히 개연성 있는 추정인 것으로 보인다. 하지만 그렇다고 할지라도, 도마가 그 자리에 있지 않았다는 것은 분명하다.

6. 그 후에 오백여 형제에게 일시에 보이셨나니 그 중에 지금까지 대다수는 살아 있고 어떤 사람은 잠들었으며.

부활하신 그리스도께서 "오백여 형제에게 일시에" 나타나신 일에 대해서는 복음서들이 전혀 보도하지 않지만, 우리 구주께서 부활하신 후에 갈릴리에서 제자들을 만나겠다고 약속하신 대로(마 26:32; 28:7), 실제로 갈릴리에서 부활하신 주님과 많은 제자들 간의 대규모 만남이 이루어졌을 가능성이 큰데, "오백여 형제에게 일시에 보이셨다"는 것은 바로 그 일을 가리키는 것으로 보인다. 사도는 부활하신 그리스도를 본 오백여 형제들 중에서 "대다수"가 지금도 여전히 살아 있어서 그리스도의 부활을 증언하고 있고, 그들 중의 일부만 죽고 없다고 말한다.

7. 그 후에 야고보에게 보이셨으며 그 후에 모든 사도에게와.

성경은 복음서의 이야기 속에서 부활하신 그리스도께서 "야고보"에게 나타나셨다는 것을 우리에게 전혀 말해 주지 않지만, 복음서들은 사도가 앞에서 언급한 것들 외에도 부활하신 그리스도께서 사도들에게 두 차례 더 나타나셨다고 보도한다.

8. 맨 나중에 만삭되지 못하여 난 자 같은 내게도 보이셨느니라.

"맨 나중에"는 "모든 사도들 중에서 가장 마지막으로"를 의미할 수도 있지만, 아마도 "부활하신 그리스도를 본 모든 사람들 중에서 가장 마지막으로"를 의미하는 것으로 보인다. 왜냐하면, 신약성경에 따르면, 스데반 이후로는 바울 이외에는 부활하신 그리스도를 본 사람이 아무도 없기 때문이다. 스데반은 사람들이 던지는 돌을 맞고 있을 때, "보라 하늘이 열리고 인자가 하나님 우편에 서신 것을 보노라"(행 7:56)고 소리쳤다. 바울의 경우에는, 사도행전 9:4은 "땅에 엎드러져 들으매 소리가 있어 이르시되 사울아 사울아 네가 어찌하여 나를 박해하느냐 하시거늘"이라고 보도함으로써, 바울이 부활하신 그리스도의 음성을 들은 것으로 말하고 있지만, 바울이 부활하신 그리스도를 직접 보았을 것임은 의심의 여지가 없다. 왜냐하면, 사도는 여기에서 자기가 부활하신 그리스도를 눈으로 직접 본 목격자 증인들 중의 한 사람이라고 말하고 있기 때문이다. 또한, 바울이 그 때에 눈이 멀었다는 것도 반론이 될 수 없는 것은, 바울은 부활하신 그리스도를 보기 전이 아니라 본 후에 눈이 먼 것이기 때문이다. 사도가 자신을 "만삭되지 못하여 난 자 같다"고 한 것은, 자기가 열두 사도의 수에 추가로 더해졌기 때문일 수도 있고, 자기가 성령 강림 후에 그리스도의 교회를 박해하다가 나중에야 회심하고 거듭났기 때문일 수도 있으며, 자신의 회심이 마치 여자가 만삭이 되지 않았는데도 갑자기 아이를 낳은 것처럼 갑작스럽게 일어났기 때문일 수도 있다.

9. 나는 사도 중에 가장 작은 자라 나는 하나님의 교회를 박해하였으므로 사도라 칭함 받기를 감당하지 못할 자니라.

사도는 자기가 "모든 사도보다 더 많이 수고하였다"(10절)고 말하고, "예루살렘으로부터 두루 행하여 일루리곤까지 그리스도의 복음을 편만하게 전하였다"(롬 15:19)고 말하며, 이 서신에서도 자기가 다른 모든 사람들보다 더 많이 방언을 말한다고 말하고 있기 때문에, 여기에서 자신을 "사도 중에 가장 작은 자"라고 한 것은, 존귀함이나 은사들이나 수고에 있어서 가장 작은 자라는 의미가 아니라, 나중에 스스로 설명하듯이, 자기는 사도라 불릴 만한 자격도 없고 공경받을 만한 자격도 없는 사람이라는 의미이다. 그러면서, 사도는 자기가 전에 하나님의 교회를 박해하는 자였다는 것을 그 이유로 드는데, 이 이야기는 사도행전 9:1-3에 나온다.

10. 그러나 내가 나 된 것은 하나님의 은혜로 된 것이니 내게 주신 그의 은혜가 헛되지 아니하여 내가 모든 사도보다 더 많이 수고하였으나 내가 한 것이 아니요 오직 나와 함께 하신 하나님의 은혜로라.

전에 하나님의 교회를 욕하고 박해하는 자였던 내가 긍휼하심을 얻은 것은 하나님의 거저 값없이 주시는 사랑과 은혜로 말미암은 것이었다. 나는 처음에 그러한 사랑을 받을 만한 자격도 없는 사람이었고, 내가 하나님의 그러한 은혜에 보답하는 것도 불가능한 일이었지만, 내 안에서 역사하신 하나님의 은혜가 완전히 헛되지는 않아서 얼마간의 열매를 맺었다. 왜냐하면, 나는 사도가 되어서 나의 직무를 수행할 때, 다른 모든 사도가 한 수고를 모두 합한 것에는 미치지 못할지 몰라도, 적어도 나의 동료 사도들 중 어느 사도보다도 "더 많이 수고하였는데," 그 수고는 내가 한 것이 아니라, 오직 나와 함께 하신 하나님의 은혜로 말미암은 것이었고, 따라서 나의 모든 수고로 말미암아 맺어진 열매는 모두 하나님의 은혜가 맺은 열매이었기 때문이다. 사도는 자기가 어떻게 수고하였는지에 대해서는 로마서 15:19에서 우리에게 말해 주고 있고, 고린도후서 6:4-10에서는 좀 더 자세하게 들려 준다. 이렇게 사도는 자신이 많은 수고로 말미암아 열매를 맺게 된 것을 자신의 힘과 의지를 따라 스스로 일구어 낸 것이라고 교만하게 말하고 있는 것으로 사람들이 생각하지 않도록 하기 위하여, 이 모든 것은 "내가 한 것이 아니요 오직 나와 함께 하신 하나님의 은혜로라"는 말을 덧붙인다.

이 절의 후반부에서 사용된 "은혜"라는 단어는 전반부에서 사용된 것과는 다른 의미를 지니는 것으로 보인다. 즉, 전반부에 나오는 "은혜"는 하나님의 거저 주시는 사랑과 긍휼의 결과로서 생겨난 여러 성품들을 가리키는 것으로 이해될 수 있는 반면에, 후반부에 나오는 "은혜"는 하나님의 거저 주시는 사랑과 은총을 가리킨다. 즉, 사도는 자기가 은혜로 말미암은 성령의 역사들과 더불어서, 자기에게 주입된 은혜로 말미암아 생겨난 여러 성품들로 말미암아 열매를 맺게 된 것이라고 말하고 있는 것이다. 여기에서 은혜로 말미암아 바울 속에서 생겨난 성품들은 성령의 역사를 통해서 행위들로 나올 수 있었다. 바울의 그러한 행위들에는 바울 자신의 인간적인 요소가 들어 있었지만, 그 정도가 미미하였기 때문에, 그는 자신의 그러한 영적인 행위들을 통해서 맺어진 모든 열매를 자신의 힘이 아닌 하나님의 은혜로 돌린다. 하나님의 은혜는 바울 안에서 역사하여서, 그로 하여금 어떤 행위들을 하게 하고서 그렇게 하도록 돕기도 하고, 그가 해서는 안 될 일들을 하지 못하게 막기도 하는 등, 그의 모든 수고로 인하여 맺어진 열매들에 전방위적으로 관여하였다.

11. 그러므로 나나 그들이나 이같이 전파하매 너희도 이같이 믿었느니라.

"나나 그들이나"는 "나이든, 또는 너희 가운데서 복음을 전한 그 어떤 사도이든"을 의미한다. "이같이 전파하매"는 "나와 모든 사도들은 한결같이 그리스도께서 죽은 자 가운데서 다시 살아나셨다고 너희 가운데서 전하였다"는 의미이다. 우리는 바로 그것을 너희가 믿어야 할 것으로 제시하고 선포하였으며, 너희는 바로 그것을 너희의 믿음의 대상으로 삼고 받아들였다. 우리는 단지 그리스도께서 우리의 죄를 위하여 죽으셨다는 것만을 너희에게 전한 것이 아니라, 그리스도께서 우리를 의롭다 하시기 위하여 다시 살아나셨다는 것도 너희에게 아울러 전하였고, 마찬가지로 너희는 그리스도를 오직 십자가에 못 박혀 죽으신 분으로만 믿은 것이 아니라, 죽은 자 가운데서 다시 살아나신 분으로도 믿었다. 사도행전 2:31; 3:15; 4:10; 5:30에서는 베드로가 그렇게 전파하였고, 사도행전 7:56에서는 스데반이 그렇게 전파하였으며, 사도행전 10:40에서는 또다시 베드로가 그렇게 전파하였고, 사도행전 13:37; 17:3, 31에서는 바울이 그렇게 전파하였다. 이렇게 모든 사도들이 "이같이 전파하였다."

12. 그리스도께서 죽은 자 가운데서 다시 살아나셨다 전파되었거늘 너희 중에서 어떤 사람들은 어찌하여 죽은 자 가운데서 부활이 없다 하느냐.

사도는 앞에서 그리스도께서 죽은 자 가운데서 다시 살아나신 후에 그리스도를 본 자들의 풍부한 증언을 통해서 그리스도의 부활을 증명함으로써 탄탄한 토대를 마련한 후에, 그리스도께서 죽은 자 가운데서 다시 살아나셨다는 것은 자기를 비롯해서 모든 사도들이 처음부터 한결같이 고린도 교인들에게 전하였던 복음의 가르침이었다는 것을 그들에게 재확인시켜 주었다. 이제 여기에서 사도는 그리스도께서 죽은 자 가운데서 다시 살아나셨다는 주된 근거를 토대로 해서, 다음 단계로 죽은 자의 부활이 있을 수밖에 없다는 것을 증명하기 위하여, 먼저 고린도 교인들 중에서 죽은 자의 부활을 부정하는 자들이 있다는 것을 그들에게 상기시키며 그들을 압박하는 것으로 이 논증을 시작한다. 신약성경에서 우리는 고린도 교회에 그런 자들이 있었다는 말을 듣지 못한다. 어떤 이들은 디모데후서 2:16-18에서 사도가 "망령되고 헛된 말을 버리라 그들은 경건하지 아니함에 점점 나아가나니 그들의 말은 악성 종양이 퍼져나감과 같은데 그 중에 후메내오와 빌레도가 있느니라 진리에 관하여는 그들이 그릇되었도다 부활이 이미 지나갔다 함으로 어떤 사람들의 믿음을 무너뜨리느니라"고 말하고 있는 것을 주목하고서, 이 본문에서 "어떤 사람들"은 "후메내오와 빌레도"를 가리키는 것이라고 생각한다. 하지만 어떤 이들은 사도는 여기에서 시몬 마구스(Simon Magus) 이후에 몸의 부활을 부정한 영지주의 이단의 지도자들 중의 한 사람이었던 케린토스(Cerinthus)를 염두에 둔 것이라고 생각하고, 어떤 이들은 사도행전에서 볼 수 있듯이 부활을 부정하였던 일부 사두개인들이었거나, 그리스도인들을 배교자로 여기고서 그리스도인들의 부활을 부정하였던 일부 바리새인들이었을 것이라고 생각하며, 어떤 이들은 그들은 적어도 이교 철학자들의 가르침에 물들은 일부 그리스도인들이었을 것이라고 생각한다. 우리는 그들이 누구였는지를 확실하게 알 수는 없지만, 그런 자들이 고린도 교회에 있었다는 것만은 확실하다. 그래서 사도는 그리스도께서 부활하셨다는 사실을 근거로 삼아서, 부활이 없다고 하는 자들의 주장은 터무니없는 것임을 반박해 나가기 시작한다.

13. 만일 죽은 자의 부활이 없으면 그리스도도 다시 살아나지 못하셨으리라.

사도는 "만일 죽은 자의 부활이 없으면 그리스도도 다시 살아나지 못하셨으리라"고 말한다. 그러나 그리스도의 부활과 죽은 자의 부활이 무슨 상관이 있는 것이냐고 이의를 제기하는 사람도 있을 것이다: 그리스도께서 다시 살아나셨다는 것이 사실이라고 하자. 그렇다고 하더라도, 그러한 사실에서 죽은 자가 부활할 것이라는 결론이 어떻게 도출될 수 있단 말인가? 사도의 이러한 논리 속에는 몇 가지 사실이 전제되어 있다: (1) 사도가 20절에서 말하고 있듯이, 그리스도의 부활은 "잠자는 자들의 첫 열매," 즉 장차 우리가 몸으로 부활하게 될 것을 보여 주는 첫 번째 사례이다. (2) 그리스도께서 교회의 머리가 되신다면, 머리가 죽은 자 가운데서 부활하셨는데, 그 지체들이 영원히 죽음에 붙잡혀 있다는 것은 말이 되지 않는다. 왜냐하면, 머리가 하는 일은 지체들에게 감각과 생명과 움직임을 전달해 주는 것이기 때문이다. 또한, 그리스도의 부활의 목적을 고려하면, 사도의 이러한 논리는 지극히 정당하다. 왜냐하면, 그리스도의 부활은 그리스도께서 죽음에 대하여 승리하셨음을 보여 주는 것으로서, 죽은 자들이 그리스도의 음성을 듣고 살아나게 하고, 그리스도께서 장차 산 자와 죽은 자의 심판주가 되시기 위한 것인데, 만일 죽은 자들이 부활하지 못한다면, 이 두 가지 목적은 달성될 수 없게 될 것이기 때문이다. 따라서 사도가 여기에서 증명하고자 하는 주된 것이 믿는 자들의 부활이라고 할지라도, 다른 여러 곳에서 악인들을 포함한 모든 사람의 부활을 말하였다는 것을 생각할 때, 그리스도께서 교회의 머리가 되신다고 해도, 그것이 악인들이 장차 부활하게 될 것임을 증명해 주지 않는다는 것은 사실이지만, 그리스도께서 장차 산 자와 죽은 자의 심판주가 되실 것이라는 사실은 믿는 자들은 물론이고 악인들까지 부활하게 될 것임을 증명해 준다.

14. 그리스도께서 만일 다시 살아나지 못하셨으면 우리가 전파하는 것도 헛것이요 또 너희 믿음도 헛것이며.

사도는 이렇게 말한다: 만일 그리스도께서 다시 살아나신 것이 아니라면, 너희는 도대체 어떻게 되겠으며, 또한 너희에게 그리스도의 부활을 전한 우리는 도대체 어떻게 되겠는가! 우리가 전한 것도 "헛것" 이자 거짓된 것이 되고 말 것이고, 너희의 믿음도 "헛것" 이자 거짓된 것이 되고 말 것이다. 왜냐하면, 우리가 전한 것도 그리스도께서 죽은 자 가운데서 다시 살아나셨다는 것이었고, 너희가 믿은 것도 그리스도께서 죽은 자 가운데서 다시 살아나셨다는 것이었기 때문이다.

15-16. [15]또 우리가 하나님의 거짓 증인으로 발견되리니 우리가 하나님이 그리스도를 다시 살리셨다고 증언하였음이라 만일 죽은 자가 다시 살아나는 일이 없으면 하나님이 그리스도를 다시 살리지 아니하셨으리라 [16]만일 죽은 자가 다시 살아나는 일이 없으면 그리스도도 다시 살아나신 일이 없었을 터이요.

사도는 앞에서 이미 말하였던 것, 즉 만일 그리스도께서 다시 살아나신 것이 아니라면, 사도들이 전하고 고린도 교인들이 믿은 것은 둘 다 헛것이 되고 거짓된 것이 될 것이라고 말한 것을 이 두 절에서 다시 한 번 반복해서 강조한다. 다만, 사도는 앞 절에서는 "전파하였다"는 표현을 사용한 반면에, 여기에서는 "증언하였다"는 표현을 사용한 것만이 차이가 있을 뿐이다: "우리가 하나님의 거짓 증인으로 발견되리니." 사람들을 위해서, 또는 사람들의 이름으로 거짓 증언을 하는 것은 아홉 번째 계명을 어기는 것으로서 상당히 중대한 죄였지만, 하나님에 대해서 거짓 증언을 하는 것은 그것보다 훨씬 더 중대한 죄였다. 여기에 나오는 "증인"이라는 칭호는 그리스도께서 사도들을 지칭하실 때에 처음으로 사용하신 것이었다: "오직 성령이 너희에게 임하시면 너희가 권능을 받고 예루살렘과 온 유대와 사마리아와 땅 끝까지 이르러 내 증인이 되리라"(행 1:8). 나중에는 특히 사도행전에서 사도들은 흔히 증인으로 지칭되었다(행 1:22; 2:32; 4:33; 5:32; 10:39, 41). 특히 바울은 자기 자신을 가리켜 증인이라고 칭하였다(행 22:15; 26:16). 부활하신 후에 승천하실 때까지 이 땅에 계셨던 그리스도를 보았거나, 바울처럼 승천하셔서 하늘에 계신 그리스도를 본(행 9장) 사도들은 가장 엄밀한 의미에서 그리스도의 부활을 목격한 증인들이었다. 하지만 좀 더 넓은 의미에서의 "증인"은, 그리스도의 부활을 직접 목격하지는 않았을지라도, 사도가 증언한 것들을 귀로 듣거나 성경에서 읽고서 그리스도의 부활을 사람들에게 전하는 모든 사역자들을 포함한다. 그 자체로 거짓된 것을 하나님으로부터 온 진리라고 증언하는 것은 지극히 중대한 범죄인데, 사도는 만일 그리스도께서 다시 살아나신 것이 아니라면, 우리는 모두 그러한 "거짓 증인"이 되고 말 것이라고 말한다. 또한, "만일 죽은 자가 다시 살아나는 일이 없으면 그리스도도 다시 살아나신 일이 없었을 터이요."

17. 그리스도께서 다시 살아나신 일이 없으면 너희의 믿음도 헛되고 너희가 여전히 죄 가운데 있을 것이요.

만일 "그리스도께서 다시 살아나신 일"이 없었다면, 너희는 너희의 죄를 사함 받지 못하고, 죄책과 너희를 단죄하는 죄의 권세 아래에서, 여전히 타고난 그대로의 본성적인 상태로 지내고 있을 것이다. 왜냐하면, 주 예수 그리스도를 믿어야만, 너희의 죄가 사함을 받을 수 있는데, 그리스도께서는 십자가에 못 박혀 죽으심으로써 자기가 참 사람이라는 것을 밝히 보여 주셨고, 이어서 "죽은 자들 가운데서 부활하사 능력으로 하나님의 아들로 선포되심"(롬 1:4)과 아울러, 자기가 참 하나님이시고 영원히 찬송 받으실 하나님이시라는 것을 밝히 드러내셔서, 사람들이 예수 그리스도의 죽으심과 부활하심을 믿어 죄 사함을 얻게 하신 까닭에, 만일 그리스도께서 죽은 자 가운데서 살아나신 것이 아니라면, 너희의 믿음은 헛것이 되어서, 너희의 죄가 사함 받지 못하여, 너희는 여전히 죄 가운데 있을 것이기 때문이다.

18. 또한 그리스도 안에서 잠자는 자도 망하였으리니.

어떤 이들은 이 본문에서 "그리스도 안에서"라는 어구는 "그리스도를 위하여"와 동일한 의미를 지니는 것으로 보고서, "그리스도 안에서 잠자는 자들"은 순교자들을 가리키는 것이라고 생각하지만, 나는 여기에서 말하고 있는 것은 모든 믿는 자들에게 해당된다는 점에서, 그런 식으로 대상을 한정하는 것은 그 어떤 근거도 없다고 본다. 왜냐하면, 사도가 앞 절에서 말한 대로, 만일 그리스도께서 죽은 자 가운데서 다시 살아나신 것이 아니라면, 사람들이 죄 사함을 얻기 위하여 믿어야 할 대상이 사라져 버린 것인 까닭에, 모든 사람들은 자신의 죄를 그대로 끌어안고서 자신의 죄 가운데서 죽을 수밖에 없다는 것은 너무나 분명하기 때문이다. 따라서 만일 그리스도께서 다시 살아나신 것이 아니라면, 그리스도의 부활을 믿었던 자들은 구원의 문이 열렸다고 생각했는데, 사실은 이전과 마찬가지로 굳게 닫혀 있는 것이기 때문에, 자신들이 그리스도 안에서 잠들어 있다고 여긴 자들은 "망할" 수밖에 없게 된다. 왜냐하면, 그리스도께서는 우리보다 천국에 먼저 들어가셔서 우리를 위하여 거처를 준비하신 것이 아니게 되기 때문이다.

19. 만일 그리스도 안에서 우리가 바라는 것이 다만 이 세상의 삶뿐이면 모든 사람 가운데 우리가 더욱 불쌍한 자이리라.

사도는 여기에서 믿는 자들의 머리이신 그리스도의 부활을 근거로 해서, 그 지체들인 믿는 자들의 부활을 논증한다. 예수 그리스도를 믿는 자들이 모든 사람들 중에서 가장 비참하고 불쌍한 자들이 될 것이라고 생각하는 것은 어이없는 일이지만, 만일 죽은 자 가운데서의 부활이 장차 있지 않다면, 그들은 그렇게 될 수밖에 없다. 사도는 아래의 30-31절에서 이것을 좀 더 자세하게 논증한다. 죽은 자들의 부활이 없다면, 믿는 자들이 모든 사람들 중에서 가장 비참하고 불쌍한 자들이 될 수밖에 없는 이유는, 사도들을 비롯해서 대다수의 그리스도인들은 현세의 흉용한 삶 속에서 다른 모든 사람들보다 더 고난을 받는 삶을 산 자들임에도 불구하고, 그리스도 안에서 내세의 삶에 대한 소망을 가질 수 없게 되기 때문이다. 사도는 매시간마다 위험을 무릅썼고 날마다 죽었다(30-31절). 어떤 이들은 이렇게 반문할 수도 있을 것

이다: 몸의 부활이 없다고 해서, 믿는 자들이 꼭 모든 사람들 중에서 가장 비참하고 불쌍한 자들이 되는 것은 아니지 않는가? 믿는 자들은 그들의 몸이 죽고 다시 살아나지 못한다고 할지라도, 그들의 영혼은 얼마든지 내세에서 영광 중에 살아갈 수 있지 않는가? 그러한 반문에 대한 대답은 이것이다: (1) 부활이라는 것은 육신적인 부분에 해당되는 것이어야 한다는 것이다. (2) 몸의 부활을 부정한 자들은 영혼의 불멸도 부정하였다는 것이다. (3) 바울은 하나님께서 정하신 것을 근거로 해서 말하고 있다는 것이다. 즉, 하나님께서는 그리스도의 부활 없이 죽으심만으로 우리의 영혼이나 몸이 구원받는 것이 가능하게 정하지 않으셨고, 우리의 영혼과 몸이 분리된 채로 우리의 영혼만이 영광을 받는 것이 아니라, 세상 끝에 우리의 영혼과 몸이 재결합하여 함께 영광을 받도록 정하셨다. 그래서 베드로전서 1:3에서는 "우리 주 예수 그리스도의 아버지 하나님을 찬송하리로다 그의 많으신 긍휼대로 예수 그리스도를 죽은 자 가운데서 부활하게 하심으로 말미암아 우리를 거듭나게 하사 산 소망이 있게" 하셨다고 말한다.

20. 그러나 이제 그리스도께서 죽은 자 가운데서 다시 살아나사 잠자는 자들의 첫 열매가 되셨도다.

사도는 자기가 앞에서 논증하던 주제, 즉 그리스도의 부활에 관한 주제로 되돌아가서, 그리스도를 "잠자는 자들의 첫 열매"라고 부른다. 어떤 이들은 여기에서 "잠자는 자들"은 믿는 자들을 가리키는 것이기 때문에, 그리스도는 장차 다시 살아나게 될 모든 사람들의 첫 열매이신 것은 아니라고 생각한다. 왜냐하면, 그리스도의 죽음이나 부활로 인한 은택이 현세 이후에 악인들에게도 주어질 것임은 증명하기 어렵고, 성경의 기자들은 통상적으로 불신자들의 죽음을 잠잔다는 개념으로 표현하지 않으며, 골로새서 1:18에서는 그리스도를 "교회의 머리"라고 말한 후에, "죽은 자들 가운데서 먼저 나신 이"라고 부르기 때문이다. 따라서 여기에서 사도는 믿는 자들을 염두에 두고서, 그리스도를 잠자는 자들의 첫 열매라고 한 것이다. 악인들의 부활은 그리스도의 중보로 말미암는 것이 아니라, 최후의 심판 때에 자신의 공의를 나타내고자 하시는 하나님의 섭리로 말미암는 것이다. 그러나 여기에서 한 가지 질문이 생겨난다: 성경의 여러 곳에서는 그리스도께서 자기보다 이전에 죽은 자들 가운데서 다시 살아나셨다고 말하고 있는데, 어떻게 그리스도를 "잠자는 자들의 첫 열매"라고 하는 것이 가능한가? 대답: (1) 그리스도는 자신의 권능과 힘으로 다시 살아나신 첫 번째 사람이셨다. (2) 그리스도는 다시 살아나셔서 다시는 결코 죽지 않으신 첫 번째 사람이셨다. (3) 그리스도는 위엄과 존엄에 있어서 첫 번째이신 분이셨다. (4) 그리스도는 자신의 부활을 통해서 다른 사람들, 즉 자신의 지체들인 모든 자들의 부활을 위한 길을 열어 놓으셨다는 점에서, 잠자는 자들의 첫 열매이셨다. 이것은 율법에서 첫 열매를 하나님께 드리면, 나머지 모든 곡식도 거룩하게 되는 것과 같은 이치였다.

21. 사망이 한 사람으로 말미암았으니 죽은 자의 부활도 한 사람으로 말미암는도다.

아담은 아버지도 없고 어머니도 없이 하나님에 의해서 지음 받은 자였기 때문에 하나님의 아들이라고 할 수도 있는데(눅 3:38), 사람이 현세에서 유한함과 질병과 죽음에 종속되고, 내세에서는 영원한 죽음과 비참함에 종속되게 된 것은 바로 이 "한 사람" 아담 때문이었기 때문에, 하나님께서는 자신의 영원하신 독생자로 하여금 우리와 같은 육신을 입게 하셔서 사람이 되게 하시고 죽으셨다가 다시 살아나게 하심으로써, 그리스도 안에서 잠자는 모든 믿는 자들이 장차 부활할 수 있게 하시기를 기뻐하셨다: "자녀들은 혈과 육에 속하였으매 그도 또한 같은 모양으로 혈과 육을 함께 지니심은 죽음을 통하여 죽음의 세력을 잡은 자 곧 마귀를 멸하시며 또 죽기를 무서워하므로 한평생 매여 종 노릇 하는 모든 자들을 놓아 주려 하심이니"(히 2:14-15).

22. 아담 안에서 모든 사람이 죽은 것 같이 그리스도 안에서 모든 사람이 삶을 얻으리라.

아담 안에 있는 모든 사람이 첫 번째 아담 안에서 현세에서 죽음은 물론이고, 자연적인 죽음의 전조들 또는 부수물들로서 수많은 작은 죽음들이라고 할 수 있는(롬 8:36) 온갖 비참함과 괴로움들에 종속되고, 내세에서는 죄의 결과로서 저 영원한 죽음에 종속되는 것(롬 6:23, "죄의 삯은 사망이요")과 마찬가지로, 그리스도 안에 있는 모든 사람은 그의 죽으심의 공로와 부활로 말미암아, 그의 안에서 택함 받아 그에게 주어져서 믿음으로 인하여 그에게 접붙인 바 됨으로써, 현세에서 영적으로 살게 될 뿐만 아니라(요일 3:14, "사망에서 옮겨 생명으로 들어간 줄을 알거니와") 내세에서는 죽은 자 가운데서 부활하여 영원한 삶 속으로 들어가게 된다. 이 본문은 오직 그리스도의 지체들인 믿는 자들에 대해서만 말하고 있기 때문에, 악인들을 포함한 모든 사람들이 장차 부활하게 될 것을 증명해 주지는 않지만, 그렇다고 해서 그것을 배제하는 것도 아니다. 그러나 이 절의 후반부에 나오는 "모든 사람"이 오직 모든 믿는 자들을 지칭한다는 것은, "그리스도 안에서"라는 어구와 이후의 내용 전체가 분명하게 보여 준다. 따라서 사도는 여기에서 영원한 죽음을 위한 악인들의 부활에 대해서는 말하지 않고, 오직 영원한 생명으로의 믿는 자들의 부활만을 다루고 있다.

23. 그러나 각각 자기 차례대로 되리니 먼저는 첫 열매인 그리스도요 다음에는 그가 강림하실 때에 그리스도에게 속한 자요.

사도는 어떤 사람들이 그리스도의 부활이 모든 믿는 자들의 부활의 원인이고 근거라면, 그리스도께서 부활하실 때에 무덤에서 자고 있던 모든 성도들이 일제히 부활하지 않은 이유가 무엇이냐고 반문할 것을 미리 예상하고서, 여기에서 부활의 "차례"에 대하여 말하는데, 이것은 시간적인 순서를 가리키는 것일 수도 있고, 위엄이나 존귀의 순서를 가리키는 것일 수도 있다. 사도는 이렇게 말한다: 하나님께서는 차례를 정해 놓으셨는데, 그 차례로 말할 것 같으면, 그리스도의 재림 이전에 죽은 자들이나 죽게 될 자들은 그리스도께서 재림하실 때에 가장 먼저 부활하게 되고, 다음으로 재림 당시에 살아 있던 자들이 부활하게 될 것이다(살전 4:16-17). 그러나 하나님은 그리스도께서 모든 사람 중에서 가장 먼저 죽은 자 가운데서 다시 살아나셔서 다시는 결코 죽지 않게 하심으로써, 이 추수의 "첫 열매"가 되도록 그 차례를 정해 놓으셨다. 그런 후에, "다음에는 그가 강림하실 때에 그리스도에게 속한 자들"이 부활하게 될 것이다. 즉, 믿음으로 말미암아 그리스도께 접붙인 바 되어서 그리스도의 지체들이 된 믿는 자들의 부활은 그리스도께서 재림하실 때에 이루어지게 되리라는 것이다.

24. 그 후에는 마지막이니 그가 모든 통치와 모든 권세와 능력을 멸하시고 나라를 아버지 하나님께 바칠 때라.

그 후에는 마지막이니. "마지막"은 믿는 자들이 현세에서 만나게 되는 온갖 비참한 일들과 환난들의 끝을 의미할 수도 있고, 우리의 모든 전도와 사역의 끝을 의미할 수도 있으며, 세상의 종말이나 인간의 종말을 의미할 수도 있지만, 사도가 후반부에서 이것을 설명하고 있는 것으로 보인다는 점에서, 지금 아버지 하나님을 대신해서 세상 끝날까지 세상을 통치하게 되어 있는 그리스도의 중보의 나라의 끝을 의미하는 것일 가능성이 크다.

나라를 아버지 하나님께 바칠 때라. 그 때에 그리스도께서는 생명과 음부와 사망의 열쇠들을 아버지 하나님께 바칠 것이지만, 그리스도의 나라가 그치지는 않을 것이다. 왜냐하면, 이사야 선지자는 그 나라가 끝이 없을 것이라고 예언하고 있기 때문이다: "이는 한 아기가 우리에게 났고 한 아들을 우리에게 주신 바 되었는데 그의 어깨에는 정사를 메었고 그의 이름은 기묘자라, 모사라, 전능하신 하나님이라, 영존하시는 아버지라, 평강의 왕이라 할 것임이라 그 정사와 평강의 더함이 무궁하며 또 다윗의 왕좌와 그의 나라에 군림하여 그 나라를 굳게 세우고 지금 이후로 영원히 정의와 공의로 그것을 보존하실 것이라 만군의 여호와의 열심이 이를 이루시리라"(사 9:6-7). 즉, 이 세상에서 원수들의 틈바구니 속에서 자신의 교회를 다스리시는 그리스도의 중보의 나라는 그칠 것이고 아버지 하나님께 바쳐질 것이지만, 그리스도께서 성부 및 성령과 더불어서 모든 피조물들에 대하여 통치권을 행사하시는 그리스도의 본질적인 나라는 영원히 존재하게 될 것이다(성부와 성자와 성령은 모두 하나의 본질이기 때문에). 따라서 아버지 하나님께서 그 중보의 나라를 그리스도께 맡기셨다는 사실이 아버지 하나님이 세상을 다스리지 않으신다거나 그리스도보다 열등하다는 것을 의미하는 것이 아닌 것과 마찬가지로, 그리스도께서 자신의 나라를 아버지 하나님께 바친다는 것도 그리스도가 아버지 하나님보다 열등하다는 것을 의미하는 것이 아니고, 단지 그리스도께서 이 땅에서 자신의 중보의 나라를 경영하시며 교회를 다스리시고 자기 및 자기 백성의 원수들을 복속시키시는 단계의 경륜이 이제 그 끝에 다다랐다는 것만을 의미할 뿐이다.

그가 모든 통치와 모든 권세와 능력을 멸하시고. 그 때에는 땅의 군왕들의 "모든 통치와 권세," 선한 천사들의 모든 사역, 악한 천사들의 모든 "능력"이 그치게 될 것이다. 이것은 이 땅에서 교회의 모든 원수들이 그리스도 앞에 복속되어서, 현세에서 전투하는 교회가 할 모든 일도 그치게 될 것임을 의미한다.

25. 그가 모든 원수를 그 발 아래에 둘 때까지 반드시 왕 노릇 하시리니.

하나님께서는 그리스도가 자신의 복음과 백성의 모든 원수들, 즉 자신들은 그리스도의 통치를 받지 않겠다고 말하며 그리스도의 통치를 거부하는 모든 자들, 악 가운데 처해 있는 온 세상, 마귀와 그의 모든 졸개들을 복속시키실 때까지, 현세에서 자신의 나라를 중심으로 이 세상을 다스리시게 하시기로 작정하셨다(그리고 하나님이 작정하시고 말씀하신 것은 반드시 이루어지게 되어 있다). 사도는 이것을 시편 110:1에 기록된 말씀을 통해서 증명한다: "여호와께서 내 주에게 말씀하시기를 내가 네 원수들로 네 발판이 되게 하기까지 너는 내 오른쪽에 앉아 있으라 하셨도다." 여기에서 "~까지"는 그 때에 그리스도의 나라가 끝나게 될 것임을 의미하는 것이 아니다. 물론, 이 땅에 있던 그리스도의 중보의 나라는 더 이상 존재하지 않게 될 것이지만, 그리스도께서는 지금처럼 자신의 중보의 나라를 통해서 자신의 원수들을 정복하고 복속시키는 방식과는 다른 방식으로 계속해서 다스리시게 될 것이다.

26. 맨 나중에 멸망 받을 원수는 사망이니라.

우리가 통상적으로 알고 있듯이, 죽음, 곧 "사망"이 원수라면, 사망은 멸망 받아야 하는데, 그리스도께서는 모든 믿는 자들을 죽은 자 가운데서 부활시키시는 방식으로 사망을 멸하신다. 따라서 사도는 그리스도께서 사망을 포함해서 자신의 모든 원수들을 다 멸하실 때까지 다스리게 되어 있다는 사실로부터, 모든 믿는 자들이 장차 부활하게 될 것임을 증명한다. 왜냐하면, 그리스도의 지체들의 몸이 그들의 영혼과 결합하고, 모든 믿는 자의 영혼만이 아니라 육신의 머리이기도 하신 그리스도와 결합하는 것을 막고 있던 "사망"이 멸망 받게 되면, 부활을 방해하던 장애물이 사라지게 될 것이기 때문이다.

27. 만물을 그의 발 아래에 두셨다 하셨으니 만물을 아래에 둔다 말씀하실 때에 만물을 그의 아래에 두신 이가 그 중에 들지 아니한 것이 분명하도다.

사도는 여기에서 시편 8:6을 간접적으로 인용해서 말한다. 거기에서 시편 기자는 하나님께서 사람을 지으실 때에 사람에게 여러 특권들을 주신 것에 대하여 하나님을 찬양하는데, 그 특권들 중의 하나는 하나님이 자기 "손으로 만드신 것을 다스리게 하시고 만물을 그의 발 아래 두신" 것이었다. 시편 기자는 이어서 그러한 보편명제를 7-8절에서 "곧 모든 소와 양과 들짐승이며 공중의 새와 바다의 물고기와 바닷길에 다니는 것이니이다"라고 보충설명을 한다. 그러나 이 시편, 또는 적어도 이 시편에 나오는 여러 말씀들은 일반적인 사람에 대한 것이 아니라 그리스도에 대한 것이라는 사실은, 여기에서와 히브리서 2:6-8에서 그 말씀들을 그리스도께 적용하고 있다는 것이 잘 보여 준다. 시편 기자가 "만물을 그의 발 아래 두셨다"고 한 긍정명제는 아주 광범위한 의미를 지니기 때문에, 사도는 히브리서 2:8에서 "만물을 그 발 아래에 복종하게 하셨느니라 하였으니 만물로 그에게 복종하게 하셨은즉 복종하지 않은 것이 하나도 없어야 하겠으나 지금 우리가 만물이 아직 그에게 복종하고 있는 것을 보지 못하고"라고 그 긍정명제를 부정명제로써 좀 더 자세하게 설명한다. 그러나 비뚤어진 심성을 지닌 자들은 이 말씀을 듣고서, 그러면 이 말씀은 아버지 하나님께서도 그리스도 아래에 복종하게 된다는 말씀이 아니냐고 트집을 잡을 수도 있었기 때문에, 사도는 하나님께서 "만물을 자기 발 아래에 둔다"고 말씀하셨기 때문에, "만물을 자기 아래에 두신 이"가 그 만물 중에 포함되지 않을 것은 분명하다는 말을 덧붙인다.

28. 만물을 그에게 복종하게 하실 때에는 아들 자신도 그 때에 만물을 자기에게 복종하게 하신 이에게 복종하게 되리니 이는 하나님이 만유의 주로서 만유 안에 계시려 하심이라.

만물을 그에게 복종하게 하실 때에는 아들 자신도 그 때에 만물을 자기에게 복종하게 하신 이에게 복종하게 되리니. 이 본문에서 성자가 성부에게 복종할 것이라고 말하고 있는 것은 본질이나 권세에 있어서 성자가 성부보다 열등하다는 것을 의미하는 것이 아니라, 단지 사도가 앞에서 이미 말하였던 것, 즉 그리스도께서 자신의 중보의 나라를 성부께 바치게 될 것임을 의미할 뿐이고, 성자가 중보자의 직임 속에서 행한 모든 일들은 성부의 이름과 권세와 능력으로 행해졌다는 것과 성자가 성육신하였을 때에 성부께 복종하였다는 것을 보여 주는 것이다. 칼빈주의 신학자인 파레우스(Pareus, 주후 1548-1622년)는 이렇게 말한다: 어떤 왕이 자신의 유일한 아들을 국정에 참여시켜서 자신의 위엄과 권세로 나라를 다스리게 하였다고 하자. 그렇다고 하더라도, 왕은 여전히 아버지로서의 우월적인 지위를 갖고 있고, 아들은 아버지의 위엄과 권세로 나라를 다스리기는 하지만, 단지 아들로서의 존귀를 지닐 뿐이다. 그러다가 일부 신민들이 왕에게 반기를 들고 봉기하는 일이 벌어지자, 왕은 자기 아들에게 군대를 주어 자기 이름으로 그 반란군을 토벌하게 하였다. 아들은 아버지로부터 위임받은 일을 완수하고 돌아와서, 군대의 통수권을 다시 아버지께 돌려 드렸다. 그렇다고 할지라도, 아들은 여전히 이전에 아버지로부터 받은 권세, 즉 아버지의 이름과 위엄으로 나라를 다스리는 권세를 지니고 있어서, 아버지와 함께 국정에 참여해서 나라를 다스리게 된다.

이는 하나님이 만유의 주로서 만유 안에 계시려 하심이라. 사람들은 만물을 다 소유하고 싶어 하겠지만, 하나님께서는 "만유 안에서 만유의 주"가 되고자 하신다. 즉, 그 때에는 하나님은 만물을 온전히 완벽하게 다스리시고 통치하시게 되실 것이고, 헤아릴 수 없는 하나님의 영광이 모든 택함 받은 자들에게 충만하게 될 것이다. 그러나 여기에서 다음과 같은 반문이 제기될 수 있다: 그러나 하나님은 이 세상에서 이미 "만유의 주로서 만유 안에 계시지" 않는가? 대답: (1) 하나님은 이 세상에서 만유의 주로서 만유 안에 계시는 것은 맞지만, 하나님의 원수들 가운데서는 만유의 주로서의 대접을 받고 계시지 않다. (2) 통치 형태 자체가 바뀌게 될 것이다. 지금은 하나님께서 세상의 유일한 왕이시기는 하지만, 부분적으로는 중보자이신 그리스도를 통해서 세상을 통치하고 계신다. 그러나 그 때에는 그리스도의 중보의 나라는 그치게 될 것이고, 오직 명실상부한 하나님의 나라가 도래하게 될 것이다. 이 세상이 그치게 될 때, 성부와 성자와 성령으로 이루어진 삼위일체 하나님의 권세가 만유를 다스리며 통치하시게 될 것이다.

29. 만일 죽은 자들이 도무지 다시 살아나지 못하면 죽은 자들을 위하여 세례를 받는 자들이 무엇을 하겠느냐 어찌하여 그들을 위하여 세례를 받느냐.

이 절은 대단히 난해한 본문이어서, 다양한 설명이 제시되어 왔다. "세례를 주다"와 "세례"라는 용어들은 원래 "씻다"와 "씻음"이라는 의미를 지닌다. 유대인들이 "그릇들과 잔들의 씻음"이라고 말할 때, 그것은 헬라어로는 "그릇들과 잔들의 세례"가 된다. 그러나 성경에서 아주 통상적으로 사용되는 "세례"라는 용어는 신약의 성례전들 중의 하나, 즉 그리스도께서 제정하신 대로 "아버지와 아들과 성령의 이름으로" 어떤 사람을 물로 씻는 저 신성한 행위를 가리킨다. 또한, 우리 구주께서는 복음서들에서 이 용어를 비유적으로 사용하셔서, 그리스도의 이름을 위하여 고난받는 것을 나타내기도 하시고(마 20:22-23; 막 10:38-39; 눅 12:50), 이 용어는 성령께서 우리의 마음을 깨끗하게 하시고 새롭게 하시는 것을 가리키는 비유적인 의미로도 사용된다(마 3:11-12; 요 3:5). 하지만 이 용어의 마지막 용법은 여기에서는 결코 적용될 수 없다.

문제는 사도가 여기에서 말하고 있는 것이 다음과 같은 것들 중에서 어느 하나를 의미하는 것인가 하는 것이다: 만일 죽은 자들의 부활이 없다면, 무슨 이유로 사람들은 죽은 자들을 위하여 씻음을 받는 것인가? 또는, 무슨 이유로 사람들은 죽은 자들을 위하여 세례를 받는 것인가? 또는, 무슨 이유로 사람들은 죽은 자들을 위하여 피로 세례를 받는 것인가? 교황주의자들은 여기에서 "세례"는 연옥에 있는 자들을 위하여 사람들이 행하는 모든 종교적인 행위들, 즉 금식이나 기도나 보속 같은 것들을 모두 다 가리킨다고 주장하지만, 성경에는 이 용어를 그런 것들을 가리키는 데 사용한 예가 전혀 없다. 성경에서 "세례"라는 용어는 종종 다른 사람들로부터 받는 고난들을 가리키기는 하지만(마 20:22-23; 막 10:38-39), 사람들이 죽은 자들을 위하여 자신들이 대신 행하거나 받는 보속이나 고난을 가리키는 경우는 그 어디에서도 찾아볼 수 없다. 또한, 바울은 여기에서 "사람들은 어떤 목적으로 세례를 받는 것인가"라고 말하고 있지 않고, "어찌하여 사람들이 죽은 자들을 위하여 세례를 받는 것이냐"고 말하고 있다.

(1) 여기에서 "세례"라는 용어가 씻음을 의미한다고 생각하는 자들은 이 구절을 "죽은 자들을 위하여 씻음을 받는 자들이 무엇을 하겠느냐"로 번역한다. 어떤 이들은 시신을 깨끗하고 단정하게 하기 위하여 물로 씻는 것은 많은 나라들에서 관습이 되어 있었기 때문에, 초대 교회의 그리스도인들도 이것을 종교적인 예식으로 사용하여, 부활에 대한 그들의 신앙을 증언하였다고 말한다. 실제로 사도행전 9:36-37은 "욥바에 다비다라 하는 여제자가 있으니 그 이름을 번역하면 도르가라 선행과 구제하는 일이 심히 많더니 그 때에 병들어 죽으매 시체를 씻어 다락에 누이니라"고 말함으로써, 그러한 관습이 그리스도인들 사이에서 행해졌다는 사실을 분명하게 보여 준다. 그러나 초기의 그리스도인들이 그것을 종교적인 예식으로 사용하거나, 부활에 대한 그들의 신앙을 증거하는 수단으로 사용하였다는 것은 확인이 되지 않는다. 여기에서 "죽은 자들을 위하여"로 번역된 헬라어는 '휘페르 톤 네크론'(ὑπὲρ των νεκρῶν)인데, 그런 주장을 하는 자들은 로마서 15:8에서 사도가 "하나님의 진실하심을 위하여('휘페르')"라고 말한 후에, 그 뒤에서 "이는 조상들에게 주신 약속들을 견고하게 하시려고" 그렇게 하신 것이라고 보충설명을 하고 있다는 점을 들어서, 여기에서도 '휘페르'가 그런 의미로 사용되고 있는 것이라고 말한다.

(2) 이 본문에서 "세례"라는 용어가 성례전인 세례를 가리키는 것으로 생각하는 자들 사이에서는 이 본문에 대한 설명이 서로 갈린다. 어떤 이들은 초대 교회에서는 어떤 사람들을 교회 안으로 받아들여서 성도들과 온전한 교제를 하게 하기 전에 일정 기간 동안 교리학습을 받게 하였고, 그런 사람들을 학습자들(catechumeni)이라고 불렀는데, 그들이 병에 걸려서 죽을 위험에 처하게 된 경우에는, 그들에게 세례를 주었고, 그들이 갑자기 죽은 경우에는, 그들에게 영생의 부활에 대한 기쁜 소망이 있다는 것을 증거하기 위해서 그들을 대신해서 다른 사람들이 세례를 받았다고 말한다. 실제로 초대 교회에서 그러한 규례가 행해지고 있었다고 한다면, 그러한 관행은 잘못된 것이기는 하지만, 어쨌든 사도가 부활이 있음을 증명하는 데 훌륭한 반증이 될 수는 있었을 것이다. 그러나 초대 교회에 아주 초기부터 그러한 잘못되고 타락한 관행이 행해지고 있었다고 볼 만한 근거가 과연 있는지는 의문이다. 어떤 이들은 부활을 믿는 신자들은 임종을 앞두고서 그 부활의 소망을 증거하는 세례를 수시로 받을 수 있었는데, 이것은 병상 세례(clinici)라고 불렀다고 말한다. 어떤 이들은 "죽은 자들을 위하여 세례를 받는" 것은 사람들이 거의 죽게 되었을 때에

세례를 받는 것을 가리키는 것이었다고 말한다. 칼빈 목사님도 이 견해를 택한다. 문제는 '휘페르 톤 네크론' 이라는 헬라어가 그런 의미를 지닐 수 있는가 하는 것이다. 어떤 이들은 초대 교회에는 부활에 대한 신앙을 증거한다는 의미에서 순교자들의 무덤에서 사람들에게 세례를 주는 것이 관습이었다고 말한다. 나는 고대에 그러한 관습이 존재하였다는 것을 의심하지 않고, 우리가 무덤에서 시신을 앞에 두고 기도문을 읽는 관습이 교황주의자들이 죽은 자들을 위하여 기도하는 것보다 그러한 고대의 관습으로부터 유래하였을 가능성이 훨씬 더 높다고 믿지만, 사도들의 시대처럼 그렇게 오랜 고대에 그런 관습이 존재하였을 것이라는 주장은 극히 의심스럽다.

그 밖에도 이 난해한 구절에 대한 두 가지 설명이 더 있는데, 나는 이 둘 중의 하나가 위에서 열거한 그 어떤 견해들보다 훨씬 더 유력한 것으로 본다. 첫 번째 설명은 다음 절에 나오는 "또 어찌하여 우리가 언제나 위험을 무릅쓰리요"라는 말씀에서 착안한 것인데, 많은 훌륭한 해석자들은 그 말씀을 근거로 삼아서, 여기에 언급된 세례는 우리 구주께서 마태복음 20:22-23에서 언급하신 저 피의 세례라고 생각한다: "예수께서 대답하여 이르시되 너희는 너희가 구하는 것을 알지 못하는도다 내가 마시려는 잔을 너희가 마실 수 있느냐 그들이 말하되 할 수 있나이다 이르시되 너희가 과연 내 잔을 마시려니와 내 좌우편에 앉는 것은 내가 주는 것이 아니라 내 아버지께서 누구를 위하여 예비하셨든지 그들이 얻을 것이니라." 즉, 그들은 이 구절의 의미가 이런 것이라고 말하는 것이다: 죽은 자들의 부활이 없다면, 우리가 날마다 죽을 이유가 어디 있겠으며, 온 종일 죽임을 당할 이유가 어디 있겠는가? 우리가 그렇게 죽음의 위험을 무릅쓰는 이유는 저 복된 부활의 소망 때문이 아니던가? 이 설명에 대한 유일한 반론들은 이런 것들이다: (1) 그리스도 외에는 아무도 이 용어를 그런 의미로 사용한 적이 없다(이것은 가벼운 예외인 것으로 보인다). (2) '휘페르 톤 네크론' 이 그러한 의미를 지니고 있다고 보는 것은 극히 어렵다. 하지만 우리의 박식한 라이트푸트(Lightfoot) 박사는 이 전치사의 그러한 용법과 병행되는 본문들을 칠십인역에서 찾아내고 있다.

어떤 이들은, 사도는 이 장 전체에 걸쳐서 믿는 자들이 생명으로 부활하게 될 것에 대하여 말하고 있기 때문에, "죽은 자들을 위하여 세례를 받는다" 고 했을 때에 "죽은 자들" 은 오직 믿는 자들 중에서 죽은 자들을 의미한다는 점을 주목한다. 그런데 성경은 세례가 부활을 인치는 것으로서, 믿는 자들이 그리스도의 죽으심과 부활에 참여하게 될 것임을 보여 주는 것이었음을 분명하게 보여 준다. 그래서 누가복음 20:37-38에서 우리 구주께서는 "죽은 자가 살아난다는 것은 모세도 가시나무 떨기에 관한 글에서 주를 아브라함의 하나님이요 이삭의 하나님이요 야곱의 하나님이시라 칭하였나니 하나님은 죽은 자의 하나님이 아니요 살아 있는 자의 하나님이시라 하나님에게는 모든 사람이 살았느니라"고 말씀하심으로써 하나님의 언약을 근거로 부활을 증명하시는데, 세례는 바로 그 언약을 인치는 것이었다. 따라서 세례는 세례 받는 사람들만이 아니라, 교회 전체, 즉 전투하는 교회와 아울러서 승리한 교회, 그리고 살아 있는 자들과 아울러서 죽은 자들을 포함한 교회 전체에게도 하나님의 언약을 확증하는 것이었다. 그러므로 교회에서 세례가 거행될 때마다, 그것은 하나님께서 자신의 온 교회와 맺으신 언약, 즉 자기가 믿는 자들과 그들의 자손들의 하나님이시라는 것을 반복해서 확증하는 것이었던 까닭에, 오늘날 세례를 받은 모든 자들은 "죽은 자들을 위하여 세례를 받은" 것, 즉 하나님이 살아 있는 자들만이 아니라 죽은 자들까지 포함한 온 교회와 맺으신 언약을 확증하는 것이었고, 하나님께서는 그리스도 안에서 잠자는 자들의 하나님이시고, 우리 구주께서 누가복음 20:38에서 말씀하셨듯이, "죽은 자의 하나님이 아니요 살아 있는 자의 하나님이시기" 때문에, 그 잠자는 자들은 부활의 약속 가운데서 살아 있다는 것을 증거하는 것이었다. 이 본문의 참된 의미에 관한 여러 박식한 사람들의 설명들 중에서, 나는 이 마지막 두 가지 견해가 가장 유력하다고 생각하지만, 어떤 설명을 받아들일지는 독자들에게 맡겨 두고자 한다.

30. 또 어찌하여 우리가 언제나 위험을 무릅쓰리요.

만일 장차 믿는 자들에게 영생으로의 부활이 없다고 한다면, 우리는 어리석은 자들 중에서도 가장 지독하게 어리석은 자들이 될 수밖에 없게 된다. 왜냐하면, 우리가 이 세상에서 살아가면서 시간시간마다 목숨을 걸고 우리의 신앙을 지키며 살아가는 이유는 그러한 부활에 대한 확고한 신앙과 소망이 우리에게 있기 때문인데, 만일 부활이 없다면, 우리가 그렇게 애써 생명의 위험을 무릅쓰며 살아가는 것이 쓸데없는 헛수고가 될 것이기 때문이다.

31. 형제들아 내가 그리스도 예수 우리 주 안에서 가진 바 너희에 대한 나의 자랑을 두고 단언하노니 나는 날마다 죽노라.

여기에서 사도가 말하는 "내가 그리스도 예수 주 안에서 가진 바 너희에 대한 나의 자랑"이 무엇을 의미하는지에 대해서는 논란이 있다(이 어구는 흠정역에는 "내가 그리스도 예수 주 안에서 가진 바 너희의 기뻐함"으로 번역되어 있다 — 역주). 어떤 이들은 사도가 고린도 교인들을 회심시켜서 그리스도께로 인도하여 믿는 자들이 되게 한 것과 관련하여 사도 자신이 지니고 있는 기쁨을 가리키는 것으로 이해하고, 어떤 이들은 고린도 교인들이 사도에 대하여 지니고 있는 기쁨을 가리키는 것으로 이해한다. 하지만 고린도 교인들 중에서 다수는 사도를 몹시 멸시하고 비방하였다는 사실에 비추어 볼 때, 후자의 견해는 별로 가능성이 없어 보인다. 어떤 이들은 고린도 교인들이 사도를 배척하며 그들 자신을 자랑하고 사도보다 자기들이 더 우월하다는 듯이 행한 것을 가리키는 것으로 생각하는데, 바울이 자기가 부활에 대한 소망 가운데서 감내한 고난들 중의 하나로 이것을 예로 들었다는 점을 근거로 제시한다.

여기에서 사도는 하나님을 증인으로 호출하고 있지 않고 있다는 점에서 맹세를 하고 있는 것이 아니라, 단지 자기가 하는 말이 참되다는 것을 역설하고 있는 것일 뿐이다. 옛적의 선지자들이 종종 하늘과 땅을 증인으로 호출하곤 하였듯이, 여기에서 사도는 그들의 "기뻐함"을 증인으로 호출한다. 이 기뻐함은 고린도 교인들 중에서 진정으로 예수 그리스도를 기뻐하였던 자들이 지니고 있던 기쁨을 가리키는 것으로 보인다. 사도는 그들의 그러한 기뻐함이 자신의 사도직을 인치는 것이었기 때문에, 그들과 더불어 자기도 날마다 그것으로 인하여 기뻐하였다. 여기에서 사도가 엄숙하게 단언하고 있는 것은 자기는 날마다 죽는다는 것이다. 그는 날마다 죽을 각오가 되어 있었을 뿐만 아니라, 다른 곳에서 말하고 있듯이, "여러 번 죽을 뻔하였고"(고후 11:23), "종일 주를 위하여 죽임을 당하게 되며 도살 당할 양 같이 여김을 받았다"(롬 8:36). 사도가 겪은 그러한 고난들은 사도를 실제로 죽게 하지는 않았지만 죽음과 유사한 경험들을 하게 하였기 때문에, 사도는 자기가 날마다 죽는다고 말한다.

32. 내가 사람의 방법으로 에베소에서 맹수와 더불어 싸웠다면 내게 무슨 유익이 있으리요 죽은 자가 다시 살아나지 못한다면 내일 죽을 터이니 먹고 마시자 하리라.

사도가 "에베소에서 맹수와 더불어" 싸웠다고 말한 것이 무엇을 의미하는지와 관련해서는 두 가지 견해가 제시되어 왔다. 어떤 이들은 이 지역들에서는 흉악범들을 맹수들과 싸우게 하는 형벌이 시행되고 있었다는 것을 근거로 해서, 실제로 사도가 맹수와 싸우는 형벌을 받은 것이라고 생각하지만, 우리는 사도행전에서 바울이 그런 형벌을 받았다는 보도를 찾아볼 수 없고, 또한 그러한 형벌은 노예들이나 흉악범들에게 내려진 형벌이었다는 점에서, 로마의 시민이었던 바울이 그런 형벌을 받았을 가능성은 희박해 보인다. 따라서 우리는 여기에서 사도가 에베소에서 맹수 같은 자들과 더불어 싸움을 겪은 것을 이런 식으로 비유적으로 말한 것으로 이해하는 것이 더 나을 것으로 보인다. 사도행전 19:34-41에서는 사도가 데메드리오로 인해 한바탕 곤욕을 치른 사건을 보도하고 있기는 하지만, 사도는 여기에서 그 사건을 말하고 있는 것이 아니라, 신약성경에 자세하게 나와 있지는 않지만, 고린도후서 1:8-9에서 개략적으로 언급되고 있는 것으로 보이는 어떤 다른 사건을 염두에 둔 것으로 보인다: "형제들아 우리가 아시아에서 당한 환난을 너희가 모르기를 원하지 아니하노니 힘에 겹도록 심한 고난을 당하여 살 소망까지 끊어지고 우리는 우리 자신이 사형 선고를 받은 줄 알았으니 이는 우리로 자기를 의지하지 말고 오직 죽은 자를 다시 살리시는 하나님만 의지하게 하심이라." 고린도후서는 사도와 데메드리오 간의 갈등이 벌어진 이후에 씌어졌다. "사람의 방법으로"라는 어구의 의미에 대해서는 여러 설명들이 제시되고 있는데, 어떤 이들은 "사람들이 싸우듯이"를 의미하는 것으로 생각한다.

따라서 이 본문은 분명히 다음과 같은 것을 의미하는 것으로 보인다: 나는 에베소에서 짐승 같은 자들과 싸울 때, 마치 사람들이 맹수와 싸우듯이 싸워서 나의 육신을 그들의 분노에 노출시켰는데, 만일 죽은 자들이 다시 살아나지 못한다고 한다면, 내가 그렇게 싸운 것이 내게 무슨 유익이 되겠는가? 왜냐하면, 내가 그런 자들의 분노에 맞서 싸울 수 있었던 것은 내가 장차 영생으로 부활할 것을 소망하며 즐거워할 수 있었던 까닭이기 때문이다. 하지만 만일 그러한 부활이 없다면, 부활에 대한 소망을 갖고 있지 않은 쾌락주의자들이 이 세상에서 가장 맛있는 것들을 먹고 마시며 온갖 쾌락을 즐기며 살아 가듯이, 우리도 인생이라는 것이 한 번 주어진 것이고, 거기에는 끝이 있어서 이 세상에서 먹고 마실 시간이 별로 없다는 것을 알기 때문에, 마음껏 "먹고 마시자"고 말하며, 우리가 하고 싶은 일들을 하며 홍청망청 살아가려고 하지 않겠는가?

33. 속지 말라 악한 동무들은 선한 행실을 더럽히나니.

너희 가운데 있는 철학자들은 타고난 이성의 원리들을 근거로 신앙의 조목들을 반대하는 논리를 펼쳐 나가는데, 너희는 그런 자들의 악하고 부패한 말들에 물들어서는 안 된다. 너희는 그 철학자들이 말장난을 하고 있다고 생각해서 대수롭지 않게 여길 수 있지만, 그들이 하는 말들을 계속해서 듣게 되면, 그 악한 말들은 너희의 행동에 영향을 미쳐서, 너희의 행실을 타락시키게 될 것이다. 사도가 여기에서 한 말, 즉 "속지 말라 악한 동무들은 선한 행실을 더럽힌다"는 말은 이교의 시인들 중의 한 사람이 한 말이거나 적어도 그 시인의 글 속에 나오는 말인데, 이 말 속에는 많은 진실이 담겨 있다.

34. 깨어 의를 행하고 죄를 짓지 말라 하나님을 알지 못하는 자가 있기로 내가 너희를 부끄럽게 하기 위하여 말하노라.

깨어 의를 행하고 죄를 짓지 말라. 성경에서는 죄를 잠자는 것에 비유하는데(계 13:11; 엡 5:14), 이것은 매우 적절하다. 왜냐하면, 사람이 잠들어 있을 때에는 지각이나 감각이 제대로 작동하지 않아서 어떤 것을 알거나 느끼지 못하는 것과 마찬가지로, 죄인의 경우에도 영적인 지각이 마비되어 있어서 선악을 분별하지 못하기 때문이고, 잠자는 사람은 모든 염려와 두려움에서 벗어나서 편안함을 느끼는 것과 마찬가지로, 죄인도 죄에 대한 두려움을 느끼지 못하고 안일하게 살아가기 때문이다. 따라서 여기에서 "깨어 있다"는 것은 회개를 한 상태를 가리킨다. 우리는 단지 소극적으로 악을 피하는 데에만 관심을 가지는 것이 아니라, 적극적으로 선을 행하는 것에도 관심을 가져야 하기 때문에, 단지 죄로부터 깨어 나는 것에서 그치지 않고, "의를 행하는" 것, 즉 거룩한 삶과 행실로 나아가야 한다. 여기에서 사도가 "의"라고 부르는 것은 사람의 심령이 하나님의 잣대에 합치하였을 때에 나타나는 모든 영적인 올바름을 가리킨다. 반면에, 죄는 하나님의 말씀의 잣대에 합치하지 않기 때문에 굽은 길이라 불린다.

하나님을 알지 못하는 자가 있기로, 즉 너희에게 구원을 가져다주는 하나님을 아는 합당한 지식, 또는 하나님의 일들에 대한 올바른 인식이 없는 자들이 너희 중에 있기 때문에, 내가 너희를 부끄럽게 하기 위하여 이렇게 말하고 있는 것이다. 나를 비롯해서 여러 사역자들이 너희 가운데서 하나님의 말씀을 전하고 가르쳐서, 너희가 진리의 빛을 받아서 하나님을 올바르게 알 수 있었음에도 불구하고, 너희 중에 하나님을 알지 못하는 자들이 있다는 것은 부끄러운 일이다.

35. 누가 묻기를 죽은 자들이 어떻게 다시 살아나며 어떠한 몸으로 오느냐 하리니.

너희의 헛된 철학자들 중에서, 자신의 이성으로 납득하고 이해가 되지 않는다면, 하나님의 계시가 있다고 해도, 오직 그 계시만을 의거해서는 아무것도 믿지 않겠다고 고집을 부리는 자들은 이렇게 반문할 것이다: 사람이 죽으면, 그 시신이 썩어서

티끌로 변하여 사방으로 흩어지는데, 그 몸이 어떻게 다시 살아날 수 있다는 말인가? 그리고 죽은 사람이 그렇게 썩어 흩어져 버린 시신을 다시 입고서 부활하는 것이 아니라면, 부활의 때에 "어떠한 몸"을 입게 된다는 말인가? 그리고 그 몸은 우리의 현재의 몸처럼 먹고 마시고 입을 수 있는 그런 몸인 것인가, 아니면 다른 종류의 몸인가?

36. 어리석은 자여 네가 뿌리는 씨가 죽지 않으면 살아나지 못하겠고.

우리 구주께서는 마태복음 5:22에서 "나는 너희에게 이르노니 형제에게 노하는 자마다 심판을 받게 되고 형제를 대하여 라가라 하는 자는 공회에 잡혀가게 되고 미련한 놈이라 하는 자는 지옥 불에 들어가게 되리라"고 말씀하셨는데, 사도는 여기에서 부활을 부정하는 자에 대하여 분노하고 멸시하는 마음으로 "어리석은 자여"라고 말한 것이 아니라, 그 사람이 하나님의 일들과 길들에 대하여 제대로 이해하고 있지 못한 것은 어리석은 것이기 때문에, 여기에서 사도로서의 권위를 가지고 이 말을 통해 그 사람을 엄하게 책망한 것이다. 사도가 그 사람을 어리석다고 한 것은, 그 사람은 사람들의 부활에 대하여 의문을 제기하기 전에, 먼저 사람들이 밭에 뿌리는 곡식의 씨가 어떻게 다시 살아나는지를 묻는 것이 마땅한 일이었기 때문이었다. 왜냐하면, 사람들이 어떤 곡식의 씨를 밭에 뿌리면, 그 씨는 흙 속으로 들어가서 싹을 내는데, 그렇게 싹을 내려면, 반드시 먼저 흙 아래에서 썩어야 하기 때문이다.

37. 또 네가 뿌리는 것은 장래의 형체를 뿌리는 것이 아니요 다만 밀이나 다른 것의 알맹이 뿐이로되.

사람들은 씨를 뿌릴 뿐이지만, 그 씨가 흙 아래에서 썩었다가 다시 살아날 때에 거기에서 나오는 것은 사람들이 처음에 뿌렸던 씨, 즉 줄기도 없고 잎사귀도 없는 씨가 아니다.

38. 하나님이 그 뜻대로 그에게 형체를 주시되 각 종자에게 그 형체를 주시느니라.

사람들은 씨를 뿌릴 뿐이지만, 하나님께서는 온갖 종류의 씨에 자신의 뜻대로 온갖 종류의 몸을 주시고, 각각의 씨의 본성에 따라서 서로 다른 몸이 거기에서 생겨난다. 하지만 사람들이 처음에 뿌리는 씨와 나중에 거기에서 나오는 몸이 분명히 성질도 다르고 형체도 다른 것은 분명하지만, 그 몸이 그 씨에서 나왔다는 것은 아무도 부정할 수 없다.

39. 육체는 다 같은 육체가 아니니 하나는 사람의 육체요 하나는 짐승의 육체요

하나는 새의 육체요 하나는 물고기의 육체라.

"육체"는 일종의 몸이지만, 질적인 면에서 각기 다른 정도의 존귀함과 탁월함을 지닌다. 따라서 탁월성에 있어서 사람의 육체는 짐승의 육체와 다르고, 짐승의 육체와 물고기의 육체와 새의 육체 간에도 질적인 차이가 있다. 하지만 그것들은 모두 몸들이고, 그것들은 모두 육체들이다. 우리가 짐승의 육체를 고기라고 하고, 물고기의 육체를 생선이라고 구별하는 것은 우리의 관용적인 표현법일 뿐이고, 레위기 11:10-11에는 "물고기의 육체"(한글개역개정에는 "그 고기")라는 표현이 나온다.

40. 하늘에 속한 형체도 있고 땅에 속한 형체도 있으나 하늘에 속한 것의 영광이 따로 있고 땅에 속한 것의 영광이 따로 있으니.

하늘에 속한 형체도 있고. "하늘에 속한 형체"로는 해와 달과 별들이 있다. 땅에 속한 형체도 있으나. "땅에 속한 형체"로는 사람, 짐승, 새, 물고기, 자연의 원소들, 돌 등이 있다. 하늘에 속한 것의 영광이 따로 있고 땅에 속한 것의 영광이 따로 있으니. 이 두 부류의 몸("형체") 간에는 질적으로 아주 큰 차이가 있다. 하늘에 속한 몸의 영광은 여러 원소들의 결합으로 이루어진 땅에 속한 몸의 영광보다 훨씬 더 크다.

41. 해의 영광이 다르고 달의 영광이 다르며 별의 영광도 다른데 별과 별의 영광이 다르도다.

하늘에 속한 몸들 간에도 질적으로 서로 상당히 큰 차이가 있다. 각각의 몸이 가지고 있는 영광은 서로 상당히 달라서, 달의 영광은 해의 영광과 같지 않고, 별의 영광은 해나 달의 영광보다 훨씬 못하다. 심지어 별들 간에도 영광이 서로 달라서, 이 별의 영광은 저 별의 영광보다 더 크다. 하지만 그것들은 종류도 다르고 질적으로도 다르지만, 모두 다 "몸"(형체)이라는 점에서는 동일하다.

42. 죽은 자의 부활도 그와 같으니 썩을 것으로 심고 썩지 아니할 것으로 다시 살아나며.

죽은 자의 부활도 그와 같으니. 사도는 장차 부활의 때에 성도들의 몸도 자기가 앞에서 말한 것과 같을 것이라고 말한다. 즉, 성도들이 부활의 때에 입게 될 몸은 이 땅에서 입었던 몸과는 질적으로나 상태라는 측면에서 많이 다를 것이지만, 그럼에도 불구하고 동일한 몸이라는 것이다. 이것은 곡식의 씨가 썩어서 질적으로 다른 몸으로 다시 살아난다고 할지라도, 그 둘이 동일한 것이라는 사실에는 변함이 없는 것과 같다. 또한, 하늘에 속한 몸들과 땅에 속한 몸들 간에 차이가 있고, 하늘에 속한 몸들 간에도 서로 차이가 있는 것과 마찬가지로, 성도들이 이 땅에서 입고 있던 오직 흙으로 만들어진 몸과 장차 부활의 때에 성도들이 입게 될 몸 간에도 차이가 있을 것이다. 사도는 성도들이 입고 있던 몸과 앞으로 입게 될 몸 간의 차이 중에서 몇 가지를 구체적으로 설명해 나간다.

썩을 것으로 심고 썩지 아니할 것으로 다시 살아나며. 사도는 성도들이 이 땅에 살면서 입고 있던 몸이 죽어서 땅 속에 묻히고 거기에서 썩는다는 것을 "썩을 것으로 심고"라는 말로 표현한다. 이렇게 해서 땅 속에서 썩은 성도들의 몸은, 그들이 죽은 자 가운데서 다시 살아날 때, "썩지 아니할 것," 즉 썩어짐이나 부패에 종속되지 않는 몸으로 살아나게 될 것이다. 그래서 사도는 52절에서 "죽은 자들이 썩지 아니할 것으로 다시 살아날" 것이라고 말한다.

43. 욕된 것으로 심고 영광스러운 것으로 다시 살아나며 약한 것으로 심고 강한 것으로 다시 살아나며.

욕된 것으로 심고 영광스러운 것으로 다시 살아나며. 사람의 죽은 시신보다 더 보기 흉하고 역겨운 것은 없다. 그러나 그 몸이 다시 살리심을 받게 될 때에는 전혀 그렇지 않을 것이고, 도리어 아름답고 사랑스러운 몸이 될 것이다. 사람들이 일반적으로 생각하듯이, 우리의 몸이 이 땅에서 지니고 있던 온갖 보기 흉한 결함들과 기형들은 제거된 채로, 가장 아름답고 완벽한 상태로 부활하게 될 것이다. 다니엘은 의인들은 "별과 같이 영원토록 빛나리라"고 말하고(단 12:3), 그리스도께서는 "그 때에 의인들은 자기 아버지 나라에서 해와 같이 빛나리라"고 말씀하시며(마 13:43), 사도는 그리스도께서 "우리의 낮은 몸을 자기 영광의 몸의 형체와 같이 변하게 하시리라"(빌 3:21)고 말한다. 우리의 몸을 이루는 각 부분들이 완전하게 되고, 그 부분들이 완벽한 조합 가운데서 적재적소에 놓이게 되며, 우리의 영혼이 지극히 큰 기쁨 속에서 온전한 성품을 지니게 됨으로써, 이 세 가지 요소가 우리의 몸을 온전히 아름답게 만들어 줄 것인데, 이 모든 것들이 부활의 때에 성도들의 몸에서 동시에 일어나게 될 것이다. 신학자들은 성도들의 부활의 몸이 지니게 될 아름다움 중에서 상당 부분은, 그들이 하나님을 온전히 뵈옵게 되고, 하나님의 영광이 그들에게 반사되는 것으로부터 기인할 것이라고 말한다.

약한 것으로 심고 강한 것으로 다시 살아나며. 우리의 몸이 죽어 땅에 묻힐 때에는 해악들에 쉽게 상할 수 있는 "약한" 몸이지만, 부활의 때에 다시 살아났을 때에는 "강한" 몸, 즉 그 어떤 연약함도 지니지 않고 모든 면에서 탁월하고 강력한 몸이 될 것이다.

44. 육의 몸으로 심고 신령한 몸으로 다시 살아나나니 육의 몸이 있은즉 또 영의 몸도 있느니라.

"육의 몸"은 모든 살아 있는 피조물들이 나면서부터 지니고 있는 몸으로서, 그 몸을 일깨워서 움직이는 혼의 작용에 의해서 유지되는 그런 몸이다. 사람의 혼은 몸에서 성장을 관장하는 여러 기관들을 움직여서 음식을 섭취해서 소화시키고 자양분을 온 몸에 골고루 배분하고, 지각을 관장하는 여러 기관들을 움직여서 살아나가는 데 필요한 것들을 판단하고 결정하게 함으로써, 육의 몸을 유지시켜 나간다. 그러나 이 육의 몸이 죽으면, "신령한 몸으로 다시 살아나게" 될 것인데, 여기에서 "신령한 몸"이라는 것은 그 몸을 구성하는 것이 "영적인" 물질이라는 의미가 아니다. 그런 의미에서의 "신령한 몸"은 그 자체가 모순이다. 따라서 "신령한 몸"이라고 할 때, "신령하다"는 것은 그 몸의 특질과 상태를 가리키는 것이다: "부활 때에는 장가도 아니 가고 시집도 아니 가고 하늘에 있는 천사들과 같으니라"(마 22:30); "저 세상과 및 죽은 자 가운데서 부활함을 얻기에 합당히 여김을 받은 자들은 장가 가고 시집 가는 일이 없으며 그들은 다시 죽을 수도 없나니 이는 천사와 동등이요 부활의 자녀로서 하나님의 자녀임이라"(눅 20:35-36). 성도들이 부활의 때에 갖게 될 몸은 수많은 새로운 특질로 인해서 이 땅에서의 사람의 몸이 아니라 천사들이나 그 밖의 다른 영들과 같게 될 것이다. 즉, "신령한 몸"은 아름답고 썩지 않으며 연약한 것들이 없고 굶주림이나 목마름이 없으며 추위나 열기에 의해서 상함도 없고, 먹고 마시는 것이나 옷을 입는 것이나 약이 필요 없으며 혼인하지도 않고, 영들처럼 자유롭고 민첩하게 움직일 수 있는(살전 4:17, "우리 살아 남은 자들도 … 구름 속으로 끌어 올려 공중에서 주를 영접하게 하시리니") 수많은 새로운 특질들을 지니게 될 것이다. 이렇게 성도들은 부활의 때에 신령하고 고귀하며 비할 바 없이 정교한 몸을 입고서 온전해진 심령으로 하나님의 명령에 순종하여 모든 신령한 일들을 완벽하게 행할 것이라는 점에서 "신령하다"고 할 수 있다.

45. 기록된 바 첫 사람 아담은 생령이 되었다 함과 같이 마지막 아담은 살려 주는 영이 되었나니.

이 절의 전반부는 창세기 2:7에 기록되어 있다: "여호와 하나님이 땅의 흙으로 사람을 지으시고 생기를 그 코에 불어넣으시니 사람이 생령이 되니라." 아담은 흙으로 만들어졌지만, 하나님이 그에게 불어넣어 주신 "생기" 덕분에 육적인 생명을 얻어서 살아 움직이는 존재가 되었다. "마지막 아담"은 첫 사람 아담이 지음 받고 나서 한참 후인 말세에 나셔서 인류의 마지막 머리가 되신 그리스도를 가리킨다. 아담이 자연적이고 육적인 생식이라는 측면에서 첫 번째 사람이었다면, 그리스도는 은혜와 영적인 중생이라는 측면에서 마지막 머리로서 "살려 주는 영이 되셨다." 그리스도께서 "살려 주는 영이 되신" 것은 동정녀의 몸에서 잉태되셔서 우리와 동일한 자연적인 연약함들을 지닌 몸을 입으시고 이 땅에 태어나신 때가 아니라, 자연적인 몸과 동일한 몸이었지만 질적으로 달라서 훨씬 더 신령한 몸을 입으시고 죽은 자 가운데서 부활하셨을 때였다. 그리스도께서는 바로 그러한 신령한 몸을 입으신 채로 승천하셔서 하나님의 오른편에 앉으셔서 하나님이 주신 권세로 영적인 생명으로 사람들의 영혼을 깨우시고 살리시는 일을 하고 계시며, 이 땅에 다시 오실 때에는, 우리의 죽을 몸을 다시 살리셔서, 죽은 자들을 무덤으로부터 일으키실 것이다.

46. 그러나 먼저는 신령한 사람이 아니요 육의 사람이요 그 다음에 신령한 사람이니라.

시간적인 순서에 있어서 "먼저는" 영적인 아담이신 그리스도가 아니라 육적인 아담이다. 왜냐하면, 불완전한 것으로부터 완전한 것으로 진행해 나가시는 것이 하나님의 섭리이기 때문이다. 따라서 우리와 관련된 하나님의 섭리들도 마찬가지이다. 우리는 먼저 육적인 몸을 입고 태어나서 자라다가 죽는다. 그러나 그것으로 끝나는 것이 아니라, "그 다음에" 우리는 더 탁월하고 우수한 특질들과 속성들을 지니고 있다는 의미에서 "신령한" 몸으로 다시 살아나게 된다.

47. 첫 사람은 땅에서 났으니 흙에 속한 자이거니와 둘째 사람은 하늘에서 나셨느니라.

첫 번째 사람이었던 아담은 땅에서 나서 흙으로 지음 받았기 때문에(창 2:7) 흙에 속한 자였다. 그러나 그리스도의 기원은 달랐다. 왜냐하면, 그리스도의 몸은 동정녀의 모태에서 형성되어서 육신이 되었지만, 동정녀는 그녀를 덮은 성령으로 말미암아 잉태되었고, 그리스도는 자신의 신성과 관련해서는 영원한 출생에 의해서 아버지 하나님으로부터 나셨기 때문이다.

48. 무릇 흙에 속한 자들은 저 흙에 속한 자와 같고 무릇 하늘에 속한 자들은 저 하늘에 속한 이와 같으니.

아담이 흙으로 지음 받아서 땅에 속한 몸을 지니고 있었던 것처럼, 아담의 모든 자손들도 땅에 속한 몸을 지니고 있다. 그러나 그리스도께서 부활 이후로 하늘에 속한 몸을 지니고 계시는 것처럼, 그리스도를 믿는 모든 자들도 부활의 때에 하늘에 속한 몸을 입게 될 것이다.

49. 우리가 흙에 속한 자의 형상을 입은 것 같이 또한 하늘에 속한 이의 형상을 입으리라.

믿는 자들은 육신적으로는 첫째 아담의 자손들이기 때문에, 아담의 형상을 지니고 태어나서, 이 땅에 사는 동안에는 아담이 지니고 있던 것과 같은 몸을 지니고 살아갈 수밖에 없지만, 장차 부활의 때에는 "하늘에 속한 이"이신 그리스도의 형상, 즉 죽은 자 가운데서 부활하신 후에 그리스도께서 입으신 몸을 입게 될 것이다.

50. 형제들아 내가 이것을 말하노니 혈과 육은 하나님 나라를 이어 받을 수 없고 또한 썩는 것은 썩지 아니하는 것을 유업으로 받지 못하느니라.

"혈과 육"은 여기에서 어떤 이들의 주장처럼 죄, 즉 새로워지지 않은 본성을 가리키는 것이 아니라, 자연적이고 썩어지며 연약하고 죽을 수밖에 없는 상태에 있는 현재의 우리의 몸을 가리키는데, 이 어구가 그러한 의미로 사용되고 있는 예로는 에베소서 6:12("우리의 씨름은 혈과 육을 상대하는 것이 아니요 통치자들과 권세들과 이 어둠의 세상 주관자들과 하늘에 있는 악의 영들을 상대함이라")과 히브리서 2:14("자녀들은 혈과 육에 속하였으매 그도 또한 같은 모양으로 혈과 육을 함께 지니심은 죽음을 통하여 죽음의 세력을 잡은 자 곧 마귀를 멸하시며") 등이 있다. 혈과 육은 하나님 나라를 유업으로 받게 될 것이다. 왜냐하면, 그렇지 않다고 한다면, 우리의 몸은 영화롭게 될 수 없을 것이기 때문이다. 그러나 현재 상태의 우리의 몸은 질적으로 변화되어서 신령한 몸이 되기 전까지는 하나님 나라를 이어 받지 못할 것이다. 사도는 이 절의 후반부에서 "혈과 육이 하나님 나라를 이어 받을 수 없는" 이유를 제시하는데, 그것은 "썩는 것," 즉 자연적인 썩어짐과 부패에 종속되어 있는 혈과 육은 하나님 나라라는 "썩지 아니하는 것"을 유업으로 받을 수 없기 때문이라는 것이다. 그러므로 믿는 자들의 몸이 하나님 나라를 유업으로 받을 수 있게 되려면, 42절에서 말하고 있듯이, "썩을 것으로 심고 썩지 아니할 것으로 다시 살아나야" 한다.

51. 보라 내가 너희에게 비밀을 말하노니 우리가 다 잠 잘 것이 아니요 마지막 나팔에 순식간에 홀연히 다 변화되리니.

사도의 이러한 말에 대하여 고린도 교인들은 이렇게 반론을 제기할 수 있을 것이었다: 장차 그리스도께서 세상을 심판하시기 위하여 다시 오실 때, 세상에는 많은 성도들이 여전히 살아 있을 것이고, 그들은 태어날 때에 지니고 있는 바로 그 자연적인 몸을 지니고 살아가고 있을 것인데, 어떻게 그런 일이 일어날 수 있는가? 사도는 "내가 이제 너희에게 비밀 한 가지를 말해 주겠다"고 운을 뗀다. 여기에서 "비밀"로 번역된 헬라어는 로마서 11:25; 16:25 등과 같은 많은 본문들에서 그러한 의미로 사용되고 있다. 그런 후에, 사도는 "우리가 다" 오랫동안 "잠잘 것이 아니요"라고 말한다. 어떤 이들은 이것은 모든 사람이 죽을 것이기는 하지만, 아주 짧은 시간 동안만 잠자다가 다시 살아나게 될 것임을 의미하는 것이라고 생각한다. 우리의 썩어질 자연적인 몸은 잠시 죽었다가, 또는 하나님의 다른 어떤 역사에 의해서 썩지 않을 신령한 몸으로 변화될 것이다. 이러한 변화는 마치 나팔 소리가 사람들을 불러 모으듯이 그런 식으로 죽은 사람들을 무덤으로부터 불러내시는 그리스도의 뜻과 명령에 따라, 또는 시내 산에서 이스라엘 백성에게 율법을 주실 때에 들려 주셨던 나팔 소리 같은 하나님의 음성에 따라(출 19:16-19, "셋째 날 아침에 우레와 번개와 빽빽한 구름이 산 위에 있고 나팔 소리가 매우 크게 들리니 진중에 있는 모든 백성이 다 떨더라 모세가 하나님을 맞으려고 백성을 거느리고 진에서 나오매 그들이 산 기슭에 서 있는데 시내 산에 연기가 자욱하니 여호와께서 불 가운데서 거기 강림하심이라 그 연기가 옹기 가마 연기 같이 떠오르고 온 산이 크게 진동하며 나팔 소리가 점점 커질 때에 모세가 말한즉 하나님이 음성으로 대답하시더라") "순식간에 홀연히" 일어나게 될 것이다.

52. 나팔 소리가 나매 죽은 자들이 썩지 아니할 것으로 다시 살아나고 우리도 변화되리라.

이 마지막 나팔 소리에 대해서, 우리 구주께서는 "그가 큰 나팔소리와 함께 천사들을 보내리니 그들이 그의 택하신 자들을 하늘 이 끝에서 저 끝까지 사방에서 모으리라"(마 24:31)고 말씀하셨고, 사도는 "주께서 호령과 천사장의 소리와 하나님의 나팔 소리로 친히 하늘로부터 강림하시리니 그리스도 안에서 죽은 자들이 먼저 일어나고 그 후에 우리 살아 남은 자들도 그들과 함께 구름 속으로 끌어 올려 공중에서 주를 영접하게 하시리니 그리하여 우리가 항상 주와 함께 있으리라"(살전 4:16-17)고 말한다. 사도는 여기에서 이렇게 말한다: 나팔 소리 같은 그런 소리가 있을 것이고, 그 소리가 나면, 죽은 성도들은 무덤에서 다시 살아나게 될 것인데, 그들이 죽을 때에 지니고 있던 썩어질 몸이 아니라, 영원히 "썩지 아니할" 몸으로 다시 살아나게 될 것이다. 또한, 그 때에 죽지 않고 여전히 살아 있는 성도들은 이런저런 식으로 "변화되어서" 썩지 아니하는 상태가 될 것이다.

53. 이 썩을 것이 반드시 썩지 아니할 것을 입겠고 이 죽을 것이 죽지 아니함을 입으리로다.

하나님께서는 우리가 이 썩어질 혈과 육을 입은 상태로는 영화롭게 되지 못하도록 정해 놓으셨기 때문에, 우리로 하여금 영광을 받도록 하시기 위하여, 우리의 이 "썩을" 몸을 "썩지 아니할" 몸으로 변화시키실 것인데, 이 두 몸은 실체에 있어서는 동일하고 질적으로만 다른 몸들이 될 것이다. 즉, 우리는 현재 우리가 입고 있는 이 죽을 수밖에 없는 "썩을" 몸이 "죽지 아니함"과 "썩지 아니함"을 입는 질적인 변화를 겪은 후에야 하나님 나라로 들어갈 수 있게 될 것이다.

54. 이 썩을 것이 썩지 아니함을 입고 이 죽을 것이 죽지 아니함을 입을 때에는 사망을 삼키고 이기리라고 기록된 말씀이 이루어지리라.

이 때에 사망에 대한 영속적인 승리가 실현되어서, 성도들은 더 이상 죽지 않게 될 것이다. 사도가 여기에서 인용한 말씀들은 구약성경의 두 본문, 즉 이사야서 25:8("사망을 영원히 멸하실 것이라 주 여호와께서 모든 얼굴에서 눈물을 씻기시며 자기 백성의 수치를 온 천하에서 제하시리라")과 호세아서 13:14("내가 그들을 스올의 권세에서 속량하며 사망에서 구속하리니 사망아 네 재앙이 어디 있느냐 스올아 네 멸망이 어디 있느냐")에서 가져온 것이다. 사도는 그 날에는 이 두 본문이 이전에 성취되었던 것보다도 더 온전하고 탁월하게 성취될 것이라고 말한다.

55. 사망아 너의 승리가 어디 있느냐 사망아 네가 쏘는 것이 어디 있느냐.

사도는 이 복된 날을 바라보면서 사망에 대한 승리를 비유적인 어구로 선언한다: "사망아 네가 쏘는 것이 어디 있느냐." 사망아, 그 때에는 네가 독침을 잃어버린 말벌처럼 될 텐데, 어떻게 믿는 자들을 해할 수 있겠느냐? "무덤아" 또는 "지옥이여" 이제 "너의 승리가 어디 있느냐." 모든 육체를 장악하였던 정복자는 이제 정복을 당하게 될 것이고, 모든 사람들을 약탈하였던 자는 이제 약탈당하게 될 것이다. 사망이여, 너는 이전에 아담 이래로 모든 육체에 대하여 승리를 거두어 정복자이자 약탈자 노릇을 해 왔지만, 이제 "너의 승리가 어디 있느냐."

56. 사망이 쏘는 것은 죄요 죄의 권능은 율법이라.

사망이 쏘는 것은 죄요. 만일 "죄"가 존재하지 않는다면, 사망은 인간에 대하여 그 어떤 권세도 가질 수 없다. 죄는 사망에게 사람들을 해할 수 있는 권세를 부여한다: "죄의 삯은 사망이요"(롬 6:23). 죄의 권능은 율법이라. 율법이 없다면, 범죄함도 있을 수 없다. 율법은 우리에게서 죄책을 제거해 주는 역할을 해 주는 것이 아니라, 도리어 인간 본성의 부패함으로 인해서 우리를 하나님이 금지하신 일들에 강하게 이끌리게 하여서, 죄에 힘을 더해 주는 역할을 한다. 사도는 로마서 7:8에서 "죄가 기회를 타서 계명으로 말미암아 내 속에서 온갖 탐심을 이루었나니 이는 율법이 없으면 죄가 죽은 것임이라" 고 말한다.

57. 우리 주 예수 그리스도로 말미암아 우리에게 승리를 주시는 하나님께 감사하노니.

우리가 죄와 사망에 대하여 승리를 거둘 수 있는 것은 모두 우리 주 예수 그리스도의 죽으심과 부활로 말미암은 것이다. 그리스도께서는 자신의 죽으심을 통해서 우리를 죄책과 죄의 권세로부터 건지셨고, 사망의 권세를 잡은 자, 곧 마귀를 멸하셨다.

58. 그러므로 내 사랑하는 형제들아 견실하며 흔들리지 말고 항상 주의 일에 더욱 힘쓰는 자들이 되라 이는 너희 수고가 주 안에서 헛되지 않은 줄 앎이라.

견실하며 흔들리지 말고 항상 주의 일에 더욱 힘쓰는 자들이 되라. 사도는 죽은 자 가운데서의 몸의 부활을 증명한 후에, 여기에서 그것을 근거로 해서, 성결의 삶을 권면하는 것으로 성도들의 부활에 관한 자신의 강론을 끝마치는데, 사도가 이 성결의 삶을 여기에서 "주의 일" 이라고 부르는 이유는 성도들의 성결의 삶은 우리가 그리스도의 뜻과 명령에 순종하여 그리스도께 직접적으로 영광을 돌리기 위하여 행하는 일들로 이루어지는 삶이기 때문이다. 사도는 고린도 교인들에게 그러한 일들을 행하라고 권면할 뿐만 아니라, "견실하며 흔들리지 말고" 행하라고 권면한다. "견실하다" 는 것은 변덕스럽거나 충동적으로 하는 것도 아니고, 어느 한 쪽으로 치우쳐 행하는 것도 아니고, 꾸준히 변함없이 정도를 따라 행하는 것을 의미하고, "흔들리지 말라" 는 것은 그들이 위험들이나 상들(rewards)이나 거짓 교사들로부터 오는 시험들과 유혹들로 인해서 그들의 믿음과 성결의 삶으로 이끌어 줄 기본적인 신조들, 특히 죽은 자 가운데서의 부활에 관한 신조가 흔들려서는 안 된다는 것을 의미한다.

이는 너희 수고가 주 안에서 헛되지 않은 줄 앎이라. 사도는 여기에서 그들이 그렇게 할 때에 하나님의 은혜와 그리스도의 공로로 말미암아 반드시 상이 있을 것임을 그들이 알고 있다는 사실을, 그들이 그렇게 해야 하는 이유로 제시한다. 왜냐하면, 하나님의 일을 한다는 것 자체가 그들에게는 영광스러운 일이고, 그리스도인들은 삯을 위해서 하나님을 섬겨서는 안 되지만, 모세가 그랬듯이(히 11:26, "그리스도를 위하여 받는 수모를 애굽의 모든 보화보다 더 큰 재물로 여겼으니 이는 상 주심을 바라봄이라"), 그들도 "상 주심을 바라보는" 것은 합당하고, 그들이 영생으로 부활하여, 그들의 죽을 수밖에 없고 썩어질 몸이 영원히 죽지 않고 썩어지지 않는 신령하고 존귀한 몸으로 변화되어, 하나님 나라를 유업으로 받는 것보다 더 큰 상은 있을 수 없기 때문이다.

MATTHEW POOLE'S COMMENTARY

고린도전서 16장

개요

1. 고린도 교인들에게 예루살렘에 있는 형제들을 구제하기 위하여 모은 그들의 연보를 어떻게 처리해야 하는지를 지시함(1–4).
2. 그들을 방문할 계획에 대하여 언급함(5–9).
3. 그들에게 갈 디모데를 잘 영접하기를 당부함(10–12).
4. 추가적으로 몇 가지를 권면함(13–18).
5. 여러 문안인사들로 이 서신을 끝맺음(19–24).

1. 성도를 위하는 연보에 관하여는 내가 갈라디아 교회들에게 명한 것 같이 너희도 그렇게 하라.

교회의 가난한 지체들을 구제하는 일은 도덕적인 의무이지만, 하나님께서 기뻐하시는 제사이기도 하다: "에바브로디도 편에 너희가 준 것을 받으므로 내가 풍족하니 이는 받으실 만한 향기로운 제물이요 하나님을 기쁘시게 한 것이라"(빌 4:18). 우리의 믿음은 이러한 사랑으로 역사하여야 한다. 사도는 자신의 여러 서신들에서 이 일에 관심을 가지고 아주 세심하게 신경을 썼는데, 이 일은 이 서신만이 아니라 로마서 15:26과 갈라디아서 2:10에도 언급되고 있다. 우리 구주께서는 교회에는 가난한 자들이 항상 있을 것이라고 말씀하신데다가, 사도행전 11:28은 "그 중에 아가보라 하는 한 사람이 일어나 성령으로 말하되 천하에 큰 흉년이 들리라 하더니 글라우디오 때에 그렇게 되니라"고 보도한 것처럼, 이 때에 사람들은 기근으로 큰 어려움에 처해 있었다(어떤 이들의 견해에 의하면). 게다가, 예루살렘 교회에 대하여 박해가 일어나서, 거기에 있던 형제들은 자신들이 살고 있던 곳과 일하던 곳에서 나와 밖으로 떠도는 삶을 살게 되어서 먹고 살기가 무척 힘들게 되었기 때문에, 좀 더 나은 형편에 있던 헬라 지역의 여러 교회들로부터의 구제가 꼭 필요한 상황이었다. 이런 상황에서 갈라디아와 마게도냐의 교회들은 예루살렘 교회의 가난한 자들을 구제하는 일에 아주 적극적이어서 힘에 지나칠 정도로 후하게 연보를 하였었다. 사도는 그들의 모범을 언급하면서, 로마와 고린도에 있던 교회들의 분발을 촉구한다:

"이는 마게도냐와 아가야 사람들이 예루살렘 성도 중 가난한 자들을 위하여 기쁘게 얼마를 연보하였음이라"(롬 15:26); "형제들아 하나님께서 마게도냐 교회들에게 주신 은혜를 우리가 너희에게 알리노니 환난의 많은 시련 가운데서 그들의 넘치는 기쁨과 극심한 가난이 그들의 풍성한 연보를 넘치도록 하게 하였느니라"(고후 8:1-2). 사도는 여기에서 "성도를 위하는 연보에 관하여" 자기가 "갈라디아 교회들에게 명하였다"고 말하는데, 아마도 이것은 사도가 마게도냐로 건너가기 전에 "갈라디아 땅"을 지나갈 때에 거기에 있던 교회들에게 그런 명령을 한 것으로 생각된다(행 16:6). 사도는 연보하는 방식과 관련해서, 고린도 교회에게 그들도 갈라디아 교회들이 했던 것처럼 그런 식으로 연보를 하라고 지시한다.

2. 매주 첫날에 너희 각 사람이 수입에 따라 모아 두어서 내가 갈 때에 연보를 하지 않게 하라.

고대의 여러 교부들과 그 후의 수많은 신학자들은 이 본문을 근거로 해서, 그리스도인들은 한 주의 일곱째 날인 유대인의 안식일이 아니라 "매주 첫날"에 모여서 하나님께 예배를 드렸다고 말해 왔는데, 이 본문은 복음 교회들이 "매주 첫날에" 모임을 가졌다는 것을 분명하게 보여 준다. 또한, 우리는 성경에서 그리스도인들이 어느 다른 날에 모여서 하나님을 예배하였다는 말을 듣지 못한다. 사도는 매주마다 바로 그 날에 고린도 교인들이 하나님께서 각자에게 주신 "수입에 따라" 가난한 성도들을 위한 연보를 행함으로써, 필요할 때에 언제든지 그 연보를 사용할 수 있게 준비를 해 두고, 자기가 갔을 때에 부랴부랴 마지못해 연보를 하는 불상사가 일어나지 않게 하라고 지시한다. 여기에서 "연보"로 번역된 헬라어는 "보화를 쌓아두는 것"을 의미하는데, 사도가 이것을 그런 식으로 부른 것은 적절하다. 왜냐하면, 가난한 형제들을 구제하기 위해 쌓아둔 재물은 그 재물로 구제를 받는 형제들에게 "보화"일 뿐만 아니라, 가난한 자들을 구제하기 위하여 재물을 드린 자들은 보화를 하늘에 쌓아둔 것인 까닭에, 그 재물을 그런 용도로 하나님께 바친 자들에게도 "보화"가 되기 때문이다. 사도가 자기가 갔을 때에 그때에서야 연보를 거두는 일이 없게 하라고 지시한 것은, 마치 자기가 그들에게서 강제로 돈을 뜯어내는 듯한 볼썽사나운 모습을 피하기 위한 것이기도 하였을 것이고, 자기가 그들에게 가서 이미 모아진 연보를 즉시 가져갈 수 있게 함으로써, 예루살렘의 가난한 형제들에게 연보를 전달하는 것이 지체되지 않게 하기 위한 것이기도 하였을 것이다.

3. 내가 이를 때에 너희가 인정한 사람에게 편지를 주어 너희의 은혜를 예루살렘

으로 가지고 가게 하리니.

사도는 여기에서 고린도 교인들이 예루살렘의 가난한 형제들을 위하여 모은 연보를 "너희의 은혜"라고 부른 것은, 그것이 거리상으로는 그들과는 아주 멀리 떨어져서 살아 가고 있는 가난한 형제들에 대하여 그들이 값없이 준 사랑으로 말미암은 것이었기 때문일 수도 있고, 그들이 자신들에게 주어진 하나님의 값없는 사랑과 은혜에 감격하여 이렇게 가난한 형제들을 구제하기 위한 연보에 참여하였기 때문일 수도 있다(고후 8:9, "우리 주 예수 그리스도의 은혜를 너희가 알거니와 부요하신 이로서 너희를 위하여 가난하게 되심은 그의 가난함으로 말미암아 너희를 부요하게 하려 하심이라").

4. 만일 나도 가는 것이 합당하면 그들이 나와 함께 가리라.

사도는 고린도 교인들이 좀 더 기꺼이 차고 넘치게 연보를 하도록 권하기 위해서, 그 연보를 예루살렘 교회에 전하기 위하여 그들이 택한 자들과 자기가 함께 가는 것이 합당하다면, 자기는 얼마든지 그렇게 할 용의가 있다고 약속한다.

5. 내가 마게도냐를 지날 터이니 마게도냐를 지난 후에 너희에게 가서.

바울이 이 약속을 따라 실제로 고린도 교회로 갔는지의 여부를 놓고, 어떤 이들은 사도가 "내가 이 확신을 가지고 너희로 두 번 은혜를 얻게 하기 위하여 먼저 너희에게 이르렀다가 너희를 지나 마게도냐로 갔다가 다시 마게도냐에서 너희에게 가서 너희의 도움으로 유대로 가기를 계획하였으니 이렇게 계획할 때에 어찌 경솔히 하였으리요"(고후 1:15-17)라고 말한 것을 근거로, 사도는 고린도 교회에 가지 않았다고 생각한다. 그러나 어떤 이들은 고린도후서 본문에서 사도가 고린도 교회에 가기로 했다가 갈 수 없게 된 것은 또 다른 경우와 관련된 것이라고 말하고, 사도행전 20장이 사도가 헬라로 가서 상당 기간 동안 머물렀다고 보도하고 있는 것으로 보아서, 사도는 고린도 교회에 가겠다고 한 이 약속을 지켰을 가능성이 매우 높다고 생각한다.

6. 혹 너희와 함께 머물며 겨울을 지낼 듯도 하니 이는 너희가 나를 내가 갈 곳으로 보내어 주게 하려 함이라.

사도행전 20:3을 보면, 사도는 헬라에서 세 달을 머물렀지만, 어떤 사정이 생겨서 고린도에서 겨울을 나지는 않았던 것으로 보여진다. 사도들이 어떤 지역에 있다가 다른 지역으로 옮길 때에는, 사도들에 대한 호의와 공경의 표시로, 그 지역에 있던 복음 교회의 지체들이 사도들을 그 다른 지역까지 수행하는 것이 관행이었다(행

15:3; 17:15; 20:38).

7. 이제는 지나는 길에 너희 보기를 원하지 아니하노니 이는 만일 주께서 허락하시면 얼마 동안 너희와 함께 머물기를 바람이라.

나는 이제 마게도냐로 가면서 너희를 지나게 될 것이지만, 이 기회를 이용해서 너희를 방문하면, 너희와 함께 오랫동안 머물 시간이 없어서 얼굴만 보고 또다시 길을 떠나야 할 것이기 때문에, 지금 마게도냐로 가는 도중에는 너희에게 들르고자 하지 않고, 너희와 함께 좀 더 오래 머물 수 있는 또 다른 기회를 마련해 보고자 한다. 하지만 하나님께서는 내가 가는 길을 막으실 수도 있으시고 명하실 수도 있으시며, 내가 어떻게 해야 하는지를 결정하시는 분도 하나님이시기 때문에, 나는 이 모든 것을 하나님의 뜻에 따라 행할 수밖에 없다. 그래서 야고보는 우리가 이런저런 곳으로 가고자 하거나 이런저런 일을 하고자 한다고 말할 때에는 "주의 뜻이면" 이라는 말을 덧붙일 것을 우리에게 가르친다: "너희가 도리어 말하기를 주의 뜻이면 우리가 살기도 하고 이것이나 저것을 하리라 할 것이거늘"(약 4:15). 사도 바울도 그러한 규범을 지켜서, "어떻게 하든지 이제 하나님의 뜻 안에서 너희에게로 나아갈 좋은 길 얻기를 구하노라"(롬 1:10)고 말한다.

8. 내가 오순절까지 에베소에 머물려 함은.

사도는 나중에 이러한 계획을 변경하였다. 사도행전 20:16에서는 "바울이 아시아에서 지체하지 않기 위하여 에베소를 지나 배 타고 가기로 작정하였으니 이는 될 수 있는 대로 오순절 안에 예루살렘에 이르려고 급히 감이러라"고 보도한다. "오순절"은 유대인들의 절기였는데, 사도가 여기에서 "오순절"이라는 용어를 사용한 것은, 당시에 그리스도인들이 이 절기를 지켰기 때문이 아니라 단지 시기를 나타내기 위한 것이었다. 왜냐하면, 유대인들은 자신들이 해마다 지켰던 절기들을 기준으로 해서 시기를 계산하였는데, 그리스도인들 중에는 유대교에서 기독교로 개종한 자들이 많아서, 그리스도인들도 시기를 나타내는 데 유대인들의 절기들을 사용하였기 때문이다.

9. 내게 광대하고 유효한 문이 열렸으나 대적하는 자가 많음이라.

내게 광대하고 유효한 문이 열렸으나. 사도는 자기가 에베소에 계속해서 어느 정도 머물고자 하는 이유를 여기에서 제시하는데, 그것은 하나님께서 에베소에서 자기에게 복음을 전할 아주 좋은 기회를 열어 주셨고, 자기가 이 기회를 잘 사용하면, 많은 심령들이 회심하여 그리스도께로 돌아올 공산이 대단히 크다는 것이었다. 사도가 여기에서 말한 "광대하고 유효한 문"이 무엇이었는지는 본문에 나와 있지 않지만, 그것은 에베소에는 복음을 받아들일 준비가 되어 있는 심령들이 많이 있다는 것을 하나님이 사도에게 알게 해 주신 것이었을 수도 있고, 에베소에서 권세나 학식으로 유명한 인사들이 이미 회심하여서, 그 유명인사들의 뒤를 이어 많은 사람들이 회심할 가능성이 생겨난 것이었을 수도 있으며, 사도가 이 유명한 도시를 많은 사람들이 회심할 가능성이 높은 곳으로 판단한 것이었을 수도 있다.

대적하는 자가 많음이라. 사도행전 19장과 20장은 이것이 사실이었다는 것을 분명하게 보여 준다. 이런 상황에서 사도가 에베소 교회를 자신이 세운 사역자들에게만 맡겨 둔다면, 대적하는 자들이 더욱 목소리를 높여서, 교회가 더 큰 곤경에 빠질 염려가 있었기 때문에, 바울은 사도의 권위에 의거하여 대적자들의 입을 막는 데 힘을 보태기 위하여 에베소로 가서 거기에 한동안 머물 필요가 있었다. 여기에서 우리가 주목할 만한 것은, 이런 상황에서는 기존에 에베소에 있던 사역자들도 겁을 집어먹고 거기에서 나오려고 할 판인데도, 사도는 그러한 상황이 자기가 서둘러서 에베소로 가서 한동안 머물러 있지 않으면 안 되게 만든 원인이라고 말하고 있다는 것이다.

10. 디모데가 이르거든 너희는 조심하여 그로 두려움이 없이 너희 가운데 있게 하라 이는 그도 나와 같이 주의 일을 힘쓰는 자임이라.

디모데가 이르거든 너희는 조심하여 그로 두려움이 없이 너희 가운데 있게 하라. 사도는 고린도전서 4:17에서 이미 "내가 주 안에서 내 사랑하고 신실한 아들 디모데를 너희에게 보내었다"고 말한 바 있는데, 여기에서는 그들에게 그를 영접해서, 그가 그들 가운데서 편안하게 자기에게 주어진 일을 할 수 있게 하라고 당부한다. 사도는 디모데에게 고린도 교회만이 아니라 다른 여러 교회들도 들러서, 자기가 명한 일들을 처리하도록 지시하였기 때문에, 혹시라도 디모데가 고린도 교회를 방문하지 못할 수도 있었기 때문에, 여기에서 "그가 이르거든"이라고 말한다. 즉, 사도는 디모데가 고린도 교회로 갈지 못 갈지는 확실하지 않지만, 실제로 거기로 가게 된다면, 그들이 그를 잘 돌봐 주어서, 그가 그들의 분쟁으로 인해서 위험이나 곤란에 처하지 않게 해 달라고 당부하고 있는 것이다. 이는 그도 나와 같이 주의 일을 힘쓰는 자임이라. 사도는 디모데가 복음의 일꾼으로서, 자기와 동일하게 "주의 일"을 하는 자라는 것을 강조한다.

11. 그러므로 누구든지 그를 멸시하지 말고 평안히 보내어 내게로 오게 하라 나

는 그가 형제들과 함께 오기를 기다리노라.

그러므로 누구든지 그를 멸시하지 말고. 사도가 디모데전서 4:12에서 "누구든지 네 연소함을 업신여기지 못하게 하라"고 말한 것으로 보아서, 사도의 이러한 당부는 디모데의 나이가 아주 어렸기 때문에 고린도 교인들로부터 업신여김과 멸시를 당할 염려가 충분히 있었기 때문일 것이지만, 다른 이유에서 그렇게 당부한 것일 수도 있다. 평안히 보내어 내게로 오게 하라. 사도는 디모데가 거기를 떠나올 때, 그들이 자기에게 보여주곤 하였던 것과 같은 그러한 공경함을 그에게도 보여서, 그가 무사히 자기에게 도착하도록 최선을 다해 달라고 당부한다. 나는 그가 형제들과 함께 오기를 기다리노라. 사도는 여기에서 디모데가 자기에게 무사히 돌아와야 하는 이유를 말한다: 내가 이 곳에서 복음의 일을 수행하는 데에는 디모데의 도움이 꼭 필요하기 때문에, 나는 여기 있는 형제들과 더불어서 디모데를 기다리고 있다. 또는, 나는 복음의 일을 하러 밖으로 나간 다른 형제들과 마찬가지로 디모데도 무사히 돌아오기를 기다리고 있다.

12. 형제 아볼로에 대하여는 그에게 형제들과 함께 너희에게 가라고 내가 많이 권하였으되 지금은 갈 뜻이 전혀 없으나 기회가 있으면 가리라.

사도행전 18:24-28이 "알렉산드리아에서 난 아볼로라 하는 유대인이 에베소에 이르니 이 사람은 언변이 좋고 성경에 능통한 자라 그가 일찍이 주의 도를 배워 열심으로 예수에 관한 것을 자세히 말하며 가르치나 요한의 세례만 알 따름이라 그가 회당에서 담대히 말하기 시작하거늘 브리스길라와 아굴라가 듣고 데려다가 하나님의 도를 더 정확하게 풀어 이르더라 아볼로가 아가야로 건너가고자 함으로 형제들이 그를 격려하며 제자들에게 편지를 써 영접하라 하였더니 그가 가매 은혜로 말미암아 믿은 자들에게 많은 유익을 주니 이는 성경으로써 예수는 그리스도라고 증언하여 공중 앞에서 힘있게 유대인의 말을 이김이러라"고 보도하고 있듯이, 아볼로는 전에 고린도 교인들에게 성경을 풀어 가르쳐서 그들 중 다수에게 은혜를 끼쳤기 때문에, 고린도 교인들은 아볼로를 잘 알고 있었고, 그들 중에는 "나는 아볼로에게라"(고전 3:4)고 말하며 아볼로파를 자처하는 사람들도 있었다. 이런 이유로 인해서 바울은 아볼로에게 고린도 교회를 한 번 방문해 보기를 권하였지만, 이 때에 아볼로는 거기에 갈 마음이 없다는 뜻을 분명히 하였다. 어떤 이들은 고린도 교인들이 파당을 형성하여 분쟁하는 모습을 보고서, 아볼로가 그 교회를 떠난 것이라고 생각하는데, 어쨌든 바울이 자신의 서신을 통해서 그러한 파당과 분쟁을 잠재우고 고린도 교회의 과열된 분위기를 가라앉히자, 나중에 아볼로는 다시 고린도 교회로 돌아갔다.

13. 깨어 믿음에 굳게 서서 남자답게 강건하라.

깨어. "깨어 있는" 것은 일반적으로 어떤 목적을 위하여 잠을 자지 않고 깨어 있는 것을 의미한다. 에베소서 5:14이 "잠자는 자여 깨어서 죽은 자들 가운데서 일어나라 그리스도께서 너에게 비추이시리라"고 말하고 있는 것처럼, 신약성경에서는 죄를 잠자는 것으로 표현하기 때문에, 영적으로 깨어 있는 것은, 영생을 얻기 위하여 성결의 삶을 살려는 목적으로 온 마음을 다하여 죄를 멀리하고 하나님을 거슬러 죄를 짓게 만드는 온갖 시험들을 경계하는 것을 의미한다. **믿음에 굳게 서서.** 이것은 늘 변함없이 진리를 고백하고, 믿음의 교훈을 굳게 붙드는 것을 가리킨다. **남자답게 강건하라.** 너희는 세상과 육신과 마귀를 대항하여 싸우는 군사들이기 때문에, 약간의 반대와 공격만 받아도 겁을 집어먹고 뒤로 나가자빠지는 어린 아이들처럼 되어서는 안 되고, 지극히 선한 대장의 영도 하에 지극히 선한 대의를 위하여 영적인 담대함과 강건함으로 당당하게 싸우는 장정들처럼 되어야 한다.

14. 너희 모든 일을 사랑으로 행하라.

우리가 앞에서 이미 말했듯이, "사랑"은 하나님 사랑과 이웃 사랑, 이 둘을 모두 포괄하는 단어이다. 사도는 이 서신에서 내내 고린도 교회의 지체들이 서로 파당을 이루어 분쟁하며, 다른 지체들의 양심이나 유익은 아랑곳하지 않고, 오직 그들이 자랑하는 자신의 지식을 토대로 옳다고 생각되는 것들을 거침없이 행함으로써, "사랑으로 행하여야" 하는 의무와 본분을 저버렸다고 반복해서 책망해 왔는데, 이제 이 서신의 결론부에서 다시 한 번 그들에게 모든 일에 무엇보다도 "사랑"을 앞세워서, 어떻게 하는 것이 사랑을 실천하는 것인지를 깊이 고려하여 행하라고 당부한다.

15. 형제들아 스데바나의 집은 곧 아가야의 첫 열매요 또 성도 섬기기로 작정한 줄을 너희가 아는지라 내가 너희를 권하노니.

"스데바나"에 대해서는 사도가 고린도전서 1:16에서 이미 한 번 언급한 바 있다: "내가 또한 스데바나 집 사람에게 세례를 베풀었고 그 외에는 다른 누구에게 세례를 베풀었는지 알지 못하노라." 스데바나의 가족은 바울로부터 세례를 받은 몇 안 되는 가족들 중의 하나였다. 스데바나가 여기에서 "아가야의 첫 열매"라 불리는 것은 그가 그 지역에서 처음으로 복음을 받아들인 사람들 중의 한 사람이었기 때문인 것으로 보인다. 또한, 사도는 스데바나가 "성도 섬기기로 작정한" 사람이라고 말하는데, 이것은 그가 복음을 전하는 일에 헌신해 온 사람이라는 의미일 수도 있지만, 집사로서 궁핍한 성도들을 구제하는 본연의 직무에 헌신해 온 사람이라는 의미일 가능성이 높다.

16. 이같은 사람들과 또 함께 일하며 수고하는 모든 사람에게 순종하라.

사도는 고린도 교인들에게, 스데바나를 비롯해서 그렇게 성도들을 돕는 일에 헌신하여 수고함으로써 사도들과 더불어서 복음의 일을 하는 모든 사람들을 공경하라고 권면한다.

17-18. [17]내가 스데바나와 브드나도와 아가이고가 온 것을 기뻐하노니 그들이 너희의 부족한 것을 채웠음이라 [18]그들이 나와 너희 마음을 시원하게 하였으니 그러므로 너희는 이런 사람들을 알아 주라.

내가 스데바나와 브드나도와 아가이고가 온 것을 기뻐하노니. 대부분의 해석자들은 이 때에 고린도 교회는 에베소에 있던 바울에게 이 세 사람을 보내어서 그들의 교회의 상황을 알리게 하였던 것으로 보인다고 생각한다. **그들이 너희의 부족한 것을 채웠음이라.** 이것은 이 세 사람이 온 것은 고린도 교회 전체가 오지 못한 것을 채우는 역할을 하였다는 의미일 수도 있고, 이 세 사람이 고린도 교회의 사정을 좀 더 자세하게 얘기해 줌으로써, 고린도 교회가 사도에게 보낸 서신들만으로는 부족할 수 있었던 것들이 다 채워질 수 있었다는 의미일 수도 있다. **그들이 나와 너희 마음을 시원하게 하였으니.** 이 세 사람은 사도에게 돈을 가져다줌으로써 사도의 마음을 시원하게 해 준 것이 아니었다. 왜냐하면, 사도는 이미 고린도전서 9:15에서 말한 것처럼, 그들에게 그 어떤 대가도 받지 않고, 복음을 값없이 거저 전한 것을 자신의 자랑으로 여긴다고 말한 바 있기 때문이다. 따라서 이 세 사람으로 인해서 사도의 마음이 시원하게 될 수 있었던 것은, 이 세 사람이 와서 고린도 교회의 상황을 놓고서 사도와 세세하게 상의함으로써 사도가 그동안 고린도 교회에 갈 수 있는 여건이 되지 못해서 답답해하던 것들이 상당한 정도로 풀어질 수 있었기 때문이었다. 아울러, 사도는 이 세 사람이 고린도 교인들의 마음도 시원하게 해 주었다는 말을 덧붙이는데, 이것은 그들의 기쁨이 사도의 기쁨이고, 사도의 마음이 시원하게 되었다면, 그들의 마음도 시원하게 되는 것이 마땅하다는 것을 의미하는 것이었다. **그러므로 너희는 이런 사람들을 알아 주라.** 그래서 사도는 이 세 사람을 칭찬하면서, 고린도 교인들이 이 세 사람 같은 사람들을 공경하는 것이 합당하다고 말한다.

19. 아시아의 교회들이 너희에게 문안하고 아굴라와 브리스가와 그 집에 있는 교

회가 주 안에서 너희에게 간절히 문안하고.

여기에서 "아시아"는 에베소가 있던 소아시아를 가리킨다. 이것은 고린도전서가 빌립보에서 씌어진 것이 아니라 에베소에서 씌어진 것일 가능성이 높다는 것을 보여 준다(흠정역 번역자들이 사용한 사본은 전자의 견해를 지지하고, 아랍어와 수리아어 사본들은 후자의 견해를 지지한다). 게다가, 사도가 당시에 자기와 함께 있었던 "아굴라와 브리스가"의 문안인사를 고린도 교인들에게 전하고 있는 것도 그러한 가능성을 더욱 높여 준다. 사도행전 18:19은 아굴라와 브리스가가 에베소에 살았거나, 적어도 바울과 함께 거기로 가서 머물렀다는 것을 분명하게 보여 준다. 그들이 "주 안에서" 고린도 교회에 문안인사를 한 것은 고린도 교인들이 그리스도 안에서 및 그리스도로부터 온갖 영적인 복을 받기를 기원한 것을 의미한다. 그러나 바울과 더불어서 고린도 교인들에게 문안인사를 한 "그 집에 있는 교회"가 무엇을 의미하는지는 그렇게 분명하지가 않다. 골로새서 4:15에서는 "눔바와 그 여자의 집에 있는 교회"가 언급되고, 빌레몬서 1:2에서는 빌레몬의 "집에 있는 교회"가 언급되며, 로마서 16:5에는 브리스가와 아굴라의 "집에 있는 교회"가 언급된다. 이 본문들 속에서 언급된 "교회"가 무엇을 의미하는지와 관련해서, 어떤 이들은 그 집안 사람 전체가 기독교 신앙을 받아 들였다는 것을 의미하는 것일 뿐이라고 생각하고, 어떤 이들은 해당 인물의 집에 머물러 있던 여러 다른 그리스도인들을 가리키는 것이라고 생각하며, 어떤 이들은 그 지역의 교회가 그들의 집에 있는 어떤 방에서 모임을 갖곤 하였던 것을 보여 주는 것이라고 생각한다. 그러나 당시에 교회들은 일정한 장소에서 만남을 계속할 수 없었을 것이고, 온 교회가 모일 수 있을 정도로 넓은 방을 가진 큰 저택을 소유한 그리스도인들도 없었을 것이라는 점에서, 마지막에 제시된 견해가 옳을 가능성은 희박하다.

20. 모든 형제도 너희에게 문안하니 너희는 거룩하게 입맞춤으로 서로 문안하라.

이것은 오늘날 우리가 서로 만날 때에 사랑과 우의의 표시로 입맞춤으로 인사하는 것이 관례이듯이, 당시에 그 지역들에도 동일한 관례가 존재하였음을 보여 준다. 이 입맞춤은 "사랑의 입맞춤"(벧전 5:14)이라 불렸다. 사도는 이러한 문안인사들에서 그들이 고결하고 거룩한 생각을 가질 것을 요구하는데, 로마서 16:16; 고린도후서 13:12; 데살로니가전서 5:26과 여기에 언급된 "거룩한 입맞춤"은 그런 의미인 것으로 보인다.

21. 나 바울은 친필로 너희에게 문안하노니.

이것은 이 서신 전체가 바울이 불러 주면 다른 사람이 대필하는 방식으로 씌어졌고, 마지막 세 절만이 바울 자신이 직접 자기 손으로 쓴 것임을 보여 준다.

22. 만일 누구든지 주를 사랑하지 아니하면 저주를 받을지어다 우리 주여 오시옵소서.

만일 누구든지 주를 사랑하지 아니하면. 사랑은 마음의 정서이지만, 겉으로 드러나는 행위들을 통해서 분별될 수 있다. 이 구절의 의미는 이런 것이다: 어떤 사람이 그리스도의 이름을 입으로는 시인하면서도 행위로는 그리스도의 명령들을 멸시하고 불순종하는 삶을 사는 위선자이든, 아니면 목숨이 위험한 상황이나 박해의 때에 그리스도를 부인함으로써 자기 속에 그리스도에 대한 사랑이 없음을 드러낸 배교자이든, 그리스도와 그의 복음을 박해하는 철천지원수이든, 그 사람이 어떤 흉악한 행위들을 통해서 자기가 주 예수를 사랑하지 않는다는 것을 선언한다면. **저주를 받을지어다 우리 주여 오시옵소서.** 사도는 앞에서 말한 그런 자를 하나님 앞에서 가증스러운 자로 판단하고서 "저주"를 선포한다. 어떤 이들은 유대인들에게는 세 종류의 출교가 존재하는데, 여기에서 사도가 "저주를 받을지어다"라고 선포하면서 사용한 단어인 '아나테마'는 어떤 사람을 하나님의 심판과 원수 갚으심에 넘겨주는 최고 수준의 출교를 의미한다고 말한다. 그러나 어떤 이들은 유대인의 글들 속에서는 여기에서 사도가 사용한 단어가 그런 식으로 사용되고 있는 예가 발견되지 않는다고 지적하면서, 여기에서 "주여 오시옵소서"로 번역된 '마라나 타'는 "주께서 오셨다"는 의미일 뿐이라고 말한다. 따라서 이 본문의 의미는 이런 것이다: 유대인들이나 그 밖의 다른 허망한 자들은 자신들이 말하고 싶은 대로 말하게 하라. 주께서 오셨다. 그러므로 누구든지 주를 사랑하지 않는 자가 있다면, 그 자를 가증스러운 자로 여기라.

23. 주 예수 그리스도의 은혜가 너희와 함께 하고.

사도는 여기에서 "주 예수께서 너희에게 은혜를 주시고 온갖 신령한 복으로 복주시기를 기원한다"고 말하는데, 이것은 사도의 통상적인 문안인사였다.

24. 나의 사랑이 그리스도 예수 안에서 너희 무리와 함께 할지어다.

내가 너희를 사랑하는 것 같이, 나는 그리스도 안에서 너희로부터 진심으로 다시 사랑 받기를 원한다. 또는, 나는 그리스도 안에서 및 그리스도를 인하여 너희 모두를 사랑한다. 또는, 나는 내 사랑이 너희 안에 및 너희에게 거하기를 바란다.

흠정역 번역자들이 사용한 사본에는 "고린도전서는 스데바나와 브드나도와 아가이고와 디모데에 의해서 빌립보에서 씌어졌다"는 후기가 추가되어 있는데, 이것은 성경의 일부가 아니다. 앞에서도 이미 말했듯이, 이 사본은 사도 바울이 고린도전서를 빌립보에서 썼다고 말하고 있지만, 이 서신은 에베소에서 씌어졌을 가능성이 훨씬 높다. 따라서 고린도전서는 에베소서에서 씌어져서, 여기에 언급된 네 사람 또는 그 중 일부에 의해서 고린도 교회로 보내졌을 것이다.

MATTHEW POOLE'S COMMENTARY

고린도후서

서론

사도 바울이 고린도전서와 고린도후서를 써서 고린도 교회에 보냈다는 것에 대해서는 앞에서 이미 충분히 말하였다. 사도는 고린도후서를 쓸 때에 마게도냐에 있었음이 분명하고, 아마도 마게도냐의 제1의 도시였던 빌립보에 있었을 가능성이 높다(행 16:12, "빌립보에 이르니 이는 마게도냐 지방의 첫 성이요 또 로마의 식민지라"). 에베소에서 데메드리오가 소동을 일으키자, 바울은 거기를 떠나 빌립보로 갔다. 사도가 고린도후서를 쓴 계기는 아마도 부분적으로는 고린도 교회에서 활동하던 거짓 교사들이 자기를 비방하고 중상모략 하였기 때문인 것으로 보인다: (1) 그들은 바울이 고린도로 직접 오겠다고 약속해 놓고서는 아직도 오지 않았다는 점을 들어서 변덕스러운 자라고 비방하였다. 사도는 고린도후서 1장에서 그 이유를 밝히는데, 자기가 고린도 교회에 가기로 약속하고서 지키지 못한 것은 변덕스러움이나 경솔함 때문이 아니라, 한편으로는 그가 아시아에서 겪은 환난들 때문이었고, 다른 한편으로는 자기가 지적한 폐단들을 그들이 먼저 고쳤다는 소식을 들은 후에 그들을 방문하고자 하였기 때문이었다고 말한다. (2) 그들은 바울이 근친상간을 저지른 자에 대하여 쓴 것을 문제 삼아서 오만하고 고압적인 자라고 비방하였다. 사도는 자기가 그 때에는 그런 식으로 쓸 수밖에 없었다는 것을 보여 주고, 지금은 그 사람이 회개하였기 때문에, 그 사람이 회복할 수 있도록 새로운 조치를 지시함으로써 그러한 비난을 피한다. (3) 그들은 바울이 교만하고 헛된 영광을 구하는 자라고 비방하였다. (4) 그들은 바울이 경멸받을 만한 자, 바울 자신의 표현을 빌리면, 비열한 인격을 지닌 자라고 비방하였다.

그 밖에도, 사도가 고린도 교회에 또다시 서신을 쓰게 된 계기로는 다음과 같은 것들이 있었다: (1) 사도는 그들이 자기가 이전의 서신에서 명령하고 훈계한 것들을 기꺼이 받아들여서 잘 준행해 준 것에 대하여 감사하고자 하였다. (2) 사도는 그들이 일 년 전에 적극성을 보여 준 바 있었던 연보, 즉 유대 땅에 있는 가난한 성도들을 위한 연보를 차고 넘치게 할 것을 권면할 필요가 있었다. (3) 사도는 고린도 교회

가운데 여전히 지극히 악한 파당이 있어서, 여러 악행들을 저지르고 자기와 사도로서의 자신의 권위를 훼손하고 있다는 소식을 접하였기 때문에, 자신과 관련된 그들의 비방을 해명하고 자신의 사도직을 변호함과 동시에, 고린도 교회에 곧 갈 것이라는 것을 알리고서, 비록 자기가 거기에 없지만, 그들이 마치 자기가 거기에 있는 것처럼 여기고서 스스로 잘못을 인정하고 태도를 고치지 않는 경우에는, 그들에 대하여 엄한 조치를 할 것이라고 서신을 통해 경고할 필요가 있었다. 따라서 고린도후서의 내용은 부분적으로는 사도가 자신이 약속한 대로 이른 시일 내에 고린도 교회에 가지 못한 것과 근친상간을 저지른 자에 대하여 아주 심하게 글을 쓴 것에 대하여 자신을 변호하는 성격을 띠고 있고, 부분적으로는 고린도 교인들에게 좀 더 일반적으로는 복음에 합당하게 행하라고 권면하고, 좀 더 구체적으로는 예루살렘의 가난한 성도들을 위하여 후하게 연보를 하라고(고후 8장과 9장) 권면하는 성격을 띠고 있으며, 자기가 거기에 갈 때까지도 사도로서의 자신의 권위에 도전하여 비방을 일삼는 자들이 회개하지 않은 경우에는 단호한 조치를 취하겠다고 경고하는 성격을 띠고 있다. 사도는 여느 때와 마찬가지로 고린도 교인들에 대한 문안인사와 권면들, 그리고 그들을 위한 기도로 고린도후서를 끝맺는다.

MATTHEW POOLE'S COMMENTARY

고린도후서 1장

개요

1. 고린도 교인들을 향한 문안인사(1–2).
2. 사도가 하나님이 자기를 환난들에서 건지시고 위로하심으로써 단지 자신만을 위하신 것이 아니라 다른 사람들도 그 일로 인하여 위로와 격려를 받게 하신 것에 대하여 감사하고 찬송함(3–7).
3. 사도는 자기가 최근에 아시아에서 큰 위험으로부터 건짐을 받았다는 사실을 그들에게 말해 주면서, 그들의 기도로 말미암아 장래에도 하나님이 자기를 보호하실 것을 믿는다고 말함(8–11).
4. 사도는 자기가 복음을 전함에 있어서 진실하였다는 것을 자신의 양심과 그들의 양심이 증언해 줄 것이라고 말함(12–14).
5. 사도는 자기가 그들에게 가지 않은 것은 자신의 경박함에서 나온 것이 아니라고 변명함(15–22).
6. 사도가 그들에게 가지 않은 진짜 이유는 그들에게 관대함을 보이고자 하였기 때문이라고 말함(23–24).

1. 하나님의 뜻으로 말미암아 그리스도 예수의 사도 된 바울과 형제 디모데는 고린도에 있는 하나님의 교회와 또 온 아가야에 있는 모든 성도에게.

여기에서 "하나님의 뜻"은 단지 하나님께서 소극적으로 허용하셨다는 의미가 아니라, 하나님이 적극적으로 나서셔서 바울을 사도로 부르시고 세우셨다는 것을 의미한다. 바울은 "사도로 부르심을 받았고"(롬 1:1; 고전 1:1), 다메섹 도상에서 그에게 나타나신 부활하신 그리스도께서는 "내가 네게 나타난 것은 곧 네가 나를 본 일과 장차 내가 네게 나타날 일에 너로 종과 증인을 삼으려 함이라"(행 26:16)고 말씀하셨다. 사도가 여기에서 자기와 더불어서 "디모데"를 언급하고 있는 것은 사도의 큰 겸비를 보여 줌과 동시에, 디모데가 비록 나이가 어렸지만, 그를 교회들에서 명성을 얻게 해 주고자 하는 의도를 보여 준다. 이 서신은 단지 펠로폰네소스(Peloponnesus) 반도의 대도시였던 고린도에 있는 하나님의 교회에만 보내진 것이 아니라, "아가야에 있는 모든 성도"에게도 보내졌다. 헬라 신화에 의하면, 아주 오랜 옛날에 당시의 헬라 지역은 아카이오스(Achaeus)라는 왕이 다스렸기 때문에, 헬라인들은 아키비(Achivi)로 불렀지만, 우리는 여기에서 사용된 "아가야"라는 지명은 헬라 전체를 가리키는 것이 아니라, 에게 해와 이오니아 해 사이에서 펠로폰네소스 반도와 헬라 본토를 이어주는 길고 좁은 지역을 가리키는 것으로 이해하여야 한다. 즉, "아가야"는 아주 먼 옛날에는 헬라 전체를 가리키는 명칭이었지만, 당시에는 펠로폰네소스 반도에 있는 좀 더 한정된 지역을 가리키는 명칭이 된 것이었다.

2. 하나님 우리 아버지와 주 예수 그리스도로부터 은혜와 평강이 있기를 원하노라.

이것은 사도의 통상적인 인사말이었다(롬 1:7). 고린도전서 1:3에 대한 설명을 보라. 여기에서 주목할 만한 것은 사도는 하나님 아버지만이 아니라 주 예수 그리스도의 이름도 함께 부르고 있고, 성부와 성자를 모두 "은혜와 평강"의 원천으로 언급하고 있다는 것이다. "은혜"는 하나님이 값없이 거저 주시는 사랑을 의미하고, "평강"은 하나님이 우리의 죄를 값없이 사해 주시고 우리와 화해하신 것을 가리키거나, 사람들 간의 하나 됨과 형제애를 가리킨다. 이방인들은 서로의 건강과 번영을 기원하는 말로 자신들의 서신을 시작하곤 하였지만, 사도는 하나님의 사랑과 은총이야말로 가장 크고 좋은 축복이라는 것을 믿는 그리스도인들에게 합당한 기독교식의 인사말이 어떤 것인지를 우리에게 보여 준다.

3. 찬송하리로다 그는 우리 주 예수 그리스도의 하나님이시요 자비의 아버지시요 모든 위로의 하나님이시며.

이것은 사도가 하나님께 감사할 때에 통상적으로 사용하던 형태로서(롬 1:25; 9:5), 우리 자신이 하나님께 감사하고 하나님의 이름을 찬양할 수 있게 되며, 다른 사람들도 우리의 모범을 보고서 깨어나서 그렇게 되는 것이 우리의 진실한 소원이 되어야 한다는 것을 보여 준다. 이 하나님은 "주 예수 그리스도의 아버지"라 불린다. 즉, 그리스도께서는 영원한 출생에 의해서 하나님의 아들이 되셨다. 또한, 이 하나님은 가련한 피조물들에게로 흘러나가는 모든 은택의 원천이시기 때문에 "자비의 아버지"라 불리고, 동일한 이유로 "모든 위로의 하나님"이라 불린다.

4. 우리의 모든 환난 중에서 우리를 위로하사 우리로 하여금 하나님께 받는 위로로써 모든 환난 중에 있는 자들을 능히 위로하게 하시는 이시로다.

사도는 앞 절에서 말한 "위로의 하나님"을 여기에서는 "우리의 모든 환난 중에서 우리를 위로하시는" 하나님이라고 풀어 설명하는데, 후반부에 나오는 내용은 여기에 언급된 "우리"가 복음 사역자들을 가리킨다는 것을 보여 준다. 왜냐하면, 거기에서 사도는 하나님께서 이렇게 우리를 위로하시는 것은, 사역자들이 하나님으로부터 받은 위로를 가지고서, 성령께서 환난 가운데 있던 자신들을 위로하셨던 것과 동일한 방법들과 근거들을 통해서, 육신적으로나 정신적으로 환난 가운데 있는 하나님의 백성들을 위로할 수 있도록 하시기 위한 것이라고 말하고 있기 때문이다. 이 절을 통해서 주목할 만한 것은 두 가지이다: (1) 사도는 자기가 모든 환난 가운데서 받았던 온갖 지지와 고통의 경감과 위로를 모든 "자비"의 원천이신 하나님께 돌린다. 왜냐하면, 우리는 성경에서 하나님이 약속하신 것들을 스스로 기억하거나 다른 사람들이 일깨워줌으로써 위로를 받았다고 할지라도, 아픈 데 바르는 그러한 고약들을 만드셔서 우리의 심령을 고치시고 건강하게 해 주신 분은 하나님이시기 때문이다. 즉, 성경이나 사람들은 도구적 원인들일 수 있겠지만, 하나님은 이 모든 것의 일차적이고 주된 실효적 원인이시라는 것이다. (2) 하나님이 자신의 사역자들에게 수여하신 은사들과 은혜들과 자비들은 단지 그들 자신만을 위한 것이 아니라, 그들로 하여금 자신들이 받은 것들을 가지고 다른 사람들을 섬겨 유익을 끼칠 수 있게 하기 위한 것이라는 점에서 다른 사람들을 위한 것이기도 하다.

5. 그리스도의 고난이 우리에게 넘친 것 같이 우리가 받는 위로도 그리스도로 말미암아 넘치는도다.

그리스도의 고난이 우리에게 넘친 것 같이. 사도는 자신을 비롯한 사도들이 겪은 고난을 "그리스도의 고난"이라고 부르는데, 이것은 그 고난들이 그리스도를 위한 고난들, 즉, 그리스도께서 그들에게 행하라고 명하신 일들을 행함으로써 받게 된 고난들이었기 때문이거나, 그리스도를 머리로 하는 저 거룩한 몸의 지체들로서 받은 고난들이었기 때문이다. 그리스도께서는 자기 백성들을 박해하던 사울에게 나타나셔서, "네가 어찌하여 나를 박해하느냐"(행 9:4)고 말씀하심으로써, 성도들을 박해하는 것이 곧 그리스도를 박해하는 것임을 알게 해 주신다. 또한, 바울 사도도 "나는 이제 너희를 위하여 받는 괴로움을 기뻐하고 그리스도의 남은 고난을 그의 몸 된 교회를 위하여 내 육체에 채우노라"(골 1:24)고 말함으로써, 자기가 받는 고난이 그리스도의 고난이라는 것을 분명히 한다.

우리가 받는 위로도 그리스도로 말미암아 넘치는도다. 사도는 우리가 그리스도를 위하여 많은 고난들을 받는 것은 사실이지만, 그리스도로 말미암아 많은 위로도 받는 것에 대하여 하나님께 감사한다. 그리스도는 하나님이라는 지위에 있어서는 성도들에게 위로를 주시는 실효적 원인이 되시고, 우리를 위하여 죽으신 중보자로서의 지위에 있어서는 성도들이 위로를 받는 것을 가능하게 해 주신 공로적 원인이 되신다. 그리고 이렇게 그리스도께서 우리를 위해 준비하신 위로를 구체적으로 우리에게 가져다주는 일을 하시는 분은 "보혜사"(Comforter, 위로자)라 불리는 성령이시다.

6. 우리가 환난 당하는 것도 너희가 위로와 구원을 받게 하려는 것이요 우리가 위로를 받는 것도 너희가 위로를 받게 하려는 것이니 이 위로가 너희 속에 역사하여 우리가 받는 것 같은 고난을 너희도 견디게 하느니라.

우리가 환난 당하는 것도 너희가 위로와 구원을 받게 하려는 것이요. 우리가 환난 당하는 것은, 우리가 환난 가운데서 담대하고 견고하게 믿음을 지키는 것을 너희가 보고, 너희도 심령에 힘과 위로를 얻어 환난을 이기게 하기 위한 것이다. 그래서 사도는 빌립보서 1:13-14에서 "나의 매임이 그리스도 안에서 모든 시위대 안과 그 밖의 모든 사람에게 나타났으니 형제 중 다수가 나의 매임으로 말미암아 주 안에서 신뢰함으로 겁 없이 하나님의 말씀을 더욱 담대히 전하게 되었느니라"고 말한다. 또한, 우리가 환난을 당하는 것은, 너희도 마찬가지로 환난을 겁내지 않고 담대하게 받을 수 있게 해 준다는 점에서, 너희의 구원을 위한 것이기도 하다. 왜냐하면, 우리가 그리스도와 함께 고난을 당하면, 장차 그리스도와 함께 앉아 다스리게 될 것이고, "우리가 잠시 받는 환난의 경한 것이 지극히 크고 영원한 영광의 중한 것을 우리에게 이루게"(고후 4:17) 하기 때문이다. 이렇게 우리가 환난을 당하는 것은 너희로 하여금 우리가 감당하는 것과 같은 그런 환난을 믿음과 인내로써 감당하는 유익을 너희에게 가져다주었다. 또한, "우리가 위로를 받는 것도 너희가 위로를 받게 하려는 것"이다. 우리가 고난 중에서도 위로를 받아 그 고난을 잘 견디고 감당한다면, 우리가 받은 위로로 인한 유익도 너희에게 그대로 돌아가서, 너희는 고난 가운데 있는 우리를 하나님이 붙들어 주시는 것을 보고서 담대함을 얻어, 그리스도와 그 복음을 위하여 기꺼이 고난을 받고자 하고, 실제로 그럴 때에 "이 위로가 너희 속에 역사하여 우리가 받는 것 같은 고난을 너희도 견디게" 한다.

7. 너희를 위한 우리의 소망이 견고함은 너희가 고난에 참여하는 자가 된 것 같이 위로에도 그러할 줄을 앎이라.

우리가 그랬던 것처럼, 너희가 지금까지 그리스도와 그의 복음을 위한 고난들을 잘 견뎌왔듯이, 앞으로도 계속해서 그 고난들을 잘 견뎌 내리라는 "우리의 소망"은

"견고하다." 왜냐하면, 우리는 "너희가" 그리스도와 그의 복음을 위한 "고난에 참여하는 자가 된 것 같이," 그러한 고난을 당한 자들이 받는 하나님의 위로에도 참여하게 될 것임을 알기 때문이다.

8. 형제들아 우리가 아시아에서 당한 환난을 너희가 모르기를 원하지 아니하노니 힘에 겹도록 심한 고난을 당하여 살 소망까지 끊어지고.

사도가 여기에서 말하는 "아시아에서 당한 환난들"이 어떤 것이었는지를 알아내는 것은 아주 어렵다. 신약성경에는 바울이 아시아에서 겪었던 여러 환난들에 대한 기록들이 나온다. 사도행전 19:23에서는 사도가 데메드리오가 일으킨 소요에 의해서 위험에 처하게 된 일을 보도하고 있고, 고린도전서 15:32에서 사도는 자기가 에베소에서 사람의 방식을 따라 "맹수와 싸운" 일에 대해서 말하고 있으며, 사도행전 19장과 20장에는 바울이 아시아에서 겪는 환난들이 아주 자세하게 설명되어 있다. 하지만 고린도후서가 씌어진 때를 고려하면, 사도가 겪었다고 하는 그러한 환난들은 여기에 언급된 환난에 해당되지 않기 때문에, 사도는 여기에서 신약성경의 그 어디에도 기록되지 않은 어떤 환난들에 대해서 말하고 있는 것으로 생각된다. 그 환난들이 어떤 것이었든지 간에, 사도가 "힘에 겹도록 심한 고난을 당하여 살 소망까지 끊어졌다"고 말하고 있는 것으로 보아서, 그 환난들은 사도 자신의 힘으로는 감당할 수 없을 만큼 아주 큰 것이었다. 어떤 이들은 만일 사도가 하나님의 특별한 도우심을 받지 않았다면, 그 환난들을 감당할 수 없었을 것이라는 점에서, 그 환난들은 통상적인 그리스도인들이 감당할 수 있는 환난들이 아니었을 것이라고 생각한다.

9. 우리는 우리 자신이 사형 선고를 받은 줄 알았으니 이는 우리로 자기를 의지하지 말고 오직 죽은 자를 다시 살리시는 하나님만 의지하게 하심이라.

우리는 우리 자신이 사형 선고를 받은 줄 알았으니. 우리는 정말 우리가 이제 죽게 되었다고 생각하였다(사도는 이것을 앞 절에서는 "살 소망까지 끊어졌다"는 말로 표현하였다). 하지만 이것은 우리가 위험에 처한 경우에는, 피조물에 속한 그 어떤 것도 의지하지 말고, "오직 죽은 자를 다시 살리시는" 하나님만 바라보아야 한다는 것을 우리에게 가르쳐 준 것이었다. 하지만 히브리서 11:17-19을 보면, 아브라함은 "시험을 받을 때에 … 하나님이 능히 이삭을 죽은 자 가운데서 다시 살리실 줄로 생각하고서" "믿음으로 이삭을 드렸는데," 아브라함의 이러한 믿음의 밑바탕에는 "네 자손이라 칭할 자는 이삭으로 말미암으리라"는 하나님의 약속이 있었다. 마찬가지로, 바울에게도 그가 앞으로 해야 할 일들이 남아 있다는 하나님의 계시가 있었다. 따라서 이것은 모든 그리스도인들에게 적용되는 것은 아니다. 우리는 하나님께서 자신의 영원하신 계획 속에서 우리 앞에 어떤 길들을 두셨는지를 알지 못하기 때문에, 바울이 겪는 것과 같은 그런 경우에 하나님의 전능하신 능력으로 말미암아 목숨을 건질 수 있다는 것을 확신할 수 없다. 그러나 우리는 지극히 큰 환난과 시련 속에서도, 장차 하나님께서 반드시 우리를 죽은 자 가운데서 다시 살리실 것이라는 확신을 가질 수 있는데, 욥기 19:25-27은 욥의 믿음이 그러한 것이었음을 보여 준다: "내가 알기에는 나의 대속자가 살아 계시니 마침내 그가 땅 위에 서실 것이라 내 가죽이 벗김을 당한 뒤에도 내가 육체 밖에서 하나님을 보리라 내가 그를 보리니 내 눈으로 그를 보기를 낯선 사람처럼 하지 않을 것이라 내 마음이 초조하구나." 또한, 우리는 환난을 당할 때, 하나님의 섭리에 의해서 우리에게 허락된 모든 합당하고 통상적인 수단들을 다 사용하여야 하지만, 하나님께서는 자기 백성에게 큰 구원을 베푸실 때에는, 그 큰 구원이 우리가 사용하는 통상적인 수단들로부터가 아니라 하나님의 전능하신 능력으로부터 온다는 것을 분명하게 알게 해 주시기 위하여, 먼저 그들을 지극히 큰 환난 속으로 밀어넣어서 하나님의 산에 오르게 하여 오직 하나님만을 바라보게 하시곤 하신다는 것은, 환난 가운데 있는 우리에게 큰 위로가 된다.

10. 그가 이같이 큰 사망에서 우리를 건지셨고 또 건지실 것이며 이 후에도 건지시기를 그에게 바라노라.

여기에서 "이같이 큰 사망"은 지극히 큰 환난을 가리킨다. 사도는 고린도후서 11:23에서는 자기가 "여러 번 죽을 뻔하였다"는 것을 "여러 번 사망들에" 처하였다고 표현한다(흠정역). 우리는 오직 그 때에만 죽을 뻔한 것도 아니었고, 오직 그 때에만 건짐을 받아서 하나님의 능력과 선하심과 신실하심을 경험한 것도 아니었다. 우리는 매 시간마다 죽을 뻔하고, 그 때마다 건짐을 받아 하나님의 능력을 경험한다. 그리고 우리는 이 땅에서 더 사는 것보다는 빨리 이 세상을 떠나서 그리스도와 함께 있고 싶어 하는데도, 하나님께서 우리의 목숨을 연장시키시는 것은 그리스도의 교회의 유익을 위한 것이기 때문에, 이후에도 "이같이 큰 사망에서" 우리를 "건지실" 것임을 확신한다. 하나님께서 우리를 환난들에서 건져 주시는 경험들을 하게 되면, 우리가 장차 또다시 환난에 처할지라도, 우리를 건지시는 것이 하나님께 영광이 되고 우리에게 유익이 되는 경우에는, 하나님께서 우리를 반드시 건지실 것이라는 확신을 갖게 된다.

11. 너희도 우리를 위하여 간구함으로 도우라 이는 우리가 많은 사람의 기도로 얻은 은사로 말미암아 많은 사람이 우리를 위하여 감사하게 하려 함이라.

너희도 우리를 위하여 간구함으로 도우라. "믿음"이 있다고 해서, 기도하지 않아도 되는 것이 아니고, 오직 하나님의 긍휼하심으로 말미암아 우리가 환난에서 건짐을 받는 것이라고 해서, 우리로 하여금 환난에서 벗어나게 해 줄 하나님의 긍휼의 통로로 사용될 수도 있는, 우리에게 합당하게 주어진 자연적이거나 영적인 수단들을 사용하지 않아도 되는 것이 아니며, 지극히 큰 성도들을 위한 지극히 작은 성도들의 기도가 쓸데없는 것도 아니고, 지극히 큰 성도들이 환난에 처했을 때에 지극히 작은 성도들에게 기도를 부탁하지 않아도 되는 것이 아니다. 사람이 하나님으로부터 은혜를 입는 것은 그 사람이 세상에서 지닌 신분이나 명성에 의해서 좌우되지 않는다.

이는 우리가 많은 사람의 기도로 얻은 은사로 말미암아 많은 사람이 우리를 위하여 감사하게 하려 함이라. 여기에서 "은사"는 환난으로부터 건짐을 받는 것을 가리킨다. 사도가 그것을 "은사"라고 부르는 것은, 단지 우리가 환난에서 건짐을 받는 것은 주로 하나님이 값없이 베풀어 주시는 은혜로 말미암는 것임을 나타내기 위한 것이 아니라, 그것이 "많은 사람의 기도"로 인해서 주어진 것임을 나타내기 위한 것이기도 하다. 하나님께서 많은 사람들의 중보기도를 받으셔서 특정한 사람들에게 긍휼을 베푸시는 것은, 하나님의 긍휼하심을 받은 자들만이 아니라, 그들을 위하여 중보기도한 자들로부터도 감사와 찬송을 받으시기 위한 것이다. 이 본문을 통해서 사도는 우리가 환난 중에 있는 자들을 위하여 중보기도를 해야 하는 것과 마찬가지로, 하나님께서 우리의 중보기도를 들어 주셨을 때에는 하나님께 감사하는 것을 잊어서는 안 된다는 것을 우리에게 가르쳐 준다.

12. 우리가 세상에서 특별히 너희에 대하여 하나님의 거룩함과 진실함으로 행하되 육체의 지혜로 하지 아니하고 하나님의 은혜로 행함은 우리 양심이 증언하는 바니 이것이 우리의 자랑이라.

사도는 다른 사람들이 자기를 비방하고 중상모략하여, 마치 자기가 기만적으로 또는 영악하고 교묘하게 행해 온 것처럼 말할지라도, 자기는 이 세상에서 그렇게 살아오지 않았고, 오직 모든 일에서 "하나님의 순전함과 진실함으로"(헬라어 본문에는 이렇게 되어 있다) 행해 왔다는 것을 자신의 양심이 증언하고, 그것이 자신의 기쁨이자 만족이기 때문에, 고린도 교인들이 자기를 위하여 중보기도해 줄 것을 믿어 의심치 않는다고 분명하게 밝힌다. "순전함"(한글개역개정에는 "거룩함")은 두 마음을 품는 것과 반대되는 개념으로서, 두 마음을 품는다는 것은 그 마음속에 참된 것과 거짓된 것이 뒤섞여 있고, 입으로는 옳는 것을 말하지만 마음으로는 거짓된 것을 품고 행위로는 거짓된 것을 행하는 것을 가리킨다. "진실함"은 위선 또는 외식하는 것과 반대되는 개념이다. 하나님은 진리의 하나님이시기 때문에, 사람들에게 진리를 명하시고 진리를 행하게 하시며, 사람들이 참되게 행하는 것을 옳다고 하시고, 사람들의 마음으로 하여금 진리에 끌리게 하시는데, 이것은 사람들로 하여금 선악 간에 자신의 목적을 추구하도록 부추기는 "육체의 지혜"와 반대된다. 사도는 자기가 "세상에서" 그러한 육체의 지혜를 좇아 부패하고 타락한 성품이나 원리를 따라 행해 오지 않았고, "하나님의 은혜," 즉 우리 안에 거하는 하나님을 사랑하고 경외하는 성품을 따라 행해 왔다고 말한다. 또는, 이것은 사도가 자기는 자신의 힘이 아니라, 하나님의 은혜의 인도하심과 도우심을 따라 이 세상을 살아 왔고 행해 왔다고 말한 것일 수도 있다. "특별히 너희에 대하여"는, 우리는 너희에게 어떤 대가를 요구하지 않고 값없이 거저 복음을 전하였기 때문에, 세상의 그 어떤 사람들보다도 너희는 우리가 그렇게 행하며 살아 왔음을 증언해 줄 수 있는 증인들이라는 의미이다.

13. 오직 너희가 읽고 아는 것 외에 우리가 다른 것을 쓰지 아니하노니 너희가 완전히 알기를 내가 바라는 것은.

나는 너희에게 소설을 말하고 있는 것이 아니다. 내가 너희에게나 그리스도의 여러 교회들에 보낸 서신들에서 쓰고 너희가 읽는 것들은 너희가 진리라고 알고 있고 시인할 수밖에 없는 그런 것들이다. 나는 너희가 나와 너희의 목숨이 다하는 그 날까지 그것들을 진리로 고백하고 시인하게 되기를 소망한다.

14. 너희가 우리를 부분적으로 알았으나 우리 주 예수의 날에는 너희가 우리의 자랑이 되고 우리가 너희의 자랑이 되는 그것이라.

"부분적으로"는 여기에서 사람들을 가리키는 것일 수도 있고 어떤 일들을 가리키는 것일 수도 있기 때문에, "너희가 우리를 부분적으로 알았다"는 것은 너희 중의 일부는 우리를 비방하였던 반면에 일부는 우리를 인정하였다는 의미일 수도 있고, 너희는 어떤 때에는 가끔 우리를 인정하고서, 하나님께서 우리를 너희에게 보내셔서 복음을 전하게 하신 것에 대하여 하나님께 감사하기도 하였다는 의미일 수도 있다. 너희 중의 일부가 우리를 자신들의 기쁨이라고 인정하였거나, 너희 모두가 가끔 우리를 자신들의 기쁨이라고 인정하였듯이, 너희도 우리의 기쁨이다. 우리는 하나님께서 너희의 심령에 대한 우리의 수고를 형통하게 하신 것을 기뻐한다. 그리고 나는 주 예수께서 세상을 심판하러 오실 그 날에는, 너희가 더욱더 우리의 기쁨이 될 것이라고 확신한다.

15. 내가 이 확신을 가지고 너희로 두 번 은혜를 얻게 하기 위하여 먼저 너희에게 이르렀다가.

나는 내가 너희와 함께 하는 것이 너희와 내게 기쁜 일이라고 확신하고서, 내가 마게도냐로 가는 길에 먼저 너희를 잠깐 들렀다가, 마게도냐에서 돌아오는 길에 다시 너희를 방문해서 상당 기간 머무는 것이 너희에게 좋을 것이라고 생각하여, 그런 계획을 세웠었다. 우리는 사도행전 16:9에서는 바울이 환상 중에 처음으로 마게도냐로 부르심을 받는 것을 보고, 나중에 사도행전 19-20장에서는 바울이 마게도냐를 거쳐서 예루살렘으로 가는 여정을 본다: "이 일이 있은 후에 바울이 마게도냐와 아가야를 거쳐 예루살렘에 가기로 작정하여 이르되 내가 거기 갔다가 후에 로마도 보아야 하리라 하고"(행 19:21). 사도는 여기에서 후자에 대하여 말하고 있는 것으로 보인다.

16. 너희를 지나 마게도냐로 갔다가 다시 마게도냐에서 너희에게 가서 너희의 도움으로 유대로 가기를 계획하였으니.

사도는 마게도냐로 가는 길에 고린도를 잠시 들렀다가, 마게도냐에서 볼 일을 다 마친 후에는 다시 고린도로 돌아와서 한동안 그들과 함께 머무른 다음, 자기가 "유대"로 갈 때, 그들 중의 몇몇 사람들이 그 여정의 일부를 자기와 함께 해 주기를 바라고서, 자신의 여정을 그런 식으로 계획하였지만, 하나님께서는 그에게 그 계획과는 다르게 움직이게 정하셨던 것으로 보인다.

17. 이렇게 계획할 때에 어찌 경솔히 하였으리요 혹 계획하기를 육체를 따라 계획하여 예 예 하면서 아니라 아니라 하는 일이 내게 있겠느냐.

이렇게 계획할 때에 어찌 경솔히 하였으리요. 사도는 여기에서 자신의 그러한 계획과 관련해서 그동안 어떤 일들이 벌어졌는지를 우리에게 자세하게 들려주지 않지만, 이 절은 사도가 자신이 말한 계획과는 달리 고린도로 오지 않자, 고린도 교인들 중 일부가 그것을 빌미로 삼아서, 마치 사도가 자신이 한 약속을 안 지키고도 대수롭지 않게 생각하는 것으로 여겨서, 사도를 경솔하고 변덕스러운 사람이라고 비난하였음을 보여 준다. 우리가 여기에서 알 수 있는 것은, 세상 사람들은 아주 작고 사소한 일들을 트집잡아서, 하나님의 신실하고 충성된 사역자들과 백성들의 평판을 어떻게든 깎아내리려 하고 헐뜯으려 한다는 것이다. 당시에 고린도에 살고 있던 사람들 중에서 약속을 해놓고 못 지킨 이들이 셀 수 없이 많았을 것이지만, 그들은 세상 사람들로부터 그렇게 지독한 비방을 듣지는 않았을 것이다. 또한, 세상 사람들은 그들에게 아량을 베풀어서, 그들은 진심으로 그렇게 하려고 생각해서 약속하였지만, 하나님의 섭리로 말미암아 불가항력적으로 약속을 지킬 수 없었을 뿐이라고 말함으로써, 그들을 변호해 주는 경우도 많았을 것이다. 그러나 바울이 약속해 놓고 지키지 않자, 세상 사람들은 바울이 경솔하고 변덕스러운 사람이라서 그런 것이라고 단정해 버린다. 이렇게 세상은 자기 사람들에 대해서는 관대한 반면에, 하나님이 세상으로부터 불러내셔서 세상에 속하지 않게 된 자들에 대해서는 아주 가혹하다. 사람들의 이러한 비방에 대하여, 사도는 자기가 "경솔히" 계획하고 말한 것이 결코 아니고, 자기가 고린도에 가지 않은 것은 자신의 경솔하고 변덕스러운 마음 때문이 결코 아니라고 분명하게 밝힌다. 왜냐하면, 사도는 진심으로 고린도로 가고자 하였기 때문이다.

혹 계획하기를 육체를 따라 계획하여 예 예 하면서 아니라 아니라 하는 일이 내게 있겠느냐. 사도는 앞에서 자기는 경솔하게 계획을 세운 것이 결코 아니라고 말함으로써, 자기가 경솔하다는 비난을 일축한 후에, 이제 여기에서는 이렇게 말한다: 또는, 내가 육신적인 사람들처럼 처음에는 마치 모든 것을 철저히 다 지킬 것처럼 약속해 놓고서는, 나중에는 자신이 한 약속을 헌신짝처럼 여기고서 손바닥 뒤집듯이 단숨에 뒤집어 버리는 그런 일을 할 것 같은가? 또한, 나의 겉과 속이 다르고 표리부동해서, 내가 마음으로는 전혀 그렇게 할 생각이 없으면서도, 입으로는 마치 그렇게 할 것처럼 약속하였겠는가? 이것은 모든 그리스도인들, 특히 복음 사역자에게는 진실함과 변함없음이 극히 중요한 덕목이라는 것을 우리에게 알게 해 준다.

18. 하나님은 미쁘시니라 우리가 너희에게 한 말은 예 하고 아니라 함이 없노라.

하나님은 미쁘시니라. "하나님은 미쁘셔서" 자신이 한 약속들에 거짓이 없으시기 때문에, 내게도 내가 한 약속들에 대하여 진실하도록 가르치셨다. 어떤 이들은 여기에서 "하나님은 미쁘시니라"는 단지 하나님이 진실하시다는 것을 선언하는 말이 아니라, 사도가 자신이 고린도 교인들에게 한 말이 진심에서 나온 것임을 증언해 줄 증인으로 진리의 하나님을 호출한 일종의 맹세의 말이라고 생각한다. 우리가 너희에게 한 말은 예 하고 아니라 함이 없노라. 어떤 이들은 여기에서 "말"은 사도가 그들에게 전한 복음 또는 말씀을 가리키는 것으로 이해한다. 그리고 실제로 사도는 다음 절에서 복음에 대하여 말한다. 하지만 내가 보기에는, 이 절에 언급된 "우리가 너희에게 한 말"은 바울이 전에 고린도 교인들에게 했던 약속의 말, 즉 자기가 그들에게 가겠다고 약속한 말을 가리키는 것으로 보는 것이 훨씬 더 자연스러운 것으로 생각된다. "예 하고 아니라 함이 없노라"는 마음에는 그럴 생각이 없었으면서도 입으로만 약속을 한 것이 아니라는 것이다. 즉, 여기에서 사도는 자기가 정말 그들에게로 가려고 마음을 먹고서 진심으로 약속을 하였고 그 약속을 지키려고 하였지만, 모든 사람이 따를 수밖에 없는 하나님의 섭리가 자기에게 그 약속이나 계획과는 다른 식으로 움직일 수밖에 없게 하였기 때문에, 그 약속이나 계획을 지킬 수 없었다는 점에서, 자기가 약속을 지키지 못한 것은 불가항력에 의한 것이지, 결코 자신의 경솔함이나 변덕 때문이 아니라고 말한 것이다. 우리가 여기에서 아주 주목해서 보아야 할 것은, 이 위대한 사도는 자기가 경솔하고 거짓되다는 사람들의 비난이 사실이 아니라는 것을 아주 세심하게 조목조목 반박하고 있다는 것이다. 이것은 이 세상에서 그리스도인들은 참되고 변함없는 자들이라는 평판을 유지하는 일에 우리가 아주 세심하게 신경을 쓰는 것이 마땅하다는 것을 우리에게 가르쳐 준다.

19. 우리 곧 나와 실루아노와 디모데로 말미암아 너희 가운데 전파된 하나님의 아들 예수 그리스도는 예 하고 아니라 함이 되지 아니하셨으니 그에게는 예만 되었느니라.

사도는 여기에서 자기가 진실하고 참되게 행하고자 해 온 이유를 제시하는데, 그리스도를 본받고자 애써야 하는 것은 사도 바울만이 아니라 우리에게도 해당되는 것이라는 점에서, 이 이유는 우리에게도 그대로 적용된다. 사도는 "너희 가운데 전파된 하나님의 아들 예수 그리스도"를 그 이유로 제시한다. 사도는 고린도전후서의 그 어디에서도 그리스도를 하나님이라고 부르지 않고 "주"라고 부르지만, 여기에서는 "하나님의 아들"이라고 부르는데, 그것은 그리스도께서 영원한 출생에 의해서 성자가 되신 것을 가리키는 것으로 이해될 수 있을 것이다. 왜냐하면, 양자됨을 통해서 하나님의 아들들이 된 자들은 복음 사역자들이 전하는 말씀의 대상들이 아니기 때문이다. "실루아노"는 데살로니가전서 1:1과 베드로전서 5:12에도 언급되고 있는데, 어떤 이들은 이 "실루아노"가 사도행전 16:19에서 "실라"라고 부른 바로 그 인물이었을 것이라고 생각한다. "디모데"에 대해서는 우리가 앞에서 이미 살펴본 바 있다. 이 두 사람은 앞서 언급된 아볼로와 마찬가지로 고린도 교인들 가운데서 복음으로 수고하였던 사역자들이었다. "예 하고 아니라 함이 되지 아니하셨으니 그에게는 예만 되었느니라." 나를 비롯한 복음 사역자들이 너희에게 전한 그리스도는 이 때에 이 곳에서는 이 말씀을 하시고, 저 때에 저 곳에서는 저 말씀을 하시는 등 이랬다저랬다 하시는 그런 변덕스럽고 경솔하신 분이 아니었고, 늘 변함없고 한결같으신 분이셨으며, 그리스도의 가르침도 늘 확실하고 변함없으며 한결같아서 앞뒤가 맞지 않는 것이 전혀 없었다. 그러므로 우리의 행실도 그리스도 및 그의 가르침에 합당한 것이 되는 것이 마땅하다.

20. 하나님의 약속은 얼마든지 그리스도 안에서 예가 되니 그런즉 그로 말미암아 우리가 아멘 하여 하나님께 영광을 돌리게 되느니라.

그리스도께서 "예"만 되셨고, 그의 모든 가르침이 확실하고 한결같았던 것과 마찬가지로, 하나님의 모든 약속도 "예"만 된다. 메시야에 관한 하나님의 약속들은 그리스도 안에서 "예"가 되고 "아멘"이 된다. 그리스도는 하나님께서 사람들로부터 늘 참되고 신실하신 하나님, 자신이 하신 모든 말씀들을 지키지 못하시는 일이 결코 있을 수 없는 그런 하나님이라는 영광과 존귀를 받으시도록 하기 위하여, 하나님이 믿는 자들에게 주신 은혜의 모든 약속들을 반드시 다 이루실 것이다. 그러나 어떻게 하나님의 약속들이 우리에 의해서 그리스도 안에서 "예"와 "아멘"이 되는가? 대답: 그 이유는 복음의 사역자들은 그리스도 안에서 이루어진 하나님의 약속들을 사람들에게 전하고 사람들 가운데서 실제로 구현되게 하는 그리스도의 일꾼들이기 때문이다. 이 약속들은 아버지 하나님으로부터 와서, 그리스도로 말미암아 성취되었고, 성령에 의해서 사람들의 내면에 적용되며, 복음 사역자들에 의해서 외적으로 적용된다.

21. 우리를 너희와 함께 그리스도 안에서 굳건하게 하시고 우리에게 기름을 부으신 이는 하나님이시니.

사도가 여기에서 말한 기름 부음은 요한일서 2:20("너희는 거룩하신 자에게서 기름 부음을 받고 모든 것을 아느니라")과 2:27("너희는 주께 받은 바 기름 부음이 너희 안에 거하나니 아무도 너희를 가르칠 필요가 없고 오직 그의 기름 부음이 모든 것을 너희에게 가르치며 또 참되고 거짓이 없으니 너희를 가르치신 그대로 주 안에 거하라")에 언급된 기름 부음과 동일하다는 것은 의심의 여지가 없는데, 이 때의 기름 부음은 성령이 주어진 것을 의미한다. 따라서 하나님께서 자기 백성에게 기름을 부으셨다는 것은, 그들에게 자신의 영을 주셔서 그들 속에 거하게 하셨다는 것이다. 옛적에 왕들이나 대제사장들이나 선지자들의 머리에 부어진 기름이 온 몸으로 흘러내리듯이, 성령은 믿는 자의 심령 전체로 흘러내린다. 하나님께서는 믿는 자들에게 성령을 주심으로써, 그들을 왕과 제사장, 곧 왕의 제사장으로 구별하여 세우신 것이기 때문에, 믿는 자들은 기름 부음을 받은 것이다. 또한, 이 동일한 하나님께서는 우리의 머리가 되시는 "그리스도 안에서," 그리고 우리가 서 있는 이 모든 은혜가 우리에게 주어질 수 있게 하셨다는 의미에서 "그리스도로 말미암아" 그들의 심령을 믿음과 사랑 가운데서 "굳건하게" 하신다. 우리가 여기에서 주목해야 할 것은 헛된 자들은 많은 일들을 인간의 의지의 힘으로 돌리는 반면에, 이 복된 사도는 모든 것을 하나님께 돌린다는 것이다. 우리가 처음에 성령으로 기름 부음을 받아 은혜의 성품을 주입받게 된 것도, 그리고 그 후에 우리가 믿음과 사랑 안에서 견고하게 된 것도, 모두 다 우리가 지금 서 있는 이 은혜로 말미암아 하나님이 행하신 일이다.

22. 그가 또한 우리에게 인치시고 보증으로 우리 마음에 성령을 주셨느니라.

그가 또한 우리에게 인치시고. "인"의 용도는 어떤 것을 확증하는 것이고, "인"의 효력은 밀랍 위에 인의 형태가 새겨질 때에 발생한다. 따라서 이 본문을 비롯한 여러 본문들에서 하나님께서 "우리에게 인치셨다"는 것은, 하나님의 형상이 우리의 심령에 새겨지고, 베드로 사도가 말한 것처럼, 우리가 "신성한 성품에 참여하는 자"(벧후 1:4)가 됨으로써, 첫 번째로는 하나님의 사랑이 우리의 심령에 확증되고, 두 번째로는 우리의 본성이 새롭게 되고 거룩하게 되었다는 것을 의미한다. 그러나 사도는 여기에서 주로 첫 번째를 염두에 두고 있는 것으로 보인다.

보증으로 우리 마음에 성령을 주셨느니라. 고린도후서 5:5과 에베소서 1:14에도 이것과 동일한 표현이 나오고, 로마서 8:23에는 "성령의 처음 익은 열매들"이라는 표현이 나온다. 여기에서 "성령의 처음 익은 열매들"이나 "보증"은 믿는 자들에게 주어진 성령과 성령이 믿는 자들로 하여금 구원을 얻도록 하기 위하여 그들의 심령 속에서 역사하여 만들어낸 신령한 성품들, 둘 모두를 의미한다. 왜냐하면, "처음 익은 열매들"은 장차 있을 추수를 보장해 주는 것이고, "보증"은 어떤 사람이 거래를 할 때에 자신의 거래가 정직하고 신실하다는 것을 확실하게 보장해 주는 것인 것과 마찬가지로, 성결의 영이 믿는 자들의 심령 속에서 역사하여 만들어낸 거룩한 성품들은 장차 믿는 자들이 영광에 참여하게 될 것을 보장해 주는 확실한 증표가 되기 때문이다.

23. 내가 내 목숨을 걸고 하나님을 불러 증언하시게 하노니 내가 다시 고린도에 가지 아니한 것은 너희를 아끼려 함이라.

사도는 여기에서 엄숙하게 하나님을 불러서, 자기가 약속하거나 단언하는 말이 참되다는 것을 증언해 주실 증인으로 세우고 있기 때문에, 이것은 완벽한 형태의 맹세이다. "내 목숨을 걸고"는 자신의 말이 거짓인 경우에는 자신의 목숨을 기꺼이 내놓겠다는 의미이기 때문에, 사도가 이 정도의 맹세로써 말하고 있다는 것은, 그가 고린도 교회에 가겠다는 자신의 약속을 지키지 않음으로써, 고린도 교회의 일부 사람들로부터 경솔하고 경박하다는 심한 비난을 받은 것이 매우 중대하고 심각한 일이었음을 보여 준다. 사도는 그들로 하여금 자기가 약속을 지키지 못하게 된 진정한 이유를 믿게 하여 그들로부터 신뢰를 회복하는 일이 그렇게 쉽지 않다는 것을 알았기 때문에, 자기가 지금부터 하는 말이 진실이고 거짓이 없다고 맹세한다. 아주 중요한 문제들과 관련해서는 맹세하는 것은 합법적인 것이었다(종종 관리 앞에서 행해지지 않는 경우도 있었다). 사도가 이렇게 맹세로써 단언한 것은, 자기가 지금까지 그들에게 가지 않은 것은 그들을 아끼는 마음 때문이었다는 것이다. 여기에서 사도는 "아끼다"라는 표현을 사용하는데, 이것은 그들의 지갑과 관련된 것일 수도 있고, 그들 자신과 관련된 것일 수도 있다. 전자의 경우로 해석하면, 사도는 그들로부터 정기적인 수고비를 받은 것은 아니었지만, 자기가 그들에게 가면, 그것은 아무래도 그들에게 재정적인 부담을 안겨줄 수밖에 없을 것이었기 때문에, 될 수 있으면 그들에게 가고자 하지 않았다는 의미가 된다. 후자의 경우로 해석하면, 사도는 자신의 서신을 통해서 그들에게 지적한 폐단들을 그들이 고치기 전에 자기가 그들에게 간다면, 전에 말했듯이, "매를 가지고" 그들에게 갈 수밖에 없을 것이었기 때문에("고전 4:21, "너희가 무엇을 원하느냐 내가 매를 가지고 너희에게 나아가랴 사랑과 온유한 마음으로 나아가랴"), 그들이 자신들 가운데서 잘못된 것들을 다 고쳐 놓은 후에 그들에게 가고자 하였다는 의미가 된다.

24. 우리가 너희 믿음을 주관하려는 것이 아니요 오직 너희 기쁨을 돕는 자가 되려 함이니 이는 너희가 믿음에 섰음이라.

우리가 너희 믿음을 주관하려는 것이 아니요. 어떤 이들은 이것을 이렇게 해석한다: 우리는 우리가 너희로 하여금 믿음을 갖게 하였기 때문에 우리에게는 너희에 대하여 어떤 지배권이 있고, 그런 이유로 너희로부터 그 대가를 받을 수 있다고 주장하거나 자랑하는 것이 아니다. 그러나 사도는 이 말을 통해서, 자신을 비롯한 모든 사역자들에게는, 하나님이 자신의 말씀 속에서 믿음의 대상으로 계시하신 것들 외에는 그 어떤 것도 사람들에게 믿으라고 강요할 권한이 없다는 것을 밝힌 것이라고 보는 해석이 나는 더 낫다고 본다. 사도는 앞 절에서 "너희를 아낀다"는 표현을 사용하였는데, 이 표현이 마치 자기가 그들을 주관하여 좌지우지하고자 하는 의도가 있는 것 같은 인상을 주어서, 그들이 이 표현에 심기가 불편해져서 자기를 공격하는 빌미로 삼을 수도 있겠다는 생각이 들어서, 여기에서 다음과 같은 말로 그것을 서둘러 진화하고자 한 것이다: 앞에서 내가 너희를 아낀다고 말하기는 했지만, 내게는 너희를 주관하고자 하는 마음은 추호도 없고, 오직 너희의 참된 기쁨을 방해하는 것들을 제거해 줌으로써 "너희 기쁨"을 돕고자 하는 마음만이 있을 뿐이다. 왜냐하면, 하나님의 뜻에 어긋나는 무질서들이 너희 가운데 있는 한, 너희가 현재 느끼는 기쁨이나 자랑은 제대로 된 온전한 것일 수 없기 때문이다. 그런데 지금 너희 가운데는 파당들과 분쟁들이 가득하고, 그런 것들은 너희가 한 몸을 이루어 함께 교제하며 기뻐하는 것을 방해하고 있다.

이는 너희가 믿음에 섰음이라. 어떤 이들은 이것을 "이는 너희 중 대다수가 믿음 안에 서 있기 때문이라"라는 의미로 해석한다(한글개역개정도 그렇게 번역하고 있다 — 역주). 하지만 나는 이 구절을 "이는 너희가 믿음으로 말미암아 서야 하기 때문이다"라는 의미로 해석하여야 한다고 본다. 즉, 사도는 이렇게 말한다: 너희가 믿음의 문제들에서 오류를 범한다면, 너희는 넘어질 수밖에 없다(사도는 고린도전서 15장에서 이미 고린도 교인들 중 일부가 성도들의 부활이라는 문제와 관련해서 그런 오류를 범하고 있다는 것을 우리에게 말해 준 바 있다). 너희가 계속해서 너희의 믿음을 타락하지 않은 순전한 상태로 보존하지 않는다면, 너희는 서 있는 것이 아니다. 어떤 박식한 해석자들은 사도가 여기에서 "믿음"의 문제들과 관련해서는 고린도 교인들에게 책망할 것이 아무것도 없고 오직 질서에 관한 문제들에서만 책망할 것들이 있다고 말한 것으로 이해하지만, 나는 고린도 교인들이 부활 교리와 관련해서 심각한 오류들을 범한 상황에서 사도가 그들에 대하여 그런 취지의 말을 했을 리가 없다고 본다. 따라서 여기에서 사도는 자기는 단지 믿음과 관련된 문제들과 관련해서 그들 가운데 존재하는 오류들을 바로잡아서 그들의 기쁨을 온전하게 해 주기 위해서 그렇게 말한 것일 뿐이기 때문에, 자기가 그들의 믿음을 주관하고자 한다는 의심을 품을 필요가 없다고 그들에게 말해 주고 있는 것이다.

MATTHEW POOLE'S COMMENTARY

고린도후서 2장

개요

1. 바울은 자기가 그들을 아끼고 사랑해서 앞서의 서신도 썼고 고린도에도 가지 않은 것이라고 말함(1–5).
2. 근친상간을 저지른 자를 벌한 것에 대하여 만족감을 표시하고, 이제는 그 사람을 용서하고 위로해 주라고 그들에게 권함(6–9).
3. 자기도 그 사람을 그리스도의 이름으로 용서하였다고 말함(10–11).
4. 드로아에서 디도를 만나지 못한 것이 마음에 걸려서, 자기가 마게도냐로 직행하게 된 것이라고 함(12–13).
5. 자신의 수고가 도처에서 형통하게 하신 것에 대하여 하나님께 감사함(14–16).
6. 자기는 하나님 앞에서 진실하고 사심이 없다고 고백함(17).

1. 내가 다시는 너희에게 근심 중에 나아가지 아니하기로 스스로 결심하였노니.

내가 이전에 너희에게 가겠다고 하고서 그 시기를 미룬 이유 중의 하나는, 너희가 회개하고서 너희 중에 있던 저 무질서들을 스스로 바로잡을 시간을 주어서, 내가 너희에게 매를 가지고 나아가서 너희를 꾸짖고 책망하게 됨으로써 너희가 근심하게 되고, 나도 너희 중에 여전히 있는 그러한 폐단들과 무질서들을 보고 근심하여 너희를 꾸짖고 야단치며 부모와 사도의 권위로서 그것들을 강제로 바로잡는 불미스러운 일이 일어나지 않게 하기 위한 것이었다.

2. 내가 너희를 근심하게 한다면 내가 근심하게 한 자밖에 나를 기쁘게 할 자가 누구냐.

내가 고린도에 갈 때, 나는 이교도들인 고린도 시민 속에서 기쁨이나 위로를 얻는 것이 아니라, 나의 모든 기쁨은 고린도인들 중에서 하나님의 교회를 이루고 있는 그리스도인들인 사람들 속에 있다. 그런데 내가 거기에 갔을 때, 내가 서신을 통해서 지적한 너희의 폐단들과 무질서들이 여전히 그대로 있는 것을 본다면, 나는 너희에게서 내가 기대하였던 기쁨이나 위로를 얻지 못하고, 도리어 내 마음이 무겁고 근심이 가득할 수밖에 없을 것이다.

3. 내가 이같이 쓴 것은 내가 갈 때에 마땅히 나를 기쁘게 할 자로부터 도리어 근

심을 얻을까 염려함이요 또 너희 모두에 대한 나의 기쁨이 너희 모두의 기쁨인 줄 확신함이로라.

내가 이 서신(고린도후서)을 너희에게 쓴 이유는, 내가 너희에게 직접 가기 전에, 나의 서신을 통해서 전에 지적하였던 너희 중에서 잘못된 것들을 좀 더 제대로 바로잡을 시간을 너희에게 주어서, 내가 너희에게 가서 마땅히 너희를 기뻐하여야 함에도 불구하고, 도리어 너희 중의 잘못된 것들이 여전함을 보고서 오직 근심과 슬픔만을 갖게 되지 않게 하기 위한 것이다. 만일 일이 그렇게 된다면, 그것은 내게 근심스러운 일일 뿐만 아니라, 너희가 마땅히 행하여야 할 도리에도 어긋나는 것이다. 왜냐하면, 나는 너희를 "기뻐하고," 너희도 내가 너희를 기뻐할 수 있도록 처신하는 것이 마땅하기 때문이다. 또한, 나는 너희 중에 모든 신실한 자들은 내가 너희와의 사귐을 기뻐하고 즐거워하는 것을 보는 것을 기뻐할 것이라고 확신한다.

4. 내가 마음에 큰 눌림과 걱정이 있어 많은 눈물로 너희에게 썼노니 이는 너희로 근심하게 하려 한 것이 아니요 오직 내가 너희를 향하여 넘치는 사랑이 있음을 너희로 알게 하려 함이라.

하나님께서 인생들을 일부러 근심하게 하시거나 괴롭히지 않으시는 것과 마찬가지로, 하나님에게서 나서 하나님의 본성에 참여한 모든 사람들도 그러하다. 하나님의 사람이 자신의 직분이나 자기에게 맡겨진 소임 때문에 종종 사람들을 아프게 하는 말을 하거나 사람들의 잘못을 징계하고 벌할 수밖에 없다고 할지라도, 그는 그렇게 하는 것이 좋거나 즐거워서 그렇게 하는 것이 결코 아니다. 그래서 선한 재판관은 범죄자들에게 형벌을 선고할 때에 자기도 함께 울거나, 적어도 슬퍼하고 동정하는 법이다. 따라서 하나님으로부터 모든 기독교회들을 돌보고 감독할 소임을 부여받은 이 위대한 사도는, 고린도 교회가 근친상간을 저지른 자를 자신들의 친교로부터 쫓아내지 않고 그대로 용납하고, 부활에 대한 잘못된 가르침들을 수용하며, 파당을 이루어 서로 다투고 분쟁하는 것을 보고서, 그들을 책망하지 않을 수 없었다. 그러나 사도는 자기가 "많은 눈물로" 그들을 책망하였다고 고백한다. 이것은 위선적인 눈물이 아니었고, 사도의 마음속에 있던 눌림과 걱정으로부터 흘러나온 눈물이었다. 사도가 그들을 책망하는 서신을 썼을 때에는, 그들을 지나치게 근심하게 하거나 괴로워하게 할 의도는 추호도 없었고, 오로지 고린도 교회 전체가 잘되고, 그 교회의 지체들인 특정한 사람들이 유익을 얻도록 하기 위한 것으로서, 전적으로 사랑과 선의에서 그렇게 한 것이었다. 사역자가 사람들을 책망하거나 꾸짖을 때,

그 책망이나 꾸짖음이 그들의 심령에 대한 그의 넘치는 사랑에서 나온 것임을 그들이 느끼거나 알 수 없다면, 그러한 책망이나 꾸짖음은 별 유익을 끼치지 못한다.

5. 근심하게 한 자가 있었을지라도 나를 근심하게 한 것이 아니요 어느 정도 너희 모두를 근심하게 한 것이니 어느 정도라 함은 내가 너무 지나치게 말하지 아니하려 함이라.

"근심하게 한 자가 있었을지라도"에서 사용된 불변화사는 "근심하게 한 자가 있었다"는 것이 의심스럽거나 불확실한 일이라는 것을 나타내는 것이 아니다. 왜냐하면, 사도가 여기에서와 이후의 절들에서 말하는 근친상간을 범한 자는 분명히 사도와 고린도 교회 전체에 근심을 불러일으켰기 때문이다. 그런데도 사도가 이런 식으로 표현한 것은 그 사람이 회개함으로 말미암아 사도 자신과 고린도 교회의 근심이 많이 덜어졌기 때문이었다. 그렇다면, 왜 사도는 그 사람이 "어느 정도" 근심을 불러일으켰었다고 말하고 있는 것인가? 어떤 이들은 그 사람의 죄로 인한 사도의 근심이 이제 그 사람의 회개로 인해서 기쁨으로 바뀌었기 때문에 그렇게 한 것이라고 생각하고, 어떤 이들은 여기에서 "어느 정도"는 고린도 교회 전체가 아니라, 단지 근친상간을 범한 자와 그 사람에게 동조한 자들만이 사도를 근심하게 하였다는 것을 나타내는 것이라고 생각하며, 어떤 이들은 사도는 그 일이 오직 사도 자신에게만이 아니라 고린도 교회 전체에도 근심이었다는 것을 보여 주기 위하여 "어느 정도"라는 표현을 사용한 것이라고 생각한다. 만일 고린도전서 5:2에서 사도가 "너희가 오히려 교만하여져서 어찌하여 통한히 여기지 아니하고"라고 말하지만 않았다면, 이 마지막 견해가 이 대목에서 가장 적절한 해석이 되었을 것이다. 따라서 나는 두 번째 견해가 사도가 여기에서 "어느 정도"라는 표현을 사용한 의도일 가능성이 높다고 본다. 즉, "어느 정도"라는 것은 고린도 교회 전체가 아니라 그 일부만이 사도를 근심하게 하였었다는 의미라는 것이다. 그래서 사도는 마치 그들이 모두 그 일에 연루된 것처럼, 그 일에 대한 책임을 그들 모두에게 물어서 그들을 지나치게 책망할 생각이 없다는 말을 덧붙인다.

6. 이러한 사람은 많은 사람에게서 벌 받는 것이 마땅하도다.

이 절은 5절에서 "근심하게 한 자"가 고린도전서 5:1-13에서 사도가 교회의 친교로부터 쫓아내서 사탄에게 내주라고 명한 저 근친상간의 죄를 범한 자를 가리킨다는 것을 분명하게 보여 줌과 동시에, 고린도 교회가 그 사람에게 벌을 내려서 회중으로부터 쫓아내었다는 것도 분명하게 보여 준다. 여기에 언급된 "벌"이 출교가 아니라, 사탄에게 내주어서 괴롭힘을 당하게 한 것을 가리키는 것이라고 생각하는 자들은, 첫째로 사도가 그 사람을 사탄에게 내주라고 한 것이, 이 땅에 있는 그리스도의 나라, 곧 그리스도의 교회로부터 그 사람을 내쫓아서, 사탄이 임금으로 있는 이 세상의 일원으로 다시 만들라는 의미가 아니라면, 그 어떤 의미인지를 해명하여야 하고, 둘째로 만일 고린도 교회가 그 사람을 사탄에게 내주었다면, 그들은 그 사람에게 더 이상 할 수 있는 것이 없었다는 것이 될 것이기 때문에, 정말 그들이 그 사람에게 가할 수 있는 최대한의 벌을 실제로 가한 것이었다면, 사도는 "많은 사람에게서 받은 벌이 이러한 사람에게는 충분하다"(이것이 헬라어 본문의 의미이고 흠정역의 번역이다 — 역주)고 말하지는 않았을 것이다. 어떤 이들은 만일 그러한 흉악한 죄를 저지른 사람이 고린도 교회로부터 출교를 당하였다고 한다면, 사도는 고린도전서를 쓰고 나서 다시 고린도후서를 쓸 때까지 아주 짧은 기간이 지났음에도 불구하고 그 사람에 대한 출교 조치를 풀어 주라고 명하였을 가능성은 별로 없다고 반론을 제기한다.

(1) 어떤 이들은 그 사람은 이 때에 단지 신자로서의 모든 권리가 정지된 상태로 있었을 뿐이고, 실제로 징계가 이루어져서 출교를 당한 것은 아니었다고 생각한다. 여기에서 사도는 "벌"을 표현하는 헬라어 단어들 중에서 가장 온건한 단어인 '에피티미아'(ἐπιτιμία)를 사용하고 있다는 사실은 이 견해에 유리하게 작용한다. (2) 사도 시대 이후에 교회는 흉악한 죄인들을 출교하고 나서, 다시 회중의 일원으로 받아들이기 전에, 그 죄인들이 회개하였는지를 확인하는 데 상당한 시간이 걸렸는데, 사도 시대에는 그렇지 않았던 것으로 보인다. 나중에는 교회들이 늘어나면서 아울러 범죄도 증가하게 되면서, 교회는 많은 죄인들을 처리한 경험을 토대로 해서, 그런 식으로 좀 더 시간을 두고서, 죄인들이 회개하였는지를 살펴보게 되었을 것이다. (3) 영들을 분별하는 은사는 이후의 시대들보다도 사도 시대에 더 흔히 주어지고 사용되었기 때문에, 사도들이 죽고 영들을 분별하는 이 특별한 은사도 사라진 후대에는 교회가 죄인들의 변화된 삶과 행실을 살펴보고서 회개의 진실성을 판단할 수밖에 없어서, 가짜로 회개한 척하는 자들을 가려내기 위해서 더 많은 시간이 소요되었지만, 사도들은 굳이 그렇게 할 필요가 없었으므로, 출교 조치를 풀어 주는 것이 단기간에도 가능하였을 것이다. (4) 겉보기에는 어떻게 보이는지와는 상관없이, 바울이 고린도전서를 쓴 후에 다시 고린도후서를 쓸 때까지는 일 년이나 이 년이라는 기간이 걸렸을 것이다.

사도는 여기에서 근친상간을 범한 자가 "많은 사람에게서" 벌을 받았다고 말하고 있는 것과 관련해서, "많은 사람"이 장로들의 모임인 당회를 가리키는 것인지, 아니면 고린도 교회의 모든 신자들의 총회를 가리키는 것인지를 놓고 논란이 있다. 어떤 이들은 고린도 교회의 당회가 신앙 문제들에 대하여 심리하고 판단한 후에, 그것을 신자들의 총회에 보고하였을 것이고, 근친상간을 범한 자는 총회의 동의와 인준에 의해서 출교 당하였을 것이라고 생각하는데, 나는 그러한 견해가 가장 유력한 것이라고 본다.

7. 그런즉 너희는 차라리 그를 용서하고 위로할 것이니 그가 너무 많은 근심에 잠길까 두려워하노라.

그런즉 너희는 차라리 그를 용서하고 위로할 것이니. 여기에서 "용서한다"는 것은 죄책이 아니라 단지 벌만을 제거하거나 면제해 주는 것을 의미한다. 왜냐하면, 죄책을 제거해 주는 것은 사람이 할 수 있는 일이 아니고 오직 하나님만이 하실 수 있으신 일이기 때문이다. 이것은 마치 옛적에 나병환자로 의심되는 자를 진영 밖에 격리시키는 조치를 하였던 것과 같이, 고린도 교회가 근친상간을 범한 자를 단지 교회와의 친교에서 배제시키는 조치만을 취하고서, 아직 출교 조치를 진행하지 않았을 가능성을 높여 준다. 또는, 고린도 교회가 실제로 그 사람을 회중에서 내쫓아서 출교시켰다면, 여기에서 "용서한다"는 것은 그 사람에 대한 출교 조치를 풀어서 다시 회중 가운데로 온전히 받아들이는 것을 의미할 것이다. "위로한다"는 것도 그런 의미이다.

그가 너무 많은 근심에 잠길까 두려워하노라. 이것은 사도가 이 사람이 자기가 저지른 죄악에 대하여 깊이 뉘우치고 후회하며 자책하고 근심하였다는 것을 알고 있었음을 보여 준다. 그렇지 않았다면, 이렇게 사도는 그 사람이 지나친 근심에 빠지게 되지는 않을지를 걱정하는 자신의 심정을 표현하지 않았을 것이다. 오늘날에도 그리스도의 참된 교회 가운데서의 친교로부터 쫓겨난 자는 자신이 그런 벌을 받을 만한 범죄를 저질렀다는 사실에 대해서 깊이 근심하고 슬퍼하지만, 당시에는 지금보다 훨씬 더 그러하였을 것이 틀림없다. 왜냐하면, 지금은 교회들이 많이 생겨났고, 온 도시들과 나라들이 기독교화 되어 있어서, 어떤 사람이 한 교회에서 쫓겨난다고 해도, 그런 사실이 널리 알려지지 않기 때문에, 얼마든지 다른 그리스도인들과 교제할 수 있지만, 당시에는 도시의 대부분의 주민은 이교도들이었고, 아가야 및 인접한 헬라에 속한 모든 지역들에는 그리스도인들은 별로 없고 이교도들이 대부분을 차지하고 있어서, 자기가 그리스도인이라는 의식을 조금이라도 지니고 있는 사람이 교회에서 출교를 당한 경우에는, 온통 이교도들이나 우상 숭배자들과 교제하고 어울릴 수밖에 없었을 것이기 때문이다.

8. 그러므로 너희를 권하노니 사랑을 그들에게 나타내라.

나는 너희가 그 사람을 다시 너희 교회의 품 속으로 받아들여서, 그 사람으로 하여금 교회의 모임에 참석하여 너희와 교제하게 해주고, 그 사람에게 너희의 사랑을 보여 주며 따뜻하게 대해 주기를 권한다. 여기에서 "나타내라"로 번역된 헬라어 '퀴로사이' (*κυρώσαι*)는 권위를 가지고 확인해 주는 것을 의미한다. 어떤 이들은 바울이 사도로서의 자신의 권위에 의거해서 직권으로 그 사람에 대한 출교 조치를 풀어 줄 수도 있었지만, 여기에서 그들의 마음을 상하지 않게 하고 좀 더 유연한 태도로 이 문제를 풀어가도록 하기 위하여, 그들을 이 일을 직접 판단하고 조치해야 할 재판관들로 대우하며 말하고 있는 것이라고 지적한다. 당시에 과연 사도가 어떤 사람을 출교시키거나 출교 조치를 풀어 줄 권한을 가지고 있었는지의 여부를 말하기는 어렵지만, 신약성경에는 사도가 특정한 교회에 있으면서 어떤 흉악한 범죄를 저지른 자를 심리하거나 사실 관계를 보여 주는 증거들을 실제로 검토하지도 않고 멀리서 어떤 사람을 출교시킨 예는 나오지 않는다. 바울은 고린도전서 5:1-13에서 고린도 교회에게 근친상간을 범한 자를 출교시키라고 명하고 있기는 하지만, 단지 그들에게 그들이 해야 할 본분을 다하라고 명할 뿐이고, 자기가 직접 그 사람에 대하여 출교를 명한 것은 아닌데, 여기에서도 마찬가지로 그들에게 그 사람을 용서하고 다시 받아들이라고 권할 뿐이고, 자기가 직접 사도로서 그것을 명하고 있는 것은 아니다.

또한, 고린도전서나 고린도후서에, 사도가 이 근친상간을 범한 자로 하여금 불법적으로 취한 그의 아내를 버리라고 명하였다거나, 그 사람이 자신이 회개하였음을 보여 주기 위하여 그렇게 하였다는 언급이 나오지 않는 것으로 보아서, 그 사람은 자기 아버지의 아내를 자신의 아내로 삼은 것이 아니라, 단지 자신의 음행의 대상으로 삼은 것이었을 가능성이 높다. 만일 그렇지 않았다면, 사도가 그 사람으로 하여금 불법적으로 취한 아내를 버리라고 명하였거나, 그 사람이 스스로 그런 조치를 취하였다는 언급을 우리는 이 서신들 중 어디에선가는 읽을 수 있었을 것이다.

9. 너희가 범사에 순종하는지 그 증거를 알고자 하여 내가 이것을 너희에게 썼노라.

내가 너희에게 앞서 서신을 썼고 이번에 또다시 이 서신을 쓴 목적 중의 하나는, 하나님께서 내게 부여하신 사도로서의 권위에 대하여 너희가 합당한 존중을 보이고 순종하는지를 시험해 보고자 하는 것이다.

10. 너희가 무슨 일에든지 누구를 용서하면 나도 그리하고 내가 만일 용서한 일이 있으면 용서한 그것은 너희를 위하여 그리스도 앞에서 한 것이니.

이 절에서 여러 번 반복되고 여기에서 "용서하다"로 번역된 헬라어 '카리조마이' (χαρίζομαι)는 "사하다, 용서하다"를 의미하기도 하지만, "인자함을 베풀다" 또는 "만족하게 해 주다"를 의미하기도 하기 때문에, 우리는 이 단어를 언제나 죄를 사해 주는 사법적인 행위로만 해석할 필요는 없다. 따라서 사도는 여기에서 이렇게 말하고 있는 것이다: 너희가 근친상간을 범한 자에 대하여 가한 벌을 이제 풀어주어도 되겠다는 이유를 발견한다면, 나는 너희가 그렇게 행하는 것에 대하여 만족하고, 거기에 대해서 너희에게 전혀 이의가 없을 것이다. 내가 너희 중에서 내가 책망하고 꾸짖은 자에 대하여 어떤 호의를 베풀었다면, 그것은 너희를 위한 것이고 너희 교회의 유익을 위한 것이었거나, 너희의 동의와 중재에 의거한 것이었으며, 그리스도 앞에서(헬라어로는 "그리스도의 면전에서") 한 치의 거리낌도 없이 진실하게 행한 것이었다.

11. 이는 우리로 사탄에게 속지 않게 하려 함이라 우리는 그 계책을 알지 못하는 바가 아니로라.

내가 너희 중의 어떤 사람들을 용서하였다면, 그것들은 모두 한편으로는 너희에 대한 선의와 호의에서 나온 것이었고, 다른 한편으로는 그런 식으로 용서받은 사람의 유익과 어느 한 지체가 잘되고 못되는 것에 의해서 영향을 받는 너희 교회 전체의 유익을 위한 것이었다. 이는 우리로 사탄에게 속지 않게 하려 함이라. 이 구절의 헬라어 본문을 직역하면 이렇게 된다: "이는 우리로 사탄에게 지지 않게 하려 함이라." '플레오네크테인' (πλεονεκτεῖν)은 원래 "다시 얻다, 압도하다, 우월적인 지위를 얻다"를 의미한다. 따라서 사도는 여기에서 고린도 교회가 그 근친상간을 범한 자를 계속해서 엄하고 혹독하게 대하게 되면, 그 사람은 지나친 근심에 빠지거나 그 마음이 완악해져서, 자기가 다시는 그리스도의 나라인 교회로 받아들여져서 교회와의 친교 가운데로 회복될 가망이 없다고 여기고서, 자포자기하는 심정으로 어떤 극단적인 길을 선택하고자 하는 시험에 빠지거나(극도의 슬픔이나 불만에 찬 사람들은 흔히 그런 선택을 하게 된다), 우상 숭배 또는 방탕한 삶으로 빠져들어서, 자기 자신을 이 세상의 마귀 나라에 내맡겨서 또다시 사탄의 지배를 받게 될 수 있다고 말하고 있는 것이다.

우리는 그 계책을 알지 못하는 바가 아니로라. "계책"으로 번역된 '노에마타'(νοήματα)는 사탄이 어떤 식으로 계속해서 "우는 사자 같이 두루 다니며 삼킬 자를 찾는지"(벧전 5:8), 그리고 "옛 뱀"처럼 어떻게 사람들을 속이고 미혹하는지와 관련된 사탄의 생각들과 계획들을 가리킨다. 이것은 다른 사람들의 심령을 맡은 자들이 사람들을 책망하거나 엄하게 다룰 때에 얼마나 지혜롭고 사려 깊게 행하여야 하는지를 우리에게 알게 해 준다. 왜냐하면, 사람들을 그런 식으로 책망하거나 엄하게 대하는 목적은 그들을 영적으로 파멸시키기 위한 것이 아니라 그들의 행실을 바로잡기 위한 것인 까닭에, 모든 책망과 엄하게 대하는 것은 그러한 목적을 위한 것이 되어야 하기 때문이다. 우리는 무슨 일을 하든지 가장 우선적으로 어떻게 해야 하나님께서 영광을 받으실지를 생각하는 것이 마땅하지만, 어떻게 해야 우리의 책망이나 엄한 경고를 받는 사람들의 심령이 유익을 얻게 될지도 아울러 생각하여야 한다. 후자를 고려하지 않는 것은 하나님의 영광을 생각한 것이 될 수 없다. 왜냐하면, 하나님께서는 죄인이 죽는 것을 원하지 않으시고, 도리어 죄인이 자신의 악에서 돌이켜 살게 되기를 바라신다고 우리에게 말씀하셨기 때문이다. 그러므로 우리는 하늘을 우러러 하나님을 바라봄과 동시에, 우리 주변에서 어슬렁거리는 마귀도 눈여겨보아서, 우리가 어떤 심령들을 책망하고 엄하게 대할 때, 혹시라도 사탄이 그 틈을 타서 그 심령들을 자기 쪽으로 유혹해서, 우리가 그들을 책망하고 엄하게 하는 목적이 그들을 얻어서 하나님께 드리는 것인데도 불구하고, 도리어 그들을 사탄에게 빼앗기는 일이 일어나지 않도록 지혜롭게 행하고 현명하게 판단하여야 한다. 사도는 고린도전서 5:5에서 "이런 자를 사탄에게 내주었으니 이는 육신은 멸하고 영은 주 예수의 날에 구원을 받게 하려 함이라"고 말하였고, 디모데전서 1:20에서는 "그 가운데 후메내오와 알렉산더가 있으니 내가 사탄에게 내준 것은 그들로 훈계를 받아 신성을 모독하지 못하게 하려 함이라"고 말하였다.

12. 내가 그리스도의 복음을 위하여 드로아에 이르매 주 안에서 문이 내게 열렸으되.

여기에 언급된 "드로아"는 드로아라는 도시를 가리키는 것일 수도 있고, 트로이(Troy) 또는 일리움(Ilium) 또는 소(小) 브루기아(the lesser Phrygia)로 불린 지역 전체를 가리키는 것일 수도 있다. 사도행전 20:6에서는 사도가 뱃길로 빌립보에서 출발하여 드로아에 도착하였다고 말하고("우리는 무교절 후에 빌립보에서 배로 떠나 닷새 만에 드로아에 있는 그들에게 가서 이레를 머무니라"), 디모데후서 4:13에서는 사도가 거기에 머물러 있었음을 보여 준다("네가 올 때에 내가 드로아 가보의 집에 둔 겉옷을 가지고 오고 또 책은 특별히 가죽 종이에 쓴 것을 가져오라"). 여기에서 사도는 자기가 드로아에 간 것은 복음을 전하기 위한 것이었다는 것을 우리에게 말해 준다. 사도들의 직무는 어느 한 곳에 정착하여 머물러서 특정한 교회를 목회하는 것이 아니라, 온 세계를 두루 다니며 여러 곳에 복음을 전하는 것이었다. 그들은 "너희는 가서 모든 민족을 제자로 삼아 아버지와 아들과 성령의 이름으로 세례를 베풀고 내가 너희에게 분부한 모든 것을 가르쳐 지키게 하라 볼지어다 내가 세상 끝날까지 너희와 항상 함께 있으리라"(마 28:19-20)의 지상명령에 의거해서 그렇게 행하였고, 그런 와중에서 바울이 마게도냐로 가라는 지시를 받은 것과 같이, 종종 좀 더 특별하고 구체적인 부르심과 지시를 받기도 하였다. "문이 열렸다"는 것은 자기가 거기에서 자유롭게 복음을 전할 수 있게 되었다는 것을 의미할 수도 있고, 거기에서 자기가 행한 사역을 하나님이 크게 형통하게 하셨다는 것을 의미할 수도 있는데, 사도는 고린도전서 16:9에서는 이것을 "광대하고 유효한 문이 열렸다"고 표현하기도 하였다.

13. 내가 내 형제 디도를 만나지 못하므로 내 심령이 편하지 못하여 그들을 작별하고 마게도냐로 갔노라.

사도는 자기가 드로아에 갔을 때, 거기에서 자신의 형제 "디도"를 만나지 못해서, 자신의 심기가 몹시 불편했다고 말한다. 여기에서 디도는 복음의 사역자이긴 하였지만, 사도보다 훨씬 못한 지위에 있는 일꾼이었는데도, 사도가 그를 "형제 디도"라고 부르는 것을 꺼려하지 않고 있는 것 속에서, 우리는 이 위대한 사도의 겸비를 본다. 바울의 "심령이 편하지 못하였던" 이유가 무엇이었는지에 대해서는 몇 가지 견해들이 제시되어 왔는데, 그 중에서 가장 유력한 것은, 사도는 고린도에서 온 디도를 드로아에서 만나서, 고린도 교회의 사정을 좀 더 자세하게 들어 알고자 하였는데, 거기에서 디도를 만나지 못하는 바람에, 사도의 그런 계획이 틀어졌기 때문이라는 것이다. 사도는 자기가 드로아에서 디도를 만나지 못하자, 곧바로 마게도냐로 갔다고 말한다. 사도는 원래 에베소에서 데메드리오로 인해 한바탕 소동을 겪은 후에 마게도냐로 갈 생각이었지만, 먼저 헬라로 가서 삼 개월을 머물렀는데, 거기에서 돌아오는 길에 마게도냐로 가고자 하였다(고후 2:3).

14. 항상 우리를 그리스도 안에서 이기게 하시고 우리로 말미암아 각처에서 그리스도를 아는 냄새를 나타내시는 하나님께 감사하노라.

항상 우리를 그리스도 안에서 이기게 하시고 … 하나님께 감사하노라. 여기에서 헬라어 본문에 대한 번역이 분명하지 않다. 왜냐하면, 이 헬라어 본문을 문자적으로 직역하면 다음과 같이 되기 때문이다: "그리스도 안에서 우리를 이기시는 하나님께 항상 감사하노라." 따라서 우리는 이 본문이 "그리스도 안에서 우리를 이기셔서 우리의 마음을 그리스도의 나라에 복종시켜 순종하게 하시는 하나님께 항상 감사하노라"는 의미를 지니는 것으로 보는 것이 자연스럽다. 그러나 대부분의 해석자들은 흠정역 번역자들의 번역, 즉 "항상 우리를 그리스도 안에서 이기게 하시는 하나님께 감사하노라"는 번역에 동의하고, 사도가 여기에서 말하고자 하는 취지는 "우리로 하여금 도처에서 이기게 하시는 분은 하나님"이시라는 것이라고 생각한다. 히브리어에는 능동 동사를 "누구로 하여금 어떤 일을 하게 하다"라는 사역의 의미로 사용하는 용법이 있는데, 박식한 사람들은 칠십인역의 헬라어에서도 능동 동사가 그런 사역의 의미로 사용된 예를 몇 개 찾아내었다. 신약성경에서 그런 용법에 가장 가까운 본문은 로마서 8:26이다. 거기에서는 "성령이 우리로 하여금 간구하게 만든다"는 것을 "성령이 우리를 위하여 간구하신다"로 표현한다. 이러한 해석에 의하면, 이 구절의 의미는 이런 것이다: 우리는 많은 원수들을 만나지만, 우리로 하여금 그리스도로 말미암아 "넉넉히 이기게"(롬 8:37) 하시기 때문에, 그 어떤 원수에게도 지지 않고, 도리어 원수들을 이기게 하시는 하나님께 감사하노라.

우리로 말미암아 각처에서 그리스도를 아는 냄새를 나타내시는. 사도는 하나님께서 우리를 통해서 도처에서 사람들로 하여금 그리스도를 아는 지식, 즉 복음을 알게 하신다고 말하면서, 그리스도를 아는 지식을 "냄새" 또는 "향기"라고 부르는데, 이것은 사도가 복음을 율법 아래에서 대제사장에게 부었던 저 향유(출 30:23; 시 133:2), 또는 율법 시대에 향단에서 계속해서 올라왔던 향연, 또는 솔로몬이 아가서 1:3에서 그리스도에 대하여 "네 기름이 향기로워 아름답고 네 이름이 쏟은 향기름 같으므로 처녀들이 너를 사랑하는구나"라고 노래한 것에 빗댄 것이다. 따라서 사도가 여기에서 "그리스도를 아는 냄새"라는 표현을 통해서 말하고자 한 것은 복음이 도처에서 얻게 된 좋은 평판임에 분명하다. 호세아서 14:7("그 그늘 아래에 거주하는 자가 돌아올지라 그들은 곡식 같이 풍성할 것이며 포도나무 같이 꽃이 필 것이며 그 향기는 레바논의 포도주 같이 되리라")을 보라.

15. 우리는 구원 받는 자들에게나 망하는 자들에게나 하나님 앞에서 그리스도의 향기니.

우리가 섬기는 하나님은 우리의 성공 여부에 따라서가 아니라, 우리가 하나님의 일을 신실하고 부지런히 행하는가에 따라서 우리를 판단하시고 우리에게 상을 주시는데, 우리는 복음을 전함으로써 모든 사람에게 좋은 "향기"를 풍긴다. 우리의 수고를 따라 풍겨 나가는 이 향기가 사람들의 심령에 어떤 열매를 맺는가와는 상관없이, 우리의 수고는 하나님의 코에 감미로운 "향기"이다. 우리의 수고가 구원 받는 자들에게 그들의 영원한 생명과 구원을 위한 도구가 될 때에도, 하나님은 우리의 수고를 흠향하시고, 망하는 자들이 우리가 전하는 복음을 멸시하고 복음의 향기로운 음성을 거절할 때에도, 우리는 하나님 앞에서 향기가 된다. 이사야 선지자는 자신의 사역으로 말미암아 이스라엘이 구원을 얻지 못한다고 할지라도, 자기는 영화롭게 될 것이라고 말한다: "내게 이르시되 너는 나의 종이요 내 영광을 네 속에 나타낼 이스라엘이라 하셨느니라 그러나 나는 말하기를 내가 헛되이 수고하였으며 무익하게 공연히 내 힘을 다하였다 하였도다 참으로 나에 대한 판단이 여호와께 있고 나의 보응이 나의 하나님께 있느니라 이제 여호와께서 말씀하시나니 그는 태에서부터 나를 그의 종으로 지으신 이시요 야곱을 그에게로 돌아오게 하시는 이시니 이스라엘이 그에게로 모이는도다 그러므로 내가 여호와 보시기에 영화롭게 되었으며 나의 하나님은 나의 힘이 되셨도다"(사 49:3-5). 망하는 자들이 망하는 것은 우리가 우리의 할 도리를 다하지 못했기 때문이 아니라, 그들이 악하고 비뚤어져서 그리스도와 그의 복음을 받아들이지 않으려고 고집을 부리기 때문이다.

16. 이 사람에게는 사망으로부터 사망에 이르는 냄새요 저 사람에게는 생명으로부터 생명에 이르는 냄새라 누가 이 일을 감당하리요.

어떤 사람들에게는 상쾌하고 편안하게 해 주는 향기가 어떤 사람들에게는 치명적으로 유해한 냄새가 되는 것과 마찬가지로, 복음의 향기도 그러하다. 우리가 도처에서 그리스도에 관하여 전하는 소식은 어떤 사람들에게는 그들의 불신앙과 완악한 마음, 또한 육신의 정욕과 욕심들을 좋아하는 것으로 인해서 "사망으로부터 사망에 이르는 냄새"가 되어서, 그들의 마음을 완악하게 하여 그들에게 영원한 멸망과 파멸을 가져다주지만, 영생을 받기로 예정되어서 우리가 전하는 복음을 믿고 영접하여 그 명령과 교훈을 따라 살아가는 사람들에게는 "생명으로부터 생명에 이르는" 향기가 되어서, 그들을 영적이고 영원한 생명으로 이끌어 준다. "누가 이 일을 감당하리요." 복음을 전하는 일은 이렇게 너무나 크고 막중한 일이기 때문에, 천사들이든 사람들이든, 그 일을 감당하기에 충분한 자가 어디에 있겠는가. 하나님께서는 우리에게 바로 그런 일을 맡기셔서 하게 하신다.

17. 우리는 수많은 사람들처럼 하나님의 말씀을 혼잡하게 하지 아니하고 곧 순전함으로 하나님께 받은 것 같이 하나님 앞에서와 그리스도 안에서 말하노라.

사도는 자신의 이러한 탄성 및 복음 사역의 어려움과 막중함에 대한 자신의 말을 고린도 교회의 거짓 사도들과 교사들이 멸시하고 코웃음치지 못하도록 하기 위하여, 여기에 다음과 같은 말을 덧붙인다: 나는 내가 지금까지 해 온 것처럼 있는 그대로 그리스도와 복음을 전하는 것은 그리 어려운 일이 아닌데도, "하나님의 말씀을 혼잡하게 하는" 자들이 많다. 여기에서 "혼잡하게 하다"로 번역된 헬라어 '카펠류온테스'(καπηλεύοντες)는 포도주나 음식을 돈을 받고 파는 것을 의미하는데, 그런 부류의 장사치들은 돈을 벌기 위해서 아무런 양심의 거리낌 없이 온갖 방법으로 고객들을 속이고 사기를 치곤 하였기 때문에, 종종 "타락시키다, 더럽히다, 속이다"라는 의미로 사용되었다. 사도는 이렇게 말한다: 어떤 자들은 하나님의 말씀을 팔아 자신의 배를 채우고, 교회를 술집이나 장사하는 집으로 변질시켜서, 복음을 돈 벌기 위한 수단으로 삼아서, 오로지 이익을 챙기기 위해서만 복음을 전하고, 자신들이 무슨 말을 하고 있고 어떻게 말하고 있는지에 대해서는 전혀 신경 쓰지 않지만, 우리는 그런 자들이 아니라, 그리스도로부터 온 권위를 가지고 그리스도의 이름으로, 즉 그리스도의 권위를 덧입은 그리스도의 대사들로서 말하는 자들이기 때문에, 그리스도께서 우리에게 말하라고 하지 않으신 것은 그 어떤 것이라도 사람들에게 말하거나 전하지 않고, 오직 그리스도께서 우리의 입에 주신 것들만을 말하고 전할 뿐이다. 우리는 우리가 "하나님 앞에" 있다는 것을 기억하고, "하나님께 받은 것 같이" 속이는 말이 아니라 진실한 말을 하여야 하고, 하나님께 영광을 돌리고, 우리가 전하는 말씀을 듣는 자들이 구원을 얻는 것을 목적으로 진실하게 말씀을 전하는 것이 마땅하다. 이것은 지극히 크고 중요한 일이기 때문에, 우리는 먼저 성경에 대한 연구와 묵상을 통해서 하나님의 마음과 뜻을 알아야 하고, 그런 후에는 "하나님의 말씀을 혼잡하게 하지 아니하고 곧 순전함으로," 즉 하나님의 말씀에 그 어떤 헛되고 부패한 것들을 혼합함이 없이 있는 그대로 순수하게 사람들에게 전해서, 우리가 전하는 말씀을 듣는 자들의 양심에 그 말씀이 역사하게 하여야 한다.

MATTHEW POOLE'S COMMENTARY

고린도후서 3장

개요

1. 바울은 자기를 의심하는 자들의 헛된 주장을 일소하기 위하여, 고린도 교인들이 받은 은사들과 은혜들이 자신의 사도직을 증명해 주기에 충분한 추천서라는 것을 보여 줌(1–3).
2. 이 모든 것을 행하신 것은 전적으로 하나님이시라고 말함(4–5).
3. 복음 사역이 율법 사역보다 훨씬 더 영광스러운 것임을 증명함(6–11).
4. 지금은 모세 시대보다 더 큰 빛과 자유가 주어져 있기 때문에, 자기가 밝히 말할 수 있는 것이라고 함(12–18).

1. 우리가 다시 자천하기를 시작하겠느냐 우리가 어찌 어떤 사람처럼 추천서를 너희에게 부치거나 혹은 너희에게 받거나 할 필요가 있느냐.

사도는 고린도전서에서 이미 자기 자신과 자신의 사도직을 변호하는 말을 많이 했지만, 고린도 교회에 있던 거짓 사도들과 교사들이 계속해서 그를 여러 가지로 비난하고 오명을 씌웠기 때문에, 고린도후서에서도 또다시 자신을 변호하는 말을 하지 않을 수 없게 되었다. 그래서 그는 "우리가 다시 자천하기를 시작하겠느냐"라고 말한다. 즉, "내가 내 자신을 변호하는 쓸데없는 짓을 또다시 반복해서 시작하여야 하겠느냐"는 것이다. 또는, 이 구절은 앞 장의 마지막 절과 곧바로 연결되어 있는 것일 수도 있다. 거기에서 사도는 자기는 하나님의 말씀을 혼잡하게 하고 부패시킨 자들 중의 한 사람이 아니라, 하나님께 받아서 하나님이 보시는 앞에서 그 말씀을 그대로 전하였다고 자기 자신을 변호하고 "자천한" 바 있다. 사도는 이렇게 말한다: 너희 가운데 어떤 사람들은 추천서를 받을 필요가 있고, 사람들이 인정해 주는 추천서를 받으려고 아주 세심한 주의를 기울이지만(여기에서 "어떤 사람들"은 바울의 큰 원수들이었던 거짓 사도들과 교사들을 가리키는 것일 가능성이 대단히 높다), 나는 너희에게 나를 추천하기 위하여 다른 데서 추천서 같은 것을 받아서 너희에게 부칠 필요도 없고, 그리스도의 다른 교회들에 나를 추천하기 위하여 너희로부터 추천서를 받을 필요도 없다고 믿는다.

2. 너희는 우리의 편지라 우리 마음에 썼고 뭇 사람이 알고 읽는 바라.

너희가 그리스도의 복음을 받아들여 그리스도인이 된 것, 그리고 너희의 믿음과 성결한 삶이야말로, 내가 지극히 신실하게 복음을 전하였고, 나의 그러한 수고가 하나님의 축복으로 많은 열매를 맺게 되었다는 것을 세상 사람들에게 알게 해 주는 나에 대한 "편지," 즉 추천서이다. 너희는 내가 나의 호주머니에 넣고 다니거나 나의 책상 서랍에 넣어둔 그런 편지가 아니라, 내 마음에 씌어 있어서, 내가 늘 지니고 다니면서, 너희를 기억할 때마다 하나님께 감사와 영광을 돌리는 그런 편지이다. 또한, 너희가 하나님께서 나를 비롯한 여러 사역자들의 심고 물주는 수고에 복주셔서 유명한 교회를 이루게 된 것은 나만 알고 있는 사실이 아니라, "뭇 사람이 알고 읽는 바"이다. 사도는 로마서 1:8에서도 로마 교회에 대하여 "너희 믿음이 온 세상에 전파됨이로다"라고 말한다. 즉, 모든 그리스도인들은 하나님께서 나의 사역에 복을 주셔서, 너희가 하나의 교회로 모이게 된 것을 다 안다. 그러므로 내가 전한 복음을 너희가 받아들여서 그리스도인으로서 진보를 나타낸 것이 나에 대한 추천서이기 때문에, 나는 그것 외에 다른 추천서를 받을 필요가 없다. 왜냐하면, 어떤 사역자가 전한 복음을 들은 사람들이 그리스도인으로서 잘 자라가고 있는 것보다, 그 사역자에 대한 더 제대로 된 추천서는 존재할 수 없기 때문이다.

3. 너희는 우리로 말미암아 나타난 그리스도의 편지니 이는 먹으로 쓴 것이 아니요 오직 살아 계신 하나님의 영으로 쓴 것이며 또 돌판에 쓴 것이 아니요 오직 육의 마음판에 쓴 것이라.

사도는 앞에서 하나님께서 자기가 전한 복음을 사용하셔서 사람들의 마음을 변화시켜서 그리스도인이 되게 하시고 그들의 믿음에 진보가 있게 하신 것이야말로 세상에 있는 그 어떤 추천서보다도 더 제대로 된 추천서이기 때문에, 고린도 교인들 자체가 자신의 "편지," 즉 자기에 대한 추천서라고 말한 바 있는데, 이제 여기에서는 그들이 "그리스도의 편지"라고 말하면서, 그리스도께서는 그들의 마음에 자신의 법을 쓰셨는데(이것은 사도가 이 역사에 있어서 그리스도의 일꾼이라는 것을 증명해 주는 것이고 추천해 주는 것이었다), 그것을 "먹으로" 쓰신 것이 아니라, "살아 계신 하나님의 영으로" 쓰셨다고 말한다. 그 편지는 "돌판에 쓴 것"이 아니라 "육의 마음판에 쓴 것"이었다. 이것은 출애굽기 31:18에서 "여호와께서 시내 산 위에서 모세에게 이르시기를 마치신 때에 증거판 둘을 모세에게 주시니 이는 돌판이요 하나님이 친히 쓰신 것이더라"고 한 것과 에스겔서 11:19과 36:26에서 하나님께서 "새 영을 너희 속에 두고 새 마음을 너희에게 주되 너희 육신에서 굳은 마음을 제거하고 부드러운 마음을 줄 것이며"라고 약속하신 것을 사도가 염두에 두고서 말한 것이다. 고린도 교인들의 마음속에서 일어난 이 은혜의 역사는 그리스도께서 행하신 것이었고, 바울은 단지 일꾼일 뿐이었지만, 그것은 바울이 사도라는 것을 증명해 주는 추천서였다. 이 역사는 옛적에 하나님께서 자신의 율법을 돌판에 쓰신 것보다 더 놀라운 역사였는데, 사도는 이 역사가 "우리로 말미암아 나타났다"고 말한다.

4. 우리가 그리스도로 말미암아 하나님을 향하여 이같은 확신이 있으니.

우리는 이 일에 있어서 우리 자신이 무오하고 완벽하다고 말하는 것이 아니라, 예수 그리스도의 공로들로 말미암아 하나님 안에서 너희에 대하여 소망이 있고 확신이 있다고 너희에게 말하는 것이다.

5. 우리가 무슨 일이든지 우리에게서 난 것 같이 스스로 만족할 것이 아니니 우리의 만족은 오직 하나님으로부터 나느니라.

이 절의 헬라어 본문은 "우리에게는 우리에게서 난 것 같이 여길 수 있는 능력이 아무것도 없고, 우리의 능력은 하나님으로부터 난다"로 되어 있고, 흠정역은 "우리는 그 어떤 것도 우리에게서 난 것 같이 생각할 수 있는 힘이 없고, 우리의 힘은 하나님으로부터 난다"로 되어 있다. 사도는 여기에서 이렇게 말한다: 나는 사람들의 마음을 변화시킬 수 있는 충분한 힘이 우리에게 있다고 너희가 생각하기를 바라는 것이 아니다. 우리는 인간으로서의 최소한의 도리인 선한 생각 한 가지를 생각해 낼 힘도 가지고 있지 않기 때문에, 사람들의 마음을 변화시킬 힘이 우리에게 있다고 생각하는 것은 꿈도 꿀 수 없는 일이다. 사도가 여기에서 말하고자 하는 주제는 사람들의 마음속에서 은혜의 역사를 일으킬 수 있는 힘이 우리에게 있느냐 하는 것이지만, 이 본문은 사람은 진정으로 선한 일을 하고자 하는 의지를 가질 수 없다는 것을 증명해 주는 강력한 증거이다. 왜냐하면, 사도의 의도는 여기에서 자기를 비롯한 모든 사역자들에게는 단 한 사람의 마음을 바꿀 수 있는 힘도 없다고 선언하고자 하는 것이기는 하지만, 그런 식으로 작은 것이 참임을 증명해서 큰 것이 참임을 증명해 나가는 방식으로 논증을 전개하고 있기 때문이다. 즉, 사도들이 그들 자신의 힘으로는 진정으로 선한 일을 생각하는 것조차 할 수 없다면, 그들이 사람들의 심령을 변화시키는 막중한 일을 하는 데 역부족일 것은 너무나 자명한 일이라는 것이다. 또한, "우리에게서 난 것 같이"라는 어구도 이러한 결론에 전혀 영향을 미치지 못한다. 왜냐하면, 우리가 어떤 의미에서 "우리에게서 난 것 같이" 선한 생각을 하였다고 하여도, 그것은 사도가 여기에서 말하고 있는 의미에서 "하나님으로부터 난" 것이 아니기 때문이다. 사도가 여기에서 말하는 "하나님"은 우리에게 생각할 수 있는 힘을 주신 창조의 하나님이 아니라, 우리에게 거룩한 생각, 즉 진정으로 선한 것을 생각할 수 있는 힘을 주시는 은혜의 하나님이다. 사도는 선한 생각을 할 수 있게 해 주는 가장 낮은 차원의 힘으로부터 사람들의 심령을 변화시키는 가장 높은 차원의 힘에 이르기까지, 우리로 하여금 온갖 영적으로 선한 일들을 할 수 있게 해주는 힘은 오로지 하나님으로부터 온다고 분명하게 말한다. 이렇게 말할 때, 사도는 하나님께서 복음 사역자들에게 영적으로 선한 일들을 할 수 있는 힘을 주셔서, 믿지 않는 자들의 심령을 어둠에서 건져내어 기이한 빛 속으로 들어가게 하시고, "그 눈을 뜨게 하여 어둠에서 빛으로, 사탄의 권세에서 하나님께로 돌아오게 하는"(행 26:18) 역사에 복음 사역자들을 동참하게 하시는 것을 염두에 두고 있음에 틀림없다. 우리가 어떤 생각들을 하거나, 어떤 본성적이거나 도덕적인 행위들을 할 수 있는 힘은 창조의 하나님으로부터 온 것이다. 그러나 사도가 앞에서 한 모든 말들을 보면, 우리의 사도는 여기에서 그리스도의 중보로 말미암아 하나님으로부터 오는 저 힘을 말하고 있는 것임에 틀림없다. 만일 사도가 하나님의 섭리에 의해서 모든 사람에게 주어진 우리의 생각하는 힘을 가리켜서, "우리의 힘은 오직 하나님으로부터 난다"고 말한 것이라면, 사도는 이교의 철학자들이 사람들에게 가르친 것과 동일한 것을 고린도 교인들에게 말하고 있는 것에 지나지 않게 될 것이다. 왜냐하면, 이교의 철학자들도 모든 사람들이 본성적인 행위들을 행할 수 있는 힘은 신적인 존재 또는 제1동인(the first Mover)으로부터 온 것임을 인정하기 때문이다.

6. 그가 또한 우리를 새 언약의 일꾼 되기에 만족하게 하셨으니 율법 조문으로 하지 아니하고 오직 영으로 함이니 율법 조문은 죽이는 것이요 영은 살리는 것이니라.

그가 또한 우리를 새 언약의 일꾼 되기에 만족하게 하셨으니. 이 절은 사도가 앞에서 말한 것이 무엇을 의미하는 것이었는지를 분명하게 설명해 주고, 사도가 거기에서 하나님으로부터 난 "힘"이라는 것이 무엇을 가리키는지를 우리에게 알게 해 준다. 여기에서 사도는 하나님께서 우리가 "새 언약의 일꾼"이 되기에 충분한 힘이 있다는 것을 발견하셨다고 말하는 것이 아니라, 우리로 하여금 새 언약의 일꾼이 되기에 충분한 힘이 있게 만드셨다고 말한다(여기에서 "그가 우리를 새 언약의 일꾼 되기에 만족하게 하셨으니"로 번역된 구절은 헬라어 본문에는 "그가 우리를 새 언약의 일꾼이 될 수 있게 만드셨으니" 또는 "그가 우리를 새 언약의 일꾼이 되기에 충분하게 만드셨으니"로 되어 있다

– 역주): 우리는 전에도 하나님의 창조의 능력과 섭리로 말미암아 인간으로서 생각하고 말할 수 있는 힘을 가지고 있었지만, 우리가 그러한 힘으로는 복음의 사역자들이 될 수 없었기 때문에, 하나님께서는 자신의 은혜의 역사를 통해서 "우리를 새 언약," 즉 복음의 "일꾼"이 되기에 충분하게 만드셨다. 복음은 하나님의 뜻을 새롭게 계시하는 것이었고, 그리스도의 죽음으로 확증된 것이기 때문에, "새 언약"이라 불린다.

율법 조문으로 하지 아니하고 오직 영으로 함이니. 여기에서 "율법 조문"으로 번역된 헬라어는 직역하면 "문자"로서 율법을 가리킨다. 사도는 로마서 2:27("본래 무할례자가 율법을 온전히 지키면 율법 조문과 할례를 가지고 율법을 범하는 너를 정죄하지 아니하겠느냐")과 7:6("이제는 우리가 얽매였던 것에 대하여 죽었으므로 율법에서 벗어났으니 이러므로 우리가 영의 새로운 것으로 섬길 것이요 율법 조문의 묵은 것으로 아니할지니라")에서도 율법을 "문자"(한글개역개정에서는 모두 "율법 조문"으로 번역함)라고 부르는데, 거기에서 "율법 조문과 할례를 가지고 율법을 범하는 너"라는 구절은 이런 의미이다: 너는 외적인 행위들(특히, "할례")을 통해서는 자기가 (하나님이 보시기에는 그러한 외적인 행위들보다 더 중요한) 율법에 속한 수많은 다른 행위들에 복종한다고 고백하지만, 실제로는 율법을 범하고 있다. 이렇게 사도가 복음과 대비해서 율법을 "문자," 또는 종종 죽은 문자라고 부르는 이유는, 율법은 하나님이 사람들에게 어떤 것들을 행하기를 명령하시는지를 계시할 뿐이고, 사람들이 그 명령들을 행하지 않을 때에 그들의 죄를 사해 주시거나, 사람들로 하여금 그 명령들을 행할 수 있도록 도우시는 하나님의 은혜를 계시하지는 않기 때문이다. 또한, 사도가 복음을 "영"이라고 부르는 이유는, 율법에 의한 육신적인 규례들과는 반대로, 복음의 내용과 주제와 근거는 모두 그리스도이기 때문이고, 특히 복음이 선포될 때에 은혜의 성령이 거기에 함께 해서, 사람들이 귀를 막고 복음을 듣지 않거나, 눈을 감고 그 빛을 보지 않거나, 마음을 완악하게 하여 그 교훈을 따르려 하지 않는 한, 하나님의 값없이 거저 주시는 은혜로 말미암아 그들의 마음을 변화시켜서, "사탄의 권세에서 하나님께로 돌아오게 하여"(행 26:18), 그들을 진정으로 신령하고 거룩하게 만들기 때문이다.

율법 조문은 죽이는 것이요 영은 살리는 것이니라. 여기에서 "문자" 또는 "율법 조문"으로 불린 율법은 사람들에게 어떤 것들을 행하여야 하는지를 보여 주고, 그것들을 행하지 않은 자들에 대하여 고소하고 정죄하며 하나님의 진노를 선포하는 것만을 할 뿐이고, 사람들에게 그것들을 행할 수 있는 힘을 전혀 주지 않는다. 그러나 여기에서 "영"으로 불린 복음은 사람들에게 생명의 길을 보여 준다. 복음은 성령과 합력하여, 또는 성령에 의해서 도구로 사용되어 사람들에게 생명을 준다. 이 생명은 신령하고 영원한 것으로서, 사람들이 장차 영원히 죽지 않고 살아갈 수 있도록 준비시키는 역할을 한다.

7. 돌에 써서 새긴 죽게 하는 율법 조문의 직분도 영광이 있어 이스라엘 자손들은 모세의 얼굴의 없어질 영광 때문에도 그 얼굴을 주목하지 못하였거든.

돌에 써서 새긴 죽게 하는 율법 조문의 직분도 영광이 있어. 사도는 복음의 직분과 율법의 직분을 서로 대비시키면서, 전자가 후자보다 탁월하다는 것을 보여 준다. 앞 절에서 사도는 율법을 "문자"(한글개역개정에는 "율법 조문")라고 불렀고, 율법과 대비해서 복음을 "영"이라고 불렀었는데, 여기에서는 율법의 사역을 "죽게 하는 직분," 즉 죽음의 사역이라고 부른다. 왜냐하면, 율법은 단지 사람들에게 그들이 마땅히 해야 할 일들만을 보여 주었을 뿐이고, 그들이 그 일들을 행할 수 있도록 돕거나 힘을 주지는 않았고, 그 일들을 행하지 않은 사람들에게는 오직 저주만을 선포했을 뿐이고, 그들에게 그 저주를 피할 수 있는 길을 보여 주지는 않았기 때문이었다. 따라서 율법은 사람들을 죽이고 영원한 사망과 정죄로 이끌기만 하였고, 사람들에게 생명과 구원을 얻을 수 있는 그 어떤 수단이나 방편도 보여 주지 않았다. 또한, 사도는 복음과 대비해서 율법을 폄하하여, 복음에 대해서는 앞에서 사람들의 "육의 마음판"에 쓴 것이라고 말했던 반면에, 여기에서는 율법은 단지 "돌에 써서 새긴" 것일 뿐이라고 말한다. 그럼에도 불구하고, 사도는 죽음의 사역에 불과한 율법의 사역도 "영광이 있었다"고 말한다. 출애굽기 19장은 하나님께서 이스라엘 백성에게 율법을 주실 때에 하나님의 대단한 영광과 위엄이 나타났다는 것을 잘 보여 준다.

이스라엘 자손들은 모세의 얼굴의 없어질 영광 때문에도 그 얼굴을 주목하지 못하였거든. 이것에 대해서, 출애굽기 34:29-30은 "모세가 그 증거의 두 판을 모세의 손에 들고 시내 산에서 내려오니 그 산에서 내려올 때에 모세는 자기가 여호와와 말하였음으로 말미암아 얼굴 피부에 광채가 나나 깨닫지 못하였더라 아론과 온 이스라엘 자손이 모세를 볼 때에 모세의 얼굴 피부에 광채가 남을 보고 그에게 가까이 하기를 두려워하더니"라고 보도한다. 이렇게 하나님께서 사람들에게 어떤 것들을 행하라고 명하시는지를 계시하는 율법의 사역에도 영광이 있었지만, 사도는 그 영광은 "없어질 영광"이었다고 말한다. 모세의 얼굴에 있던 영광은 얼마 후에 사라진 것 같이, 모세의 직분이 지닌 영광도 영속적인 것이 아니라, 새 언약이 왔을 때에 사라질 것이었다.

8. 하물며 영의 직분은 더욱 영광이 있지 아니하겠느냐.

율법의 직분이 영광이 있었다고 한다면, 훨씬 더 영적인 열매들을 맺는 "영의 직분"은 얼마나 더 영광이 있겠는가? 이렇게 사도는 율법과 대비해서 복음을 높일 뿐만 아니라, 복음 사역을 담당하는 자신의 직분도 아울러 높인다. 사도는 이치를 따져서 논리를 전개해 나가서, 복음 사역자로서의 자신의 직분이 유대인들이 그토록 자랑하는 모세가 지녔던 직분보다 더 영광이 있는 직분이라는 결론을 제시한다.

9. 정죄의 직분도 영광이 있은즉 의의 직분은 영광이 더욱 넘치리라.

정죄의 직분도 영광이 있은즉. 사도는 율법의 직분에 대해서 앞에서는 "죽음의 직분"이라고 불렀는데, 여기에서는 "정죄의 직분"이라고 부름으로써, 왜 자기가 "죽음의 직분"이라고 불렀는지, 그 이유를 제시한다. 즉, 율법은 사람들에게 죄를 보여주고서, 죄를 범한 자들을 고소하고 정죄하여 영원한 사망으로 이끌었기 때문에, 율법의 직분은 "죽음의 직분"이라 불리는 것이 마땅하다는 것이다. 그런데도 하나님께서는 그 직분을 영광스럽게 하고자 하셨기 때문에, 율법의 직분을 담당한 모세를 아론과 이스라엘 백성 앞에서 그렇게 영광스럽게 보이게 하셨다.

의의 직분은 영광이 더욱 넘치리라. "의의 직분"은 의를 계시하는 복음의 직분을 가리킨다. 여기에서 "의"는 앞에 나온 "정죄"의 반대말로 사용되고 있는 것이기 때문에 "칭의," 즉 하나님께서 사람들을 의롭다고 하시는 것을 가리킨다. 하나님은 사람들의 죄를 값없이 사해 주심으로써 자신의 의를 선포하신다. 이것에 대해서, 로마서 3:26에서 사도는 "이 때에 자기의 의로우심을 나타내사 자기도 의로우시며 또한 예수 믿는 자를 의롭다 하려 하심이라"고 말한다. 이것은 복음이 "의의 직분"이라 불리는 것은, 복음 사역을 행하는 자는 사람들에게 그리스도의 의를 나타내어서, 사람들로 하여금 그리스도의 의를 덧입어서 의롭다 하심을 얻게 하기 때문이다. 하나님께서는 그리스도의 의를 근거로 하지 않으시고서는, 사람들의 죄를 사하시는 것을 통해서 자신의 의를 선포할 수도 없으시고, 불경건한 자들을 의롭다고 하심으로써 자신의 의로우심을 나타내실 수도 없으시다. 사도는 복음의 직분이 율법의 직분보다 사람들의 눈에 더 큰 영광을 지닌 것으로 보일 수밖에 없다고 말한다. 왜냐하면, 율법의 직분은 사람들에게 단지 두려움과 죽음을 가져다줄 뿐이었지만, 복음의 직분은 사람들에게 구원과 위로와 생명을 가져다주기 때문이다.

10. 영광되었던 것이 더 큰 영광으로 말미암아 이에 영광될 것이 없으나.

율법은 모든 피조물에게 하나님의 뜻을 계시한 것이었기 때문에, 율법 속에는 영광과 탁월함이 어느 정도 내재되어 있었다. 이렇게 율법으로부터 영광을 분리하는 것은 불가능한 일이었기 때문에, 율법의 직분에도 영광이 있을 수밖에 없었다. 그래서 하나님께서는 우렛소리와 번개, 불과 연기와 지진 가운데 나팔 소리 같은 음성이 울려 퍼지는 가운데 이스라엘 백성에게 율법을 주셨다(출 19:16-18). 이것은 율법에 수반된 영광이었기 때문에, 그 자체로 "영광되었던 것"을 그것들을 보고 들은 이스라엘 백성의 눈에도 영광스럽게 만들어 주었다. 하지만 율법의 그러한 영광은 복음의 영광에 비하면 상대적으로 영광도 아닐 정도로, 복음의 영광은 율법의 영광과 비교할 수 없을 정도로 크다. 왜냐하면, 율법은 복음과 마찬가지로 하나님의 뜻을 계시한 것이었기는 하지만, 하나님이 사람들에게 행하라고 명하신 일들을 계시하고, 그 일들을 행하지 않은 자들에 대한 하나님의 진노를 계시한 것이었던 반면에, 복음은 하나님이 자신의 은혜와 긍휼로 말미암은 사람들에게 주시는 죄 사함과 영생에 대한 계시이기 때문이다. 물론, 복음은 율법처럼 우렛소리와 번개와 지진 가운데서 이 세상에 주어지지 않았다. 하나님께서는 천사들로 하여금 세례 요한과 그리스도의 출생과 직분을 미리 알리게 하시고, 동정녀가 아들을 잉태하여 낳을 것이라는 큰 징조를 보여 주시며, 하늘로부터의 소리를 통해서 그리스도가 하나님 아버지께서 사랑하시는 독생자라는 것을 선포하시는 방식으로 복음의 도래를 세상에 알리셨다. 그러나 사도가 여기에서 일차적으로 말하고자 하는 것은 사람들에게 가져다주는 유익과 관련해서 복음의 직분은 율법의 직분보다 그 영광스러움과 탁월함이 이루 말할 수 없이 크다는 것이다.

11. 없어질 것도 영광으로 말미암았은즉 길이 있을 것은 더욱 영광 가운데 있느니라.

사도는 복음의 직분이 율법의 직분보다 훨씬 더 영광스러운 것임을 또 다른 논거, 즉 후자는 일시적이었던 것인 반면에 전자는 후자보다 더 영속적인 것이라는 근거를 들어서 증명한다. 이러한 논거의 타당성은 영속적인 것이 일시적인 것보다 더 탁월하고 영광스러운 것이라는 원리에 의거하고 있다. 율법의 직분은 없어졌다. 규례들 속에 담겨 있던 율법이 없어졌기 때문에, 율법의 직분도 그칠 수밖에 없었다. 지금은 이 세상에 제사장이나 레위인도 없고, 그들이 그러한 직분을 수행하였던 성전도 없다. 그런데도 우리 구주께서는 복음이 세상 끝까지 전파될 것이라고 말씀하셨다. 따라서 영원한 것은 잠시 있다가 사라지는 것보다 더 영광스러운 것이기 때문에, 모든 이성의 원리들에 비추어 볼 때, 복음의 직분은 율법의 직분보다 더 영광스러운 직분임에 틀림없다.

12. 우리가 이같은 소망이 있으므로 담대히 말하노니.

여기에서 "소망"은 나중에 이루어질 일에 대한 확신과 확실한 기대를 의미하고, "이같은"은 사도가 앞에서 말한 것을 가리킨다. 따라서 이 본문의 의미는 이런 것이다: 우리는 우리에게 주어진 복음의 직분이 이미 없어진 율법의 직분과는 달리 곧 없어지지 않고 영속적으로 존재하리라는 것, 복음의 교훈이 일시적이 아닌 영원한 의를 사람들에게 가져다주리라는 것, 사람들로 하여금 "믿음에서 믿음에" 이르게 하는 복음에 나타난 의(義) 외에는 사람들을 하나님 앞에 서게 해 줄 수 있는 그 어떤 의도 없다는 것을 확신하고 있기 때문에 담대함을 가지고 거침없이 복음을 전파하는 것을 부끄러워하거나 두려워하지 않는다. 우리는 모세와는 달리, 사람들에게 복음을 전할 때에 우리 자신을 수건으로 가리지 않고, 사람들이 어떤 식으로 우리를 위협하고 겁을 주며 두렵게 하더라도, 그런 것을 개의치 않고, 하나님이 우리에게 전하라고 하신 것들을 사람들에게 전한다. 왜냐하면, 우리는 우리가 전하는 진리는 커서, 원수들의 온갖 광분함을 이기고 널리 전파되어 열매를 맺게 될 줄을 알기 때문이다.

13. 우리는 모세가 이스라엘 자손들에게 장차 없어질 것의 결국을 주목하지 못하게 하려고 수건을 그 얼굴에 쓴 것 같이 아니하노라.

사도가 여기에서 언급하고 있는 내용은 출애굽기 34:33-35에 나온다: "모세가 그들에게 말하기를 마치고 수건으로 자기 얼굴을 가렸더라 그러나 모세가 여호와 앞에 들어가서 함께 말할 때에는 나오기까지 수건을 벗고 있다가 나와서는 그 명령하신 일을 이스라엘 자손에게 전하며 이스라엘 자손이 모세의 얼굴의 광채를 보므로 모세가 여호와께 말하러 들어가기까지 다시 수건으로 자기 얼굴을 가렸더라." 사도는 여기에서 출애굽기에 나오는 기사를 하나의 우아한 알레고리로 해석해서, 그 이야기 속에 숨겨진 비밀을 우리에게 설명해 준다. 즉, 모세의 얼굴에서 빛났던 광채는 장차 세상의 빛이 되실 그리스도의 얼굴에 있을 광채를 미리 보여 주는 모형이었다는 것이다. 그리스도는 영원 전부터 "하나님의 영광의 광채"(히 1:3)이셨고, 모세가 자신의 얼굴을 수건으로 가린 것은 하나님이 그리스도의 신비를 여러 세대 동안 감추신 것을 의미하는 것이었다. 모세가 자신의 얼굴에 수건을 쓴 것은, 이스라엘 백성이 자기를 보지 못하게 하기 위한 것이 아니었고, 장차 유대인들의 눈이 멀게 될 것을 예표하는 것이었다. 유대인들은 하나님이 보여 주고자 하신 것을 보지 않으려고 눈을 감아 버렸고, 그러자 하나님께서는 그들을 벌하셔서 그들의 눈을 멀게 하셨기 때문에, 그들은 그리스도가 하나님과 사람을 중보하는 참 메시야로서 "모든 믿는 자에게 의를 이루기 위하여 율법의 마침이 되신다"(롬 10:4)는 것을 보지 못하였다. 사도는 그것을 이렇게 표현한다: 그들은 "장차 없어질 것의 결국," 율법의 경륜의 "마침," 레위기 율법에서 그리스도에 대한 모형으로 나오는 모든 것들의 "마침"을 볼 수 없었다. 하지만 우리는 그들과는 달리, 그리스도의 복음을 최대한도로 분명하고 명명백백하며 거침없이 전한다. 복음서들에 나오는 이야기들은 이 본문이 유대인들에 대하여 말하고 있는 것, 즉 그리스도께서 오셔서 율법과 그 의를 종식시키셨다는 것을 그들이 알지 못하였다는 것이 사실임을 확증해 준다. 우리는 바리새인들과 그 분파를 추종한 자들이 율법을 고집하였기 때문에 주 예수 그리스도를 받아들이거나 믿을 수 없었다는 것을 복음서들의 도처에서 발견한다.

14. 그러나 그들의 마음이 완고하여 오늘까지도 구약을 읽을 때에 그 수건이 벗겨지지 아니하고 있으니 그 수건은 그리스도 안에서 없어질 것이라.

사도는 자기가 앞에서 말한 모세의 수건의 신비를 여기에서 설명하면서, 모세가 자신의 얼굴에 쓴 수건은 장차 유대인들의 눈이 멀게 될 것을 보여 주는 것이었다고 말한다. 이것에 대해서는 우리가 신약성경에서 자주 듣게 된다. 마태복음 13:14; 마가복음 4:12; 누가복음 8:10; 요한복음 12:40; 사도행전 28:26; 로마서 11:8에 대한 설명을 보라. 사도는 오늘날까지도 그 수건이 벗겨지지 않아서, 유대인들은 지금도 여전히 그 수건을 쓰고 있다고 말한다. 여기에서 "수건"은 모세가 자신의 얼굴을 가리기 위하여 썼던 수건을 가리킨다. 구약을 읽을 때에. 유대인들의 회당에서는 안식일마다 구약의 어떤 부분이 읽혀졌다. 그러나 우리는 다음 절에서 이것에 대한 좀 더 자세한 설명을 만나게 될 것이다. 사도는 "그 수건은 그리스도 안에서 없어질 것"이라고 말한다. 그리고 그리스도께서 오셨을 때, 그 수건은 실제로 벗겨지고 제거되었다. 즉, 그리스도를 보지 못하게 하기 위하여 모세의 얼굴을 가렸던 그 수건은 그리스도께서 오심으로써 완전히 벗겨졌다. 그 수건을 비롯한 구약의 모든 모형들은 원형이신 그리스도 안에서 성취되었고, 구약에서 선지자들이 말하였던 모든 예언들은 그 예언들에서 지목되었던 당사자인 그리스도 안에서 성취되었다. 그러나 사람들이 예수 그리스도가 "모든 믿는 자에게 의를 이루기 위하여 율법의 마침이 되신다"(롬 10:4)는 것을 믿고서, 그리스도를 받아들여 영접하고 믿게 될 때까지는, 그들의 마음에 드리워진 그 수건은 벗겨지지 않는다. 하나님께서는 그리스도를 이 땅에 보내셔서 모든 의를 이루게 하심으로써 모세의 얼굴에서 수건을 제거하고 그리스도를 드러내셨지만, 사람들은 그리스도를 믿게 될 때에야 비로소 그들의 심령에서 그 수건이 제거되어 그리스도를 제대로 볼 수 있게 된다. 그리스도께서 분명히 자기 백성인 유대인들 가운데 오셨음에도 불구하고, 지금까지 그 수건이 유대인들의 마음을 그대로 가리고 있는 이유는, 그들이 그리스도를 영접하지 않았기 때문이다.

15. 오늘까지 모세의 글을 읽을 때에 수건이 그 마음을 덮었도다.

여기에서 "수건"은 모세의 얼굴을 가렸던 바로 그 수건을 가리키는데, 그 수건이 오늘날까지 유대인들의 마음을 가리고 있어서, 그들은 메시야가 오신 것을 보지도 못하고 알지도 못한다. 그런데 사도는 여기에서 왜 "구약을 읽을 때에"라고 말하지 않고 "모세의 글을 읽을 때에"라고 말하고 있는 것인가? 아마도 사도는 회당들에서 유대인들이 안식일마다 그리스도에 대한 모형들과 예언들이 담겨 있는 구약이 읽혀지는 것을 들을 때마다, 그것들을 가리고 있던 수건들을 헤치고서, 그리스도가 이 모든 것들의 "마침"이라는 것을 깨닫고서는, "초등교사"인 율법의 손에 이끌려서 그리스도께로 나아왔어야 했는데도, 현실은 그 정반대였다는 것을 암시하고자 한 것으로 보인다. 그들은 회당들에서 구약에 나오는 모세의 글이 읽혀지는 것을 들었어도, 그들의 마음을 덮고 있던 수건으로 말미암아, 그리스도를 나타내는 온갖 모형들과 예언들과 예식들이 그리스도를 가리키고 있는 것을 보지 못하고, 도리어 그 모형들과 예식들이 그들에게 의를 가져다줄 것으로 오해하고서 그것들 자체를 고집하고 거기에 집착하였다. 또는, 그들은 자신의 마음속에서 자신이 저지른 죄들을 조금 깨달았더라도, 다시 회당에 와서 율법을 듣게 되면, 그 수건이 그들의 마음을 덮어 버려서, 그리스도를 볼 수 없었다.

16. 그러나 언제든지 주께로 돌아가면 그 수건이 벗겨지리라.

이것은 유대인들 전체, 또는 적어도 그들 대부분에 대한 것으로 볼 수 있다. 사도는 그들이 회심하여 그리스도를 믿게 되거나, 그들 중 각 사람이 그리스도께로 회심한다면, "그 수건이 벗겨질" 것이라고 말한다. 여기에서 "수건"은 하나님께서 복음의 신비를 가리기 위하여 사용하셨던 수건을 가리키는 것이 아니라(이 수건은 그리스도께서 이 땅에 육체로 오셨을 때에 이미 벗겨졌다), 유대인들이 자신의 심령에 쓰고 있던 수건, 그들의 눈을 멀게 만들어 버렸던 바로 그 수건을 가리킨다. 복음의 빛은 환한 대낮처럼 빛나고 있고, 그리스도를 볼 수 없게 하였던 수건도 벗겨졌지만, 사람들은 참된 믿음으로 그리스도를 영접하여 죄악된 길에서 떠나 복음에 순종하게 될 때까지는 그리스도를 거의 또는 전혀 볼 수 없다. 이 수건이 벗겨지는 것과 주께로 돌아가는 것은 사람들의 심령 속에서 동시에 이루어진다. 그러므로 우리는 사도가 여기에서 "주께로 돌아가는" 것이 원인이 되어서, "그 수건이 벗겨지는" 결과가 나타난다고 말하고 있는 것이라는 결론을 내려서는 안 된다.

17. 주는 영이시니 주의 영이 계신 곳에는 자유가 있느니라.

주는 영이시니. 주 예수 그리스도께서는 사람이셨지만, 단지 사람이셨던 것만은 아니었고, 인성과 인격적으로 결합되어 있던 신성을 가지고 계셨는데, 이 신성은 "영"이라 불린다. 예컨대, 마가복음 2:8에서는 "그들이 속으로 이렇게 생각하는 줄을 예수께서 곧 중심에 아시고"라고 말하고 있는데, 여기에서 "중심에"로 번역된 헬라어는 직역하면 "영으로"가 되고, "영으로 아셨다"는 것은 주님이 지니고 계셨던 자신의 신성으로 그것을 아셨다는 의미이다. 그러나 어떤 이들은 "영" 앞에 붙어 있는 관사는 단순한 관사가 아니라 강조적인 용법으로 사용되고 있기 때문에, 여기에서 "영"은 앞의 6절에 나왔던 "영"을 받은 것이라고 본다(6절에서는 "그가 또한 우리를 새 언약의 일꾼 되기에 만족하게 하셨으니 율법 조문으로 하지 아니하고 오직 영으로 함이니 율법 조문은 죽이는 것이요 영은 살리는 것이니라"고 말함으로써, 그리스도를 내용으로 하는 복음을 "영"으로 지칭한 바 있다). 따라서 어떤 이들은 사도는 여기에서 어떤 사람들이 제기할지도 모르는 반문, 즉 사람이 주께로 돌아간다고 해서, 그 수건이 어떻게 제거되겠느냐는 반문을 미리 차단하기 위해서 이 말을 덧붙인 것이라고 생각한다. 즉, 사도는 사람들이 제기할지도 모르는 그러한 반문에 대하여, "주" 예수 그리스도는 우리가 6절에서 이미 말한 바 있는 바로 그 "영," 또는 18절에 언급된 바로 그 "영"이시기 때문이라고 답하고 있다는 것이다. 그리스도는 "영"이시고, 자기 백성들에게 거룩함과 성화의 영을 주시는 분이시다.

주의 영이 계신 곳에는 자유가 있느니라. 사람들을 거룩하게 하는 성령은 흔히 그리스도의 영이라 불린다. 우리 구주께서는 유대인들에게 "아들이 너희를 자유롭게 하면 너희가 참으로 자유로우리라"고 말씀하셨다. 거기에서 "자유"는 율법의 멍에와 죄와 사망과 지옥으로부터 벗어나는 것이다. 그러나 여기에서 "자유"는 주로 사람들이 성령을 받았을 때에 자신들의 마음을 덮고 있던 저 눈멂과 완악함으로부터 벗어나게 되는 것을 의미하는 것으로 보인다.

18. 우리가 다 수건을 벗은 얼굴로 거울을 보는 것 같이 주의 영광을 보매 그와 같은 형상으로 변화하여 영광에서 영광에 이르니 곧 주의 영으로 말미암음이니라.

어떤 이들은 여기에서 "우리"는 모든 믿는 자들을 가리키는 것으로 이해하고, 어떤 이들은 복음의 사역자들을 가리키는 것으로 보는 것이 더 낫다고 생각하는데, 나는 여기에서 "다"라는 불변화사가 사용된 것을 감안해서, "우리"는 모든 믿는 자들을 가리키는 것으로 해석하여야 한다고 본다. 따라서 사도는 이렇게 말하고 있는 것이다: 모든 믿는 자들은 "수건을 벗은 얼굴로," 구약 시대처럼 그리스도를 가리키는 온갖 모형들과 그림자들과 예언들을 통해서도 아니고, 멀리서 희미하게도 아니고, 마치 "거울을 보는 것 같이" 바로 옆에서 "주의 영광을 보고" 있다. 우리는 그리스도를 그대로 반사하고 있는 복음이라는 거울 안에서 그리스도를 본다. 그리고 우리가 복음이라는 거울 안에서 그리스도를 볼 때, 우리는 그저 보는 것에서 그치고 아무런 일도 일어나지 않는 것이 아니라, 우리의 심령은 그리스도의 형상으로 변화되고 그리스도를 닮게 되어 "영광에서 영광에" 이르게 된다. "영광에서 영광에 이르니"는 믿는 자들의 심령이 점점 더 깊은 은혜 속으로 들어가게 되는 것을 가리키는 것일 수도 있고, 믿는 자들이 하나님께서 자기 백성을 위하여 준비해 두신 영광을 얻게 될 때에 비로소 그 심령의 흠들과 점들이 제거되어 점점 더 영광스러운 모습으로 바뀌어 간다는 것을 가리키는 것일 수도 있다. 이 모든 일은 복음 사역자들이 하나님의 말씀을 전할 때에 "주의 영"이 함께 역사함으로써 이루어지지만, 이 일을 주도적으로 이루어 나가시는 분은 성령이시다.

MATTHEW POOLE'S COMMENTARY

고린도후서 4장

개요

1. 바울은 자기가 끊임없이 열심을 가지고 복음을 순전하게 전해 왔다고 분명하게 밝힘(1–2).
2. 따라서 복음의 진리를 보지 못하는 사람이 있다면, 그것은 복음의 빛이 밝지 못해서가 아니라 그 사람의 마음이 부패하였기 때문이라고 말함(3–6).
3. 우리가 겪는 연약함과 고난들이 우리로 하여금 하나님의 능력을 찬송하게 함(7–11).
4. 바울은 자기로 하여금 교회를 위하여 고난들을 감당할 수 있었던 것은 장차 자기에게 주어질 심히 크고 영원한 상에 대한 확신 때문이었다고 말함(12–18).

1. 그러므로 우리가 이 직분을 받아 긍휼하심을 입은 대로 낙심하지 아니하고.

베자(Beza)는 이 위대한 사도를 비방하고 중상모략하던 자들은 사도가 이렇게 심한 환난과 시련을 겪는 것을 근거로 삼아서, 바울은 사람들이 생각하는 것 같이 그리스도의 사도일 수 없다는 결론을 내렸던 반면에, 사도는 자신의 그러한 고난들이 도리어 자신의 고귀한 직분을 웅변적으로 말해 주는 것이라고 천명하고 있다는 점을 지적한다. 즉, 사도는 이렇게 말한다: 내가 앞에서 이미 말하였듯이, 복음의 직분은 지극히 영광스러운 직분인데, 하나님께서는 우리에게 지극히 큰 은혜와 긍휼을 베푸셔서 우리를 불러 그러한 존귀한 직분을 맡기셨기 때문에, 우리는 비록 많은 대적들과 환난들과 곤란들을 겪는다고 할지라도, 그러한 사실을 기억하고서, 그 고난들 앞에서 무너지는 것이 아니라 넉넉히 견디며 감당해 나갈 수 있다.

2. 이에 숨은 부끄러움의 일을 버리고 속임으로 행하지 아니하며 하나님의 말씀을 혼잡하게 하지 아니하고 오직 진리를 나타냄으로 하나님 앞에서 각 사람의 양심에 대하여 스스로 추천하노라.

이에 숨은 부끄러움의 일을 버리고 속임으로 행하지 아니하며. 우리가 많은 어려움들과 고난들을 겪고 있지만, 그것은 우리가 사람들 가운데서 어떤 정직하지 못하거나 용서할 수 없는 짓을 해서 그런 것이 아니다. 우리는 겉으로 드러나는 정직하지 못한 행위들을 단호하게 배격해 왔을 뿐만 아니라, 숨겨지거나 은밀한 정직하지 못한 행위들도 결코 하지 않아 왔다. 여기에서 사도는 아마도 고린도 교회의 거짓 사도들이나 교사들이 겉으로는 광명정대하게 행하는 것처럼 처신해 왔지만, 뒤로는 사람들이 보지 않는 곳에서는 입에 담기도 부끄러운 짓들을 해 왔다는 것을 은연중에 암시하고 있는 것으로 보인다. 우리는 뒤로는 부끄러운 짓들을 하면서 겉으로는 정직하고 공정하게 행하는 것처럼 교활하게 처신하여 사람들을 속이고 기만한 적이 없다.

하나님의 말씀을 혼잡하게 하지 아니하고. 또한, 우리는 복음을 전하는 데 있어서도 사람들에게 오직 진리만을 가르쳤을 뿐이고, 사람들을 속이거나 기만한 일이 없었다. 거짓 사도들이나 교사들은 사람들에게 평안을 전하지만, 하나님의 말씀을 모든 사람이 듣기 좋은 말들로 변질시켜서 그들의 비위에 맞는 말들을 전하고 올바르게 제대로 전하지 않는 악인들에게는 평안이 없다고 하나님은 말씀하신다. **오직 진리를 나타냄으로 하나님 앞에서 각 사람의 양심에 대하여 스스로 추천하노라.** 우리가 지금까지 복음을 전하는 사역을 수행하면서 한 일은, 하나님의 진리를 사람들에게 드러내어서, 하나님 앞에서 각 사람의 양심에 우리 자신을 추천하는 것이었다.

3. 만일 우리의 복음이 가리었으면 망하는 자들에게 가리어진 것이라.

사도가 복음을 "우리의 복음"이라고 부르는 것은 복음을 널리 알리고 전하는 일에 "우리," 즉 사도들이 도구로 사용되고 있기 때문이다. 사도가 여기에서 말하고자 하는 것은 이런 것이다: 내가 도구로 사용되어 전하는 복음의 가르침이 가려지고 숨겨져서, 사람들이 복음을 이해하지도 못하고 받아들이지도 못하며 믿지도 못하고 있다면, 그것은 우리가 전하는 말씀이나 우리가 복음을 전하는 방식에 문제가 있는 것이 아니라(우리는 그 어떤 속임수도 쓰지 않고 있는 그대로 분명하게 복음을 전해 왔기 때문에), 우리가 전하는 복음을 들은 사람들이 장차 "망하는 자들"이어서 죄악과 욕심에 빠져 있거나, 그런 자들이 아니라고 할지라도 어쨌든 적어도 그 때에는 죄악된 상태에 있기 때문이다. 이런 의미에서 모든 사람들은 복음서의 비유에 나오는 잃어버린 양들이라고 할 수 있는데, 그리스도께서는 자기가 잃어버린 양들을 찾아 구원하기 위하여 왔다고 말씀하셨다. 욕심들에 미쳐 있는 자들은 우리가 전하는 복음의 가르침을 깨달을 수 없지만, 그렇지 않은 자들은 복음을 깨닫고 믿게 된다. 나는 여기에 언급된 "망하는 자들"이 영원히 멸망 받기로 작정된 자들을 가리킨다기보다는 이렇게 욕심이나 죄악에 미쳐 있어서 복음을 깨달을 수 없는 자들을 가리키는 것으로 보는 것이 더 낫다고 생각한다. 왜냐하면, 사도가 여기에서 고린도 교회에서 이미 회심한 것처럼 보이는 자들이라도 은혜로 택하심을 받은 자들이 아닐 수 있다고 말하거나, 이 유명한 교회에서 외식하는 자들에 속한 모든 자들은 영원히 멸망 받기로 작정된 자들이라고 말하기 위하여, 이 말을 한 것으로 보는 것은 너무 가혹한 것으로 보이기 때문이다. 하지만 다음 절에 나오는 말씀은 여기에서 "망하는 자들"이 하나님으로부터 영원히 버림 받은 자들을 가리키는 것으로 보는 것을 지지해 주는 것으로 보인다.

4. 그 중에 이 세상의 신이 믿지 아니하는 자들의 마음을 혼미하게 하여 그리스도의 영광의 복음의 광채가 비치지 못하게 함이니 그리스도는 하나님의 형상이니라.

어떤 이들은 여기에서 "이 세상의 신"이 천지의 주재이신 살아 계신 참 하나님을 가리키는 것으로 이해하지만, 대부분의 해석자들은 마귀는 세상의 대부분을 다스리고 있고, 사람들은 마귀의 종과 노예들이기 때문에, 사도는 여기에서 마귀를 "이 세상의 신"으로 부르고 있는 것이라고 생각하는데, 후자의 견해가 성경과 부합한다. 왜냐하면, 우리는 사도가 다른 곳에서 마귀를 "이 세상의 신"이라고 부르는 것을 볼 수 없기는 하지만, 우리 구주께서는 두 번이나 마귀를 "이 세상의 임금"(요 12:31; 14:30)으로 부르셨고, 사도도 에베소서 2:2에서 마귀를 "공중의 권세 잡은 자"라고 부르고 있기 때문이다. 또한, 사도가 여기에서 "이 세상의 신"이 행하는 일이라고 말하고 있는 것도 하나님이 아니라 마귀에게 돌리는 것이 합당한 일이다. 왜냐하면, 하나님께서는 어떤 사람들에 대한 벌로서 그들의 눈이 멀고 마음이 혼미하게 되는 것을 허락하기는 하시지만, 일반적으로 사람들의 눈을 멀게 하여 복음의 광채를 보지 못하게 하는 일은 결코 하실 수 없으시기 때문이다. 사도는 그렇게 눈이 먼 자들은 "믿지 아니하는 자들"이라고 말하고, 마귀가 사람들의 잘못된 생각들과 악의와 편견을 이용해서 사람들의 눈을 멀게 하는 목적은 "하나님의 형상"이신 "그리스도의 영광의 복음의 광채가" 그들의 심령 속에 "비치지 못하게" 하기 위한 것이라고 말한다. 그리스도는 사람이 되신 하나님이시기 때문에, 하나님의 드러난 형상이시다.

5. 우리는 우리를 전파하는 것이 아니라 오직 그리스도 예수의 주 되신 것과 또 예수를 위하여 우리가 너희의 종 된 것을 전파함이라.

우리는 우리를 전파하는 것이 아니라. "우리를 전파한다"는 것은 하나님의 계시된 뜻을 전파하는 것이 아니라, 우리 자신의 마음에서 생각해 내고 고안해 낸 것들을 전파하는 것이고, 그렇게 될 때, 우리가 전하는 말들은 우리 자신의 정욕과 욕심들을 토해 내는 것들이 된다. 또는, "우리를 전파한다"는 것은, 단지 우리의 더러운 이득을 위하거나, 우리의 배를 불리기 위해서, 또는 우리 자신의 똑똑함이나 학식이나 재능을 과시하기 위하여 말씀을 전파하는 것을 가리킬 수도 있다. 사도는 "우리는 오직 그리스도 예수의 주 되신 것을 전파한다"고 말한다. 우리는 주께서 우리에게 전하라고 명하신 것들만을 전파하고, 우리가 전하는 말씀들의 주제는 그리스도 예수이다. 우리는 그리스도가 누구신지를 전하거나, 그리스도께서 죄인들을 위하여 행하시고 고난 받으신 일, 또는 그리스도께서 사람들로 하여금 그로 말미암아 영생과 구원을 얻도록 하시기 위하여 우리에게 전하라고 명하신 것들만을 전한다. 복음을 전파함에 있어서, 그리스도께서는 우리에게 세상으로 나가서 복음을 전하라고 명하셨고, 그리스도는 우리의 전도의 주제이시고, 우리가 전도하는 목적은 그리스도의 영광과 존귀를 위한 것이라는 점에서, 우리는 일차적으로 그리스도의 종들이다. 하지만 우리는 "너희의 종들"이기도 하다. 즉, 우리는 너희의 욕심들을 섬겨 너희에게 듣기 좋은 말들만을 들려주고 너희의 비위를 맞춰 주는 그런 종들이 아니라, "예수를 위하여 너희의 종"이 된 자들이기 때문에, 너희에게 하나님의 뜻을 계시하고 복음의 은혜를 전하여, 너희로 하여금 가장 좋은 것, 곧 영원한 생명과 구원을 얻게 하기 위하여, 너희에게 가장 유익이 되는 방식으로 너희를 섬기는 그런 너희의 종들이다.

6. 어두운 데에 빛이 비치라 말씀하셨던 그 하나님께서 예수 그리스도의 얼굴에 있는 하나님의 영광을 아는 빛을 우리 마음에 비추셨느니라.

신약성경에서 성령께서는 흔히 예수 그리스도께서 행하신 새 창조의 역사를 옛 창조에서의 하나님의 역사에 빗대어서, 전자는 후자만큼이나 하나님의 섭리와 능력의 위대한 역사라고 우리에게 말해 준다: "하나님을 따라 의와 진리의 거룩함으로 지으심을 받은 새 사람을 입으라"(엡 4:24). 왜냐하면, 옛 창조가 하나님이 아무것도 없는 무로부터 천지를 만드신 것인 것과 마찬가지로, 어떤 것으로부터 절대로 그렇게 될 수 없는 다른 어떤 것을 만들어 내는 것도 참된 창조이고 하나님의 전능하신 능력을 필요로 하는 것이기 때문이다. 사도는 이렇게 말한다: 하나님께서는 어둠으로부터 빛이 비치게 만드셨던(창 1:2-3) 것과 마찬가지로, 세상의 빛이신 그리스도를 우리의 마음에 비추셔서, 우리로 하여금 하나님과 그의 영광과 그의 은혜의 영광을 아는 참된 지식을 갖게 하셨다. 우리는 "예수 그리스도의 얼굴에 있는 하나님의 영광을 아는 빛"을 통해서 하나님을 분명하고 확실하게 알게 된다. 사람은 그리스도의 얼굴을 통해서만 하나님을 분명하게 알 수 있기 때문에, 우리는 오직 그리스도 안에서 및 그리스도로 말미암아서만 하나님을 분명하게 알게 된다.

7. 우리가 이 보배를 질그릇에 가졌으니 이는 심히 큰 능력은 하나님께 있고 우리에게 있지 아니함을 알게 하려 함이라.

우리가 이 보배를 질그릇에 가졌으니. 여기에 언급된 "이 보배"는 사도가 앞에서 율법의 직분보다 더 영광스러운 것임을 증명한 바 있는 복음의 직분 또는 사도직을 가리키는 것일 수도 있고, 사도가 앞 절에서 말한 것, 즉 하나님께서 "예수 그리스도의 얼굴"을 통해서 우리의 마음에 비추신 "하나님의 영광을 아는 빛"을 가리키는 것일 수도 있다. 사도는 하나님의 사도들인 우리조차도 육신을 입은 우리의 심령 속에 이 보배를 가지고 있는데, 우리가 입은 육신이라는 것은 강한 힘을 가해도 쉽게 깨지지 않는 쇠나 돌 같은 것으로 만들어진 것이 아니라, 조금만 힘을 가해도 쉽게 깨져 버리는 "질그릇" 같은 흙으로 만들어진 것이라고 말한다. 이는 심히 큰 능력은 하나님께 있고 우리에게 있지 아니함을 알게 하려 함이라. 사도는 하나님께서 이 보배를 질그릇 같은 우리 속에 두신 이유는, 우리가 그 어떤 놀라운 일들을 행한다고 할지라도, 그것들은 모두 하나님의 놀라운 능력에 의해서 행해진 일들이고, 우리가 아니라 하나님이 행하신 일들이라는 것을 세상 사람들이 분명히 알고서 모든 영광을 우리가 아니라 하나님께 돌리게 하기 위한 것이라고 말한다.

8. 우리가 사방으로 욱여쌈을 당하여도 싸이지 아니하며 답답한 일을 당하여도 낙심하지 아니하며.

우리가 사방으로 욱여쌈을 당하여도 싸이지 아니하며. 우리는 모든 일에서 온갖 종류의 괴로운 일들로 괴로움을 겪지만, 궁지에 빠져서 옴짝달싹하지 못하고 빠져나올 길을 알지 못하는 자들처럼 되지는 않는다. 여기에서 "싸이다"로 번역된 헬라어는 바로 그런 의미이다. 답답한 일을 당하여도 낙심하지 아니하며. "답답한 일을 당하다"로 번역된 헬라어는 우리가 어떻게 될 것인지, 또는 하나님이 우리를 어떤 식으로 처분하실 지가 불확실해서, 이 세상에서 우리의 운명이 장차 어떻게 될 것인지를 몰라 걱정하고 곤혹스러워하고 혼란스러워하는 것을 의미한다. 그러나 그런 상황에서도 우리는 하나님이 도우시고 붙들어 주실 것을 믿기 때문에 절망하지 않는다.

9. 박해를 받아도 버린 바 되지 아니하며 거꾸러뜨림을 당하여도 망하지 아니하고.

박해를 받아도 버린 바 되지 아니하며. 우리는 그리스도를 고백하고 그의 복음을 전한다는 이유로, 우리 주 예수의 원수들과 그의 복음의 대적들에 의해서 온갖 핍박을 당하고 붙잡혀 감옥에 갇히기도 한다. 그러나 우리는 하나님에 의해서 버림받지도 않고, 사람들에 의해서도 전적으로 버림받지는 않는다. 하나님께서는 성령의 내적인 감화를 통해서 우리를 떠받쳐 주시고 붙들어 주시며 위로해 주시고, 자신의 섭리를 통해서 우리를 도울 친구들을 붙여 주신다. 거꾸러뜨림을 당하여도 망하지 아니하고. "거꾸러뜨림을 당한다"는 것은 우리가 세상의 환난과 괴로움들을 겪으면서 의기소침해지는 것을 가리키는 것일 수도 있고, 사람들의 폭력에 의해서 땅바닥에 내동댕이쳐지는 것을 가리키는 것일 수도 있다. 하지만 우리는 우리를 보호하시고 지켜 주시는 하나님의 전능하신 능력으로 말미암아 맥없이 죽지 않고 여전히 살아 있다.

10. 우리가 항상 예수의 죽음을 몸에 짊어짐은 예수의 생명이 또한 우리 몸에 나타나게 하려 함이라.

우리가 항상 예수의 죽음을 몸에 짊어짐은. 우리 그리스도인들은 자신의 마음과 심령 속에 "예수의 죽음"을 짊어지는데, 우리의 마음이 죄에 대하여 죽을 수 있는 힘은 바로 거기로부터 나온다. 그래서 사도는 로마서 6:4-6에서 "우리가 그의 죽으심과 합하여 세례를 받음으로 그와 함께 장사되었나니 이는 아버지의 영광으로 말미암아 그리스도를 죽은 자 가운데서 살리심과 같이 우리로 또한 새 생명 가운데서 행하게 하려 함이라 만일 우리가 그의 죽으심과 같은 모양으로 연합한 자가 되었으면 또한 그의 부활과 같은 모양으로 연합한 자도 되리라 우리가 알거니와 우리의 옛 사람이 예수와 함께 십자가에 못 박힌 것은 죄의 몸이 죽어 다시는 우리가 죄에게 종노릇 하지 아니하려 함이니"라고 말한다. 또한, 우리는 "예수의 죽음을 몸에 짊어진다." 이것은 사도가 빌립보서 3:10에서 "내가 그리스도와 그 부활의 권능과 그 고난에 참여함을 알고자 하여 그의 죽으심을 본받아"라고 말한 것처럼, 우리가 고난을 받음으로써 그리스도의 죽으심을 본받게 되는 것을 가리키는 것일 수도 있고, 우리가 그리스도를 위하여 고난을 받을 때, 그리스도께서도 우리와 더불어 우리의 모든 고난을 겪으신다는 의미에서, 사도가 그것을 "예수의 죽음"으로 표현한 것일 수도 있다. 사도는 빌립보서 1:20에서 "살든지 죽든지 내 몸에서 그리스도가 존귀하게 되게 하려 하나니"라고 말한다.

예수의 생명이 또한 우리 몸에 나타나게 하려 함이라. 사도는 우리가 예수의 죽음을 짊어지는 것은 "예수의 생명이 또한 우리 몸에 나타나게" 하기 위한 것이라고 말한다. 여기에서 "예수의 생명"은 그리스도께서 부활하셔서 지금 하늘에서 아버지 하나님의 오른편에 계시면서 지니고 계신 생명을 가리키는 것일 수도 있고, 큰 환난 중에 있는 믿는 자들 속에 나타나서 그 환난들에 깔려서 죽는 것이 아니라 그 환난들을 넉넉히 이기게 해 주는 그리스도와 그의 영의 살리시는 강력한 능력을 가리키는 것일 수도 있으며, 사도들의 사역이 열매를 맺을 수 있도록 해 주셔서, 수많은 심령들이 그리스도께로 나아오게 해 주는 그리스도의 살아 있는 능력(전도의 열매들은 사역자들의 어떤 능력이 아니라, 그들의 몸에 나타나는 그리스도의 생명으로 말미암는다)을 가리키는 것일 수도 있다. 그러나 사도는 앞에서 자신이 겪은 고난들에 대하여 말하였기 때문에, 여기에서 "예수의 생명'은, 사도들이 복음을 전할 때에 온갖 환난과 어려움들을 만남에도 불구하고, 하나님이 그들에게 맡기신 저 하늘의 보배를 지닌 질그릇들인 사도들을 붙들어 주시는 그리스도의 살아 계신 능력을 가리키는 것으로 이해하는 것이 가장 좋은 해석인 것으로 보인다.

11. 우리 살아 있는 자가 항상 예수를 위하여 죽음에 넘겨짐은 예수의 생명이 또한 우리 죽을 육체에 나타나게 하려 함이라.

우리는 우리의 몸에 아직 호흡이 있고 숨이 붙어 있다는 점에서는 살아 있다고 할 수 있겠지만, 살아 있다는 것이 생육하고 번성하는 것을 의미한다는 점에서는 우리는 살아 있다고 할 수 없다. 왜냐하면, 우리는 "항상 죽음에 넘겨지기" 때문이다. 즉, 우리는 늘 죽음의 위협과 위험 아래 있어서, 항상 사형선고를 받은 자들과 같이 살고 있어서, 명색만 "살아 있는 자"라고 할 수 있을 뿐이다. 우리가 이러한 삶을 사는 것은 우리가 "예수를 위하여," 즉 그리스도와 그의 복음을 시인하고 전하며 고백하는 삶을 살고 있기 때문이지, 악한 일을 하였거나 단지 순진해서 그런 것이 아니다. 우리는 가장 고상한 의미에서 그리스도의 명령들에 순종하고 그리스도의 복음을 전하기 때문에 "죽음에 넘겨지는데," 이것은 "예수의 생명이 또한 우리 죽을 육체에 나타나게 하려" 함이다. 하나님께서 우리를 죽음에 넘겨 주시는 것은, 죽은 자 가운데서 부활하시고 하늘에 오르셔서 영원히 살고 계시는 가운데 우리를 위하여 중보기도를 하고 계시는 그리스도의 생명이 "우리 죽을 육체"에 나타나게 하시기 위한 하나님의 무한히 지혜로우신 섭리에 의한 것이다. 부활하신 그리스도께서는 자신의 교회의 살아 계신 머리로서 자신의 지체들인 모든 자들, 특히 자신을 머리로 한 저 신비의 몸의 주된 지체들인 우리 사도들을 그 부활의 권능으로 힘주시고 붙들어 주신다. 따라서 우리가 겪는 고난들은 우리의 가르침과 사역이 잘못되었음을 보여 주는 증거들인 것이 아니라, 도리어 참되다는 것을 보여 주는 증거들로서, 우리가 전하는 그리스도께서 우리의 죄를 위하여 죽으셨다가 우리를 의롭다고 하시기 위하여 부활하셔서 지금 하나님의 오른편에 앉아 계시면서, 자신의 모든 백성들에게와 그의 사역자들인 우리에게 영적인 힘을 부어 주셔서, 우리로 하여금 많은 고난들 속에서도 무너지지 않고 도리어 인내로써 그 고난들을 감당하며 담대하게 복음을 전할 수 있게 해 주신다는 것을 보여 주는 증거들이다.

12. 그런즉 사망은 우리 안에서 역사하고 생명은 너희 안에서 역사하느니라.

너희는 지금 우리와 너희의 차이를 보고 있다. 너희가 그 차이를 어떻게 해석하든지와는 상관없이, 너희는 그 차이를 실제로 보고 있다. 우리는 온종일 죽음에 넘겨져서 죽임을 당하고 죽을 고비들을 맞는 반면에, 너희는 부족한 것이 없이 부요하고 풍족하게 살아간다. 여기에서 "생명"은 평안함과 행복함과 모든 것이 잘되고 번성한 것을 가리킨다. 그리고 너희는 이 차이를 해석할 때, 매번 죽을 고비를 넘기며 살아가는 우리와는 달리, 너희가 평안하고 행복하고 풍족하게 살아가는 것을, 하나님이 너희를 축복해 주고 계시기 때문이라고 말하고, 우리가 독사에게 손을 물리고 늘 반복해서 온갖 새로운 환난들을 겪는 것을 보고서, 너희 중의 일부는 우리를 저주받은 자들이라고 말한다. 아주 훌륭한 해석자들은 사도는 여기에서 고린도 교회에 있는 거짓 사도들과 교사들이 사도 바울이 온갖 고난을 겪는 것을 근거로 삼아서, 그의 가르침은 잘못된 것이고 그는 하나님의 은혜를 입은 자가 아니라고 중상모략하면서, 반면에 자신들은 그러한 고난들을 겪지 않고 평안하고 형통한 삶을 살기 때문에, 자신들이야말로 하나님의 참된 일꾼들이라고 말하고 있는 것을 염두에 두고서, 그러한 상황을 반어법적으로 반박하고 있는 것이라고 생각한다. 어떤 이들은 사도는 여기에서 단지 우리의 죽음이 곧 너희의 생명이라고, 즉 우리가 고난을 겪는 것이 너희에게 영적으로 유익이라고 말하고 있는 것일 뿐이라고 생각한다.

13. 기록된 바 내가 믿었으므로 말하였다 한 것 같이 우리가 같은 믿음의 마음을 가졌으니 우리도 믿었으므로 또한 말하노라.

여기에서 "같은 믿음의 마음"은 동일한 믿음, 또는 동일한 영으로부터 나온 믿음을 의미한다. 이것은 이사야서 11:2에서 말하고 있는 "지혜와 총명의 영, 모략과 재능의 영, 지식과 여호와를 경외하는 영"이 지혜와 총명, 모략과 재능, 지식과 여호와를 경외함을 의미하는 것과 같다. 여기에서 문제가 되는 것은 사도가 우리가 누구와 같은 믿음을 가졌다고 말한 것인가 하는 것이다. 어떤 이들은 사도가 여기에서 시편 116:10("내가 크게 고통을 당하였다고 말할 때에도 나는 믿었도다")을 인용해서 말하고 있다는 점을 들어서, 사도는 신약 시대의 믿는 자들은 구약 시대의 성도들과 동일한 믿음을 갖고 있다고 말하고 있는 것이라고 생각한다. 그러나 이 인용문의 취지는 모든 선한 자들은 자신들이 믿는 대로 말할 것임을 증명하고자 하는 것으로 보이기 때문에, 이 본문을 다음과 같은 의미로 해석하는 이들이 더 나아 보인다: 하나님께서는 자신의 지혜로우신 섭리 속에서 이 세상에서 우리에게 서로 다른 운명을 담당시키셔서, 우리는 굶주리는 반면에 너희는 배부르게 하시고, 우리는 역경들을 헤치며 살아 가는 반면에 너희의 모든 일은 순조롭게 하시지만, 그럼에도 불구하고 우리는 너희와 동일한 믿음을 지니고 있고, 너희와 동일한 영으로 행하고 있다. 따라서 우리도 우리가 믿고 있는 것을 따라 말하고 있고, 또한 그렇게 하는 것이 마땅하다. 우리가 다음 절에서 사도가 하고 있는 말을 고려하면, 분명히 이것이 이 본문의 의미이다.

14. 주 예수를 다시 살리신 이가 예수와 함께 우리도 다시 살리사 너희와 함께 그 앞에 서게 하실 줄을 아노라.

주 예수를 죽은 자 가운데서 다시 살리셔서, 잠자는 자들의 첫 열매가 되게 하신 아버지 하나님께서 자신의 부활의 권능으로, 지금 살아 계셔서 그의 오른편에 앉아 계신 그리스도처럼 우리의 죽을 몸도 다시 살리셔서, 우리의 영혼과 몸을 영원히 영화롭게 하셔서 너희와 함께 하나님 앞에 서게 하실 것을 알기 때문에, 우리는 죽음을 두려워하지 않고, 매일같이 악인들에 의해서 죽음에 넘겨지고 매번 죽을 고비를 넘긴다고 하여도, 그런 일들을 겪는 것을 개의치 않는다. 사도는 여기에서도 그리스도의 부활을 우리의 부활의 토대로 삼고, 부활에 대한 우리의 신앙의 확고한 근거로 삼는다. 이 본문은 우리에게 다음과 같은 진리, 즉 현세에서 하나님의 백성의 운명은 서로 많이 다르고 천차만별이지만(어떤 이들은 가난하고, 어떤 이들은 부유하며, 어떤 이들은 형통하고, 어떤 이들은 수많은 괴롭고 슬픈 일들을 겪으며 역경 속에서 고생하며 살아간다), 그들이 모두 동일한 믿음을 지니고 있기만 한다면, 그들은 부활의 때에 모두 다 만나서, 동일하게 그리스도의 피로 씻음을 받아 속량함을 받은 자들로서, 함께 영화롭게 되어서, 그리스도의 손에 이끌려 하나님 앞에 서게 될 것임을 확증해 준다.

15. 이는 모든 것이 너희를 위함이니 많은 사람의 감사로 말미암아 은혜가 더하

여 넘쳐서 하나님께 영광을 돌리게 하려 함이라.

그리스도께서 고난을 겪으시고 죽임을 당하시며 죽은 자 가운데서 부활하신 것 등과 같은 "모든 것들"과 내가 행하거나 겪었던 "모든 것들"은 다 "너희를 위한" 것이다. 너희가 하나님으로부터 더 큰 은택을 받을수록, "많은 사람의 감사로 말미암아" 하나님께 더 큰 찬송과 존귀와 영광이 돌아가게 된다. 왜냐하면, 오직 우리가 하나님의 자비하심과 선하심을 말하고, 우리에게 베풀어 주신 은혜들을 찬송할 때에만, 하나님께서는 우리를 통해 영광을 받으실 수 있으시기 때문이다. 따라서 하나님께서 우리에게 더 많은 고난들을 주시는 것은 너희에게 더 많은 은혜를 주시기 위한 것인 까닭에, 이 일들로 인하여 우리와 너희는 하나님의 이름을 높이고 찬송하며 그 이름에 영광을 돌리는 것이 마땅하다.

16. 그러므로 우리가 낙심하지 아니하노니 우리의 겉사람은 낡아지나 우리의 속사람은 날로 새로워지도다.

우리가 고난들을 겪음으로써 생겨나는 이러한 이중적인 유익, 즉 너희의 심령이 더욱 큰 은혜를 입는 유익과 많은 사람들의 감사함으로 하나님께서 더 큰 영광을 받게 되시는 유익이 있기 때문에, 우리는 비록 많은 극심하고 고통스러운 고난들을 겪는다고 할지라도, 우리는 그러한 환난들로 인해서 좌절하거나 무너지지 않는다. 우리의 "겉사람"으로 말하자면, 우리는 날마다 죽은 목숨이나 다름없는 사람들이고, 우리의 겉사람의 힘과 활력도 날마다 쇠퇴해가지만, 우리의 영혼과 심령은 날마다 새롭게 더욱더 큰 힘과 위로를 얻는다. 우리는 우리의 영적인 싸움을 수행하는 데 날마다 더욱더 강해지고 있고, 날마다 더욱더 즐겁고 기쁘고 평안한 마음으로 우리의 거룩한 길을 걸어가고 있다.

17. 우리가 잠시 받는 환난의 경한 것이 지극히 크고 영원한 영광의 중한 것을 우리에게 이루게 함이니.

여기에서 이 말을 통해서 사도는 자신을 비롯한 사도들과 그 밖의 다른 모든 그리스도인들이 복음을 위하여 겪는 "환난들"을 "경한 것"이라고 표현함으로써 놀라울 정도로 별 것 아닌 것으로 치부해 버린다. 하지만 이것은 이 "환난들"이 그 자체로 "경한 것"이라는 의미가 아니라, 사도가 이 절의 후반부에서 언급하고 있는 "영광의 중한 것"에 비해서 "경한 것"이라는 의미이다. 또한, 사도는 장차 우리에게 주어질 영광이 영원한 것인 반면에, 우리가 여기에서 받는 환난은 "잠시 받는" 것에 불과하다고 말한다. 환난은 가볍고 영광은 중하며, 환난은 잠시이고 영광은 영원하다. 사도는 "우리가 받는 환난"이 이 "영광"을 "우리에게 이루게" 한다고 말한다. 이 영광은 단지 이 환난들의 결과인 것만이 아니라, 이 환난들의 원인이기도 하다. 즉, 우리가 잠시 받는 환난과 우리에게 주어질 영원한 영광, 가벼운 환난과 지극히 크고 영원한 중한 영광 간에는 비례 관계가 성립되지 않는다는 점에서, 우리가 받는 환난이 우리의 공로가 되어서 그 당연한 결과로 이 영광이 주어지는 것은 아니고, 단지 하나님의 무한하신 선하심과 긍휼하심, 하나님의 진실하심과 신실하심 안에서만, 우리가 받는 환난은 우리에게 주어질 영광의 한 원인이 될 수 있다는 것이다.

18. 우리가 주목하는 것은 보이는 것이 아니요 보이지 않는 것이니 보이는 것은 잠깐이요 보이지 않는 것은 영원함이라.

환난 가운데 있는 그리스도인들의 심령을 붙들어 주고 힘을 주는 것은 다음과 같은 두 가지이다: (1) 눈에 보이지 않는 분을 바라보는 것. 모세는 그렇게 함으로써 힘을 얻었다: "믿음으로 애굽을 떠나 왕의 노함을 무서워하지 아니하고 곧 보이지 아니하는 자를 보는 것 같이 하여 참았으며"(히 11:27). (2) 눈에 보이지 않는 것들을 믿음의 눈으로 바라보는 것. 왜냐하면, 하나님께서 자기를 사랑하는 자들을 위하여 내세에 준비해 놓으신 것들은, 사람의 눈으로 볼 수 없고, 사람의 마음으로 생각할 수 없는 것들이기 때문이다. 사도는 이렇게 말한다: "보이는 것," 즉 사람의 지각의 범위 안에 있는 것들은 단지 "잠깐"이고 얼마 후에 사라질 것들이지만, "보이지 않는 것들," 즉 앞 절에서 언급된 "지극히 크고 영원한 영광"은 영원히 지속될 것들이기 때문에, 우리가 잠시 있다가 없어지는 것들보다 영원히 있을 것들을 택하는 것을 주목하여 마음을 두는 것은 지극히 마땅한 일이다.

MATTHEW POOLE'S COMMENTARY

고린도후서 5장

개요

1. 바울은 장차 영원히 살게 될 것을 굳게 확신하고 소망하기 때문에, 현세의 삶에는 관심이 없고, 오직 그리스도로부터 인정받기 위하여 수고할 뿐이라고 밝힘(1-9).
2. 자기는 장차 모든 사람이 심판받게 될 것과 그 일이 얼마나 두려운 일인지를 알기 때문에, 사람들을 힘써 권하는 것이라고 함(10-11).
3. 자기가 이런 말을 한 것은 자랑하기 위한 것이 아니라, 순전히 자기에 대한 거짓 교사들의 비방이 옳지 않음을 고린도 교인들에게 밝히기 위한 것이라고 함(12-13).
4. 자기는 그리스도의 사랑에 붙잡혀서, 자기가 이전에 가지고 있던 모든 시각들을 다 버렸다고 말함(14-16).
5. 지금은 하나님께서 그리스도 안에서 세상을 자신과 화목하게 하심으로 인해서, 만물이 새로워졌다고 함(17-19).
6. 그리스도의 사신으로서 사람들이 하나님께서 내미신 화해의 손길을 붙잡을 것을 간청함(20-21).

1. 만일 땅에 있는 우리의 장막 집이 무너지면 하나님께서 지으신 집 곧 손으로 지은 것이 아니요 하늘에 있는 영원한 집이 우리에게 있는 줄 아느니라.

사도는 앞에서 자기는 "보이지 않는 것들"을 바라보고 있다고 말했었는데, 여기에서는 자기가 거기에서 말한 "보이지 않는 것들"이 무엇을 의미하는지를 설명한다: 우리는 우리의 몸이 풀어 없어진다는 것을 너무나 확실하게 알고 있고, 거기에 대해서 일말의 의심도 가지고 있지 않다. 사도가 우리의 몸을 "땅에 있는 집"이라고 부르는 것은 우리의 몸이 땅의 흙으로 만들어져서 또다시 흙으로 돌아가기 때문일 수도 있고, 우리의 영혼이 이 땅에 사는 동안에 거처로 삼고 있다는 의미일 수도 있다. 그런 의미에서 사도는 우리의 몸을 "땅에 있는 장막 집"이라고 부른다. "장막"은 이동식 집 또는 일시적으로 머물기 위해 지어진 집이다. 사도는 이렇게 말한다: 이 장막은 무너져서 해체될 수밖에 없다. 그리고 우리의 이 장막이 무너지면, "하나님께서 지으신 집," 즉 "손으로 지은 것이 아니요 하늘에 있는 영원한 집"이 우리에게 주어질 것이다. 여기에서 이 "영원한 집"은 우리 구주께서 요한복음 14:2에서 "내 아버지 집에 거할 곳이 많도다 그렇지 않으면 너희에게 일렀으리라 내가 너희를 위하여 거처를 예비하러 가노니"라고 말씀하신 저 복되고 영원한 하늘의 거처를 가리키는 것일 수도 있고, 장차 하나님이 우리에게 주실 신령하고 영광스러우며 영원히 썩지 아니할 몸을 가리키는 것일 수도 있다. 그 집은 그 어떤 썩어짐이나 무너짐도 없을 것이기 때문에 영원한 집이다.

2. 참으로 우리가 여기 있어 탄식하며 하늘로부터 오는 우리 처소로 덧입기를 간절히 사모하노라.

우리는 장차 우리에게 준비된 "처소"가 그러한 복된 것임을 확신하고 믿어 의심치 않기 때문에, 그 "처소로 덧입기를 간절히 사모한다." 우리가 "탄식한다"는 것 자체가 그 처소가 장차 우리에게 주어질 것임을 증명해 준다. 왜냐하면, 우리가 우리의 죽을 것이 죽지 않을 것을 덧입고, 우리의 썩어질 것이 썩어지지 아니할 것을 덧입기를 탄식하며 간절히 사모한다는 것은 하나님의 은혜로 우리를 위하여 준비해 놓으신 것을 우리가 성령의 탄식하게 하시는 역사 속에서 탄식하며 사모하는 것이기 때문이다. 사람이 죽음, 즉 영혼의 장막 집인 육신을 벗어 버리는 것을 원하면서도, 죽을 수밖에 없는 것이 영원히 죽지 아니할 옷을 입기를 사모하지 않는다는 것은 이치에 맞지 않는 것인데, 이 영원히 죽지 아니할 옷이 바로 1절에서 언급된 "하늘에 있는 영원한 집"이고 여기에서 말하는 "하늘로부터 오는 우리 처소"이다.

3. 이렇게 입음은 우리가 벗은 자들로 발견되지 않으려 함이라.

어떤 이들은 여기에서 말하는 "입음"은 앞에 나온 "덧입는" 것과 다른 것으로 보고서, 이 절은 사도가 앞에서 말한 것, 즉 영광스러운 몸을 입는 것이 아닌 다른 것에 대해서 말하고 있는 것으로 생각하고서, 사도는 여기에서 "우리가 그리스도의 의라는 혼인 예복을 입는다면, 우리는 벗은 자들로 발견되지 않을 것"이라고 말하고 있는 것이라고 주장한다. 왜냐하면, 요한복음 16:15에서 주 안에서 죽지 않는 자들에 대하여, 주님께서는 "보라 내가 도둑 같이 오리니 누구든지 깨어 자기 옷을 지켜 벌거벗고 다니지 아니하며 자기의 부끄러움을 보이지 아니하는 자는 복이 있도다"라고 말씀하시기 때문이다. 그러나 사도가 앞에서 "덧입을" 것이라고 말한 것이 이 옷을 입는 것이 아니라, 우리의 죽을 수밖에 없는 썩어질 몸이 영원히 죽지 않고 썩어지지 않을 영광스러운 몸을 덧입게 되는 것을 말한 것임을 감안해서, 몇몇 지혜로운 해석자들은 여기에 언급된 "입음"도 우리의 영혼이 몸을 입는 것을 가리키는 것이라고 생각한다. 사도들은 그리스도의 재림이 역사상으로 증명된 것보다 훨씬 더 빨리 올 것이라고 생각하고 있었음은 분명하다. 그래서 사도는 그리스도께서 재림하실 때에 자기 세대 중에서 일부는 여전히 살아 있을 것으로 예상하고서, 데살로니가전서 4:15에서는 "주께서 강림하실 때까지 우리 살아 남아 있는 자도 자는 자보다 결코 앞서지 못하리라"고 말하고, 고린도전서 15:51에서는 "보라 내가 너희에게 비밀을 말하노니 우리가 다 잠 잘 것이 아니요 마지막 나팔에 순식간에 홀연히 다 변화되리니"라고 말한다. 어떤 이들은 사도는 이렇게 그리스도의 재림이 자기 세대 안에 있을 것임을 예상하고서, 이 본문에 나오는 말씀을 한 것이라고 생각하고서(그런 생각도 일리가 있다), 이 본문의 의미는 이런 것이라고 판단한다: 부활의 때에는 우리가 신령한 몸을 입게 될 것이지만, 우리가 죽을 때까지는 우리의 이 썩어질 육신을 입고 있는 것은, 우리가 죽기 전에 그리스도께서 재림하신 경우에 "우리가 벗은 자들로 발견되지 않으려" 하기 때문이다.

4. 참으로 이 장막에 있는 우리가 짐진 것 같이 탄식하는 것은 벗고자 함이 아니요 오히려 덧입고자 함이니 죽을 것이 생명에 삼킨 바 되게 하려 함이라.

"이 장막"은, 사도가 앞에서 설명한 바와 같이, "땅에 있는 집"인 우리의 몸을 가리킨다. 우리의 "탄식"은 괴롭고 힘든 삶으로부터 나오는 탄식임과 동시에 신령한 몸을 덧입고자 하는 소원으로부터 나오는 탄식이기도 하다. "짐"은 육신적인 몸을 가리키는 것일 수도 있고, 죄를 가리키는 것일 수도 있으며(롬 7:24, "사망의 몸"), 환난과 괴로움들을 가리키는 것일 수도 있다. "벗고자 한다"는 것은 우리의 육신을 벗어 버리는 것, 즉 죽음을 의미한다(우리의 본성은 죽음을 싫어하고 피한다). "덧입는다"는 것은, 사도가 고린도전서 15:54에서 설명하고 있듯이, 우리의 "썩을 것이 썩지 아니함을 입고" 우리의 "죽을 것이 죽지 아니함을 입는" 것을 의미한다. 이것은 우리가 앞에서 말하였던 것, 즉 사도들은 저 마지막 심판의 날이 언제일지에 관한 하나님의 계시를 받은 것은 아니었지만, 그 심판의 날, 곧 죽은 자들이 부활하게 될 날이 자기 세대가 다 지나기 전에 임해서, 그들이 영원한 생명을 얻게 될 것이라고 상당히 확신하고 있었음을 다시 한 번 확증해 주는데, 사도가 여기에서 "죽을 것이 생명에 삼킨 바 될" 것이라고 말한 것은 바로 영생을 얻게 될 것을 가리키는 것이다. 죽음은 그 자체로는 바랄 만한 것이 아니고, 오직 믿는 자들이 저 영원한 생명을 얻을 수 있는 전제가 된다는 점에서만 바랄 만한 것이 된다. 또한, 앞에서 이미 말했듯이, 사도는 여기에서 죽기를 바라는 것이 아니라(이것은 이 절에서 "벗고자 함이 아니요"로 표현된다), 고린도전서 15:42에서는 "변화되는" 것으로 언급되고 여기에서는 "덧입는" 것으로 언급된 것을 바라는 것이다.

5. 곧 이것을 우리에게 이루게 하시고 보증으로 성령을 우리에게 주신 이는 하나님이시니라.

곧 이것을 우리에게 이루게 하시고. “이것”은 앞 절에 나온 “생명,” 곧 영원한 생명, 그리고 1절에서 말한 “손으로 지은 것이 아니요 하늘에 있는 영원한 집”을 가리킨다. 여기에서 “이것을 우리에게 이루게 하시고”로 번역된 구절을, 어떤 이들은 하나님께서 “이것을 위해서” 창조 때에 “우리를 지으셨고” 자신의 섭리를 따라 모태에서 우리의 몸을 지으셨다는 의미로 번역하고 해석하면서, 하나님께서는 사람들의 첫 번째 출생과 관련해서는 택하심의 여부와는 상관없이 가장 흉악한 악인들이나 우리나 차별 없이 영원한 생명을 주실 목적으로 사람들을 지으셨다는 것을 그 근거로 제시한다. 하지만 이 구절은 중생에 대하여 말하고 있는 것으로 해석하는 쪽이 훨씬 더 낫다. 따라서 여기에서 사도는 하나님에 의한 은혜의 역사에 대하여 말하고 있는 것임이 분명하다. 우리 자신을 장래의 복되고 영광스러운 모습으로 짓는 것은 우리가 할 수 있는 일이 아니다. 장차 영원한 생명을 얻도록 하기 위하여 우리를 준비시키시고, 그 영원한 생명에 대한 살아 있는 소망을 우리 속에서 생겨나게 하시는 분은 하나님이시다.

보증으로 성령을 우리에게 주신 이는 하나님이시니라. 하나님께서는 우리로 하여금 영원한 생명을 얻도록 하시기 위하여 우리 속에서 역사하셨을 뿐만 아니라, 장차 반드시 영원한 생명을 주실 것임을 보증하시기 위하여 우리에게 성령을 담보로 주셨다. 사도는 고린도후서 1:22에서 “그가 또한 우리에게 인치시고 보증으로 우리 마음에 성령을 주셨느니라”고 말한 바 있다. 하나님께서는 우리에게 성령을 주셔서 우리 안에 거하게 하시고, 성령으로 하여금 우리 속에서 역사하여, 사도가 앞에서 말한 것, 즉 “하나님께서 지으신 집 곧 손으로 지은 것이 아니요 하늘에 있는 영원한 집이 우리에게 있는 줄”을 우리에게 “알게” 하시고 확신하게 하신다. 하나님께서 자기 백성에게 주셔서 그들 안에 거하게 하시고 그들 속에서 역사하게 하신 은혜의 성령은 하나님이 그들을 위하여 준비해 두신 저 영광과 영원한 생명의 확실함을 보증해 주는 담보이다.

6. 그러므로 우리가 항상 담대하여 몸으로 있을 때에는 주와 따로 있는 줄을 아노니.

우리는 비록 육신을 입고 있지만, 장차 그러한 영광이 우리에게 주어지게 될 것과 죽을 것이 영원한 생명에 삼켜지게 될 것을 확신하고서, 항상 담대함과 평안함 가운데 있다. 왜냐하면, 우리는 우리가 우리의 흙집(우리의 몸)에 있는 동안에는, 하나님을 대면하여 뵐 수 있는 우리의 참된 본향으로부터 아주 멀리 떨어져 있는 까닭에, 믿는 자들은 "하늘에 있는" "더 나은 본향을 사모하는" 가운데 "땅에서는 외국인과 나그네"일 뿐이라는 것(히 11:13, 16)을 알기 때문이다.

7. 이는 우리가 믿음으로 행하고 보는 것으로 행하지 아니함이로라.

우리는 "보는 것으로," 즉 우리의 지각이나 감각의 어떤 증거들을 따라서가 아니라, "믿음으로" 행하고 살아간다. 사도는 이것을 히브리서 11:1에서는 "믿음은 바라는 것들의 실상이요 보이지 않는 것들의 증거"라고 말한다. 이 세상에서 육신의 눈으로는 오직 죽어 없어질 것과 썩어질 것과 비참하고 비루한 것만을 볼 수 있을 뿐이지만, 믿음의 눈으로 볼 때에는 영광스럽고 탁월한 또 다른 것들을 볼 수 있다. 따라서 우리는 믿음을 따라 눈에 보이지 않는 것들을 바라보며, 거기에 따라 우리의 삶을 정립해 나간다. 또는, 여기에서 "보는 것"은 성도들을 위하여 하늘에 예비된 지극히 복된 것들을 보는 것을 가리키는 것일 수도 있다.

8. 우리가 담대하여 원하는 바는 차라리 몸을 떠나 주와 함께 있는 그것이라.

우리는 그러한 복된 상태를 확신하기 때문에, 이 육신의 몸을 기꺼이 벗어 버리고, 하나님께로 가서 영광 중에 영원히 함께 거하기를 원한다.

9. 그런즉 우리는 몸으로 있든지 떠나든지 주를 기쁘시게 하는 자가 되기를 힘쓰노라.

우리가 적극적으로는 하나님의 뜻을 행하기에 "힘쓰고," 소극적으로는 우리에게 온갖 환난을 주시는 섭리 속에 존재하는 하나님의 뜻에 순복하기에 "힘써서," 육신을 입고 주로부터 떠나 있는 동안에도, 주께 인정받고 주를 기쁘시게 해 드리기 위하여 힘쓰는 것은, 장차 우리가 주와 함께 있게 될 때, 우리가 영광을 얻고 주와 같은 모습으로 변화되어 주와 영원토록 함께 하게 될 것이라는 소망, 아니 그러한 소망만이 아니라 그러한 확신이 우리에게 있기 때문이다.

10. 이는 우리가 다 반드시 그리스도의 심판대 앞에 나타나게 되어 각각 선악간에 그 몸으로 행한 것을 따라 받으려 함이라.

이는 우리가 다 반드시 그리스도의 심판대 앞에 나타나게 되어. 사도는 자기를 비롯한 모든 믿는 자들이 사나 죽으나 하나님께 인정받고 하나님을 기쁘시게 해드리기에 힘쓰는 이유를 여기에서 분명하게 밝히는데, 그것은 장차 최후의 심판이 있을 것임을 그들이 알고 확신하기 때문이었다. 하나님께서는 그리스도를 "살아 있는 자와 죽은 자의 재판장으로 정하셨기"(행 10:42) 때문에, 이 최후의 심판은 "그리스도의 심판대"라 불린다. 여기에서 "나타나다"로 번역된 헬라어 '페파네로스타이'(πεφανερῶσθαι)는 "분명하게 밝혀내다"를 의미하는 단어여서, 단지 심판대 앞에 선다는 뜻만이 아니라, 철저한 조사와 심문을 받아 모든 것이 낱낱이 드러난다는 뜻도 내포하고 있다. 이것은 성경에서 믿는 자들은 심판을 받지 않을 것이라고 말할 때, 그것은 믿는 자들이 심문과 조사를 받지 않는다는 것이 아니라(모든 사람이 심문을 받게 될 것이다), 정죄의 판결을 받지 않는다는 것임을 우리에게 알게 해 준다. 또한, 이것은 마지막 날에 이교도들은 부활하지 않을 것이라고 생각하는 자들의 견해가 잘못된 것임도 우리에게 알게 해 준다.

각각 선악간에 그 몸으로 행한 것을 따라 받으려 함이라. 사도는 여기에서 이 최후의 심판의 목적은 각 사람이 이 세상에서 육신을 입고 있는 동안에 행한 것을 따라 받게 하기 위한 것이라고 분명하게 선언한다. 즉, 각 사람은 이 세상에서 육신을 입고 있는 동안에 하나님이 요구하신 선한 일들을 행해 왔든지, 또는 하나님의 계시된 뜻에 어긋나는 죄악된 것들을 행해 왔든지 간에, 그들이 해 왔던 생각들과 말들과 행위들을 따라 심판을 받게 되리라는 것이다. 여기에서 "받는다"는 것이 무엇을 의미하는지는 마태복음 25:46이 잘 대답해 준다: "그들은 영벌에, 의인들은 영생에 들어가리라." 또한, 우리 구주께서는 이것을 요한복음 5:29에서 "선한 일을 행한 자는 생명의 부활로, 악한 일을 행한 자는 심판의 부활로 나오리라"고 말씀하신다.

11. 우리는 주의 두려우심을 알므로 사람들을 권면하거니와 우리가 하나님 앞에 알리어졌으니 또 너희의 양심에도 알리어지기를 바라노라.

우리는 하나님께서 각 사람이 육신으로 있을 때에 생각하고 말하고 행한 것들을 철저하게 조사하고 심문해서 심판하시게 될 저 크고 두려운 주의 날이 장차 있을 것임을 한 치의 의심도 없이 온전히 확신하기 때문에, 주 예수 그리스도를 믿고, 복음의 가르침을 따라 행하며, 우리를 비난하거나 비판하거나 욕하지 말고 도리어 사랑으로 대해 줄 것을 사람들에게 "권면하는" 것이다. 사람들이 우리의 진실을 믿어 주지 않고 우리를 계속해서 나쁘게 생각한다고 할지라도, 우리의 마음과 행실이 진실하다는 것은 "하나님 앞에 알리어져" 있어서, 하나님께서는 우리가 어떤 자들인지를 아시고, 우리가 그동안 어떤 식으로 행해 오고 처신해 왔는지를 아신다. 우리는 우리 자신이 한 점 부끄러움 없이 진실하게 행해 온 것을 확신하기 때문에, 그러한 진실이 하나님에게만이 아니라 "너희의 양심에도 알리어지기를 바라고" 있다. 왜냐하면, 우리가 너희 가운데서 어떻게 행하고 처신해 왔는지를 적어도 너희의 양심은 거짓 없이 너희에게 증언해 줄 것이기 때문이다.

12. 우리가 다시 너희에게 자천하는 것이 아니요 오직 우리로 말미암아 자랑할 기회를 너희에게 주어 마음으로 하지 않고 외모로 자랑하는 자들에게 대답하게 하려 하는 것이라.

나는 앞에서 이미 자신의 진심이 그들의 양심에 전해졌을 것임을 확신하고, 따라서 너희에게 내 자신을 더 이상 추천할 필요가 없기 때문에, 너희에게 내 자신을 추천하기 위하여 이런 말을 하는 것이 결코 아니고, 단지 너희에게 나를 그리스도의 사도로 자랑할 기회를 주기 위하여, 또는 나를 비방하는 거짓 사도들과 교사들의 온갖 중상모략에 맞서 나를 변호할 기회를 주기 위하여 이런 말을 하는 것이다. 왜냐하면, 너희 중에 있는 거짓 사도들과 교사들은 내면적으로는 그 어떤 자랑할 것도 가지고 있지 않고, 오직 자신들의 재물과 기지와 영악함을 통해서 겉으로만 그럴 듯한 복음 사역자들로 보일 뿐이기 때문이다.

13. 우리가 만일 미쳤어도 하나님을 위한 것이요 정신이 온전하여도 너희를 위한 것이니.

고린도 교인들 중 일부는 복음에 대한 바울의 뜨거운 열심, 또는 바울이 종종 겪었던 탈혼 상태, 또는 그들이 이해할 수 없는 것들을 말하는 것 등을 트집 잡아서, 바울을 미친 사람이라고 비방하였던 것으로 보인다. 사도행전을 보면, 로마 총독 베스도도 사도 바울에게 "네 많은 학문이 너를 미치게 하였다"(행 26:24)고 말하였다. 이러한 비방에 직면한 사도는 그들의 생각대로 자기가 정말 미쳐서 행한 것이라고 하여도, 그것은 하나님의 존귀와 영광을 위한 것이었고, 온전한 정신으로 행하였어도, 그것은 고린도 교인들을 위한 것이었다고 대답한다. 즉, 사도는 자기의 상태가 어떠하였든지 간에, 자기는 오로지 하나님을 섬기고 그들을 유익하게 하기 위하여 행해 왔을 뿐이라고 말한 것이다.

14. 그리스도의 사랑이 우리를 강권하시는도다 우리가 생각하건대 한 사람이 모든 사람을 대신하여 죽었은즉 모든 사람이 죽은 것이라.

"그리스도의 사랑"은 창세 전부터 그리스도 안에 있었던 사람들을 향한 사랑을 가리키는 것일 수 있다. 왜냐하면, 솔로몬이 잠언 8:31에서 우리에게 말해 주듯이, 창세 전부터 그리스도께서는 "사람이 거처할 땅에서 즐거워하며 인자들을 기뻐하였고," 이 사랑은 때가 되자 그리스도께서 우리와 같은 본성을 입으시고 이 땅에 오셔서 우리를 위하여 십자가에 죽으신 사건을 통해서 드러났기 때문이다. 우리 구주께서는 요한복음 15:13에서 "사람이 친구를 위하여 자기 목숨을 버리면 이보다 더 큰 사랑이 없나니"라고 말씀하셨다. 또는, "그리스도의 사랑"은 믿는 자들 안에 있는 그리스도를 향한 사랑을 가리키는 것일 수 있다. 이 두 가지 사랑은 "한 사람이 모든 사람을 대신하여 죽은" 것에 토대를 두고 있고, 둘 다 믿는 자들에게 압박을 가한다.

여기에서 "모든 사람"이 누구를 가리키는가에 대한 해석은 그리스도의 죽음이 미치는 범위에 관한 다양한 해석에 의해 달라지는데, 어떤 이들은 문자 그대로 모든 사람을 가리키는 것으로 이해하고, 어떤 이들은 모든 택함 받은 자들, 또는 그리스도를 믿는 모든 자들을 가리키는 것으로 이해하며, 어떤 이들은 유대인이든 이방인이든 모든 민족 중에서 몇몇 사람들을 가리키는 것으로 이해한다. 하지만 성경에서는 "모든"이라는 단어가 문자 그대로 "모든"을 가리키는 경우에도 사용되고, "많은"이라는 좀 더 제한적인 의미로도 사용되기 때문에, "한 사람이 모든 사람을 대신하여 죽었다"는 구절의 의미를 "모든"이라는 불변화사의 의미에 의거해서 확실하게 정하는 것은 어려운 일이다. 사도는 여기에서 "한 사람이 모든 사람을 대신하여 죽었은즉 모든 사람이 죽은 것이라"고 결론을 내리는데, 우리는 여기에서 "죽었다"는 것은, 사도가 에베소서 2:1에서 "그는 허물과 죄로 죽었던 너희를 살리셨도다"라고 말한 것처럼, 영적인 죽음을 가리키는 것으로 보아야 한다. 여기에서 사도의 논증은, 만일 모든 사람이 죄 가운데서 죽어 있었던 것이 아니었다면, 그리스도께서 그들의 죄를 대속하시고 죄책과 죄의 권능으로부터 그들을 속량하시기 위하여 죽으실 필요가 없으셨을 것이기 때문에, 그리스도께서 모든 사람을 위해서 죽으신 것이든, 아니면 오직 택함 받은 자들만을 위하여 죽으신 것이든, 그들을 위하여 그리스도께서 죽으신 것은 그들이 죽어 있었음을 보여 주는 분명한 증거라는 사실을 토대로 하고 있다.

15. 그가 모든 사람을 대신하여 죽으심은 살아 있는 자들로 하여금 다시는 그들 자신을 위하여 살지 않고 오직 그들을 대신하여 죽었다가 다시 살아나신 이를 위하여 살게 하려 함이라.

그리스도께서 사람들을 대신하여 죽으신 것은 단지 그들을 죄책으로부터 속량하시기 위한 것이었을 뿐만 아니라, 그들의 허망한 행실로부터 건져내셔서, 자신의 은혜로 말미암아 살게 된 자들("살아 있는 자들")로 하여금 그들 자신을 삶의 목적으로 삼아서 그들 자신을 섬기고 그들 자신의 부패한 욕심들을 채우는 삶을 사는 것이 아니라, 그들을 위하여 죽으셨다가 죽은 자 가운데서 다시 살아나신 그리스도를 섬기며 그리스도께 영광과 존귀를 돌리는 것을 그들의 삶의 목적으로 삼게 하기 위한 것이기도 하였다. 그래서 사도는 로마서 14:7-8에서 "우리 중에 누구든지 자기를 위하여 사는 자가 없고 자기를 위하여 죽는 자도 없도다 우리가 살아도 주를 위하여 살고 죽어도 주를 위하여 죽나니 그러므로 사나 죽으나 우리가 주의 것이로다"라고 말한다. 믿는 자들은 그리스도의 죽으심으로부터는 자신들이 죄에 대하여 죽은 삶을 살 수 있는 힘을 가져오고, 그리스도의 부활로부터는 자신들이 새 생명의 삶을 살 수 있는 힘을 가져온다. 그들은 그리스도께서 그들을 위하여 죽으셨다가 다시 부활하신 것이라면, 그들은 전에 죄와 허물 가운데서 죽어 있었던 것이라는 결론을 내리고서, 이제 영적으로 살아나게 된 지금에 있어서는, 그들이 그들 자신의 이익이나 존귀나 명성이나 욕심이나 열정을 따라 자기 자신을 위하여 살아가는 것이 아니라, 그들을 죄책과 죄의 권능으로 속량하시기 위하여 죽으셨다가 그들로 하여금 새 생명 속에서 거룩하게 살도록 하시기 위하여 다시 살아나신 그리스도께 순종하여, 그리스도의 영광과 존귀를 위하여 살아가는 것이 마땅하다는 판단을 내리게 된다.

16. 그러므로 우리가 이제부터는 어떤 사람도 육신을 따라 알지 아니하노라 비록 우리가 그리스도도 육신을 따라 알았으나 이제부터는 그같이 알지 아니하노라.

그러므로 우리가 이제부터는 어떤 사람도 육신을 따라 알지 아니하노라. 성경에서 감각이나 지각을 가리키는 단어들은 통상적으로 단순히 그 단어들이 표현하는 감각이나 지각의 행위만이 아니라 그 이상의 것을 의미한다. 특히, "알다"라는 단어는 통상적으로 단지 어떤 것을 "아는" 것을 넘어서서 "인정하고 시인한다"는 의미를 지니는데, 그것은 여기에서도 마찬가지이다. 따라서 "우리가 이제부터는 어떤 사람도 육신을 따라 알지 아니한다"는 것은, 우리의 직분을 수행하면서, 우리는 그 어떤 사람도 그 사람의 육신적인 것들, 즉 그 사람의 외적인 형편과 사정을 따라 바라보거나 판단하지 않는다는 것이다. 여기에서 육신적인 것들은 육신적인 관계들이나 재산이나 지위나 신분 등과 같이 영적인 것이 아닌 모든 것들을 다 포괄적으로 가리킨다.

비록 우리가 그리스도도 육신을 따라 알았으나. 바울이 전에는 육신을 따라 그리스도를 알았다는 것은, 그가 자신의 육신의 눈으로 그리스도를 본 그대로 그리스도를 알았다는 의미가 아니라, 그리스도께서 이 땅에서 삼십 여년 동안 육체로 사시면서 사람들과 교제하신 그 모습을 다른 사람들로부터 들은 그대로 그리스도를 알았다는 의미이다. 왜냐하면, 바울은 그리스도께서 육체로 이 땅에서 사신 모습을 본 적이 없고, 오직 부활하시고 승천하셔서 하나님의 오른편에 앉아 계신 그리스도만을 보았기 때문이다(행 9장). 이제부터는 그같이 알지 아니하노라. 하지만 지금 내가 알고 있는 그리스도는, 이 땅에서 육체로 살아 가셨던 그리스도의 모습을 보거나 듣고서 알게 된 그리스도가 아니라, 오직 부활하셔서 영광스러운 몸을 입으시고 하나님의 오른편에 앉아 계신 바로 그 그리스도이다.

17. 그런즉 누구든지 그리스도 안에 있으면 새로운 피조물이라 이전 것은 지나갔으니 보라 새 것이 되었도다.

"누구든지 그리스도 안에 있으면"은 "누구든지 믿음으로 말미암아 그리스도에게 접붙임이 되어서 그리스도와 연합되어 있기만 하다면"이라는 의미이다. 그 사람은 "새로운 피조물"이다. 여기에서 "새로운 피조물"로 번역된 헬라어는 직역하면 "새로운 창조물"이 되는데, 이것은 오직 하나님의 권능만이 이루어낼 수 있는 사람의 심령 속에서의 지극히 큰 변화를 나타낸다. 이 동일한 표현은 갈라디아서 6:15에서도 사용된다: "할례나 무할례가 아무 것도 아니로되 오직 새로 지으심을 받는 것만이 중요하니라." 헬라어 본문에는 동사가 생략되어 있기 때문에, 어떤 해석자들은 이 구절을 "새로운 피조물이 되는 것이 마땅하다"로 번역하지만, 이 절의 후반부는 사도가 전반부에서 이미 과거에 이루어진 일을 말하고 있다는 것을 보여 준다: 그리스도 안에 있는 자는 누구든지 "새로운 피조물"이 된 것이다. 그 사람의 "이전 것들," 즉 이전의 감정들과 취향들과 생각들은 "지나갔고," 그 결과 "새 것이 되었다." 그 사람은 이전과 동일한 존재이지만, 질적으로 새로운 특질들과 속성들을 지니게 되어서, 그 사람의 지각이나 의지나 감정은 새롭게 되었고, 그 사람의 생각이나 계획이나 의도도 완전히 새로워졌다. 이것은 "그리스도 안에 있다"는 것이 단지 교회에 속해 있다는 것을 의미하는 것이 아니라, 이교 사상을 버리고 회심하여 기독교 신앙을 받아들이게 된 것을 의미한다는 것을 보여 준다. 왜냐하면, 교회에 속한 사람들 중에서도, 새롭게 지으심을 받아서 새로운 피조물이 되지 못한 자들이 많이 있기 때문이다.

18. 모든 것이 하나님께로서 났으며 그가 그리스도로 말미암아 우리를 자기와 화목하게 하시고 또 우리에게 화목하게 하는 직분을 주셨으니.

모든 것이 하나님께로서 났으며. 우리의 마음속에서 일어난 이러한 변화는 우리 자신의 힘으로 이루어낸 것이 아니라, 하나님의 크고 강력한 능력에 의한 것이다. 그래서 요한복음 1:13에서는 "이는 혈통으로나 육정으로나 사람의 뜻으로 나지 아니하고 오직 하나님께로부터 난 자들이니라"고 말한다. 하나님은 이 변화를 일어나게 하시는 일차적인 원인이시다. 그가 그리스도로 말미암아 우리를 자기와 화목하게 하시고. 하나님께서는 자신의 원수들이었던 우리를, 자신의 아들 예수 그리스도가 흘리신 피를 근거로 해서 그리스도의 영의 실제적인 역사를 통하여 자기와 화목하게 하시고 친구들로 삼으셨다. 또 우리에게 화목하게 하는 직분을 주셨으니. 또한, 하나님께서는 우리에게 복음을 전하는 소임을 맡기셨다. 우리를 자기와 화목하게 만들기로 작정하시고 그 계획을 실행하신 이는 하나님이시고, 하나님의 그러한 계획에 따라, 하나님께서 사람들과 화목을 이루실 수 있도록 그 토대를 마련하신 이는 그리스도이시다. 즉, 그리스도의 피는 우리를 하나님과 화목하게 하기 위해 지불되어야 했던 대가였다. 그러나 하나님께서는 이 화목하게 하는 일, 곧 복음의 사역을 그리스도의 사도들과 그 이후의 복음 사역자들에게 맡기셨기 때문에, 이 "화목하게 하는 직분"을 받은 자들에 의해서 이 화목에 관한 소식은 여전히 하나님의 원수들인 자들에게 전파된다. 따라서 사도들을 비롯한 복음 사역자들은 하나님께서 사람들에게 이 화목을 전하여 이루실 때에 사용하시는 일꾼들일 뿐이다. 하나님은 그들을 세우셔서 이 화목의 복음을 널리 전하게 하시고, 사람들에게 하나님과 화목하라고 권하게 하셨다.

19. 곧 하나님께서 그리스도 안에 계시사 세상을 자기와 화목하게 하시며 그들의 죄를 그들에게 돌리지 아니하시고 화목하게 하는 말씀을 우리에게 부탁하셨느니라.

하나님께서 그리스도 안에 계시사 세상을 자기와 화목하게 하시며 그들의 죄를 그들에게 돌리지 아니하시고. 어떤 이들은 여기에서 "세상"은 온 인류를 가리키는 것으로 이해하고, "화목하게 하셨다"는 것은 하나님과 화목할 수 있는 길을 열어 놓으셨다는 것을 뜻하는 것으로 이해한다. 그러나 그러한 해석은 그들이 그리스도의 죽으심은 모든 사람을 위한 것이었다고 생각하는 견해를 지나치게 고집하는 데서 나온 것이다. 성경 본문들에서는 "세상"이라는 단어를 훨씬 더 제한되고 좁은 의미로 사용하는 경우가 많다는 것은 분명한데, 여기에서 특별히 이 단어를 그렇게 넓은 의미로 해석할 이유나 근거는 전혀 없고, 도리어 사도가 이 절의 후반부에서 "그들의 죄를 그들에게 돌리지 아니하셨다"고 말하고 있다는 것은 이 단어를 좁은 의미로 해석하는 것이 옳다는 것을 보여 준다. 왜냐하면, 그들의 주장대로, 하나님께서 그리스도 안에서 온 인류를 자기와 화목하게 하셨다는 의미로 이 구절을 해석하는 것이 맞는다면, 하나님께서는 그 누구의 죄도 당사자에게 돌려서는 안 되기 때문이다. 그러나 사도가 여기에서 "그들의 죄를 그들에게 돌리지 아니하셨다"고 할 때에 "그들"은 오직 믿는 자들만을 가리킨다는 것은 너무나 분명하다. 따라서 이것은 여기에서 "세상"은, 이방인이든 유대인이든 하나님께서 그 죄를 그들에게 돌리지 않으시는 자들, 즉 택함 받은 자들이나 믿는 자들을 가리킨다.

화목하게 하는 말씀을 우리에게 부탁하셨느니라. 하나님께서는 이 화목을 사람들에게 알게 하는 말씀을 널리 전하는 일을 우리 사도들과 이후에 우리의 뒤를 이을 복음 사역자들에게 맡기셨다. 복음은 사람들을 하나님과 화목하게 하는 수단이 되는 말씀이라는 것은 복음과 복음을 전하는 일에 대한 대단한 찬사이다.

20. 그러므로 우리가 그리스도를 대신하여 사신이 되어 하나님이 우리를 통하여 너희를 권면하시는 것 같이 그리스도를 대신하여 간청하노니 너희는 하나님과 화목하라.

사도는 여기에서 최초이자 주된 복음 사역자들이었던 사도들만이 아니라 그 밖의 다른 모든 복음 사역자들에 대한 참된 개념 내지 정의를 우리에게 제시해 주고, 모든 사역자들이 어떠하여야 하며, 참된 복음 사역자는 어떤 모습인지를 우리에게 가르쳐 준다. 그들은 "그리스도를 대신하여 사신이 된" 자들이다. 사람과 하나님 간에는 본성적인 적대관계가 존재한다. 사람은 본성적으로 하나님을 미워하고, 하나님은 사람에 대하여 분노하신다. 사도는 골로새서 1:21-22에서 "전에 악한 행실로 멀리 떠나 마음으로 원수가 되었던 너희를 이제는 그의 육체의 죽음으로 말미암아 화목하게 하사 너희를 거룩하고 흠 없고 책망할 것이 없는 자로 그 앞에 세우고자 하셨으니"라고 말한다. 그래서 그리스도께서 사람을 하나님과 화목하게 하시기 위해서, 자신의 피를 속전으로 지불하실 수밖에 없으셨다. 하지만 실제로 어떤 사람이 그리스도를 자신의 주와 구주로 영접할 때까지는, 하나님과 그 사람 간의 적대관계는 없어지지 않고, 그리스도께서 준비해 두신 둘 간의 화목은 실제로 이루어지지 않는다. 왕들이 적대관계에 있는 나라와 화친하기 위해서 사신을 보내듯이, 하나님께서는 자신과 적대관계에 있는 자들에게 자신의 사신인 사도들과 복음 사역자들을 보내신다. 왕의 사신들이 자신들을 사신으로 보낸 왕을 대표하여, 왕의 이름으로 적국에게 화친을 권유하는 것과 마찬가지로, 하나님의 사신인 복음 사역자들도 하나님을 대신하여 그리스도의 이름으로 하나님의 화목의 말씀인 복음을 전한다. 복음 사역자들의 소임은 사람들에게 하나님과 화목하라고 권하고, 그들의 무기를 내려놓고서, 복음에 나와 있는 화평과 화목의 조건들을 받아들이라고 권하는 것이다.

21. 하나님이 죄를 알지도 못하신 이를 우리를 대신하여 죄로 삼으신 것은 우리로 하여금 그 안에서 하나님의 의가 되게 하려 하심이라.

하나님이 죄를 알지도 못하신 이를 우리를 대신하여 죄로 삼으신 것은. 그리스도께서는 죄를 짓지 않으셨고, 죄를 범함으로써 가지게 되는 죄책도 없으셨기 때문에, "죄를 알지도 못하신 이"셨다. 우리 구주께서는 요한복음 8:46에서 "너희 중에 누가 나를 죄로 책잡겠느냐 내가 진리를 말하는데도 어찌하여 나를 믿지 아니하느냐"고 말씀하셨고, 베드로전서 2:22에서는 그리스도에 대하여 "그는 죄를 범하지 아니하시고 그 입에 거짓도 없으시며"라고 말한다. 그런데도 하나님께서는 그리스도를 "우리를 대신하여 죄로 삼으셨고," 따라서 "범죄자 중 하나로 헤아림을 받으셨다"(사 53:12). 우리의 죄가 그리스도께 전가되었기 때문에, 그리스도께서는 개인적으로 죄인이 아니셨지만, 죄인으로 간주되셨고, 하나님에 의해 죄인으로 다루어지셨다. 왜냐하면, 그리스도는 우리의 죄를 희생제물, 곧 속죄제물이 되셨기 때문이다. 따라서 레위기 4:3, 25, 29; 5:6; 7:2에 나오는 "속죄제물"은 그리스도라는 우리의 속죄제물에 대한 율법의 모형이었다.

우리로 하여금 그 안에서 하나님의 의가 되게 하려 하심이라. 하나님께서 이렇게 그리스도를 우리의 죄를 대신한 속죄제물로 삼으신 것은, 그리스도의 의가 우리에게 전가되어서, 우리로 하여금 하나님이 열납하실 만한 의를 덧입어 하나님 앞에서 의롭게 되도록 하시기 위한 것이었다. 그리스도께서 자기 속에 내재해 있던 어떤 죄로 인해서 죄인이 되신 것이 아니라, 그리스도께 전가된 우리의 죄로 인하여 죄인이 되신 것과 마찬가지로, 우리도 우리 안에 내재해 있는 어떤 의로 인해서 의인이 된 것이 아니라, 우리에게 전가된 그리스도의 의로 인해서 의인이 되었다.

MATTHEW POOLE'S COMMENTARY

고린도후서 6장

개요

1. 바울은 고린도 교인들에게 하나님의 은혜를 헛되게 하지 말라고 간청함(1-2).
2. 자신의 직분이 비방을 받지 않게 하기 위하여 많은 고통과 인내 가운데서 그 직분을 수행해 왔다고 말함(3-10).
3. 자기는 그들에 대하여 품고 있는 큰 사랑으로 인해서 말하기 어려운 일들도 마음을 열고 말한 것이라고 함(11-12).
4. 그들도 자기와 같은 그런 사랑으로 자기에게 마음을 열기를 바란다고 함(13).
5. 믿지 않는 자들과 친밀한 관계를 맺어서는 안 된다고 함(14-15).
6. 그리스도인들은 살아 계신 하나님의 성전들임(16-18).

1. 우리가 하나님과 함께 일하는 자로서 너희를 권하노니 하나님의 은혜를 헛되이 받지 말라.

우리가 하나님과 함께 일하는 자로서. 복음 사역과 관련된 모든 일을 행하시고 이루시는 분은 그리스도이시고, 우리는 단지 도구로서 그리스도를 섬길 뿐이지만, 복음 사역자들은 그리스도의 동역자들이다. 그리스도께서는 아버지 하나님의 진노의 포도주 틀을 홀로 밟으셨고, 인간의 구원을 이루시기 위하여 홀로 피를 흘리셔야 했지만, 그렇게 해서 얻어진 구원을 구체적으로 사람들에게 적용하는 일에서는 우리를 동역자로 인정하신다. 각 사람의 심령에 역사하여 그 마음을 변화시키는 내적인 역사는 오직 성령께서 행하실 수 있는 일이지만, 성령께서 그렇게 각 사람의 내면에 역사하실 수 있도록, 사람들에게 복음을 전하고 권하는 일은 사역자들의 몫이다. 이런 식으로 사역자들은 그리스도와 동역한다. 그리스도 없이는, 사역자들은 아무것도 할 수 없다. 그들은 일꾼들이지만, 반드시 그리스도와 함께 일하여야 하고, 단독으로는 아무 일도 할 수 없다. 그러므로 사역자들이 그리스도와 동역하지 않고 단독으로 일할 때, 그들의 수고는 모두 헛된 것이 되고 만다.

너희를 권하노니 하나님의 은혜를 헛되이 받지 말라. 하나님께서 값없이 거저 주시는 것은 무엇이든지 "은혜"라 불리기 때문에, 신약성경에서 이 단어는 다양한 의미로 사용된다. 그러나 여기에 나오는 "은혜"는 사역자들이 전한 복음의 교훈을 가리킨다. 고린도 교인들은 바울을 비롯한 여러 사역자들로부터 직접 그들의 귀로 이 복음을 들었고 그 교훈을 받은 바 있다. 바울을 비롯한 모든 경건한 사역자들의 소임은, 사람들에게 복음을 전하면서, 그 복음을 믿고 받아들여, 그 교훈이 보여 주는 거룩한 규범을 따라 살아가도록 지극히 온유하고 간곡하게 권하는 것이다. 그들이 이렇게 복음을 믿고 받아들여서 그 교훈대로 살아가지 않는다면, 그들에게 복음과 은혜의 방편들을 주신 하나님의 모든 자비하심은 헛것이 되고 아무 소용도 없게 된다. 이렇게 하나님께서는 사람들에게 은혜를 주시려고 자신의 사역자들을 보내시기 때문에, 하나님의 사역자들은 구원받을 자들에게나 망하는 자들에게나 "그리스도를 아는 냄새"(고후 2:14)이다. 사도가 여기에서 말한 "은혜"가 고린도 교인들의 심령 속에서 열매를 맺은 하나님의 은혜를 가리킨다고 보는 것은 옳지 않다. 왜냐하면, 그런 은혜를 헛되이 받는 것은 있을 수 없는 일이기 때문이다.

2. 이르시되 내가 은혜 베풀 때에 너에게 듣고 구원의 날에 너를 도왔다 하셨으니 보라 지금은 은혜 받을 만한 때요 보라 지금은 구원의 날이로다.

이르시되 내가 은혜 베풀 때에 너에게 듣고 구원의 날에 너를 도왔다 하셨으니. 여기에 인용된 말씀은 이사야서 49:8의 칠십인역 본문을 가져온 것이다. 어떤 이들은 이사야서에 나오는 말씀은 일차적으로 현세적인 구원에 관한 것이었는데, 단지 사도가 그것을 그리스도에 의해 이루어진 영적인 구원을 예언하는 것으로 해석하고 있는 것이라고 생각한다. 하지만 대부분의 최고의 해석자들은 이사야서 49장 전체는 그리스도에 관한 것이고, 거기에서 말한 구원도 복음으로 말미암은 영적인 구원을 가리키는 것으로 보아야 한다고 생각하는데, 사도 바울도 여기에서 바로 그것에 대하여 말하고 있고, 이사야서에 나오는 말씀을 아버지 하나님께서 자신의 아들인 그리스도에게 하신 말씀으로 보고 있다. 즉, 사도는 이사야서의 이 본문을, 하나님이 그리스도께서 인간을 속량하시는 일을 이루고자 하실 때에 그리스도를 받으시고 도우셨다는 것을 증언하는 말씀으로 본 것이다. 이 해석에 따르면, 여기에서 "은혜 베풀 때"(헬라어를 직역하면 "받을 만한 때" 또는 "받아들여질 만한 때")는 사도가 갈라디아서 4:4에서 "때가 차매"라고 말한 것과 동일한 의미를 지닌다(사도는 디모데전서 1:15에서 복음을 "미쁘다 모든 사람이 받을 만한 이 말이여"라고 말한 것과 동일한 의미로 이 표현을 이해한 것일 수도 있기는 하지만). 그런 의미에서 구약에서는 복음 시대를 하나님께 기쁘게 받으실 때가 될 것이라고 예언하였다(창 49:10; 학 1:8). 보라 지금은 은혜 받을 만한 때요 보라 지금은 구원의 날이로다. 이사야 선지자가 말한 대로, 지금은 받아들여질 수 있는 때이고 구원의 날이기 때문에, 너희는 이 복음의 은혜를 받아들여서 그 규범에 따라 살아가는 것이 마땅하다.

3. 우리가 이 직분이 비방을 받지 않게 하려고 무엇에든지 아무에게도 거리끼지 않게 하고.

무엇에든지 아무에게도 거리끼지 않게 하고. "거리끼지 않게 한다"는 것은 다른 사람들이 영적으로 걸려 넘어지거나 실족하게 할 수 있는 그 어떤 행위도 하지 않는다는 것, 즉 다른 사람들이 하나님을 거슬러 죄를 짓거나, 그들의 마음이 그리스도 및 그의 복음에 대한 신앙 고백으로부터 떠나게 만들 수 있는 그 어떤 것도 하지 않는다는 것을 의미한다. 우리는 이 말씀을 모든 그리스도인들에게 주어진 일반적인 명령으로 이해할 수도 있고(고전 10:32, "유대인에게나 헬라인에게나 하나님의 교회에나 거치는 자가 되지 말고"), 바울과 디모데를 비롯한 복음 사역자들에게 주어진 명령으로 이해할 수도 있지만, 이후의 절들은 후자의 견해를 지지하는 것으로 보인다. 복음 사역자들은 그리스도의 교회의 참된 목회자들답게 양 무리보다 앞장서서 모범을 보이는 것이 마땅하다. 우리가 이 직분이 비방을 받지 않게 하려고. 여기에서 "이 직분"은 사도의 직분을 가리키는 것일 수도 있고, 고린도후서 5:18에서 "화목하게 하는 직분"이라 불린 복음을 가리키는 것일 수도 있다. 복음 사역자들과 일반 그리스도인들이 사람들로 하여금 거리끼게 하는 문제 되는 행동을 한 경우에는, 사도나 복음 전도자로서의 직분만이 아니라 복음 자체도 비방을 받게 된다. 왜냐하면, 기독교 신앙을 잘 모르는 사람들은 복음의 가르침이나 직분을 복음 사역자들이나 그리스도인들과 따로 구별해서 생각하지 않고, 후자가 잘못하면, 전자까지 싸잡아 비방하기 때문이다.

4. 오직 모든 일에 하나님의 일꾼으로 자천하여 많이 견디는 것과 환난과 궁핍과 고난과.

오직 모든 일에 하나님의 일꾼으로 자천하여. 복음 사역자들은 일차적으로는 "하나님의 일꾼들"이고, 그 다음으로 교회의 사역자들이자 종들이기 때문에, 그리스도께 순종하는 범위 내에서만 교회를 섬겨야 한다. 문제 있는 삶을 사는 사람은 그 누구도 하나님의 일꾼으로 자처할 수 없다. 왜냐하면, 하나님께서는 사람들 앞에 걸림돌을 놓기 위해서가 아니라 제거하기 위해서 자신의 일꾼들을 보내신 것이기 때문이다. 많이 견디는 것과 환난과 궁핍과 고난과. "견딘다"는 것은 하나님께서 명하신 일들을 준행하는 가운데 겪는 온갖 해악들을 묵묵히 기쁜 마음으로 감내해 내는 것을 의미하거나, 하나님의 뜻이라면, 인내로써 그 뜻에 순종해서, 아무리 무거운 멍에라도 기꺼이 자신의 목에 메고자 한다는 것을 의미한다. 사도는 계속해서 그러한 해악들에 속하는 여러 가지 것들을 열거하는데, "환난"은 우리의 육신에 괴로움을 가져다주는 온갖 해악들을 가리키는 일반적인 용어이고, "궁핍"은 사람의 육신에 필요한 음식이나 옷 같이 사람이 살아가는 데 소용되는 여러 가지 것들이 부족하거나 결핍되어 있는 상태를 가리키며, 여기에서 "고난"으로 번역된 헬라어는 원래 사람이 궁지에 몰려서 어떻게 헤쳐 나가야 할지를 몰라서 곤경에 빠지게 된 것을 의미하고, 비유적으로는 어떻게 해야 할지를 모르게 되는 것을 의미한다.

5. 매 맞음과 갇힘과 난동과 수고로움과 자지 못함과 먹지 못함 가운데서도.

매 맞음들. 사도는 고린도후서 11:23-24에서는 "매도 수없이 맞았다"고 하면서 "유대인들에게 사십에서 하나 감한 매를 다섯 번 맞았다"고 말하고, 사도행전 16:23에서는 빌립보에서 사도가 관리들에 의해서 많이 맞았다고 보도한다. 갇힘들. 사도가 여기에서 "갇힘"을 복수형으로 말하고 있는 것으로 보아서, 그와 실라가 빌립보의 감옥에 갇힌 것(행 16:23) 외에도, 사도는 이 서신을 쓰기 전에 또 다른 투옥도 겪은 것이 분명하다. 난동들. 이것은 유대인들이나 이교도들이 일으킨 소동이나 난동들을 의미하는데, 사도행전 19:21-41에는 데메드리오가 에베소에서 사도를 상대로 부린 난동에 관한 기사가 나온다. 어떤 이들은 여기에 언급된 "난동들"이 사도가 어느 한 곳에 정착해서 평안하게 지내지를 못하고, 일정한 거처나 주거도 없이 이리저리 떠도는 삶을 산 것을 가리키는 것으로 이해하지만, 누가복음 21:9("난리와 소요의 소문을 들을 때에")과 고린도전서 14:33("하나님은 무질서의 하나님이 아니시요")에서 이 단어의 용법을 볼 때, 전자가 여기에서 이 단어의 의미인 것으로 보인다. 수고로움들. 이것은 바울이 자신의 손으로 수고한 것들(행 18:3["생업이 같으므로 함께 살며 일을 하니 그 생업은 천막을 만드는 것이더라"]; 20:34["여러분이 아는 바와 같이 이 손으로 나와 내 동행들이 쓰는 것을 충당하여"])을 가리키는 것일 수도 있고, 바울이 여기저기를 다니며 복음을 전하고 교회들을 돌보는 수고를 한 것을 가리키는 것일 수도 있다. 여기에서 "수고로움"으로 번역된 단어는 사람들이 힘들고 고통스럽게 어떤 일들을 하는 것을 가리키는 데 일반적으로 사용된다. 자지 못함들. 이것은 바울이 복음을 위하여 일하다가 "여러 번 자지 못한"(고후 11:27) 것을 가리킨다. 먹지 못함들. 이것은 바울이 고린도전서 9:27에서 "내가 내 몸을 쳐 복종하게 함은 내가 남에게 전파한 후에 자신이 도리어 버림을 당할까 두려워함이로다"

라고 말한 것처럼, 신앙적인 이유로 행한 금식들을 가리킨다.

6. 깨끗함과 지식과 오래 참음과 자비함과 성령의 감화와 거짓이 없는 사랑과.

깨끗함. 사도는 앞 절에서 자기가 복음의 일꾼으로 일하면서 인내하고 여러 환난들을 견딘 것에 대하여 말한 후에, 이제 이 절에서는 좀 더 내면적인 성결의 문제로 넘어와서, 자기가 사도의 직분을 수행할 때에 사심 없는 순전한 마음으로 그 직분을 수행하였다는 것을 "깨끗함"이라는 포괄적인 개념을 사용해서 분명하게 밝힌다. 즉, 사도는 자기가 모든 사람에게 복음을 전하고 가르칠 때에 지식과 믿음과 온유함과 자비함과 선함에 있어서 한 점 부끄러움 없이 깨끗하였다는 것이다. 여기에서 "깨끗함"으로 번역된 단어는 어떤 이들의 생각과는 달리 특정한 덕목을 가리키는 것이라기보다는, 사도의 마음과 행실이 전체적으로 올바른 것이었음을 나타낸다. 지식은 신령한 일들에 대한 올바른 이해와 개념을 의미한다. 믿음은 이런 의미에서의 지식이라는 토대 위에 세워져서, 사람들의 "마음을 깨끗이 하는"(행 15:9) 특별한 힘을 지니고 있다. 지식 없이는 깨끗함도 있을 수 없다(잠 19:2, "지식 없는 소원은 선하지 못하고"). 사도가 여기에서 말하는 오래 참음은 다른 사람들이 화나게 하거나 해악을 끼쳐도 쉽게 화내지 않는 것을 가리킨다. 여기에서 자비함으로 번역된 단어는 일반적으로 다른 사람들을 기쁘게 해주거나 다른 사람들에게 유익이 되게 하고자 하는 선한 뜻을 지니고 있다는 것을 가리킨다. 성령의 감화라는 말을 통해서 사도는 자기가 지금까지 자신의 힘이 아니라 성령의 감화와 도우심을 따라 행해 왔다는 것을 보여 준다. 여기에서 사도가 말한 거짓이 없는 사랑은 하나님의 성령이 은혜 가운데서 사도의 심령 속에서 만들어 낸 성품으로서, 앞에 언급된 "오래 참음"과 "자비함"의 토대와 원천이 되는 성품을 가리키는 일반적인 용어이다.

7. 진리의 말씀과 하나님의 능력으로 의의 무기를 좌우에 가지고.

바울이 여기에서 진리의 말씀을 언급한 것은, 어떤 이들이 생각해 온 것과는 달리, 사도가 모든 사람들에게 진리를 전해 왔다는 의미라기보다는, 자기는 진리의 말씀인 하나님의 말씀을 늘 마음에 새기고 그 말씀을 따라 살아 왔다는 의미인 것으로 보인다. 또한, 사도는 하나님의 능력으로, 즉 하나님의 성령께서 우리의 마음속에서 역사하셔서 우리로 하여금 우리가 전하는 가르침대로 살아갈 수 있게 하시는 바로 그러한 하나님의 능력을 의지해서 살아 왔고 일해 왔다고 말한다. 어떤 이들은 여기에서 "하나님의 능력"은 하나님이 사도들에게 주신 능력, 즉 이적들을 행하는 특별한 능력을 가리키는 것으로 이해하고, 어떤 이들은 사도가 로마서 1:16에서 "모든 믿는 자에게 구원을 주시는 하나님의 능력"이라고 한 "복음"을 가리키는 것으로 이해한다. 따라서 우리는 여기에서 사도가 말한 "하나님의 능력"은 첫 번째 해석과 마지막 해석을 결합한 의미라고 볼 수 있을 것이다. 왜냐하면, 복음이 선포될 때에 성령께서 사람들의 심령 속에 능력으로 역사하셔서, 복음의 가르침이 심령 속에 받아들여지게 하지 않는다면, 복음 자체로는 사람들에게 구원을 주시는 하나님의 능력이 될 수 없을 것이기 때문이다. 의의 무기는 선한 양심을 의미한다. 선한 양심이라는 "의"는 사도가 전체적으로 올바른 삶을 살아 오지 않았다면 존재할 수 없었을 것인데, 이 선한 양심은 형통할 때나 역경에 처해 있을 때나 사도를 모든 시험으로부터 지켜 주는 역할을 하였다. 이런 의미에서 솔로몬이 잠언 10:9에서 "바른 길로 행하는 자는 걸음이 평안하려니와 굽은 길로 행하는 자는 드러나리라"고 말한 것은 옳고, 다윗은 시편 25:21에서 "내가 주를 바라오니 성실과 정직으로 나를 보호하소서"라고 기도하였다.

8. 영광과 욕됨으로 그러했으며 악한 이름과 아름다운 이름으로 그러했느니라 우리는 속이는 자 같으나 참되고.

영광과 욕됨으로 그러했으며 악한 이름과 아름다운 이름으로 그러했느니라. 사도는 여기에서 우리가 존귀하게 대접을 받을 때나 모욕을 당할 때나, 좋은 말을 들을 때나 나쁜 말을 들을 때나 한결같이 진실하게 행하였다고 말한다. 이것은 처음부터 그리스도의 모든 충성스러운 사역자들이 짊어져야 할 숙명이었다. 복음 사역자들은 하나님의 일을 하면서, 존귀한 대접을 받기도 하고 모욕과 비방을 당하기도 하며, 좋은 말을 듣기도 하고 나쁜 말을 듣기도 한다. 우리는 속이는 자 같으나 참되고. 사도들은 사람들을 미혹하는 사기꾼들이라는 말을 듣기도 하였고, 진실한 사람들이라는 말을 듣기도 하였다. 사도들의 본분은, 사람들로부터 좋은 말을 듣든 나쁜 말을 듣든, 존귀한 대접을 받든 모욕적인 대접을 받든, 한결같이 진실하고 참되게 행하는 것이다.

9. 무명한 자 같으나 유명한 자요 죽은 자 같으나 보라 우리가 살아 있고 징계를 받는 자 같으나 죽임을 당하지 아니하고.

무명한 자 같으나 유명한 자요. 우리는 충분히 잘 알려져 있는 유명한 자들인데도, 유대인들과 이교도들은 우리를 전혀 모르는 자들로 취급하였다. 또는, 세상은 우리와 관련된 다른 사정이나 상황에 대해서는 아주 잘 알면서도, 정작 하나님과 관련해서 우리가 어떤 자들인지에 대해서는 알지 못한다. 죽은 자 같으나 보라 우리가 살아 있고. 우리는 매일같이 쫓기고 박해를 받아서 다 죽게 된 사람들처럼 보이지만, 하나님의 섭리와 능력으로 말미암아 이렇게 여전히 살아 있다. 징계를 받는 자 같으나 죽임을 당하지 아니하고. 하늘에 계신 우리 아버지께서는 우리를 징계하지만, 우리는 완전히 죽임을 당하지는 않는다. 사도는 시편 118:18을 염두에 두고 이런 말을 한 것으로 보인다: "여호와께서 나를 심히 경책하셨어도 죽음에는 넘기지 아니하셨도다."

10. 근심하는 자 같으나 항상 기뻐하고 가난한 자 같으나 많은 사람을 부요하게 하고 아무 것도 없는 자 같으나 모든 것을 가진 자로다.

근심하는 자 같으나 항상 기뻐하고. 우리는 다른 사람들에게는 근심과 슬픔에 싸여 있는 자들처럼 보이지만, 선한 양심의 증언 속에서(고후 1:12) 언제나 하나님을 기뻐하고 즐거워하고 있다(합 3:17-18). 가난한 자 같으나 많은 사람을 부요하게 하고. 우리는 이 세상에서 재물이나 좋은 것들을 별로 가지고 있지 않아서 겉으로는 가난한 자들처럼 보이지만, 복음을 전하여, 하나님으로 하여금 자신의 풍성하신 은혜들을 사람들에게 나누어 주시게 함으로써, 많은 사람들을 하나님을 아는 지식과 은혜에서 부요하게 하고 있다. 아무 것도 없는 자 같으나 모든 것을 가진 자로다. 우리에게는 집도 없고 땅도 없고 은이나 금도 없지만(행 3:6), 마치 모든 것을 가진 자들처럼 온전히 만족하며 살아가고 있다. 세상 사람들은 재물이 많아야 만족하지만, 우리는 우리가 가진 적은 것으로도 충분히 만족한다. 왜냐하면, 우리는 세상 것들은 가진 것이 별로 없지만, 그리스도 안에서 모든 것을 가진 자들이기 때문이다.

11. 고린도인들이여 너희를 향하여 우리의 입이 열리고 우리의 마음이 넓어졌으니.

고린도인들이여 너희를 향하여 우리의 입이 열리고. 우리는 너희에게 들려주어야 할 모든 말들을 하나도 남김없이 다 허심탄회하게 말하였고, 너희가 알아야 할 하나님의 뜻과 계획도 모두 너희에게 전해 주었다. 우리의 마음이 넓어졌으니. 우리는 너희를 사랑하고 기뻐하기 때문에, 너희에 대하여 우리의 마음이 활짝 열려 있다. 이렇게 너희에 대하여 나의 마음이 활짝 열려 있기 때문에, 나는 내 입을 열어서, 너희가 잘못한 것들을 거리낌 없이 지적하고, 너희가 마땅히 어떻게 해야 하는지도 숨김없이 다 너희에게 말하고 있는 것이다.

12. 너희가 우리 안에서 좁아진 것이 아니라 오직 너희 심정에서 좁아진 것이니라.

너희가 우리 안에서 좁아진 것이 아니라. 내가 너희를 기뻐하는 것처럼, 너희도 나와 내가 쓴 것들을 기뻐할 수 없다면, 또는 내가 너희를 사랑하는 것처럼, 너희가 나를 사랑하지 않고 있다면, 그 잘못은 내게 있는 것이 아니다. 왜냐하면, 나는 나의 도리와 본분을 다 행해 왔고, 그것도 너희를 진정으로 사랑하는 마음을 가지고 다 행해 왔기 때문이다. 오직 너희 심정에서 좁아진 것이니라. 너희가 나를 사랑하는 마음이 없거나, 나를 좋지 않게 생각하거나, 나에 대해서 서운한 마음을 가지고 있다면, 그 원인은 너희가 나의 사도직 수행과 관련해서 나를 오해하고 잘못 생각한 데 있다. 나는 하나님이 내게 맡기신 사도로서의 직분과 권위를 따라 너희의 잘못을 그냥 못 본 체할 수 없어서 너희를 책망한 것일 뿐이기 때문에, 너희가 지금 근심하고 괴로워하게 된 것은 너희의 책임이다. 왜냐하면, 너희는 근친상간을 저지른 자를 비롯해서 여러 추문을 일으킨 자들을 너희의 교제로부터 쫓아내어야 함에도 불구하고, 도리어 그들을 용납하고 너희의 교제 가운데 머물러 있게 하였기 때문이다.

13. 내가 자녀에게 말하듯 하노니 보답하는 것으로 너희도 마음을 넓히라.

"너희도" 나를 사랑하고 사도인 내게 순종하는 마음으로 "마음을 넓히라." 나는 너희에 대하여 큰 사랑을 품어 왔고, 지금까지 기회 있을 때마다 너희에게 그 사랑을 보여 왔으며, 사도로서 너희에 대한 나의 본분을 수행함에 있어서 늘 신실하게 행해 왔기 때문에, 너희는 그런 나에 대한 보답으로 마음을 넓히는 것이 마땅한 일이다. 왜냐하면, 나는 아버지가 자녀들에게 말하는 것처럼 지금 너희에게 말하고 있는데, 아버지가 자녀들을 사랑하는 마음으로 자녀들에게 아버지로서의 자신의 본분과 도리를 다하고 있다면, 자녀들도 아버지를 사랑하는 마음으로 아버지에 대한 자신들의 본분과 도리를 다하는 것이 마땅하기 때문이다.

14. 너희는 믿지 않는 자와 멍에를 함께 메지 말라 의와 불법이 어찌 함께 하며 빛과 어둠이 어찌 사귀며.

너희는 믿지 않는 자와 멍에를 함께 메지 말라. 어떤 이들은 사도의 이 명령을 우상숭배자들과의 종교적인 교제 또는 혼인 같은 시민적인 교제에 국한시키지만, 그것은 이 일반적인 명령의 취지를 지나치게 제한하는 것이다. 이 명령은 그 두 가지를 다 포함하고 있다는 것은 의심의 여지가 없지만, 그 두 가지보다 더 폭넓은 것들을 금지하는 좀 더 일반적인 명령이다. 여기에서 "멍에를 함께 메지 말라"로 번역된 헬라어 '메 기네스테 헤테로쥐군테스'(μὴ γίνεσθε ἑτεροζυγοῦντες)는 "동일한 멍에를 메고서 함께 끌지 말라"는 의미이다. 이것은 말들이나 소들이 멍에를 끄는 것으로부터 가져온 비유인데, 동일한 멍에를 멘 말들이나 소들은 함께 똑같이 앞으로 전진하여 쟁기를 끌어야 하고, 동일한 멍에를 멘 짐승들이 서로 엇박자로 행동하여, 어느 한 쪽은 전진하는데 어느 한 쪽은 정지하거나 뒤로 물러나는 일이 있어서는 안 된다. 따라서 이것은 "스스로를 불신자라고 밝힌 자들"과는, 신앙이나 예배와 관련해서만이 아니라 일상적인 삶이나 행위와 관련해서도, 불필요하게 교류하거나 친밀하게 교제해서는 안 된다는 명령이다. 왜냐하면, 사도가 고린도전서 5:9-11에서 "내가 너희에게 쓴 편지에 음행하는 자들을 사귀지 말라 하였거니와 이 말은 이 세상의 음행하는 자들이나 탐하는 자들이나 속여 빼앗는 자들이나 우상 숭배하는 자들을 도무지 사귀지 말라 하는 것이 아니니 만일 그리하려면 너희가 세상 밖으로 나가야 할 것이라 이제 내가 너희에게 쓴 것은 만일 어떤 형제라 일컫는 자가 음행하거나 탐욕을 부리거나 우상 숭배를 하거나 모욕하거나 술 취하거나 속여 빼앗거든 사귀지도 말고 그런 자와는 함께 먹지도 말라 함이라"고 말함으로써, 그리스도인들은 흉악한 죄를 지은 형제와는 엄격하게 교제를 끊는 것이 마땅하지만, 불신자들과의 교제는 상당한 정도로 허용하고 있는 것으로 보인다는 점에서, 우리는 여기에서 "믿지 않는 자들"로 번역된 "아피스토이스'(ἀπίστοις)를 불신자들 전체를 가리키는 것으로 보아서는 안 된다고 생각하기 때문이다. 따라서 나는 여기에서 사도는 고린도전서에서 말하였듯이, 불신자라고 밝힌 자들과 혼인하거나, 우상의 신전이나 주의 상에서 함께 먹거나, 친밀한 교제를 나누는 것을 금지한 것으로 해석하는 것이 옳다고 본다.

의와 불법이 어찌 함께 하며 빛과 어둠이 어찌 사귀며. 사도는 여기에서 그 이유를 제시하면서, 그리스도인들은 믿지 않는 자들과 진정한 교제를 할 수 없기 때문이라고 말한다. 그리스도인들은 "의"이자 "빛"인 반면에, 믿지 않는 자들은 "불의"이자 죄와 무지로 가득한 "어둠"이다. 하지만 우리는 사도가 여기에서 그리스도인들은 이교도들이나 죄악을 범한 형제들과는 일체 교제하지도 말고 어울리지도 말아야 한다고 말한 것처럼, 이 명령을 확대해석해서는 안 된다. 왜냐하면, 사도는 고린도전서 5:10에서 "이 말은 이 세상의 음행하는 자들이나 탐하는 자들이나 속여 빼앗는 자들이나 우상 숭배하는 자들을 도무지 사귀지 말라 하는 것이 아니니 만일 그리하려면 너희가 세상 밖으로 나가야 할 것이라"고 말함으로써, 그런 의미가 아니라는 것을 이미 밝혔기 때문이다. 그런 자들과의 교제가 하나님의 법이나 본성의 법에 비추어서, 또는 인간의 삶과 사회를 유지하기 위하여 필요한 경우에는, 그런 자들과 교제하는 것은 합당하지만, 그런 경우가 아닌데도 그런 자들과 교제하는 것은 불법이다.

15. 그리스도와 벨리알이 어찌 조화되며 믿는 자와 믿지 않는 자가 어찌 상관하며.

그리스도와 벨리알이 어찌 조화되며. 아주 훌륭한 해석자들은 사도가 여기에서 믿는 자들과 교회의 머리이신 그리스도를 모든 믿지 않는 자들의 머리이자 세상의 신인 자를 대비시키고 있다고 보고서, 이 본문에 나오는 "벨리알"은 마귀를 가리키는 것으로 이해한다. 이 단어는 신약성경에서는 오직 이 곳에서만 사용되고 있지만, 구약성경에서는 아주 추악하고 비열한 자들을 가리키는 데 매우 자주 사용된다(신 13:13; 삿 19:22; 삼상 1:16; 2:12; 25:17; 삼하 16:7; 대하 13:7). 이 단어의 어원에 대해서는 히브리인들 사이에서도 서로 견해가 갈린다. 시편 101:3에서는 "나는 비천한 것을 내 눈 앞에 두지 아니할 것이요 배교자들의 행위를 내가 미워하오리니 나는 그 어느 것도 붙들지 아니하리이다"라고 말함으로써, "비천한 것" 또는 "악한 것"을 "배교자들의 행위"라 부르는데, 흠정역 성경의 난외주가 보여 주듯이, 여기에서 "배교자들의 행위"로 번역된 것은 직역하면 "벨리알의 것"이다. 따라서 사도는 우리의 머리이신 그리스도를 본받아야 할 우리의 의무를 근거로 삼아서 여기에서 논증을 전개해 나간다. 즉, 그리스도께서 마귀와 상종하지 않으셨기 때문에, 우리도 자신의 행위를 통해서 마귀가 자신의 아비임을 드러내는 자들과 그 어떤 불필요한 교제도 해서는 안 된다는 것이다. 또한, 그리스도께서는 벨리알의 자식들과도 상종하지 않으셨다.

믿는 자와 믿지 않는 자가 어찌 상관하며. 믿는 자와 믿지 않는 자 사이에는 공통된 것이 아무것도 없는데, 둘이 무슨 상관이 있겠는가? 이것은 유대인들 사이에서 흔히 사용되던 말이었다(수 22:25, 27). 어떤 이들은 사도는 여기에서 믿는 자와 믿지 않는 자는 내세에서 서로 함께 할 분깃이 전혀 없다는 의미로 이 말을 한 것으로 이해한다. 그러한 해석에 따르면, 사도의 이 말은 우리는 이 현세에서도 우리가 장차 내세에서 함께 분깃을 나누며 기뻐할 자들과만 친밀하게 교제하고 사귐을 갖는 것이 마땅하다는 것을 가르쳐 주는 것이 된다. 그러나 가장 지혜롭고 사려 깊은 해석자들은 여기에서 이 말은 그런 의미가 아니라고 생각한다.

16. 하나님의 성전과 우상이 어찌 일치가 되리요 우리는 살아 계신 하나님의 성

전이라 이와 같이 하나님께서 이르시되 내가 그들 가운데 거하며 두루 행하여 나는 그들의 하나님이 되고 그들은 나의 백성이 되리라.

하나님의 성전과 우상이 어찌 일치가 되리요. 사도가 이것을 그 구체적 예로 들고 있다는 점을 근거로 해서, 어떤 해석자들은 사도가 14절에서 "너희는 믿지 않는 자와 멍에를 함께 메지 말라"고 한 것을, 우상 숭배자들이 우상을 섬기며 여러 가지 종교적인 행위들을 행할 때에 믿는 자들이 거기에 함께 해서는 안 된다는 의미로 해석하여야 한다고 주장한다. 그러나 사도가 믿지 않는 자들과의 교제를 피하라고 한 명령의 구체적인 예로 여기에서 이것을 들고 있기는 하지만, 우리는 그 명령을 좀 더 일반적으로 해석하는 데에는 아무런 문제가 없다. 우리는 살아 계신 하나님의 성전이라. 사도는 고린도전서 3:16; 6:19에서 레위기 26:12; 에스겔서 37:26-27을 근거로 해서, 믿는 자들이 성령의 전이라는 것을 증명하고 단언하였는데, 여기에서는 그것을 근거로 해서, 믿는 자들은 "살아 계신 하나님의 성전"이라고 말한다.

이와 같이 하나님께서 이르시되 내가 그들 가운데 거하며 두루 행하여 나는 그들의 하나님이 되고 그들은 나의 백성이 되리라. 사도가 여기에서 이 말을 통해서 말하고자 하는 것은 레위기 26:11-12의 문자적인 의미가 아니다. 왜냐하면, 거기에서 모세를 통해서 하나님께서는 자기가 믿는 자들 또는 자신의 교회 안에 거하실 것이라고 말씀하신 것이 아니라, 자신의 지시로 세워진 성막에 자기가 임재하셔서 자기 백성에게 자신을 나타내시겠다고 말씀하신 것이기 때문이다. 그래서 어떤 이들은 사도는 여기에서 에스겔서 37:26-27을 문자 그대로가 아니라 간접적으로 인용한 것이라고 생각한다. 이 에스겔서 본문은 그리스도의 나라에 관한 약속으로서, 거기에서 하나님께서는 "내가 그들과 화평의 언약을 세워서 영원한 언약이 되게 하고 또 그들을 견고하고 번성하게 하며 내 성소를 그 가운데에 세워서 영원히 이르게 하리니 내 처소가 그들 가운데에 있을 것이며 나는 그들의 하나님이 되고 그들은 내 백성이 되리라"고 약속하신다. 사도가 여기에서 인용한 말씀은 성경의 어느 한 본문과 정확히 맞아떨어지지 않지만, 성경의 여러 부분에서 발견되는 내용이다. 또한, 엄밀하게 말해서, 이 본문은 하나님께서 자기 백성의 교회에 거하실 것이라는 약속이고, 개별 신자들 속에 거하시겠다는 약속은 아니다. 그래서 사도는 "우리는 살아 계신 하나님의 성전"이라고 말함으로써, "교회"를 복수형이 아닌 단수형으로 표현한다. "우리"로 표현된 수많은 믿는 자들은 오직 하나의 몸을 이룬다. 그리고 하나님께서 그 교회에 거하셔서 그들과 교제하신다는 것은 여기에서 "그들 가운데 거하며 두루 행하여"로 표현되는데, 이것은 요한계시록 2:1에서 그리스도를 "일곱 금 촛대 사이를 거니시는 이"로 표현한 것과 같다. 또한, 사도가 "하나님"이라고 하지 않고 "살아 계신 하나님"이라고 한 것도 괜히 그런 것이 아니다. 왜냐하면, 사도가 여기에서 그런 표현을 사용한 것은, 하나님께서는 영원히 살아 계신 분으로서 모든 생명의 근원이 되시는 까닭에 통상적으로 그렇게 불리시는 것도 한 이유가 되겠지만, 죽은 것들에 불과한 우상들과 대비시키기 위한 목적도 있기 때문이다. 즉, 살아 있는 존재가 죽은 것들과 어떻게 어울릴 수 있겠느냐는 것이다. 우리는 살아 계신 하나님과 교제하면서 동시에 죽은 우상과 교제할 수 없고, 살아 계신 하나님의 백성이면서 동시에 죽은 우상을 섬기는 백성이 될 수 없다. 따라서 우상 숭배자들은 하나님께서 "나는 그들의 하나님이 되고 그들은 나의 백성이 되리라"고 하신 언약에 참여할 수 없고 자신의 분깃을 가질 수 없다.

17. 그러므로 너희는 그들 중에서 나와서 따로 있고 부정한 것을 만지지 말라 내가 너희를 영접하여.

사도는 여기에서 구약에 나오는 말씀을 인용하지만, 이 말씀과 문자 그대로 일치하는 본문은 구약에 나오지 않지만, 그 취지와 내용은 구약에 나오는 여러 본문들과 일치하는데, 이렇게 구약을 문자 그대로가 아니라 그 취지와 내용을 따라 인용하는 일은 신약의 기자들에게는 비일비재한 일이었다. 이 절에 나오는 사도의 첫 번째 인용문은 이사야서 52:11에서 가져온 것으로 보인다: "너희는 떠날지어다 떠날지어다 거기서 나오고 부정한 것을 만지지 말지어다 그 가운데에서 나올지어다 여호와의 기구를 메는 자들이여 스스로 정결하게 할지어다." 선지자 이사야가 이 본문에서 "거기서 나오라"고 했을 때, "거기"가 어디 또는 무엇인지에 대해서는, 해석자들 사이에서 견해가 서로 일치하지 않는데, 어떤 이들은 그들의 이전의 죄악 된 삶과 행실을 가리키는 것으로 이해하고, 어떤 이들은 마귀와 적그리스도의 나라를 가리키는 것이라고 생각하며, 어떤 이들은 문자 그대로 바벨론을 가리킨다고 생각한다. 이사야 선지자는 장차 바사국의 고레스 시대에 유대인들에게 바벨론을 떠나도 좋다는 영이 내려질 때, 자신들의 고국인 예루살렘으로 돌아가는 것은 대단히 기쁘고 찬송해야 할 일이기는 하지만, 그들 중의 일부는 이미 갈대아 사람들의 땅에서 정착하여 살아가는 것이 익숙해져서, 바벨론 땅에 박았던 말뚝을 뽑고 장막을 걷어서 예루살렘으로 돌아가는 것을 주저하게 될 것임을 미리 내다보고서 이 메시지를 전한 것이었다. 하지만 선지자가 이 말을 한 의도가 무엇이었든지 간에, 당시에는 바벨론 땅에 유대 그리스도인이나 이방 그리스도인들이 없었기 때문에, 사도가 구약의 이 본문을 인용해서 말하고자 한 것은 문자 그대로 바벨론을 떠나라는 것이 될 수 없다는 것은 확실하다. 따라서 우리는 사도가 상징적인 바벨론을 염두에 두고 이 말을 인용한 것으로 이해하여야 한다. 그렇게 볼 때, 사도는 여기에서 이렇게 말한 것이 된다: 옛적에 유대인들이 문자 그대로의 바벨론에서 많은 위험에 처했던 것과 마찬가지로, 지금도 너희의 영혼을 그런 위험에 빠뜨릴 수 있는 자들이 있기 때문에, 너희는 그런 자들로부터 "나와서 따로 있어야" 한다.

그러나 사도가 염두에 둔 자들이 단지 우상 숭배자들뿐이었는지, 아니면 흉악한 죄악들을 저지르며 살아가는 모든 자들이었는지는 아직 확실하지 않은데, 이 문제는 "나와서 따로 있고"가 무엇을 의미하느냐에 의해서 결정된다. 하지만 "나와서 따로 있고"라는 구절의 의미는 그 뒤에 나오는 "부정한 것을 만지지 말라"는 구절에 의해서 온전히 해석되지 않는다. 왜냐하면, 전자가 후자를 이루기 위한 수단이라는 것은 의심의 여지가 없지만, 먹물을 만지고서 손을 더럽히지 않기란 어려운 일이기 때문이다. 반면에, "나와서 따로 있고"라는 구절을, 그러한 사람들과 거래하거나 교류하는 일체의 것을 다 금지한다는 의미라고 해석하는 것은, 지나치게 엄격한 해석이다. 왜냐하면, 사도가 고린도전서 5장에서 세상에서 흉악한 자들과의 시민적인 거래나 교류를 허용하였고, 고린도전서 7장에서는 믿지 않는 자와 믿는 자가 혼인한 경우에는 믿지 않는 자 쪽에서 먼저 헤어질 것을 요구하지 않는 한 이혼해서는 안 된다고 말하였다는 점에서, 그러한 해석은 사도의 가르침과 어긋나는 것이기 때문이다. 따라서 우리는 사도가 여기에서 믿지 않는 자들과 불필요한 교제나 친밀한 교제를 하는 것만을 금지한 것으로 이해하여야 하는데, 그런 경우에 이 본문은 사도가 14절에서 "너희는 믿지 않는 자와 멍에를 함께 메지 말라"고 한 것과 그 취지나 의미가 거의 동일하다고 할 수 있다. 그러므로 이것은 모든 일에서 우리가 인정할 수 없는 판단이나 행위를 하는 자들과 일상생활에서나 종교적으로나 모든 교제를 끊는 것을 결코 정당화해 주지 않고, 단지 우리가 우상 숭배자들이나 흉악한 죄인들과 교제하거나 어울려야만 하는 의무 아래 있지 않는 경우에 그런 자들과 교제하거나 어울리지 않는 것을 정당화해 줄 뿐이다. 만약 우리가 그런 자들과 어울려야만 하는 경우에도, 그들의 열매 없는 어둠의 일들에 참여해서는 안 되고, 그들의 부정한 것들을 만지는 것을 피하여야 하며, 도리어 종교적인 문제들만이 아니라 일상적인 일들에 있어서도 그들의 악을 책망하여야 한다.

18. 너희에게 아버지가 되고 너희는 내게 자녀가 되리라 전능하신 주의 말씀이니라 하셨느니라.

하나님을 위하여 우상 숭배자들이나 흉악한 죄인들과 죄악 된 교제를 하지 않는 자들을 하나님께서 받으셔서 그들의 아버지가 되어 주시겠다는 약속의 말씀은 예레미야서 31:1, 9에서 가져온 것인데, 이것은 우리에게 다음과 같은 것을 가르쳐 준다: 하나님과의 언약에서 하나님이 지키라고 명하신 것들을 세심하게 지키지 않는 자들은 누구든지 하나님이 그들에게 약속하신 것들을 이루실 것을 기대할 수 없고, 자녀로서의 도리나 본분을 다하지 않는 자들은 아버지로부터의 은택을 주장할 수 없다. 반면에, 자녀로서 순종하여야 할 본분을 세심하게 준행한 자들은 하나님으로부터 아버지의 인자하심과 보호하심을 기대할 수 있다. 하나님께서는 "전능하신 주" 하나님이시기 때문에, 지극히 크신 아버지로서, 자신의 자녀들인 그들을 모든 일에서 보호하시며 복되게 하실 수 있으신 힘을 가지고 계신다는 점에서, 이 약속은 더욱더 귀하다.

MATTHEW POOLE'S COMMENTARY

고린도후서 7장

개요

1. 고린도 교인들에게 거룩하고 정결한 삶을 살라고 권면함(1).
2. 그들의 신뢰를 저버리는 일을 한 적이 없는 자기를 받아 줄 것을 권면함(2).
3. 그들에 대한 자신의 사랑을 재차 강조하고, 그들이 자기를 사모하고 열심이 있다는 소식을 디도로부터 듣고서, 자신의 모든 환난 중에서도 많은 위로를 받았다고 말함(3-7).
4. 따라서 전체적으로 보아서, 그들의 경건한 근심이 결국 선한 결과를 가져오게 한 것을 생각할 때, 자기가 편지로 그들을 조금 근심하게 한 것을 후회하지 않는다고 말함(8-12).
5. 무엇보다도, 그들의 행실이 디도에게 좋은 인상을 주어서, 자기가 디도에게 그들을 자랑한 것이 부끄러운 것이 되지 않게 한 것을 기뻐한다고 함(13-16).

1. 그런즉 사랑하는 자들아 이 약속을 가진 우리는 하나님을 두려워하는 가운데서 거룩함을 온전히 이루어 육과 영의 온갖 더러운 것에서 자신을 깨끗하게 하자.

그런즉 사랑하는 자들아 이 약속을 가진. 여기에서 "이 약속"은 하나님께서 우리 가운데 계셔서 우리와 동행하신다는 약속과, 하나님이 우리의 아버지가 되시고 우리를 자신의 자녀들로 삼으신다는 약속을 가리킨다. 이 약속들은 진심으로 회개하고서 부정한 것들을 만지지 않는 자들에게 주어진 약속들이다. 육과 영의 온갖 더러운 것에서 자신을 깨끗하게 하자. 우리는 하나님의 은혜의 도우심을 힘입어서, 무절제, 술 취함, 부정함의 죄들 같은 육적인 더러운 것만이 아니라, 지나친 혈기, 부패한 정서, 교만, 시기, 화를 잘 내는 것, 우상 숭배, 다툼, 분쟁 같은 영적인 더러운 것으로부터도 우리 자신을 깨끗하게 하거나 우리 자신의 깨끗함을 지키려고 애쓰는 것이 마땅하다. 우리는 하나님을 두려워하는 가운데서 거룩함을 온전히 이루어. 우리가 그렇게 우리 자신을 깨끗하게 하거나 우리 자신의 깨끗함을 지키려고 애써야 하는 이유는, 우리가 하나님의 성전을 더럽히거나, 지극히 선하신 아버지에 대하여 도리를 다하지 못하는 자녀들이 되는 것은 두려운 일이기 때문에, 우리는 하나님을 경외하는 가운데 거룩함을 이룰 뿐만 아니라 온전히 이루어야 하기 때문이다. 하나님의 그러한 약속들, 그 약속들에 대한 우리의 믿음 또는 그 약속들을 하나님이 반드시 이루실 것이라는 우리의 신뢰는, 우리로 하여금 거룩함을 이루어 나가는 것을 방해하기는커녕, 도리어 우리 자신의 거룩함을 온전히 이루고자 하는 강력한 동기를 우리에게 부여해 준다. 왜냐하면, 우리는 그 약속들 속에 담겨진 하나님의 사랑을 확신하게 될 뿐만 아니라, 하나님이 어떤 사람들에게 어떠한 조건 아래에서 그 약속들을 주셨는지를 생각하고서, 그런 사람이 되기 위해서 더욱 분발하게 되기 때문이다.

2. 마음으로 우리를 영접하라 우리는 아무에게도 불의를 행하지 않고 아무에게도 해롭게 하지 않고 아무에게서도 속여 빼앗은 일이 없노라.

마음으로 우리를 영접하라. 너희는 우리를 신뢰하고서 너희 마음에 우리를 받아들이라. 또는, 좀 더 일반적으로, 너희는 마땅히 우리를 그리스도의 사역자들로서 받아들이고 영접하라. 우리의 마음이 너희를 향하여 열려 있는 것처럼, 너희도 우리를 향하여 마음을 열어라. 우리는 너희의 마음을 우리에게서 멀어지게 할 그런 일을 전혀 한 적이 없다. 우리는 아무에게도 불의를 행하지 않고. 우리는 너희 중 그 누구에게도 해악을 끼친 적이 없고, 오직 양털만을 탐내고 양고기만을 먹고자 하여 양을 기르는 목자들 같이 행한 적이 없었다: "내가 아무의 은이나 금이나 의복을 탐하지 아니하였고"(행 20:33). 아무에게도 해롭게 하지 않고. 우리는 거짓되거나 잘못된 것들을 가르치거나, 너희에게 듣기 좋은 말들을 전하거나, 너희를 가르친 대가로 뇌물이나 재물을 요구하여, 너희를 타락시키거나 부패하게 한 적이 없다. 아무에게서도 속여 빼앗은 일이 없노라. 우리는 그 누구를 속이거나 사기친 일이 없다.

사도는 이런 식으로 자기 자신과 자신의 동역자들을 변호하는 가운데, 고린도 교회에 슬그머니 들어와서 거짓된 가르침을 베풀고 가르침의 대가로 재물을 요구함으로써, 고린도 교인들을 타락시킴과 동시에 교인들을 등쳐먹고, 온갖 방법으로 자신의 주머니를 채운 거짓 사도들과 교사들을 은연중에 그들에게 상기시키고 있다. 사심 없이 순수하게 오로지 진실하게 행하는 것은 복음 사역자들에게 지극히 합당한 것이기 때문에, 하나님의 백성에게 그 사람이 복음 사역자임을 보여 주는 최고의 추천서가 된다. 왜냐하면, 하나님의 백성들은 순수하고 의로운 사람이 경건한 사람이라는 것은 쉽게 납득을 하지만, 불의하거나 거짓된 사람이 경건한 사람일 수 있다는 것에 대해서는 납득하기 어려워하고, 사실 납득할 이유도 없기 때문이다. 사람들은 자신의 욕망들과 욕심들에 미쳐 있기 때문에, 흔히 자신들의 잘못이나 죄악들을 꾸짖고 책망하는 지극히 의로운 사역자들보다는, 불의하고 거짓되게 행하더라도 자신들의 비위를 맞춰 주는 사역자들을 더 선호하지만, 조금이라도 자신의 욕심들과 죄악된 행위들에서 벗어나기를 바라는 자들은 순수하고 의로운 사역자들을 택한다.

3. 내가 이 말을 하는 것은 너희를 정죄하려고 하는 것이 아니라 내가 이전에 말하였거니와 너희가 우리 마음에 있어 함께 죽고 함께 살게 하고자 함이라.

사도는 고린도 교회에 까다로운 신자들이 많이 있다는 것을 아주 잘 알고 있었기 때문에, 이렇게 아주 조심스럽게 자신의 의도를 최대한으로 해명하면서 부드럽고 온유하게 말을 해 나간다. 그들은 사도의 다른 행동들이나 말들은 물론이고, 편지들에 쓴 어떤 작은 표현이라도 트집을 잡아서 언제라도 공격해 올 태세를 하고 있는 자들이었다. 그래서 사도는 그들의 비방과 중상모략을 미연에 방지하기 위해서, 자기는 마치 그들이 자기에게 해악을 끼치거나 자기를 속여 왔다는 듯이 말하여 그들을 비난하거나 정죄하려고 이런 말을 한 것이 아니라고 서둘러 해명하면서, 자기는 그들에 대하여 지극한 사랑을 품고 있어서, 그들과 생사를 함께 할 각오가 되어 있는데, 어떻게 그런 의도를 가지고 그들에게 말을 할 수 있겠느냐고 반문한다.

4. 나는 너희를 향하여 담대한 것도 많고 너희를 위하여 자랑하는 것도 많으니 내가 우리의 모든 환난 가운데서도 위로가 가득하고 기쁨이 넘치는도다.

나는 너희를 향하여 담대한 것도 많고. 나는 너희를 너무나 지극히 사랑하기 때문에, 이렇게 너희에게 담대하게 아무런 거리낌 없이 말하고 있는 것이다. 왜냐하면, 사람들은 자기들이 가장 사랑하는 자들에게는 아주 허심탄회하고 솔직하게 말하는 법이기 때문이다. 너희를 위하여 자랑하는 것도 많으니. 나는 너희의 순종을 다른 사람들에게 자랑하고 다니는데, 그런 내가 너희를 비난하거나 정죄할 리가 없지 않은가. 나는 속으로는 너희에 대하여 전혀 그렇게 생각하지도 않는데, 겉으로만 너희를 사랑하고 자랑하는 체하는 것이 결코 아니다. 왜냐하면, 나는 모든 환난 가운데서도 너희로 인해서 위로가 가득하고 기쁨이 넘치기 때문이다(사도는 나중에 우리에게 이것에 대해서 좀 더 자세하게 말해 준다). 사도는 이렇게 말한다: 너희가 나의 이전의 서신을 받고서 어떻게 처신하고 행동하였는지에 대하여 내가 전해들은 소식은, 내가 복음을 위하여 지금 받고 있는 모든 환난과 괴로움을 상쇄시켜 주고도 남을 만한 그런 기쁨과 위로를 내게 주었기 때문에, 나는 너희로 인하여 위로와 기쁨이 넘쳤다. 삯군 목자들이나 거짓 교사들은 자기가 맡은 자들의 영혼이 잘 되든지 못 되든지, 그런 것에는 별 관심이 없지만, 충성스러운 사역자들에게는 자기가 맡은 자들이 회개하고 삶을 고쳤다는 소식만큼 기쁜 소식은 없다.

5. 우리가 마게도냐에 이르렀을 때에도 우리 육체가 편하지 못하였고 사방으로 환난을 당하여 밖으로는 다툼이요 안으로는 두려움이었노라.

사도가 "마게도냐"로 이동한 것과 거기에서 행하고 겪은 일들에 대한 기사는 사도행전 20장에 짤막하게 나와 있다. 사도는 끊임없는 박해의 폭풍이 몰아치는 바람에, 자신의 "육체"가 쉬지를 못하였고, 자기가 가는 곳마다 유대인들과 이방인들에 의해서 "환난"을 당하였다고 말한다. **밖으로는 다툼들.** 사도는 기독교회 밖에 있는 사람들, 즉 믿지 않는 유대인들이나 이방인들과 계속해서 싸워야 했다. **안으로는 두려움들.** 이것은 기독교회 내에서 활동하던 거짓 형제들을 가리키는 것일 수도 있고, 아직 믿음이 어리고 연약한 그리스도인들이 박해의 시험을 받고서 배교하고 원래대로 되돌아가지는 않을까 생각하였던 사도 자신의 염려와 두려움을 가리키는 것일 수도 있다.

6. 그러나 낙심한 자들을 위로하시는 하나님이 디도가 옴으로 우리를 위로하셨으니.

낙심한 자들을 위로하시는 하나님. 우리가 여기에서 주목해야 하는 것은, 사도는 자신의 심령에 힘과 위로를 주는 모든 것들을 하나님이 주신 것으로 아주 세심하게 말하고 있다는 것이다. 하나님을 경외하는 자들이라도 이 세상에서 일어나는 온갖 일들로 말미암아 "낙심하게" 되는 일이 종종 일어날 수밖에 없기 때문에, "낙심한 자들을 위로하시는 하나님"이라는 하나님의 이름은 그들에게 아무 소용도 없는 그런 것이 결코 아니다. 우리는 그 어떤 곤경에 처해 있을 때라도, 하나님께서 자신을 낙심한 자들을 위로하시는 하나님으로 우리에게 알리셨다는 것을 생각하면, 하나님이 도우실 것을 확신하고 믿음으로 기도할 수 있는 힘을 얻게 된다. **디도가 옴으로 우리를 위로하셨으니.** 사도는 이 절에서 자신의 동역자이자 자기가 사랑하는 자인 디도가 자기에게 왔기 때문에, 자기가 위로와 힘을 얻게 된 것이라고 말하면서도, 낙심한 자기를 위로하신 분은 하나님이시라고 말한다. 하나님께서는 여러 가지 방식으로, 즉 어떤 때에는 자신의 선하신 말씀으로, 어떤 때에는 자신의 섭리를 통해서 자기 백성을 위로하신다. 하나님이 자기 백성을 위로하실 때에 어떤 수단과 도구를 사용하시든지, 그들을 위로하시는 주체는 하나님이시다.

7. 그가 온 것뿐 아니요 오직 그가 너희에게서 받은 그 위로로 위로하고 너희의 사모함과 애통함과 나를 위하여 열심 있는 것을 우리에게 보고함으로 나를 더욱 기

쁘게 하였느니라.

그가 온 것뿐 아니요 오직 그가 너희에게서 받은 그 위로로 위로하고. 나는 디도를 보게 되어 기뻤지만, 그것은 그가 내게 가져다준 위로의 일부에 지나지 않았다. 디도가 너희에게 갔을 때, 그는 너희로부터 많은 위로와 기쁨을 얻었는데, 그가 "너희의 사모함과 애통함"을 직접 보고, 내게 와서 그것을 전해 줌으로써, 나로 하여금 그의 위로와 기쁨에 참여할 수 있게 해 주었다. 여기에서 "너희의 사모함"은 고린도 교인들이 사도가 전에 그들에게 편지를 보내어 지적한 일들을 다 바로잡으려고 진심으로 애씀으로써 사도를 만족하게 해 주고자 한 것을 의미하고, "너희의 애통함"은 사도가 편지를 통해서 그들에게 지적한 그들 가운데서의 잘못된 일들, 또는 사도가 복음을 위하여 많은 환난과 괴로움을 당하고 있는 것, 또는 그들이 사도를 근심하게 하여 그들을 심하게 책망하는 편지를 쓸 수밖에 없게 만든 것에 대하여 그들이 슬퍼하고 애통해하였다는 것을 의미한다. 나를 위하여 열심 있는 것을 우리에게 보고함으로 나를 더욱 기쁘게 하였느니라. 너희가 나의 마음을 흡족하게 하고자 하여, 나의 경책들에 순종하고자 진심으로 애쓴 것, 또는 나와 나의 사도직에 흠집을 내기 위하여 비방하고 중상모략해 왔던 자들에 맞서 나를 변호하고 옹호하고자 진심으로 애쓴 것은 너희에 대한 나의 기쁨을 더욱 배가시켰다. 그리스도의 진실하고 충성된 사역자들에게는 자신들이 복음을 전해 준 사람들이 복음의 가르침에 순종하는 것을 보는 것만큼 기쁜 일은 없다.

8. 그러므로 내가 편지로 너희를 근심하게 한 것을 후회하였으나 지금은 후회하지 아니함은 그 편지가 너희로 잠시만 근심하게 한 줄을 앎이라.

내가 편지로 너희를 근심하게 한 것을. 이것은 사도가 앞서 고린도전서를 고린도 교회에 보낸 것을 가리키는 것임에 틀림없다. 후회하였으나 지금은 후회하지 아니함은. 사도는 자기가 그들에게 보낸 편지로 인해서 고린도 교회에 있던 진정으로 경건한 자들이 사도가 자신들을 책망한 것으로 받아들여서 괴로워하였다는 말을 전해 들었을 때에는, 자기가 그토록 사랑하는 자들을 근심하고 괴로워하게 만든 것은 자기가 잘못한 것이 아닌가 생각하여 한때 괴로워하며 후회하기도 하였지만, 지금은 자기가 그들에게 그렇게 책망하는 편지를 보낸 것을 후회하지 않는다고 말한다. 그 편지가 너희로 잠시만 근심하게 한 줄을 앎이라. 사도는 여기에서 자기가 후회하지 않는 이유를 제시하면서, 그들이 자신이 보낸 편지를 보고 잠시 근심하기는 했지만, 그들이 자신들의 문제와 폐단들이 무엇인지를 깨닫고서 바로잡음으로써, 그 편지를 보낸 자기를 흡족하게 하고, 자기가 그 편지를 보낸 것이 잘한 일이었다는 것을 확인해 주었기 때문이라고 말한다.

9. 내가 지금 기뻐함은 너희로 근심하게 한 까닭이 아니요 도리어 너희가 근심함으로 회개함에 이른 까닭이라 너희가 하나님의 뜻대로 근심하게 된 것은 우리에게서 아무 해도 받지 않게 하려 함이라.

내가 지금 기뻐함은 너희로 근심하게 한 까닭이 아니요 도리어 너희가 근심함으로 회개함에 이른 까닭이라. 사도는 한편으로는 이 유명한 교회의 지체들의 호의와 환심을 사고, 다른 한편으로는 그들 가운데 슬그머니 들어온 거짓 교사들이 그들에게 심어 준 자기에 대한 잘못된 편견들을 지우고 차단하기 위하여, 모든 기회를 다 활용해서 무진 애를 쓴다. 사도는 자기가 그들을 근심하게 한 것을 후회하지 않는다는 말을 앞에서 해놓고서, 혹시라도 그 거짓 교사들이 자신의 그 말을 트집 잡아서 시비를 걸어오지 못하도록 하기 위하여, 여기에서 자기는 그들이 근심하게 된 것을 기뻐하는 것이 아니라, 그 근심으로 인해서 그들이 회개하게 된 것을 기뻐하는 것이라고 서둘러 해명한다. 즉, 편지를 통한 사도의 책망의 결과는 그들이 잠시 근심하게 된 것이었고, 그들의 근심이 가져다준 열매는 그들이 회개하고서 사도가 지적한 그들의 잘못들과 폐단들을 바로잡은 것이었다. 그들이 이렇게 회개의 열매를 맺게 된 것은 그들이 하나님의 뜻대로 근심하게 되었기 때문이었다. 그들은 눈물로 씨를 뿌린 후에 기쁨으로 그 열매들을 거두었다. 그들은 씨를 뿌릴 때에는 힘들고 괴로웠지만, 풍성한 수확을 거두는 기쁨을 맛보게 되었다. 그리고 이것은 모두 그들이 하나님의 뜻대로 근심하였기 때문이었다. 그들에게 근심을 가져다준 원인은 그들의 죄였지만, 그들이 하게 된 근심의 뿌리는 하나님에 대한 사랑이었기 때문에, 그들은 하나님의 뜻대로 근심할 수 있었다. 사도는 "너희가 하나님의 뜻대로 근심하게 된 것은 우리에게서 아무 해도 받지 않게 하려 함이라"고 말한다. 즉, 지혜로운 하나님께서는 자신의 섭리를 따라 이 일을 주관하셔서, 사도가 편지를 통해서 고린도 교인들에게 말한 것들이 자기가 너무나 사랑하는 이 교회에 해악이 아니라 유익이 되게 하셨다는 것이다.

10. 하나님의 뜻대로 하는 근심은 후회할 것이 없는 구원에 이르게 하는 회개를 이루는 것이요 세상 근심은 사망을 이루는 것이니라.

하나님의 뜻대로 하는 근심. 이것은 하나님이 명하신 근심(우리 자신이나 다른 사람들의 죄, 또는 죄에 대한 하나님의 진노를 나타내는 증표들인 하나님의 심판들에 대하여 근심하는 것), 또는 은혜의 하나님이 사람들의 심령 속에서 역사하셔서 자신의 성령으로 그 마음을 어루만져 주실 때에 일어나는 근심(슥 12:10, "내가 다윗의 집과 예루살렘 주민에게 은총과 간구하는 심령을 부어 주리니 그들이 그 찌른 바 그를 바라보고 그를 위하여 애통하기를 독자를 위하여 애통하듯 하며 그를 위하여 통곡하기를 장자를 위하여 통곡하듯 하리로다"), 또는 사람이 죄를 미워하고 혐오하여 진정으로 죄에서 돌이켜서 삶을 고치고 하나님께 영광을 돌리기 위하여 하는 근심을 의미한다. **후회할 것이 없는 구원에 이르게 하는 회개를 이루는 것이요.** 사람의 마음과 삶의 변화를 가져다주지 않는 회개는 참된 회개가 아니고, 참된 회개는 반드시 사람에게 온전한 구원을 가져다주기 때문에, 결코 "후회할 것이 없다." 참된 회개를 한 사람들 중에서, 임종 때에 후회한 사람은 아무도 없었다. 또한, 이성이 있는 사람이라면, 자기에게 영원한 구원을 가져다줄 회개를 자기가 한 것을 후회한다는 것은 상상할 수 없는 일이다. **세상 근심은 사망을 이루는 것이니라.** 사람의 마음과 삶의 변화를 가져다주는 회개를 이루는 것 이외의 모든 근심은 "세상 근심"이고, 그 결과는 흔히 육신적인 죽음이다. 사람들은 자신들이 진 무거운 짐에 눌리거나, 슬픔이나 근심을 참지 못해서 죽음에 이를 수 있고, 적어도 슬픈 일들이나 근심되는 일들을 오래 생각하면 시름시름 앓다가 결국 죽게 된다. 또한, 세상 근심은 사람들에게 영적인 죽음도 가져다준다. 사람들은 엘리야처럼 자기가 해야 할 일들에 대하여 싫증을 내거나, 요나처럼 자기에게 주어진 일을 못마땅하게 생각하여 하나님께 화를 내는 등, 하나님의 섭리에 대하여 불평하고 원망함으로써, 죄의 삯인 영원한 죽음에 이르게 될 수 있다.

11. 보라 하나님의 뜻대로 하게 된 이 근심이 너희로 얼마나 간절하게 하며 얼마나 변증하게 하며 얼마나 분하게 하며 얼마나 두렵게 하며 얼마나 사모하게 하며 얼마나 열심 있게 하며 얼마나 벌하게 하였는가 너희가 그 일에 대하여 일체 너희 자신의 깨끗함을 나타내었느니라.

사도는 앞에서 "세상 근심"의 유해한 결과들을 "사망"이라는 한 단어로 포괄적으로 보여 준 후에, 이제 여기에서는 "하나님의 뜻대로 하게 된 근심"의 복된 결과들을 보여 준다. **너희로 얼마나 간절하게 하며.** 그 복된 결과들 중에서 사도가 가장 먼저 언급하고 있는 것은, 그들이 이전에 하나님의 법을 짓밟고 어긴 것들에 대하여, 이제는 하나님이 정하시고 지시하신 모든 수단들을 사용해서, 어떻게든 하나님과 화목하게 되고자 하고, 또한 앞으로 그런 동일한 죄악들을 범하는 것을 피함으로써 하나님과의 화목을 깨뜨리지 않고자 하는 "간절함"을 갖게 되었다는 것이다. **얼마나 변증하게 하며.** 이것은 고린도 교인들이 사도의 편지로 인해서 하게 된 근심은 그들로 하여금 고린도 교회의 일부 지체들이 저질렀던 죄악들과 자신들은 무관하다는 것을 극구 "변증하게" 하는 결과를 가져온 것을 가리키는 것일 수 있다. 그러나 그러한 죄악들로부터 빠져나올 수 있는 또 다른 방법이 있는데, 그것은 참된 회개를 통해서, 자신들이 그러한 죄악들을 저질렀다는 것을 부인하는 것이 아니라 도리어 시인하고 그러한 죄악들로 인한 수치와 부끄러움을 스스로 받아들이는 것이다. 이렇게 하면, 그들은 그러한 죄악들을 저질렀다는 사실로부터는 벗어날 수 없지만, 진정으로 회개하고 삶을 고침으로써, 하나님의 은혜로 말미암아 그 죄책으로부터는 벗어날 수 있게 된다. **얼마나 분하게 하며.** 그들은 자신들이 얼마나 어리석고 바보 같은 짓들을 했는지를 절감하고서 자신들에 대하여 화를 내고 분노하였다. **얼마나 두렵게 하며.** 이것은 그들이 하나님의 진노를 두려워하게 된 것을 의미한다기보다는, 또다시 동일한 시험을 받아서 그런 죄악들에 빠져 들어가게 될 것을 두려워하였다는 것을 의미한다. **얼마나 사모하게 하며.** 그들은 자신들이 이후로는 그런 동일한 시험과 죄악들에 빠져들지 않게 그들을 지켜 주시라고 하나님께 진심으로 기도하게 되었다. **얼마나 열심 있게 하며.** 그들은 하나님을 사랑하고 죄를 미워하며 거룩한 삶을 살고자 하는 큰 열망을 품게 되었고, 죄를 지어 하나님을 노하시게 하는 것을 두려워하고, 모든 일에서 하나님을 기쁘시게 해드리고자 하는 열심을 가지게 되었다. **얼마나 벌하게 하였는가.** 그들은 자신들에게 허용된 자유들일지라도, 그 자유들로 말미암아 범죄할 것을 염려하여, 자신들의 자유를 함부로 사용하지 않게 되었고, 도리어 금식하고 절제하며 그들 자신을 부인하는 쪽으로 행하게 되었다. **너희가 그 일에 대하여 일체 너희 자신의 깨끗함을 나타내었느니라.** 이것은 그들이 앞에서 사도가 열거한 것들 같은 모습을 보임으로써, 그들 중의 일부는 사도가 편지로 지적한 잘못들을 행하여 책망을 받았을지라도, 그들 중 대부분은 그런 죄악들과는 무관하다는 것을 보여 주었다는 뜻일 수도 있고, 그들은 모두 전에는 사도가 지적한 잘못들을 저질렀지만, 지금은 그런 모든 잘못들을 정직하게 시인하고 스스로 근심하며 참된 회개를 행하여 그 모든 것들을 바로잡음으로써, 자신들이 이제 깨끗하다는 것을 하나님과 사도 앞에 나타내 보였다는 뜻일 수도 있다.

12. 그런즉 내가 너희에게 쓴 것은 그 불의를 행한 자를 위한 것도 아니요 그 불의를 당한 자를 위한 것도 아니요 오직 우리를 위한 너희의 간절함이 하나님 앞에서

너희에게 나타나게 하려 함이로라.

내가 너희에게 쓴 것은 그 불의를 행한 자를 위한 것도 아니요 그 불의를 당한 자를 위한 것도 아니요. 내가 편지를 써서 너희를 책망한 것은, 내가 자기 아버지의 아내와 근친상간을 저지른 사람을 미워하거나 그 사람에 대하여 악의를 품었기 때문도 아니고, 자기 아내가 그런 짓을 한 것으로 인해서 큰 고통을 당한 자의 분을 풀어 주기 위한 것도 아니며, 너희에 의해서 내가 비방과 중상모략을 받아 고통을 당해서 분풀이하기 위한 것도 아니다. 오직 우리를 위한 너희의 간절함이 하나님 앞에서 너희에게 나타나게 하려 함이로라(흠정역에는 "오직 너희를 위한 우리의 간절함이 하나님 앞에서 너희에게 나타나게 하려 함이로라"로 되어 있다 — 역주). 내가 편지를 써서 너희를 책망한 것은, 오로지 내가 너희를 지극히 사랑해서, 너희가 모든 일에서 하나님 앞에 의로운 자들로 인정받을 수 있게 되기를 간절하게 바랐기 때문이다.

또는, 우리는 사도가 근친상간의 죄를 저지른 자나 그 사람의 아버지와는 상관없이, 좀 더 일반적으로 이 말을 한 것으로 해석할 수도 있다. 그렇게 보았을 때, 이 절의 의미는 이런 것이다: 나는 나의 이전의 편지에서 너희를 책망하는 내용을 썼지만, 그것은 내가 너희를 책망한 일들과 관련해서 어느 특정한 사람에 대한 미움이나 분노, 또는 편애 때문에 그렇게 한 것이 결코 아니었고, 내가 너희 모두에 대하여 가지고 있는 사랑으로 인해서, 너희가 그 어떤 악도 행하지 않기를 간절히 바라는 마음을 너희에게 전한 것이고, 너희에 대한 나의 마음이 그러하다는 것을 너희에게 알리고자 한 것일 뿐이다.

13. 이로 말미암아 우리가 위로를 받았고 우리가 받은 위로 위에 디도의 기쁨으로 우리가 더욱 많이 기뻐함은 그의 마음이 너희 무리로 말미암아 안심함을 얻었음이라.

이로 말미암아 우리가 위로를 받았고. 이것은 고린도 교인들이 사도에게 가져다준 위로를 통해서 사도가 위로를 받았다는 의미일 수도 있고, 그들이 자신들 가운데 있던 잘못된 것들을 바로잡음으로써 스스로 위로를 얻게 된 것을 보고 사도도 위로를 받았다는 의미일 수도 있다. 우리가 받은 위로 위에 디도의 기쁨으로 우리가 더욱 많이 기뻐함은 그의 마음이 너희 무리로 말미암아 안심함을 얻었음이라. 또한, 사도는 디도가 얻은 기쁨, 즉 고린도 교인들이 사도가 보낸 디도를 극진히 영접한 것은 물론이고, 자기가 그들에게 보낸 편지를 통해 지적한 잘못들을 기꺼이 받아들이고 순종하여 바로잡고자 애쓴 것으로 인한 기쁨도 가지게 되었다고 말한다. 이것은 그리스도의 참된 지체들은 서로 한 몸으로 연합되어 있기 때문에, 어느 한 지체가 괴로워하면 다른 지체들도 괴로워하고, 어느 한 지체가 위로를 받으면 다른 지체들도 위로를 받는 모습을 보여 준다.

14. 내가 그에게 너희를 위하여 자랑한 것이 있더라도 부끄럽지 아니하니 우리가 너희에게 이른 말이 다 참된 것 같이 디도 앞에서 우리가 자랑한 것도 참되게 되었도다.

사도는 여기에서 고린도 교인들을 즐겁게 해 주는 여러 가지 표현들을 사용해서, 모든 방법을 다 동원해서 자기가 그들을 얼마나 아끼고 사랑하는지를 분명하게 보여 주고자 한다. "내가 그에게 너희를 위하여 자랑한 것이 있더라도"라는 구절은 사도가 얼마 전에 디도에게 고린도 교회를 칭찬하는 말을 하였다는 것을 보여 주는데, 사도는 디도가 고린도 교회에 직접 가서 눈으로 확인한 것이 자기가 그에게 고린도 교회를 칭찬한 것과 일치한 것을 또다시 자랑스러워한다.

15. 그가 너희 모든 사람들이 두려움과 떪으로 자기를 영접하여 순종한 것을 생각하고 너희를 향하여 그의 심정이 더욱 깊었으니.

디도가 너희에게 갔을 때, 너희가 나의 경책들과 권면들에 대한 너희의 순종을 통해서 나만이 아니라 디도에게도 너희에게 사랑의 빚을 지게 만들었는데, 디도는 "너희 모든 사람들이" 조금이라도 그를 근심하게 하거나 거슬리게 하는 것이 없도록 하기 위하여 "두려움과 떪으로" 그를 영접하여 순종한 것을 기억하며, 지금도 그 일을 기뻐하고 있다.

16. 내가 범사에 너희를 신뢰하게 된 것을 기뻐하노라.

나는 너희가 나의 경책들과 권면들에 청종할 것을 확신하는 가운데 너희에게 글을 쓰거나 말할 수 있게 되었고, 아울러 내가 너희에 대해서 자신 있게 자랑할 수 있게 된 것을 기뻐한다.

MATTHEW POOLE'S COMMENTARY

고린도후서 8장

개요

1. 마게도냐 교회들이 유대에 있는 형제들을 구제하기 위한 연보를 차고 넘치게 한 것을 칭찬함(1–5).
2. 고린도 교인들도 자신들이 받은 은혜들에 걸맞게 풍성한 연보를 할 것을 권함(6–8).
3. 그리스도의 모범을 들어 권면함(9).
4. 그들이 전에 이 연보를 시작할 때에 의욕을 보이며 기꺼이 하고자 했던 대로 지금도 그렇게 하라고 함(10–12).
5. 이러한 선례는 장차 그들에게도 유익이 될 것이라고 함(13–15).
6. 디도가 이 연보와 관련된 선한 일로 너희에게 가기를 원하여서, 다른 귀한 형제들과 함께 디도를 보내니, 그들 모두에게 사랑을 보일 것을 권함(16–24).

1. 형제들아 하나님께서 마게도냐 교회들에게 주신 은혜를 우리가 너희에게 알리노니.

이 장에서 사도는 유대의 가난한 형제들을 구제하기 위한 연보에 동참할 것을 고린도 교인들에게 강권하는 새로운 주제로 넘어가서, 여기에서 그것을 "마게도냐 교회들에게 주신 은혜"라고 부르는데, 이것은 원인을 말하는 것으로 그 결과를 나타내는 표현법이다. 왜냐하면, 마게도냐 교회들이 그리스도의 가난한 성도들과 지체들에게 후히 베풀게 된 것은, 오직 하나님께서 그들의 심령 속에 은혜를 주셔서 형제를 사랑할 수 있게 하심과 동시에, 서로 사랑하라는 가르침을 그들에게 베푸셨기에 가능한 일이었기 때문이다. 사람들은 타고난 선한 성품이나 도덕적인 품성으로 인해서 인간으로서 궁핍에 처한 사람들을 불쌍히 여겨 구제할 수 있기는 하지만, 그러한 원리에 의거해서는 믿음의 권속을 돕고 구제할 수는 없다. 왜냐하면, 선천적으로 그러한 성품을 타고 난 사람들이라고 해도, 믿는 자들에 대해서는 적대감을 지니고 있는 까닭에, 믿는 자들을 돕고 구제하는 것은 자신들의 것을 뺏기고 손해 보는 듯한 느낌을 받게 되기 때문이다.

2. 환난의 많은 시련 가운데서 그들의 넘치는 기쁨과 극심한 가난이 그들의 풍성한 연보를 넘치도록 하게 하였느니라.

환난의 많은 시련 가운데서. 마게도냐 교회들이 유대인들과 이방인들로부터 겪은 환난들이 얼마나 컸는지는 사도행전 16장과 17장에 나와 있다. 사도가 여기에서 "환난"을 "시험"(한글개역개정에는 "시련")이라고 부르는 것은 하나님께서는 우리에게 환난들을 보내셔서 우리의 믿음과 인내와 변함없는 마음을 시험하시고, 마귀도 통상적으로 환난들을 통해서 우리의 마음속에 있는 욕심들과 부패한 것들을 이끌어내고자 하기 때문이다. **그들의 넘치는 기쁨과 극심한 가난이 그들의 풍성한 연보를 넘치도록 하게 하였느니라.** 하나님께서는 그들의 많은 환난 가운데서도 그들의 마음이 성령 안에서 기쁨과 평안이 넘치게 하셨기 때문에, 비록 그들은 "극심한 가난" 속에 있었지만, 그들의 연보는 차고 넘쳤다. 그들은 자신들의 극히 가난한 처지에 비례해서, 또는 그런 처지에 있는 사람들에게 기대할 수 있는 정도의 연보를 한 것이 아니라, 그런 것들을 훨씬 뛰어넘을 정도로 풍성하고 차고 넘치게 연보를 함으로써, 자신들이 비록 재물이나 이 세상에 속한 것들과 관련해서는 아주 가난하지만, 구제를 위한 연보에는 이 세상의 누구보다도 더 부자라는 것을 보여 주었다.

3. 내가 증언하노니 그들이 힘대로 할 뿐 아니라 힘에 지나도록 자원하여.

사도는 여기에서 마게도냐 교회들의 연보와 관련해서 두 가지를 칭찬한다: (1) 그들은 연보를 "힘대로" 하지 않고 "힘에 지나도록," 즉 자신들이 할 수 있는 한도를 넘어서는 정도로 하였다. (2) 그들은 자원해서 그렇게 하였다. 즉, 그들은 사도의 권유와 설득을 통해서 그렇게 한 것이 아니라, 스스로 자원해서 기쁜 마음으로 그렇게 하였다는 것이다.

4. 이 은혜와 성도 섬기는 일에 참여함에 대하여 우리에게 간절히 구하니.

마게도냐 교회들은 이렇게 자원해서 그들 가운데서 모은 연보를 사도들에게 가져와서, 사도들이 그 연보를 받아서 나눠 주는 일을 맡아 달라고 사정하였다.

5. 우리가 바라던 것뿐 아니라 그들이 먼저 자신을 주께 드리고 또 하나님의 뜻을 따라 우리에게 주었도다.

마게도냐 교회들은 아주 가난하고 고통 받은 처지에 있었지만, 그래도 우리는 그들이 이 연보에 동참해 주기를 바랐을 것이지만, 실제로 그들이 모아서 우리에게 가져온 연보는 우리가 그들에게 바라거나 기대할 수 있었던 것을 훨씬 뛰어넘는 것이었다. 또는, 이 구절은 다음과 같은 것을 가리키는 것일 수도 있다: 그들은 먼저는 그들 자신을 주께 드려서 주를 섬기고 주께 영광 돌리기 위하여 연보를 모으는 일에 헌신한 것에서 그치지 않고, 다음으로는 그들이 모은 연보를 우리에게 가져왔을 뿐만 아니라, 우리로 하여금 그 연보를 하나님의 뜻을 따라 교회의 유익을 위하여 사용하도록 일임하였다는 점에서, 그들 자신을 우리에게 드려서, 하나님의 뜻을 따라 그들을 다스리고 지도해 주기를 바란 것이다.

6. 그러므로 우리가 디도를 권하여 그가 이미 너희 가운데서 시작하였은즉 이 은혜를 그대로 성취하게 하라 하였노라.

여기에서 "이 은혜"는 고린도 교회에서 연보를 모으는 선한 일을 가리킨다. "은혜"는 하나님의 은혜를 의미하는데, 우리가 1절에서 이미 보았듯이, 이것은 원인으로 결과를 나타내는 표현법이다. 그러나 1절에서와는 달리, 여기에서는 '투 테우' (τοῦ θεοῦ, "하나님의")라는 어구가 첨가되어 있지 않기 때문에, "은혜"라는 번역보다는 "연보"라고 번역하는 것이 더 나을 것 같다. 왜냐하면, 사도는 여기에서 디도로 하여금 이 "은혜"를 마무리하게 하라고 명하고 있는데, 어떤 사역자가 하나님의 은혜를 마무리한다는 것이 말이 되지 않기 때문이다.

이렇게 표현이 좀 난해한 면이 있기는 하지만, 사도가 여기에서 말하고자 하는 것이, 디도가 고린도 교회에서 이 연보를 모으는 일을 시작하였기 때문에, 계속해서 디도로 하여금 그들을 권면하고 설득하고 독려해서, 하나님의 은혜로 시작된 이 선한 일을 마무리하게 하는 것이 좋겠다는 것임은 분명하다. 디도는 다른 교회들에서도 이 연보를 모으는 일에 힘써 수고해 왔던 것으로 보이는데, 사도는 고린도 교회의 경우에도 디도에게 거기로 가서 그 일을 독려해서 끝마치라고 명하였다는 것을 고린도 교인들에게 알린다.

7. 오직 너희는 믿음과 말과 지식과 모든 간절함과 우리를 사랑하는 이 모든 일에 풍성한 것 같이 이 은혜에도 풍성하게 할지니라.

사도는 자신의 통상적인 강론이나 서신들에서는 웅변술이나 수사학을 거의 사용하지 않았지만, 자기가 목표로 한 것들, 즉 하나님의 영광과 자신이 돌보는 심령들의 유익을 위하여, 언제 그런 기법들을 사용하는 것이 유용한지를 알고 있었다. 그는 신학을 단순한 말들과 수사학적인 미사여구들로 변질시켜 버린 것은 결코 아니었고, 단지 그런 기법들을 신학의 시중을 드는 시녀로 종종 사용하였다. 그래서 사도는 고린도 교인들에게 가난한 형제들을 돕기 위한 연보에 동참하는 이 중요한 본분을 역설하고 독려하기 위해서, 그들이 다른 모든 신령한 것들에 풍성하다는 사실을 그들에게 상기시킨다: "믿음"을 통해서 그들은 복음의 진리에 굳게 동의하고 그리스도를 영접하였었다. "말"은 그들이 방언이나 기도로 하나님께 말하거나, 예언과 권면을 통해서 사람들에게 말할 수 있었다는 것을 가리킨다. "지식"은 하나님께 속한 것들에 대한 지식과 인간에게 속한 것들에 대한 지식, 둘 모두를 가리킨다. "우리를 사랑하는 이 모든 일"은 복음의 사역자들에 대한 그들의 사랑을 가리키는데, 이 사랑은 그들 모두에게 있지는 않았을지라도, 그들 중 다수에게 있었다. 사도는 이런 것들이 그들에게 풍성하다는 사실을 들어서, 그런 것들이 풍성하다면, "이 은혜," 즉 가난한 형제들을 구제하기 위한 연보도 풍성하게 하여, 이미 시작한 선한 일들을 온전히 이루는 것이 이치에 맞다고 그들을 압박한다. 여기에서 사도가 전개하는 논리의 힘은, 모든 그리스도인들은 온전함을 이루기 위하여 애쓰는 것이 마땅하고, 정직한 사람은 누구나 다 선한 일들을 시작하였다면 온전히 완성하고자 하는 것이 자연스러운 일이라는 것이다.

8. 내가 명령으로 하는 말이 아니요 오직 다른 이들의 간절함을 가지고 너희의 사랑의 진실함을 증명하고자 함이로라.

내가 명령으로 하는 말이 아니요. 나는 고압적인 방식으로 너희에게 명령하듯이 말하고 있는 것이 아니다. 또는, 하나님께서는 그 어디에서도 너희에게 연보를 할 때에 얼마를 내야 한다고 명시적으로 명령하신 적이 없다. 오직 다른 이들의 간절함을 가지고 너희의 사랑의 진실함을 증명하고자 함이로라. 나는 단지 다른 교회들에 속한 사람들이 지금 이 일에 적극적으로 나서고 있기 때문에, 너희가 이 선한 일에서 다른 그 어떤 교회에도 뒤지기를 원하지 않는 마음에서, 하나님과 나, 그리고 유대에 있는 가난한 성도들에 대한 너희의 사랑이 진실하다는 것을 증명하고자 하는 것일 뿐이다.

하나님께서는 궁핍함 가운데 있는 자들을 위하여 구체적으로 얼마를 연보하여야 한다고 명하신 것은 아니지만, 일반적인 기준은 우리에게 주셨는데, 그것은 "각 사람이 수입에 따라"(고전 16:2) 냄으로써, 사도가 14절에서 말한 것처럼, 어느 정도 "균등함"이 이루어지게 해야 한다는 것이었다. 따라서 하나님에 대한 우리의 사랑의 진실성이 일정 정도는 우리가 하나님이 명하신 대로 연보하느냐의 여부에 달려 있는 것과 마찬가지로, 궁핍함 가운데 있는 그리스도의 가난한 지체들에 대한 우리의 사랑의 진실성도, 우리의 넉넉한 것으로 그들의 부족한 것을 채워서, 우리와 그들이 서로 균등하게 하느냐의 여부에 달려 있다.

9. 우리 주 예수 그리스도의 은혜를 너희가 알거니와 부요하신 이로서 너희를 위하여 가난하게 되심은 그의 가난함으로 말미암아 너희를 부요하게 하려 하심이라.

우리 주 예수 그리스도의 은혜를 너희가 알거니와. 너희는 너희의 주 예수 그리스도께서 너희에게 값없이 거저 주신 사랑을 잘 말해 주는 복음을 믿었고, 복음 안에서 그 사랑의 복된 결과들을 이미 너희의 심령 속에서 경험하였으니, 바로 그 값없이 주신 사랑을 지금 떠올려 보라. 부요하신 이로서 너희를 위하여 가난하게 되심은. 사도가 히브리서 1:2이 "이 모든 날 마지막에는 아들을 통하여 우리에게 말씀하셨으니 이 아들을 만유의 상속자로 세우시고 또 그로 말미암아 모든 세계를 지으셨느니라"고 말하고 있듯이, 그리스도는 만물을 자신의 발 아래에 두신 온 피조 세계의 주이시자 "만유의 상속자"이시라는 점에서 이루 말할 수 없이 "부요하신 이"셨다. 그런데도 그는 너희를 대속하시는 일을 이루셔서, 너희를 향한 아버지 하나님의 사랑을 나타내시기 위하여, 자신의 영광의 옷을 벗어 버리시고, 육신이라는 넝마를 입으신 채로 종의 모습으로 이 땅에 오셔서, 자신의 말씀 한 마디면 만물을 부리실 수 있으셨는데도, 자신의 그러한 권세를 사용하지 않으시고, 이 땅에서 자신의 머리를 둘 곳도 없는 상태로, 사람들이 그에게 드린 물질을 가지고 살아가실 정도로 가난해지셨다. 그의 가난함으로 말미암아 너희를 부요하게 하려 하심이라. 그리스도께서 자신의 모든 영광과 부요하심을 다 버리시고 지극히 가난하게 되신 것은, 너희가 하나님의 사랑 안에서 은혜와 영광으로 부요해지게 하시기 위한 것이었는데, 이것은 모두 그리스도께서 자신의 존귀와 영광을 버리시고 스스로 지극히 낮아지심으로써 가난해지신 덕분이었다. 이렇게 너희는 복음을 받아들여 믿고서, 그리스도께서 너희를 부요하게 하시는 것을 이미 경험해서, 신령한 은사들과 은혜들을 차고 넘치게 가지고 있고 영광의 소망 속에서 살아가고 있는데도, 만일 너희가 인색한 마음을 가지고서 그리스도의 가난한 지체들의 곤궁하고 곤고한 상태를 못 본 체하거나, 그 가난한 지체들에게 도움의 손길을 내미는 것을 주저한다면, 어찌 너희가 이 큰 사랑을 알고 보답하고자 하는 자들이거나 그리스도의 이 위대한 모범을 본받고자 하는 자들이라고 할 수 있겠는가?

10. 이 일에 관하여 나의 뜻을 알리노니 이 일은 너희에게 유익함이라 너희가 일 년 전에 행하기를 먼저 시작할 뿐 아니라 원하기도 하였은즉.

이 일에 관하여 나의 뜻을 알리노니 이 일은 너희에게 유익함이라. 궁핍함 가운데 있는 자들을 구제하는 것은 하나님의 법과 본성의 법이 요구하고 명하는 것이기 때문에 반드시 그렇게 하여야 하는 것이지만, 마게도냐 교회들이 했던 것처럼, 자신들의 힘에 지나도록 구제하는 것은 반드시 그렇게 해야 하는 것은 아니다. 또는, 사도가 "이 일에 관하여 나의 뜻을 알리노니"라고 말한 것은, 자기는 그들에게 어떻게 하는 것이 그들의 도리라는 것을 알려 주면서 그렇게 하라고 명령하는 것이 아니라, 단지 그들이 어떻게 하는 것이 좋을 것 같다고 조언하는 것일 뿐이라는 의미일 수 있다. 왜냐하면, 친구들끼리는 얼마든지 서로에게 어떻게 하는 것이 도리에 맞는지를 조언해 줄 수 있기 때문이다. 그러면서 사도는 "이 일은 너희에게 유익함이라"고 말한다. 즉, 자기는 그들의 유익을 위하여, 또는 그들의 존귀와 평판을 위하여 이렇게 조언하고 있는 것이라는 의미이다. 하나님의 명령은, 그것이 우리에게 이익이 되든 해가 되든 무조건 행해야 하는 것이지만, 그것을 행하는 경우에는 우리에게 유익과 존귀와 칭송이 더해진다면, 하나님의 명령을 행하는 것은 첫째로 하나님께 순종하는 것이 되고, 둘째로 우리 자신을 위하여 지혜롭게 행하는 것이 되어서, 우리에게 일석이조가 된다.

너희가 일 년 전에 행하기를 먼저 시작할 뿐 아니라 원하기도 하였은즉. 사도는 그들이 이미 "일 년 전에" 이 구제하는 일을 시작하였다는 점에서, 만일 이 시점에서 그 일을 그만두고 뒤로 물러나 버린다면, 사람들은 그들이 선한 일을 제대로 할 마음이 없다고 생각해서, 그들을 안 좋게 생각할 것이지만, 도리어 이 일을 일찍부터 적극적으로 시작하였던 초심을 그대로 이어서 속히 마무리하고 끝낸다면, 사람들로부터 신뢰와 칭송을 얻게 될 것이라는 이유를 들어서, 그들이 이 일을 완성하는 것이 마땅하다고 조언한다. 그런데 어떤 이들은 사도가 여기에서 "행하기를 먼저 시작할 뿐 아니라 원하기도 하였은즉"이라고 말함으로써, 고린도 교인들이 이 일을 행한 것을 먼저 말하고 이 일을 원한 것을 나중에 말한 것은 문제가 있지 않느냐는 반론을 제기한다. 이 구절의 헬라어 본문은 "행할 뿐만 아니라 원하기도(ζέλειν - '젤레인')"로 되어 있다. 어떤 이들은 이런 식으로 순서상으로 먼저인 것과 나중인 것을 서로 위치를 뒤바꾸어 표현하는 기법은 성경에서 흔히 찾아볼 수 있다고 말한다. 하지만 그러한 견해보다 더 나은 답변은, 여기에서 '젤레인'("원하다")은 고린도 교인들이 이 일을 행하기로 원하고 결심했다는 의미가 아니라, 다른 사람들의 권유를 받기 전에 이미 스스로 적극적으로 나서서 이 일을 하고자 하였다는 의미라는 것이다(실제로 흠정역 번역자들은 이 단어를 그런 식으로 이해해서 이 구절을 그렇게 번역하고 있다). 따라서 이 구절의 의미는 이런 것이다: 너희는 일 년 전에 이 일을 시작하였을 뿐만 아니라, 우리의 권면이나 설득 없이도, 너희가 자발적으로 나서서 스스로 자원하여 이 일을 행하였다. 그런데 너희가 그런 식으로 의욕을 보이며 시작했던 일을 이제 와서 그만둔다면, 그것은 너희 자신에게도 부끄러운 일이 될 것이고, 사람들에게도 욕을 먹게 될 것이다. 또한, 사도가 여기에서 "원하다"로 표현한 것을 다음 절에서는 "마음에 원하던 것"이라고 표현한 것도 이 두 번째 견해가 옳다는 것을 보여 준다.

11. 이제는 하던 일을 성취할지니 마음에 원하던 것과 같이 완성하되 있는 대로 하라.

너희는 내가 지금 너희에게 이 일을 권면하고 조언하기 한참 전에 이 일을 행하고자 적극적인 의욕을 보여 주었을 뿐만 아니라 그 일을 이미 시작하기도 했는데, 이제는 다른 교회들이 너희보다 앞서 이 일을 마무리하였기 때문에, 너희도 그 일을 마무리할 시점이 되었다. 그러므로 너희는 "하던 일을 성취해서," 너희가 시작한 선한 일을 끝까지 잘 마무리하는 좋은 모습을 보이라. 너희는 하나님께서 너희에게 이 세상의 것들도 풍족하게 주셔서, 유대의 가난한 형제들보다 더 사정이 낫게 하신 것을 생각해서, 이 연보의 일을 원래 생각했던 대로 마무리하고 완성함으로써, 일 년 전에 유대의 가난한 형제들을 구제하고자 하는 이 일에 적극성을 보여 주었던 너희의 모습이 단지 그런 시늉만 한 것이 아니라 진심이었음을 나타내 보여라.

12. 할 마음만 있으면 있는 대로 받으실 터이요 없는 것은 받지 아니하시리라.

사도는 앞에서 그들에게 "있는 대로," 즉 하나님이 그들에게 복 주신 것에 비례해서 연보를 하라고 명하였고, 이제 여기에서는 그 이유를 제시하는데, 그것은 하나님께서는 그들이 얼마를 연보하느냐를 보시는 것이 아니라, 그들의 자원하는 마음을 받으시기 때문이라고 말한다. 하나님은 사람들에게 "없는 것"을 요구하시는 것도 아니고, 마지못해서 하는 것도 받지 않으신다. 그러므로 우리의 마음에서 진실하게 원하는 대로 우리의 힘이 닿는 데까지 연보하면 되는 것이고, 마음에서는 내키지도 않는데 여러 가지 이유로 마치 자원해서 그렇게 하는 것처럼 꾸민다고 해도, 그것은 하나님 앞에서 헛된 일이다. 하나님께서는 우리에게 우리의 힘으로 할 수 없는 것을 요구하지 않으시지만, 우리가 하나님이 명하신 것들을 우리의 힘이 닿는 데까지 있는 힘을 다해서 하기를 원하신다. 왜냐하면, 우리의 힘을 다하는 것만이 우리가 단지 하는 시늉만 하는 것이 아니라 진심으로 행하고자 한다는 것을 증명해 주는 것이기 때문이다. 우리가 우리 자신의 잘못으로 말미암아, 하나님이나 사람의 법이 명한 일들을 할 수 없게 된 경우에는, 그 일들을 하지 못한 책임이 우리에게 있는 것과 마찬가지로, 우리의 잘못이 아니라면 충분히 연보할 수 있는데도, 우리가 잘못해서 연보할 수 없게 된 경우에는, 그것은 우리의 책임이기 때문에 변명의 여지가 있을 수 없다.

13. 이는 다른 사람들은 평안하게 하고 너희는 곤고하게 하려는 것이 아니요 균등하게 하려 함이니.

내가 너희에게 이렇게 가난하여 곤경에 처해 있는 형제들을 구제하기 위하여 연보하라고 강권하는 것은, 그 형제들을 부유하게 만들고, 너희는 가난하게 만들고자 하는 것이 결코 아니고, 단지 너희가 넉넉히 가지고 있는 것 중에서 일부를 떼어 가난한 형제들을 구제하면, 둘 다 굶주리고 않고 살 수 있는데도, 그렇게 하지 않아서, 너희는 풍족하고 잘 살아가는데, 가난한 형제들은 굶주려 죽어가는 일이 일어나지 않게 하기 위한 것이다.

14. 이제 너희의 넉넉한 것으로 그들의 부족한 것을 보충함은 후에 그들의 넉넉한 것으로 너희의 부족한 것을 보충하여 균등하게 하려 함이라.

이제 너희의 넉넉한 것으로 그들의 부족한 것을 보충함은. 나는 너희도 살기 빠듯한데 너희의 없는 것 중에서 일부를 떼어 굶주리고 있는 가난한 형제들을 도우라고 강권하는 것이 아니라, 단지 너희의 넉넉한 것 중에서 일부를 떼어 가난한 형제들을 굶주림에서 벗어나게 하고자 하는 것일 뿐이다.

후에 그들의 넉넉한 것으로 너희의 부족한 것을 보충하여. 어떤 이들은 여기에서 "그들의 넉넉한 것"은 그들이 이 세상의 것들로 풍족하고 넉넉한 것을 가리키는 것으로 이해한다. 그들은 유대 땅에 닥친 큰 기근으로 인해서, 또는 그리스도인들에 대한 박해의 광풍으로 인해서 지금 궁핍함을 겪으며 큰 어려움에 처해 있다. 하지만 하나님께서 언제 상황을 역전시키셔서, 너희가 살고 있는 땅에 기근을 보내시고, 유대 땅은 풍년이 들게 하실 지는 아무도 모르는 일이다. 그런 때가 되면, 그들은 자신들의 넉넉함으로 너희의 부족한 것을 보충해 주게 될 것이다. 어떤 이들은 여기에서 "그들의 넉넉함"은 그들에게 주어진 은혜가 풍성함을 가리키는 것으로 이해한다. 즉, 사도는 이렇게 말하고 있는 것이다: 너희가 물질적으로 넉넉한 것 중에서 일부를 보내어 유대의 가난한 형제들의 부족한 것을 보충해 주면, 그들은 풍성한 은혜 가운데서 너희를 위하여 더욱 간절하게 기도할 것이고, 그러면 너희는 지금 너희에게 부족한 은혜를 보충받아서 풍성한 은혜를 누리게 될 것이다. 균등하게 하려 함이라. 이렇게 했을 때, 너희는 그들이 물질에 있어서 부족함이 없는 복을 받는 일에 하나님의 도구로 사용될 것이고, 그들은 너희가 영적으로 풍성한 은혜를 받는 일에 하나님의 도구로 사용될 것이다.

15. 기록된 것 같이 많이 거둔 자도 남지 아니하였고 적게 거둔 자도 모자라지 아니하였느니라.

이 절에 나오는 인용문을 보면, 우리는 앞 절의 후반부에 언급된 "그들의 넉넉한 것"이 영적인 은혜와 복을 가리키거나, "균등하게" 한다는 것이 현세적인 것과 영적인 것을 서로 합하여 균등하게 한다는 것을 가리키는 것이 아니라, 둘 다 현세적이고 물질적인 것을 가리키는 것으로 이해하여야 하지 않을까 하는 생각을 하게 된다. 왜냐하면, 이 인용문은 광야에서 하나님이 자기 백성에게 주셨던 만나에 관한 것이기 때문이다 ― 물론, 사도는 만나를 "신령한 음식"(고전 10:3)이라고 불렀고, 우리 구주께서는 요한복음 6:32, 58에서 만나는 모세가 줄 수 없는 하늘에서 내려온 떡인 자기를 모형적으로 보여준 것이라고 말씀하셨다는 점에서는, 앞에서 해석한 것과 같이 해석할 여지도 여전히 남아 있기는 하지만. 사도가 여기에서 인용한 이 말씀은 출애굽기 16:18에 나오는 것으로서 칠십인역 본문과 좀 더 일치한다. 거기에 나오는 이야기는 이렇다: 만나가 하늘에서 떨어지자, 이스라엘 자손은 "그 거둔 것이 많기도 하고 적기도 하나," 하나님께서 만나를 주신 섭리에 따라, 그들이 와서 각 사람이 거둔 것을 달아 보았을 때에는, "많이 거둔 자도 남음이 없고 적게 거둔 자도 부족함이 없이 각 사람은 먹을 만큼만 거두었다"는 것이 드러났다(출 16:17-18).

사도는 광야에서의 만나 사건을 근거로 해서, 고린도 교인들에게 이 구제의 일을 행하는 것이 마땅하다는 것을 보여 주며, 적극적으로 나서 이 일을 행하라고 압박한다. 여기에서 사도가 전개한 논리의 취지는 이런 것이다: 만나 사건에서 많이 거둔 자들이나 적게 거둔 자들이 모두 다 부족함이 없었던 것과 마찬가지로, 세상 재물과 관련해서는 적게 거두어서 남들보다 적은 재물을 갖고 있는 자들은 자신들이 가진 것을 하나님의 뜻을 따라 하나님의 영광을 위하여 사용하면 부족함이 없을 것이고, 많이 거두어 남들보다 풍족한 재물을 갖게 된 자들은, 하나님의 뜻을 따라 그 재물을 나누어 주지 않는다면, 결국에는 그들에게서 풍족함이 사라지게 될 것이다. 왜냐하면, 하나님께서는 많이 거두어서 적게 거둔 자들에게 나누어 주지 않은 자들의 남는 재물을 거두어 가셔서 결국에는 많이 거둔 자들이나 적게 거둔 자들이나 균등하게 되게 하실 것이기 때문이다: "은을 사랑하는 자는 은으로 만족하지 못하고 풍요를 사랑하는 자는 소득으로 만족하지 아니하나니 이것도 헛되도다"(전 5:10). 하나님의 지혜로우신 섭리는 모든 사람들이 세상 재물을 평등하게 나누어 갖도록 하신 것이 아니라, 일하려고 하지 않는 자들을 제외하고는, 누구나 자신의 얼굴에 땀을 흘리거나 다른 사람들의 도움으로 먹고 살 수 있게 하셨다. 또한, 하나님께서는 원래 사람들을 지으실 때에 탐욕을 부리지 않고, 적은 것으로 만족할 수 있게 하셨기 때문에, 적게 거둔 자도 자신의 탐심을 절제할 수만 있다면 부족함이 없게 되고, 많이 거둔 자도 자신과 자신의 가족을 위해 필요한 것을 쓰고, 하나님의 명령을 따라 다른 사람들을 구제하는 데 사용하고 나면, 남는 것이 없게 된다.

16-17. [16]너희를 위하여 같은 간절함을 디도의 마음에도 주시는 하나님께 감사하노니 [17]그가 권함을 받고 더욱 간절함으로 자원하여 너희에게 나아갔고.

사도는 여기에서 고린도 교회에서 유대의 가난한 형제들을 위하여 이 특별한 연보를 하는 것과 관련된 일을 디도에게 맡으라고 자기가 권유하였는데, 그 때에 디도가 스스로 전부터 그런 생각을 갖고 있었다는 것을 알게 되었다고 말하고 있는 것으로 보인다. 따라서 디도는 사도의 권유를 따라 이 일에 나선 것이기는 하지만, 사실은 사도가 그런 권유를 하기 전에 이미 이 일을 맡을 생각을 하고 있었기 때문에, 스스로 자원해서 이 일을 위해 고린도 교회로 간 것이었다. 사도는 우리가 어떤 선한 생각을 혼자 하는 것으로는 부족하고, 하나님께서 그런 마음을 우리에게 주시는 것이 중요하다는 것을 우리에게 알게 하기 위하여, 이 연보의 일에 대하여 이같은 "간절함을 디도의 마음에도" 주신 "하나님께 감사한다"고 말한다.

18. 또 그와 함께 그 형제를 보내었으니 이 사람은 복음으로써 모든 교회에서 칭찬을 받는 자요.

사도가 여기에서 말한 "그 형제"가 누구였는지, 즉 누가, 바나바, 실라, 아볼로, 마가 중 한 사람이었는지를 아는 것은 별로 중요하지 않다. 그가 누구였든지, 그는 복음을 전하는 일로 좋은 평판을 받고 있던 형제이자 사역자였던 것은 분명하다.

19. 이뿐 아니라 그는 동일한 주의 영광과 우리의 원을 나타내기 위하여 여러 교회의 택함을 받아 우리가 맡은 은혜의 일로 우리와 동행하는 자라.

사도는 앞 절에서 말한 "그 형제"는 교회들의 연보를 유대에 있는 어려운 그리스도인들에게 전달하는 일에 자기 및 디도와 동행하도록 "여러 교회의 택함"을 받은 사람이라고 소개하면서, 우리가 이미 1절에서 말한 바 있는 그러한 이유로 여기에서 이 연보를 "은혜"라고 부른다. 또한, 사도는 자신들이 이 일을 하는 목적은 하나님께 영광을 돌림과 아울러, 고린도 교인들의 형제 사랑은 진실한 것이고, 그들은 자신들에게 주어진 하나님의 뜻에 기꺼이 순종할 마음이 있다는 것을 증명하고 나타내는 것이라고 밝힌다.

20. 이것을 조심함은 우리가 맡은 이 거액의 연보에 대하여 아무도 우리를 비방하지 못하게 하려 함이니.

내가 이렇게 이 일을 함에 있어서 한 사람이 아니라 여러 사람을 세워서 하게 하고 이 일의 증인들이 되게 한 것은, 이 여러 교회의 연보를 맡은 자들이 마치 그 중 일부를 사적인 용도로 유용하거나 이 연보가 원래 전달되어야 할 사람들에게 전달되지 않았다는 비방을 받을 여지를 처음부터 차단해서, 아무도 우리를 향하여 감히 그런 비방을 할 수 없게 하기 위한 것이다. 사도는 여기에서 기독교회의 모든 사역자들과 그리스도인들에게, 세상 사람들은 그들에 대하여 전혀 호의적이지 않아서, 아무리 그들이 어떤 일들을 진심으로 거짓 없이 행한다고 할지라도, 언제든지 그러한 비방과 중상모략을 받을 염려가 있기 때문에, 매사에 세상 사람들이 그들을 그런 식으로 비방하고 중상모략할 수 있는 여지를 사전에 미리 내다보고 다 제거하여야 한다는 것을 가르쳐 준다. 사실, 여러 교회들로부터 모은 이 연보를 유대에 있는 가난한 형제들에게 가서 나누어 주는 일은 디도 한 사람만으로도 충분히 감당할 수 있는 일이었겠지만, 사도는 이 연보를 한 사람에게 맡겼을 때, 그 일이 구설수에 올라서, 세상 사람들의 입에서 어떤 말들이 나올지를 알고 있었기 때문에, 디도와 함께 한 형제를 더 세워서 이 일을 맡기고, 이 일에 대한 증인이 되게 한 것이었다.

21. 이는 우리가 주 앞에서뿐 아니라 사람 앞에서도 선한 일에 조심하려 함이라.

사도는 로마서 12:17에서도 동일하게 말한 바 있다: "아무에게도 악을 악으로 갚지 말고 모든 사람 앞에서 선한 일을 도모하라." 이 두 곳을 통해서 사도는, "주 앞에서뿐 아니라 사람 앞에서도" 선하게 보이도록 행하는 것이 모든 그리스도인들, 특히 사역자들의 중요한 의무임을 우리에게 가르쳐 준다(사역자들은 산 위에 세워진 도시들 같아서 숨겨질 수 없고 그대로 다 노출되어 있기 때문에, 악인들은 잘 드러나지 않는 일반 그리스도인들보다도 사역자들에 대하여 훨씬 더 심하게 공격을 해오기 때문에). 하나님 앞에서는 모든 것이 드러나는 까닭에, 우리는 하나님께서 금하신 일들은 일체 행하지 않을 수밖에 없고, 하나님이 명하신 일들은 반드시 행할 수밖에 없기 때문에, 하나님 앞에서는 모든 일을 선하게 하지 않으면 안 된다. 그러나 사람들은 하나님과는 달리 모든 것을 있는 그대로 다 볼 수 있는 것이 아니어서, 우리가 하나님 앞에서 선한 일을 하였다고 하더라도, 우리가 한 그 선한 일이 불완전한 존재인 사람들에게는 선한 일로 여겨지지 않을 수도 있기 때문에, 사도가 빌립보서 4:8에서 "형제들아 무엇에든지 참되며 무엇에든지 경건하며 무엇에든지 옳으며 무엇에든지 정결하며 무엇에든지 사랑 받을 만하며 무엇에든지 칭찬 받을 만하며 무슨 덕이 있든지 무슨 기림이 있든지 이것들을 생각하라"고 말한 것처럼, 우리는 우리가 한 선한 일이 사람들 앞에서도 선한 일로서 잘 전달되도록 하기 위하여 최선을 다하여야 한다. 왜냐하면, 우리는 유대인들이나 이방인들에게 걸림돌이 되거나, 그들을 하나님의 도에서 멀어지게 하는 일은 그 어떤 것도 하지 않아야 함은 물론이고, 그들을 얻어서 그리스도께로 인도하여야 하는 소임이 우리에게 맡겨져 있는데, 우리가 실제로 엄격하게 따져 보면 선한 일인데도, 그들이 보거나 생각하기에는 선해 보이지 않는 일을 하는 것은 그러한 소임에 적절하지 않기 때문이다.

22. 또 그들과 함께 우리의 한 형제를 보내었노니 우리는 그가 여러 가지 일에 간절한 것을 여러 번 확인하였거니와 이제 그가 너희를 크게 믿으므로 더욱 간절하니라.

사도가 여기에서 말한 "한 형제"가 누구인지는 불확실한데, 이 형제가 에배네도(롬 16:5)였는지, 아볼로였는지, 소스데네였는지, 아니면 다른 사람이었는지를 아는 것은 우리에게 별로 중요하지 않고, 우리는 단지 이 형제가 사도와 여러 교회들로부터 그 성실함과 신실함을 인정받은 형제였고, 지금 사도의 천거를 받아서 아주 적극적으로 간절하게 이 일을 하고 싶어한다는 것을 아는 것으로 충분하다.

23. 디도로 말하면 나의 동료요 너희를 위한 나의 동역자요 우리 형제들로 말하면 여러 교회의 사자들이요 그리스도의 영광이니라.

이 절은 사도가 고린도 교회에서 유대의 가난한 그리스도인들을 구제하기 위한 연보를 모으는 일을 위해서 파송하겠다고 앞에서 말한 디도와 두 형제를 추천하는 내용을 담고 있다. 많은 사람들은 자신의 지갑을 열어야 하는 일에 있어서는 어떻게 해서든지 자신의 지갑을 열지 않을 핑계를 찾기 위해서 하나부터 열까지 그 일과 관련된 모든 것을 꼬치꼬치 캐묻고 꼬투리를 잡으려고 한다. 어떤 이들은 자기 자신도 가난하다며 우는 소리를 하며 빠져나가려고 하고, 어떤 이들은 자신들이 한 연보를 받게 되어 있는 사람들의 상황이나 자질을 문제삼기도 하며, 자신들의 연보가 과연 그 연보가 돌아가야 할 사람들에게 제대로 전달되겠느냐며 의문을 제기하기도 하고, 연보를 전달하는 책임을 맡은 자들이 과연 적임자인지에 대해서 반론을 제기하기도 한다. 그래서 사도는 앞에서 사람들이 제기할 것으로 예상되는 몇몇 반론이나 이의들을 미리 차단하고 나서, 여기에서는 이 일의 책임을 맡은 자들이 나무랄 데 없이 훌륭한 적임자들이라는 것을 강조함으로써, 방금 위에서 마지막으로 언급한 반론을 잠재우고자 한다.

사도는 디도에 대해서는 먼저 "나의 동료"라고 말한 후에, 고린도 교인들에게 복음을 전하고 그들의 영혼의 구원을 이루는 일과 관련해서는 "나의 동역자"라고 말하고, 다른 두 형제들에 대해서는, 여러 교회들이 "사자들"로 삼기에 합당하다고 생각한 자들이라고 말하는데, 이것은 만일 이 두 형제들이 신실하지 않았다면, 여러 교회들이 이 두 사람에게 이 일을 맡기지 않았을 것이기 때문에, 이 두 형제가 여러 교회의 사자가 된 것은 그들이 믿을 만하기 때문이라는 것을 말하고자 한 것이다. 또한, 사도는 교회들, 또는 디도와 두 형제들을 "그리스도의 영광"이라고 부른다. 사도가 "여러 교회의 사자들"을 "그리스도의 영광"이라고 부른 것이라면(이것이 더 합당해 보인다), 그것은 그들은 그리스도의 영광의 도구들이라는 의미이거나, 그들은 자신들이 받은 은혜를 통해서 그리스도께 많은 영광을 돌린 자들이라는 의미일 것이다.

많은 은혜 가운데서 성장하여 놀라운 열매를 맺은 그리스도인들은, 그리스도 없이는 그들이 그런 성장을 하거나 그런 열매를 맺을 수 없었을 것이라는 점에서, 그리스도의 영광들이다: "내가 그리스도와 함께 십자가에 못 박혔나니 그런즉 이제는 내가 사는 것이 아니요 오직 내 안에 그리스도께서 사시는 것이라"(갈 2:20). 은혜 안에서 우리가 행한 일들은 실제로 우리가 행한 일들이기는 하지만, 우리가 그 일들을 할 때에 사용한 능력과 힘은 그리스도로부터 오기 때문에, 우리는 우리가 행한 일들을 통해서 그리스도를 자랑하고, 우리의 거룩한 행실을 통해서 그리스도께 영광을 돌린다. 그리고 하나님께서 욥을 자랑하셨듯이(욥 1:8; 2:3), 그리스도께서는 모든 경건하고 거룩한 자들을 자랑하신다.

24. 그러므로 너희는 여러 교회 앞에서 너희의 사랑과 너희에 대한 우리 자랑의 증거를 그들에게 보이라.

이 장은 여러 가지 근거들을 들어서, 고린도 교인들이 유대의 가난한 형제들을 위한 연보를 후하게 해 줄 것을 권면하는 것으로 마무리된다: (1) 그들의 후한 연보는 하나님과 궁핍 가운데 어려움에 처해 있는 형제들과 사도에 대한 그들의 사랑이 진실하다는 것을 나타내는 증거가 될 것이다. (2) 그들의 후한 연보는 여러 교회들의 사자들로 파송된 자들과 그들을 파송한 교회들에게도 그러한 증거가 될 것이다. (3)

그들의 후한 연보는 사도가 디도를 비롯한 여러 사람들에게 고린도 교인들을 자랑한 것이 헛된 소리가 아니었다는 것을 보여 주는 증거가 될 것이다.

MATTHEW POOLE'S COMMENTARY

고린도후서 9장

개요

1. 고린도 교인들이 이 연보에 대하여 열심을 보인다는 것을 알면서도, 자기가 거기에 가기 전에 이 연보와 관련된 일이 마무리되도록 하기 위하여 미리 형제들을 보낸 이유를 말함(1–5).
2. 연보를 자원하는 마음으로 차고 넘치게 하는 것은 그들의 곳간을 풍성하게 하는 수단이 될 것이라고 말하면서, 후하게 연보할 것을 독려함(6–11).
3. 그들의 후한 연보가 하나님께 대한 많은 감사를 낳게 될 것이라고 말함(12–15).

1. 성도를 섬기는 일에 대하여는 내가 너희에게 쓸 필요가 없나니.

나는 흠정역 번역자들이 베드로전서 4:15과 베드로후서 1:9에 나오는 '가르'를 "그러나"로 번역한 것과 마찬가지로, 여기에 나오는 불변화사 '가르'(γὰρ)도 그렇게 번역하는 것이 좋을 것이라고 생각한다. 따라서 이 본문에서 사도는 자기가 앞 장 전체를 통해서 이 연보에 대하여 역설해 왔지만, 사실은 그럴 필요가 없다는 것을 자기도 잘 안다는 식으로, 우아하게 한 발자국 물러나서 고린도 교인들의 체면을 세워 주는 태도를 보여 주는데, 이 본문의 취지는 이런 것이다: 그러나 내가 궁핍함과 어려움 가운데 있는 성도들을 섬기라고 너희에게 많은 말로 굳이 설득할 필요가 사실 어디 있겠는가? 너희에게 그렇게 하는 것은 쓸데없는 말들을 늘어놓는 것이나 다름없다고 나는 생각한다. 사도는 이렇게 말함으로써, 자기는 그들이 유대의 가난한 형제들을 구제하기 위한 연보를 차고 넘치게 할 것을 믿어 의심치 않고 확신 가운데서 기대하고 있다는 것을 그들에게 알리는데, 이렇게 말하는 것은 그 자체가 그들에 대한 사도의 기대와 신뢰를 그들이 저버려서는 안 된다는 또 하나의 무언의 압박으로서의 역할을 한다.

2. 이는 내가 너희의 원함을 앎이라 내가 너희를 위하여 마게도냐인들에게 아가야에서는 일 년 전부터 준비하였다는 것을 자랑하였는데 과연 너희의 열심이 퍽 많은 사람들을 분발하게 하였느니라.

이는 내가 너희의 원함을 앎이라 내가 너희를 위하여 마게도냐인들에게 아가야에서는 일 년 전부터 준비하였다는 것을 자랑하였는데. 사도는 왜 자기가 앞 절에서 그들에게 이 연보에 대하여 많은 말로 권하는 것이 불필요하다고 생각하였는지, 그 이유를 여기에서 제시하면서, 그들이 이 연보에 대하여 스스로 자원하여 적극적으로 행하고자 하는 마음이 있어서, 그들에게 박차를 가할 필요가 없기 때문이라고 말한다. 사도는 이미 고린도후서 8:10에서도 자기가 그 사실을 알고 있다고 말한 바 있는데, 아마도 풍문으로 들었거나 고린도 교회로부터 온 사람들로부터 듣고 알게 되었을 것이다. 사도는 여기에서도 다시 한 번 자기가 그 사실을 알고 있다는 것을 밝히고, 그들이 이 일에 적극적이고 열심을 내고 있다는 것을 마게도냐의 교회들에게 자랑하였다는 사실도 아울러 말한다. **과연 너희의 열심이 퍽 많은 사람들을 분발하게 하였느니라.** 또한, 사도는 이 연보와 관련된 고린도 교인들의 열심이 자기가 지금 있는 교회들에 속한 많은 사람들을 이 일에 분발하게 만들었다고 말한다. 여기에서 사도가 말하고자 하는 취지는, 이렇게 다른 어느 교회보다도 이 선한 일에 대하여 일찍부터 열심을 냈을 뿐만 아니라, 그런 모습을 보임으로써, 다른 교회들에 속한 사람들로 하여금 이 일에 열심을 내게 만드는 선한 도구 역할도 한 고린도 교인들이 이제 와서 이 일에서 다른 교회들보다 뒤처지거나 이 일에 대한 열심이 식어서 냉담해진다는 것은 말이 되지 않는다는 것이다.

3. 그런데 이 형제들을 보낸 것은 이 일에 너희를 위한 우리의 자랑이 헛되지 않고 내가 말한 것 같이 준비하게 하려 함이라.

내가 이 일과 관련해서 형제들을 너희에게 보낸 것은 이 일을 행하라고 설득하고 권유하기 위한 것이 아니다. 왜냐하면, 너희는 이미 일 년 전에 스스로 자원해서 이 일을 시작하였고, 이 일에 대하여 그 누구보다도 적극성과 열심을 보였기 때문이다. 너희는 누가 시키거나 설득해서 이 일을 시작한 것이 아니라, 너희 스스로 자원해서 적극적으로 나선 것이었기 때문에, 그것은 내가 마게도냐 교회들에게 너희의 그런 열심을 자랑할 만한 것이었다. 하지만 나는 혹시라도 너희가 이 일에 대한 너희의 이전의 열심을 잊어버려서, 이 일로 인하여 우리가 너희를 자랑한 것이 헛된 말이 되는 일이 일어나지 않도록 하기 위해서, 만일의 경우를 대비하여 형제들을 너희에게 보낸 것이다. 또한, 나는 고린도전서 16:2에서 말한 대로, 내가 너희에게 갔을 때에는, 너희의 연보가 다 마무리되어서, 오직 유대에 있는 가난한 형제들에게 전달하는 일만이 남아 있게 되기를 바라고 있는 것도 내가 형제들을 너희에게 보낸 이유들 중의 하나이다. 여기에서 "준비하게 하려 한다"는 것은, 사도가 앞에서 고린도 교인들이 전에 이 일에 적극성을 보였다고 말한 것 같이, 지금도 그들로 하여금 그런 적극성으로 이 일을 하게 하려고 한다는 의미가 아니라, 그들이 연보를 걷기 시작한 일이 다 마무리되어서 유대의 가난한 형제들에게 전달할 준비가 되어 있게 하려고 한다는 의미이다.

4. 혹 마게도냐인들이 나와 함께 가서 너희가 준비하지 아니한 것을 보면 너희는 고사하고 우리가 이 믿던 것에 부끄러움을 당할까 두려워하노라.

내가 너희에게 갈 때, 너희가 이 일에 대하여 큰 열심과 적극성을 보여 왔다는 자랑을 나로부터 들은 마게도냐 교회들에 속한 사람들이 혹시라도 나와 함께 동행해서 큰 기대를 가지고 너희에게 갔다가, 너희가 이 연보와 관련해서 준비해 놓은 것이 없는 것을 보게 된다면, 입에 침이 마르도록 너희를 자랑했던 나도 창피를 당하게 될 것이고, 너희도 얼굴을 붉힐 수밖에 없게 될 것이기 때문에, 나는 나와 너희의 명예와 평판을 생각해서 그런 일이 일어나지 않도록 미리 방지하고자 하는 것이다.

5. 그러므로 내가 이 형제들로 먼저 너희에게 가서 너희가 전에 약속한 연보를 미리 준비하게 하도록 권면하는 것이 필요한 줄 생각하였노니 이렇게 준비하여야 참 연보답고 억지가 아니니라.

이것이 내가 앞에서 말한 세 형제를 너희에게 보내어 너희의 연보를 마무리하여 준비시켜 놓는 것이 좋겠다고 판단한 이유이다. 여기에서 "권면하다"로 번역된 '프로카타르티소신'(προκαταρτίσωσιν)은 설득하거나 일깨우거나 권면한다는 의미라기보다는 연보가 다 모아져서 보낼 준비가 갖추어질 수 있게 하기 위하여 빨리 마무리하도록 독려한다는 의미이다. 여기에서 "연보"로 번역된 헬라어는 "복" 또는 "찬송"을 의미하는데, 이것은 히브리어 어법과 일치한다. 사무엘상 25:27에서는 아비가일이 궁핍함에 처한 다윗에게 바친 예물을 '베라카'(ברכה, "복" 또는 "찬송") 라고 부르고, 마찬가지로 창세기 33:11에서는 야곱이 자신의 형인 에서에게 바치는 예물을 '베라카'라 부른다. 이렇게 히브리어와 헬라어에서는 다음과 같은 이유들로 인해서 구제를 위한 돈이나 물자 같은 것들을 "복"이라고 부른다: (1) 그것들은 구제를 베푸는 자에게 하나님이 주신 복의 일부이기 때문이다: "그는 여호와께 복을 받고 구원의 하나님께 의를 얻으리니"(시 24:5). (2) 그것들을 주어 구제를 베푸는 것은 하나님께서 그들을 형통하게 하심으로써 큰 복을 주셨다는 것을 인정하는 것이기 때문이다: "매주 첫날에 너희 각 사람이 수입에 따라 모아 두어서 내가 갈 때에 연보를 하지 않게 하라"(고전 16:2). (3) 그것들은 받는 자가 복을 받아 잘되기를 주는 자가 바라고 있다는 뜻을 담고 있기 때문이다. (4) 그것들은 받는 사람에게 실제로 유익을 주는 것이어서 그 사람에게 실제적인 복이 되기 때문이다. (5) 그것들은 주는 자에게 하나님의 진정한 복이 되기 때문이다. 왜냐하면, 우리가 그것들을 하나님이 우리에게 그것들을 주신 목적을 따라 사용할 때, 그것은 하나님이 우리에게 주신 것으로 우리가 하나님을 찬송하는 것이 되기 때문이다. 성경에서 궁핍함 가운데 있는 하나님의 종들에게 값없이 후히 베풀어 구제하는 것을 '카리스' (χάρις, "은혜")와 '율로기아' (εὐλογία, "복" 또는 "찬송")라고 부르는 것은 대단히 주목할 만한 것이다. 그것은 하나님이 값없이 거저 주시는 은혜로 말미암아 우리 속에서 그렇게 구제할 마음이 생겨난다는 점에서 "은혜"라 불리고, 구제하는 행위 자체도 하나님이 우리를 형통하게 하셔서 주신 우리의 물질로 하나님을 진심으로 찬송하는 것이라는 점에서 "복" 또는 "찬송"이라 불린다. 이 두 가지를 제대로 잘 묵상하기만 하면, 이 두 가지는 하나님을 조금이라도 알거나 사랑하는 모든 심령에게 구제를 권하는 아주 강력한 근거들이 될 것이다.

사도는 여기에서 자기가 자기보다 앞서 형제들을 먼저 고린도 교인들에게 보낸 이유를 다시 한 번 설명하면서, 자기가 그들에게 갔을 때, 그들이 전에 약속한 연보를 부랴부랴 준비하는 모습을 보이지 않고, 연보와 관련된 모든 것이 다 준비되어 있을 수 있게 하기 위한 것이라고 말한다. "이렇게 준비하여야 참 연보답고 억지가 아니니라." 내가 형제들을 너희에게 보낸 것은, 너희로 하여금 이 연보를 하는 것이 여러 가지로 복이 되고 하나님을 찬송하는 것이 된다는 것을 생각하여, 자원하는 마음으로 후히 연보를 하게 하기 위한 것이다. 왜냐하면, 내가 이렇게 형제들을 미리 보내어 너희로 하여금 넉넉히 시간을 가지고 연보를 하게 하지 않고, 내가 너희에게 갔을 때에 너희로 하여금 연보를 준비하게 하면, 너희는 어쩔 수 없이 연보를 해야 하기 때문에 인색한 마음으로 마지못해 부랴부랴 연보를 하게 될 것이고, 그런 식으로 너희가 궁핍함 가운데 있는 하나님의 성도들에게 억지로 인색하게 연보를 하는 것은 너희에게 결코 복이 되지 못할 것이기 때문이다. 여기에서의 사도의 표현에 의하면, 그런 식으로 연보하는 것은 "참 연보다운"(ὡς εὐλογίαν - '호스 율로기안') 것이 아니다. 왜냐하면, 그들이 후히 연보한 것도 아니고 자원하는 마음으로 연보한 것도 아니라면, 그것은 하나님께서 그들을 복주시고 형통하게 하신 것만큼 연보한 것도 아니고, 하나님께서 그들에게 요구하시는 것을 따라 연보한 것도 아닌 까닭에, 그 연보를 받는 형제들의 복을 빌어 주는 것도 되지 못하고, 하나님께 찬송을 올려 드리는 것도 되지 못하기 때문이다.

6. 이것이 곧 적게 심는 자는 적게 거두고 많이 심는 자는 많이 거둔다 하는 말이로다.

연보를 억지로 하는 탐욕스러운 자들은 연보를 내는 데 쓰는 돈은 낭비라고 생각하지만, 사도는 연보로 내는 돈은 낭비가 아니라, 농부가 나중에 삼십 배, 육십 배, 백 배로 다시 거두기 위하여 밭에 심는 씨라고 말함으로써, 그들의 잘못된 생각을 바로잡아 준다. 물론, 농부가 심은 씨는 그 씨를 심은 땅의 비옥함에 따라 소출이 좌우되는 반면에, 사람이 연보를 통해 심은 씨로 인해서 거두는 소출은 땅의 성질에 따라 좌우되지 않는다는 차이는 있다. 왜냐하면, 어떤 사람을 선지자나 의인으로 착각하고서, 선지자나 의인의 이름으로 그 사람에게 무엇인가를 주어서 영적으로 심었다면, 그는 선지자나 의인의 상을 받게 될 것이기 때문이다. 그러나 이렇게 영적으로 심는 사람은 자기가 심은 씨의 양에 따라서 받게 된다. 인색하게 심은 자는 적게 거두고, 후히 심은 자는 차고 넘치게 거둔다. 이것으로부터 우리가 분명하게 알 수 있는 것은, 각 사람이 내세에서 받게 될 상은 모두 동일한 것이 아니라, 각 사람이 현세에서 행한 선한 일들에 비례하게 되리라는 것이다.

7. 각각 그 마음에 정한 대로 할 것이요 인색함으로나 억지로 하지 말지니 하나님은 즐겨 내는 자를 사랑하시느니라.

너희는 우리를 두려워하여, 또는 우리의 권위를 보아서 하지 않으면 안 되겠다는 생각 때문에 억지로 마지못해 연보를 해서는 안 되고, 하나님이 각자의 마음에 넣어 주신 생각과 각자가 스스로 생각한 것에 따라서 자원하는 마음으로 연보를 하여야 한다. 왜냐하면, 하나님께서는 억지로 마지못해 내는 자가 아니라 자원하여 기쁜 마음으로 내는 자를 사랑하시고, 어떤 사람이 얼마를 냈느냐 하는 것이 아니라, 얼마나 자원해서 기쁜 마음으로 냈느냐 하는 것을 보시기 때문이다. 사도는 이렇게 이 연보에 하나님이 관련되어 있고, 이 연보를 하나님이 받으신다는 것을 고린도 교인들에게 말해 줌으로써, 그들의 이 연보는 단지 사람들을 돕는 일인 것이 아니라, 하나님께 행하는 일임을 알게 해 준다: "가난한 자를 불쌍히 여기는 것은 여호와께 꾸어 드리는 것이니 그의 선행을 그에게 갚아 주시리라"(잠 19:17).

8. 하나님이 능히 모든 은혜를 너희에게 넘치게 하시나니 이는 너희로 모든 일에 항상 모든 것이 넉넉하여 모든 착한 일을 넘치게 하게 하려 하심이라.

사도는 앞 절에서 고린도 교인들이 가난하고 궁핍한 성도들에게 연보를 하면, 하나님이 그 가난한 성도들 대신에 그 빚을 그들에게 대신 갚아 주실 것이라고 말하였는데, 이제 여기에서는 하나님은 그 빚을 갚아 주시려고 해도, 가지신 것이 없거나 능력이 없으셔서 갚아 주실 수 없으신 그런 분이 아니라, 그들이 하나님을 사랑하는 마음으로 하나님의 명령을 따라 가난한 성도들을 도운 것일 때에는, 그들이 연보한 것보다 훨씬 더 많이 차고 넘치게 되갚아 주실 수 있으신 분이심을 그들에게 상기시킨다. 즉, 사도는 하나님은 "능히 모든 은혜를 너희에게 넘치게 하실" 수 있으시다고 말한다. 이 구절에서 "은혜"로 번역된 단어는 물질적인 것이든 영적인 것이든 온갖 종류의 은사들을 의미하는데, 여기에서는 모든 은사의 원천이신 하나님께 적용되고 있기 때문에, 이 구절은 다음과 같이 두 가지 측면으로 해석하는 것이 적절해 보인다: 하나님께서는 너희가 연보를 통해서 하나님께 꾸어드린 물질적인 것들을 그대로 차고 넘치게 너희에게 되갚아 주실 수 있으시고, 아울러 영적인 은혜들과 은사들로도 너희에게 차고 넘치게 되갚아 주실 수 있으시다. "이는 너희로 모든 일에 항상 모든 것이 넉넉하여 모든 착한 일을 넘치게 하게 하려 하심이라." 우리가 앞에서 말했듯이, 하나님께서는 물질적인 것이나 영적인 것이나 모든 것에서 너희가 넉넉하게 하실 수 있으신데, 하나님께서 너희에게 그렇게 하시는 것은, 너희 가운데서 온갖 선한 일들이 차고 넘치게 하시기 위한 것이다.

9. 기록된 바 그가 흩어 가난한 자들에게 주었으니 그의 의가 영원토록 있느니라 함과 같으니라.

사도는 앞 절에서 고린도 교인들이 가난한 형제들을 도움으로써 결과적으로 하나님께 꾸어드리는 경우에는, 하나님께서 그들에게 차고 넘치게 되갚아 주실 수 있으신 분임을 그들에게 확인시켜 주었다고 한다면, 여기에서는 하나님은 그렇게 차고 넘치게 되갚아 주고 싶어하신다는 것을 그들에게 확인시켜 준다. 즉, 사도는 시편 112:9에 나오는 약속을 가져와서 그것을 확인시켜 주는데, 거기에서 시편 기자는 "그가 재물을 흩어 빈궁한 자들에게 주었으니 그의 의가 영구히 있고 그의 뿔이 영광 중에 들리리로다"라고 말한다. 또한, 솔로몬은 잠언 11:24에서 구제하는 자들에 대하여, "흩어 구제하여도 더욱 부하게 되는 일이 있나니 과도히 아껴도 가난하게 될 뿐이니라"고 말한다. 시편 기자가 "그의 의가 영원토록 있느니라"고 말할 때, "그의 의"에 대해서, 어떤 사람은 그것이 그 사람이 가난한 자들에게 후히 나누어 준 것을 가리키는 것으로 이해하지만, 나는 그 사람이 가난한 자들에게 후히 나누어 준 것이 하나님의 명령에 순종한 것임을 가리키는 것으로 이해한다. 그 사람이 그렇게 한 것은 하나님의 책에 기록되어 영원토록 기억될 것이다. 왜냐하면, "하나님은 불의하지 아니하사 너희 행위와 그의 이름을 위하여 나타낸 사랑으로 이미 성도를 섬긴 것과 이제도 섬기고 있는 것을 잊어버리지 아니하시기" 때문이다(히 6:10). 그 사람이 자신이 가지고 있던 "불의의 재물"로 사귄 친구들은 그 사람을 "영주할 처소로" 영접할 것이다(눅 16:9). 그 사람의 재물은 절대로 영원토록 있을 수 없지만, 그 사람이 하나님의 명령을 따라 자신의 재물을 가난한 자들에게 나누어 줌으로써 행한 "그의 의"는 영원토록 있을 것이다.

10. 심는 자에게 씨와 먹을 양식을 주시는 이가 너희 심을 것을 주사 풍성하게 하시고 너희 의의 열매를 더하게 하시리니.

자신의 섭리와 복 주심을 통해서 사람들을 풍성하게 하시고, 씨 뿌리는 자에게 그 뿌릴 씨를 주시는 하나님께서는, 현세에서 너희에게 필요한 것들을 무엇이든지 공급해 주시고, 그 영적인 씨를 뿌려 많은 열매를 거두고자 하는 마음을 너희에게 주셔서, 너희의 의의 열매가 풍성하게 하신다. 일부 헬라어 사본들에는 이 구절이 미래 시제로 되어 있는데, 그러한 읽기에 따르면, 이 구절은 하나님께서는 그들로 하여금 가난한 자들에게 베풀도록 하기 위하여 그들에게 좋은 것들을 풍성하게 주실 것이고, 아울러 그들이 자신들에게 주어진 것들을 가지고 사람들에게 은혜를 베풀고자 하는 넓고 자비로운 마음도 주실 것에 관한 공식적인 약속의 말씀이 된다. 흠정역 번역자들은 이 구절을 기도문으로 번역하긴 하였지만, 사도가 믿음으로 드리는 이 기도는 실질적으로는 하나님이 믿는 자들에게 현세적이고 영적인 것들을 풍성히 주셔서 심을 것이 있게 하실 것이라는 약속이다.

11. 너희가 모든 일에 넉넉하여 너그럽게 연보를 함은 그들이 우리로 말미암아 하나님께 감사하게 하는 것이라.

여기에서 "너그럽게 연보를 함"으로 번역된 헬라어는 속이는 것이나 사기 치는 것과 반대되는 순수함을 의미하는데, 이 단어는 고린도후서 8:2("환난의 많은 시련 가운데서 그들의 넘치는 기쁨과 극심한 가난이 그들의 '풍성한 연보'를 넘치도록 하게 하였느니라"), 로마서 12:8(혹 위로하는 자면 위로하는 일로, 구제하는 자는 '성실함'으로, 다스리는 자는 부지런함으로, 긍휼을 베푸는 자는 즐거움으로 할 것이니라"), 야고보서 1:5("너희 중에 누구든지 지혜가 부족하거든 모든 사람에게 '후히' 주시고 꾸짖지 아니하시는 하나님께 구하라 그리하면 주시리라")에서도 사용되고 있다. 우리는 이 장과 앞 장에서 그리스도인들이 궁핍함 가운데 처한 자들에게 후히 베풀어 주는 것을 가리키는 데 사용된 세 단어를 보았는데, 그것은 "은혜"(χάρις - '카리스'), "복" 또는 "찬송"(εὐλογία - '율로기아'), "순수함"(ἁπλότης - '하플로테스')이다. 첫 번째 단어는 사람들이 궁핍함 가운데 있는 자들에게 베풀 때, 그것이 하나님께 열납되기 위해서는, 그러한 구제의 참된 뿌리가 값없이 거저 주는 사랑이어야 한다는 것을 우리에게 알게 해 준다. 두 번째 단어는 구제의 참된 목적이 하나님을 찬송하고 이웃의 복을 빌어 주는 것, 즉 우리의 구제는 하나님의 명령을 따라 하나님의 영광을 위하여 행해져야 하고, 우리 형제들의 부족한 것을 채워 주는 것이 되어야 한다는 것을 보여준다. 세 번째 단어는 구제할 때의 마음가짐이 어떠하여야 하는지, 즉 순수한 마음으로 구제하여야 한다는 것을 가르쳐 준다. 그러므로 순수한 마음으로 하지 않는 구제, 즉 어떤 사람이 하나님께 진심으로 순종하고자 하고 형제들에게 진심으로 유익을 끼치고자 하는 마음으로 하지 않는 구제는 참된 구제가 될 수 없다. 여기에서 사도는 그들이 풍성하게 연보하여야 할 이유를 한 가지 더 제시하는데, 그것은 그들이 "너그럽게 연보"를 하게 되면, 사도들과 그리스도의 사역자들은 하나님께 감사하게 되리라는 것이다.

12. 이 봉사의 직무가 성도들의 부족한 것을 보충할 뿐 아니라 사람들이 하나님께 드리는 많은 감사로 말미암아 넘쳤느니라.

그리스도인들은 그 누구도 자기 자신을 위하여 살아서는 안 되고, 모든 그리스도인의 삶의 두 가지 큰 목적은 하나님의 영광과 다른 사람들의 유익, 특히 믿음의 권속에 속한 자들의 유익이어야 하는데, 유대의 가난한 형제들을 구제하기 위하여 연보하는 이 일은 그러한 두 가지 목적을 충족시킨다: (1) 이 일은 성도들에게 꼭 필요한 것들을 채워 준다. (2) 이 일은 많은 사람들로 하여금 여러 가지 이유로 하나님께 감사를 드리게 만든다. 사도는 이 두 번째에 대해서는 이후의 절들에서 좀 더 자세하게 설명해 나간다.

13. 이 직무로 증거를 삼아 너희가 그리스도의 복음을 진실히 믿고 복종하는 것과 그들과 모든 사람을 섬기는 너희의 후한 연보로 말미암아 하나님께 영광을 돌리고.

이 직무로 증거를 삼아 너희가 그리스도의 복음을 진실히 믿고 복종하는 것과. 유대에 있는 그리스도인들은 너희가 보낸 이 연보를 받고서, 너희가 이런 식으로 연보를 그들에게 보낸 사실을 증거로 삼아, 너희가 그리스도의 복음을 진실하게 믿고 복종하고 있다는 것을 확인하고서, 하나님께 영광을 돌리게 될 것이다. 그들은 너희가 보내 준 연보를 보고서, 너희가 그리스도의 복음에 얼마나 기꺼이 순종하고자 하는지를 알게 될 것이다. 왜냐하면, 그리스도의 복음은 도처에서 너희에게 가난한 형제들을 도우라고 명하고 있는데, 너희는 너희가 그러한 명령에 순종하고 있음을 행동으로 보여 준 것이기 때문이다. 그리고 그들은 하나님께서 자신의 권능의 날에 하나님의 명령에 자원함으로 순종하여 그리스도께서 친히 보여 주신 사랑을 본받고자 하는 백성을 일으키셔서, 자신들이 먹고 싶고 입고 싶은 것을 아껴서 헐벗고 굶주린 형제들을 입히고 먹이는 일에 기꺼이 발 벗고 나서게 하신 것으로 인하여 하나님을 찬송하고 송축하게 될 것이다. 왜냐하면, 은혜로 살아가는 자들이라면 누구나, 하나님께서 다른 사람들에게 은혜를 베풀어 주시는 것을 보면, 하나님께 크게 감사하는 법이기 때문이다.

그들과 모든 사람을 섬기는 너희의 후한 연보로 말미암아 하나님께 영광을 돌리고. 그들이 하나님께 감사하는 또 다른 이유는 하나님께서 너희의 마음을 움직이셔서 그들의 처지를 생각하게 하셨다는 것이다. 이것은 그들이 큰 곤경에 처해 있을 때에, 하나님께서 친구들을 일으키셔서 그들을 돕게 하신 것이기 때문에, 그들이 하나님을 찬송하고 송축할 만한 충분한 이유가 된다. 이렇게 그들은 한편으로는 너희를 인하여, 즉 하나님께서 너희에게 은혜를 부어 주신 것, 즉 이방인들 가운데서 자기 백성을 빼내셔서 하나님의 복음의 법에 복종하게 하신 것에 대하여 하나님을 찬송하게 될 것이고, 다른 한편으로는 그들 자신을 인하여, 즉 하나님께서 이방인들 가운데서 자기 백성을 일으키셔서, 궁핍과 어려움에 처한 자신들을 생각하게 하시고 돕게 하신 것에 대하여 하나님을 찬송하게 될 것이다.

14. 또 그들이 너희를 위하여 간구하며 하나님이 너희에게 주신 지극한 은혜로 말미암아 너희를 사모하느니라.

너희가 순수한 마음으로 자원해서 차고 넘치게 연보하게 되면, 너희의 연보를 전달받은 유대의 가난한 형제들은 하나님께서 너희를 통해서 자신들에게 주신 "지극한 은혜"를 인하여, 너희를 위하여 기도하게 될 것이고 너희를 향하여 크고 열렬한 사랑을 느껴서 너희를 한 번 만나 보고자 사모하게 될 것인데, 이것은 너희를 위하여 진심으로 간절하게 기도하는 사람들이 생기는 것이기 때문에, 너희에게 큰 유익이 됨과 아울러, 하나님께도 큰 영광을 돌리는 일이 될 것이다.

15. 말할 수 없는 그의 은사로 말미암아 하나님께 감사하노라.

사도가 여기에서 말한 하나님의 "말할 수 없는 은사"가 무엇을 의미하는지를 놓고 해석자들 사이에서 견해가 갈린다. 어떤 이들은 "말할 수 없는"이라는 수식어는 그리스도에게 가장 잘 어울린다고 보고서, 이것은 "하나님의 은사"이자 모든 은혜의 원천이신 그리스도를 가리키는 것이라고 생각하고, 어떤 이들은 사람들의 마음을 움직이고 복종시켜서 기꺼이 하나님의 뜻에 순종하게 만든 복음을 가리키는 것으로 이해하며, 어떤 이들은 복음을 통해서 그리스도의 영이 고린도 교인들의 마음속에 역사하셔서 불러일으키신 형제 사랑의 덕목을 가리키는 것이라고 생각한다. 대다수의 해석자들이 지지하는 마지막 견해에 의하면, 사도는 여기에서 고린도 교인들이 이 일에 있어서 자기가 말한 것들에 순종할 것을 굳게 확신한다고 선언하면서, 그들에게 그러한 마음을 주신 하나님께 감사하고 있는 것이 된다. 하지만 고린도 교인들이 일 년 전에 자발적으로 시작했던 연보를 아직도 마무리하지 못하였다는 사실을 감안할 때, 나는 첫 번째 견해를 따라 여기에서 사도가 말한 하나님의 "말할 수 없는 은사"는 그리스도를 가리키는 것으로 해석하는 것이 나을 것이라고 본다. 그렇게 본다면, 사도는 유대에 있는 그리스도의 가난한 지체들을 구제하기 위한 연보와 관련된 자신의 강론 전체를, 온갖 은혜의 시작이시자 완성이신 예수 그리스도를 인하여 하나님께 감사하는 일반적인 송영으로 마무리하고 있는 것이 된다. 이것은 사도가 앞에서 한 강론과 표면적으로는 별 상관이 없어 보이지만, 실제로는 고린도 교인들이 그리스도의 은혜의 역사 없이는 이 연보와 관련해서 아무것도 할 수 없을 것임을 은연중에 그들에게 암시하고 있는 것이다.

MATTHEW POOLE'S COMMENTARY

고린도후서 10장

개요

1. 바울은 자기와 자신의 사도직을 폄하하는 자들에 대해서는 자신의 영적인 권세로 징계할 수밖에 없는데, 자기가 고린도 교인들에게 그렇게 하는 일이 일어나지 않도록 해 줄 것을 당부함(1-11).
2. 바울은 그런 자들은 자신의 분수를 모르고, 다른 사람들이 수고한 것들을 자신의 공로로 가로채서, 헛되이 교만해져서 오만방자하게 행하지만, 자신은 하나님이 정해 주신 섭리를 엄격하게 지키는 가운데 일하고, 자화자찬하는 것을 피하며, 오직 그리스도의 칭찬만을 구할 뿐이라고 말함(12-18).

고린도전서에서 아주 많은 일들로 인하여 고린도 교인들을 책망하고 호되게 나무랐던 사도는 고린도후서에서는 이제까지 마치 그들이 아무런 잘못도 범한 적이 없는 사람들, 또는 자신의 이전의 편지에 순종해서 모든 것을 다 바로잡아서 완전히 새로운 덩어리가 된 사람들인 것처럼 그들을 대해 왔다. 이것은 고린도 교회의 다수의 지체들은 믿음이 좋고 순종하는 사람들이었기 때문에, 사도가 이전의 편지에서 지적한 그들의 잘못들의 대부분이 그들의 주도로 이미 시정된 상태였다는 것을 보여 준다. 그러나 사도는 이 마지막 네 장에서는 고린도 교인들 가운데 아직도 약간의 옛 누룩이 남아 있었다는 것을 우리에게 알게 해주기 위하여, 앞에서와는 다른 화법을 사용해서, 그들 가운데 일부이기는 하지만 자기와 자신의 사도직을 비방하는 작은 분파가 있다는 것을 자기가 알고 있기 때문에, 그들의 비방과 중상모략을 반박해서 자신을 변호하고, 일정 정도는 그들을 호되게 책망하는 것이 불가피함을 말한다.

1. 너희를 대면하면 유순하고 떠나 있으면 너희에 대하여 담대한 나 바울은 이제 그리스도의 온유와 관용으로 친히 너희를 권하고.

나 바울은 이제 그리스도의 온유와 관용으로 친히 너희를 권하고. "온유"는 심령 또는 속사람과 연관된 것으로서, 내면의 분노와 성급한 혈기를 유순하게 하여 쉽게 화를 내거나 혈기를 부리지 않는 덕목이고, "관용"은 좀 더 외적인 행실과 연관되어 있는 덕목이다. 사도는, 우리의 위대한 모범이자 모든 그리스도인들이 본받아야 할 그리스도에게서 두드러지게 볼 수 있는 이 두 가지 덕목을 여기에서 언급한다. 너희를 대면하면 유순하고 떠나 있으면 너희에 대하여 담대한. 사도는 이 교회에서 자기를 비방하던 자들이 했던 말을 그대로 여기에서 재현한다. 그들은 사도가 자신들과 함께 있을 때에는 겸손하고 유순한데, 자기들로부터 떠나 있어서 자신들에게 편지로 말할 때에는 고압적이고 대담하다고 평하였었다.

이 본문의 의미는 다음과 같은 것임이 분명하다: 너희 중의 어떤 사람들은 내가 너희와 함께 있을 때에는 온유하고 겸손하며 심지어 어느 정도 비굴한 모습까지도 보이는데, 너희로부터 떠나 있어서 편지로 말할 때에는 고압적이고 대담하며 자신만만한 모습을 보인다고 수군거리는데, 너희 중의 일부로부터 그런 말을 듣고 있는 나 바울은, 나와 너희의 공통의 주이자 구주이신 그리스도께서 성급하게 분노하시거나 혈기를 부리지 아니하시고 모든 행실에서 언제나 온유하게 행하신 것을 우리가 기억하고서, 우리가 그리스도 안에서 보고 들은 그러한 덕목들을 따라 행할 수 있도록 너희가 처신해 주기를 바란다.

2. 또한 우리를 육신에 따라 행하는 자로 여기는 자들에 대하여 내가 담대히 대하는 것 같이 너희와 함께 있을 때에 나로 하여금 이 담대한 태도로 대하지 않게 하기를 구하노라.

내가 너희와 함께 있을 때에는, 내게 주어진 영적인 권위를 가급적 사용하지 않고, 모든 겸손함과 온유함으로 행하고 너희를 대하고자 하였다는 것은 맞는 말이다. 하지만 내가 너희 가운데서 그렇게 행한 것은 그리스도의 온유하심과 관용하심을 기억하고서 그렇게 행한 것이기 때문에, 너희는 그것을 책잡아서 나를 비난할 생각을 하지 말고, 도리어 너희의 잘못된 행실로 말미암아, 내가 어쩔 수 없이 너희 가운데서 엄하게 행하게 되는 일이 없도록, 너희가 처신해 주기를 부탁한다. 지금 나는 내가 이전의 편지를 통해서 그렇게 경고하였는데도 여전히 나와 나의 사도직을 비방하고 중상모략하는 자들에 대해서는, 나중에 내가 거기에 갔을 때에 엄하게 책망할 작정인데, 만일 너희도 거기에 동조하여 그런 자들과 동일하게 행한다면, 그때에는 내가 너희에게 가서 너희와 대면하여 함께 있을 때에도 너희를 엄하게 대하지 않을 수 없게 될 것이다. 그런 자들은 지금 마치 내가 "육신에 따라 행하는 자"인 것처럼, 즉 하나님의 성령의 인도하심과 하나님의 말씀의 명령들을 따라 행하는 자인 것이 아니라, 어떤 외적이고 육신적인 고려들을 따라, 또는 내 자신의 이익이나 즐거움이나 평판을 따라, 또는 내 자신의 혈기나 부패한 감정을 따라 행하는 자인 것처럼 여겨서 비방하고 중상모략하고 있다. 그러므로 너희는 그런 자들을 바로잡아서, 내가 거기에 갔을 때, 너희에 대하여 그리스도의 온유와 관용이 아니라, 엄한 질책으로 너희를 대하지 않게 하라.

여기에서 "육신을 따라" 행하는 것은 "성령을 따라" 행하는 것과 반대되는 개념이다: "육신을 따르는 자는 육신의 일을, 영을 따르는 자는 영의 일을 생각하나니 육신의 생각은 사망이요 영의 생각은 생명과 평안이니라"(롬 8:5-6). 육체의 욕심을 자신의 행위의 원리와 규범과 목적으로 삼고 행하는 자는 "육신을 따라" 행하는 자인 반면에, 성령이 사람의 심령 속에 역사할 때에 만들어진 은혜의 성품, 또는 성령의 좀 더 직접적인 역사와 감화를 자신의 행위의 원리로 삼고, 성령이 명하신 말씀을 자신의 행위의 규범으로 삼으며, 하나님의 영광을 자신의 행위의 목적으로 삼아 행하는 자는 진정으로 "성령을 따라" 행하는 자라고 말할 수 있다.

3. 우리가 육신으로 행하나 육신에 따라 싸우지 아니하노니.

육신 안에서, 또는 육신을 입고 행하는 것과 육신을 따라 싸우는 것은 큰 차이가 있다. 아무리 신앙이 좋은 사람들이라고 할지라도, 그들이 이 땅에 살아 있는 것이라면, 그들의 영혼은 육신으로부터 분리된 상태가 아니고 육신과 결합되어 있는 상태에 있기 때문에, "육신으로," 즉 육신 안에서 행할 수밖에 없다. 그러나 그렇다고 해서 그들이 육신을 따라 행하는 것은 결코 아니다. 왜냐하면, 그들은 육신의 욕심을 자신의 행위의 원리로 삼고 있지도 않고, 육신을 만족시키는 것을 자신의 행위의 목적으로 삼고 있지도 않기 때문이다. 사도는 이 절의 전반부와 후반부에서 서로 다른 동사를 사용해서, 전반부에서는 우리의 행실을 "걷는 것"(행하는 것)이라고 표현하고, 후반부에서는 "싸우는 것"으로 표현하고 나서, 이 절에서는 우선 우리가 육신을 따라 싸우지 않는다고 소극적으로 말한 후에, 이후의 절들에서는 우리가 육신을 따라 싸우는 것이 아니라면 도대체 어떤 식으로 싸우는 것인지를 적극적으로 설명해 나간다. 사도는 우리의 행실을 싸우는 것이라고 부름으로써, 그리스도인들의 삶은 많은 원수들과 싸우는 삶이라는 것을 우리에게 알게 해 준다. 그리스도인들은 그 누구와도 원수를 맺고자 하지 않을 것이지만, 많은 사람들이 그들을 원수처럼 여기고 공격해 올 것이다. 그러나 그리스도인들은 수동적인 의미에서는 싸우고 다투는 사람들일 수 있지만, 능동적인 의미에서는 싸움이 지닌 통상적인 개념에 따른다면 싸우고 다투는 사람들이 아니다. 왜냐하면, 그들은 육체를 따라 싸우는 것도 아니고, 육신적인 자들로 싸우는 것도 아니며, 육신적인 방식이나 육신적인 목적으로 싸우는 것도 아니기 때문이다. 세상 사람들은 자신들의 명예와 영광이나 복수, 또는 자신들의 욕심을 충족시키기 위해, 또는 자신들의 영토와 지배력을 확장하기 위해 싸우지만, 그리스도인들은 그런 식으로 "육신을 따라 싸우지 않는다."

4. 우리의 싸우는 무기는 육신에 속한 것이 아니요 오직 어떤 견고한 진도 무너뜨리는 하나님의 능력이라 모든 이론을 무너뜨리며.

우리의 목적이 영적인 것임과 마찬가지로, 우리의 수단도 영적인 것이다. 우리는 우리의 영적인 싸움을 수행해 나갈 때에 영적인 수단을 사용한다. 사도가 여기에서 말한 "무기들"이 하나님의 말씀과 복음을 전하는 것을 가리키는 것이든, 아니면 교회의 치리를 적절하게 수행하는 것을 가리키는 것이든, 그 무기들이 육신적인 성격을 지닌 것들이나, 사람들의 육신을 복종시키는 데 적합한 것들이 아니고, 영적인 성격을 지닌 것들로서, 사람의 생각과 내면에 영향을 미치는 것들이라는 것은 분명하다. 하지만 그 무기들과 함께 하나님의 은혜가 동시에 작용하기 때문에, 그 무기들에는 "견고한 진들"을 무너뜨리는 강력한 "능력"과 힘이 있다. 여기에서 사도는 사람의 죄악된 삶과 행실을 옹호하고 유지시켜 주기 위하여 복음을 반대하고 대적하는 모든 것들을 "견고한 진들"에 빗대어 표현하고 있다. 이 "하나님의 능력"은 음부의 모든 권세가 다 달려들어 총공세를 퍼부어도 무너뜨릴 수 없는 지독하게 "견고한 진"인 인간의 의지를 무너뜨릴 수 있다. "모든 이론"으로 번역된 헬라어 '로기스무스'(λογισμοὺς)는 "추론들, 생각들"을 의미한다.

5. 하나님 아는 것을 대적하여 높아진 것을 다 무너뜨리고 모든 생각을 사로잡아 그리스도에게 복종하게 하니.

"하나님 아는 것을 대적하여 높아진 것"은, 자기의 지식이 가장 높고 고상한 "하나님을 아는 지식"보다 더 높다고 여기는 인간의 모든 추론과 생각들을 의미한다. 고린도 교회에서 많은 문제들을 일으켰던 자들은 이교의 철학자들과 그들의 삶의 원리에 물들어 있던 자들이었고, 그들이 하나님의 뜻에 복종하지 않는 속된 이성으로부터 이끌어 낸 결론들인 여러 개념들과 생각들과 추론들은 신앙의 여러 가르침들과 부합하지 않는 것들이었다. 사도 바울은 자신이 싸울 때에 중요한 무기인 복음은 복음 안에서 역사하는 하나님의 능력으로 말미암아, 사람들이 불신앙 안에서 인간에 대한 육신적인 이해를 통해 높이 세워 놓은 "견고한 진들," 즉 신앙의 가르침을 거슬러 높이 쌓아 올린 온갖 추론들과 생각들로 이루어진 견고한 진들을 여지

없이 무너뜨려서, "모든 생각"(πᾶν νοήματα - '판 노에마타')을 "사로잡아 그리스도에게 복종하게" 할 만큼 강력하다고 고린도 교인들에게 말한다.

따라서 사도들이 하나님의 성령으로부터 계시 받아 그들에게 전한 모든 것들을 사람들이 기꺼이 받아들여 순종하고, 사도들이 자신들에게 계시된 것들을 전할 때에 그들이 그것들을 믿게 된 것은, 그것들이 그들에게 이성적으로 맞는 것으로 보였기 때문이 아니라, 그것들이 하나님의 권위를 지니고 있어서, 그들이 자신의 이성을 버리고 그것들에 복종하여, 그것들이 세상에서 가장 이치에 맞는 것임을 믿고서, 하나님이 말씀하시고 명령하신 것들을 받아들였기 때문이었다. 복음을 진심으로 받아들인 모든 자들 속에서 복음의 그러한 복된 역사가 일어났다. 왜냐하면, 단지 이성적인 판단이나 생각에 의거해서 복음의 진리에 동의하는 것은 하나님으로부터 온 믿음이 아니고, 진정한 의미에서 믿는다는 것은, 우리가 이성적으로는 납득할 수 없지만 하나님의 계시로 말미암아 복음의 진리에 동의하는 것이기 때문이다. 바로 이것이 우리의 생각을 사로잡아 그리스도에게 복종하게 한다는 것의 의미이다. 반면에, 인간 속에 있는 이성은 인간의 타락 이래로 하나님의 진리인 여러 가르침들에 대적하여 다음과 같은 이의들을 끊임없이 제기한다: 그런 일들이 어떻게 있을 수 있는가? 어떻게 하나가 셋이고 셋이 하나일 수 있는가? 어떻게 신성과 인성이 한 인격 안에서 연합할 수 있는가? 죽은 자들이 어떻게 다시 살아날 수 있는가?

하지만 믿는 자들은 하나님의 말씀을 들으면 그 앞에서 묵묵히 순종한다. 왜냐하면, 그들은 성경에 분명하게 선포된 이런저런 것들을 읽을 때, 그런 것들에 이의를 제기하는 자신의 이성을 꾸짖으며, 거짓말하실 수 없으신 하나님이 말씀하셨다는 이 한 가지 사실을 인하여 그러한 것들을 믿고자 결심하기 때문이다. 이렇게 해서, 우리의 '노에마타'(νοήματα), 즉 우리의 지각으로부터 올라오는 온갖 생각들과 추론들과 결론들은 사로잡혀서 그리스도께 복종하게 되고, 우리 인간의 심령을 다스리는 군주인 이성은 계시의 포로가 된다. 이것은 사도가 싸울 때에 사용하는 무기들이 얼마나 강력한 능력을 지닌 것들인지를 잘 보여 준다.

6. 너희의 복종이 온전하게 될 때에 모든 복종하지 않는 것을 벌하려고 준비하는 중에 있노라.

사도가 여기에서 말하고 있는 "벌"은 출교임이 분명하다. 이것은 사도가 앞에서 자기가 그들에게 갈 때에 매를 가지고 가야 하느냐고 반문하였을 때에 말한 바로 그 "매"의 의미이기도 하다. 사도는 여기에서 고린도 교인들 중에서 스스로 자고하여 자신들의 분수를 모르고 자신들을 대단히 신령한 자들로 자처하며 고린도 교인들을 흔드는 자들에 대하여 자기가 사용할 수 있는 또 하나의 영적인 무기가 있다고 말하면서, 바로 이 "매"로 그들을 경고한다. 사도는 자기가 그런 자들을 당장에 벌하지 않는 것은, 고린도 교인들의 상당수가 순종 가운데 있기는 하지만, 일부가 여전히 만족스러운 순종을 보이고 있지 않아서, 권면이나 설득 같은 모든 합당한 수단들을 사용해서, 어떻게든 그 일부도 순종하게 되기를 기다리는 것이라고 말한다. 그러나 사도는 자기가 바라던 대로 그들의 순종이 이루어지면, 하나님께서 자기에게 맡기신 또 하나의 영적인 무기를 가지고서, 하나님의 이름과 권위로 그 불순종하는 자들을 벌할 것이라고 말한다. 여기에서 사도는 많은 사람들이 순종하지 않고 거슬러 행하는 모든 교회를 다스릴 때에 사역자들이 어떻게 해야 하는지, 그 규범과 본을 제시하는데, 그것은 그런 자들을 서둘러서 출교시켜 버리지 말고 점진적으로 행하여, 먼저는 인내심을 가지고 모든 합당하고 온유한 수단들을 사용하여 그들을 돌이키기 위하여 애를 쓰는 가운데, 그들이 자신의 원래의 자리로 돌아가 순종할 때까지 기다려 준 후에, 다음으로 그럼에도 불구하고 여전히 불순종하고 자신들의 행실을 고치고자 하지 않는 일부 사람들을 출교시켜서 하나님의 영광을 밝히 드러내어야 한다는 것이다.

7. 너희는 외모만 보는도다 만일 사람이 자기가 그리스도에게 속한 줄을 믿을진대 자기가 그리스도에게 속한 것 같이 우리도 그러한 줄을 자기 속으로 다시 생각할 것이라.

너희는 사람들이나 일들을 단지 겉모습만 보고서 판단할 정도로 믿음이 연약하고 분별력이 없는 자들인 것이냐? 그래서 거짓 사도들과 교사들이 허풍을 떨고 허세를 부리며 자기 자신들을 과시하며, 마치 자신들이 대단한 신앙을 가진 자들인 것처럼 큰소리치고 겉보기에 위풍당당한 모습을 보인다고 해서, 너희는 그들을 그리스도의 큰 사역자들로 여겨서 떠받들고 그들의 말에 순종하는 것이냐? 너희가 그런 거짓 사도들과 교사들을 그리스도의 종이나 사역자들로 믿는다면, 너희는 왜 나에 대해서는 그렇게 믿어 주지 않는 것이냐? 자신들이 그리스도의 사역자들이라는 것을 증명하기 위하여 그들이 가지고 있는 증거가 내가 가지고 있는 증거보다 더 많다고 너희는 보는 것이냐? 또한, 자신들이 그리스도의 사역자들임을 자랑할 만한 것들을 그들이 나보다 더 많이 가지고 있다고 너희는 생각하는 것이냐?

8. 주께서 주신 권세는 너희를 무너뜨리려고 하신 것이 아니요 세우려고 하신 것

이니 내가 이에 대하여 지나치게 자랑하여도 부끄럽지 아니하리라.

교회의 모든 사역자들이 자신들의 행위가 어떠한지를 가늠해 볼 때에 반드시 사용하여야 할 잣대가 되는 주목할 만한 명제가 여기에 나오는데, 그것은 하나님께서 사역자들에게 주신 "권세"는 양들을 멸망시키기 위한 것이 아니라 오로지 양들의 덕을 세우기 위한 것이다. 그러므로 자기에게 맡겨진 심령들의 구원을 어떤 식으로든 방해하는 일을 행하는 자는 결코 하나님으로부터 권세를 받았다고 말할 수 없다. 하나님으로부터 온 권세를 받은 자들은 누구든지 오로지 사람들의 신앙과 성결한 삶, 그리고 영원한 구원을 어떤 식으로든 촉진시키는 일들만을 명하고 행하여야 한다. 사도는 앞에서 자기가 끝까지 완악하게 고집을 부리고 순종하고자 하지 않는 자들을 벌하기 위하여 준비 중에 있다고 말한 바 있기 때문에, 여기에서는 이 명제를 통해서, 자신의 의도가 사람들을 멸망시키는 것이 아니라 덕을 세우는 데 있다는 것을 분명히 함으로써, 얼핏 보기에 가혹해 보이는 앞서의 자신의 말을 누그러트리기 위해서, 이 명제를 여기에 일종의 삽입구 형식으로 집어넣고 있다. 그러나 사도는 자기가 자기를 비방하고 중상모략하는 거짓 사도들과 교사들보다 더 "주께서 주신 권세"를 가지고 있다고 말한다고 해도, 그것은 "지나치게 자랑하는" 것처럼 보일지 모르지만, 결코 지나친 자랑이 아니고 있는 그대로의 사실이기 때문에, 자기에게는 부끄러워 해야 할 이유가 전혀 없다고 단호하게 말한다. 왜냐하면, 바울은 일반적인 교사들보다 더 크고 직접적인 권세를 지닌 사도였기 때문이다.

9. 이는 내가 편지들로 너희를 놀라게 하려는 것 같이 생각하지 않게 함이라.

우리가 다음 절을 통해서 알 수 있듯이, 이 본문에 나오는 말은 고린도 교회의 거짓 사도들과 교사들이 사도를 비난하고 중상모략하면서 한 말들 중의 하나였다. 사도는 이렇게 말한다: 나는 하나님이 주신 권세를 가지고 있고, 내가 가지고 있는 권세는 나를 비방하는 자들이 자신들이 가지고 있다고 큰소리치는 그런 권세보다 더 큰 권세라는 것은 이미 말하였지만, 내가 여기에서 너희에게 강조해서 말하고자 하는 것은, 내가 가진 권세는 너희 중 한 사람이라도 해치고자 하는 권세가 아니라, 너희의 구원을 촉진시키고 너희의 덕을 세우기 위한 권세라는 것이다. 그러므로 너희는 내가 편지들을 통해서 너희에게 겁을 주려고 한다고 생각해서는 안 된다. 그런데도 너희 중에는 나를 그런 식으로 생각하는 자들이 일부 있다는 것을 나는 안다.

10. 그들의 말이 그의 편지들은 무게가 있고 힘이 있으나 그가 몸으로 대할 때는 약하고 그 말도 시원하지 않다 하니.

너희 가운데는 내가 너희와 함께 있을 때에 편지로 말할 때에는 그 말에 권위가 있고 준엄한데, 막상 내가 너희와 함께 있을 때에 나의 행동이나 말을 보면 그런 권위도 없고 준엄함도 없다고 말하는 사람들이 있다.

11. 이런 사람은 우리가 떠나 있을 때에 편지들로 말하는 것과 함께 있을 때에 행하는 일이 같은 것임을 알지라.

나는 너희 중에서 나에 대하여 그렇게 말하는 자들이 나를 그런 이중적인 사람으로 생각하지 않기를 바란다. 왜냐하면, 나는 너희와 함께 있을 때에나, 너희로부터 떨어져 있어서 너희에게 편지로 말할 때에나 똑같은 사람이라는 것을 그런 자들은 알아야 하는데, 내가 편지로 너희에게 말할 때, 그것은 괜히 너희를 겁주기 위해서 허풍으로 말하는 것이 아니라, 나의 진심을 말하는 것이기 때문이다. 장차 내가 너희에게 가면, 그런 자들은 내가 한 이 말이 거짓인지 진심인지를 곧 알게 될 것이다.

12. 우리는 자기를 칭찬하는 어떤 자와 더불어 감히 짝하며 비교할 수 없노라 그러나 그들이 자기로써 자기를 헤아리고 자기로써 자기를 비교하니 지혜가 없도다.

이 절 전체에서 사도가 고린도 교회의 거짓 사도들과 교사들을 질책하는 한편, 자기는 그런 자들과는 전혀 다르다고 자신을 변호한다: 나는 너희 중의 어떤 자들처럼 자기 자신을 칭찬하지도 않기 때문에, 나를 그런 자들과 비교하는 것은 합당하지 않다. 그런 자들은 자기 자신을 높이고, 자신들을 기준으로 삼아서 다른 사람들을 멸시하고 단죄하는데, 그것은 정말 지혜롭지 못한 것이다. 왜냐하면, 그들이 판단할 때에 사용하는 잣대를 보면, 그들은 그들 자신을 기준으로 삼아서 그들 자신을 판단하고, 그들의 파당 내에서 그들 자신들끼리 서로를 비교하는데, 그것은 동일한 깃털을 지닌 새들이 서로 누구의 깃털이 훌륭한지를 자기들끼리 비교하여 판단하는 것과 같아서, 지혜로운 자들이라면 결코 그렇게 하지 않을 것이기 때문이다.

13. 그러나 우리는 분수 이상의 자랑을 하지 않고 오직 하나님이 우리에게 나누어 주신 그 범위의 한계를 따라 하노니 곧 너희에게까지 이른 것이라.

사도는 여기에서 한편으로는 자기가 받은 신령한 은사들에 대하여 말하고, 다른 한편으로는 자기가 복음을 전하기 위하여 여러 곳을 다닌 것에 대하여 말하고 있는 것으로 보이는데, 여전히 이것은 고린도 교회에 슬그머니 기어들어온 거짓 교사들을 질책하는 말이다. 왜냐하면, 그들은 자신들의 은사들과 재능들, 그리고 자신들의 수고와 성공적인 사역을 입에 침이 마르도록 자랑하였던 것으로 보이기 때문이다. 사도는 그들의 그러한 행태와는 반대로, 자기는 "분수 이상의 자랑"을 하지 않았고(여기에서 "분수 이상의"로 번역된 헬라어 *τὰ ἄμετρα* - '타 아메트라'는 직역하면 "한량없는 것들"을 의미한다), 하나님이 우리에게 정해 주신 "범위의 한계" 안에서 행하다 보니, "너희에게까지 이르게" 된 것이라고 말한다.

사도는 여기에서 이렇게 말한다: 너희 가운데 있는 거짓 사도들과 교사들은 자신들이 갖고 있는 은사들과 자기들이 행한 큰 일들에 대해서 도가 지나치게 자랑을 하지만, 나는 그렇게 도가 넘는 자랑을 하지 않는다. 하나님께서는 내가 해야 할 일의 범위를 정해 주셔서, 나는 그 범위 내에서 행하였고, 그렇게 행한 것들만을 자랑할 뿐이다. 그리고 그러한 나의 자랑 속에는 너희에 대한 나의 자랑도 포함될 수 있다. 왜냐하면, 나는 하나님이 정해 주신 범위를 따라 복음을 전하다가 너희에게 이른 것이고, 하나님께서는 너희 가운데서 교회를 세우시기 위한 도구로 나를 사용하신 것이기 때문이다.

14. 우리가 너희에게 미치지 못할 자로서 스스로 지나쳐 나아간 것이 아니요 그리스도의 복음으로 너희에게까지 이른 것이라.

너희가 우리로 말미암아 회심한 자들이라고 우리가 너희를 자랑하는 것이 합당한 이유는, 내가 너희 가운데서 복음을 전하고, 하나님께서 나의 전도를 형통하게 한 것이, "우리가 너희에게 미치지 못할 자로서 스스로 지나쳐 나아간 것," 즉 우리가 하나님이 정해 주신 범위를 우리 멋대로 어기고 넘어서서 너희에게 나아간 것이 아니라, "그리스도의 복음으로 너희에게까지 이른 것"이고, 하나님께서 너희 가운데서의 우리의 수고를 형통하게 하신 까닭이다.

15. 우리는 남의 수고를 가지고 분수 이상의 자랑을 하는 것이 아니라 오직 너희 믿음이 자랄수록 우리의 규범을 따라 너희 가운데서 더욱 풍성하여지기를 바라노라.

우리는 남의 수고를 가지고 분수 이상의 자랑을 하는 것이 아니라. 따라서 우리가 너희를 자랑하는 것은 결코 "분수 이상의 자랑을 하는 것," 즉 우리가 자랑하지 않아야 할 것을 자랑하거나, 남들이 한 일을 마치 우리가 한 것처럼 자랑하는 것이 아니다. 왜냐하면, 우리는 하나님이 정해 주신 범위를 따라 움직이다 보니 너희에게 이른 것이고, 너희 가운데서 행한 우리의 수고를 하나님이 사용하셔서 형통하게 하신 것이기 때문이다.

오직 너희 믿음이 자랄수록 우리의 규범을 따라 너희 가운데서 더욱 풍성하여지기를 바라노라. 사도는 고린도 교회에 더 많은 사람들이 더해지거나, 고린도 교인들의 신앙과 은혜가 더욱 깊어짐으로써, 교회가 크게 형통하고 그들의 "믿음이 자라서," 고린도 교회와 교인들에게 복음을 전하고 가르치는 일을 한 사도들이 자신들의 "규범"을 따라 하나님이 정해 주신 범위를 넘어서지 않는 가운데 복음이 아직 전해지지 않은 곳들을 두루 다니며 복음을 전하고 가르칠 기반이 마련되어서, 사도들의 활동범위가 더욱 넓어지고 "풍성하여지기를" 바라는 자신의 뜻을 분명하게 밝힌다. 왜냐하면, 통상적인 사역자들은 특정한 교회나 지역에 정착해서 사역을 하지만, 하나님이 정해 주신 사도들의 "규범"은 특정한 사람들이나 장소에 매이지 않고, 온 천하에 두루 다니며 복음을 전하는 것이기 때문이다.

16. 이는 남의 규범으로 이루어 놓은 것으로 자랑하지 아니하고 너희 지역을 넘어 복음을 전하려 함이라.

너희 지역을 넘어 복음을 전하려 함이라. 사도는 자기가 앞 절에서 "풍성하여지다" 또는 "더욱 넓어지다" 등으로 번역되는 표현을 사용한 의미가 무엇인지를 여기에서 설명하는데, 그것은 아직 복음이 전해지지 않은 곳들에서 복음을 전할 수 있는 문이 열리게 되는 것을 의미하는 것이었다. 하나님께서 어떤 사람들을 일으키셔서, 아직 복음에 대하여 모르는 자들에게 복음을 전하고 알게 하여서 받아들여 믿게 하는 도구로 사용한다면, 그것은 그 사람들에게 큰 영광이 된다. 이는 남의 규범으로 이루어 놓은 것으로 자랑하지 아니하고. 사도는 여기에서 거짓 사도들과 교사들이 고린도 교회에 슬그머니 들어와서, 남들이 이미 닦아 놓은 터 위에 건물을 짓는 체하면서, 실제로는 남들이 이미 지어 놓은 것들을 마치 자신들이 지은 것처럼 자랑하는 것 외에는 아무것도 하지 않은 것을 질책하고 있는 것으로 보인다. 또한, 사도는 여기에서 회심의 사역에서 도구로 쓰임 받는 것이 이미 사람들의 심령 속에서 시작된 하나님의 역사를 계속해서 이어나가며 단지 덕을 세우는 사역에서 도구로 쓰임 받는 것보다 더 귀하다고 말하고 있는 것으로 보인다.

17. 자랑하는 자는 주 안에서 자랑할지니라.

나 바울은 심었고, 아볼로는 물을 주었지만, 우리 중에서도 우리가 한 일을 자랑할 수 있는 자는 아무도 없다. 하나님께서 우리를 최초로 복음을 심는 자들로 사용하셨든, 아니면 이미 복음이 심어진 사람들의 심령을 돌보는 자들로 사용하셨든, 우리가 한 일들 중에서 우리 스스로의 힘으로 하였다고 자랑할 수 있는 일은 결코 없다. "나는 심었고 아볼로는 물을 주었으되 오직 하나님께서 자라나게 하셨나니"(고전 3:6). 그러므로 우리는 우리 자신이나 우리가 한 일들을 자랑할 이유가 없고, 오직 이 보잘것없는 질그릇일 뿐인 우리를 사용하셔서, 저 하늘의 보화를 사람들에게 나누어 주시고, 사람들의 심령이 믿음과 선한 일들에서 풍성하게 하시는 하나님께 감사하는 것이 마땅하다. 모든 일을 행하시는 분은 모든 것 안에서 모든 것이신 하나님이시고, 우리가 행하는 모든 것은 단지 하나님의 손에 들린 도구가 되어 행하는 것일 뿐이다.

18. 옳다 인정함을 받는 자는 자기를 칭찬하는 자가 아니요 오직 주께서 칭찬하시는 자니라.

솔로몬은 "타인이 너를 칭찬하게 하고 네 입으로는 하지 말며 외인이 너를 칭찬하게 하고 네 입술로는 하지 말지니라"(잠 27:2)고 말한다. 자화자찬하는 사람을 칭찬할 사람은 아무도 없다. 그 어떤 사람도 다른 사람이 스스로 자화자찬할 정도로 자기보다 조금이라도 낫다고 생각하지 않기 때문에, 자화자찬하는 사람은 자신의 평판만을 깎아먹을 뿐이다. 그러나 이 본문은 사람들로부터의 칭찬이나 인정보다 좀 더 높은 차원, 즉 하나님으로부터 칭찬과 인정을 받는 것에 대한 것이다. 사도는 하나님이 맡기신 일에서 자기 자신을 칭찬하는 자들은 누구든지 하나님으로부터 옳다고 인정을 받을 수 없고, "주께서 칭찬하시는 자," 즉 하나님으로부터 "잘하였도다 착하고 충성된 종아"(마 25:21)라는 말을 듣는 자가 하나님으로부터 옳다고 인정을 받는 자가 될 수 있다고 말하면서, 은연중에 사도를 비방하고 그들 자신을 칭찬하고 높이는 거짓 사도들과 교사들은 전자이고, 자기는 후자임을 내비친다.

MATTHEW POOLE'S COMMENTARY

고린도후서 11장

개요

1. 바울은 고린도 교인들이 거짓 사도들에게 미혹되어서 그리스도의 순전한 가르침으로부터 벗어나지 않도록 하기 위한 열심에서 마지못해 자기 자신을 천거하고 칭찬하는 말을 함(1-4).
2. 바울은 자기가 모든 점에서 지극히 큰 사도들과 대등하다는 것을 보여 줌(5-6).
3. 바울은 자기가 그들로부터 돈 받기를 거절한 것은 그들을 향한 사랑이 없어서가 아니라, 거짓 일꾼들이 자신의 사례를 들어서 교회들에서 돈을 요구할 빌미를 차단하기 위한 것이었다고 해명함(7-15).
4. 바울은 고린도 교인들이 그토록 꼼짝못하고 복종하는 자들이 자랑하는 그 어떤 것에 있어서도 결코 그들에게 뒤지지 않는다고 말함(16-22).
5. 바울은 그리스도의 일꾼으로서 자기가 복음을 위하여 행한 수고와 받은 고난들은 그들이 겪은 것들과는 비교할 수 없을 정도라고 말함(23-33).

1. 원하건대 너희는 나의 좀 어리석은 것을 용납하라 청하건대 나를 용납하라.

사도가 여기에서 자신의 "어리석은 것"이라고 부르는 것은 자기가 자신을 칭찬하고 천거하는 말을 많이 하는 것을 가리킨다. 사실, 그러한 자화자찬은 합당한 이유가 있는 경우가 아니라면 "어리석은 것"일 수밖에 없지만, 여기에서 사도는 꼭 그렇게 하지 않으면 안 될 이유가 있었는데, 그것은 고린도 교회의 거짓 교사들이 바울 자신과 그의 사도직을 비방하고 부인하는 상황이었기 때문이다. 이 절의 후반부에 나오는 동사는 자기가 이렇게 자화자찬하는 것을 이해해 달라고 간청하는 명령법으로 해석할 수도 있고("나를 용납하라," 흠정역과 한글개역개정은 이렇게 번역하고 있다), 직설법으로 해석하여 "너희가 나를 용납해 주고 있다"로 번역할 수도 있다.

2. 내가 하나님의 열심으로 너희를 위하여 열심을 내노니 내가 너희를 정결한 처녀로 한 남편인 그리스도께 드리려고 중매함이로다 그러나 나는.

여기에서 "열심"으로 번역된 단어는 시기 또는 질투를 의미하고, 이것은 사람이 자기가 사랑하는 대상과 관련해서 그 어떤 경쟁자도 용납하지 않고자 하고 못 참아하는 감정이다. 사도는 자기가 고린도 교인들에 대하여 시기와 같은 열심을 가지고 있다고 말함으로써, 자기는 그들을 너무나 열렬하게 사랑하고 있기 때문에, 어떤 자들이 자기보다 그들을 더 사랑하는 척하는 것을 용납할 수 없고, 그 자들이 그들을 유혹하고 미혹시켜서 그들을 순수한 복음으로부터 떠나게 만드는 일이 일어나지 못하도록 하기 위하여 노심초사하고 있다는 것을 그들에게 알린다. 이런 이유로 인해서 사도는 자신의 시기와 같은 열심을 "하나님의 열심" 또는 "경건한 열심"이라 부른다. 왜냐하면, 사도가 그들에 대하여 갖고 있는 열심은 어떻게 해서든지 그들을 그리스도께로 인도하고자 하는 열심이기 때문이다. 성경에서는 사람들이 그리스도와 연합되는 것을 흔히 혼인 개념으로 표현하기 때문에(엡 5:23 등), 사도는 자기가 이렇게 그들을 그리스도께로 인도하는 것을 "중매하는" 것이라고 부르면서, 그들을 타락하거나 부패함이 없는 "정결한 처녀"로 그들의 "남편인 그리스도께 드리려는" 간절한 소원을 가지고 있다고 말한다.

3. 뱀이 그 간계로 하와를 미혹한 것 같이 너희 마음이 그리스도를 향하는 진실함과 깨끗함에서 떠나 부패할까 두려워하노라.

모든 시기와 같은 열심에는 사랑과 두려움이 뒤섞여 있다. 고린도 교회에 대한 사도의 사랑과 심판의 날에 그들을 부패함이 없는 정결한 모습으로 그리스도께 드리고자 하는 사도의 간절한 소원이 그로 하여금 편지들을 쓰게 만들었다. 왜냐하면, 사도는 옛적에 뱀이 자신의 간계로 하와를 속이고 미혹하였던 것 같이, 이제도 일부 간교한 자들이 고린도 교인들을 미혹시켜서 타락하게 만들고, 그들로 하여금 그리스도에 대한 순수한 믿음과 순종에서 떠나게 만들지는 않을까 하고 두려워하였기 때문이다. 이러한 위험성은 한편으로는 이교 철학자들이 자신들의 철학적인 사상들과 개념들을 복음의 순전한 교훈과 뒤섞음으로써 생겨난 것이었고, 다른 한편으로는 그리스도인들 중에서 일부 유대화주의자들이 복음으로 말미암아 율법의 예식법이 폐하여진 것을 인정하지 않고 계속해서 예식법을 고집하였기 때문에 생겨난 것이었다.

4. 만일 누가 가서 우리가 전파하지 아니한 다른 예수를 전파하거나 혹은 너희가 받지 아니한 다른 영을 받게 하거나 혹은 너희가 받지 아니한 다른 복음을 받게 할 때에는 너희가 잘 용납하는구나.

나는 흠정역 번역자들이 '칼로스 에네이케스테'(καλῶς ἠνείχεσθε)를 왜 "너희가 아마도 잘 용납할 것이다"라고 번역하였는지를 알지 못하겠다. 이 어구는 "너희가 잘 용납하였도다"로 번역되어야 한다는 것은 너무나 분명하다. 따라서 사도는 여기에서 고린도 교회에서 거짓 교사들이 바울이 전한 것과 다른 교훈을 전하였는데도, 고린도 교인들이 그들을 용납한 것을 책망하면서, 자기가 앞 절에서 그들이 타락하고 부패하여 순수한 복음에서 떠나게 될까봐 걱정된다고 말한 이유를 제시하고 있는 것이다. 그러므로 이 본문에 대하여 어떤 이들은 다음과 같은 해석을 제시하고 있지만, 그런 해석보다 우리가 방금 앞에서 말한 해석이 이 본문의 의미를 더 정확하게 제시하고 있다는 것은 분명하다: 혹시라도 누가 너희에게 가서, 우리가 전한 것보다 더 나아 보이는 예수, 더 뛰어나 보이는 구주를 전하고, 너희가 받은 것보다 더 나아 보이는 영을 전하며, 우리가 전한 것보다 더 나아 보이는 복음의 교훈을 전하면, 아마도 너희는 거기에 솔깃해서 그자와 그자의 가르침을 용납할 것이다. 나는 이렇게 해석하는 자들이 본문에 나오는 동사를 왜 직설법이 아니라 가능법으로 해석하는 것인지를 도무지 알 수가 없다. 왜냐하면, 여기에서 "용납하다"를 의미하는 동사는 명백하게 직설법으로 사용되고 있어서, 고린도 교인들이 용납할지도 모르겠다는 어떤 가능성이나 추측을 나타내는 것이 아니라, 그들이 이미 그렇게 행하였다고 단정적으로 서술하고 있는 것이고, 이것이 사도로 하여금 그들이 부패하여 순수한 복음의 교훈에서 떠날지도 모르겠다고 걱정하고 두려워하게 만든 것이기 때문이다. 우리 구주께서는 요한복음 5:43에서 "나는 내 아버지의 이름으로 왔으매 너희가 영접하지 아니하나 만일 다른 사람이 자기 이름으로 오면 영접하리라"고 말씀하심으로써, 하나님의 이름으로 온 자들을 영접하고자 하지 않는 자들일수록, 하나님으로부터 그 어떤 합당한 권위나 위임을 받지 않고 자기 자신의 이름으로 온 자들은 언제나 아주 쉽게 영접하게 되어 있다는 것을 우리에게 이미 가르치셨다.

5. 나는 지극히 크다는 사도들보다 부족한 것이 조금도 없는 줄로 생각하노라.

바울이 여기에서 말하는 "지극히 크다는 사도들"이 우리 주님의 참된 사도들을 가리킨다는 것은 의심의 여지가 없다. 사도 바울은 주님께서 친히 복음을 전하라고 보내신 사도들과 견주어서, 사역을 위한 은사들과 은혜들이라는 면에서나, 수고라는 면에서나, 하나님께서 자신의 사역을 형통하게 하신 정도에 있어서나 그 어느 하나 뒤질 것이 없었다. 거짓 교사들이 바울을 비방하고 중상모략할 때에 사용한 방법들 중의 하나는, 주님께서 친히 택하신 열두 사도를 높이는 체하면서, 사도 바울을 깎아내리고 비하하는 것이었다. 그래서 우리는 바울이 여기에서와 갈라디아서 2장과 로마서 11:13에서, 거짓 교사들이 주님의 다른 사도들과 자기는 마치 차이가 있다는 듯이 말하는 것은 모두 근거 없는 것임을 보여 줌으로써, 자신의 사도직을 옹호하는 것을 본다. 왜냐하면, 사도 바울은 "지극히 크다는 사도들"과 동일하게 주님의 직접적인 부르심과 능력과 은사들을 받아서, 모든 사도들보다 더 많이 수고하였고, 하나님께서는 그의 사역을 형통하게 하셔서, 가장 큰 성과를 거둔 사도들과 견주어서도 손색이 없게 하셨기 때문이었다. 따라서 사도는 "나는 지극히 크다는 사도들보다 부족한 것이 조금도 없었다"고 당당하게 말할 수 있었다.

6. 내가 비록 말에는 부족하나 지식에는 그렇지 아니하니 이것을 우리가 모든 사람 가운데서 모든 일로 너희에게 나타내었노라.

내가 비록 말에는 부족하나. 나는 웅변가가 아니기 때문에 고상한 언어나 품위 있는 문체와 표현을 사용해서 너희에게 말하지 않는다. 내게는 그런 식으로 말할 수 있는 재능이 없다. 또는, 내게 그런 재능이 있다고 해도, 나는 화려한 미사여구와 듣기 좋고 아름다운 말들을 사용해서 너희의 귀를 즐겁게 해 주기보다는 너희의 양심에 직접적으로 호소하는 단순명료하고 투박한 표현들과 말들을 사용하고자 하고, 또한 그렇게 하고 있다. 지식에는 그렇지 아니하니. 하지만 하나님께 감사하게도, 지식에 있어서는 내가 결코 부족하지 않다. 하나님께서 내게 빛을 비쳐 주셔서, 하나님의 뜻에 대하여 많은 것들을 알게 하셨기 때문에, 나는 많은 일들에 있어서 하나님의 뜻이 무엇인지를 너희에게 전해 줄 수 있었다. 이것을 우리가 모든 사람 가운데서 모든 일로 너희에게 나타내었노라. 나는 모든 일에서 복음의 교훈 전체를 너희에게 전하여, 너희 중 많은 사람들을 회심시켜서 이교 신앙을 버리고 기독교 신앙을 받아들이게 하는 일에 도구가 됨으로써, 내가 복음을 전하도록 그리스도에게서 보내심을 받은 사도라는 것을 너희 가운데서 분명하게 보여 주였다.

7. 내가 너희를 높이려고 나를 낮추어 하나님의 복음을 값없이 너희에게 전함으로 죄를 지었느냐.

너희는 내가 나의 부르심이나 은사들과 은혜들이나 나의 수고나 하나님이 나의 수고를 형통하게 하신 것에서 지극히 크다고 하는 사도들과 견주어서 전혀 부족함이 없었다는 것을 뻔히 알면서도, 나를 이렇게 배척하게 된 이유가 무엇이냐? 내가 너희와 함께 있을 때, 너희를 생각하고 너희에게 유익을 주고자 하는 마음에서, 하나님이 내게 주신 권위와 권리를 사용하지 않고, 나를 한없이 낮춘 것이, 나로 하여금 너희 중의 어떤 이들로부터, 내가 너희 가운데서 비굴하게 행한다는 말을 듣게 하고, 너희로부터 배척당하게 만든 원인이 된 것이냐? 내가 아무런 대가도 받지 않고 값없이 너희에게 복음을 전한 것이 죄를 지은 것이냐? 사도는 고린도전서 9:6,

12, 15에서 자기가 이런 식으로 자신에게 주어진 권리들을 포기하고 값없이 복음을 전한 것이 자신의 자랑거리이기 때문에, "내가 차라리 죽을지언정 누구든지 내 자랑하는 것을 헛된 데로 돌리지 못하게 하리라"고 단호하게 말한 바 있다.

8. 내가 너희를 섬기기 위하여 다른 여러 교회에서 비용을 받은 것은 탈취한 것이라.

사도는 자기가 "여러 교회에서 비용을 받은 것"을 "탈취한 것"이라고 표현하지만, 그가 고린도전서 9장에서 이미 증명하였듯이, 그것은 결코 강도짓을 해서 탈취한 것이 아니었다. 그런데도 사도가 이것을 강도짓이라고 표현한 것은, 자기가 다른 교회들로부터 비용을 받았기 때문에, 고린도 교회에서도 비용을 받는 것이 공평하고 공정한데도, 고린도 교회에서는 비용을 받지 않는 것이 고린도 교인들을 위해서 유익하겠다고 생각해서, 그들에게서는 비용을 받지 않고, 도리어 자기가 고린도 교회를 섬기는 동안에 쓸 비용을 다른 교회들에서 받아서 충당한 것이기 때문에, 어떤 의미에서 그것은 자기가 강도짓을 한 것이라고 말할 수 있었기 때문이었다. 사도가 고린도 교회에서 비용을 받지 않은 것은 이 교회의 지체들이 가난했기 때문이었을 수도 있고, 자기가 이 교회에서 비용을 받게 되면, 이 교회의 일부 신자들이 조만간 그것을 빌미로 해서 자기를 비난하고 중상모략할 것임을 알았기 때문이었을 수도 있지만, 어쨌든 그것은 전적으로 복음이 전파되는 것에 장애가 되지 않게 하기 위한 것이었다. 사도가 어떤 이유에서 고린도 교회에서 비용을 받지 않았든지 간에, 사도는 실제로 비용을 받지 않았고, 그것은 사도가 크게 자랑할 만한 일이 되었다.

9. 또 내가 너희와 함께 있을 때 비용이 부족하였으되 아무에게도 누를 끼치지 아니하였음은 마게도냐에서 온 형제들이 나의 부족한 것을 보충하였음이라 내가 모든 일에 너희에게 폐를 끼치지 않기 위하여 스스로 조심하였고 또 조심하리라.

여기에서 "누를 끼치다"로 번역된 단어는 원래 "마비시키다, 멍하게 하다"를 의미한다: 나는 아무도 마비시키지 않았다. 또는, 나는 어떤 일에서도 마비되지 않았다. 첫 번째 해석을 따른다면, 그것은 바울이 고린도 교회로부터 비용을 받기를 거절한 이유를 우리로 하여금 알 수 있게 해주는데, 그 이유는 만일 바울이 그들에게 비용을 부담하라고 요구하였다면, 그들의 마음이 싸늘하게 얼어붙어서 복음을 받아들이려고 하지 않았을 것이라는 것이다. 두 번째 해석을 따른다면, 사도는 여기에서 오로지 더러운 이득과 돈벌이를 위해서 복음을 전하는 자들을 꾸짖고 있는 것이 된다. 즉, 사도는 그런 삯꾼들과 자기를 구별해서 이렇게 말하고 있는 것이다: 나는 너희와 함께 있을 때, 너희 가운데서 복음을 전하는 수고를 하면서도 너희에게서 아무 비용도 받지 않았지만, 나의 사역을 게을리하지 않았고, 비용을 받는 자들만큼 많은 수고를 하였다. 내 자신도 너희 가운데 있는 동안 돈이 많이 부족해서 어려움을 겪었지만, 하나님의 섭리로 말미암아 마게도냐의 교회들로부터 비용을 받아서 충당할 수 있었기 때문에, 너희에게 재정적인 부담을 주지 않고, 너희 가운데서 계속해서 일할 수 있었다. 그리고 나는 지금도 너희에게 재정적인 부담을 주어서 폐를 끼치는 일이 없도록 조심하고 있다.

10. 그리스도의 진리가 내 속에 있으니 아가야 지방에서 나의 이 자랑이 막히지 아니하리라.

사도는 자기가 아가야 지방에서 사람들에게 그 어떤 재정적인 부담도 주지 않는 가운데 복음을 전하였다는 것이 자신의 큰 자랑이라고 종종 반복해서 말한다. 또한, 사도는 데살로니가에서도 재정적인 부담을 주지 않고 복음을 전하였다: "형제들아 우리의 수고와 애쓴 것을 너희가 기억하리니 너희 아무에게도 폐를 끼치지 아니하려고 밤낮으로 일하면서 너희에게 하나님의 복음을 전하였노라"(살전 2:9). 하지만 사도는 고린도 교회에 대해서와는 달리 데살로니가 교회에 대해서는, "너희는 많은 환난 가운데서 성령의 기쁨으로 말씀을 받아 우리와 주를 본받은 자가 되었으니"(살전 1:6)라고 말하고 있는 것으로 보아서, 아마도 이것이 그가 데살로니가 교인들에게 재정적인 부담을 지우지 않은 이유였던 것으로 보인다. 따라서 사도는 고린도 교인들이 다른 곳들의 사람들보다 더 탐욕스럽고 돈을 사랑하는 자들이라는 것을 알았거나, 만일 자기가 그들에게서 수고한 비용을 받게 되면, 그들 중의 일부가 자기를 삯꾼으로 몰아서 돈 때문에 이 일을 한 것이라고 비방하게 될 것을 알았기 때문에, 고린도 교회에서는 비용을 받지 않았을 가능성이 높다. 사도는 실제로 이후의 절들에서 바로 그것을 그 이유로 제시하는 것으로 보인다.

11. 어떠한 까닭이냐 내가 너희를 사랑하지 아니함이냐 하나님이 아시느니라.

내가 너희에게서 비용을 받지 않고 재정적인 부담을 너희에게 지우지 않는 것이 너희를 사랑하는 마음이 내게 부족해서가 아니라는 것은 하나님이 너무나 잘 아신다.

12. 나는 내가 해 온 그대로 앞으로도 하리니 기회를 찾는 자들이 그 자랑하는 일로 우리와 같이 인정 받으려는 그 기회를 끊으려 함이라.

나는 너희 중의 일부가 나를 미워하여 어떻게 해서든지 나를 비방하고 중상모략하여 그들 자신을 정당화하고자 할 "기회"를 찾고 있다는 것을 알고 있다. 그렇기 때문에, 만일 내가 너희에게서 나의 수고에 대한 대가를 받았다면, 그들은 그것을 빌미로 삼아서, 내가 오로지 돈을 목적으로 일해 왔다고 비방하거나, 적어도 그들이 너희에게서 대가를 받는 것을 정당화하거나, 또는 자신들은 돈을 받지 않고 일해 왔다고 자랑하게 될 것이다. 그래서 나는 그들이 그런 식으로 자신들을 자랑하고 기고만장해 할 "기회"를 미리 차단할 필요가 있다고 생각하였다. 사도가 여기에서 "기회를 찾는 자들이 그 자랑하는 일로 우리와 같이 인정받으려는 그 기회를 끊으려 함이라"고 말하고 있는 것으로 보아서, 고린도 교회에서 활동하던 일부 교사들은 상당한 재력가여서 교회로부터 돈을 받지 않고도 얼마든지 살아갈 수 있었기 때문에, 만일 사도가 교회로부터 수고의 대가로 돈을 받았다면, 그것을 빌미로 사도를 공격하려고 "기회"를 엿보며 벼르고 있었던 것으로 보인다. 또는, 만일 사도가 교회로부터 비용을 받았다면, 어떤 교사들은 그것을 빌미로 삼아서, 자신들이 교회에 대하여 터무니없이 많은 대가를 요구하여 돈을 챙겨 온 것을 정당화하였을 것이다. 그래서 사도는 그런 자들이 그런 식으로 행하는 것을 원천적으로 봉쇄하여 고린도 교인들의 재정적인 부담을 덜어주고, 그들이 스스로 자랑하는 것을 미리 막아야 하겠다고 작정하고서, 고린도 교회로부터는 일체의 비용을 받지 않기로 결심하였고, 여기에서 앞으로도 그렇게 할 것이라고 자신의 결심을 말한다.

13. 그런 사람들은 거짓 사도요 속이는 일꾼이니 자기를 그리스도의 사도로 가장하는 자들이니라.

그런 사람들은 거짓 사도요. 그들은 그리스도로부터 보내심을 받은 자들인 척하지만, 사실은 그리스도의 보내심을 결코 받지 않은 자들이다. 속이는 일꾼이니. 그들이 행하는 일은 너희를 속이고 미혹하는 일뿐이다. 그들은 하나님의 부르심을 받고 하나님으로부터 온 권위를 가지고 있는 체하지만, 그것은 너희를 속이는 것일 뿐이다. 또한, 그들은 자신들이 참된 가르침을 너희에게 전하는 체하지만, 그것도 너희를 속이는 것일 뿐이다. 자기를 그리스도의 사도로 가장하는 자들이니라. 그들은 그리스도의 사도들이 결코 아니고, 단지 너희를 좀 더 쉽게 속이고 미혹하기 위하여, 그리스도의 사도들로 가장하고 있는 것일 뿐이다.

14. 이것은 이상한 일이 아니니라 사탄도 자기를 광명의 천사로 가장하나니.

사탄의 밀사들이 자신들의 정체를 숨기고 마치 하나님의 사자들인 것처럼 속이는 것은 전혀 이상한 일이 아니다. 왜냐하면, 어둠의 임금인 사탄조차도 사람들을 속여서 유혹하기 위하여 "광명의 천사로" 가장해서, 마치 자기가 선한 천사인 것 같은 모습을 하고 나타나기 때문이다. 사도가 천사들을 "광명의 천사들"이라고 부르는 이유는, 그들은 빛나는 모습으로 나타나곤 하기 때문이거나, 그들이 영광 중에 하나님의 얼굴을 뵈옵기 때문이거나, 이 복된 영들이 하늘에 속한 지식을 엄청나게 갖고 있기 때문이다. 시험을 당하는 모든 심령들은 사탄의 사자들이 마치 빛의 천사들인 것처럼 가장하는 것을 경험한다. 왜냐하면, 사람들이 악의 실체를 똑똑히 보고서도 악에 끌릴 수는 없는 까닭에, 마귀가 자신의 정체를 그대로 다 드러낸 채로 사람들을 유혹한다면, 그 유혹에 넘어갈 사람은 아무도 없을 것이기 때문이다. 그러므로 마귀는 사람들로 하여금 죄를 짓게 하여 파멸에 이르게 하는 것이 자신의 목적이지만, 빛의 천사로 가장해서 나타나서, 마치 자기 말을 따르면 선하고 복된 일이 일어나게 될 것처럼 속여서, 사람들을 죄로 유혹한다.

15. 그러므로 사탄의 일꾼들도 자기를 의의 일꾼으로 가장하는 것이 또한 대단한 일이 아니니라 그들의 마지막은 그 행위대로 되리라.

종과 주인이 서로 닮은 것은 전혀 이상한 일이 아니다. 따라서 마귀가 사람들을 속이기 위하여 자신의 정체를 숨기고 마치 자기가 사람들에게 선하고 좋은 일을 가져다주는 친구인 것처럼 가장하는 것과 마찬가지로, 마귀와 똑같은 의도로 너희에게 접근해서 너희의 유익이 아니라 그들 자신의 이득을 추구하는 "사탄의 일꾼들"도 자신의 정체를 드러내지 않은 채로 마치 자신들이 복음의 일꾼들인 것처럼 가장하고, 너희에게 "의"의 길을 가르쳐서 너희의 영혼에 유익을 주는 것이 자신들의 목적인 것처럼 너희를 속인다. 그러나 하나님께서는 언젠가는 그들이 행한 행위대로 그들을 심판하실 것이기 때문에, 그들이 마지막에 받게 될 보응은 그들의 "행위대로" 될 것이다.

16. 내가 다시 말하노니 누구든지 나를 어리석은 자로 여기지 말라 만일 그러하더라도 내가 조금 자랑할 수 있도록 어리석은 자로 받으라.

내가 다시 말하노니 누구든지 나를 어리석은 자로 여기지 말라. 사람들은 자화자찬을 많이 하는 자를 통상적으로 "어리석은 자"로 여긴다는 것을 나는 알지만, 내가 지금 내 자신을 좀 칭찬한다고 해서, 너희는 나를 어리석은 자로 여겨서는 안 된다. 왜냐하면, 나는 비록 내 자신을 칭찬하며 자화자찬하고 있는 것이기는 하지만, 내 자신에 대한 나의 칭찬은 결코 거짓이 아니기 때문이다. 모든 것에는 때가 있어서,

사람이 자기 자신을 칭찬하는 것을 그쳐야 할 때도 있고, 자기 자신을 칭찬해야 할 때도 있는데, 하나님의 영광을 드러내거나, 우리가 행한 것이 잘못되지 않았고 올바른 것임을 해명해야 할 필요성이 생긴 때는 후자의 경우이다. 사도는 지금 이 두 가지의 필요성, 즉 한편으로는 하나님의 영광을 드러내야 할 필요성이 있었고, 다른 한편으로는 자기 자신이 결코 불의하게 행한 것이 아님을 해명할 필요성에 봉착해 있었다. 왜냐하면, 사도는 한편으로는 고린도 교회에서 활동 중이었던 거짓 사도들로부터 도가 지나친 비방과 중상모략을 받고 있었고, 다른 한편으로는 하나님이 자신의 복음이 널리 전파되게 하시기 위하여 사용해 오신 이 위대한 사도가 지금 사람들을 속이며 사기를 치고 돌아다니는 비열하기 짝이 없는 사기꾼이자 협잡꾼으로 내몰려 경멸과 업신여김을 당함으로써, 하나님의 영광이 현저하게 훼손되는 일이 벌어지고 있었기 때문이었다. 만일 그러하더라도 내가 조금 자랑할 수 있도록 어리석은 자로 받으라. 그러나 너희가 여전히 나를 어리석은 자로 여기겠다면, 그렇게 해도 좋다. 하지만 너희는 나를 어리석은 자로 여기더라도, 내가 조금 더 내 자신을 자랑하는 것을 용납하고, 내가 하는 말들을 잘 들어주기를 바란다.

17. 내가 말하는 것은 주를 따라 하는 말이 아니요 오직 어리석은 자와 같이 기탄없이 자랑하노라.

내가 말하는 것은 주를 따라 하는 말이 아니요. 나는 마치 내가 하나님으로부터 어떤 특별한 명령을 받고서, 지금부터 내 자신을 칭찬하고 천거하는 말을 하는 체하지 않을 것이다. 왜냐하면, 하나님께서는 때와 장소와 경우를 따져서 자기 자신을 칭찬하는 말을 할 수도 있고 그런 말을 하지 않을 수 있는 자유를 사람들에게 허락하셨고, 나는 여러 가지 정황으로 보아서, 지금은 내가 내 자신을 칭찬하고 천거해야 할 때라고 판단해서, 이렇게 너희에게 내 자신을 칭찬하는 말을 하고 있는 것이기 때문이다. 또는, 내가 지금부터 내 자신을 칭찬하는 말을 하고자 하는 것은 그리스도인들이나 복음의 사역자들이 통상적으로 행하는 방식을 따르고 있는 것은 아니다. 왜냐하면, 그들의 통상적인 방식은 그들 자신을 높이거나 칭찬하거나 드러내는 것이 아니라, 도리어 그들 자신을 낮추고 그들 자신에 대하여 나쁘게 말하는 것이기 때문이다. 하지만 우리 주님께서는 그 어디에서도 우리에게 우리 자신을 나쁘게 말하거나, 하나님이 우리 안에서 및 우리를 통해서 역사하신 일들을 말하지 말고 감추라고 명하신 적이 없으시기 때문에, 사도가 여기에서 자기 자신을 칭찬하고 천거하는 말을 하는 것은 주님의 뜻이나 명령을 거스르는 것은 아니었다.

오직 어리석은 자와 같이 기탄 없이 자랑하노라. 내가 내 자신을 칭찬하고 자랑하는 말을 "기탄 없이" 하는 것은 어리석은 일처럼 보이겠지만, 사실은 그렇지 않다. 왜냐하면, 오로지 하나님의 영광을 드러내기 위한 목적으로 행하는 것을 어리석은 짓이라고 말할 사람은 아무도 없을 것이기 때문이다.

18. 여러 사람이 육신을 따라 자랑하니 나도 자랑하겠노라.

"육신"은 육신적이고 외적인 것들을 의미한다. 그러한 것들은 하나님의 은사들이고 은총들이기는 하지만, 전혀 사람들을 하나님께 천거해 주지도 못하고 칭찬받게 해주지도 못한다. 사도는 "육신을 따라 자랑하는 사람이 많다"고 말한다. "육신을 따라 행하는" 자들이 많기 때문에, 어디를 가나 "육신을 따라 자랑하는" 자들도 많을 수밖에 없다. 사람들이 현세에서 육신적인 것들을 추구하며 살아가고, 그러한 것들을 이루었을 때, 그것을 자랑하는 것은 자연스러운 일이다. 따라서 이 유명한 교회에도, 자신들이 타고난 유대인이라는 것, 또는 자신들이 지닌 부나 지식이나 학식을 자랑하는 자들이 있었다는 것은 의심의 여지가 없다. 이런 상황 속에서 사도는 이렇게 말한다: 그러한 육신적인 것들은 진정으로 자랑할 만한 것들이 전혀 아니라는 것을 나는 알고 있지만, 다른 사람들이 그런 것들을 자랑하고, 너희는 그들의 그러한 자랑을 용납할 뿐만 아니라 수긍하고 인정하고 있으니, 나도 그러한 것들을 자랑하고자 한다면, 내가 자랑할 것은 그들보다 훨씬 더 많다는 것을 너희에게 보여 주기 위하여, "나도" 한 번 "자랑"을 해 보겠다.

19. 너희는 지혜로운 자로서 어리석은 자들을 기쁘게 용납하는구나.

너희는 다른 사람들이 어리석게도 그들 자신을 자랑하는 것을 너그럽게 용납하고 있다. 그러므로 나는 너희가 너희 자신을 지혜로운 자들로 여기고서, 너희만큼 지혜롭지 않은 자들을 너그럽게 봐주고 용납하고 있는 것이라고 말하지 않을 수 없다.

20. 누가 너희를 종으로 삼거나 잡아먹거나 빼앗거나 스스로 높이거나 뺨을 칠지라도 너희가 용납하는도다.

어떤 사람들이 마치 너희가 그들의 종들인 것처럼 부리거나, 너희로 하여금 율법의 예식법을 지키도록 강요하는 등 너희를 주관하여 "종으로 삼거나," 너희를 희생양으로 삼아서 너희에게서 돈을 뜯어내고 돈을 받지 않고는 아무 일도 하지 않는 등 너희를 "잡아먹거나," 마치 그들 자신이 너희보다 우월한 자들인 것처럼 교만하게 행하여 "스스로 높이거나," 너희의 "뺨을 칠지라도," 너희는 그런 것들을 다 감당하고 그런 자들을 "용납하는구나." 너희가 그런 식으로 행하는 자들을 용납하는 것은 나의 작은 어리석음과 분별없음을 용납하는 것과는 근본적으로 다른 문제이다. 우리가 여기에서 주목할 만한 것은, 부패한 마음을 지니고서 방탕한 삶을 사는 사람들은, 지극히 순전하고 의로운 마음으로 오로지 그들의 심령에 유익을 끼치기 위하여 그들을 가르치고 책망하는 사역자들은 배척하는 반면에, 자신의 욕심들을 따라 그들을 종으로 삼아 마음대로 부리는 거짓 교사들은 잘 용납한다는 것이다.

21. 나는 우리가 약한 것 같이 욕되게 말하노라 그러나 누가 무슨 일에 담대하면 어리석은 말이나마 나도 담대하리라.

그런 거짓 교사들은 마치 내가 약하고 멸시 받을 만한 자인 것처럼 너희 앞에서 나를 비방한다. 실제로 내 자신으로 말하면, 나는 연약하고 멸시 받을 만한 자라는 것은 맞는 말이지만, 내가 너희에게 전하거나 가르친 교훈과 너희 가운데서 행한 이적들은 결코 그렇지 않다. 그런 자들이 자신들은 하나님의 권세 있고 당당한 사역자들이라고 자랑하고, 자신들이 행하고 겪은 일들을 아주 거침없고 담대하게 자랑하고 있기 때문에, 나도 그런 자들처럼 조금 담대해져서, 내가 누구인지, 그리고 내가 어떤 일들을 행하고 겪어 왔는지를 너희에게 담대하게 한 번 들려주고자 한다.

22. 그들이 히브리인이냐 나도 그러하며 그들이 이스라엘인이냐 나도 그러하며 그들이 아브라함의 후손이냐 나도 그러하며.

그들이 히브리인이냐 나도 그러하며. 이것은 사도가 지금까지 호되게 질책하고 책망해 왔던 저 부패한 교사들 중 적어도 일부는 유대인들이었다는 것을 보여 준다. 그들은 자신들의 전통들을 가지고 이방 교회들을 부패시키고 타락시키려고 애써 왔고, 유대 교회의 예식법을 이방 교회들에게 강요해 왔다. 어떤 이들은 이 구절을 그런 식으로 해석하지 않고, 사도가 여기에서 다음과 같은 취지로 말하고 있는 것이라고 생각한다: 그들은 자신들의 혈통과 족보가 아브라함까지 거슬러 올라가는 아주 오래되고 유서 깊은 족속의 자손들이라고 자랑하는가? 그 점에 있어서 나의 자랑은 그들의 자랑보다 결코 뒤지지 않는다. 왜냐하면, 나는 유대 땅이 아닌 "길리기아 다소"에서 태어나기는 했지만(행 22:3), 타고난 유대인이고, "히브리인 중의 히브리인"(빌 3:5)이기 때문이다. 그들이 이스라엘인이냐 나도 그러하며. 그들은 자신들이 야곱의 후손이라고 자랑하는가? 하나님께서는 야곱에게 친히 "이스라엘"이라는 이름을 주셨고, 이것으로 인해서 야곱의 모든 후손들은 이스라엘인으로 불리게 되었다. 나도 그들과 마찬가지로 야곱의 후손이다. 그들이 아브라함의 후손이냐 나도 그러하며. 그들은 자신들이 "아브라함의 후손"이라고 자랑하는가? 우리가 마태복음 3:9과 요한복음 8장에서 알 수 있듯이, 이것은 유대인들의 큰 자랑이었다. 사도는 이렇게 말한다: 그 점에 있어서는 나도 그들만큼 자랑할 것이 있다.

어떤 이들은 여기에서 이렇게 질문할 것이다: 이 세 가지는 어떤 차이가 있는 것인가? 왜냐하면, 히브리인이라는 것과 이스라엘인이라는 것과 아브라함의 후손이라는 것은 모두 다 동일한 것을 의미하는 것처럼 보이기 때문이다. 또한, 우리는 실제로 이 세 가지 간에 어떤 차이가 있는지를 살펴볼 필요도 없다. 사도는 여기에 단지 동일한 것을 강조하기 위하여, 이 세 가지 표현을 반복해서 사용한 것으로 보이기 때문이다. 그러나 어떤 이들은 이 세 가지를 좀 더 세밀하게 구별해서, 첫 번째는 자신들의 족보와 혈통이 아주 오래된 것, 또는 자신들이 히브리어를 할 수 있다는 것을 자랑하는 것이고, 두 번째는 자신들이 하나님의 선민인 이스라엘 민족에 속한다는 것을 자랑하고 과시하는 것이며, 세 번째는 아브라함과 그의 후손에게 주어진 약속이 바로 그들에게 주어진 약속이라는 것을 자랑하는 것이라고 생각한다.

23. 그들이 그리스도의 일꾼이냐 정신 없는 말을 하거니와 나는 더욱 그러하도다 내가 수고를 넘치도록 하고 옥에 갇히기도 더 많이 하고 매도 수없이 맞고 여러 번 죽을 뻔하였으니.

그들이 그리스도의 일꾼이냐 정신 없는 말을 하거니와 나는 더욱 그러하도다. 그들이 자신들은 그리스도의 종들이 되어 복음을 전하는 "그리스도의 일꾼들"이라고 자랑하는가? 나는 이것에 대하여 자랑하지 않아야 하지만, "어리석은 자와 같이" 한 번 말해 본다면, 내가 그리스도의 일꾼으로 부르심 받은 것이나, 그 부르심을 따라 행한 것에 있어서, 나는 그들보다 훨씬 더 그리스도의 일꾼으로 자처할 수 있다. 나는 그들보다도 더 직접적으로 부활하신 주님으로부터 복음을 전하라는 부르심과 사명을 받았고, 복음을 전하는 일에 있어서도 그들이 행한 것보다 훨씬 더 많은 일들을 행해 왔다. 내가 수고를 넘치도록 하고. 지금까지 나는 복음을 전하기 위하여 그들보다 더 많은 곳을 돌아다녔고, 복음을 전파하는 일에 그들보다 더 많이 수고하였다. 옥에 갇히기도 더 많이 하고 매도 수없이 맞고. 나는 복음을 전하느라고, 그들보다 더 많이 매 맞고 옥에 갇히는 등, 내가 받은 고난은 그들이 받은 것보다 더 많았다: "오직 모든 일에 하나님의 일꾼으로 자천하여 많이 견디는 것과 환난과 궁핍과 고난과 매 맞음과 갇힘과 난동과 수고로움과 자지 못함과 먹지 못함 가운데서도"(고후 6:4-5). 여러 번 죽을 뻔하였으니. 나는 죽을 뻔한 고비도 여러 번 넘겼다. 사도는 고린도후서 1:10에서와 마찬가지로 여기에서도 죽을 뻔한 위험들을 "죽음들"이라고 부른다.

24. 유대인들에게 사십에서 하나 감한 매를 다섯 번 맞았으며.

하나님께서는 자기 백성의 혈기를 억제하셔서, 그들이 범죄자들을 잔혹하게 벌하지 않도록 하시기 위하여, 유대 관원들이 범죄자들에게 태형을 가할 때에 사십 대를 넘지 못하게 하셨다. 신명기 율법에는 "악인에게 태형이 합당하면 재판장은 그를 엎드리게 하고 그 앞에서 그의 죄에 따라 수를 맞추어 때리게 하라 사십까지는 때리려니와 그것을 넘기지는 못할지니 만일 그것을 넘겨 매를 지나치게 때리면 네가 네 형제를 경히 여기는 것이 될까 하노라"(신 25:2-3)고 되어 있기 때문에, 유대 당국자들은 사십 대까지 태형을 가할 수 있었지만, 실제로는 "사십에서 하나 감한 매"를 때리게 하였다. 이것은 태형을 가하다가 혹시라도 수를 잘못 세어서 실수로 율법을 범하게 되지 않도록 하기 위한 조치로서, "율법의 울타리"(sepimenta legis)라 불리는 여러 규정들 중의 하나였다. 그러나 죽을 죄에 해당하지 않은 죄를 범한 죄인들에게는 굳이 이렇게 많은 수의 매를 때릴 필요가 없었는데도, 그들이 매번 바울에게 사십에서 하나 감한 매를 다섯 차례나 때린 것은 사실 율법을 어긴 것이었다. 왜냐하면, 신명기 율법은 그들에게 사십 대를 넘지 말라고 명한 것일 뿐, 언제나 사십 대를 때리라고 한 것은 아니었기 때문이다. 어떤 이들은 유대인들은 모든 범죄자들에게 태형을 가할 때에 사십에서 하나 감한 매를 때렸다고 생각하고, 어떤 이들은 좀더 합리적으로 생각해서, 사십에서 하나 감한 매는 그들이 선고한 여러 태형들 중에서 가장 중한 경우였을 것이라고 본다. 그런데 그들은 사도를 미워하였기 때문에, 율법에서 정한 태형 중에서 가장 중한 것으로 사도를 벌하였을 가능성이 크다.

25. 세 번 태장으로 맞고 한 번 돌로 맞고 세 번 파선하고 일 주야를 깊은 바다에서 지냈으며.

세 번 태장으로 맞고. 여기에서 "태장으로 맞았다"로 번역된 동사는 "채찍으로 맞았다"는 것을 의미한다. 따라서 이것은 이방인들에게 맞은 것을 가리킨다. 왜냐하면, 이방인들은 세 겹으로 된 채찍으로 죄인들을 때렸기 때문이다. 사도행전 16:23에서는 사도가 빌립보에서 태장으로 맞고 옥에 갇힌 일을 보도하고 있고, 사도행전 22:24에서는 로마의 천부장이 사도를 심문하기 위하여 채찍질하라고 명령하였지만, 사도는 자기가 로마 시민이라고 항변함으로써 채찍을 맞는 것을 피하였다고 보도하고 있다. 한 번 돌로 맞고. 사도행전 14:19은 사도가 루스드라에서 유대인들의 선동으로 무리에 의해서 돌로 맞은 일을 보도하고 있다. 세 번 파선하고. 우리는 사도행전 27:18에서 바울이 파선을 겪은 일에 대한 보도를 읽을 수 있지만, 그 보도는 바울이 여기에서 말한 세 번에 포함되지 않는 것이었다. 왜냐하면, 그 일은 사도가 이 서신을 쓴 후에 일어난 일이었기 때문이다. 이렇게 사도는 성경에 기록된 것들 외에도 많은 일들과 고난들을 겪었다. 일 주야를 깊은 바다에서 지냈으며. 어떤 이들은 여기에서 "깊은 바다"가 사도가 갇혔던 깊은 감옥(행 16:24) 또는 지하 감옥을 가리키는 것으로 이해하지만, 사도가 파선을 당한 후에 선박의 파편을 의지해서 바다 위에서 24시간을 꼬박 있었던 일을 가리키는 것일 가능성이 더 높다. 성경은 그 어디에서도 이 일에 대해서 구체적으로 보도하고 있지 않지만, 바울은 이 때에 죽을 고비를 넘겼던 것으로 보인다.

26. 여러 번 여행하면서 강의 위험과 강도의 위험과 동족의 위험과 이방인의 위험과 시내의 위험과 광야의 위험과 바다의 위험과 거짓 형제 중의 위험을 당하고.

여러 번 여행하면서. 이것은 복음을 전파하기 위하여 사도가 이곳저곳으로 다닌 것을 가리킨다. 강의 위험. 사도가 전도하러 다녔던 지역들에는 강들이 많이 있어서, 사도는 그 강들을 건너는 위험을 감수하여야 했다. 강도의 위험. 당시에는 노상 강도들이 자주 출몰하였다. 동족의 위험. 유대인들은 바울을 자신들의 조상과 종교를 버린 배교자로 단정해서 철천지원수로 여겼다. 이방인의 위험과 시내의 위험. 사도는 여러 도시들에서 복음을 전하면서 이방인들로부터 핍박과 박해를 받았는데, 이것은 사도행전에 잘 나타나 있다. 광야의 위험과 바다의 위험. 사도가 복음을 전하기 위해 인적이 드문 광야를 건너야 했을 때의 위험과 바다를 건너면서 풍랑과 파선의 위험을 무릅써야 했던 것을 가리킨다. 거짓 형제 중의 위험. 기독교 신앙을 왜곡하고 타락시킨 거짓 교사들과 형제들은 사도에게 큰 원수들이었다.

27. 또 수고하며 애쓰고 여러 번 자지 못하고 주리며 목마르고 여러 번 굶고 춥고 헐벗었노라.

사도는 여기에서 이방 지역들을 다닐 때에 흔히 겪게 되는 여러 곤경들과 해악들을 열거하면서 자기가 그런 일들을 직접 다 겪었다고 말하는데, 기진맥진할 정도로 힘이 다 빠져서 지쳤던 일, 고통스럽고 괴로웠던 일, 굶주리고 목말랐던 일, 추위에 떨고 제대로 입지 못해서 헐벗었던 일 등이 그런 것들이었다. 또한, 사도는 고린도전서 9:27에서 "내가 내 몸을 쳐 복종하게 함은 내가 남에게 전파한 후에 자신이 도리어 버림을 당할까 두려워함이로다"라고 말한 것처럼, 자신의 몸을 쳐서 복종시켜서, 복음 전도의 사역을 좀 더 잘 수행하기 위하여, 자원해서 금식하며 밤새워 기도하는 일도 여러 번 하였다고 말한다.

28. 이 외의 일은 고사하고 아직도 날마다 내 속에 눌리는 일이 있으니 곧 모든 교회를 위하여 염려하는 것이라.

여기에서 "이 외의 일은 고사하고"로 번역된 헬라어 어구는 흠정역에서는 "이 외적인 일들은 고사하고"로 번역되어 있는데, 이것은 기독교회에 속한 사람들이 아니라, 사도가 고린도전서 5:13에서 "밖에 있는 사람들"이라고 부른 자들이 사도에게 가한 여러 해악들을 가리키는 것일 수도 있고, 자신의 심령에는 별 영향을 미치지 못하고, 오직 자신의 육신만을 괴롭게 한 그런 종류의 여러 환난들과 곤경들을 가리키는 것일 수도 있는데, 그가 애쓰고 수고한 것들이나 복음을 전하기 위하여 강이나 바다나 광야를 다녀야 했던 것들이나 감옥에 갇힌 일들이나 채찍에 맞은 일들이 바로 그런 것들이었다. 사도는 이렇게 말한다: "이 일들 외에도 내 속에는 모든 기독교회들을 위하여 염려하고 노심초사하는 것이 있는데, 이것은 매일같이 나를 짓누르는 염려이다." 이것은 사도들은 그리스도로부터 직접적으로 부르심을 받았다는 점만이 아니라 그들의 사역과 관련해서도 평범한 목회자들과는 달라서, 그들에게는 여기저기를 두루 다니며 복음을 전해야 하는 사명이 주어져 있었을 뿐만 아니라, 모든 교회를 두루 살펴서 질서 및 치리와 관련된 일들을 지시하고 처리해야 할 소임이 주어져 있어서, 모든 교회가 잘되어 가는지를 늘 살펴야 하였기 때문이었다.

29. 누가 약하면 내가 약하지 아니하며 누가 실족하게 되면 내가 애타지 아니하더냐.

여기에서 "누가"는 어떤 교회를 가리키는 것일 수도 있고, 어느 교회의 어떤 특정한 그리스도인을 가리키는 것일 수도 있다. "약하다"로 번역된 헬라어 '아스테네이'(ἀσθενεῖ)는 외적인 환난들로 말미암아 연약해져 있는 것을 가리키기도 하고, 내적으로 영적인 괴로움과 고통들을 안고 있다는 의미에서 연약한 것을 가리키기도 한다. 내가 약하지 아니하며. 나는 그 교회 또는 그 형제의 괴로움과 고통에 동참하여 함께 아파하였다. 누가 실족하게 되면은 어떤 교회 또는 형제가 유혹을 당하여 시험에 넘어가서 걸려 넘어져서 죄에 빠진 경우를 의미한다. 내가 애타지 아니하더냐. 나는 하나님께서 영광을 받으시게 하고 그 교회나 형제로 하여금 유익을 얻게 하고

자 하는 거룩한 열심에 불타서, 그 교회나 형제를 바로잡으려고 노심초사 하였다.

사도는 여기에서 자기가 어떤 식으로 복음 사역을 하였는지를 보여 줄 뿐만 아니라, 모든 신실하고 충성된 사역자들이 자기가 맡은 양들과 지체들에 대하여 어떻게 행하는 것이 마땅한지를 보여 준다. 즉, 그들은 자신의 양들이 어떤 상태에 있는지를 늘 부지런히 살펴서, 어떤 지체가 고통하고 괴로워하는지를 금방 알아차려서, 그 지체의 고통을 진심으로 함께 해주고 함께 아파해야 한다는 것이다. 이것은 모든 그리스도인들의 의무이기는 하지만, 특히 그리스도의 양 무리를 먹이고 살피는 소임을 맡은 자들의 의무이다: "즐거워하는 자들과 함께 즐거워하고 우는 자들과 함께 울라"(롬 12:15). 이 점에서 그리스도의 영적인 신비의 몸에 속한 지체들은 육신의 몸에 속한 지체들과 비슷하기 때문에, 여기에서 사도는 그리스도의 신비의 몸의 지체들을 육신의 몸의 지체들에 빗대어서 말하고 있다.

30. 내가 부득불 자랑할진대 내가 약한 것을 자랑하리라.

사도는 여기에서 자기가 복음을 전파하다가 겪었던 일들을 자신의 "약한 것들"이라고 부르면서, 자기가 굳이 자랑하고자 한다면, 바로 그러한 것들을 자랑하고자 한다고 말한다. 즉, 자기는 여러 방언들을 할 수 있다는 것이나, 많은 이적들을 행해왔다는 것을 자랑하고 싶지 않고, 자기가 자랑해서 자신의 대적들로부터 비방을 받게 될 것이라면, 자기가 하나님을 위하여 받아 온 고난들을 자랑하고자 한다는 것이다. 왜냐하면, 사도는 복음을 전하는 동안에 수많은 위험들과 곤경들을 만났지만, 그리스도의 강력한 능력으로 말미암아 그 모든 고난들을 다 헤쳐 나올 수 있었는데, 자신의 대적들은 그런 것들과 관련해서는 별로 자랑할 것이 없을 것이었기 때문이다. 게다가, 사도가 전에 지식은 사람을 교만하게 한다고 말하였듯이, 마찬가지로 하나님께서 사람들에게 주신 은사들도 종종 사람을 교만하게 만드는 반면에, 복음을 위하여 받는 고난들은 사람의 육신이 일반적으로 꺼려하고 기겁하며 도망치고자 하는 것들이어서, 사람을 분수에 넘치게 교만하게 만들지 않고, 도리어 고난의 십자가를 지고 인내로써 감당하다 보면, 믿음과 인내와 자기부인과 하나님에 대한 사랑에 있어서 상당한 정도의 진보를 이룰 수 있게 하고, 또한 하나님이 베풀어 주시는 은혜와 이적으로 그 고난들을 헤쳐 나왔을 때는, 그 사람은 자신의 힘이 아니라 하나님의 사랑과 권능이 자기를 그 고난들에서 건져 내었다는 것을 깨닫고서, 하나님께 더욱 깊은 감사와 찬송을 드리게 된다. 따라서 사도가 여기에서 자기가 자랑하겠다고 한 자신의 "약한 것들"은 사도의 대적들이 자랑해 왔던 육신적으로 대단해 보이는 것들이나 신령한 지식과 은사들보다 사실은 훨씬 더 진정으로 자랑할 만한 것들이었다.

31. 주 예수의 아버지 영원히 찬송할 하나님이 내가 거짓말 아니하는 것을 아시느니라.

이 본문이 맹세문이냐, 아니면 단지 하나님이 사도의 마음을 아신다는 것을 단언하는 서술문이냐 하는 것은 논쟁할 가치가 없는 문제이다. 이 본문을 맹세문으로 본다면, 이것은 하나님의 이름으로 행해진 것이기 때문에 세속적인 맹세가 아니고, 아주 중차대한 일과 관련해서 사도가 한 말을 쉽게 믿으려고 하지 않는 자들을 대상으로 행해진 것이기 때문에 헛맹세도 아니다. 그러나 나는 이 본문은 사도가 자기가 지금까지 한 말이 진심으로 한 말이라는 것을 하나님은 아신다는 것을 엄숙하게 천명한 것으로 보는 것이 좋다고 생각한다. "영원히 찬송할"이라는 어구는 아버지 하나님을 수식하는 것일 수도 있고, 예수 그리스도를 수식하는 것일 수도 있다. 로마서 1:25에서는 이 어구를 창조주 하나님께 적용하고 있고, 로마서 9:5에서는 예수 그리스도께 적용하고 있지만, 여기에서는 삼위일체 하나님의 제1위에도 적용될 수 있고 제2위에도 적용될 수 있다. 이 세 본문에 나타난 이 어구의 용법은 그리스도께서 하나님이시라는 것을 증명해 주는 부인할 수 없는 논거이다. 사도는 자기가 앞으로 할 말이 아니라, 이미 앞에서 한 말, 즉 자기가 복음을 위하여 많은 수고를 하고 많은 고난을 겪었다고 말한 것이 진실이라는 것을 말하기 위하여, 여기에서 이렇게 하나님을 증인으로 불러, 자신의 진심을 단언하고 있는 것으로 보인다. 왜냐하면, 사도가 이후에 들려주는 것은 자기가 겪은 고난이라기보다는 전에 한 번 위험에 처했던 일에 관한 것이기 때문이다.

32-33. [32]다메섹에서 아레다 왕의 고관이 나를 잡으려고 다메섹 성을 지켰으나 [33]나는 광주리를 타고 들창문으로 성벽을 내려가 그 손에서 벗어났노라.

사도가 겪은 이 위험에 관한 이야기는 사도행전 9:23-25에 짤막하게 보도되고 있다. 바울은 유대교에서 기독교로 개종한 직후에, 다메섹에 사는 유대인들과 논쟁을 벌여서, 여러 가지 근거들을 들어, 예수가 그리스도라는 것을 증명함으로써, 그들을 당혹스럽게 만들었다(행 9:21). 그러자 유대인들이 격분해서 바울을 죽이려고 음모를 꾸미고서는(행 9:23), 이 본문이 보여 주듯이, 헤롯의 장인이었던 아레다 왕의 고관으로서 다메섹을 다스리고 있던 총독을 끌어들여 이 음모를 실행에 옮겼다. 요세푸스(Josephus)의 기록에 의하면, 헤롯은 아레다 왕의 딸이었던 자신의 전처를 버리고 헤로디아를 취하였다. 유대인들은 이 이방인 총독을 움직여서, 모든 성문을 닫고 무장한 군사들로 지키게 하여, 바울을 잡고자 하였다. 그러나 유대인들의 그러한 음모를 간파한 바울은 군사들이 철통같이 지키고 있던 성문으로는 빠져나올 수 없게 되자(행 9:24), 당시에 다메섹에서 살고 있던 그리스도인들의 도움을 받아 성에서 빠져나올 방법을 찾게 되었다: "그의 제자들이 밤에 사울을 광주리에 담아 성벽에서 달아 내리니라"(행 9:25).

바울이 죽을 뻔하다가 살아난 이야기를 우리에게 전해 주는 이 본문들과 관련해서 두 가지 질문이 생겨난다: (1) 바울이 이런 식으로 도망친 것이 합당한 일이었는가? 우리 주님께서는 자신의 최초의 사역자들에게 "이 동네에서 너희를 박해하거든 저 동네로 피하라"(마 10:23)고 말씀하셨을 뿐만 아니라, 바울은 신학자들이 평범한 사역자들에게 합법적으로 허용된 것으로 본 것, 즉 어떤 박해가 그 지역의 모든 그리스도인들을 대상으로 한 것이 아니라 단지 어느 특정한 사역자에 대한 것인 경우에는 그 사역자가 그 지역을 도망쳐 나오는 것은 합당하다고 판단한 것을 이 경우에 행한 것일 뿐이기 때문에, 바울이 다메섹 성을 이런 식으로 빠져나온 것은 합당한 일이었다. (2) 어떤 성의 담을 넘는 것은 인간의 법을 어기는 일이라는 점에서, 바울이 이런 식으로 다메섹 성을 빠져나온 것은 죄를 지은 것이 아닌가? 이 질문에 대한 답은 쉽다. 첫 번째는 어떤 성의 담을 넘어서 피신한 것은 절대적으로 불법적인 일이 아니라, 몇몇 경우에는 합법적인 일이 될 수 있다는 것이다. 두 번째는 여기에서 바울이 단지 잠정적인 세상 질서를 고려해서 정해진 인간의 법을 엄격하게 지켜서 죽임을 당하는 것보다는, 그러한 잠정적인 세상 질서를 잠시 어겨서라도 거기에서 살아 남는 것이 하나님의 영광과 사람들의 유익을 위한 일이었다는 것이다.

MATTHEW POOLE'S COMMENTARY

고린도후서 12장

개요

1. 바울은 하나님께서 자기에게 환상들과 계시들을 주셨다고 말함(1-4).
2. 하지만 자신의 사도직에 대한 증거로는 그런 것들이 아니라 자신의 약한 것들을 자랑하고자 한다고 함(5-10).
3. 고린도 교인들이 자기에게서 자신의 사도직에 대한 모든 증거들을 보았으면서도, 자기로 하여금 이렇게 헛된 자랑을 하지 않을 수 없게 만든 것을 책망함(11-13).
4. 이전과 동일하게 그들에게 폐를 전혀 끼치지 않고 오직 아버지 같은 사랑으로 그들을 다시 방문할 계획이라고 말함(14-15).
5. 자기는 다른 사람들을 보내서 그들로부터 이득을 취하는 교활한 짓을 결코 한 적이 없다고 해명함(16-19).
6. 자기가 갔을 때, 그들 중에서 많은 잘못된 것들이 여전히 고쳐지지 않은 채로 있어서, 자기와 그들이 모두 힘들어 하게 되지는 않을지 염려가 된다고 말함(20-21).

1. 무익하나마 내가 부득불 자랑하노니 주의 환상과 계시를 말하리라.

무익하나마 내가 부득불 자랑하노니. 내 자신을 자랑하는 것은 아름답지도 않고 내 자신에게 그 어떤 유익도 없는 것이기 때문에, 나는 어쩔 수 없는 경우, 즉 하나님의 영광과 너희의 유익을 위하여, 나에 대한 어떤 사람들의 비방과 중상모략이 터무니없는 것임을 밝히는 데 꼭 필요한 경우 외에는 내 자신을 결코 자랑하고 싶지 않다. 주의 환상과 계시를 말하리라. 나를 비방하는 자들은 자신들이 하나님으로부터 환상과 계시들을 받았다고 자랑하는데, 그런 것들로 말하자면, 나도 그들 못지않게 자랑할 것이 있다. 어떤 이들은 "환상"과 "계시"를 서로 구별해서, "환상"은 사람들이 어떤 것들을 시각적으로 보기는 하지만, 그 의미는 알지 못하는 것들을 가리키는 반면에, "계시"는 하나님께서 꿈이나 음성을 통해서 자신의 마음과 뜻을 사람들에게 직접 드러내시는 것들을 가리킨다고 말한다. 애굽 왕 바로와 느부갓네살은 환상을 보았지만, 요셉과 다니엘이 그 의미를 해석해 줄 때까지는, 자신들이 본 환상의 의미를 깨닫지 못하였다. 그러나 바울이 본 환상들은 그런 것이 아니었다는 것은 의심의 여지가 없다. 따라서 환상과 계시의 차이는, 믿음이 있는 거룩한 사람들이 본 모든 환상에는 계시가 수반되지만, 모든 계시가 다 환상을 수반하는 것은 아니라는 것이다.

2. 내가 그리스도 안에 있는 한 사람을 아노니 그는 십사 년 전에 셋째 하늘에 이끌려 간 자라 (그가 몸 안에 있었는지 몸 밖에 있었는지 나는 모르거니와 하나님은 아시느니라).

내가 그리스도 안에 있는 한 사람을 아노니 그는 십사 년 전에 셋째 하늘에 이끌려 간 자라. 어떤 이들은 이 본문에서 '엔 크리스토'(ἐν Χριστῷ)를 "그리스도 안에 있는"으로 번역해서, 복음을 받아들여서 그리스도인이 된 사람을 가리키는 것으로 이해하여야 하는지, 아니면 "그리스도로 말미암아"로 번역해서('엔'은 종종 이런 의미로 사용된다), 이 환상이 그리스도의 은혜와 은총으로 말미암아 사도에게 주어졌다는 것을 가리키는 것으로 이해하여야 하는지에 대하여 문제를 제기한다. 여기에서 사도가 말한 "한 사람"이 사도 자신을 가리킨다는 것은 의심의 여지가 없다. 왜냐하면, 만일 그렇지 않다면, 이 사람에게 일어난 일이 사도 자신이 자랑하고자 하는 일이 될 수는 없기 때문이다. 이렇게 성경 기자들은 자기 자신에 대하여 말할 때, 일인칭이 아니라 삼인칭을 사용하는 경우가 가끔 있다. 사도는 이 일이 "십사 년 전에" 있었던 일이라고 말하지만, 우리는 사도가 이 일을 이전에 다른 곳에서 언급한 것을 들어 본 적이 없기 때문에, 사도는 이 일을 말하는 것이 자기 자랑처럼 들릴 것을 우려해서 그동안 일체 함구하고 있었다는 것을 알 수 있고, 지금에 와서 이 얘기를 꺼낸 것은 자기에게 덧씌워진 누명을 벗고 하나님의 영광이 가리워지는 일이 없게 하기 위하여 어쩔 수 없는 일이었기 때문이었고, 사도는 가능하다면 끝까지 이 일을 함구하고 싶어하였던 것임을 알 수 있다.

(그가 몸 안에 있었는지 몸 밖에 있었는지 나는 모르거니와 하나님은 아시느니라). 사도는 자기가 그러한 탈혼 상태에 있을 때에 어떻게 된 영문인지를 지금도 알지 못하겠다고 고백한다. 그러므로 우리가 이 일이 어떻게 된 것인지를 호기심으로 파헤치고자 하거나, 이 일의 경위를 확실하게 설명해 내고자 하는 것은 지나치게 무모한 짓인 것으로 보인다. 이 때에 바울의 영혼이 그의 몸으로부터 분리되었을 가능성은 그리 높아 보이지 않지만, 사도는 자신의 모든 지각이나 감각이 박탈된 상태였기 때문에, 이것이 천사가 자신의 몸과 영혼을 그대로 셋째 하늘로 끌고 가서 이 광경을 보게 하였던 것인지, 아니면 몸은 이 땅에 있는 가운데 자신의 영혼이 몸을 떠나서 셋째 하늘로 끌어올려진 것인지를 확실하게 알 수 없었다.

그러나 어쨌든 사도는 자기가 "셋째 하늘에 이끌려" 갔다는 것을 알았다고 말한다. 여기에서 "셋째 하늘"은 하늘들 중에서 가장 높은 하늘을 가리키는데, 그 곳은 하나님께서 자신의 영광을 가장 분명하게 드러내시고, 복된 천사들은 하나님을 모시고서 그 얼굴을 보고 시립해 있으며, 의로운 영혼들은 거기에서 온전하게 되는 곳이다. 성경은 세계를 땅과 하늘들로 구분해서, 땅이나 바다가 아닌 모든 곳을 하늘이라고 부른다. 따라서 행성들과 별들이 있는 곳과 지구 사이의 모든 공간은 하늘로 지칭되기 때문에, 다니엘서 4:12에서는 "하늘의 새들"(한글개역개정에는 "공중에 나는 새")이라고 말하고, 창세기 7:11에서는 "하늘의 창들"이라고 말하며, 창세기 22:17에서는 "하늘의 별들"이라고 말한다. 그러므로 "가장 높은 하늘"은 주기도문에서 "하늘에 계신 우리 아버지여"(마 6:9)라고 할 때의 바로 그 "하늘"이고, 성경에서는 이것을 "모든 하늘의 하늘"(신 10:14) 또는 "하늘들의 하늘"(시 148:4)이라 부르는데, 여기에 언급된 "셋째 하늘"은 바로 그 하늘을 의미한다.

3-4. [3]내가 이런 사람을 아노니 (그가 몸 안에 있었는지 몸 밖에 있었는지 나는 모르거니와 하나님은 아시느니라) [4]그가 낙원으로 이끌려 가서 말로 표현할 수 없는 말을 들었으니 사람이 가히 이르지 못할 말이로다.

그가 낙원으로 이끌려 가서. 어떤 이들은 여기에 언급된 "낙원"은 앞서 언급된 "셋째 하늘"과는 다른 곳이라고 이해해서, 사도는 여기에서 자기가 본 두 번 이상의 환상들에 대해서 말하고 있는 것으로 생각한다. 그러나 사도는 앞에서 말한 "셋째 하늘"이 이루 말할 수 없이 기쁘고 즐거운 곳이라는 의미에서, 여기에서는 그 곳을 "낙원"으로 부르고 있는 것일 가능성이 훨씬 더 높다. 우리 구주께서도 누가복음 23:43에서 자기와 함께 십자가에 달린 강도에게 "오늘 네가 나와 함께 낙원에 있으리라"고 말씀하실 때에 "낙원"이라는 표현을 사용하셨고, 요한계시록 2:7에서도 "귀 있는 자는 성령이 교회들에게 하시는 말씀을 들을지어다 이기는 그에게는 내가 하나님의 낙원에 있는 생명나무의 열매를 주어 먹게 하리라"고 말한다.

말로 표현할 수 없는 말을 들었으니. 사도가 여기에서 탈혼 상태 속에서 들었다고 하는 "말로 표현할 수 없는 말들"(또는, "것들")이 어떤 것들이었는지를 캐묻는 것은 쓸데없는 일이다. 사도는 자기가 "몸 안에 있었는지 몸 밖에 있었는지"를 자기는 모르겠다고 두 번씩이나 말하였던 것과 마찬가지로, 사도가 들었던 말들도 "말로 표현할 수 없는" 것들이었다. 사람이 가히 이르지 못할 말이로다. 사도가 들은 말들은 말로 표현할 수 없는 것들이었거나, 적어도 다른 사람들에게 말해서는 안 되는 것들이었기 때문에, 그것들을 직접 들은 당사자 외에는 그 누구도 알 수 없는 것들이었다. 여기에서 이렇게 묻는 사람들이 있을 것이다: 사도가 그것들을 다른 사람들의 유익을 위하여 전해 줄 수 없거나, 전해 주는 것이 금지된 것이라면, 왜 하나님께서는 그것들을 사도에게 보여 주신 것인가? 거기에 대한 대답은 간단하다. 이 환상은 한편으로는 사도가 하나님에 의해서 보내심을 받은 자임을 확증해 주기 위한 것이었고, 다른 한편으로는 앞으로 사도가 하나님의 부르심을 따라 복음 사역을 감당할 때에 겪게 될 온갖 위험들과 환난들 속에서 위로와 힘을 얻게 하기 위한 것이었다는 것이다.

5. 내가 이런 사람을 위하여 자랑하겠으나 나를 위하여는 약한 것들 외에 자랑하지 아니하리라.

내가 이런 사람을 위하여 자랑하겠으나. 이후의 내용이 보여 주듯이, 사도는 지금 여기에서도 자기 자신에 대하여 말하고 있는 것이지만, 삼인칭을 사용해서 말하는데, 이 말의 의미는 이렇게 계시들과 환상들을 통해서 하나님으로부터 존귀한 대접을 받은 사람은 자기가 하나님으로부터 그 정도로 지극한 은총을 받은 자라는 것을 자랑할 만하다는 것이다. 나를 위하여는 약한 것들 외에 자랑하지 아니하리라. 그러나 사도는 자기가 그런 사람이라면, 자기는 그런 자랑을 하지 않겠다고 말하는데, 그 이유는 무엇인가? 대답: 어떤 이들은 사도가 여기에서 자신을 두 가지 관점으로 구별해서, 셋째 하늘로 올라간 자신의 속사람 또는 영혼에 대해서는 자기가 자랑하였지만, 자신의 겉사람 또는 육신에 대해서는 자기가 행한 일들이 아니라 자기가 겪은 고난과 환난들을 자랑할 것이라고 말하고 있는 것으로 본다. 하지만 나는 이 본문을 이렇게 해석하고자 한다: 주님께서는 나를 이렇게 크게 높이시고 존귀하게 하셨다. 그러나 그것은 주님께서 은혜로 내게 행하신 일일 뿐이고, 내 자신이 내 힘으로 그렇게 한 것도 아니고, 내가 그렇게 존귀하게 대접을 받을 만한 자인 것도 아니다. 그러므로 나는 내 자신과 관련해서는, 내가 하나님의 이름을 위하여 고난 받은 일들 외에는 그 어떤 것도 자랑하고자 하지 않고, 실제로 자랑할 것도 없다.

6. 내가 만일 자랑하고자 하여도 어리석은 자가 되지 아니할 것은 내가 참말을 함이라 그러나 누가 나를 보는 바와 내게 듣는 바에 지나치게 생각할까 두려워하여 그만두노라.

내가 내 자신을 자랑하려고 마음을 먹고 실제로 자랑한다고 하여도, 사실 나는 어리석은 자가 되지 않을 것이다. 왜냐하면, 나는 사실이 아닌 것들을 자랑하는 것이 아니기 때문이다. 어떤 사람이 자기 자신에 대하여 사실인 것들을 말하여도, 그것이 자기 자신을 드러내고, 자기가 남들보다 더 잘났다는 것을 보이기 위한 것이라면, 그 사람은 어리석은 자라고 할 수 있다. 그러나 어떤 사람이 하나님의 사역자로서 비방과 중상모략을 당하였을 때, 자신의 그러한 누명을 벗는 것이 하나님의 영광을 가리지 않는 길이 될 것이기 때문에, 자신에게 자랑이 될 만한 사실들을 말한다면, 그것은 결코 어리석은 자처럼 행하는 것이 아니다. 사도는 이렇게 말한다: 그러나 나는 누가 내게서 보는 것과 다른 사람들의 입으로부터 나에 대하여 듣는 것을 뛰어넘어서 나를 대단한 사람으로 생각하는 것을 원하지 않기 때문에, 내 자신에 대하여 자랑할 만한 것들이 많더라도 자랑하고자 하지 않는다.

7. 여러 계시를 받은 것이 지극히 크므로 너무 자만하지 않게 하시려고 내 육체에 가시 곧 사탄의 사자를 주셨으니 이는 나를 쳐서 너무 자만하지 않게 하려 하심이라.

하나님의 백성 중에서 아무리 좋은 신앙을 지닌 사람들이라도, 그들 속에는 교만의 뿌리가 여전히 있어서, 하나님으로부터 다른 사람들과는 다른 특별한 은총과 은혜를 받게 되면, 분수 이상으로 자만하게 되기 쉬운데, 바울은 스스로 여기에서 말하고 있듯이, 하나님의 지극히 큰 계시들과 환상들을 많이 받았기 때문에, 얼마든지 자만할 가능성이 있었다. 그래서 하나님께서는 바울이 자신의 분수를 넘어서서 너무 자만하게 되는 것을 미리 방지하시기 위하여, 그의 "육체에 가시"를 주셨다. 그런데 사도가 여기에서 "육체 속의 가시"라고 부르는 것이 무엇이었는지를 놓고 다양한 추측이 제시되어 왔다. 어떤 이들은 "육체"를 좁은 의미로 엄격하게 해석해서, 사도는 여기에서 자신의 몸을 고통스럽고 괴롭게 하였던 어떤 질병을 이렇게 부른 것이라고 생각한다. 그렇다고 하더라도, 그 질병이 구체적으로 어떤 병이었는지는 성경의 그 어디에도 나오지 않기 때문에, 우리는 지극히 불확실한 추측만을 얘기할 수 있을 뿐이다. 어떤 이들은 "육체"를 사도의 육신의 상태를 가리키는 넓은 의미로 해석해서, 마귀가 사도로 하여금 죄를 짓도록 계속해서 시험한 것을 의미하는 것이라고 생각한다. 사도는 마귀의 이러한 끈질기고 집요한 시험으로 인해서, "육체로" 있는 동안에 큰 근심과 괴로움을 겪게 되었다는 것이다. 또는, 어떤 이들은 이것이 사도 자신의 육체의 소욕으로부터 생겨난 것으로서 죄에 끌리는 것을 가리키는 것이라고 보는데, 하나님께서는 그러한 끌림을 사도 속에 허락하셨기 때문에, 사도는 그러한 끌림을 차단하기 위해서 끊임없이 은혜에 의지해서 자신을 쳐서 복종시킬 수밖에 없었다는 것이다.

이 모든 견해들은 다 매우 불확실한 추측일 뿐이기는 하지만, 마지막 견해는 그 중에서도 가능성이 가장 희박한 것으로 보인다. 왜냐하면, 마귀는 우리의 육체의 소욕에 영향을 끼쳐서 행동으로 옮기도록 부추기기는 하지만, 마귀가 주는 그러한 충동들을 "사탄의 사자들"이라고 부르는 것은 성경의 어법을 따르는 것이 아닌 것으로 보이고, 바울이 그것들을 하나님이 자신에게 주신 것들로 생각하였을 것 같지도 않기 때문이다. 또한, 그런 것들은 사도가 자랑하거나 자천할 만한 연약한 것들일 수 없고, "가시"라는 표현도 그런 것들에는 어울리지 않는다. 따라서 우리는 사도가 여기에서 말한 "가시"를, 사도의 육신을 괴롭고 고통스럽게 하였던 어떤 큰 질병, 또는 하나님께서 사도에게 지극히 큰 계시들을 주신 후에 마귀로부터의 끈질긴 시험을 통해 계속해서 사도를 괴롭게 하신 것을 가리키는 것으로 해석하는 것이 좀 더 합당한 것으로 보인다. 사도는 하나님으로부터 지극히 큰 은총을 입었지만, 이 가시로 말미암아 스스로 자만하지 않고 자기 자신을 낮출 수 있었기 때문에, 교만의 위험성을 생각할 때, 이 가시를 하나님이 주신 선물로 여길 수 있었다. 이런 식으로 사도는 여기에서 자기가 하나님으로부터 지극히 큰 계시들을 받았지만, 그것을 자랑할 수 없는 또 한 가지의 이유를 제시하는데, 그것은 하나님께서는 자신의 섭리를 통해서 바울이 그 모든 지극히 큰 은총에도 불구하고 겸손하게 행하는 것이 하나님의 뜻이라는 것을 그에게 알게 하셨기 때문이라는 것이다. 하나님께서 이렇게 사도에게 지극히 큰 계시들을 주신 후에 곧바로 자신의 섭리를 통해서 사도를 낮추셨는데도, 만일 사도가 하나님으로부터 받은 지극히 큰 은총을 이유로 스스로 자고해지고 자만해졌다면, 그것은 너무나 난감한 일이 되었을 것이다.

8. 이것이 내게서 떠나가게 하기 위하여 내가 세 번 주께 간구하였더니.

이 "가시"가 무엇이든지 간에, 사도는 자기가 이 가시를 자신의 육체에서 제거해 주시라고 여러 번 기도하였다고 말한다. 우리의 육신에 고통이 있다면, 우리가 하나님의 지혜와 뜻에 순종하고자 하는 마음 가운데서, 그 고통을 제거해 주시라고 기도하는 것은 합당하다. 왜냐하면, 그 고통은 우리에게 해로운 것이 아니라, 도리어 여기에서 바울의 경우처럼, 하나님께서 우리의 영적인 유익을 위하여 의도하신 것일 수도 있기 때문이다.

9. 나에게 이르시기를 내 은혜가 네게 족하도다 이는 내 능력이 약한 데서 온전하여짐이라 하신지라 그러므로 도리어 크게 기뻐함으로 나의 여러 약한 것들에 대하

여 자랑하리니 이는 그리스도의 능력이 내게 머물게 하려 함이라.

나에게 이르시기를 내 은혜가 네게 족하도다. 바울의 기도에 대하여, 하나님께서는 응답해 주셨지만, 바울이 기도한 대로 이루어 주신 것이 아니라, 바울에게 육체의 가시를 주신 이유를 설명해 주시는 방식으로 응답해 주셨다. 하나님의 응답은 이런 것이었다: 너는 지금 육체의 가시로 고통스럽고 괴롭겠지만, 그런 너를 넉넉히 붙들어 주고 지탱해 줄 만큼 "내 은혜"가 네게 충분할 것이다. 이것은 사도가 지금까지 이미 받은 하나님의 사랑과 은혜가 충분하였다는 것이 아니라, 앞으로 그에게 충분히 은혜를 허락하셔서, 어떠한 환난 아래에서도 그를 붙들어 주시고 힘주시며 위로하시고 새롭게 하실 것임을 보여 주신 것이었다. 이는 내 능력이 약한 데서 온전하여짐이라. 자기 백성을 붙들어 주시고 지켜 주시는 하나님의 "능력"은 하나님의 백성이 약할 때에 가장 뚜렷하게 드러나고 빛이 난다. 하나님께서는 그들이 자신의 무력함을 아주 철저하게 절감할 때, 그들 가운데 및 그들을 위하여 자신의 능력을 나타내시기를 기뻐하시고, 그럴 때에 하나님의 능력은 가장 두드러지게 나타나서, 그들은 하나님의 능력을 가장 잘 알게 된다. 그러므로 도리어 크게 기뻐함으로 나의 여러 약한 것들에 대하여 자랑하리니 이는 그리스도의 능력이 내게 머물게 하려 함이라. 우리가 약할 때, 주님께서는 우리의 심령으로 하여금 주님의 능력과 힘을 가장 크게 경험하게 해 주시기 때문에, 우리가 마땅히 자랑해야 할 것은 우리의 "약한 것들"이다. 이 본문은 그리스도가 영원히 찬송 받으실 하나님이시라는 것을 확증해 준다. 왜냐하면, 우리를 환난 가운데서 붙들어 주시는 것은 바로 그리스도의 능력이고, 우리가 연약할 때에 우리를 온전하게 해 주시는 것은 그리스도의 힘이기 때문이다.

10. 그러므로 내가 그리스도를 위하여 약한 것들과 능욕과 궁핍과 박해와 곤고를 기뻐하노니 이는 내가 약한 그 때에 강함이라.

내가 그리스도를 위하여 고난 받는 것(사도는 이것을 앞에서는 "약한 것들"이라고 했는데, 여기에서는 "능욕과 궁핍과 박해와 곤고"라고 좀 더 자세하게 설명하고 있다)을 자랑하고자 하는 여러 이유들 중의 하나는, 내가 그러한 고난 가운데서 "약한 그 때에" 내 자신이 은혜 가운데서 더욱 "강함"을 알기 때문이다. 사도가 여기에서 자신이 경험하였다고 말한 것은 하나님의 백성이 그 때 이후로 통상적으로 경험해 오고 있다. 따라서 하나님의 백성이 믿음과 인내와 하나님에 대한 사랑에서 강해지는 것은 그들이 약할 때이다. 하나님의 자녀는 이 세상에서의 외적인 상태 및 환경과 관련해서 자기가 빛이 전혀 없는 어둠 속에서 걷고 있다고 느낄 때, 자기 자신을 가장 정직하게 바라볼 수 있게 되고, 하나님을 진정으로 의지하는 가운데 행할 수 있게 된다.

11. 내가 어리석은 자가 되었으나 너희가 억지로 시킨 것이니 나는 너희에게 칭찬을 받아야 마땅하도다 내가 아무 것도 아니나 지극히 크다는 사도들보다 조금도 부족하지 아니하니라.

내가 어리석은 자가 되었으나. 나는 겸양과 겸손의 미덕 가운데서 행하여야 함에도 불구하고, 여기에서 지금까지 나를 스스로 자천하고 자랑하는 말을 많이 하였기 때문에, 너희 가운데서 말끝마다 내 말을 트집 잡고 악의적으로 해석하는 자들은 이런 나를 지각없는 어리석은 자라고 말할 것이 분명하다. 너희가 억지로 시킨 것이니. 그러나 내가 나를 자랑한 것은 내가 하고 싶어서 한 것이 아니라, 너희가 나로 하여금 그렇게 할 수밖에 없게 만든 것이다. 왜냐하면, 너희 중의 일부가 나에 대하여 악감을 품고서 나를 악하고 경멸 받을 만한 사람이라고 끊임없이 비방하고 중상모략을 행하여 나의 명예와 평판을 깎아 내리고 있는 상황에서, 나는 그것이 비록 결과적으로는 나의 자랑이 될지라도, 그리스도와 그의 사도인 나의 명예를 회복하기 위하여, 그리스도의 사도인 나를 위하여, 그리고 내 안에서 및 나로 말미암아 하나님께서 지금까지 행하신 일들을 있는 그대로 가감 없이 말함으로써, 나에 대한 그들의 그러한 비방과 중상모략이 터무니없음을 드러내지 않을 수 없었기 때문이다.

나는 너희에게 칭찬을 받아야 마땅하도다. 그런데 사실 나에 대한 비방과 중상모략으로부터 마땅히 나의 결백을 변호해 주어야 할 사람은 바로 너희이다. 너희는 나를 잘 아는 너희가 나를 칭찬해 줌으로써, 내가 다른 사람들의 입으로 칭찬을 듣게 하고, 내 입으로 나를 자화자찬하는 것을 막아야 했다. 그러나 너희는 입을 다물고 침묵하거나, 또는 심지어 나를 비방하고 중상모략하는 일에 동참하기까지 했기 때문에, 어쩔 수 없이 내가 스스로 나서서 나를 변호하기 위하여 내 자신을 자랑하는 말들을 할 수밖에 없게 된 것이다. 내가 아무것도 아니나 지극히 크다는 사도들보다 조금도 부족하지 아니하니라. 너희가 나를 칭찬하고 천거하는 것이 마땅한 이유는, 내가 나의 사도적 부르심과 사명, 내가 받은 은사들과 은혜들, 나의 수고들, 나의 고난들에서 사람들이 일반적으로 "지극히 크다"고 여기는 "사도들"보다 뒤지는 것이 전혀 없다고 너희는 말할 수밖에 없기 때문이다. 여기에서 사도가 "내가 아무것도 아니다"라고 말한 것은 고린도 교인들 중 일부가 자기를 아무것도 아닌 자라고 보고 있다는 뜻일 수도 있고, 자기가 행한 모든 것들은 오직 자기에게 그렇게 할 수 있는 힘을 주신 그리스도와 현재의 자기가 될 수 있게 만들어 주신 하나님의 은혜로 인한 것이기 때문에, 자기는 실제로 아무것도 아니라고 고백하고 있는 것일 수도 있다.

12. 사도의 표가 된 것은 내가 너희 가운데서 모든 참음과 표적과 기사와 능력을 행한 것이라.

나는 사도직으로 부르심을 받았지만, 사실 너희는 그 일에 대해서는 증인들이 될 수 없다. 그러나 나는 내가 사도로 부르심을 받은 참된 사도라는 사실을 보여 주는 "표들"을 너희 가운데서 많이 행하여, 내가 사도라는 것을 너희에게 증명하였다. 사도는 그러한 "표들"로 몇 가지를 여기에서 열거한다: (1) 참음. 이것은 사도가 복음을 전파하기 위하여 넓은 지역을 두루 다니며 전도하고 글을 쓰고 가르치는 등 많은 수고를 한 것을 가리키는데, 이것은 그가 하나님으로부터 이 일로 부르심을 받았다는 것을 분명하게 보여 주는 것이었다. (2) 표적과 기사와 능력. 이적들은 사도만이 행할 수 있는 것은 아니었지만, 사도가 먼저 복음을 전한 후에, 그 복음을 확증하기 위하여 이적들을 행한 경우에는, 그 이적들은 그의 사역을 인쳐 주는 것으로서, 그의 사도직이 참된 것임을 보여 주는 참된 표들이 되었다. 왜냐하면, 하나님의 부르심을 받지도 않은 어떤 사람들이 참된 복음이 아니라 거짓된 복음을 전하는데도, 진리의 하나님께서 이적들을 통해서 그들의 사역을 인쳐 주시고, 마치 그들이 부르심을 받은 자들인 것처럼 확증해 주실 리는 없기 때문이다.

13. 내 자신이 너희에게 폐를 끼치지 아니한 일밖에 다른 교회보다 부족하게 한 것이 무엇이 있느냐 너희는 나의 이 공평하지 못한 것을 용서하라.

내가 베드로나 야고보나 다른 사도들이 수고한 복음 교회들만큼 너희에게 못해 준 것이 어디 있느냐? 내가 다른 교회들이 전해 받은 가르침 중에서 너희에게 전해 주지 않은 것이 있었느냐? 내가 너희 가운데서 큰 이적들을 행하지 않았던가? 성령이 너희에게 차고 넘치게 부어져서, 너희는 모든 신령한 은사들을 풍성하게 받아서, 다른 어느 교회와 견주어서 부족함이 없이 복음의 은택을 누리게 되지 않았던가? 내가 다른 교회들에 비해서 못해 준 것이 있다면 딱 한 가지밖에 없는데, 그것은 다른 교회들은 사도들이나 목회자들을 부양하기 위하여 재정적인 부담을 져야 했지만, 나는 너희에게 그런 부담을 조금도 주지 않았다는 것이다. 내가 그렇게 한 것은 결코 너희에게 잘못한 것이 아니지만, 만일 그것이 내가 잘못한 것이라면, 나는 기꺼이 너희에게 그것에 대하여 용서를 구할 용의가 있다. 사도가 다른 교회들의 경우와는 달리 고린도 교회에 대해서만은 이렇게 재정적인 부담을 지우지 않은 이유에 대해서는, 우리가 이미 앞에서 여러 가지로 살펴본 바 있다.

14. 보라 내가 이제 세 번째 너희에게 가기를 준비하였으나 너희에게 폐를 끼치지 아니하리라 내가 구하는 것은 너희의 재물이 아니요 오직 너희니라 어린 아이가 부모를 위하여 재물을 저축하는 것이 아니요 부모가 어린 아이를 위하여 하느니라.

보라 내가 이제 세 번째 너희에게 가기를 준비하였으나. 사도가 이 서신을 쓰기 전에 고린도에 두 번 간 것은 사도행전 18:1과 20:2에서 보도하고 있고, 이 세 번째 방문은 이 서신이 씌어진 후에 이루어진 것으로 추정되지만, 사도행전에서는 보도되고 있지 않다. 우리는 사도의 모든 행적들을 성경에서 다 기록해 놓았다고 생각해서는 안 된다. 바울이 고린도 교회를 방문하고자 자주 생각하였다는 것은 분명하다(행 19:21; 고전 16:5; 고후 1:15). 하지만 사람이 계획을 세울지라도, 이루시는 분은 하나님이시다. 그래서 야고보는 우리가 어떤 일을 하고자 할 때에는 거기에 "주의 뜻이면"이라는 말을 덧붙일 것을 우리에게 권면한다(약 4:15). 너희에게 폐를 끼치지 아니하리라. 사도는 자기가 그들에게 가고자 준비하고 있지만, 그들에게 가더라도 결코 그들에게 어떤 재정적인 부담을 지우지 않을 것임을 다시 한 번 강조한다. 내가 구하는 것은 너희의 재물이 아니요 오직 너희니라. 사도는 자기가 그들에게 가고자 하는 것은, 그들의 심령을 그리스도께 인도하고, 그들을 잘 지키고 보호하여서, 심판 날에 순전하고 정결한 처녀로 그리스도께 드리기 위한 것이라고 말하는데, 이것은 모든 신실하고 충성된 사역자가 지녀야 할 마음가짐이다. 사도는 고린도 교인들을 이용해서 자신의 배를 불릴 마음이 없었기 때문에, 사도의 관심사는 그들의 재물이 아니라 그들 자신, 즉 그들의 영혼을 잘되게 하는 것이었다. 어린 아이가 부모를 위하여 재물을 저축하는 것이 아니요 부모가 어린 아이를 위하여 하느니라. 사도는 고린도 교인들은 자신의 자녀들이고, 자기는 그들의 부모라고 말한다. 부모가 궁핍한 경우에는 자녀가 부모를 봉양하는 것이 마땅한 일이기는 하지만, 일반적으로 말해서, 자녀가 부모를 위하여 재물을 모아두는 것은 세상 이치가 아니다. 반대로, 부모가 재물을 모아서 자녀를 기르고 양육하는 데 사용하는 것이 도리이다.

15. 내가 너희 영혼을 위하여 크게 기뻐하므로 재물을 사용하고 또 내 자신까지도 내어 주리니 너희를 더욱 사랑할수록 나는 사랑을 덜 받겠느냐.

내가 너희 영혼을 위하여 크게 기뻐하므로 재물을 사용하고 또 내 자신까지도 내어 주리니. 나는 너희에게서 돈을 원하는 것이 결코 아니다. 도리어, 만일 내게 돈이 있다면, 너희를 위하여 그 돈을 아낌없이 쓰고 싶은 것이 나의 마음이다. 너희의 영원히 죽지 않을 영혼의 유익을 위하여 수고하고, 너희를 위하여 내 모든 힘을 다 쓰며, 너희를 섬기다가 기꺼이 죽고 싶은 것이 나의 심정이다. 너희를 더욱 사랑할수록 나는 사랑을 덜 받겠느냐. 그러나 내가 너희를 이렇게 사랑하고 나의 모든 것을 다 내어 주려고 하는데도, 너희 중의 어떤 사람들이 나를 곡해해서 안 좋게 생각하고 비방하는 것은 정말 유감스러운 일이다.

16. 하여간 어떤 이의 말이 내가 너희에게 짐을 지우지는 아니하였을지라도 교활한 자가 되어 너희를 속임수로 취하였다 하니.

내가 들은 바에 의하면, 어떤 사람들은 내가 너희와 함께 있을 때에 너희에게 재정적인 부담을 지우지도 않았고, 나를 위해 연보를 하라고 강요하지도 않았다는 것은 사실이라고 말하면서도, 내가 나의 측근들을 시켜서 너희로부터 내가 쓸 돈을 가져오게 하였기 때문에, 내가 직접 그런 것은 아니지만, 나의 측근들을 이용해서 너희의 돈을 취했다는 점에서 나를 교활한 자라고 비방한다고 한다. 사도가 여기에서 말하고 있는 것이 구체적으로 어떤 것을 의미하는지는 다음 절에서 사도가 자기는 결코 그렇게 한 것이 아니라고 변호하는 말들 속에서 드러난다.

17-18. [17]내가 너희에게 보낸 자 중에 누구로 너희의 이득을 취하더냐 [18]내가 디도를 권하고 함께 한 형제를 보내었으니 디도가 너희의 이득을 취하더냐 우리가 동일한 성령으로 행하지 아니하더냐 동일한 보조로 하지 아니하더냐.

사도는 자기가 자신의 측근들을 통해서 고린도 교인들로부터 돈을 취하였다는 비방과 누명을 벗기 위해서, 자기가 그들에게 보낸 사람들 중에서 그들로부터 돈을 한 푼이라도 취한 사람이 있다면, 어디 한 번 그 이름을 대보라고 그들을 압박한다. 그런 후에, 사도는 좀 더 구체적으로 자기가 "디도를 권하여" 그들에게 보냈고(고후 8:6, 16, 18, 22), 디도와 함께 다른 "한 형제"를 보냈다고 말하는데, 이 형제는 사도가 고린도후서 8:18에서 "이 사람은 복음으로써 모든 교회에서 칭찬을 받는 자"라고 말하였던 바로 그 형제이다. 어떤 이들은 이 형제가 누구였을 것이라고 추측하지만, 확실한 증거는 없다. 사도는 이 두 사람 중 누가 그들로부터 돈을 받아 "이득을 취한" 일이 있었느냐고 따지면서, 그들도 "동일한 영"과 "동일한 보조"로 행하지 않았더냐고 반문한다. 즉, 이 두 사람도 사도와 마찬가지로 그들에게 재정적인 부담을 전혀 주지 않고, 그들을 사랑하고 아끼는 마음으로 그들 가운데서 행하여, 너희로부터 재물을 취하여 배를 불리고자 한 것이 아니라, 너희의 심령에 풍성한 은혜를 전해 주고자 하였다는 것을 너희도 알지 않느냐는 것이다. 하나님의 섭리로 어떤 상황에서는 신실하고 충성된 사역자들도 다른 사람들을 사용해서 자신의 사역을 감당하게 할 수밖에 없는 일이 생기게 되지만, 그런 경우에는 자신과 "동일한 영"과 "동일한 보조"로 행할 수 있는 신뢰할 만한 사람들을 사용하고자 할 것은 당연한 일이다.

19. 너희는 이 때까지 우리가 자기 변명을 하는 줄로 생각하는구나 우리는 그리스도 안에서 하나님 앞에 말하노라 사랑하는 자들아 이 모든 것은 너희의 덕을 세우기 위함이니라.

너희는 이 때까지 우리가 자기 변명을 하는 줄로 생각하는구나. 너희 중의 어떤 사람들은 내가 단지 너희 가운데서 나의 신용과 평판을 유지하기 위해서 이 모든 말들로 내 자신을 변명하는 것이라고 생각할지도 모르겠지만, 사실은 그렇지 않다. 우리는 그리스도 안에서 하나님 앞에 말하노라. 나는 그리스도인으로서, 즉 하나님께서 내가 말하는 모든 것들을 다 아시고 보시며 주목하신다는 것을 알고 있는 자로서, 지금 너희에게 말하고 있는 것이다. 사랑하는 자들아 이 모든 것은 너희의 덕을 세우기 위함이니라. 내가 너희에게 말하는 모든 것은 너희의 유익을 위한 것, 즉 너희가 믿음과 사랑을 비롯한 모든 은혜 가운데서 세워질 수 있도록 하기 위한 것이다. 왜냐하면, 너희에게 복음을 전한 나를 비롯해서 너희를 위하여 수고하는 모든 사역자들을 너희가 곡해하고 오해하여 편견을 갖는 것은 신앙에 있어서의 너희의 진보를 크게 방해하는 것이 되는 까닭에, 나는 너희의 그러한 편견을 미리 방지하거나 기존의 편견을 제거하고자 이런 말들을 하고 있는 것이기 때문이다. 사도는 여기에서만이 아니라 자신의 서신들의 여러 곳에서, 사람들의 덕을 세우는 것이 자기를 비롯한 모든 사역자들의 주된 목적이 되어야 한다고 분명하게 밝히는데, 한편으로는 믿지 않은 자들의 경우에는 회심시켜 믿게 하는 것, 다른 한편으로는 믿음의 토대가 놓인 자들의 경우에는 그들을 양육하여 온갖 선한 신령한 성품들을 갖추게 하는 것이 모두 덕을 세운다는 개념에 포함된다. 우리가 그리스도를 모든 것의 토대 또는 터라는 것을 생각하면, 회심은 어떤 영혼을 복음의 토대인 그리스도 위에 세우는 것이기 때문에, 덕을 세우는 것에 해당된다: "이 닦아 둔 것 외에 능히 다른 터를 닦아 둘 자가 없으니 이 터는 곧 예수 그리스도라"(고전 3:11). 또한, 우리가 그리스도의 터 위에 서 있는 심령 속에 은혜가 주입되어 거룩한 성품들이 빚어져 간다는 것을 생각할 때, 믿음에서 믿음으로 점점 깊어져 가는 것, 즉 주 예수 그리스도를 아는 지식과 은혜 안에서 자라가서 점점 온전하게 되는 것도 덕을 세우는 것에 해당한다. 따라서 그리스도의 참된 사역자들은 이 두 가지 의미에서의 덕 세움을 자신의 주된 목표로 삼는 것이 마땅하다. 왜냐하면, 그러한 덕 세움을 통해서 하나님께서 영광을 받으시고, 하나님의 백성들이 그 심령에 은택을 입어 영원한 구원을 받게 될 것이기 때문이다.

20. 내가 갈 때에 너희를 내가 원하는 것과 같이 보지 못하고 또 내가 너희에게 너희가 원하지 않는 것과 같이 보일까 두려워하며 또 다툼과 시기와 분냄과 당 짓는 것과 비방과 수군거림과 거만함과 혼란이 있을까 두려워하고.

내가 갈 때에 너희를 내가 원하는 것과 같이 보지 못하고. 신앙인, 특히 신실하고 충성된 복음 사역자는 다른 사람들의 죄와 그들이 영적으로 잘되는 것에 관심을 갖는다. 속된 자는 다른 사람들의 죄를 즐거워하거나, 적어도 그런 것에 무관심하다. 그러나 신앙인은 다른 사람들의 죄가 하나님께 욕이 된다는 것을 알기 때문에 그럴 수 없다. 또 내가 너희에게 너희가 원하지 않는 것과 같이 보일까 두려워하며. 또한, 신앙인은 다른 사람들이 벌을 받거나 좋지 않은 일을 당하는 것을 기뻐할 수 없다. 바울은 자기가 이렇게 편지들을 써서 신신당부했는데도, 고린도 교회가 그들 가운데 있는 잘못들을 바로잡지 않아서, 자기가 거기에 갔을 때에 그들에 대하여 호된 질책과 엄한 조치를 하게 되지는 않을까 하는 자신의 염려를 내비친다. 또 다툼과 시기와 분냄과 당 짓는 것과 비방과 수군거림과 거만함과 혼란이 있을까 두려워하고. 여기에서 사도가 고린도 교회의 일부 지체들이 저지르고 있는 몇 가지 잘못된 행태들의 예를 다시 한 번 들고 있는데, 이것은 자기가 그들에게 갈 때까지는 그러한 잘못들이 바로잡혀 있어서, 그들 앞에서 얼굴을 붉힐 일이 없기를 바라는 마음을 내보인 것이었다. 사도가 여기에서 열거하고 있는 것들은 모두 교만과 혈기에서 나오는 것들이다. "다툼"은 사도가 고린도전서 1:11; 3:3에서 이미 그들을 책망할 때에 언급한 바 있다. "시기"는 그들이 신령한 은사들을 비롯해서 여러 가지 것들을 놓고 서로 시기한 것을 가리킨다. 또한, 사도가 여기에서 언급하고 있는 그 밖의 다른 것들은 모두 그리스도인들 가운데서 발견되어야 마땅한 형제 사랑을 깨뜨리고 그리스도인들 가운데 균열을 일으키는 그런 죄들이다. 그러므로 사도는 한 몸인 교회를 분열시키고 그 안에서 균열을 일으키는 것이 그리스도인으로서의 본분에 얼마나 어긋나고 그 도리를 망각하는 것인지를 우리에게 강조해서 가르쳐 준다.

21. 또 내가 다시 갈 때에 내 하나님이 나를 너희 앞에서 낮추실까 두려워하고 또 내가 전에 죄를 지은 여러 사람의 그 행한 바 더러움과 음란함과 호색함을 회개하지 아니함 때문에 슬퍼할까 두려워하노라.

우리는 사도가 여기에서 하고 있는 말을 통해서, 고린도 교회에는 참되고 진실한 그리스도인들이 많았다는 것은 의심할 여지가 없지만, 그렇지 않은 사람들, 즉 여러 가지 흉악한 죄악들을 저지른 사람들도 많았다는 것을 알게 된다. 왜냐하면, 사도는 이 절에서 바로 그러한 자들을 언급하고 있기 때문이다. 즉, 사도는 고린도전서에서는 근친상간을 저지른 사람을 출교시키라고 명하였었고(고전 5:1-13), 이 서신에서는 그 사람이 회개하였으니 다시 교회로 받아들이라고 명하였을 뿐이지만 (고후 2장), 여기에서 고린도 교회 내에는 "더러움과 음란함과 호색함"을 저지르고도 "회개하지 아니한" 사람들이 많이 있다고 말한다. 이것은 교회들을 다스리는 지도자들이 치리를 행할 때에 얼마나 지혜롭게 행하여야 하는지를 잘 보여 준다. 또한, 이것은 다른 사람들의 영혼을 담당한 경건한 자를 가장 괴롭게 하는 것은 그 사람들이 아무런 회개도 하지 않은 채로 죄의 길을 계속해서 가는 것을 보는 것임을 우리에게 가르쳐 준다. 어떤 이들은 사도가 말한 "슬퍼하다"가 그런 자들을 교회의 치리에 회부시키는 것을 가리키는 것이라고 해석하지만, 나는 그런 해석에는 의구심을 갖는다. 왜냐하면, 이 단어가 반드시 그런 의미를 함축하고 있는 것도 아니고, 사도가 직접 가서 그런 자들을 치리하지 않고, 앞서 고린도전서에서 자기가 거기에 없는 동안에 고린도 교회로 하여금 근친상간을 저지른 자를 치리하도록 지시한 것과 같은 방식으로 그런 자들을 치리할 수 있었는데도, 그렇게 하지 않았다는 것은, 여기에서 "슬퍼하다"는 단지 그런 자들이 그런 죄악들을 저지르고서도 회개하지 않는 모습을 볼 때에 그리스도인이자 사도로서 괴롭다는 심정을 토로한 것으로 이해하여야 한다는 것을 보여 주는 것으로 보인다. 따라서 사도는 자기가 거기에 갔을 때에 그런 자들이 다 회개하여 올바르게 되어 있는 모습을 보게 됨으로써, 그들과 함께 기쁘고 편안하게 있게 되기를 바라는 자신의 마음을 고린도 교회에 전하고 있는 것이다. 하지만 다음 장에서 사도는 그러한 죄악들을 저지르고 있는 자들 중에서 몇몇 사람들에 대해서는 좀 더 강력한 경고를 하고 있는 것으로 보인다.

MATTHEW POOLE'S COMMENTARY

고린도후서 13장

개요

1. 바울은 자기가 가서 회개하지 않은 범죄자들을 엄하게 벌하여 사도로서의 자신의 권위를 보여 주겠다고 경고함(1–4).
2. 바울은 자신의 사명을 자기가 확증한 것같이, 고린도 교인들도 자신들의 신앙을 시험하여 선한 증거들로 확증하라고 권면함(5–6).
3. 그들의 행실에 흠이 없게 됨으로써, 자기가 가서 증거들을 따라 그들을 엄하게 대하는 일이 일어나지 않게 해 주기를 바란다고 말함(7–10).
4. 권면과 인사와 기도로 끝맺음(11–14).

1. 내가 이제 세 번째 너희에게 가리니 두세 증인의 입으로 말마다 확정하리라.

내가 이제 세 번째 너희에게 가리니. 이것은 사도가 지금 고린도 교회로 가고 있다는 것은 아니고, 그들이 자기로부터 책망 받은 그러한 죄악된 길로 계속해서 가게 될 것을 우려해서, 그렇게 되지 않도록 하기 위하여, 이제 "세 번째" 그들에게 가고자 하는 생각을 갖고 있다고 말하고 있는 것이다. 두세 증인의 입으로 말마다 확정하리라. 사도는 모든 일을 확정하는 것과 관련해서 증인에 대하여 규정하고 있는 신명기 19:15에 나오는 하나님의 율법을 염두에 두고 이 말을 하고 있다: "사람의 모든 악에 관하여 또한 모든 죄에 관하여는 한 증인으로만 정할 것이 아니요 두 증인의 입으로나 또는 세 증인의 입으로 그 사건을 확정할 것이며." 하나님께서는 이렇게 율법과 관련된 모든 문제들을 두세 증인의 증언을 통해서 결정하도록 명하셨다. 즉, 어떤 일에 대해서 두세 증인이 증언하는 경우에는, 그 일은 그 증언대로 확정되었다. 이것은 사도가 앞 장에서 흉악한 죄악들을 저지르고도 회개하지 않은 자들이 많이 있다고 말하였었는데, 이제 그 문제를 처리해서 마무리하기 위해서 그들에게 세 번째로 나아갈 결심을 하였다는 것을 보여 준다.

2. 내가 이미 말하였거니와 지금 떠나 있으나 두 번째 대면하였을 때와 같이 전에 죄 지은 자들과 그 남은 모든 사람에게 미리 말하노니 내가 다시 가면 용서하지 아니하리라.

"내가" 나의 이전의 서신에서 "이미 말하였거니와," 비록 아직 너희에게 가지 못하고 "지금 떠나 있으나," 마치 내가 너희와 "대면해" 있는 것처럼, "전에 죄 지은 자들과 그 남은 모든 사람에게" 이렇게 편지하여 "다시 한 번 미리 말하노니," "내가 다시 가면 용서하지 아니하리라." 나는 이미 그러한 흉악한 죄악들을 저지른 자들만이 아니라, 그들이 범죄함으로 말미암아 시험에 들어서 똑같은 죄악들을 범하고자 하는 유혹을 받을 수 있는 나머지 다른 사람들에게도 경고하기 위하여 이 편지를 쓰고 있는 것이다. 즉, 내가 그들로 하여금 회개하고 자신들의 삶을 고치도록 하기 위하여, 지금까지 편지들을 써서 많은 말들로 권하고 미리 경고하였는데도 불구하고, 내가 거기에 갔을 때, 그들이 마음을 완악하게 하여 여전히 죄악된 길로 행하는 것을 보게 된다면, 나는 그들을 "용서하지" 않고, 그리스도께서 내게 맡기신 권세를 따라 엄하고 호되게 책망하거나 교회의 치리에 넘길 것이다. 어떤 이들은 사도의 권세에는 죄악을 범한 자들에게 육체적인 고통을 가하는 것도 포함되어 있었을 것이라고 생각한다. 사도행전 5:1-11에서 아나니아와 삽비라의 경우에 베드로의 질책에 "아나니아가 이 말을 듣고 엎드러져 혼이 떠났고" 삽비라도 "베드로의 발 앞에 엎드러져 혼이 떠나는" 일이 일어났고, 사도행전 13:8-11도 엘루마의 경우에 바울이 "보라 이제 주의 손이 네 위에 있으니 네가 맹인이 되어 얼마 동안 해를 보지 못하리라 하니 즉시 안개와 어둠이 그를 덮어 인도할 사람을 두루 구하였다"고 보도하고 있는 것이 보여 주듯이, 사도들에게서 종종 그러한 권세가 나타나기는 하였지만, 그러한 권세가 통상적으로 사도들에게 주어진 것인지는 분명하지 않다.

3. 이는 그리스도께서 내 안에서 말씀하시는 증거를 너희가 구함이니 그는 너희에게 대하여 약하지 않고 도리어 너희 안에서 강하시니라.

사도는 이렇게 말한다: 그리스도께서는 나의 사역 속에서 자신의 능력을 공개적으로 나타내셔서 너희에게 말씀하셨다. 만일 그렇지 않았다면, 어떻게 너희의 마음이 말 못하는 우상들을 버리고 살아 계신 하나님을 섬기게 될 수 있었겠으며, 지금 너희에게 풍성하게 주어져 있는 저 놀라운 신령한 은사들을 지닐 수 있었겠는가? 그러나 너희는 이 모든 것을 보고도, 그런 것들만으로는 "그리스도께서 내 안에서 말씀하시는 증거"로는 부족하다고 여기고, 내가 진정한 사도인지를 의심하며, 또 다른 증거를 요구하고 있다. 그러므로 내가 너희에게 가면, 나는 지금까지 흉악한 죄악들을 범하며 살아 왔으면서도 아직도 회개하지 않은 자들을 찾아내서, 그리스도께서 내게 맡기신 권세와 능력의 증거를 너희에게 보여 주고자 한다. 사도가 여기에서 하고 있는 말은, 자신에게 주어진 권능을 행사하여 이적을 베풀어서 그런 자들에게 육체적인 괴로움을 겪게 하겠다는 의미일 수도 있지만, 사도로서의 자신의 권세를 사용하여 그런 자들을 복음 교회로부터 출교시킬 것임을 의미하는 것일 가능성이 높다.

4. 그리스도께서 약하심으로 십자가에 못 박히셨으나 하나님의 능력으로 살아 계시니 우리도 그 안에서 약하나 너희에게 대하여 하나님의 능력으로 그와 함께 살리라.

그리스도께서 약하심으로 십자가에 못 박히셨으나 하나님의 능력으로 살아 계시니. 사도는 앞에서 자기 안에 계시는 그리스도는 "약하지 않고 강하시다"고 말한 후에, 여기에서는 그리스도께서도 미천한 상태로 계시며 약하셨던 때가 있었는데, 그것은 "십자가에 못 박히신" 때였음을 보여 준다. 그리스도께서는 이 약하신 상태로 십자가에서 죽으셨지만, "하나님의 능력으로" 죽은 자 가운데서 다시 살아나셔서 하늘에 오르셨고, 거기에서 영원히 살아 계셔서 우리를 위하여 중보기도를 드리고 계신다. 우리도 그 안에서 약하나. 사도는 자기를 비롯해서 모든 사도들도 그리스도를 본받아 미천하고 경멸 받을 만한 상태로 "약한" 모습 속에서 온갖 모욕과 수치와 죽음을 감수하며 살아 가고 있다고 말한다. 너희에게 대하여 하나님의 능력으로 그와 함께 살리라. 어떤 이들은 "우리가 살리라"를 믿는 자들이 육체로 부활한 후에 누리게 될 영생을 가리키는 것으로 이해하지만, 사도의 생명력 있고 활기찬 사역을 가리키는 것으로 이해하는 것이 더 낫다: 하늘에 오르셔서 사람들에게 은사들을 주고 계시는 살아 계신 그리스도로부터 흘러나오는 "하나님의 능력으로" 말미암아, 우리의 사역은 "너희에 대하여" 살아 있고 강력하며 실효적인 사역이 될 것이다.

5. 너희는 믿음 안에 있는가 너희 자신을 시험하고 너희 자신을 확증하라 예수 그리스도께서 너희 안에 계신 줄을 너희가 스스로 알지 못하느냐 그렇지 않으면 너희는 버림 받은 자니라.

너희는 믿음 안에 있는가 너희 자신을 시험하고 너희 자신을 확증하라. 다른 사람들 속에 "그리스도의 증거"가 있는지를 열심히 살피고 찾는 자들일수록, 그들 자신 속에 그리스도가 계시는지를 살피는 데는 아주 무관심한 경우가 너무나 많다. 그러므로 사도는 고린도 교인들 중에서 자기가 참된 사도인지를 의심하여 자기 속에서 "그리스도의 증거"를 찾고 있는 자들에게 과연 그들 자신 속에 참된 믿음, 즉 사랑으로 말미암아 역사해서 사람의 마음을 정결하게 해 주는 그런 믿음이 있는지를 살펴보라고 충고한다. 왜냐하면, 사도는 그들이 외적으로 신앙을 고백하고 세례를 받아서 그리스도인이 되었고, 복음 신앙의 가르침들을 정면으로 부인하지는 않고 있는 까닭에, 오직 그들의 악한 삶만이 그들의 믿음이 하나님께서 택하신 자들의 믿음, 또는 하나님의 역사로 말미암아 주어진 믿음이 아니라는 것을 증명해 줄 수 있다는 것을 알고 있었기 때문이다. 사도가 "너희 자신을 시험하라" 고만 말하지 않고, 또다시 "너희 자신을 확증하라"는 말을 덧붙인 것은, 만일 그들이 그들 자신이 믿음 안에 있는 것을 발견한다면, 그들의 믿음은 하나님이 사도인 자기를 도구로 사용하셔서 그들에게 주신 믿음인 까닭에, 자기 안에 믿음이 있다는 것을 그들이 의심할 이유가 전혀 없다는 것을 그들에게 알게 하기 위한 것으로 보인다.

예수 그리스도께서 너희 안에 계신 줄을 너희가 스스로 알지 못하느냐 그렇지 않으면 너희는 버림 받은 자니라. 사도는 다른 사람들이 어떤 존재이고 하나님에 대한 그들의 상태가 어떠한지를 알아내고자 하는 것보다는, 그들 자신이 어떤 존재이고 하나님에 대한 그들의 상태가 어떠한지를 아는 것이 훨씬 더 가치 있고 유익한 지식이기 때문에, 그들 안에 예수 그리스도께서 계시는지를 살펴 보라고 충고한다. 그들은 그리스도의 이름으로 세례를 받았고, 그동안 그리스도의 복음과 말씀들을 들어 왔고 가르침 받아 왔다. 하지만 사도는 그 모든 것이 그들의 마음속에 믿음으로 말미암아 그리스도께서 계신다는 것을 보장해 주지는 않는다는 것을 알고 있었다. 이것이 사도가 그들에게 살아 있는 믿음으로 말미암아 그들 속에 그리스도께서 계시는지를 스스로 살펴보고 증명하라고 충고한 이유였다. 과연 그들의 구주께서 그들의 주이자 왕으로서 그들을 다스리시고 주관하고 계시는가? 사도는 만일 그들 속에 예수 그리스도께서 계시지 않는다면, 그들은 "버림 받은 자들" 일 수밖에 없다고 말함으로써, 그들이 이것을 스스로 살펴서 아는 것이 얼마나 중요한 일인지를 그들에게 알게 해 준다.

어떤 이들은 그들이 형식적으로 신앙 고백을 한 자들이어서, 지금 그들 속에 그리스도께서 계시지 않는다고 하여도, 하나님께서는 나중에라도 그들의 마음을 여셔서 그들을 온전히 변화시키심으로써 그리스도를 알게 하시고 영접하게 하실지도 모르는데, 사도가 여기에서 그들을 버림 받은 자들이라고 단정적으로 말하는 것은 잘못된 것이 아니냐고 반론을 제기할 수도 있다. 대답: (1) 사도는 평범한 사역자들보다 더 많은 것을 알고 있었을 수 있다. 그는 전에 "만일 우리의 복음이 가리었으면 망하는 자들에게 가리어진 것이라"(고후 4:3)고 말한 바 있다. (2) 복음과 은혜의 방편들이 한 곳에서 꽤 오랜 기간 동안 주어져 있는데도, 거기에서 구원의 능력을 체험하지 못한 자들은 앞으로도 그럴 가능성이 대단히 높다고 할 수 있다. 하나님께서 어떤 사역을 복 주셔서 심령들을 회심시키실 때는, 그 사역의 첫 해에 가장 큰 수확이 있는 것이 보통이다. (3) 어떤 이들은 여기에서 "버림 받은 자들"로 번역된 '아도키모이'(ἀδόκιμοι)는 "인정받지 못한 자들"로 번역하는 것이 옳다고 생각한다. 그리스도께서 어떤 심령 속에 믿음으로 말미암아 계시는 것이 아니라면, "믿음이 없이는 하나님을 기쁘시게 하지 못하기"(히 11:6) 때문에, 그 사람은 하나님의 인정을 받을 수 없다. 그러나 이 단어는 일반적으로 "버림 받은 자들"로 번역되고(고전 9:27; 딤후 3:8; 딛 1:16; 히 6:8), 하나님께서 어리석은 마음에 내어 주셔서 구원의 복음을 깨닫지 못하게 하신 자들을 가리키는 것으로 보인다. 따라서 우리는 사도가 여기에서 고린도 교인들에게 그들의 마음과 상태를 잘 살펴서 그들 속에 그리스도께서 계시는지를 확인하라고 충고하면서, 그들의 신앙 연조가 오래되었고, 그들에게 그리스도의 계시가 주어졌다고 해도, 그들 속에 그리스도께서 계시지 않는다면, 그들은 하나님으로부터 영원히 버림 받은 자들이라고 말함으로써, 아주 치밀한 논리를 전개해 나가고 있는 것으로 보아야 한다. 하나님께서 나중에 그들에게 어떠한 은혜를 주실 지는 알 수 없지만, 그들의 현재의 상태로 보아서는, 그들은 버림 받은 자들이라고 할 수밖에 없다. 어떤 사람들이 은혜의 방편들 아래에서 오랫동안 있었는데도, 그리스도를 아는 구원의 지식도 없고, 진리를 진정으로 맛보지도 못했으며, 복음의 규범과 명령을 따라 삶이 새로워지지도 않은 채로, 여전히 겉으로만 신앙 고백을 하고 있다고 하더라도, 그것은 그들이 앞으로도 하나님의 은혜를 결코 받지 못할 것임을 보여 주는 절대적인 증표가 되지는 않지만, 그럴 가능성이 대단히 높다는 것을 보여 주는 것이기는 하다. 그러므로 그런 자들은 과연 그들 속에 그리스도께서 계시는 것인지, 그리고 그들에게 구원의 참된 믿음이 있는 것인지를 아주 진지하게 자주 살펴서 확인할 것이 절실하게 요구된다.

6. 우리가 버림 받은 자 되지 아니한 것을 너희가 알기를 내가 바라고.

너희는 그리스도께서 우리 안에 계시는지를 의심하고 있고, 어떻게 그것을 확실하게 알 수 있는지를 알고 싶어한다. 만일 그리스도께서 우리 안에 계시지 않는다면, 우리는 버림 받은 자들일 것임에 틀림없다. 그러나 나는 현세에서는 내가 너희에게 갈 때에 분명하게 보여 줄 나의 사도직에 대한 분명한 증표들 및 내가 너희 가운데서 사역할 때에 나타났던 능력과 나의 삶으로 말미암아, 또는 내세에서는 양들이 하나님의 오른편에 서고 염소들은 왼편에 설 때, 우리가 하나님으로부터 버림 받은 자들이 아니라는 것을 "너희가 알게" 될 것임을 믿는다.

7. 우리가 하나님께서 너희로 악을 조금도 행하지 않게 하시기를 구하노니 이는 우리가 옳은 자임을 나타내고자 함이 아니라 오직 우리는 버림 받은 자 같을지라도 너희는 선을 행하게 하고자 함이라.

우리가 하나님께서 너희로 악을 조금도 행하지 않게 하시기를 구하노니. 나는 나중에 내가 너희에게 갔을 때, 너희 가운데서 여전히 악들이 행해지고 있어서, 내가 하나님이 내게 맡기신 권세를 너희에게 사용함으로써, 내 속에 그리스도께서 계신다는 증거를 보여 주기를 바라는 것이 결코 아니다. 반대로, 나는 너희가 하나님 앞에서 "티나 주름 잡힌 것"이 없이 "거룩하고 흠이 없기"를 진심으로 바라는 것이다(엡 5:27). 이는 우리가 옳은 자임을 나타내고자 함이 아니라. 너희가 그렇게 되기를 내가 바라는 것은 오로지 너희의 유익을 위한 것일 뿐이고, 내 자신을 위해서, 즉 내가 인정받고자 하는 것이 결코 아니다. 오직 우리는 버림 받은 자 같을지라도 너희는 선을 행하게 하고자 함이라. 내가 너희에게 이 모든 말을 하여 충고하고 권하는 것은 오직 너희가 선을 행하여 하나님의 인정을 받게 하기 위한 것이다. 너희가 그렇게 되기만 한다면, 너희나 세상 사람들이 우리를 하나님으로부터 버림 받은 자들로 생각하든 말든, 그런 것은 전혀 중요하지 않다.

8. 우리는 진리를 거슬러 아무것도 할 수 없고 오직 진리를 위할 뿐이니.

여기에서 "진리"는 위선적이거나 추악한 삶과 반대되는 흠 없고 진실한 삶과 행실을 가리킨다. 사도는 앞에서 고린도 교인들과 관련해서 "하나님께서 너희로 악을 조금도 행하지 않게 하시기를 구한다"고 기도하였는데, 사실 그들이 악을 행하지 않는다면, 그들은 사도가 매를 가지고 그들에게 오지나 않을까 두려워할 필요가 없을 것이다. 왜냐하면, 사도에게는 그리스도로부터 주어진 벌할 권세가 있기는 하지만, 잘하고 있는 사람들을 벌할 권세는 없고, 사도에게 주어진 권세는 고린도 교인들을 해롭게 하기 위한 것이 아니라 유익하게 하기 위한 것이기 때문이다. 법은 의인들을 위해서 만들어진 것이 아니고, 관리들은 하나님께서 잘하고 있는 사람들을 겁주기 위해서가 아니라 오직 악행하는 자들을 두렵게 하시기 위하여 세우신 자들인 것과 마찬가지로, 그리스도께서도 믿음이 좋고 거룩한 사람들을 벌하기 위하여 교회에 치리권을 주신 것이 결코 아니다. 이 본문은 모든 국가 권력과 교회 권력의 한계가 어디까지인지를 잘 보여 준다. 따라서 그리스도의 종들로 행하는 국가 관리나 복음 사역자가 "진리를 거슬러," 또는 진리를 시인하고 옹호하며 행하는 자들에게 불이익이 돌아가게 하는 방식으로 자신에게 맡겨진 권세를 행사한다면, 그것은 그들에게 그러한 권세를 맡기시고 허락하신 하나님을 거스르는 것으로서 불법이다. 왜냐하면, 하나님께서 그들에게 맡기신 권세는 사람들을 멸망시키고 파멸시키기 위한 것이 아니라, 덕을 세우기 위한 것이기 때문이다.

9. 우리가 약할 때에 너희가 강한 것을 기뻐하고 또 이것을 위하여 구하니 곧 너희가 온전하게 되는 것이라.

어떤 이들은 사도가 앞에서 "우리는 진리를 거슬러 아무것도 할 수 없고"라고 말한 것을, 자기는 올바르고 의롭게 행할 수 없다고 말한 것으로 해석해서, 여기에서 "약하다"고 한 것은 도덕적인 무능력을 가리키고, "강하다"고 한 것은 영적인 힘이 있는 것, 즉 은혜 안에서 삶을 고쳐나가면서 성장하고 진보하는 것을 가리키는 것으로 이해한다. 이 견해에 의하면, 이 본문의 의미는 이런 것이 된다: 너희가 조금도 악을 행하지 않는 자들이 된다면, 나는 너희가 은혜 안에서 강한 모습을 보고 기뻐하게 될 것이고, 너희 중에서 벌할 자가 하나도 없게 될 것이기 때문에, 너희 중의 악한 자들을 벌하여 나의 사도적 권세를 보여 주고자 할 필요가 전혀 없게 될 것이다. 그렇게 된다면, 너희가 영적으로 강한 모습을 보여 준 덕분에, 나는 굳이 너희에 대하여 엄하게 행하고 너희 중 악한 자들을 벌하여 나의 권세를 보여 줄 필요가 없게 되어서, 너희 가운데서 약한 모습으로 있어도 상관없게 될 것이다.

하지만 나는 좀 더 일반적인 해석을 따르고자 하는데, 그러한 해석은 사도가 여기에서 자기가 헛된 영광을 구하거나 자신의 유익을 구하는 것이 전혀 아니라고 해명하고 있다고 본다. 즉, 사도는 이렇게 말한다: 너희 중의 어떤 이들이 나에 대해서 말하듯이, 나는 약하다. 그러나 너희가 진정으로 강하다면, 나는 너희의 그런 강한 모습을 진심으로 기뻐할 것이다. 왜냐하면, 내가 진정으로 원하는 것은 "너희가 온전하게 되는 것"이고, 나에 대한 사람들의 평판은 거기에 비하면 아무것도 아닌 까닭에, 나는 그런 평판에는 개의치 않기 때문이다.

10. 그러므로 내가 떠나 있을 때에 이렇게 쓰는 것은 대면할 때에 주께서 너희를 넘어뜨리려 하지 않고 세우려 하여 내게 주신 그 권한을 따라 엄하지 않게 하려 함이라.

사도는 자기가 그들을 얼마나 자애롭게 대해 왔는지를 그들에게 알게 해 준다. 그들은 사도가 자신들을 혹독하게 질책하는 편지들을 써서 보냈다고 비난하였지만, 사도는 자기가 편지에서 말한 것들을 그들이 청종하여 스스로 바로잡게 되면, 자기가 그들에게 갔을 때에는 그들을 엄하게 대하지 않고, 도리어 자애로운 마음으로 그들의 덕을 세우는 데 집중할 수 있게 될 것이었기 때문에, 그러한 것을 바라는 마음으로 편지를 그렇게 호되게 질책하는 내용으로 쓴 것이라고 말한다. 왜냐하면, 만일 자기가 미리 편지로 그들이 어떤 것들을 잘못했는지를 지적해 주고 스스로 고칠 시간을 주지 않았다면, 사도는 자기가 그들에게 갔을 때, 그리스도께서 자기에게 주신 권세를 따라 그들을 준엄하게 다룰 수밖에 없게 될 것이기 때문이었다. 하지만 그렇게 말하면서도, 사도는 자기에게 주어진 권세는 그들을 해롭게 하기 위한 것이 아니라 그들을 유익하게 하기 위한 것이고, 그들을 멸망시키거나 파멸시키기 위한 것이 아니라 그들의 덕을 세우기 위한 것임을 강조한다. 이것은 사도가 고린도후서 10:8과 바로 앞 절에서 말한 것과 동일하다.

11. 마지막으로 말하노니 형제들아 기뻐하라 온전하게 되며 위로를 받으며 마음을 같이하며 평안할지어다 또 사랑과 평강의 하나님이 너희와 함께 계시리라 거룩하게 입맞춤으로 서로 문안하라.

마지막으로 말하노니 형제들아 기뻐하라. 사도는 통상적인 편지들의 결미와 마찬가지로, 그들이 모두 행복하고 복되기를 기원하는 말로 이 서신을 끝맺지만, 그리스도인이자 복음 사역자로서 몇 가지를 좀 더 덧붙인다. 온전하게 되며. '카타르티제스테' (καταρτίζεσθε)는 동일한 몸의 여러 지체들이나 동일한 집의 여러 부분들이 하나로 단단하게 결합되어 있거나 연합되어 있는 것, 또는 한 사회가 서로 연합되어 온전한 모습을 형성하고 있는 것을 가리킨다. 사도가 여기에서 의도하고 있는 온전함은 고린도 교회에 속한 각각의 지체들이 은혜 안에서 온전하게 되는 것이라기보다는, 여러 파당으로 나뉘어 분쟁하고 다툼으로써 서로 찢어지고 갈라져 있던 고린도 교회가 이제는 모든 분쟁과 다툼을 그치고 하나로 연합되어 그리스도의 몸으로서의 하나 됨을 회복하게 되는 것인 것으로 보인다. "온전하게 되다"로 번역된 헬라어도 그런 의미를 보여 준다. 왜냐하면, 원래 이 단어는 서로 결합되거나 연합되어 하나의 전체를 이루고 있던 여러 부분들이 제자리를 이탈하여 헐거워졌다가 원래의 자리로 돌아가서 다시 온전하게 되는 것을 의미하기 때문이다.

위로를 받으며. "위로를 받다"로 번역된 단어는 권고를 받고 위로를 받으며 견고하게 되는 것을 의미한다: 나는 너희가 나의 권고를 받아들여 내가 명한 것들에 순종해서, 너희가 복음에 대한 너희의 신앙고백으로 인하여 겪고 있거나 앞으로 겪게 될 모든 시련이나 환난 가운데서 위로를 받고, 하나님의 진리들과 거룩한 길들에서 견고하게 되기를 기원한다. **마음을 같이하며.** 나는 너희가 하나님의 진리들을 분별하고 판단하는 일에 서로 한마음이 되어서, 모두가 동일한 사랑 안에서 동일한 목적을 추구하기를 기원한다. **평안할지어다 또 사랑과 평강의 하나님이 너희와 함께 계시리라.** 나는 내가 전에 너희 가운데 있는 잘못된 것들이라고 말한 바 있는 파당들과 분쟁들, 다툼들, 분노하고 시기하는 것들로부터 너희가 벗어나기를 기원한다. 너희가 그렇게 하는 것이 하나님께서 너희와 함께 하시게 하는 길이다. 왜냐하면, 하나님은 증오와 다툼의 하나님이 아니시고, "사랑과 평강의 하나님"이시고, 모든 형제들이 사랑과 평강 가운데 살아가야 할 것을 명하셨으며, 오직 하나님의 최고의 법에 순종하여 서로 사랑하며 살아가는 자들 가운데서만 임재해 계실 것이기 때문이다. **거룩하게 입맞춤으로 서로 문안하라.** 로마서 16:16과 고린도전서 16:20에 대한 설명을 보라. 친구들이 만났을 때에 사랑과 우의의 증표로서 서로에게 입맞춤하는 것은 고대에서 널리 행해지던 관습이었고, 그리스도인들도 교회적으로 모일 때에 이렇게 서로 인사하였다. 하지만 이것은 하나의 명령으로 주어진 것이 아니기 때문에, 모든 그리스도인들이 꼭 이렇게 해야 하는 것은 아니다. 사도는 그러한 관습 속에서 살아가고 있던 신자들에게 그들의 관습대로 입맞춤으로 인사를 하되, 그런 인사를 순결하고 진실하며 거룩하게 하라는 의미에서 "거룩하게"라는 수식어를 여기에 덧붙이고 있다.

12. 모든 성도가 너희에게 문안하느니라.

내가 지금 머물고 있는 마게도냐 지역의 모든 성도들이 너희가 잘되고 행복하기를 기원하고 있다는 것과 너희를 사랑하고 존경한다는 그들의 마음을 나를 통해서 전하고 있다.

13. 주 예수 그리스도의 은혜와 하나님의 사랑과 성령의 교통하심이 너희 무리와 함께 있을지어다.

"주 예수 그리스도의 은혜"는 그리스도께서 우리를 속량하시기 위하여 자신을 죽음에 내어 주심으로써 값없이 거저 베풀어 주신 은혜로서, 은혜의 근원으로서의 그리스도, 또는 하나님과 사람의 중보자로서의 그리스도로부터 흘러나온다. "하나님의 사랑"은 하나님께서 그리스도 안에서 및 그리스도로 말미암아 원래 원수였던 우리를 자녀로 받아 주심으로써 보여 주신 실제적인 사랑이다. "성령의 교통하심"은 하나님의 영에 의해서 믿는 자들에게 실제로 주입되는 온갖 은혜들을 가리킨다. 성령께서는 바로 이러한 교통하심을 통해서 하나님의 백성의 심령을 깨어나게 하시고 힘주시고 위로하신다. 사도는 이러한 것들이 "너희 무리와 함께 있기"를 축원한다. 너희가 나를 소중히 여기든 그렇지 않든, 나는 너희가 잘되고, 온갖 좋은 것들이 너희에게 주어지기를 진심으로 기원한다.

이 본문은 세례와 관련해서 우리 주님께서 명하신 말씀에서와 마찬가지로(마 28:19, "너희는 가서 모든 민족을 제자로 삼아 아버지와 아들과 성령의 이름으로 세례를 베풀고"), 삼위일체 하나님의 모든 위격들을 구별해서 분명하게 열거하고 있다는 점에서, 삼위일체에 관한 가르침이 진리라는 것을 아주 분명하게 보여 주는 증거 본문이다. 사도는 성부를 "하나님"이라 부르고, 성자를 "주"라고 부르며, "사랑"을 성부에게 돌리고(하나님께서는 이 사랑으로 말미암아 자신의 독생자를 세상에 보내셨다, 요 3:16), 우리를 값없이 사랑하신 성자에게 "은혜"를 돌린다. 성자께서는 성령의 교제 또는 교통하심을 위하여 죽으셨고, 성부와 성자는 성령의 교통하심을 통하여 자신의 사랑과 은혜를 성도들에게 전하신다. "아멘"(한글개역개정에는 없음)은 여기에서 앞에서 말한 것들이 이루어지기를 기원하거나 바라는 것을 나타내는 불변화사로 사용되고 있고, "그렇게 되기를 바라노라"의 의미를 지닌다. "아멘"이 사도가 덧붙인 것인지, 아니면 고린도 교회가 이 서신을 읽고 나서 추가한 것인지는 중요하지 않다.

이 사본의 말미에는 "고린도후서는 마게도냐의 빌립보에서 디도와 누가에 의해 필사되었다"는 후기가 덧붙여져 있다. 만일 사도 서신들에 대한 이러한 후기가 성경 본문의 일부라면, 우리는 고린도후서 8:22에 언급된 "한 형제," 즉 사도가 마게도냐 교회들의 연보를 전달하는 일과 사도의 이 서신을 전하는 일을 하도록 하기 위하여 디도와 함께 보낸 형제가 누구였는지를 분명하게 말할 수 있지만, 서신들에 덧붙여진 후기들은 정경에 속하는 본문의 일부가 아니라는 확실한 증거가 존재한다. 왜냐하면, 어떤 헬라어 사본들에서는 이 서신을 고린도 교회에 전달한 사람이 바울과 디모데였다고 말하고 있지만, 바울은 이 서신을 전달한 사람이 아니라 이 서신의 저자였던 까닭에, 이 서신이 고린도 교회에 전달될 때에 바울은 마게도냐에 있었기 때문이다. 또한, 고린도후서 1:1은 바울이 이 서신을 쓸 당시에 디모데가 바울과 함께 있었다는 것을 보여 준다.

MATTHEW POOLE'S COMMENTARY

갈라디아서

서론

이 서신의 수신자들은 갈라디아 지방의 여러 교회들이었다. 해석자들 사이에서는, 갈라디아 지방이 현재 터키의 영토인 소아시아 지역에 있는 치앙가레(Chiangare)를 가리키는 것이라고 보는 데 이견이 없다. 지리학자들에 의하면, 갈라디아 지방은 서쪽으로는 대브루기아(Phrygia the Greater, 현재의 게르미안[Germian]), 비두니아(Bithynia, 현재의 베크상겔[Becksangel]), 아나톨리아 지역인 아시아 본토(Asia Propria), 남쪽으로는 비시디아(Pisidia, 현재의 베르사치겔리[Versacgeli]), 리고니아(Licaonia, 현재의 콘야[Cogni]), 동쪽으로는 갑바도기아(Cappadocia, 현재의 아마시아[Amasia]), 북쪽으로는 파플라고니아(Paphlagonia, 현재의 볼리[Bolli])와 접해 있었다고 한다. 갈라디아 지방 전체는 옛적에 갈로 그레키아(Gallo-Grecia)라고 불렸는데, 어떤 프랑스인이 자신의 고국을 떠나 이 곳으로 와서 정착해 살면서 이 지역에 그런 명칭을 붙였다. 지리학자들은 갈라디아 지방의 주요 도시들로는 앙키라(Ancyra), 시노파(Synopa), 폼페이오폴리스(Pompeiopolis), 클라우디오폴리스(Claudiopolis), 니코폴리스(Nicopolis), 라오디게아(Laodicea) 등이 있었다고 말한다. 갈라디아 지방 사람들이 언제, 그리고 누구로부터 복음을 전해 받았는지는 성경에 기록되어 있지 않다.

바울은 처음으로 갈라디아 지방에 갔을 때에는, "성령이 아시아에서 말씀을 전하지 못하게" 하셨기 때문에(행 16:6), 그 지방에서의 전도는 이루어지지 못하였다. 사도행전 18:23에서는 바울이 "안디옥으로 내려가서 얼마 있다가 떠나 갈라디아와 브루기아 땅을 차례로 다니며 모든 제자를 굳건하게 하니라"고 보도하는데, 이 때는 성령이 바울에게 아시아에서 전도하지 말라고 하신 후 대략 2년이 지난 때였고, 바울은 이 때에 갈라디아 지방에 복음을 전하고 제자들을 세웠다.

바울이 이 서신을 언제 썼는지는 매우 불확실하다. 어떤 이들은 로마서의 저작 시기를 보여 주는 여러 근거들을 이 서신에도 동일하게 적용해서, 바울이 로마서를 쓴 때와 거의 동시에 이 서신도 썼을 것이라고 생각하고, 어떤 이들은 바울이 갈라디아서 6:17에서 "내가 내 몸에 예수의 흔적을 지니고 있노라"고 말한 것을 근거로 삼아서, 그가 로마에서 억류생활을 하고 있는 동안에 이 서신을 썼을 것이라고 생각한다. 원수가 갈라디아 교회들에 가라지들을 심고, 그 가라지들이 자랐을 때에, 바울이 이 서신을 썼을 것임을 감안하면, 그가 이 서신을 쓴 때는 그 지방에 처음으로 복음을 전하고 제자들을 세운 때로부터 상당 기간이 지난 후였음이 분명하다.

바울이 갈라디아서를 쓰게 된 동기는 한편으로는 이 교회의 지체들이 이단사설에 빠져서 칭의에 관한 복음의 교훈을 떠난 것을 책망하기 위한 것이었고, 다른 한편으로는 칭의에 관한 교훈을 그들에게 다시 한 번 똑바로 가르쳐서, 그들의 거짓 교사들이 자신들의 새로운 교훈에 설득력을 더하기 위해서, 바울에게 덧씌운 온갖 비방과 중상모략이 잘못된 것임을 똑똑히 보여 주기 위한 것이었다. 이 거짓 교사들이 가르친 새로운 교훈은, 죄인이 하나님 앞에서 의롭다 하심을 얻기 위해서는, 그리스도를 믿는 믿음만이 아니라, 율법의 다른 행위들을 지켜야 하고 할례도 반드시 받아야 한다는 것이었는데, 그들이 이런 교훈을 가르친 데에는, 그 교훈이 옳기 때문이라는 종교적인 고려보다는, 당시에 모든 그리스도인들을 따라다녔던 박해를 피하기 위한 정치적인 고려가 강하게 작용하였다. 왜냐하면, 비록 그리스도를 믿는다고 고백한 자들이라고 할지라도, 할례를 받기만 한다면, 박해를 면할 수 있었기 때문이었다. 이 거짓 교사들은 갈라디아 교인들로 하여금 자신들의 교훈을 더 잘 받아들이게 하기 위하여, 바울은 사도가 아니고, 그가 알고 있는 모든 것들은 야고보와 베드로와 요한으로부터 배운 것일 뿐더러, 그의 교훈과 실천은 사도들이 가르친 것들과 다르다고, 갈라디아 교회들 앞에서 바울을 비방하고 중상모략을 하였다.

갈라디아서의 처음 두 장은 대체로 바울이 자기 자신을 변호하는 내용으로 되어 있다. 거기에서 바울은 자기가 참된 사도이고, 자기가 갈라디아 교인들에게 가르친 것들은 베드로나 야고보나 요한에게 배운 것들이 아니라 예수 그리스도로부터 계시받은 것들이라는 것을 증명한다. 그 다음 두 장에서는, 거짓 교사들이 "율법의 행위로 말미암아" 의롭다 하심을 받게 된다고 가르친 것은 잘못된 것이고, 사람은 오직 "그리스도를 믿는 믿음으로 말미암아" 의롭다 하심을 받게 될 수 있다는 것을 여러 가지 근거들을 들어서 증명한다. 마지막 두 장에서는, 그리스도께서 그들을 자유롭게 하셨기 때문에, 그들은 자신들에게 주어진 자유에 견고히 서야 한다고 역설하고, 아울러 모든 그리스도인들의 공통된 의무들인 그 밖의 여러 가지 것들을 권면한다. 그런 후에, 바울은 갈라디아 교인들을 비롯해서 모든 참된 그리스도인들에게 은혜와 긍휼과 평안이 있기를 기도하는 것으로 이 서신을 끝맺는다.

MATTHEW POOLE'S COMMENTARY

갈라디아서 1장

개요

1. 갈라디아의 여러 교회들에 인사함(1–5).
2. 그들이 자기가 그들에게 가르쳤던 복음의 진리에서 이렇게 속히 떠난 것에 대하여 놀라움을 표함(6–7).
3. 다른 복음을 전하는 자들에게 저주를 선포함(8–9절)
4. 자신의 가르침은 사람을 기쁘게 하기 위하여 만들어 낸 것이 아니라, 하나님으로부터 직접 계시받은 것임을 보여 줌(10–12).
5. 그것을 확증하기 위하여, 부르심 이전의 자신의 행실에 대하여 들려줌(13–14).
6. 부르심을 받은 직후에 자기가 어떤 행보들을 취하였는지에 대하여 들려줌(15–24).

1. 사람들에게서 난 것도 아니요 사람으로 말미암은 것도 아니요 오직 예수 그리스도와 그를 죽은 자 가운데서 살리신 하나님 아버지로 말미암아 사도 된 바울은.

여기에서 "사도"로 번역된 헬라어의 원래 의미는 "보내심을 받은 자"이지만, 기독교에서는 복음을 전하도록 특별히 보내심을 받은 자를 의미한다. 사도들 중에는 그리스도에 의해서 직접 보내심을 받은 자들도 있었고(열두 사도, 마 10:1; 막 3:14; 눅 9:1), 가룟 유다의 자리를 메우기 위하여 다른 사도들의 선출에 의해 보내심을 받은 맛디아(행 1:25-26)를 비롯해서 바나바, 실라 등과 같이 간접적으로 보내심을 받은 자들도 있었다. 바울은 자신의 사도직이 "사람들에게서 난 것"도 아니고 "사람으로 말미암은 것"도 아니라고 말한다. 물론, 안디옥 교회가 성령의 명령을 따라 바울을 파송하여 소아시아 지역을 포함한 여러 지역에서 전도하게 하였기 때문에(행 13:3), 바울은 사람들로부터 보냄을 받았다고 말할 수 있지만, 친히 복음 전도를 위하여 바울을 세우시고 보내신 분은 "예수 그리스도"였다. 이것에 대해서는 사도행전 9장과 26:14-17이 자세하게 말해 주고 있고, 바울 자신도 이 장의 15-17절에서 그 이야기를 우리에게 들려준다.

또한, 바울은 자기가 그리스도를 "죽은 자 가운데서 살리신 하나님 아버지"에 의해서 보내심을 받았다고 말하는데, 이 말을 통해서, 그리스도의 부활 및 그 부활에 있어서 아버지 하나님의 역사(실제로 그리스도께서는 자신의 권능으로 부활하셨고, 자신의 생명을 다시 취하셨으며, 성령에 의해서 다시 살아나신 것이기는 하지만)를 단언할 뿐만 아니라, 아울러 사도직으로의 그의 부르심이 특별한 것이었음을 보여 준다. 일반적인 사역자들의 부르심이 단지 사람들에게서 난 것은 아닐지라도 어쨌든 사람들에 의해서 부르심을 받는다는 점에서, 사도직으로의 바울의 부르심은 일반적인 사역자들의 부르심과 다른 것이었고, 다른 사도들이 그리스도께서 낮아지신 상태에서 이 땅에 계실 때에 부르심을 받았던 것과는 달리(열두 사도의 부르심, 마 10장), 바울은 그리스도께서 죽은 자 가운데서 부활하셔서 높아지신 상태에서 하나님의 오른편에 앉아 계실 때에 부르심을 받았다는 점에서, 사도직으로의 바울의 부르심은 열두 사도의 부르심과도 달랐다.

2. 함께 있는 모든 형제와 더불어 갈라디아 여러 교회들에게.

함께 있는 모든 형제와 더불어. 사도는 오직 자신의 이름으로 이 서신을 쓰고 있는 것이 아니라, 그 당시에 그가 로마에 있었든, 아니면 고린도에 있었든, 아니면 다른 그 어디에 있었든, 자기와 함께 있던 다른 모든 그리스도인들의 이름으로 이 서신을 쓰고 있다. 아마도 사도는 그들의 권유와 부추김을 따라 그들의 동의와 관여 아래 이 서신을 썼을 것이다. 그리고 사도가 그러한 사실을 이 절에서 이렇게 밝히고 있는 것은, 자기가 이 서신에서 다루고 있는 칭의론을 비롯한 여러 가지 내용들이 그들이 모두 함께 동의한 것임을 선언하고 있는 것이다.

갈라디아 여러 교회들에게. 어떤 이들은 사도가 에베소서 1:1에서는 "에베소에 있는 성도들에게 편지하노니"라고 말하고 있고, 빌립보서 1:1에서는 "빌립보에 사는 모든 성도에게 편지하노니"라고 말하고 있으며, 골로새서 1:2에서는 "골로새에 있는 성도들에게 편지하노니"라고 말하고 있는 반면에, 여기에서는 "성도들" 또는 "그리스도 예수 안에서 거룩하게 된 자들"이라는 표현을 사용하지 않고 단지 "갈라디아 여러 교회들에게"라고 쓴 것은, 그들의 배교를 의식하였기 때문이라고 생각하지만, 나는 사도가 여기에서 "성도들"이라는 표현만 사용하지 않았을 뿐이고, 그러한 의미가 "교회들"이라는 말 속에 내포되어 있다고 본다. 갈라디아는 광대한 지역이어서, 그 지역 내에는 유명한 도시들도 많았는데, 그 지역의 모든 사람들 또는 대다수의 사람들이 그리스도인들이었던 것은 아니었고, 단지 그리스도인들로 이루어진 몇몇 회중들이 존재하고 있었던 것이기 때문에, 여기에서 사도는 그 회중들을 "교회들"이라고 부른다. 그러한 회중들이 모두 하나의 가시적인 보편 교회를 구성하고 있기는 하지만, 특정한 그리스도인들의 무리가 어느 한 곳에 함께 모여서 예배하는 각각의 회중도 "교회"이고 교회라고 불린다. 또한, 사도는 어느 교회가 우상숭배의 죄를 범하고 있지만 않는다면, 그 교회가 몇몇 중요한 가르침들에 있어서 타락하고 부패해 있다고 할지라도, 그 교회의 잘못들과 오류들을 호되게 책망하고 질책하기는 하지만, 그 교회를 교회가 아니라고 말하지는 않는다.

3. 우리 하나님 아버지와 주 예수 그리스도로부터 은혜와 평강이 있기를 원하노라.

이것은 그리스도인들 사이에서의 통상적인 인사말이다. 바울은 자신의 모든 서신에서 이 인사말을 조금도 변형 없이 그대로 사용하고 있기 때문에(예외적으로, 디모데전후서와 디도서에서는 "긍휼"이라는 단어를 추가한다), 어떤 이들은 이 인사말이 나오지 않고, 아울러 바울이라는 이름도 나오지 않는 히브리서는 바울이 쓴 서신이 아니라고 생각한다. 바울은 로마서와 고린도전후서의 서두에서 이 인사말을 사용하였다. 로마서 1:7; 고린도전서 1:3; 고린도후서 1:2에 대한 설명을 보라. 이것은 우리가 평소에 서신을 통해서나 직접 만나서 그리스도인 친구들에게 인사할 때, 하나님과 그리스도부터 오는 "은혜와 긍휼과 평강"이 있기를 빌어 주는 것이 가장 바람직한 인사라는 것을 우리에게 가르쳐 준다.

4. 그리스도께서 하나님 곧 우리 아버지의 뜻을 따라 이 악한 세대에서 우리를 건지시려고 우리 죄를 대속하기 위하여 자기 몸을 주셨으니.

그리스도께서는 빌라도와 유대인들에 의해 죽임을 당하셨지만, 자신의 의지와는 반대로 강제적으로 죽임을 당하신 것이 결코 아니었고, 스스로 자신의 목숨을 내어 주신 것이었다: "내가 내 목숨을 버리는 것은 그것을 내가 다시 얻기 위함이니 이로 말미암아 아버지께서 나를 사랑하시느니라 이를 내게서 빼앗는 자가 있는 것이 아니라 내가 스스로 버리노라 나는 버릴 권세도 있고 다시 얻을 권세도 있으니 이 계명은 내 아버지에게서 받았노라"(요 10:17-18). 로마서 5:8에서는 "우리가 아직 죄인 되었을 때에 그리스도께서 우리를 위하여 죽으심으로 하나님께서 우리에 대한 자기의 사랑을 확증하셨느니라"고 말하고, 에베소서 5:2, 25; 디모데전서 2:6; 디도서 2:14에서는 그리스도께서 "자신을 주셨다"(이것은 죽으셨다는 것을 의미한다)고 말한다. 하나님 아버지께서는 우리를 위하여 그리스도를 주셨고, 그리스도께서는 자신의 자유의지를 따라 자원해서 우리를 위하여 자신을 주셨다.

여기에서 "우리 죄를 대속하기 위하여"로 번역된 헬라어는 직역하면 "우리 죄를 위하여"이기 때문에, 우리는 다른 성경 본문들에 비추어서 이 어구를 해석하여야 한다. 따라서 소키누스파(the Socinians)는 이 어구를 "우리 죄를 사하시기 위하여" 라고 해석하고, 어떤 이들은 죄 사함의 근거가 되는 대속을 이 어구에 보충해 넣어서, "우리 죄를 대속하기 위하여"라고 해석한다. 이러한 두 가지 해석이 이 어구 속에 내포되어 있는 것은 사실이지만, 이 절에 나오는 "이 악한 세대에서 우리를 건지시려고"라는 구절에 비추어 볼 때, 우리는 "우리 죄를 위하여"라는 어구가 그러한 두 가지 해석보다 좀 더 많은 내용을 담고 있다고 보아야 한다. 죄사함은 그리스도의 죽으심의 결과이기는 하지만, 일차적이고 유일한 결과는 아니고, 로마서 3:25의 "화목제물", 에베소서 1:7의 "속량," 히브리서 10:12의 "한 영원한 제사"로 표현된 그리스도의 죽으심의 일차적인 결과에 따른 부수적인 결과이다. 따라서 소키누스파가 그리스도께서는 우리 죄를 사하시기 위하여 죽으셨다는 자신들의 주장을 정당화하기 위하여, 그리스도의 죽으심으로 말미암아 하나님의 공의가 충족되었다는 측면을 무시한 채로, 그러한 본문들을 증거본문들로 인용한 것은 불합리하고 어처구니없는 일이다. 왜냐하면, 일부 본문들은 그러한 화목제나 대속이나 속량에 대한 언급 없이, 단지 그리스도께서 우리 죄를 위하여 죽으셨다고 말하고 있기는 하지만, 그러한 본문들 속에는 그리스도께서 우리 죄를 사하시기 위하여, 자신을 화목제물이나 대속물이나 속전으로 하나님께 드려서, 화목이나 대속이나 속량을 이루셨다고 말하고 있는 다른 성경 본문들이 전제되어 있는 까닭에, 우리는 후자의 본문들에 비추어서 전자의 본문들을 해석하는 것이 마땅하기 때문이다. 사도는 여기에서 그리스도의 죽으심은 단지 우리의 죄사함만을 위한 것이 아니라, "이 악한 세대"의 욕심들과 부패한 것들로부터 우리를 건지시기 위한 것이었다고 말한다.

사도는 여기에서 "이 현재의 악한 세대"라고 함으로써, 이 세상이 어떤 곳인지를 우리에게 보여 준다. 먼저, "현재의"라는 수식어 속에는 장차 도래할 세상이 있다는 의미가 함축되어 있고, "악한"이라는 수식어 속에는 현재 세상의 대다수가 죄악된 삶을 살아가고 있다는 의미가 내포되어 있다. 왜냐하면, 여기에서 "세대"는 이 세상에서 살아가는 부패하고 타락한 사람들을 가리키기 때문이다. 그리스도께서 죽으신 목적 중의 하나는 자신의 성도들을 그들의 악한 행실로부터 건져 내시는 것이었다. 그래서 베드로전서 1:18-19에서는 "너희가 알거니와 너희 조상이 물려 준 헛된 행실에서 대속함을 받은 것은 은이나 금 같이 없어질 것으로 된 것이 아니요 오직 흠 없고 점 없는 어린 양 같은 그리스도의 보배로운 피로 된 것이니라"고 말한다.

사도는 이 일이 "하나님 곧 우리 아버지의 뜻을 따라" 이루어진 것이라고 말한다.

여기에서 "뜻"으로 번역된 헬라어는 '디아테켄'(διαθήκην)이 아니라 '텔레마'(θέλημα)이다. "하나님의 뜻"은 하나님의 작정하심, 하나님의 계획, 하나님이 기뻐하시는 뜻을 의미하기 때문에, 에베소서 1:4에서 "창세 전에 그리스도 안에서 우리를 택하사 우리로 사랑 안에서 그 앞에 거룩하고 흠이 없게 하시려고"라고 말하고 있는 것처럼, 하나님의 영원하신 계획과 현재에 있어서 하나님이 기뻐하시고 이루고자 하시는 뜻을 둘 다 가리킨다. 소키누스파는 여기에서 "하나님의 뜻"은 그리스도께서 죽으신 후에 하나님이 이루고자 하시는 하나님의 현재적인 뜻을 가리키는 것이라고 주장하지만, 나는 그렇게 보아야 할 이유나 근거를 전혀 찾을 수 없다. 따라서 우리는 여기에서 "하나님의 뜻"은 하나님께서 그리스도의 피로 말미암아 인간을 대속하고자 하시는 영원하신 계획을 세우셨고, 구체적으로 이 때에 그 계획을 실행에 옮기셔서 그 일을 이루시기를 기뻐하셨다는 의미를 지니고 있는 것으로 이해하여야 한다. 사도가 이 하나님을 "우리 아버지"라고 부르는 것은 하나님이 우리를 지으셨기 때문이 아니라, 그리스도의 대속으로 말미암아 우리를 자신의 자녀들로 삼으셨기 때문이다.

5. 영광이 그에게 세세토록 있을지어다 아멘.

사도는 여기에서 우리에게 큰 은택들을 수여하신 아버지 하나님께 존귀와 찬송이 세세무궁토록 영원히 있기를 기원한다(그렇다고 해서, 그는 이 송영을 오직 성부 하나님께만 드리고, 성자 그리스도를 배제하는 것은 아니다). "아멘"이라는 단어는 성경에서 언제나 앞에서 말한 것이 참되다는 것을 재차 확인하고 단언할 때, 또는 앞에서 말한 것이 그대로 이루어지기를 바랄 때에 사용되는데, 여기에서는 둘 중의 어느 하나의 의미로, 또는 둘 모두의 의미로 사용된 것으로 볼 수 있다. 즉, 사도는 하나님께 충성을 맹세하고 영광을 돌리는 것이 우리의 마땅한 본분과 도리라는 것을 단언하거나, 모든 사람들이 하나님께 이러한 충성맹세를 드리게 되기를 간절히 바라는 자신의 마음을 "아멘"이라는 말을 여기에 덧붙임으로써 표현하고 있다.

6. 그리스도의 은혜로 너희를 부르신 이를 이같이 속히 떠나 다른 복음을 따르는 것을 내가 이상하게 여기노라.

사도는 여기에서 본격적으로 이 서신의 본론으로 들어가자마자, 갈라디아 교회를 질책하는 것으로 시작한다. 왜냐하면, 갈라디아 교회는 단지 평범하게 질책을 받을 만한 상태에 있었던 것이 아니라, 아주 심하게 질책을 받아 마땅한 상태에 있었기 때문이다. 사도가 자신의 책망을 "이상하게 여긴다"는 말로 표현한 것은 자신의 감정을 온건하게 표현한 것임과 동시에, 그들의 상태가 보기보다 심각하지 않아서 금방 나아지기를 바라는 마음을 드러낸 것이다. 또한, 사도는 "떠났다"는 표현을 사용함으로써, 그들의 배교의 책임을 잘못된 가르침들에 넘어가서 미혹된 그들에게 돌리기보다는, 그들을 유혹해서 잘못된 데로 끌고간 자들에게 돌려서, 그들에 대한 책망의 수위를 완화시킨다. 그들이 거짓 교사들의 유혹에 넘어간 것도 변명의 여지 없이 잘못한 일이었지만, 그들이 최초로 회심한 지 얼마 되지도 않아서, 또는 거짓 교사들이 그들을 유혹하기 시작한 지 얼마 되지 않아서 별 다른 저항 없이 그 유혹에 "속히" 넘어간 것은 그들의 죄악을 더욱 가중시키는 것이었다.

그러나 그들의 죄악을 최고조로 가중시킨 것은 그들이 그들을 "부르신 이를 떠난" 것이었다. 해석자들은 이것이 하나님에게서 떠났다는 것인지, 아니면 바울에게서 떠났다는 것인지가 확실하지 않고, 하나님에게서 떠났다는 의미라고 하더라도, 성부에게서 떠났다는 것인지, 아니면 성자에게서 떠났다는 것인지가 확실하지 않다고 말한다. 어떤 이들은 바울의 전도를 받아서 이 갈라디아 교인들이 회심하였다는 점을 고려할 때, 바울이 이 서신에서 그들에 대하여 탄식하고 질책하고 있는 것은 그들이 자신의 가르침과 자기로부터 떠난 것에 대한 것이었다고 생각한다. 그러나 그러한 해석을 따르면, 갈라디아 교인들은 오직 외적인 부르심, 즉 바울과 그의 가르침으로부터만 떠난 것이고, 내적인 부르심과 하나님을 떠난 것은 아니게 되기 때문에, 우리는 바울이 여기에서 그들이 하나님에게서 떠났다고 말하고 있는 것으로 이해하여야 한다. 사도들은 일반적으로 부르심을 하나님께로 돌린다(갈 5:8; 살전 5:24; 살후 2:14; 벧전 1:2, 15; 벧후 1:3). 또한, 부르심을 그리스도께 돌리는 것은 합당하지 않은 것으로 보인다. 왜냐하면, 사도들은 통상적으로 부르심을 삼위일체 하나님의 제1위에게 돌리고, 하나님께서 "그리스도 안에서" 우리를 부르셨다는 식으로 표현하기 때문이다(롬 8:30; 살후 2:13-14, 16; 딤후 1:9; 벧전 5:10). 게다가, 사도는 여기에서 하나님께서 갈라디아 교인들을 "그리스도의 은혜"라는 지점으로 부르셨다고 말한다. 물론, 이 구절에 나오는 분사가 그리스도를 수식하는 것으로 보아서, 이 구절을 "은혜 안에서 너희를 부르신 그리스도에게서 이같이 속히 떠나서"로 번역할 수도 있겠지만, 헬라어 본문에서 "부르신"이라는 분사와 "그리스도"라는 명사 간의 거리가 너무 멀고, 그렇게 번역할 경우에는 본문의 의미가 달라지기 때문에, 이 구절은 "너희를 그리스도의 은혜로 부르신 이를 이같이 속히 떠나"로 번역하는 것이 옳다.

사도가 여기에서 말하는 "은혜"는 단지 복음의 가르침만이 아니라(복음의 가르침도 종종 은혜라 불리지만), 복음의 모든 은택들인 칭의, 화해, 양자됨을 가리키는데, 이러한 것들은 그리스도께서 자신의 피로 사신 것들이기 때문에, 그리스도의 은혜라고 불리는 것이 합당하다. 사도는 그들이 "다른 복음"을 받아들여서 따랐다고 말한다: 갈라디아 교인들을 유혹한 자들은 자신들의 교훈을 "복음"이라고 말하며 너희에게 가르쳤겠지만, 그들의 교훈은 참된 복음이 아니다. 왜냐하면, 사도행전 4:12에서 베드로가 "다른 이로써는 구원을 받을 수 없나니 천하 사람 중에 구원을 받을 만한 다른 이름을 우리에게 주신 일이 없음이라"고 말하였듯이, 예수 그리스도의 공로를 의지하는 길 외에 사람이 구원을 받을 수 있는 다른 길은 없기 때문이다.

7. 다른 복음은 없나니 다만 어떤 사람들이 너희를 교란하여 그리스도의 복음을 변하게 하려 함이라.

다른 복음은 없나니. 그들이 가르치는 것은 우리가 가르친 것과 다른 교훈이지만, 또 다른 구원의 소식이나 또 다른 그리스도의 복음인 것은 아니다. 왜냐하면, 복음은 하나뿐이어서, 또 다른 복음은 존재하지 않기 때문이다. 그들이 이렇게 복음을 가장해서 너희에게 가르치고 있는 다른 교훈은 "너희를 교란하고," "그리스도의 복음"의 참된 가르침을 변질시키고 왜곡시킬 뿐이다. 그들은 그리스도라는 이름도 사용하고 그리스도의 복음이라는 명칭도 사용하지만, 그들이 말하는 그리스도와 그리스도의 복음은 거짓된 것들이다. 왜냐하면, 그들은 너희가 구원을 받기 위해서는 반드시 율법을 지켜야 한다고 주장하면서, 율법의 행위가 너희의 구원에 필수적이라고 말함으로써, 사람이 구원 받는 것은 오직 그리스도와 그리스도를 믿는 믿음만으로, 그리고 그러한 율법의 행위들 없이 오직 그리스도의 의를 덧입을 때에만 가능하다는 구원의 복음을 파괴하고 변질시키며 왜곡시키고 있기 때문이다.

8-9. [8]그러나 우리나 혹은 하늘로부터 온 천사라도 우리가 너희에게 전한 복음 외에 다른 복음을 전하면 저주를 받을지어다 [9]우리가 전에 말하였거니와 내가 지금 다시 말하노니 만일 누구든지 너희가 받은 것 외에 다른 복음을 전하면 저주를 받을지어다.

사도는 이러한 과격한 표현을 통해서, 하늘로부터 온 천사가 그들에게 자기가 전에 전하였던 것과는 다른 구원의 길을 전할 수 있다거나, 자기 자신이 자기가 전에 전하였던 것과 반대되는 다른 교훈을 전할 수 있다는 듯이 말하고 있는 것은 아니고, 단지 자기가 이전에 그들에게 전한 복음이 참된 복음이라는 것은 추호도 의심할 여지가 없다는 것을 강조해서 표현하고 있는 것일 뿐이다. 사도는 자기가 전에 그들에게 전하고 가르친 것은 너무나 확실하게 참된 복음이기 때문에, 천사이든 사람이든 그 복음과 다른 교훈을 "복음"이라는 이름으로 전하고 가르쳐서는 안 된다고 못을 박는 가운데, 복음의 가르침들에 어떤 것들을 첨가하면, 그것은 "다른 복음"이 된다는 것을 우리에게 가르친다. 하나님께서는 자기가 계시한 것들에 우리가 어떤 것을 더하거나 빼는 것을 용납하지 않으신다. 부패하고 타락한 것들은 바로 그런 식으로 갈라디아 교회 속으로 침투해 들어왔다. 갈라디아 교회 속으로 들어와서 믿는 자들을 미혹시킨 거짓 교사들은 그리스도와 그의 복음의 가르침을 시인하고 고백한 자들이었다. 그들이 한 것은 그리스도와 그의 복음의 가르침을 부인하는 것이 아니라, 믿는 자들이 구원받기 위해서는 할례를 비롯해서 유대인들이 지켰던 여러 예식들을 반드시 지켜야 한다는 가르침을 기존의 참된 복음에 첨가하는 것이었다. 그들은 그런 식으로 갈라디아 교인들이 기존에 믿고 있던 것에 그런 가르침을 첨가해서, 자신들이 가르친 것은 바울이 가르친 것과 "다른 복음"이라고 말하였고, 갈라디아 교인들은 그들이 가르친 "다른 복음"을 받아들였다. 사도는 그런 식으로 다른 복음을 전하는 자는 저주를 받게 될 것이라고 말한다. 왜냐하면, 사도는 하나님께서 누구를 저주 받을 자로 여기시고 저주하실지를 알지 못하였던 까닭에, 어떤 특정한 사람을 저주하지도 않을 것이고, 다른 사람들에게 그 사람을 저주하라고 명하지도 않을 것이기 때문이다. 이 두 절은 교황주의자들에게는 정말 무시무시한 본문들이다. 왜냐하면, 그들은 바울이 결코 전한 적이 없고 성경의 그 어디에도 나오지 않는 많은 교설들을 사람들에게 전하고 반드시 받아들여야 한다고 가르치기 때문이다.

10. 이제 내가 사람들에게 좋게 하랴 하나님께 좋게 하랴 사람들에게 기쁨을 구하랴 내가 지금까지 사람들의 기쁨을 구하였다면 그리스도의 종이 아니니라.

이제 내가 사람들에게 좋게 하랴 하나님께 좋게 하랴 사람들에게 기쁨을 구하랴. 이 구절에서 강조점은 "이제"에 두어져 있다. 사도는 이렇게 말한다: 내가 바리새인이었던 동안에는 그렇지 않았지만, 이제 나는 그리스도인이 되었고 사도가 되었으니, 예수 그리스도의 사도가 된 "이제," 내가 너희에게 사람들이 말하는 것을 들으라고 권하겠는가, 아니면 하나님께서 말씀하시는 것을 들으라고 권하겠는가? 또는, 내가 사람들이 만들어 내어서 사람에게 속한 교설들과 개념들을 권하겠는가, 아니면 하나님께 속한 가르침들을 권하겠는가? 또는, 내가 말씀을 전하거나 가르침을 베풀 때, 사람들을 기쁘게 하거나 만족시키는 것을 목표로 하겠는가, 아니면 하나님을 기쁘시게 해드리는 것을 목표로 하겠는가? 이 마지막의 것은 사도가 이 절의 후반부에서 명시적으로 분명하게 밝히고 있다: "사람들에게 기쁨을 구하랴." 즉, 내가 사람들을 기쁘게 하고자 하겠는가? 우리는 사도의 이 말을 가장 넓은 의미로 이해해서는 안 되고, 제한적으로 이해하여야 한다: 내가 사람들을 기쁘게 하고 사람들의 비위를 맞추기 위하여, 하나님의 뜻에 어긋나는 것들을 가르치고 행하고자 하겠는가? 사람들을 기쁘게 해 주는 것이 그들의 영혼에 유익이 되는 한, 윗사람을 기쁘게 해드리는 것은 아랫사람의 도리이고, 자신들이 섬기는 형제들을 기쁘게 해 주고자 하는 것은 모든 선한 사역자들과 그리스도인들의 도리이다. 또한, 화목하고 우의 있는 사회를 유지하는 데에도 사람들을 기쁘게 하는 것은 필요하다.

그러나 사람들을 기쁘게 하거나 사람들의 비위를 맞추어 주기 위해서, 하나님께서 기뻐하지 않으시는 것들을 행해서는 안 된다. 그래서 사도는 "내가 지금까지 사람들의 기쁨을 구하였다면 그리스도의 종이 아니니라"는 말을 여기에 덧붙인다. 즉, 내가 그리스도께서 기뻐하시는 일인지, 아니면 기뻐하지 않으시는 일인지를 따지지 않고, 사람들을 기쁘게 하는 일들이라면 무엇이든지 무조건 행한다면, 나는 "그리스도의 종"이라고 할 수 없다는 것이다. 왜냐하면, 우리가 누구에게 순종하든지, 우리는 우리가 순종하는 자의 종이고, 또한 우리 주님께서 가르치신 대로, 한 사람이 두 주인의 명령을 동시에 순종할 수 없는 까닭에, 아무도 두 주인을 섬길 수 없기 때문이다.

11. 형제들아 내가 너희에게 알게 하노니 내가 전한 복음은 사람의 뜻을 따라 된 것이 아니니라.

갈라디아 교인들 중 일부는 사도에게 반기를 들었음에도 불구하고, 그들은 그리스도를 고백한 자들이었기 때문에, 사도는 그들을 "형제들"이라고 부르면서, 자기가 그들에게 전한 복음의 교훈은 사람이 고안해 내거나 머릿속에서 만들어 낸 것도 아니고, 사람의 권위에 의거한 것도 아니며, 하나님께서 자기에게 직접 계시해 주신 것임을 그들에게 "알게 한다"(이 동사는 이렇게 번역된다, 눅 2:15; 요 15:15; 17:26). 이것은 거짓 교사들이 갈라디아 교인들을 유혹하면서, 자신들의 가르침을 더 잘 받아들이도록 하기 위하여, 바울은 단지 다른 사도들의 제자일 뿐이고, 다른 사도들이 가르친 것과는 다르게 가르쳤다고 비방하고 중상모략한 것을 염두에 두

고 한 말이다: 나는 그 거짓 교사들이 나와 내가 전한 복음에 대하여 너희에게 한 말이 사실이 아니라는 것을 너희에게 알게 하고자 한다. 내가 전한 복음은 사람을 따라 된 것이 아니다. 사도는 이렇게 말한 후에, 이 말이 무엇을 의미하는지를 다음 절에서 좀 더 자세하게 설명한다.

12. 이는 내가 사람에게서 받은 것도 아니요 배운 것도 아니요 오직 예수 그리스도의 계시로 말미암은 것이라.

거짓 교사들은 내가 처음부터 베드로나 야고보나 요한으로부터 복음에 대하여 가르침을 받아서, 내가 알고 전한 모든 복음은 그렇게 가르침 받은 것일 뿐이라고 말하지만, 나는 복음을 "사람에게서 받은 것"도 아니고 "배운 것"도 아니다. 나는 "예수 그리스도"의 직접적인 "계시"를 통해서 복음을 알게 된 것이었고, 다른 사도들이나 사람들로부터 들은 것들은 단지 부차적인 것들에 관한 것들이었을 뿐이다. 여기에서 "계시"는 감추어져 있거나 숨겨져 있던 것을 드러내는 것을 의미하는데, 그런 의미에서 복음 및 복음의 교훈은 "만세와 만대로부터 감추어졌던" "비밀"(골 1:26)이라 불린다. 여기에서 바울은 아나니아에게서 가르침을 받았을 것(행 9:17)이라는 반론이 제기될 수 있다. 그러나 그것은 사도가 여기에서 말하고 있는 것이 사실이라는 것에 아무런 영향을 미칠 수 없다. 또한, 성경에서는 아나니아가 바울에게 복음에 대하여 많은 것들을 가르쳐 주었다고 말하지 않고, 단지 "아나니아가 그에게 안수하여 이르되 형제 사울아 주 곧 네가 오는 길에서 나타나셨던 예수께서 나를 보내어 너로 다시 보게 하시고 성령으로 충만하게 하신다 하니 즉시 사울의 눈에서 비늘 같은 것이 벗어져 다시 보게 된지라"(행 9:17-18)고만 보도한다. 사도는 자기가 예수 그리스도의 계시들을 언제 어디에서 받았는지에 대해서는 말하지 않지만, 아마도 그가 눈이 먼 채로 "사흘 동안 보지 못하고 먹지도 마시지도 아니하고"(행 9:9) 무아지경에 있는 동안에 그러한 계시들을 받았을 것으로 보인다. 어떤 이들은 사도가 셋째 하늘에 이끌려 올려갔을 때에 그러한 계시들을 받았을 것이라고 생각한다(고후 12:2). 바울이 그리스도로부터 계시들을 받았다는 것은 분명하다(행 22:17-18; 26:15-18). "계시"는 사람을 통함이 없이 하나님께 속한 것들에 대한 지식이 어떤 사람에게 직접적으로 전달되는 것을 의미한다. 따라서 바울이 자기가 복음에 대한 계시를 예수 그리스도에게서 받았다고 말한 것은 주 예수 그리스도가 하나님이시라는 것을 분명하게 단언한 것이 된다.

13. 내가 이전에 유대교에 있을 때에 행한 일을 너희가 들었거니와 하나님의 교

회를 심히 박해하여 멸하고.

너희가 나의 이전의 행적을 조금만 생각해 보아도, 만일 하나님께서 내게 복음의 진리를 계시해 주지 않으셨다면, 내가 복음을 결코 전하지 않았으리라는 것을 그리 어렵지 않게 알게 되고 믿게 될 것이다. 왜냐하면, 너희는 내가 유대인으로 태어나서 유대교로 교육을 받았던 까닭에, 유대교를 옹호하는 데 큰 열심이 있어서, 그리스도인들을 지나치게 박해하였다는 것을 너희도 전해 들어서 익히 알고 있을 것이기 때문이다. 사도행전에서는 그리스도인들에 대한 바울이 이러한 무지막지한 박해를 우리에게 생생하고 구체적으로 전해 준다: "사울이 교회를 잔멸할새 각 집에 들어가 남녀를 끌어다가 옥에 넘기니라"(행 8:3); "사울이 주의 제자들에 대하여 여전히 위협과 살기가 등등하여 대제사장에게 가서 다메섹 여러 회당에 가져갈 공문을 청하니 이는 만일 그 도를 따르는 사람을 만나면 남녀를 막론하고 결박하여 예루살렘으로 잡아오려 함이라"(행 9:1-2). 사도는 그리스도인들을 철천지원수로 여기고서, 불과 칼을 비롯해서 온갖 수단들을 다 사용해서 교회를 이 세상에서 완전히 없애 버리려고 하였다. 여기에서 "멸하다"로 번역된 헬라어 '에포르툰'(ἐπόρτουν)은 초토화시키는 것을 의미한다. 이 단어는 사도행전 8:3에서 "잔멸하다"로 번역된 헬라어 '엘뤼마이네토'(ἐλυμαίνετο)와 더불어서, 어떤 것을 완전히 멸절시켜 버리는 가장 적대적인 행위들을 가리킨다. 사도는 전에는 복음을 믿는다고 고백한 자들을 멸절시키는 일에 자신의 모든 것을 다 바칠 정도로 복음을 증오했던 자기가 지금은 백팔십도로 바뀌어서 바로 그 복음을 사람들에게 전하는 일에 모든 것을 다 바치고 있다면, 인간적인 것 이상의 그 무엇인가가 자기를 변화시켜 놓았다는 것을 그들도 충분히 짐작할 수 있을 것이라고 말한다.

14. 내가 내 동족 중 여러 연갑자보다 유대교를 지나치게 믿어 내 조상의 전통에 대하여 더욱 열심이 있었으나.

내가 내 동족 중 여러 연갑자보다 유대교를 지나치게 믿어. 여기에서 "지나치게 믿다"로 번역된 단어는 바울 자신이 유대교에 정통하고 유대교를 계속 고수해 나갔다는 의미로도 해석될 수 있고, 바울이 유대교를 널리 전파해서 융성하게 하였다는 의미로 해석될 수 있다. 디모데전서 2:16의 "그들은 경건하지 아니함에 점점 나아가나니"라는 구절에서 이 단어는 후자의 의미로 사용되고 있다. 우리가 주목할 것은 헬라어에서 능동 동사들은 해당 행위 자체를 행하는 것을 의미하기도 하고, 다른 사람들로 하여금 그 행위를 하도록 하게 하는 것을 의미하기도 한다는 것이다. 바울이 기독교회를 멸하고자 한 것은 유대교를 견고하게 유지시키고 널리 전하여 융성하게 하고자 하는 의도를 지닌 것이었다. 사도는 자신의 그러한 열심이 다른 동갑내기 유대인들보다 훨씬 더 컸고 특출났다고 말한다. 또한, 사도는 이 말을 통해서, 자기가 기독교회를 박해한 것은 혈기에 의한 행동이나 개인적인 이득을 얻기 위한 행동이 아니었고, 자신의 잘못된 판단 때문이었다는 것을 갈라디아 교인들에게 말해 준다. 즉, 자기는 나사렛 예수와 그의 제자들을 멸하는 것이 자기가 마땅히 해야 할 일이라고 진정으로 생각하였다는 것이다.

내 조상의 전통에 대하여 더욱 열심이 있었으나. 여기에서 "조상의 전통들"은 단지 율법 중에서 예식법들만이 아니라, 유대교 지도자들이 사람들로 하여금 실수로 율법을 범하는 것을 막기 위해서 "율법의 울타리들"(sepimenta legis)이라는 개념 아래 만들어 놓은 규정들 전체를 비롯해서, 헤아릴 수 없이 많은 무수한 규범들을 모두 다 가리킨다. 바울은 당시에 유명한 율법학자들 중의 한 사람이었던 가말리엘의 문하에서 교육을 받은 바리새인이었고(행 23:6, "나는 바리새인이요 또 바리새인의 아들이라"), 바리새파는 유대교 중에서도 조상의 전통들을 가장 엄격하게 지키는 분파였다. 사도는 이러한 전통들에 대한 자신의 열심을 자기가 "유대교를 지나치게 믿었다"는 말로 표현하는데, 이 열심은 그가 유대교를 전파하고자 한 이유이기도 하였다.

15. 그러나 내 어머니의 태로부터 나를 택정하시고 그의 은혜로 나를 부르신 이가.

여기에는 하나님께서 바울에게 행하신 두 가지 행위가 서술되어 있는데, 첫 번째는 바울을 어머니의 태로부터 구별하신 것이었다. 구약성경에 나오는 두 위대한 선지자인 이사야와 예레미야도 자신에 대하여 동일하게 말한다. 즉, 이사야는 "여호와께서 태에서부터 나를 부르셨고 내 어머니의 복중에서부터 내 이름을 기억하셨으며"(사 49:1)라고 말하고, 예레미야는 "내가 너를 모태에 짓기 전에 너를 알았고 네가 배에서 나오기 전에 너를 성별하였고 너를 여러 나라의 선지자로 세웠노라"(렘 1:5)는 여호와의 말씀이 자기에게 임하였다고 말한다. 사도는 여기에서 하나님께서 자기를 영원한 생명으로 예정하시고 작정하신 것에 대하여 말하고 있는 것이 아니라, 하나님이 자기를 택하셔서 사도로 세우시기로 작정하신 것에 대하여 말하고 있다. 하나님께서는 각 사람을 이 세상에서 어떤 지위에 두실지를 미리 정해 놓으시는데, 다른 사람들보다 하나님을 더 크게 섬기게 될 자들에 대해서는 특히 그들의 지위를 미리 예정해 두신다.

하나님이 바울에 대하여 행하신 두 번째 행위는 바울을 부르신 것이었다. 이것은 역사 속에서 하나님이 각 사람에게 예정된 지위와 사역을 위해 각 사람을 준비시키시고, 각 사람 속에서 그 사역을 행하고자 하는 마음이 생겨나게 하시는 것이다. 사도는 하나님이 자기를 "부르셨다"고 말함으로써, 하나님께서 사도직을 수행할 수 있도록 자기를 준비시키셨고, 자기 속에서 사도직을 수행하고자 하는 마음이 생겨나게 하셨다고 말하고 있는 것이다. 거기에 사도는 복음을 전하라는 명령을 자기가 하늘로부터 직접 받았다는 말을 덧붙인다. 또한, 사도는 자신에 대한 하나님의 이 두 가지 행위는 전적으로 하나님의 선하신 뜻과 은혜로 말미암은 것이라고 말한다. 즉, 하나님께서는 오로지 바울에 대한 값없는 사랑과 은총으로 말미암아 바울을 구별하시고 부르셔서, 이 크고 귀한 직분인 사도직을 바울에게 맡기셨다는 것이다.

16. 그의 아들을 이방에 전하기 위하여 그를 내 속에 나타내시기를 기뻐하셨을 때에 내가 곧 혈육과 의논하지 아니하고.

그의 아들을 이방에 전하기 위하여 그를 내 속에 나타내시기를 기뻐하셨을 때에. 나는 태어날 때부터, 또는 자라면서 교육을 받는 동안에 예수 그리스도에 대해서는 아무것도 알지 못하였고, 오직 내 동포들의 공통된 편견과 선입견들을 따라 갈릴리의 일개 목수에 불과한 예수라는 사람이 감히 그리스도를 참칭하였다고만 생각해 왔지만, 그런 내게 하나님께서는 영원한 출생에 의한 자신의 아들이신 그리스도를 나타내시기를 기뻐하셨을 뿐만 아니라, 내게 자신의 아들을 나타내신 목적도 알려 주셨는데, 그것은 내 자신으로 하여금 그리스도를 영접하여 믿게 하실 뿐만 아니라, 나로 하여금 이방인들 가운데서 그리스도를 전하게 하시기 위한 것이었다. 사도는 이 말을 통해서 하나님이 자기를 구별하시고 부르신 것이 특별하였다는 것을 보여준다.

내가 곧 혈육과 의논하지 아니하고. 나는 이렇게 부르심을 받은 후에, 결코 "유한하고 죽을 수밖에 없는 존재인 사람들"(이것이 "혈육"의 의미이다, 마 16:17; 고전 15:50)과 의논해서 조언을 받지 않았고, 즉시 하나님으로부터 내가 특별히 부르심 받은 일에 곧바로 뛰어들기로 작정하였다.

17. 또 나보다 먼저 사도 된 자들을 만나려고 예루살렘으로 가지 아니하고 아라비아로 갔다가 다시 다메섹으로 돌아갔노라.

예루살렘은 구약 시대에 율법의 말씀이 나오는 곳이었던 것과 마찬가지로, 신약 시대에는 복음이 최초로 선포된 곳이었기 때문에, 그리스도의 제자들은 거기에 있었다. 그들은 그리스도께서 승천하시는 것을 본 후에(눅 24:52), 예루살렘으로 돌아와서 그 곳을 떠나지 않고, "아버지께서 약속하신 것을 기다렸다"(행 1:4). 하나님의 약속대로 거기에서 성령이 그들에게 임하였고(행 2장), 성령을 받은 그들은 박해가 일어나 흩어질 때까지 거기에서 복음을 전하며 사역하였는데, 이 때에도 사도들은 예루살렘에 모여 있었다. 바울은 자기가 회심한 후에 곧바로 예루살렘으로 올라가 사도들을 만난 것이 아니라, 다음 절에서 말하고 있듯이, "삼 년"이 지난 후에야 예루살렘에 올라가서 사도들을 만나보게 되었고, 회심한 직후에는 "아라비아로 가서," 아주 거칠고 야만적인 이방인들이었던 아라비아 사람들 가운데서 복음을 전하였다고 말한다. 누가는 사도행전에서 이 일에 대해서는 우리에게 아무것도 전해 주지 않는다. 이 본문에서 사도가 한 말을 통해서, 갈라디아 교인들은 사도가 자기보다 "먼저 사도 된 자들"로부터 복음을 전해 듣고 가르침을 받은 후에 사역자로 세움을 받은 것이 아니라는 결론을 쉽게 얻을 수 있었을 것이다. 왜냐하면, 사도는 회심한 후에 그 어떤 사도도 만나지 않고 즉시 아라비아로 가서, 삼 년 동안이나 저 거친 아라비아 사람들에게 복음을 전하는 일을 하였기 때문이다. 그런 후에, 사도는 "다메섹으로 돌아갔다." 어떤 이들은 여기에서 "돌아갔다"로 번역된 헬라어 '휘페스트렙사'(ὑπέστρεψα)가 어쩔 수 없이 돌아올 수밖에 없었다는 의미를 지닌 것으로 보고서, 사도는 아라비아 사람들 가운데서 복음을 전하다가 박해를 받아서 어쩔 수 없이 돌아오게 된 것이라고 말하지만, 성경에서는 이것에 대해 그 어떤 말도 우리에게 해 주지 않는다.

18. 그 후 삼 년만에 내가 게바를 방문하려고 예루살렘에 올라가서 그와 함께 십오 일을 머무는 동안.

여기에서 "삼 년"은 사도가 아라비아와 다메섹에서 지낸 기간이었다. 사도는 거기에서 아무 일도 안 하고 빈둥거리며 지냈던 것이 아니었다. 사도행전 9:20, 22-25은 바울이 회심한 후에 "즉시로 각 회당에서 예수가 하나님의 아들이심을 전파하고" "예수를 그리스도라 증언하여 다메섹에 사는 유대인들을 당혹하게 하였고," 그러자 "여러 날이 지나매 유대인들이 사울 죽이기를 공모하였기" 때문에, "그의 제자들이 밤에 사울을 광주리에 담아 성벽에서 달아 내려서" 바울은 거기에서 빠져나올 수 있었다고 우리에게 말해 준다. 그런 후에, 바울은 "예루살렘에 올라갔지만," 바울이 회심하고 나서 삼 년 동안 있으면서 복음을 전한 아라비아 지역이 예루살렘에서 너무 멀리 떨어져 있었을 뿐만 아니라, 당시에 예루살렘 교회의 상황이 복잡하였기 때문에, 예루살렘에 있던 제자들은 바울에 관한 소식을 듣지 못한 상태여서, 바울을 자신들 가운데로 받아들이기를 꺼려하다가, 바울에 대한 바나바의 증언을 들은 후에야 바울을 받아들이게 되었다(행 9:27). 사도는 자기가 예루살렘에서 단지 "십오 일"을 머물렀다고 말하는데, 사도행전 9:29-30은 이 때에 사도 바울이 "주 예수의 이름으로 담대히 말하고 헬라파 유대인들과 함께 말하며 변론하니 그 사람들이 죽이려고 힘쓰거늘 형제들이 알고 가이사랴로 데리고 내려가서 다소로 보냈다"고 보도한다.

19. 주의 형제 야고보 외에 다른 사도들을 보지 못하였노라.

사도들은 이 때에 박해 때문에, 또는 각자에게 맡겨진 소임을 행하기 위하여 여러 곳에 흩어져 있어서, 예루살렘에는 베드로와 알패오의 아들인 "작은 야고보"만이 남아 있었던 것으로 보인다. 여기에서 이 야고보를 "주의 형제 야고보"라 부르는 것은 사람들을 그들의 가까운 혈육과의 관계를 나타내서 부르는 히브리식 관습에 따른 것이다. 바울은 나중에 예루살렘을 두 번째로 방문했을 때에는 다른 사도들을 만나 보게 되지만(이것에 대한 이야기는 다음 장에서 듣게 된다), 그것은 바울이 예루살렘을 첫 번째로 방문한 지 칠 년이 지난 후의 일이었다.

20. 보라 내가 너희에게 쓰는 것은 하나님 앞에서 거짓말이 아니로다.

어떤 이들은 이 본문에서 "하나님 앞에서"라는 표현이 사용된 것을 근거로 해서, 사도가 여기에서 맹세로써 말하고 있는 것이라고 생각하지만, 사도가 여기에서 한 말이 맹세인지 아닌지를 결정하는 것은 중요한 문제가 아니다. 이것은 맹세일 수도 있고, 추호의 의심도 있을 수 없는 사실임을 천명한 단언일 수도 있다. 만일 사도가 여기에서 자기가 한 모든 말이 다 진실이라는 것을 증언해 줄 증인으로 하나님을 호출한 것이라면, 이 말은 맹세가 될 것이고, 이 경우에 사도는 비록 사적으로 맹세를 하고 있는 것이기는 하지만, 이 일은 자신의 사도직을 증명해야 하는 대단히 중대한 일인데다가, 자기가 증인들을 내세워서 그것을 입증할 수 없는 상황이라는 점에서, 그가 여기에서 맹세를 사용하여 말한 것은 지극히 합당한 일이었다. 그러나 사도의 이 말은 자기가 이 서신에서 지금까지 갈라디아 교인들에게 말한 것은 모두 다 진실이라는 것을 다시 한 번 강조하고 역설하기 위하여 단언의 형식으로 말하고 있는 것이라고 보아야 할 것 같다. 즉, 이 본문의 의미는 이런 것이다: "내가 말하건대, 지금까지 내가 너희에게 쓴 것은 하나님 앞에서 거짓말하는 것이 절대로 아니다."

사도는 하나님이 모든 곳에 임재해 계시고, 자기가 지금 한 모든 말들을 다 듣고 계신다는 것을 너무나 잘 알고 있다는 것을 갈라디아 교인들에게 상기시키면서, 자기가 이렇게 하나님 앞에서 말을 하고 있는데, 어떻게 진실이 아닌 것을 말할 수 있느냐고 반문한다.

21. 그 후에 내가 수리아와 길리기아 지방에 이르렀으나.

사도는 여기에서 자기가 예루살렘을 처음으로 방문한 후에 "수리아" 지방으로 갔다고 말하는데, 그는 얼마 전에 수리아의 최대 도시였던 다메섹에서 광주리를 타고 간신히 빠져나와 목숨을 건진 일이 있었기 때문에, 아마도 다메섹이 아닌 수리아의 시골 지역들로 갔을 것이다. 수리아는 유대와 길리기아 사이에 놓여 있었다. 사도행전 9장은 바울이 예루살렘에 있는 동안에 헬라파 유대인들에게 복음을 전하자, 그들이 바울을 죽이려고 했기 때문에, "형제들이 알고" 바울을 수리아의 접경지역이었던 "가이사랴로 데리고 내려가서 다소로 보냈다"고 보도하고 있는 것으로 보아서, 바울은 자신의 고향인 다소로 가고자 하였고, 실제로 다소로 가서 한동안 거기에 머물러 있었던 것으로 보인다. 왜냐하면, 사도행전 11:25-26에서는 "바나바가 사울을 찾으러 다소에 가서 만나매 안디옥으로 데리고" 왔다고 보도하고 있기 때문이다. 이렇게 바울은 회심한 지 삼 년 후에 처음으로 예루살렘에 올라가서 십오 일 동안 머물면서 사도들과 대화하고 교제하였는데, 그 때에는 베드로와 알패오의 아들 야고보만을 만났고, 다른 사도들은 만나 보지 못하였다.

22. 그리스도 안에 있는 유대의 교회들이 나를 얼굴로는 알지 못하고.

"그리스도 안에" 있다는 것은 다음과 같은 것들을 의미한다: (1) 그들은 참되고 살아 있는 믿음으로 그리스도를 영접하였고, 그리스도의 교훈과 명령에 순종해 왔기 때문에, 진정으로 그리스도인들이라는 것이다. 사도가 "누구든지 그리스도 안에 있으면 새로운 피조물이라"(고후 5:17)고 말한 것도 그런 의미이다. (2) 그들은 세례와 외적인 신앙 고백을 통해서 그리스도인이라는 이름을 지니게 되었다는 것이다. 데살로니가전서 2:14은 이것의 병행 본문이다: "형제들아 너희가 그리스도 예수 안에서 유대에 있는 하나님의 교회들을 본받은 자 되었으니 그들이 유대인들에게 고난을 받음과 같이 너희도 너희 동족에게서 동일한 고난을 받았느니라." 어떤 이들은 여기에서 "유대"는 로마의 속주인 유대만을 가리키는 것이 아니라 사마리아와 갈릴리까지 포함하는 유대 땅 전체를 가리키는 것이라고 생각하는 것은 옳다. 세례 요한과 우리 구주께서는 대부분 갈릴리에서 사역을 하시면서, 복음 교회들이 거기에서 생겨날 수 있는 토양을 이미 마련해 두셨고, 베드로와 요한과 빌립은 사마리아의 많은 마을들에서 복음을 전하였다(행 8:25, 40). 여기에서 바울은 이 모든 교회들은 개인적으로 자기를 알지 못하였기 때문에, 사도들이나 유대 교회들이 자기에게 기독교의 가르침을 베풀었다고 말하는 것은 어불성설임을 보여 준다.

23. 다만 우리를 박해하던 자가 전에 멸하려던 그 믿음을 지금 전한다 함을 듣고.

유대의 교회들은 바울을 한 번도 직접 본 적은 없었지만, 바울에 대하여 다음과 같은 것들을 들었었다: (1) 바울은 복음의 교훈을 고백한 자들을 박해하는 자였다는 것. 복음의 교훈은 믿음의 대상이자 수단이기 때문에, 사도는 여기에서 그것을 "믿음"이라고 부른다. (2) 바울이 전에는 복음의 교훈을 시인하고 고백한다는 이유로 그리스도의 교회들을 박해하고 멸하려고 하였지만, 지금은 완전히 변화되어서 바로 그 복음의 교훈을 전하는 자가 되었다는 것.

24. 나로 말미암아 하나님께 영광을 돌리니라.

유대의 교회들은 바울에게 역사하셔서 그렇게 완전히 변화시켜 놓으신 하나님을 찬송하였다.

MATTHEW POOLE'S COMMENTARY

갈라디아서 2장

개요

1. 바울은 자기가 여러 해 후에 무슨 목적으로 예루살렘에 올라갔는지를 밝힘(1-2).
2. 자기와 함께 간 디도가 할례를 받지 않은 것은 이방인 신자들이 율법의 속박으로부터 자유롭다는 진리를 드러내기 위한 것이었다고 말함(3-5).
3. 자기와 세 명의 주요한 사도들과의 만남 속에서 그들은 자기에게 새로운 지식을 더해 준 것은 전혀 없었고, 단지 하나님이 자기를 이방인들에게로 보내셨다는 것을 그들로부터 공식적으로 인정받은 것일 뿐이라고 말함(6-10).
4. 이방인들과의 교제와 관련해서 위선적으로 행한 베드로를 면전에서 책망하였다고 말함(11-13).
5. 그리스도를 믿는 믿음으로 말미암아 의롭다 하심을 얻게 된다는 것을 믿는 사람이 왜 마치 의롭게 되는 것이 율법의 행위로 말미암는 것처럼 행동한 것이냐고 베드로에게 따졌다고 말함(14-20).
6. 베드로의 그러한 행동은 하나님의 은혜를 사실상 폐한 것이라고 말함(21).

1. 십사 년 후에 내가 바나바와 함께 디도를 데리고 다시 예루살렘에 올라갔나니.

십사 년 후에. 여기에서 "십사 년 후"는 사도가 첫 번째로 예루살렘을 방문해서 십오 일 동안 머물러 있었던 때로부터 십사 년 후를 가리키는 것일 수도 있고, 사도가 회심한 때로부터 십사 년 후를 가리키는 것일 수도 있으며, 그리스도께서 죽으신 때로부터 십사 년 후를 가리키는 것일 수도 있는데, 사도가 여기에서 말하고 있는 것이 사도행전 15장에서 보도하고 있는 것이라면, 여기에서 "십사 년 후"는 그리스도께서 죽으신 때로부터 십사 년 후를 가리키는 것으로 이해하여야 할 것 같다: "어떤 사람들이 유대로부터 내려와서 형제들을 가르치되 너희가 모세의 법대로 할례를 받지 아니하면 능히 구원을 받지 못하리라 하니 바울 및 바나바와 그들 사이에 적지 아니한 다툼과 변론이 일어난지라 형제들이 이 문제에 대하여 바울과 바나바와 및 그 중의 몇 사람을 예루살렘에 있는 사도와 장로들에게 보내기로 작정하니라"(행 15:1-2).

내가 바나바와 함께 디도를 데리고 다시 예루살렘에 올라갔나니. 성경에서는 통상적으로 사람들이 예루살렘으로 가는 것을 "예루살렘에 올라간다"고 표현하는데, 이것은 예루살렘이 산으로 둘러싸여 있었기 때문일 수도 있고, 예루살렘이 유명한 곳이었기 때문일 수도 있다(행 15:2; 21:4). 사도가 이렇게 바나바와 함께 디도를 데리고 예루살렘에 올라가게 된 계기는 사도행전 15:1-2에 잘 나와 있다. 거기에 나오는 보도에 의하면, 유대로부터 안디옥에 내려온 몇몇 사람들이 할례를 받지 않으면 구원을 받을 수 없다고 제자들에게 가르쳤고, 이것이 문제가 되어서 분란이 일어났기 때문에, 안디옥 교회의 신자들이 예루살렘으로 대표자들을 보내서, 할례가 반드시 필요한지에 대하여 사도들과 장로들에게 문의해 보기로 결정하였다. 사도행전 15:2에서는 이 결정에 따라 "바울과 바나바와 및 그 중의 몇 사람"이 예루살렘으로 파송된 것이었다고 말하는데, 이 본문은 "그 중의 몇 사람" 가운데 "디도"가 포함되어 있었음을 보여 준다.

2. 계시를 따라 올라가 내가 이방 가운데서 전파하는 복음을 그들에게 제시하되 유력한 자들에게 사사로이 한 것은 내가 달음질하는 것이나 달음질한 것이 헛되지 않게 하려 함이라.

계시를 따라 올라가. "계시"는 하나님께서 이 때에 바울에게 예루살렘으로 올라가라고 직접적으로 자신의 뜻을 나타내셨다는 것을 의미한다. 이것은 사도행전 15:2-3이 바울이 바나바와 함께 디도를 데리고 예루살렘에 간 것이 안디옥 교회의 그리스도인들의 결정에 의한 것이었다고 보도하고 있는 것과 전혀 모순되지 않는다. 왜냐하면, 하나님께서는 안디옥의 그리스도인들의 마음을 움직이셔서, 안디옥 교회에서 발생한 문제를 해결하기 위하여 바울을 선택해서 예루살렘으로 보내기로 결의하게 하셨고, 아울러 바울에게도 그가 예루살렘에 가는 것이 자신의 뜻이라는 것을 직접 계시하심으로써 힘을 더해 주셨을 것이기 때문이다. 바울은 하나님의 계시에 의해서, 또는 하나님으로부터의 직접적인 지시와 명령에 의해서, 어느 한 곳에서 다른 곳으로 이동한 적이 많았다(행 16:9; 22:18; 23:11).

내가 이방 가운데서 전파하는 복음을 그들에게 제시하되. 사도는 자기가 이방인들 가운데서 전파해 왔던 복음의 교훈이 어떤 것이었는지를 예루살렘 교회의 사도들과 장로들에게 "고하였다"고 말한다. 여기에서 "제시하다"로 번역된 헬라어는 어떤 것을 사실 그대로 고하거나 보고하거나 설명해서 들려주는 것을 의미하는데, 사도행전 25:14에서 로마 총독 "베스도가 바울의 일로" 아그립바 "왕에게 고하여"라고 했을 때도, 이 단어는 그런 의미로 사용되고 있다. 사도가 여기에서 자기가 "이방 가운데서 전파하는 복음"이 어떤 것인지를 예루살렘 교회의 지도자들에게 설명하였다고 말한 것은, 할례를 비롯해서 모세 율법 중에서 예식법에 속한 것들을 지켜 행하는 것은 자기가 전하는 복음에 포함되어 있지 않았다는 것을 분명하게 밝힌 것이었다.

유력한 자들에게 사사로이 한 것은 내가 달음질하는 것이나 달음질한 것이 헛되지 않게 하려 함이라. 여기에서 "유력한 자들"은 사도들을 비롯해서 예루살렘 교회의 주축을 이루고 있던 몇몇 그리스도인들을 가리키고, "달음질"은 자기가 두루 다니며 복음을 전한 것을 가리킨다. 왜냐하면, 바울은 고린도전서 9:24-26에서 "운동장에서 달음질하는 자들이 다 달릴지라도 오직 상을 받는 사람은 한 사람인 줄을 너희가 알지 못하느냐 너희도 상을 받도록 이와 같이 달음질하라 이기기를 다투는 자마다 모든 일에 절제하나니 그들은 썩을 승리자의 관을 얻고자 하되 우리는 썩지 아니할 것을 얻고자 하노라 그러므로 나는 달음질하기를 향방 없는 것 같이 아니하고 싸우기를 허공을 치는 것 같이 아니하며"라고 말한 것처럼, 복음을 전하는 자신의 사역을 "달음질"에 비유하기 때문이다. 바울은 자기가 이방인들 가운데서 전한 복음이 어떤 것이었는지를 "유력한 자들에게" "사사로이" 설명하고 고하였다고 말하면서, 그 이유를 제시하는데, 그것은 바울이 자기가 이방인들 가운데서 전한 복음을 공적인 자리에서 설명하거나 보고하였다가, 자신에 대하여 편견을 지니고 있는 일부 신자들에 의해서 일이 망쳐질 우려가 있었기 때문이라는 것이다.

반론: 바울이 자기가 이방인들 가운데서 공개적이고 공적으로 전하였던 복음을 예루살렘 교회의 지도자들에게 사적으로 설명하거나 고하여서, 그들의 동의나 인정을 받아 내는 것이 왜 그에게 중요한 일이었는지를 누가 묻는다면, 거기에 대한 대답은 쉽다: (1) 바울 이전에 사도가 된 사람들이 바울이 전한 복음을 인정해 주는 것은 이방인들 가운데서 그 복음을 받아들인 모든 그리스도인들을 설득하는 데 대단히 중요한 일이었다. 왜냐하면, 사도들의 동의는 바울이 사도들과 다른 복음을 전한다는 비방이나 중상모략에서 벗어나게 해 줄 수 있을 것이었기 때문이다. (2) 또한, 바울은 지금 예루살렘에 있었는데, 예루살렘이라는 곳은 유대인들의 본거지였기 때문에, 유대교로 교육을 받은 적이 없는 이방인들로 이루어진 이방 교회들의 경우보다 모세 율법과 관련해서 훨씬 더 큰 재량권이 주어져 있었다. 유대 그리스도인들은 복음을 받아들여 그리스도를 믿게 되기는 하였지만, 그리스도인은 율법의 멍에로부터 자유롭다는 사실을 아직 제대로 깨닫지 못하고 있었기 때문에, 믿음을 가진 이후에도 계속해서 유대교에서 요구하는 것들을 지키고 있었던 상황에서,

만일 바울이 그리스도인들은 할례를 받지 않아도 된다는 것을 공개적이고 공공연하게 선언하였다면, 믿지 않는 유대인들뿐만이 아니라 이미 믿은 유대 그리스도인들도 바울에 대하여 격분하여 그를 공격하였을 것임에 틀림없다. 따라서 만일 바울이 다메섹과 아라비아, 그리고 이방인들이 사는 다른 지역들에서 자기가 전파한 복음의 교훈을 예루살렘에서 공개적으로 설명하거나 고하였다면, 그가 지금까지 복음을 전하여 이루어 놓은 성과들이 수포로 돌아가는 것은 물론이고, 이후에 복음을 전하는 데에도 큰 지장을 초래하게 될 위험이 컸다.

3. 그러나 나와 함께 있는 헬라인 디도까지도 억지로 할례를 받게 하지 아니하였으니.

사도 바울은 예루살렘의 사도들이 자기가 복음을 전할 때에 할례가 필요하지 않다고 가르치는 데 동의하였음을 보여 주는 한 예로 여기에서 이 일을 얘기한다. 왜냐하면, 바울과 동행한 복음 사역자였던 디도는 헬라인으로서 날 때부터 이방인이었지만, 예루살렘의 사도들은 디도에게 할례를 억지로 받게 하는 것이 합당하다고 생각하지 않았을 뿐만 아니라, 사실은 이 문제에 대해서 심각한 토론도 하지 않았기 때문이다(아마도 바울은 이것을 보여 주기 위해서 일부러 디도를 데리고 갔던 것일 수도 있다). 어떤 사람들은 바울이 헬라인이었던 디모데에게는 스스로 나서서 할례를 받게 하지 않았느냐고 반론을 제기할지도 모르지만(행 16:1, 3), 거기에 대한 대답은 쉽다. 왜냐하면, 당시에 유대인이 그리스도인이 된 경우에는, 할례를 받느냐 받지 않느냐 하는 것은 스스로 알아서 해도 되는 문제였는데, 사도는 디모데의 어머니가 "유대 여자" 였던 까닭에, "그 지역에 있는 유대인들" 을 쓸데없이 자극하는 것을 피하기 위해서, 디모데에게 할례를 받게 한 것이었기 때문이다. 이렇게 그리스도인들이 어떻게 해도 상관없는 문제들인 경우에는, 사도가 고린도전서 10:31-33에서 "그런즉 너희가 먹든지 마시든지 무엇을 하든지 다 하나님의 영광을 위하여 하라 유대인에게나 헬라인에게나 하나님의 교회에나 거치는 자가 되지 말고 나와 같이 모든 일에 모든 사람을 기쁘게 하여 자신의 유익을 구하지 아니하고 많은 사람의 유익을 구하여 그들로 구원을 받게 하라"고 말한 것처럼, 그리스도인들은 여러 가지 상황을 고려해서, 어떻게 하는 것이 하나님께는 영광이 되고 다른 사람들에게는 걸림돌이 아니라 유익이 될 것인지를 생각해서 행하는 것이 합당하였다.

4. 이는 가만히 들어온 거짓 형제들 때문이라 그들이 가만히 들어온 것은 그리스

도 예수 안에서 우리가 가진 자유를 엿보고 우리를 종으로 삼고자 함이로되.

사도는 자기가 왜 디도에게 할례를 받게 하지 않았는지, 그 이유를 여기에서 제시하는데, 그것은 자기가 예루살렘의 사도들과 더불어서 이 문제들을 논의하는 곳에 몇몇 "거짓 형제들"이 들어 왔기 때문이라고 말한다. 바울은 그들이 기독교 신앙을 받아들인 자들이었기 때문에 "형제들"이라고 부르기는 하지만, 그들은 유대교의 누룩에 물들어 있어서, 모든 그리스도인들로 하여금 할례를 비롯한 유대교 예식들을 지키도록 하는 데 큰 열심을 지니고 있었기 때문에, 그들을 "거짓 형제들"이라고 부른다. 사도는 "그들이 가만히 들어온 것은" 유대교 예식들과 관련하여 모든 그리스도인들이 "가진 자유," 즉 바울이 그동안 누려 왔고 전해 왔던 바로 그 자유를 "엿보고" 모든 그리스도인들을 "종으로 삼고자" 한 것이라고 말한다. 만일 그들이 바울을 시켜서 디도로 하여금 할례를 받게 할 수 있었다면, 그들은 바울이 이방 교회들에는 할례가 필요없다고 가르치고는, 정작 예루살렘에 와서 사도들과 유대인들 앞에서 정반대의 행동을 보여 주었다고 떠들어대며, 바울을 비방하고 중상모략할 수 있는 절호의 기회를 얻을 수 있었을 것이었다. 이 자유는 바울을 비롯한 모든 그리스도인들이 예수 그리스도 안에서 가진 "자유"이자 예수 그리스도께서 주신 "자유"였고, 이 거짓 형제들의 목적은 그리스도인들에게 다시 율법의 멍에를 지워서 "종으로 삼고자" 하는 것이었기 때문에, 바울은 거기에 굴복하고자 하지 않았다.

어떤 사람들은 이렇게 반문할 것이다: 할례는 그리스도인이 받아도 되고 안 받아도 되는 그런 문제인데, 사도 바울은 모든 사람들에게 모든 것이 되고자 하는 것은 그 중의 몇몇 사람을 얻기 위한 것이라고 말한 것과는 달리, 왜 여기에서는 굳이 할례를 완강하게 반대하여, 유대 그리스도인들과 유대인들에게 걸림돌이 된 것인가? 대답: 우리는 이렇게 해도 되고 저렇게 해도 되는 문제들에 있어서 우리에게 주어진 자유를 사용할 때에는, 다른 사람들에 걸림돌이 되거나 구설수에 오르게 되는 것을 비롯해서 모든 상황과 사정을 다 고려하여야 한다. 따라서 만일 사도 바울이 디도에게 할례를 받게 하였다면, 이 거짓 형제들은 바울이 이방인들 앞에서는 이렇게 행하고 예루살렘에 와서는 저렇게 행하는 이중적이고 표리가 부동한 인물이고, 사람이 구원을 받는 데 할례가 필요없다고 한 바울의 가르침은 잘못된 것이라고 비방할 수 있는 빌미를 얻게 되었을 것이고, 그렇게 된다면, 바울이 지금까지 이방인들 가운데서 행한 사역은 수포로 돌아가게 될 뿐만 아니라, 이후에 복음 사역을 할 수 있을지 없을지조차도 불투명해질 정도로 심대한 타격을 입게 되어, 이방인들 가운데서의 복음 전도는 크게 와해될 수 있었기 때문에, 사도가 이 문제를 결정할 때에 이 점을 아주 중요하게 고려한 것은 지극히 합당한 일이었다. 게다가, 당시에 유대인들이 회심하여 그리스도인이 된 경우에는, 하나님께서 그들이 유대교로 교육받고 살아와서 유대교가 몸에 배어 있는 현실을 고려하셔서, 할례를 받느냐 받지 않느냐 하는 것은 그들의 자유에 맡기셨지만, 이방인들이 회심한 경우에도 과연 그런 식으로 할례가 각자의 자유에 맡겨져 있었는지는 의문이다: "보라 나 바울은 너희에게 말하노니 너희가 만일 할례를 받으면 그리스도께서 너희에게 아무 유익이 없으리라 내가 할례를 받는 각 사람에게 다시 증언하노니 그는 율법 전체를 행할 의무를 가진 자라"(갈 5:2-3). 나아가, 이 거짓 형제들은 바리새파에 속한 자들이었기 때문에, 할례를 받는 것이 구원을 받는 데 반드시 필요하다고 주장하였다: "어떤 사람들이 유대로부터 내려와서 형제들을 가르치되 너희가 모세의 법대로 할례를 받지 아니하면 능히 구원을 받지 못하리라 하니"(행 15:1). 그런데 할례를 받고 안 받고는 자유에 맡겨진 문제였지만, 구원을 받기 위하여 반드시 할례를 받아야 한다고 주장하는 가운데 할례 문제를 들고 나오는 경우에는, 그것은 더 이상 자유에 맡겨진 문제가 아니게 되는데, 이 거짓 형제들의 경우가 바로 그런 경우였다.

5. 그들에게 우리가 한시도 복종하지 아니하였으니 이는 복음의 진리가 항상 너희 가운데 있게 하려 함이라.

사도는 이 유대주의화된 그리스도인들의 요구를 단 한순간이라도, 또는 단 한 번이라도 들어주었다가는, 이방 교회들이 잘못되고 이상하게 될 것임을 알았기 때문에, 그들에게 "한시도 복종하지 아니하였다." 또는, 어떤 이들은 사도가 여기에서 자기가 "유력한 자들"의 말에 조금도 복종하지 않았다고 말한 것이라고 생각한다. 즉, 베드로와 야고보는 처음에 디도의 할례 문제를 논의할 때에 유대인들을 자극하고 화나게 하는 것을 피하기 위해서, 디도에게 할례를 받게 하는 것이 좋겠다고, 바울에게 말하였지만, 바울은 자기가 갈라디아 교인들을 비롯한 이방 그리스도인들 가운데서 전한 복음의 진리가 순수하고 순전하게 보존되게 하고, 이방 교회들이 모세 율법에 잠식당하여 그릇된 방향으로 나아가는 것을 막기 위하여, 사도들의 그러한 제안을 거절하였을 가능성이 대단히 높다는 것이다. 그러나 대부분의 최고의 해석자들은 여기에서 바울이 자기가 복종하지 않았다고 한 "그들"은 2절에 언급된 "유력한 자들"이 아니라 몇몇 유대주의화된 그리스도인들을 가리키는 것이라고 본다.

6. 유력하다는 이들 중에 (본래 어떤 이들이든지 내게 상관이 없으며 하나님은 사람을 외모로 취하지 아니하시나니) 저 유력한 이들은 내게 의무를 더하여 준 것이 없고.

유력하다는 이들 중에. 여기에서 "유력하다는 이들"로 번역된 헬라어 본문은 직역하면 "무엇이라고 생각되는 이들"이고, 2절에 언급된 "유력한 자들"을 가리키는데, 여기에서 "무엇"은 사람들 가운데서 아주 큰 명성을 얻은 자들이라는 의미로 사용되고 있다(행 5:36; 8:9). 우리는 사도가 예루살렘에서 활동하던 사도들과 유력하고 유명한 그리스도인들이 사람들 가운데서 얻은 명성이나 평판이 잘못된 것이라고 폄하하기 위하여 이런 말을 하고 있는 것이라고 이해해서는 안 된다. 여기에서 사도는 단지 갈라디아 교회의 거짓 교사들이 예루살렘의 사도들과 유력한 그리스도인들을 지나치게 과장해서 높여 말한 것을 원래의 수준으로 돌려놓고자 하는 것일 뿐이다. 따라서 "유력하다는 이들"은 그러한 거짓 교사들이 지나치게 부풀려서 과장한 사도들의 모습을 지칭하는 것으로 해석되어야 한다. 즉, 사도는 "너희는 예루살렘의 사도들을 비롯한 이름 있는 그리스도인들은 대단한 인물들로 여기고, 나는 아무것도 아닌 자로 여기고 있다"는 말로 운을 떼고 있는 것이다.

본래 어떤 이들이든지 내게 상관이 없으며. 갈라디아 교회의 거짓 교사들은 내가 바리새인이었을 때, 그 유력한 자들은 이 땅에 육체로 계신 그리스도를 따랐고, 그리스도에 의해서 직접 부르심을 받은 자들이라고 말하지만, 그 유력한 자들이 전에 어떤 자들이었는지 간에, 그런 것은 내게 전혀 중요하지 않다. 하나님은 사람을 외모로 취하지 아니하시나니. 왜냐하면, 하나님께서는 어떤 사람이 전에 육체로 계신 그리스도를 보았는지, 직접 그리스도의 부르심을 받았는지 같은 것들을 보시는 것이 아니라, 지금 그 사람이 어떤 사람인지를 보시기 때문이다. 저 유력한 이들은 내게 의무를 더하여 준 것이 없고. 내가 예루살렘에 가서 그 유력한 자들과 함께, 나와 그들이 사람들에게 가르쳐 온 것을 가지고 서로 얘기하고 논의하였을 때, 나와 그들이 가르쳐 온 것이 서로 다른 것이 없이 일치하였기 때문에, 내가 그들에게서 새롭게 배운 가르침도 없었으며, 그들이 내가 잘못 가르쳤다고 책망하거나 바로잡아 준 것도 없었다.

7. 도리어 그들은 내가 무할례자에게 복음 전함을 맡은 것이 베드로가 할례자에게 맡음과 같은 것을 보았고.

사도행전 15:12에서는 "온 무리가 가만히 있어 바나바와 바울이 하나님께서 자기들로 말미암아 이방인 중에서 행하신 표적과 기사에 관하여 말하는 것을 들었다"고 보도하는데, 바울은 여기에서 그들의 반응을 이렇게 말한다: 그들은 나와 바나바가 이방인들 가운데서 어떤 복음의 교훈을 전하였는지를 다 듣고 나서, 나와 바나바가 한 말들에 대해서는 전혀 반박하지 않았고, 단지 "할례자에게" 복음을 전하는 일이 "베드로"에게 맡겨진 것과 마찬가지로, "무할례자에게" 복음을 전하는 일이 나에게 맡겨진 것을 알았다. 이방인들 중에서는 할례를 받은 자들도 있었기 때문에, 여기에서 "무할례자"는 단지 할례를 받지 않은 자들을 가리키는 것이 아니라, 성경에 흔히 무할례자라는 명칭으로 불린 이방인들 전체, 즉 유대인을 제외한 모든 사람들을 가리킨다. 또한, 할례자에게 복음을 전하는 일이 "베드로"에게 맡겨졌다는 것은 오직 베드로에게만 맡겨졌다는 의미는 아니다. 왜냐하면, 그 일은 야고보와 요한에게도 맡겨진 일이었기 때문이다.

우리는 이 본문이 마치 바울은 유대인들에게 복음을 전해서는 안 되고, 베드로는 이방인들에게 복음을 전해서는 안 된다는 의미를 내포하고 있는 것처럼 이해해서는 안 된다. 사도행전 9:15에서 주님께서 환상 중에 아나니아에게 나타나셔서, 바울에 대하여 "이 사람은 내 이름을 이방인과 임금들과 이스라엘 자손들에게 전하기 위하여 택한 나의 그릇이라"고 말씀하신 것, 그리고 사도행전 10장에서 베드로가 "이달리야 부대라 하는 군대의 백부장"인 고넬료에게 복음을 전한 것은, 이 본문이 그런 의미가 아니라는 것을 잘 보여 준다. 하나님께서는 베드로의 주된 사역이 유대인들 가운데서 이루어지게 하신 것과 마찬가지로, 이방인들에게 복음을 전하시는 데에는 주로 바울을 사용하고자 하셨고(행 26:17), 하나님의 이러한 뜻에 따라 안디옥 교회는 소아시아를 비롯한 이방인들의 땅에 복음을 전하기 위하여 바울을 파송하였다(행 13:3).

8. 베드로에게 역사하사 그를 할례자의 사도로 삼으신 이가 또한 내게 역사하사 나를 이방인의 사도로 삼으셨느니라.

바울은 자신의 부르심이나 베드로의 부르심은 둘 다 하나님으로부터 나온 것으로서 대등한 것이었고, 하나님께서는 베드로를 사도로 부르셔서 유대인들에게 복음을 전하게 하시고 베드로에게 "역사하셔서" 유대인들로 하여금 복음을 받아들여 믿게 하신 것과 마찬가지로, 동일하게 자기를 사도로 부르셔서 이방인들에게 복음을 전하게 하시고 자기에게 역사하셔서 이방인들로 하여금 복음을 받아들여 믿게 하셨다고 말한다. 바울과 베드로를 통한 하나님의 이러한 역사는, 하나님께서 이 두 사도의 사역을 통해서 많은 유대인들과 이방인들로 하여금 회심하게 하시고, 이 두 사도가 전한 복음의 교훈을 많은 이적들로 확증해 주신 것으로 나타났다.

9. 또 기둥 같이 여기는 야고보와 게바와 요한도 내게 주신 은혜를 알므로 나와 바나바에게 친교의 악수를 하였으니 우리는 이방인에게로, 그들은 할례자에게로 가게 하려 함이라.

기둥 같이 여기는 야고보와 게바와 요한도 내게 주신 은혜를 알므로. 여기에 언급된 "야고보"는 알패오의 아들인 "작은 야고보"를 가리키는데(마 10:3; 막 15:40), 그는 동정녀 마리아의 자매의 아들이었기 때문에, 바울은 앞에서 이 야고보를 "주의 형제"(갈 1:19)라고 불렀다. 바울이 여기에서 야고보의 이름을 가장 먼저 언급한 것은, 교황주의자들이 성경의 기자들이 베드로의 이름을 사도들 중에서 가장 먼저 언급하고 있다는 것을 근거로 삼아서 베드로의 수장권을 주장하는 것이 잘못임을 보여 준다. "게바"는 베드로의 아람어식 이름인데, 바울이 다른 곳들에서는 대체로 베드로라고 부르는 것과는 달리 여기에서는 "게바"라고 부른 것은, 아마도 "야고보"와 "요한"이 아람어식 이름들이었던 까닭에, 거기에 맞춰서 아람어식으로 부르고자 하였기 때문인 것으로 보인다. "요한"은 요한복음을 쓴 사도로서, "사랑하는 제자"로도 불렀다.

여기에서 바울이 이 사도들을 사람들이 "기둥 같이 여기는" 인물들이라고 말한 것은, 그들이 예루살렘 교회의 기둥들이었다는 것을 부인하고 있는 것이 아니다. 왜냐하면, 이 사도들은 하나님께서 이 땅에 최초의 복음 교회를 세우실 때에 사용하신 인물들이었을 뿐만 아니라, 교회를 "진리의 기둥과 터"(딤전 3:15)라고 부르는 것과 동일한 의미에서 복음 교회를 지탱해 온 인물들이었고, 복음을 온 세상에 널리 전파하는 데에도 쓰임 받은 인물들이었기 때문이다. 그런데도 바울이 이 사도들을 "기둥들"이라고 말하지 않고 "기둥 같이 여기는" 사도들이라고 표현한 것은, 갈라디아 교회의 거짓 교사들이 그 사도들의 사역을 지나치게 부풀려서 칭송한 반면에, 자신의 사역은 형편없이 폄하한 것을 바로잡기 위한 것이었다. 바울이 이 세 사도가 "내게 주신 은혜를 알았다"고 말한 것은, 이 사도들이 하나님께서 이방인들 가운데서의 자신의 수고에 복을 주시고 형통하게 하신 것을 보고서, 자신의 사도직을 인정하였다는 것을 의미한다.

나와 바나바에게 친교의 악수를 하였으니 우리는 이방인에게로, 그들은 할례자에게로 가게 하려 함이라. 이 사도들은 바울과 바나바를 그들 자신과 동일한 "기둥들"로 여겨서, 그러한 인정의 표시로 "친교의 악수"를 청하고(왕하 10:15), 그들이 "할례자에게로" 가서 복음을 전하는 것과 마찬가지로, 바울과 바나바가 이방인들에게로 가서 복음을 전하는 것에 동의하였다. 즉, 야고보와 요한과 베드로는 주로 유대인들에게 복음을 전하는 일을 맡고, 바울과 바나바는 이방인들에게 복음을 전하는 일을 맡기로 서로 간에 합의가 이루어졌다.

10. 다만 우리에게 가난한 자들을 기억하도록 부탁하였으니 이것은 나도 본래부터 힘써 행하여 왔노라.

너희 가운데서 대단히 유명하고 명성이 있는 이 기둥 같은 사도들은 우리에게 그 어떤 새로운 가르침을 더하거나 그 어떤 새로운 의무를 부과하지 않았고, 다만 우리가 어디에 가든지, 유대에 있는 가난한 그리스도인들을 돕는 일을 해 주기를 우리에게 부탁하였다. 왜냐하면, 유대의 그리스도인들은 이 땅에서 처음으로 복음 교회를 이루고 복음을 보존하기 위하여 자신들이 가진 모든 것을 팔았던 까닭에, 또는 유대인들로부터의 혹독한 박해로 인하여, 또는 유대 땅을 휩쓴 기근으로 인해서 아주 궁핍하게 살고 있었기 때문이었다. 하지만 그것은 내가 이전부터 해 왔던 일이었고, 새로운 일이 아니었기 때문에, 그들이 가난한 유대 그리스도인들을 기억해 달라고 우리에게 말하지 않았더라도, 나는 아주 적극적으로 그 일에 계속해서 발벗고 나설 것이었다.

11. 게바가 안디옥에 이르렀을 때에 책망 받을 일이 있기로 내가 그를 대면하여 책망하였노라.

베드로가 안디옥 교회를 방문한 일에 대해서는 성경이 아무런 언급도 하고 있지 않기 때문에, 이 때가 언제였는지를 놓고 해석자들 사이에서 의견이 분분하다. 어떤 이들은 사도행전 15장에 보도된 예루살렘 회의 이전이었을 것이라고 생각하고, 어떤 이들은 그 이후였을 것이라고 생각한다. 내 생각에는, 베드로가 안디옥 교회를 방문한 것은 예루살렘 회의 이후였다고 보는 것이 최선인 것 같다. 왜냐하면, 이 사건이 일어났을 때는 바나바와 바울이 함께 안디옥 교회에 있던 때였는데, 바울과 바나바는 예루살렘에서 안디옥으로 돌아와서 예루살렘 회의의 결과를 교회에 전하고 나서 한동안 거기에서 "주의 말씀을 가르치며 전파하다가"(행 15:35), 그들이 이전에 선교했던 지역을 다시 돌아보기 위하여 함께 가기로 했다가 마가를 데려가는 문제로 따로 가게 되었고, 우리는 그 후로는 두 사람이 다시 만났다는 얘기를 성경에서 읽을 수 없기 때문이다.

이렇게 예루살렘 회의 후에 바울과 바나바가 안디옥에 함께 있을 때, 베드로가 거기로 왔지만, 바울은 이 때에도 베드로에게서 가르침을 받은 것은 전혀 없었고, 오히려 자기가 베드로를 "대면하여 책망하였다"고 말한다. 이 구절에서 "책망하였다"로 번역된 단어는 흔히 폭력적인 행위를 가리키는 데 사용되지만, 여기에서는 말로 책망하고 질책하였다는 것을 의미한다. 바울은 베드로가 "책망 받을 일"을 했다고 말하는데, "책망 받을"로 번역된 헬라어는 직역하면 "그가 이미 단죄되었다"를 의미하기 때문에, 어떤 이들은 바울이 베드로를 책망하기 전에, 베드로가 자기가 한 일로 인해서 이미 사람들로부터 책망을 들었던 것이라고 해석하지만, 그러한 해석은 근거가 없다. 왜냐하면, 헬라어 본문에서 "책망 받다"(또는, "단죄되다")를 뜻하는 분사는 완료 시제로 되어 있기는 하지만, 이것은 미래를 뜻하는 동명사를 나타내는 히브리어식 표현인 까닭에, 라틴어 역본에서도 미래로 번역하고 있기 때문이다. 그러한 예로는 고린도전서 1:18; 고린도후서 2:15; 베드로후서 2:4 등이 있다. 따라서 흠정역 번역자들은 이 본문의 의미를 살려서 이 단어를 "책망 받을"로 제대로 번역하였다.

12. 야고보에게서 온 어떤 이들이 이르기 전에 게바가 이방인과 함께 먹다가 그들이 오매 그가 할례자들을 두려워하여 떠나 물러가매.

베드로는 안디옥에 한동안 머물러 있었던 것으로 보인다. 그가 거기에 머무는 동안에, 예루살렘에 있던 야고보에게서 어떤 유대인들이 왔는데, 그들이 오기 전에, 그는 모세 율법에 따라 식사한 것이 아니라, 날 때부터 이방인들이었던 안디옥의 여러 그리스도인들과 함께 아무런 차이 없이 식사를 하고 있다가, 비록 그리스도인들이 되긴 하였지만, 여전히 유대교의 율법 예식들에 열심이 있던 그들이 오자마자, 이방 그리스도인들과 식사하던 자리를 가장 먼저 앞장서서 황급히 떠났는데, 이것은 그들이 예루살렘에 돌아가서, 그가 이방인들과 함께 식사를 했다고 보고하게 되면, 유대인들의 분노를 사서 화를 입게 될 것을 두려하였기 때문이었다.

13. 남은 유대인들도 그와 같이 외식하므로 바나바도 그들의 외식에 유혹되었느니라.

베드로가 이런 모습을 보이자, 안디옥 교회에 속해 있던 날 때부터 유대인이었던 그리스도인들도 베드로를 따라 덩달아서 그 자리를 떠나게 됨으로써, 상황은 더욱 악화되고 말았다. 심지어 바울과 예루살렘에 가서 이 문제와 관련해서 사도들의 결정을 가지고 돌아왔던 "바나바" 조차도 "그들의 외식"에 휩쓸려 부화뇌동하는 모습을 보였다. 이 모든 것의 발단이 된 것은 베드로가 보인 외식하는 태도였다는 점에서, 이것은 명망 있는 교사들의 잘못되고 일탈된 행동들이 그들을 따르는 그리스도인들에게 얼마나 위험천만한 결과를 초래하는지를 잘 보여 준다.

14. 그러므로 나는 그들이 복음의 진리를 따라 바르게 행하지 아니함을 보고 모든 자 앞에서 게바에게 이르되 네가 유대인으로서 이방인을 따르고 유대인답게 살지 아니하면서 어찌하여 억지로 이방인을 유대인답게 살게 하려느냐 하였노라.

그러므로 나는 그들이 복음의 진리를 따라 바르게 행하지 아니함을 보고 모든 자 앞에서 게바에게 이르되. 여기에서 "바르게 행한다"는 것은 일관성 없이 갈팡질팡하는 것과 반대되는 개념이다. 옛적에 엘리야 선지자가 이스라엘 백성에게 말하였듯이, 베드로도 두 가지 생각 사이에서 갈팡질팡하였다. 즉, 그는 혼자 이방인들과 함께 있을 때에는, 복음에 의해서 자기에게 주어진 자유를 따라 이방인들과 똑같이 먹고 교제하는 등 거리낌 없이 어울렸지만, 유대인들이 예루살렘으로부터 오자, 갑자기 태도가 돌변해서, 이방인들과 함께 먹던 자리를 떠나서, 마치 이방인들과 함께 어울려 교제한 적이 없었다는 듯이 시치미를 떼고서, 예루살렘에서 온 유대인들과만 어울렸다. 이것은 복음이 요구한 정직성을 따라 행한 것이 될 수 없었다. 베드로는 "너희 발을 위하여 곧은 길을 만들어 저는 다리로 하여금 어그러지지 않고 고침을 받게 하라"(히 12:13)는 교훈을 따른 것이 아니었다. 바울은 베드로의 그러한 외식하는 행동을 다른 사람들로부터 전해 들은 것이 아니라, 자기 눈으로 직접 보았기 때문에, 복음에 어긋나는 이러한 잘못된 행동이 퍼지는 것을 막기 위해서, 책망하는 것을 미루지 않고, 그 자리에서 즉시 베드로를 책망하였다. 또한, 바울은 베드로가 행한 잘못은 많은 사람들 앞에서 공공연하게 이루어진 것이어서, 그를 따로 만나서 사사롭게 책망함으로써, 그의 허물을 덮어 주는 것은 합당하지 않은 일이었기 때문에, 그렇게 하지 않고, 의도적으로 "모든 자 앞에서" 그를 책망하였다. 왜냐하면, 베드로는 모든 사람이 보는 앞에서 그런 범죄를 저지른 것이었던 까닭에, 바울은 베드로를 모든 사람 앞에서 공개적으로 책망하여야만, 이 죄악이 모든 사람들에게로 퍼져나가는 것을 막을 수 있을 것이었기 때문이다. 바울이 이렇게 베드로를 모든 사람 앞에서 대면하여 책망한 행위는 베드로 개인에게는 창피하고 모욕적인 것이었겠지만, 베드로가 갈팡질팡하며 외식하는 모습을 보이는 것을 직접 눈으로 목격하였던 안디옥 교회의 모든 성도들에게는 복음의 진리가 무엇인지를 똑똑히 보여 줌으로써 거짓되고 잘못된 길로 가지 않게 해 주는 것이었다. 그래서 바울은 디모데전서 5:20에서 "범죄한 자들을 모든 사람 앞에서 꾸짖어 나머지 사람들로 두려워하게 하라"고 말한다.

네가 유대인으로서 이방인을 따르고 유대인답게 살지 아니하면서 어찌하여 억지로 이방인을 유대인답게 살게 하려느냐 하였노라. 베드로는 단지 종교적으로만이 아니라 유대인으로 태어나서 유대교로 교육을 받은 유대인이었지만, 복음을 받아들인 후에는, 유대인들이 일반적으로 지킨 할례를 비롯한 여러 유대교 예식들을 지키지 않고, 이방인들과 자유롭게 어울리고 교제하며 함께 먹고 마시며 살아 왔었고, 예루살렘에서 야고보로부터 유대인들이 안디옥에 도착하기 전까지는 그런 모습을 유감없이 보여 주었다. 여기에서 사도는 이렇게 반문한다: "그런 네가 어찌하여" 이와 같이 외식적인 모습을 보임으로써 이방 그리스도인들에게 "억지로 유대인처럼 살게" 하려고 하는 것이냐? 여기에서 "억지로"라는 표현은 베드로가 폭력적인 행위를 사용해서 강제로 그렇게 하였다는 것을 의미하는 것이 아니라, 베드로는 복음 교회에서 명성과 권위를 지닌 주요한 지도자였기 때문에, 그의 행동은 교회 지도자들을 크게 존경하고 공경하는 일반 신자들에게는 일종의 강제력으로 작용한다는 것을 의미한다. 따라서 여기에서 "억지로 … 하게 하다"로 번역된 '아낭카제이스' (*ἀναγκάζεις*)는 고린도후서 12:11("내가 어리석은 자가 되었으나 너희가 억지로 시킨 것이니")에서는 고린도 교인들이 바울로 하여금 자신을 자랑하고 자천하도록 억지로 시켰다는 의미로 사용되고 있고, 누가복음 14:23("주인이 종에게 이르되 길과 산울타리 가로 나가서 사람을 강권하여 데려다가 내 집을 채우라")에서도 강제로 데려온다는 의미로 사용되고 있다. 베드로의 이러한 행동, 그리고 아마도 자신의 그러한 행동을 합리화하는 말들과 논리들은, 그리스도인으로 개종한 유대인들에게 유대교 예식들을 지키라고 강력하게 강제하는 결과를 가져왔다. 이렇게 베드로가 안디옥 교회에 속한 이방 그리스도인들과 함께 거리낌 없이 함께 식사하며 교제함으로써 복음에 의해서 주어진 자유를 행동으로 선포하였으면서도, 예루살렘에서 유대 그리스도인들이 오자, 마치 자기가 유대교 예식들을 철저히 지키는 것처럼 행동한 것에서 드러난 베드로의 이율배반적인 태도는, 그 자체로 모순되고 외식적인 것이었을 뿐만 아니라, 바울의 가르침을 따라 그리스도께서 주신 자유 위에 견고히 서 있던 이방 그리스도인들로 하여금 자신들이 고백하고 행해 왔던 진리로부터 떠나게 만드는 큰 걸림돌로 작용하였고, 이것이 바울이 베드로를 모든 사람 앞에서 공개적으로 책망한 이유였다.

15. 우리는 본래 유대인이요 이방 죄인이 아니로되.

우리는 본래 유대인이요. 우리는 이방인으로 있다가 유대교로 개종하여 유대 율법을 지킬 의무를 지게 된 자들이 아니라, 태어날 때부터 유대인이고 아브라함의 자손이기 때문에, 하나님이 유대인의 조상인 아브라함 및 그의 자손과 맺으신 계약 아래 있는 자들이다. 이방 죄인이 아니로되. 유대인들은 통상적으로 이방인들을 "죄인들"이라고 불렀다. 물론, 이방인들 중에서도 참 하나님을 섬기는 자들이 있어서, 예루살렘으로 올라와서 예배하곤 하였는데, 예루살렘 성전에는 특별히 그런 이방인들을 위해서 "이방인의 뜰"로 불리는 장소가 마련되어 있었다. 그렇지만 이방인들은 유대 율법을 지킬 의무 아래 있지 않았기 때문에, 유대인들에 의해서 "죄인들"로 지칭되게 된 것이었고, 바울이 로마서 1:29-31에서 열거하고 있는 이방인들의 행실이 잘 보여 주듯이, 대다수의 이방인들은 실제로 "흉악한 죄인들"(여기에서 "죄인들"로 번역된 단어는 통상적으로 이런 의미로 사용된다)이었다.

16. 사람이 의롭게 되는 것은 율법의 행위로 말미암음이 아니요 오직 예수 그리스도를 믿음으로 말미암는 줄 알므로 우리도 그리스도 예수를 믿나니 이는 우리가 율법의 행위로써가 아니고 그리스도를 믿음으로써 의롭다 함을 얻으려 함이라 율법의 행위로써는 의롭다 함을 얻을 육체가 없느니라.

사람이 의롭게 되는 것은 율법의 행위로 말미암음이 아니요. 우리는 "율법의 행위로 말미암아," 즉 그것이 예식법이든 도덕법이든 모세 율법에 순종하여 행한 온갖 종류의 행위들로 말미암아서는 사람이 죄책으로부터 사함을 받을 수 없고 하나님 앞에서 의롭다 하심을 얻을 수 없다는 것을 안다. 사람이 하나님 앞에서 의롭다 하심을 얻는 것과 관련한 문제는 할례를 비롯해서 율법의 예식법에 순종하여 행한 행위들로부터 시작되었지만, 사도가 여기에서 말한 "율법의 행위"가 단지 그러한 것들만을 가리키는 것이 아니라 훨씬 더 폭넓은 것들을 가리킨다는 것은 분명하다. 왜냐하면, 사도는 로마서 3:20에서 "율법의 행위로 그의 앞에 의롭다 하심을 얻을 육체가 없나니 율법으로는 죄를 깨달음이니라"고 말함으로써, 죄를 깨닫게 하는 것도 율법의 기능으로 이해하고 있음을 보여 주는데, 사람이 예식법만으로는 죄를 깨달을 수 없기 때문이고, 여기에서 사도의 논쟁상대가 되고 있는 사람들 중에서도, 사람이 율법 중에서 오직 예식법에서 정한 것들만을 지키고 순종한다고 해서 하나님 앞에서 의롭다 하심을 얻을 수 있다고 생각한 사람은 아무도 없었을 것이기 때문이며, 사도가 로마서 3:27에서 "그런즉 자랑할 데가 어디냐 있을 수가 없느니라 무슨

법으로냐 행위로냐 아니라 오직 믿음의 법으로니라"고 말한 것처럼, 하나님께서 죄인들이 의롭다 하심을 얻을 수 있는 길을 정하신 의도는 그들이 자랑할 수 없게 만드는 데 있었는데, 만일 사람들이 도덕법에 순종하여 행한 행위들로 말미암아 의롭다 하심을 얻을 수 있다면, 사람들로 하여금 자랑할 수 없게 만들고자 하신 하나님의 의도는 실패로 돌아가게 될 것이기 때문이고, 사도가 로마서 4:15에서 "율법은 진노를 이루게 하나니 율법이 없는 곳에는 범법도 없느니라"고 말하고, 갈라디아서 3:10에서 "무릇 율법 행위에 속한 자들은 저주 아래에 있나니 기록된 바 누구든지 율법 책에 기록된 대로 모든 일을 항상 행하지 아니하는 자는 저주 아래에 있는 자라 하였음이라"고 말하였을 때, 오직 예식법만을 염두에 두고 그런 말을 하지는 않았을 것이기 때문이다.

오직 예수 그리스도를 믿음으로 말미암는 줄 알므로. 우리는 오직 그리스도를 믿음으로써만 의롭다 하심을 얻을 수 있는데, 여기에서 말하는 "믿음"은 우리의 행위로서의 믿음도 아니고(이것은 앞에서 이미 부정한 바 있다), 일차적이고 실효적인 원인으로서의 믿음도 아니며(이런 의미에서 우리를 의롭다 하시는 이는 하나님이시기 때문에), 우리가 공로가 되는 원인으로서의 믿음도 아니고(우리는 그리스도의 피로 말미암아 의롭다 하심을 얻는 것이기 때문에), 그리스도와 그의 의를 깨닫게 해 주고 우리 자신에게 적용하게 해 주는 도구로서의 믿음이다. **우리도 그리스도 예수를 믿나니 이는 우리가 율법의 행위로써가 아니고 그리스도를 믿음으로써 의롭다 함을 얻으려 함이라.** 우리는 유대인들이지만, 복음의 진리에 동의하였을 뿐만 아니라, 복음을 구원의 길로 받아들여서, 예수를 우리의 주로 영접하였는데, 우리가 그렇게 한 것은, 율법에 의지하거나, 율법에 순종하는 우리의 행위에 의지해서는, 우리가 우리 자신의 죄책을 사함 받을 수 없고, 하나님 앞에서 의롭다 하심을 얻을 수 없다는 것을 알았기 때문이었다. **율법의 행위로써는 의롭다 함을 얻을 육체가 없느니라.** 죽을 수밖에 없는 유한한 존재인 인간은 최선을 다해서 하나님의 율법을 지키려고 해도 불완전할 수밖에 없고, 율법이 요구하는 것에 훨씬 못 미칠 수밖에 없기 때문에, 율법에 순종하는 행위를 통해서는 결코 죄사함을 받을 수도 없고 의롭다 하심을 얻을 수도 없다.

17. 만일 우리가 그리스도 안에서 의롭게 되려 하다가 죄인으로 드러나면 그리스도께서 죄를 짓게 하는 자냐 결코 그럴 수 없느니라.

어떤 해석자들은 사도가 이 서신을 통해서 갈라디아 교인들에게 말하고자 한 본론, 즉 그리스도를 믿는 믿음으로 말미암아 의롭다 하심을 얻는다는 가르침이 여기에서 시작된다고 생각하는 반면에, 어떤 이들은 15절에서 이미 시작되었다고 생각한다. 만일 우리가 그리스도 안에서 의롭게 되려 하다가 죄인으로 드러나면. 사도는 이렇게 말한다: 너희는 율법의 행위로 말미암지 않고 그리스도로 말미암아 의롭게 되려고 하는 우리를 중대한 범죄자로 취급하고, 우리에게 그렇게 가르치신 "그리스도"를 마치 "죄를 짓게 하는 자"인 것처럼 여긴다. 그러나 어떤 이들은 사도는 여기에서 오늘날과 마찬가지로 당시에 그리스도를 믿는 믿음으로 말미암아 의롭다 하심을 얻는다는 가르침에 대하여 통상적으로 제기된 반론, 즉 믿음으로 말미암아 의롭게 될 수 있다고 사람들에게 가르치면, 하나님의 율법을 지켜야 할 의무에서 사람들을 벗어나게 해 줌으로써, 사람들에게 육체의 욕심을 따라 행할 수 있는 길을 열어 주게 되고, 따라서 그리스도를 "죄를 짓게 하는 자"로 만드는 것이라는 사람들의 반론을 그대로 가져와 인용하고 있는 것이라고 생각한다. 이러한 반론은 사도가 로마서 6장에서 답변하였던 바로 그 반론과 동일하다: "그런즉 어찌하리요 우리가 법 아래에 있지 아니하고 은혜 아래에 있으니 죄를 지으리요 그럴 수 없느니라"(롬 6:15). 즉, 이러한 반론을 제기하는 자들은 이렇게 말하는 것이다: 우리 인간은 하나님의 율법을 충분히 지킬 수 있어서 율법의 행위로 말미암아 의롭게 될 수 있는데도, 그리스도께서 우리에게 구원의 또 다른 가능성을 열어 주시기 위하여 이 땅에 오셔서 우리를 위하여 피흘려 죽으신 것이고, 우리는 하나님의 율법에 순종하여야 하는 의무로부터 벗어나서, 하나님의 율법에 불순종하여 악한 삶을 살기 위한 목적으로, 사람은 그리스도를 믿기만 하면, 죄사함을 받음과 동시에 의롭다 하심을 얻게 된다고 주장하는 것이라면, 분명히 그리스도께서는 우리로 하여금 죄를 짓게 하는 자라고 할 수밖에 없다. 먼저, 사도는 이러한 비방과 중상모략을 단도직입적으로 "결코 그럴 수 없느니라"고 단호하게 부정한다.

18. 만일 내가 헐었던 것을 다시 세우면 내가 나를 범법한 자로 만드는 것이라.

만일 내가 헐었던 것을 다시 세우면. 어떤 이들은 사도가 "내가 헐었던 것"이라고 말한 것이 자신의 이전의 죄악된 상태를 가리키는 것이라고 이해하고서, 사도는 여기에서 의롭다 하심을 얻은 상태는 언제든지 변할 수 있다고 말하고 있는 것이라고 생각하지만, 꼭 그렇게 생각할 필요는 없다. 왜냐하면, 사도가 여기에서 말한 "내가 헐었던 것"은 자기가 이전에 자원해서 끊임없이 죄악을 저질렀던 삶을 가리키는 것으로 이해할 수도 있기 때문이다: 만일 내가 죄악된 삶을 조장하는 교훈을 가르치거나, 죄악된 삶을 살아가고 있는 것이라면, 그런 것들은 그리스도의 사역자인 "내가" 나의 전도와 가르침 속에서 "헐었던 것들"이다. 나는 너희가 그리스도로 말미암아 의롭다 하심을 얻음으로써 너희의 죄책이 제거되었을 뿐만 아니라, 너희에 대한 죄의 지배도 허물어지고 파괴되었다고 가르쳐 왔는데, 그런 것들은 너희가 그리스도 안에서 의롭다 하심을 얻음으로써 파괴되고 허물어진 것들이다. 어떤 심령이 그리스도를 믿고 의롭다 하심을 얻게 되었을 때, 하나님께서는 그 심령에게 "네 죄가 사함을 받았다"라고만 말씀하시는 것이 아니라, 거기에 반드시 "다시는 죄를 짓지 말라"는 말씀을 덧붙이신다. 따라서 의롭다 하심을 얻은 자가 계속해서 죄악된 삶을 살아간다면, 그것은 자기가 "헐었던 것을 다시 세우는" 꼴이 된다.

내가 나를 범법한 자로 만드는 것이라. 나를 비롯해서 누구라도 그렇게 한다면, 그것은 자기 자신을 "범법한 자"로 만드는 것이다. 따라서 여기에서 사도가 말하고자 하는 것은 로마서 6:2에서 그가 말하고자 한 것과 동일한 것으로 보인다: "그럴 수 없느니라 죄에 대하여 죽은 우리가 어찌 그 가운데 더 살리요." 사도는 로마서 6장에서와 마찬가지로 여기에서도, 그리스도를 믿음으로 말미암아 의롭다 하심을 얻는다는 가르침은 그 가르침을 받아들인 자들에게 마음대로 죄를 지을 수 있는 자유를 줄 수 없다는 것을 증명하려고 애쓴다. 즉, 믿음으로 말미암아 의롭다 하심을 얻은 자들은 자신의 죄책으로부터만이 아니라 죄의 권세와 지배로부터도 해방되는 은혜에 참여하게 되기 때문에, 죄악된 삶 속에서 더 이상 그 어떤 기쁨이나 위로를 받을 수 없을 뿐만 아니라, 죄가 그들 속에서 더 이상 역사할 수 없게 된다는 것이다.

19. 내가 율법으로 말미암아 율법에 대하여 죽었나니 이는 하나님에 대하여 살려 함이라.

내가 율법으로 말미암아 율법에 대하여 죽었나니. 어떤 이들은 "율법으로 말미암아"라는 어구에서 "율법"은 그리스도의 법을 가리킨다고 생각하지만, 우리는 사도가 앞에서 말해 온 모세 율법을 가리키는 것으로 보아야 한다. 행위 계약에 따라서, 율법 그 자체는 우리에게 사망을 가져다준다: "우리가 육신에 있을 때에는 율법으로 말미암는 죄의 정욕이 우리 지체 중에 역사하여 우리로 사망을 위하여 열매를 맺게 하였더니"(롬 7:5). 우리는 율법으로 말미암아 죄를 알게 되고, 우리의 죄로 인하여 율법에 의해서 정죄를 받아 사망 선고를 받게 되고, 율법에 순종하여 의롭게 되려고 하였던 우리의 기대는 좌절된다.

이는 하나님에 대하여 살려 함이라. 그것은 내가 인간의 삶의 준칙으로 주어진 율법에 불순종하는 삶을 살기 위한 것이 아니라, 하나님에 대하여 더 거룩하게 살기 위한 것이다. 따라서 내가 행위 계약인 율법에 죽었고, 율법에 순종함으로써 의롭게 되고자 하였던 기대가 무너졌다고 해서, 그것은 결코 내게 죄를 지을 자유를 주지 않는다. 왜냐하면, 하나님께서 나를 율법 아래에서의 가혹한 종살이로부터 해방시키셔서 자유롭게 하신 목적은 나로 하여금 거룩함과 의로움 가운데서 두려움 없이 하나님을 섬기며 살게 하시기 위한 것이기 때문이다.

20. 내가 그리스도와 함께 십자가에 못 박혔나니 그런즉 이제는 내가 사는 것이 아니요 오직 내 안에 그리스도께서 사시는 것이라 이제 내가 육체 가운데 사는 것은 나를 사랑하사 나를 위하여 자기 자신을 버리신 하나님의 아들을 믿는 믿음 안에서 사는 것이라.

이 서신의 성격은 로마서와 아주 흡사해서, 사도가 이 장의 후반부에서 말하고 있는 내용은 로마서 6장에 나오는 것과 많은 부분 일치한다. 우리는 로마서 6:6에서 이 본문과 비슷한 내용을 발견한다: "우리가 알거니와 우리의 옛 사람이 예수와 함께 십자가에 못 박힌 것은 죄의 몸이 죽어 다시는 우리가 죄에게 종 노릇 하지 아니하려 함이니."

내가 그리스도와 함께 십자가에 못 박혔나니. 그리스도를 믿는 믿음으로 말미암아 의롭다 하심을 얻은 나는 단지 나를 위해 십자가에 못 박히신 그리스도로부터 오는 은택들에 참여하는 자가 된 것에서 그치지 않고, 내 자신의 육체의 욕심과 정욕이 죽어짐으로써 그리스도의 죽음에도 참여하게 된다. 사도는 로마서 6:4에서 "우리가 그의 죽으심과 합하여 세례를 받음으로 그와 함께 장사되었나니"라고 말함으로써, 우리가 그리스도와 함께 십자가에 못 박혀 죽은 것을 보여 주는 것이 바로 "세례"임을 우리에게 가르쳐 준다.

그런즉 이제는 내가 사는 것이 아니요 오직 내 안에 그리스도께서 사시는 것이라. 나는 율법에 대하여 죽었고, 그리스도와 함께 십자가에 못 박혔지만, 영원히 죽은 것이 아니라, 이렇게 거룩하고 신령한 삶을 살아가고 있다. 하지만 나의 그러한 삶은 나의 타고난 본성이 지닌 취향과 기호들을 따라 살아가는 삶이 아니기 때문에, "내가 사는 것"이라고 할 수 없고, "오직 내 안에서 그리스도께서" 자신의 영으로 말미암아 나를 새롭게 변화시키셔서 새로운 피조물이 되게 하시고, 내 속에 새로운 동기와 성향을 생겨나게 하셔서, 나로 하여금 거기에 따라 살아가게 하시는 것이기 때문에, 그리스도께서 "사시는 것"이다.

이제 내가 육체 가운데 사는 것은 나를 사랑하사 나를 위하여 자기 자신을 버리신 하나님의 아들을 믿는 믿음 안에서 사는 것이라. 나는 지금도 여전히 "육체 가운데," 즉 육신을 입고 살아가고 있기는 하지만, "하나님의 아들을 믿는 믿음"을 의지해서 살아가고 있기 때문에, 나의 모든 본성적이고 도덕적이며 시민적인 행위들은 예수 그리스도를 믿는 믿음의 원리 위에서 그리스도의 다스리심과 인도하심에 따라 행해진다. 그리고 내가 믿는 예수 그리스도는 나를 사랑하셔서 나를 위해 십자가 위에서 죽으신 분이다.

21. 내가 하나님의 은혜를 폐하지 아니하노니 만일 의롭게 되는 것이 율법으로 말미암으면 그리스도께서 헛되이 죽으셨느니라.

내가 하나님의 은혜를 폐하지 아니하노니. 여기에서 "폐하다"로 번역된 단어는 신약성경에서 "멸시하다, 거부하다, 헛되게 하다" 등으로 번역되기 때문에(막 7:9; 요 12:48; 갈 3:15; 히 10:28), 사도는 여기에서 이렇게 말하고 있는 것이다: 나는 자기 아들을 우리의 죄를 위하여 내어 주셔서 십자가 위에서 죽게 하신 하나님의 값없이 거저 주신 사랑을 멸시할 수 없고 거부할 수 없으며 헛되게 할 수 없다. 우리가 이것으로부터 쉽게 도출해 낼 수 있는 결론은, 그리스도 안에서 하나님이 거저 값없이 은혜를 주셔서 의롭다 하심을 얻은 자들이 마음껏 죄를 짓는 방탕한 삶을 산다면, 그들은 하나님의 은혜를 멸시하고 모욕하는 자들이라는 것이다. 하지만 우리는 전반부에 나오는 이 구절이 후반부에 나오는 구절에 걸리는 것으로 보고, 이 구절을 해석하는 것이 더 합당한 것으로 보인다. 즉, 율법의 행위로 말미암아 의롭게 될 수 있다고 단언하고 그런 식으로 의롭게 되고자 애쓰는 자들은 복음 안에서 하나님이 값없이 주신 은혜를 멸시하고 거부하는 것이고, 그 은혜를 헛되게 하고 폐기하는 것이다.

만일 의롭게 되는 것이 율법으로 말미암으면 그리스도께서 헛되이 죽으셨느니라. 만일 사람이 율법에 순종해서 행한 행위들을 통해서 의에 도달하는 것이 가능하고, 그 의를 가지고 하나님 앞에 설 수 있다면, 그리스도께서는 헛되이 죽으신 것이다. 즉, 그리스도께서는 죽으실 이유나 필요가 없으셨는데, 쓸데없이 죽으신 것이 된다. 왜냐하면, 그리스도께서 죽으신 일차적이고 주된 목적은 "영원한 의"(단 9:24)를 드러내셔서, 죄인들이 자신의 의를 덧입어 하나님 앞에 설 수 있게 하기 위한 것이었기 때문이다. 그런데 만일 사람이 율법의 행위로 말미암아 얼마든지 의롭게 될 수 있다는 것이 사실이라면, 그리스도께서 죽으신 일차적이고 주된 목적은 이미 다른 식으로 이루어질 수 있는 것이기 때문에, 그리스도의 죽음은 쓸데없는 것이 되고 말 것이다. 이렇게 사도는 사람이 율법의 행위로 말미암아 의롭게 될 수 있다고 가정하는 경우에 거기에서 도출될 두 가지 터무니없는 결론들을 보여 줌으로써, 자기가 16절에서 선언한 명제, 곧 "율법의 행위로써는 의롭다 함을 얻을 육체가 없느니라"는 명제가 옳다는 것을 증명한다. 즉, 사람이 율법의 행위로 말미암아 의롭게 될 수 있다고 가정한다면, 그것은 하나님의 은혜를 거부하는 것이 되고, 그리스도의 죽으심을 헛되게 만드는 것이 된다는 것이다.

MATTHEW POOLE'S COMMENTARY

갈라디아서 3장

개요

1. 바울은 갈라디아 교인들에게 그들이 이미 믿음으로 말미암아 성령을 받았으면서도, 무엇이 그들을 움직여서 율법에 의지하게 만든 것이냐고 반문함(1–5).
2. 아브라함이 믿음으로 말미암아 의롭다 하심을 얻은 것과 마찬가지로, 믿음에 속한 자들은 아브라함이 받은 복을 받게 될 것임(6–9).
3. 율법은 사람을 저주 아래 둘 뿐이고 의롭게 할 수 없음(10–12).
4. 그리스도께서는 우리를 저주로부터 해방하시고, 모든 믿는 자들에게 복을 열어 놓으심(13–14).
5. 율법이 사람을 의롭게 할 수 있다면, 하나님이 아브라함과 맺으신 계약은 헛된 것이 되고 말 것임(15–18).
6. 율법은 그리스도께서 오실 때까지 죄를 억제하기 위하여 임시방편으로 주어질 것에 불과하기 때문에, 하나님의 약속을 결코 폐할 수 없음(19–22).
7. 율법은 사람들을 그리스도께로 인도하는 초등교사로서의 역할을 하게 되어 있음(23–24).
8. 믿음이 온 후에는 율법의 역할은 끝났고, 사람들은 누구나 차별 없이 믿음으로 말미암아 하나님의 자녀가 되고 약속의 상속자가 됨(25–29).

1. 어리석도다 갈라디아 사람들아 예수 그리스도께서 십자가에 못 박히신 것이 너희 눈 앞에 밝히 보이거늘 누가 너희를 꾀더냐.

어리석도다 갈라디아 사람들아 … 누가 너희를 꾀더냐. 사도는 여기에서 갈라디아 교인들을 무엇인가에 홀려서 이상한 데로 이끌려간 지각 없는 자들이라고 따끔하게 질책하는 것으로, 자기가 지금까지 진행해 온 논증을 한층 더 앞으로 끌고 나가기 시작한다. "꾀다"로 번역된 단어는 사람들의 눈이니 시야를 가리거나 흐리게 만들어서 어떤 것을 제대로 보거나 분별할 수 없게 만드는 것을 가리킨다. 따라서 이 구절은 이런 의미이다: 누가 너희를 교묘하게 유혹해서 너희의 지각을 흐려 놓았기에, 너희는 마치 무엇에 홀린 자들처럼 도저히 이해할 수 없는 행동들을 보이는 것이냐? 여기에서 흠정역은 "어리석도다 갈라디아 사람들아 누가 너희를 꾀어 진리에 순종하지 않게 하더냐"로 되어 있는데, "순종하다"로 번역된 단어는 일반적으로

"확신하다"를 의미하기 때문에, "믿다"로 번역할 수도 있다. 그러므로 "진리에 순종한다"는 것은 진리에 동의하거나, 복음의 교훈에 순종하는 것을 가리킨다.

예수 그리스도께서 십자가에 못 박히신 것이 너희 눈 앞에 밝히 보이거늘. 너희는 마치 십자가에 못 박히신 그리스도를 직접 본 것처럼, 그렇게 생생하게 그리스도와 그의 죽으심과 그 복된 결과들에 관한 말씀들을 이미 전해 듣고 알고 있다. 또는, 그리스도께서 못 박히신 일은 그들이 살아가고 있던 당시에 일어난 일이었고, 그들도 그 일에 대해서 들었을 것이기 때문에, 그리스도께서는 그들 가운데서 십자가에 못 박히셨다고 말할 수 있고, 비록 실제로는 그리스도께서 다른 곳에서 십자가에 못 박히셨다고 하더라도, 그들은 그 일이 실제로 일어난 일이라는 것을 의심할 수 없다.

2. 내가 너희에게서 다만 이것을 알려 하노니 너희가 성령을 받은 것이 율법의 행위로냐 혹은 듣고 믿음으로냐.

우리는 여기에 언급된 "성령"을 성령의 은사들을 가리키는 것으로 이해하여야 한다. 이 성령의 은사들은 모든 믿는 자들에게 공통적인 것들(믿음, 사랑 등등)이었을 수도 있고, 이적을 행하는 은사 같이, 믿는 자들 중에서 일부에게만 특별히 주어진 것들이었을 수도 있다. 어떤 이들은 이 본문이 전자에 대하여 말하고 있는 것으로 이해하고, 어떤 이들은 후자에 대하여 말하고 있는 것으로 이해하지만, 둘 다에 대하여 말하고 있는 것으로 이해하는 것이 가장 좋다. 당시에 사람들에게 주어진 성령의 모든 나타남들은 그 은사들을 받은 자들을 거룩하게 하고 영원한 구원을 보증하기 위하여 주어졌거나, 복음의 진리를 확증하기 위해 주어졌다. 사도는 "너희가 율법의 행위로 성령을 받았느냐"고 반문한다. 사도는 그들이 그렇다고 대답할 수 없다는 것을 뻔히 알고 있었다. 왜냐하면, 이방인이었던 그들은 하나님의 백성인 이스라엘 밖에 있던 외인들이었던 까닭에, 율법의 행위를 말할 수 있는 처지가 아니었기 때문이다. 그런 후에, 사도는 "너희가 믿음의 교훈인 복음을 듣고 성령을 받았느냐"고 묻는다. 하나님께서 어떤 사역 또는 가르침에 복을 주셔서, 그 가르침을 들은 사람들의 마음을 변화시키셨다면, 그들은 자기를 변화시킨 그 사역이나 가르침을 비방해서는 안 된다. 또한, 우리가 이 본문으로부터 알 수 있는 것은, 신실하게 선포된 복음을 듣는 것은 사람들의 마음을 변화시키고 성령을 받게 해 주는 복된 수단 또는 통로가 된다는 것이다. 이렇게 변화를 받고 성령을 받게 된 사람들은 표적과 기사들을 행할 수는 없다고 할지라도(복음 전파의 초기에는 이런 은사가 여러 사람들에게 주어졌다), 신령한 삶을 시작할 수 있게 된다. 사도가 여기에서 말하고

자 하는 취지는 이런 것이다: 하나님께서 어떤 가르침에 복 주셔서, 그 가르침을 듣고 너희의 심령이 변화되어 신령한 삶을 살게 되었다면, 그것은 너희가 그 가르침을 진리라고 고백하고 시인할 지극히 합당한 이유가 된다.

3. 너희가 이같이 어리석으냐 성령으로 시작하였다가 이제는 육체로 마치겠느냐.

갈라디아 교회의 거짓 교사들의 가르침은 사람이 의롭다 하심을 얻기 위해서는 그리스도를 믿는 믿음으로는 부족하고 반드시 모세의 율법도 순종하여야 한다는 것이었다. 그들은 그리스도, 또는 복음의 교훈을 부인한 것이 아니라, 단지 거기에 율법의 행위를 추가하여야 한다고 주장하였다. 사도는 그들이 먼저 그리스도를 고백하고 믿음의 교훈을 받아들인 것을 "성령으로 시작한" 것이라고 부르고, 거기에 그들이 모세 율법에 순종하는 것이 구원에 꼭 필요하다는 가르침을 더한 것을 "육체로 마친" 것이라고 부르면서, 그들이 의롭게 되는 것을 처음에는 고귀한 성령으로 시작했다가 마지막에는 비천한 육체로 끝맺고자 하는 것이 얼마나 어처구니없고 어리석은 짓인지를 알지 못하겠느냐고 반문한다. 사도는 앞 절에서 그들이 복음을 "듣고 믿음으로" 성령을 받았다고 말하였기 때문에, 여기에서 복음의 교훈을 "성령"이라고 부르고, 율법은 "육체의 예법일 뿐이며 개혁할 때까지" 유대인들에게 "맡겨 둔 것"(히 9:10)이기 때문에, 율법의 행위를 "육체"라고 부르는데, 또한 골로새서 2:8, 20에서는 율법을 "세상의 초등학문"이라 부르고, 갈라디아서 4:9에서는 "약하고 천박한 초등학문"이라고 부르기도 한다. 왜냐하면, 율법의 예법 또는 규례들은 구약 시대에는 하나님이 명하신 신령한 것이기는 하였지만, 그리스도께서 오실 때까지만 잠정적으로 유효한 것으로서, 그리스도께로 인도하는 초등교사로서의 역할을 하도록 하나님이 정하신 것인 까닭에, 그리스도께서 이제 이 땅에 오셔서 죽으셨다가 죽은 자 가운데서 다시 살아나신 후에는 쓸모없는 것이 되었기 때문이다. 게다가, 하나님께서 주신 율법은 "약하고 천박한 초등학문"에 불과한 것이어서, 그 자체가 목적이 아니라, 사람들을 그리스도께로 인도하는 역할만을 하게 되어 있었기 때문에, 사람이 그리스도를 믿는 믿음 없이 율법 자체를 목적으로 삼아서, 율법을 지켜서 의롭다 하심을 얻고자 하는 경우에는 반드시 실패할 수밖에 없게 되어 있었다. 그러므로 갈라디아 교인들이 그리스도께서 죽으심으로써 죄인들로 하여금 의롭다 하심을 얻게 하셨다는 온전한 복음을 받아들인 것으로 시작하였다가, 그들로 하여금 의롭다 하심을 얻게 해 줄 수 있는 힘이 아예 없는 율법을 통해서, 자신들의 의롭게 되는 과정을 완성하고자 한 것은 어처구니없는 일일 수밖에 없었다. 또는, 사도는 갈라디아서 4:9-11과 5:4에서와 마찬가지로 여기에서도 그들이 그리스도를 떠난 것을 책망하고 있는 것일 수 있다. 즉, 사도는 그들이 성령으로 시작하여서, 성령께서 그들 속에서 역사하셔서 그들의 마음을 변화시키고 거듭나게 하신 내적인 역사를 경험한 후에, 그러한 믿음의 삶에서 떠나서 배교하여 육적인 삶으로 되돌아갔기 때문에, 그들을 "어리석은 자들"이라고 부르고 있다는 것이다. 그러나 나는 이 본문에서 갈라디아 교인들은 복음을 듣고 받아들임으로써 성령을 받았다는 점에서, 사도가 여기에서 복음의 교훈을 "성령"으로 표현하고 있는 것으로 해석하는 것이 더 좋다고 본다. 따라서 사도는 갈라디아 교인들이 처음에 복음의 온전한 교훈을 받아들여서 기독교 신앙을 시작하였음에도 불구하고, 세상의 약하고 천박한 초등학문에 불과한 율법을 거기에 더하여야 자신들의 신앙이 온전해질 것이라고 생각한 것이야말로 그들의 어리석음을 너무나 잘 보여 주는 것이라는 논증을 펼치고 있는 것이다.

4. 너희가 이같이 많은 괴로움을 헛되이 받았느냐 과연 헛되냐.

갈라디아 지역의 교회들은 처음에는 한동안 그들이 전해 받은 복음의 교훈을 굳게 고수하였기 때문에, 다른 지역의 그리스도인들과 마찬가지로 유대인들에 의한 박해를 받아야 했다는 것은 의심의 여지가 없다. 하지만 만일 그들이 처음부터 율법의 규례들을 다 지켜 행하였다면, 그들은 유대인들로부터의 박해를 완전히 또는 상당 부분 피할 수 있었을 것이다. 그러므로 사도는 이렇게 말한다: 너희가 이제 와서 할례를 비롯한 율법의 규례들의 멍에를 메고 율법 아래에서 종살이할 것이었다면, 너희가 순수한 기독교 신앙을 고수하기 위하여 그동안 받았던 괴로움들은 다 쓸데없고 헛된 것이 되어 버리지 않겠느냐? 사도는 그렇게 반문하고 나서, "과연 헛되냐"는 말을 덧붙임으로써, 그들이 지금까지 받은 많은 괴로움이 결코 헛된 것이 아니기를 간절히 바라는 자신의 심정을 그들에게 전달한다. 또는, 사도의 이 말은 그들이 지금까지 받은 많은 괴로움이 결코 헛된 것이 아니라는 것을 암시하는 것일 수도 있다. 왜냐하면, 그들이 참된 신앙을 고수하기 위하여 지금까지 많은 괴로움을 받아 오다가, 이제 와서 그 참된 신앙이 마치 거짓된 것이었던 것처럼 그 신앙을 부인하고 떠나 배교하였지만, 그들이 지금까지 받은 많은 괴로움이 끊임없이 그들의 내면 속에서 들고일어나서 그들이 잘못되었다는 것을 알려줄 것이기 때문이다.

5. 너희에게 성령을 주시고 너희 가운데서 능력을 행하시는 이의 일이 율법의 행

위에서냐 혹은 듣고 믿음에서냐.

너희에게 성령을 주시고 너희 가운데서 능력을 행하시는 이의 일이. 사도는 2절에서 그들이 성령을 받은 것이 율법의 행위를 통해서냐 복음을 들음으로서냐고 그들에게 반문한 바 있기 때문에, 어떤 이들은 사도가 여기에서 말하고 있는 것은 그 동일한 논증의 연속선상에 있는 것이라고 생각하지만, 나는 여기에서 새로운 논증이 시작되고 있는 것으로 본다. 왜냐하면, 사도는 거기에서 그들이 성령을 받은 것에 대하여 말하였다고 한다면, 여기에서는 성령의 역사에 대하여 말하고 있기 때문이다. 어떤 이들은 사도가 여기에서 하나님께서 구하는 자들에게 성령을 주시고, 성령을 통해서 모든 이적들을 행하신다는 것을 말하고 있는 것으로 이해하지만, 나는 하나님께서 복음의 사역자들을 통해서 성령의 역사를 일으키시고, 특히 초대 교회 때에 그 사역자들에게 이적을 행할 수 있는 능력을 주신 것을 말하고 있는 것으로 이해하여야 한다고 본다. **율법의 행위에서냐 혹은 듣고 믿음에서냐.** 하나님께서 우리의 사역에 함께 하셔서 역사하신 것이 우리가 율법을 전할 때였느냐, 아니면 우리가 복음을 전할 때였느냐? 따라서 이 절과 2절에서의 사도의 논증은 상당히 비슷하기는 하지만, 논거로 삼고 있는 것이 거기에서는 복음 사역의 열매였던 반면에, 여기에서는 복음 사역 자체라는 점에서 차이가 있다.

6. 아브라함이 하나님을 믿으매 그것을 그에게 의로 정하셨다 함과 같으니라.

아브라함이 하나님을 믿으매. 아브라함이 의롭다 하심을 얻은 것과 마찬가지로, 아브라함의 모든 자손들도 의롭다 하심을 얻어야 한다. 그런데 아브라함은 한편으로는 하나님이 자기에게 주신 모든 약속들이 진리라는 것에 동의하였고, 다른 한편으로는 하나님이 장차 그 약속들을 반드시 이루실 것을 믿었다. 여기에서 사도가 "아브라함이 하나님을 믿었다"고 할 때, 거기에는 이 두 가지가 포함되어 있다.

그것을 그에게 의로 정하셨다 함과 같으니라. 사도는 여기에서 "믿음"을 아브라함의 공로로 돌리고 있는 것이 아니다. 만일 사도의 이 말을 그런 식으로 이해하는 사람들이 있다면, 그것은 그들이 그런 의미에서의 믿음은 하나의 행위라는 것을 망각하고 있는 것이거나, 사도가 여기에서 사람이 의롭게 되는 것이 행위로 말미암지 않고 믿음으로 말미암는다는 것을 논증하고 있다는 것을 망각하고 있는 것이다. 사람이 의롭게 되는 것이 행위로 말미암지 않는다는 것을 증명하고자 하는 사도가 일종의 행위로서의 "믿음"을 통해서 아브라함이 의롭게 되었다고 말하였을 가능성은 전혀 없다. 따라서 사도는 여기에서 하나님께서 아브라함의 믿음을 보시고, 그 믿음에 의거해서 아브라함을 의롭다고 여기셨다고 말하고 있는 것이다. 즉, 하나님께서는 아브라함의 믿음이라는 행위를 보시고서 그 공로에 대한 정당한 대가로서 그에게 의를 수여하신 것이 아니라, 사람이 하나님의 약속이 참되다는 것을 믿고 하나님이 장차 그 약속을 이루실 것임을 믿으면, 자기가 그 사람을 의롭다고 하시겠다고 하신 약속을 따라 전적인 은혜 가운데서 아브라함에게 상을 주셔서 아브라함을 의롭다고 하셨다는 것이다. 아브라함의 믿음 그 자체가 아브라함의 의였던 것이 아니고, 하나님께서 아브라함의 믿음에 대하여 상을 주셔서, 아브라함을 의롭다고 하신 것이었다. 즉, 아브라함이 하나님의 약속을 믿자, 하나님께서는 장차 사람들을 구원하기 위하여 자기 아들 그리스도를 이 땅에 보내어 이루게 하시겠다고 약속하셨던 바로 그 의를 아브라함에게 덧입혀 주셔서 아브라함을 의롭다고 하셨다.

7. 그런즉 믿음으로 말미암은 자들은 아브라함의 자손인 줄 알지어다.

"믿음으로 말미암은 자들"은 율법의 행위들에 순종하는 것으로부터 생겨나는 그들 자신의 의를 의지하지 않고, 복음 안에서 계시된 예수 그리스도를 받아들여 믿은 자들을 가리킨다. 그런 사람들은 믿는 자들의 조상으로 여겨지는 "아브라함의 자손들"이다. 즉, 아브라함이 의롭다 하심을 얻은 것과 마찬가지로, 그들도 의롭다 하심을 얻게 된다. 아브라함이 의롭다 하심을 얻게 된 것은 그가 할례를 받았기 때문이 아니라, 하나님이 자신의 약속 가운데서 그에게 계시하신 그리스도를 그가 믿었기 때문이었다. 따라서 아브라함은 자신의 행위를 통해서가 아니라 그리스도의 의를 덧입음으로써 의롭다 하심을 얻은 것이었다. 사도의 이러한 논증은 아브라함이 자신들의 조상이라는 것을 대단한 자랑으로 여기고 있던 유대인들에게는 충격적인 것이었다. 왜냐하면, 사실상 그것은 유대인들이 율법의 행위로 말미암아 의롭게 되고자 한다면, 아브라함은 결코 그런 식으로 의롭게 되고자 한 적이 없었던 까닭에, 유대인들은 아브라함의 참된 자손들이 아니고, 하나님이 아브라함에게 주신 약속을 유업으로 받게 될 상속자들도 아니라고 말하는 것이기 때문이다.

8. 또 하나님이 이방을 믿음으로 말미암아 의로 정하실 것을 성경이 미리 알고 먼저 아브라함에게 복음을 전하되 모든 이방인이 너로 말미암아 복을 받으리라 하였느니라.

성경은 성령의 감동으로 기록된 것이기 때문에, 성경 속에서 성령께서는 때가 차면 이방인들이 그리스도를 믿는 믿음으로 말미암아 의롭다 하심을 얻게 하고자 하시는 하나님의 계획과 의도를 미리 아시고서, 아브라함에게 그 동일한 복음을 전하셨다. 따라서 복음은 새로운 가르침이 아니다. 우리가 지금 너희에게 전하는 복음은 오래 전에 아브라함에게 계시되었고, 아브라함은 그리스도의 날을 미리 보고 기뻐하였다: "너희 조상 아브라함은 나의 때 볼 것을 즐거워하다가 보고 기뻐하였느니라"(요 8:56). 사도는 이것을 증명하기 위해서 창세기 12:3에 기록된 하나님의 약속을 인용하는데, 거기에서 하나님은 아브라함에게 "땅의 모든 족속이 너로 말미암아 복을 얻을 것이라"고 말씀하셨다. 사도가 이 대목에서 그 본문을 인용하고 있는 것은, 하나님이 거기에서 말씀하신 "복"이 그리스도 예수 안에 있는 저 신령한 복들을 가리킨다는 것을 우리에게 가르쳐 준다. 왜냐하면, "땅의 모든 족속"은, 아브라함의 자손으로서, 땅의 모든 족속이 의지해야 할 "모든 나라의 보배"(학 2:7)이자 "이방을 비추는 빛"(눅 2:32)이신 그리스도로 말미암아 복을 얻은 것 외에는, 아브라함으로 말미암아 복을 얻은 적이 없기 때문이다.

9. 그러므로 믿음으로 말미암은 자는 믿음이 있는 아브라함과 함께 복을 받느니라.

복음이 요구하는 그런 믿음을 가지고 예수 그리스도를 믿는 자들은, 그리고 오직 그들만이 "아브라함과 함께" 죄책으로부터 의롭다 하심을 얻고 신령한 복들로 복받게 된다. "아브라함과 함께 복을 받는다"는 것은 믿는 자들의 조상이자 그 자신도 믿는 자였던 아브라함이 하나님으로부터 의롭다 하심을 얻는 것과 동일한 방식으로 복을 받는다는 것을 의미한다. 앞에서 이미 말했듯이, 아브라함이 하나님에 의해서 의로 여기심을 받은 것은, 그가 할례를 받았거나 어떤 행위들을 행하였기 때문이 아니라, 순전히 하나님이 자신의 약속을 통해서 그에게 계시하신 주 예수 그리스도를 믿음으로써 장차 그리스도께서 이루실 의를 덧입었기 때문이었다.

10. 무릇 율법 행위에 속한 자들은 저주 아래에 있나니 기록된 바 누구든지 율법책에 기록된 대로 모든 일을 항상 행하지 아니하는 자는 저주 아래에 있는 자라 하였음이라.

여기에서 사도의 논증은 이런 것이다: 저주 아래 있는 자들은 하나님으로부터 의롭다 하심을 받는 복을 얻을 수 없는데, 율법 아래 있는 자들은 저주 아래 있는 자들이다. 사도는 신명기 27:26에 나오는 모세 율법을 근거로 해서 이것을 증명하는데, 거기에서는 "이 율법의 말씀을 실행하지 아니하는 자는 저주를 받을 것이라"고 분명하게 선언하고 있다. 율법 아래에 있는 것은 율법의 모든 행위들을 다 지켜 행할 때에만 생명과 구원을 얻을 수 있다는 행위 계약 아래에 있는 것이다. 사도는 그렇게 율법 아래에 있는 자들은 "저주 아래에" 있는 것이라고 말하는데, 로마서 8:3에서는 "육신으로 말미암아" 사람은 율법이 요구하는 것들을 지킬 수 없기 때문이라고 그 이유를 제시한다. 만일 사람이 율법을 온전히 지킬 수 있다면, 사람은 율법으로부터 생명을 기대할 수 있고, 율법에 순종함으로써 구원을 얻을 수 있게 될 것이다. 그러나 사람은 육신으로 말미암아 율법을 지킬 수 없고, 율법은 율법에 기록된 모든 것들을 계속해서 지키지 않는 모든 자를 저주한다. 그래서 야고보는 "누구든지 온 율법을 지키다가 그 하나를 범하면 모두 범한 자가 되나니"라고 말함으로써, 율법을 하나라도 범하는 자는 마치 온 율법을 다 범한 자인 것처럼 여겨져서, 그 사람 위에 하나님의 진노가 임하게 될 것임을 우리에게 가르쳐 준다. 따라서 이것으로부터 필연적으로 도출되는 결론은, 사람이 하나님의 율법을 온전히 지킬 수 없다면, 율법 아래 있는 자는 모두 저주 아래 있을 수밖에 없게 되기 때문에, 믿음으로 의롭다 하심을 얻은 아브라함이 받은 복을 받을 수 없게 된다는 것이다.

11. 또 하나님 앞에서 아무도 율법으로 말미암아 의롭게 되지 못할 것이 분명하니 이는 의인은 믿음으로 살리라 하였음이라.

사도는 여기에서 또 다른 논증을 통해서, 죄인들이 행위로 말미암아 의롭다 하심을 얻을 수 없다는 것을 증명한다. 사도는 우리가 사람들 앞에서 선하고 흠 없으며 의로운 삶을 살 수 있고, 사람들로부터 전혀 욕을 먹지 않고 살아갈 수 있다는 것을 인정하면서도, 그러한 삶이나 행위를 통해서도 "하나님 앞에서 의롭게" 될 수는 없다고 말한다. 여기에서 사도는 믿음과 행위를 대비시키는 방식으로 논증을 전개해 나간다. 사도는 하박국서 2:4을 근거로 해서, 우리가 믿음으로 말미암아 의롭다 하심을 얻는다는 것을 증명한다. 거기에서 선지자는 "의인은 그의 믿음으로 말미암아 살리라"고 말한다. 즉, 의인은 믿음으로부터 자신의 삶을 가져오고, 믿음에 의지해서 신령한 삶을 살아가며, 믿음으로 말미암아 영생을 얻고, 그의 의로운 삶은 믿음으로 말미암게 될 것이다.

12. 율법은 믿음에서 난 것이 아니니 율법을 행하는 자는 그 가운데서 살리라 하였느니라.

율법은 중보자이신 예수 그리스도를 믿는 믿음에 대해서는 전혀 말하지 않는다. 다시 말해서, 율법은 십계명의 첫 번째 계명에서 하나님을 믿으라고 명하기는 하지만, 그리스도를 믿어야만 사람이 살게 될 것이기 때문에 그리스도를 믿으라고 명하지는 않는다. 율법이 말하는 것은 이것이다: "사람이 이를 행하면," 즉 율법에 기록된 모든 것들을 행하면, 그 행한 것들로 "말미암아 살리라"(레 18:5). 율법에서는 율법이 요구하는 모든 것들을 행한 자들에게 생명을 약속할 뿐이고, 율법의 행위들에는 실패하였지만, 하나님이 보내신 구속주이신 주 예수 그리스도를 영접하고, 경건하지 않은 자들을 의롭다고 하시는 예수 그리스도를 믿은 자들에게는 생명을 약속하지 않는다. 왜냐하면, 우리 구주께서 자기를 찾아와서 영생의 길을 물은 청년에게 말씀하신 것을 보면, 율법을 지켰을 때에 약속된 생명은 단지 현세적인 생명이 아니라 영원한 생명이라는 것이 분명하게 드러나기 때문이다: "어떤 사람이 주께 와서 이르되 선생님이여 내가 무슨 선한 일을 하여야 영생을 얻으리이까 예수께서 이르시되 어찌하여 선한 일을 내게 묻느냐 선한 이는 오직 한 분이시니라 네가 생명에 들어 가려면 계명들을 지키라"(마 19:16-17); "예수께서 이르시되 네 대답이 옳도다 이를 행하라 그러면 살리라 하시니"(눅 10:28).

13. 그리스도께서 우리를 위하여 저주를 받은 바 되사 율법의 저주에서 우리를 속량하셨으니 기록된 바 나무에 달린 자마다 저주 아래에 있는 자라 하였음이라.

사도가 10절에서 신명기 27:26을 근거로 해서 증명하였듯이, 율법에 기록된 모든 것들을 계속해서 지키지 않는 모든 자들이 다 저주 아래 있는 것이라면, 다음과 같은 반론이 제기될 수 있다: 믿는 자들도 다른 사람들과 마찬가지로 율법에 기록된 모든 것들을 계속해서 다 지킬 수 없을 것인데, 믿는 자들이 어떻게 저주를 피할 수 있다는 말인가? 사도는 여기에서 그러한 반론에 대답하여, 그리스도께서 믿는 자들을 이 저주로부터 "속량하셨다"고 갈라디아 교인들에게 말한다. "속량하였다"로 번역된 단어는 일반적으로 "건졌다"는 것을 의미하지만, 여기에서는 값을 지불하고 건져내었다는 것을 의미한다. 그가 지불한 속전은 "우리를 위하여 저주를 받으신" 것이었다. 그리스도께서는 우리의 죄로 인하여 우리가 받아야 할 저주와 하나님의 진노를 우리를 대신하여 받으셨는데, 이것은 신명기 21:23에 "나무에 달린 자는 하나님께 저주를 받았음이니라"고 기록된 것에 의해서 증명된다. 즉, 그리스도께서는 우리의 죄로 인해서 우리가 감당하여야 할 하나님의 진노 또는 저주를 우리 대신에 담당하셨다. 사도는 이 신명기의 말씀을 그리스도께 적용해서, 그리스도께서 십자가에 달리심으로써 믿는 자들의 죄들로 인한 하나님의 저주를 담당하셨다는 것을 우리에게 가르쳐 준다. 우리 구주께서는 "우리를 위하여," 즉 우리의 죄를 대신해서만이 아니라 우리의 유익을 위해서 죽으셨다. 그리스도께서 믿는 자들을 대신하여 자기 자신이 저주를 받으시는 것 외에는, 믿는 자들을 율법의 저주에서 속량할 수 있는 다른 길은 없었다. 어떤 이들은 율법 아래에서 "나무에 달린 자마다 저주 아래에 있는 자라"는 말씀은 단순한 일반적인 명제가 아니라, 그리스도께서 장차 택하신 자들을 대신하여 저주를 받게 되실 것을 모형론적으로 보여 준 예언의 말씀이라고 생각한다.

14. 이는 그리스도 예수 안에서 아브라함의 복이 이방인에게 미치게 하고 또 우리로 하여금 믿음으로 말미암아 성령의 약속을 받게 하려 함이라.

사도는 여기에서 믿음으로 말미암아 아브라함에게 주어진 칭의, 화해, 양자됨 같은 신령한 복들과 아브라함이 덧입게 된 그리스도의 의를 "아브라함의 복"이라고 부르는 가운데, "그리스도께서 우리를 위하여 저주를 받은 바 되신" 것은, 아브라함으로 말미암은 그러한 모든 복들이 "이방인들에게 미치게" 하여, 땅의 모든 족속들이 아브라함 안에서 복을 받게 하고, 특히 이방인들로 하여금 "성령의 약속을 받게" 하기 위한 것이었다고 말한다. 우리는 "성령의 약속"을 좁게 해석해서, 단지 성령의 외적인 은사들만을 가리키는 것으로 해석해서는 안 되고, 성령이 믿는 자들의 심령 속에서 역사하여 그들을 거룩하게 하여 온갖 은혜의 성품들을 만들어 내거나, 그들의 구원을 보증하고 인치는 것도 다 포함하는 것으로 해석하여야 한다. 믿는 자들은 성령과 바로 이러한 성령의 약속을 믿음으로 말미암아 받는다: "너희가 아들이므로 하나님이 그 아들의 영을 우리 마음 가운데 보내사 아빠 아버지라 부르게 하셨느니라"(갈 4:6); "너희가 육신대로 살면 반드시 죽을 것이로되 영으로써 몸의 행실을 죽이면 살리니"(롬 8:13).

15. 형제들아 내가 사람의 예대로 말하노니 사람의 언약이라도 정한 후에는 아무도 폐하거나 더하거나 하지 못하느니라.

여기에서 "언약"으로 번역된 헬라어 '디아테케' (διαθήκη)는 통상적으로 "유언"으로 번역된다: "이것은 죄 사함을 얻게 하려고 많은 사람을 위하여 흘리는 바 나의 피 곧 언약의 피니라"(마 26:28). 이 단어는 일반적으로는 재산이나 물건들을 어떻게 처분하도록 지시해 놓는 것을 의미하고, 좀 더 구체적으로는 어떤 사람이 자신의 사망 후에 자신의 재산을 어떻게 처분할지를 정해 놓은 유언을 의미한다. 사도는 이렇게 말한다: 나는 여기에서 하나님의 약속을 사람이 남긴 유언에 빗대어서 말해 보고자 한다. "사람의 유언"이 합법적이거나 사람들 사이에서 일반적으로 인정된 방식을 따라 확정되거나, 또는 유언한 사람이 살아 있는 동안에는 유언의 효력이 발생하지 않는다는 점을 감안할 때(히 9:17), 유언한 사람의 죽음으로 확정된 경우에는, 인간의 법에 따라 아직 집행되지 않았다고 할지라도, 아무도 그 유언을 무효로 만들거나 더하는 등 변경할 수 없다. 따라서 유언이 이미 확정되었는데도, 누가 그 유언을 무효로 만들거나 거기에 무엇을 더한다면, 그것은 불법이자 범죄로서 처벌을 받게 된다.

사도는 이렇게 사람의 유언에 빗대어서, 하나님께서 아브라함과 맺으신 은혜 언약은 확고하여 절대로 변경될 수 없다는 것, 즉 그리스도께서 죽으실 때까지는 실제로 집행될 수 없는 언약 또는 유언이지만, 그럼에도 불구하고 거짓말하실 수 없으시고 후회함이 없으신 하나님께서 주신 언약이기 때문에 결코 변경될 수 없다는 것을 논증하고 증명한다. 게다가, 유언이 유언한 자의 죽음으로 효력이 발생하듯이, 하나님의 이 언약은 그리스도의 죽으심으로 말미암아 이미 실제로 집행되었다. 그러므로 이 언약을 무효로 만들거나 거기에 무엇을 더하는 것은 절대로 불가능하다. 사도가 여기에서 아무도 하나님의 언약을 폐할 수 없다고만 말하지 않고, 거기에 "더하거나"를 덧붙인 것은 아주 적절한 것이었다. 왜냐하면, 갈라디아 교회의 거짓 교사들은 사람이 그리스도로 말미암아 의롭다 하심을 얻는다는 가르침을 시인함으로써, 자신들은 하나님의 언약과 약속을 폐하는 자들이 아닌 체하였지만, 사람이 의롭다 하심을 받는 데에는 할례를 비롯한 유대교의 율법 예식들을 반드시 지켜야 한다는 가르침을 더하는 방식으로 하나님의 언약과 약속을 변경하였기 때문이다. 하지만 그리스도의 죽으심에 의해서 확증되고 효력이 발생하게 된 하나님의 언약 또는 약속은 사람이 의롭다 하심을 얻는 데 율법의 행위는 필요하지 않고 오직 그리스도를 믿는 믿음만을 요구한다.

16. 이 약속들은 아브라함과 그 자손에게 말씀하신 것인데 여럿을 가리켜 그 자손들이라 하지 아니하시고 오직 한 사람을 가리켜 네 자손이라 하셨으니 곧 그리스도라.

이 약속들은 아브라함과 그 자손에게 말씀하신 것인데. "이 약속들"은 창세기 12:3과 22:18에 나오는데, 전자의 본문은 "땅의 모든 족속이 너로 말미암아 복을 얻을 것이라"고 말함으로써, 하나님이 아브라함에게 약속하신 것으로 보도하고 있고, 후자의 본문은 "또 네 씨로 말미암아 천하 만민이 복을 받으리니"라고 말함으로써, 하나님이 아브라함의 자손에게 약속하신 것으로 보도하고 있다. 사도가 "약속들"이라고 복수형으로 말한 것은 동일한 약속들이 반복해서 주어졌기 때문이거나, 다른 약속들까지 포함해서 말하고자 하였기 때문일 것이다.

여럿을 가리켜 그 자손들이라 하지 아니하시고 오직 한 사람을 가리켜 네 자손이라 하셨으니 곧 그리스도라. 어떤 이들은 사도가 하나님께서 여럿을 가리키는 복수형이 아니라 단수형을 사용하셔서 "자손"(직역하면 "씨")이라고 말씀하셨다는 논거를 제시하며, 이 약속들은 하나님이 "오직 한 사람," 곧 "그리스도"에게 말씀하신 것이라고 결론을 내리는 것에 대하여 반론을 제기할지도 모른다. 왜냐하면, 여기에서 "자손"이라는 단어는 집합명사여서, 비록 단수형으로 사용되었다고 하더라도, 다수를 가리키고, 게다가 창세기 22:18에서 사용된 이 히브리어 단어는 복수형으로는 사용되지 않기 때문이다. 이러한 반론에 대하여 우리를 이렇게 대답할 수 있다. 첫째로, 여기에서 "자손"으로 번역된 단어는 히브리어에서 복수형으로 사용되지 않지만, 만일 하나님께서 이 단어가 한 사람이 아니라 다수를 가리킨다는 것을 나타내고자 하셨다면, 자손들이나 세대 같이 다수를 의미하면서도 복수형이 가능한 다른 단어들을 사용하셔서, 얼마든지 다수라는 것을 나타내실 수 있으셨으리라는 것이다. 둘째로, "자손"이라는 단어는 집합명사이기는 하지만, 흔히 한 사람을 가리키는 데 사용된다는 것이다. 예를 들면, 창세기 3:15에서 하나님께서 "내가 너로 여자와 원수가 되게 하고 네 후손도 여자의 후손과 원수가 되게 하리니 여자의 후손은 네 머리를 상하게 할 것이요 너는 그의 발꿈치를 상하게 할 것이니라"고 말씀하셨을 때, "후손"(여기서의 "자손")은 그리스도 한 사람만을 가리키고, 창세기 4:25에서 "셋"은 "다른 씨"라 불리며, 그 밖에도 이 단어가 한 사람을 가리키는 데 사용된 본문은 성경에 많이 나온다. 어떤 이들은 여기에서 "자손"은 믿는 자들을 가리키는 것으로 생각해서, 하나님의 이러한 약속들이 신비의 그리스도에 대한 것이라고 보고, 사도는 여기에서 유대인과 이방인이 동일한 방식으로 의롭다 하심을 얻게 되어 있었다는 것을 증명하고자 하는 것이라고 말한다. 즉, 사도는 하나님께서는 아브라함에게 약속을 주실 때, 다수에게가 아니라 그리스도의 신비의 몸인 단일한 교회에게 약속을 주셨고, 그리스도께서는 요한복음 11:52에서 가야바가 예언한 것처럼, "그 민족만 위할 뿐 아니라 흩어진 하나님의 자녀를 모아 하나가 되게 하기 위하여" 죽으심으로써 그 약속을 성취하심으로써, 유대인들과 이방인들은 둘 다 똑같이 이 약속을 따라 의롭다 하심을 얻어 단일한 교회를 이루게 되었다고 말하고 있다는 것이다. 아브라함에게 주어진 하나님의 약속들은 성부 하나님과 그의 아들 그리스도 예수 간에 맺어진 영원한 은혜 언약이 나타난 것이었고, 하나님께서는 이 약속들을 아브라함에게만이 아니라 아담과 노아에게도 다음과 같은 말씀으로 나타내셨다: "땅의 모든 족속이 네 자손으로 말미암아," 즉 그리스도로 말미암아 "부르심을 받게 되리라." 이것으로부터 사도는 사람은 율법의 행위로 말미암지 않고 오직 그리스도 안에서 및 그리스도로 말미암아 그리스도를 믿는 믿음으로 의롭다 하심을 얻는다는 것을 증명한다.

17. 내가 이것을 말하노니 하나님께서 미리 정하신 언약을 사백삼십 년 후에 생긴 율법이 폐기하지 못하고 그 약속을 헛되게 하지 못하리라.

하나님께서 미리 정하신 언약을. 여기에서 "언약"으로 번역된 단어는 우리가 앞에서 설명한 것들과 동일한 단어로서, 통상적으로 사람이 자기가 죽은 후에 자신의 재산을 어떻게 처분할지를 정한 유언을 가리킨다. 그리스도의 죽으심으로 말미암아 효력을 발휘하게 되도록 하나님이 정하신 은혜 언약은 이렇게 유언으로 지칭된다. 그리스도께서 아직 죽지 않으신 때에도, 하나님께서 자신의 영원하신 계획 속에서 정하신 대속의 언약은 이미 확정되어 있었기 때문에, 요한계시록 13:8에서는 "창세로부터 죽임을 당하신 어린 양"이라고 말한다(이것은 흠정역의 번역이고, 한글개역개정은 다르다 – 역주). 사도는 "하나님은 약속을 기업으로 받는 자들에게 그 뜻이 변하지 아니함을 충분히 나타내시려고," 자신이 아브라함에게 약속하신 자손, 즉 그리스도 안에서 이 언약을 이루시겠다는 것을 "맹세로 보증하셨는데"(히 6:17), 여러 차례 반복해서, 그리고 옛적에 사람들이 계약을 확정할 때에 사용하던 엄숙한 의식들을 행하셔서(창 15:17-18) 보증하셨을 뿐만 아니라, 아브라함의 자손들에게 할례를 행하게 하심으로써 이 언약을 보증하셨다. 이 언약과 약속은 그리스도의 죽으심으로 말미암아 궁극적으로 완성될 것이었지만, 하나님께서는 그 이전에도 여러 가지 방법으로 이 언약과 약속을 확증하시고 재확인해 주셨다.

사백삼십 년 후에 생긴 율법이 폐기하지 못하고 그 약속을 헛되게 하지 못하리라. 율법은 하나님이 아브라함에게 이 약속을 주신 지 "사백삼십 년 후에" 이스라엘 백성에게 주어졌다. 창세기 15:13에서는 이삭의 출생을 기점으로 계산해서 이 기간이 대략 사백 년이 될 것이라고 말하고 있지만("여호와께서 아브람에게 이르시되 너는 반드시 알라 네 자손이 이방에서 객이 되어 그들을 섬기겠고 그들은 사백 년 동안 네 자손을 괴롭히리니"), 출애굽기 12:40에서는 여기에서와 마찬가지로 아브라함이 하란을 떠나 가나안 땅으로 출발한 때(창 12:4)로부터 기산하여 이 기간을 사백삼십 년이라고 말한다("이스라엘 자손이 애굽에 거주한 지 사백삼십 년이라"). 아브라함이 하란을 떠난 때로부터 이삭이 태어난 때까지의 기간은 25년이었고(창

12:4; 21:5), 이삭이 태어난 때로부터 야곱이 태어난 때까지의 기간은 60년이었으며 (창 25:26), 야곱이 태어난 때로부터 애굽으로 내려간 때까지의 기간은 130년이었고(창 47:9), 야곱의 자손들은 거기에서 214년을 머물러 살았다. 여기에서 사도는 하나님이 아브라함에게 은혜 언약을 주시고 약속하신 지 사백삼십 년 후에 이스라엘 백성에게 주어진 율법이 그렇게 확정된 "그 약속을" 무효로 만들거나 "헛되게" 하는 것은 불가능하다고 말한다.

18. 만일 그 유업이 율법에서 난 것이면 약속에서 난 것이 아니리라 그러나 하나님이 약속으로 말미암아 아브라함에게 주신 것이라.

하나님께서는 아브라함에게 이 땅의 가나안이라는 모형을 통해서 하늘의 가나안이라는 "유업"을 보여 주시고, 그 유업을 그와 그의 자손에게 주시겠다고 약속하셨는데, 만일 이 유업이 "율법"에 순종하여 율법을 성취함으로써 얻을 수 있는 것이었다면, 그것은 어떤 약속에 의해서 얻을 수 있는 것이 아니게 되기 때문에, 하나님이 아브라함에게 주신 "약속"은 무의미한 것이 되고 만다. 이것은 사도가 로마서 4:14에서 "만일 율법에 속한 자들이 상속자이면 믿음은 헛것이 되고 약속은 파기되었느니라"고 말한 것이나, 로마서 11:6에서 "만일 은혜로 된 것이면 행위로 말미암지 않음이니 그렇지 않으면 은혜가 은혜 되지 못하느니라"고 말한 것과 같다. 이렇게 사도는 "은혜"와 "행위"가 서로 상반되고, "율법"과 "약속"이 서로 상반된다는 것을 보여 준다. 은혜와 약속에 속한 것은 사랑에 의해서 값없이 주어지는 반면에, 행위와 율법에 속한 것은 마땅히 받아야 할 삯이고 대가가 된다. 그러나 사도는 하나님께서는 약속을 통해서 이 유업을 아브라함에게 주셨다고 말한다. 즉, 이 유업은 하나님께서 값없이 거저 아브라함에게 주시기로 약속하셨다는 것이다.

19. 그런즉 율법은 무엇이냐 범법하므로 더하여진 것이라 천사들을 통하여 한 중보자의 손으로 베푸신 것인데 약속하신 자손이 오시기까지 있을 것이라.

그런즉 율법은 무엇이냐. 어떤 이들은 이 시점에서 이렇게 말할 수 있을 것이다: 그렇다면, 도대체 왜 하나님께서는 율법을 주신 것인가? 이것은 사람이 율법에 순종해서 하나님 앞에서 의롭다 하심을 얻을 수 없다면, 마치 율법이 아무 짝에도 쓸데없는 것이라도 되는 것처럼 말하는 것이다. 범법하므로 더하여진 것이라. 하나님께서 아브라함에게 은혜 언약과 관련된 약속을 주신 후에 율법을 주신 것은, 은혜 언약만으로는 사람이 의롭다 하심을 얻는 데 부족함이 있어서, 그것을 보완해 줄 어떤 행위들을 추가하시기 위한 것이 아니었고, 죄를 억제하거나(딤전 1:9), 죄를 보여 주고 드러내서, 사람들로 하여금 자신들이 의롭다 하심을 얻기 위해서는 그리스도가 필요하다는 것을 깨닫게 하시기 위한 것이었다: "그런즉 선한 것이 내게 사망이 되었느냐 그럴 수 없느니라 오직 죄가 죄로 드러나기 위하여 선한 그것으로 말미암아 나를 죽게 만들었으니 이는 계명으로 말미암아 죄로 심히 죄 되게 하려 함이라"(롬 7:13).

약속하신 자손이 오시기까지 있을 것이라. 여기에서 하나님이 약속하신 "자손"은 "모든 믿는 자에게 의를 이루기 위하여 율법의 마침이 되시는"(롬 10:4) 그리스도를 가리킨다. 그리스도께서 오시면, 율법의 온갖 예식들과 예법들은 효력을 잃게 된다. 여기에 언급된 "자손"이 그리스도를 가리킨다는 것은 "그 약속이 주어진"(한글개역개정에는 "약속하신")이라는 수식어에 의해서 분명해진다. 어떤 이들은 여기에 언급된 "자손"을 신비의 그리스도를 구성하는 머리 되시는 그리스도와 지체들인 교회를 가리키는 것으로 이해해서, 에베소서 2:14에서 "그는 우리의 화평이신지라 둘로 하나를 만드사 원수 된 것 곧 중간에 막힌 담을 자기 육체로 허시고"라고 말한 것처럼, 이 본문을 통해서 사도는 율법의 존속기한은 유대인과 이방인이 하나가 될 때까지라고 말하고 있는 것으로 해석한다.

천사들을 통하여 한 중보자의 손으로 베푸신 것인데. 사도행전 7:38에서는 "시내 산에서 말하던 그 천사와 우리 조상들과 함께 광야 교회에 있었고 또 살아 있는 말씀을 받아 우리에게 주던 자가 이 사람이라"고 말함으로써, 하나님께서 율법을 이스라엘 백성에게 주실 때, 한 "천사"와 모세가 관여하였음을 우리에게 보여 주고, 사도는 히브리서 2:2에서 "천사들을 통하여 하신 말씀이 견고하게 되어 모든 범죄함과 순종하지 아니함이 공정한 보응을 받았거든"이라고 말한다. 구약성경에서 하나님이 율법을 수여하시는 장면에는 천사들이나 하늘의 성도들이 전혀 등장하지 않지만(출 19:20), 신명기 33:2에서 모세는 죽기 전에 이스라엘 백성을 축복하면서, "여호와께서 시내 산에서 오시고 일만 성도 가운데에 강림하셨다"고 말한다. 즉, 율법은 하나님께서 천사를 시켜서 수여하셨거나, 천사들을 대동하시고 수여하신 것이다. 여기에서 어떤 이들은 "한 중보자"가 그리스도를 가리키는 것으로 이해하지만, 모세가 "그 때에 너희가 불을 두려워하여 산에 오르지 못하므로 내가 여호와와 너희 중간에 서서 여호와의 말씀을 너희에게 전하였노라"(신 5:5)고 말한 것처럼, 모세를 가리키는 것으로 이해하는 것이 좋을 것 같다. 또한, 그리스도는 새 언약의 중보자로는 불리지만, 성경의 그 어디에서도 옛 언약의 중보자로 불리지는 않는다:

"그는 더 좋은 약속으로 세우신 더 좋은 언약의 중보자시라"(히 8:6); "새 언약의 중보자이신 예수"(히 12:24).

20. 그 중보자는 한 편만 위한 자가 아니나 하나님은 한 분이시니라.

이 절은 모든 해석자들이 너무 애매모호하다고 인정하는 본문이다. 중보자는 서로 거래하는 양 당사자의 중간에서 두 사람을 다 대변하는 역할을 맡기 때문에, 어느 한 편을 위한 자가 아니라는 것은 누구나 다 알기 때문에, 이 본문의 내용이나 의미 자체가 애매모호한 것은 아니고, 이 본문이 앞 절과 어떤 식으로 연결되고 있는지가 애매모호하다. 사도는 앞 절에서 율법이 "한 중보자의 손"을 통해서 주어졌다고 우리에게 말한 바 있다. 해석자들은 이 절에 대해서 다양한 해석을 제시하는데, 그러한 다양한 해석은 하나님이 율법을 주실 때에 사용하신 "중보자"에 대한 이해의 차이에서 생겨난다. 나는 사도가 여기에서 "약속"은 본질적으로 한 분이신 하나님이 직접 아브라함에게 주신 것인 반면에, "율법"은 하나님이 그리스도의 모형으로서 행한 모세를 중보자로 세우셔서 간접적으로 주셨다는 점에서, "약속"이 "율법"보다 우월하다고 말하고 있는 것이라고 본다. 이것을 통해서 하나님께서는 한 분 유일한 중보자이신 그리스도 예수 없이는 율법은 그 누구에게도 생명과 구원을 가져다줄 수 없다는 것을 보여 주셨다. 그리스도는 새 언약의 중보자로서, 새 언약을 위하여 중보하셨고, 새 언약 안에서 중보하셨지만, 사람들은 율법을 범하였기 때문에 중보자를 필요로 하게 된 것이었다. 왜냐하면, 하나님과 사람을 갈라놓은 유일한 것은 바로 죄였기 때문이다. 만일 사람이 율법을 범하지 않았더라면, 하나님과 사람 사이에는 그 어떤 중보도 필요하지 않았을 것이다.

앞의 19절에 나온 "중보자"가 그리스도를 가리키는 것으로 이해하는 이들은 중보자가 한 쪽이 아니라 양 쪽과 다 상관하듯이, 그리스도는 유대인과 이방인을 둘 다 상관한다는 점에서 여기에서 중보자로 지칭되고 있는 것이라고 말한다. 사도는 에베소서 2:14에서 그리스도께서는 "우리의 화평이신지라 둘로 하나를 만드사 원수 된 것 곧 중간에 막힌 담을 자기 육체로 허시고"라고 말함으로써, 유대인과 이방인을 "하나가 되게" 하셨다고 말하는데, 그들의 해석에 의하면, 그리스도는 유대인과 이방인을 하나가 되게 한 중보자인 셈이다. 그러나 우리는 성경의 그 어디에서도 이런 의미로 그리스도를 중보자라고 부르는 것을 찾아볼 수 없다.

따라서 이 본문과 관련하여 많은 해석들이 제시되어 왔지만, 내가 앞에서 말한 해석이 가장 유력해 보인다. 즉, 하나님께서는 "약속"을 주실 때에는 중보자 없이 직접 주셨던 반면에, 율법을 주실 때에는 중보자의 손을 통해서 주셨는데, 이것은 율법 자체로는 사람이 의롭다 하심을 얻을 수 없다는 것을 보여 주신 것이었다. 참된 중보자이신 그리스도께서 사람이 하나님께로 나아갈 수 있는 길을 이미 열어 놓으신 복음 아래에서는 중간에서 사람들을 하나님과 중재해 줄 중보자가 필요하지 않게 되었지만, 율법 아래에서는 사람들이 율법을 범하며 살 수밖에 없었기 때문에 하나님께 나아가는 것을 중재해 줄 중보자가 꼭 필요하였다. 그리고 이것은 사람이 율법으로 말미암아서는 의롭다 하심을 얻을 수 없다는 것을 증명해 주는 것이었다.

21. 그러면 율법이 하나님의 약속들과 반대되는 것이냐 결코 그럴 수 없느니라 만일 능히 살게 하는 율법을 주셨더라면 의가 반드시 율법으로 말미암았으리라.

그러면 율법이 하나님의 약속들과 반대되는 것이냐 결코 그럴 수 없느니라. 사람이 율법으로 말미암아 의롭다 하심을 얻을 수 없지만, 그렇다고 해서 율법이 약속을 무용지물로 만들어 버리는 것은 결코 아니다. 사도는 자기가 지금 그런 식으로 말하고 있는 것이 아니라고 단호하게 밝힌다. 율법과 약속은 서로 상반되고 상극인 것이 아니라, 서로에 기여하고 유용하다. 만일 능히 살게 하는 율법을 주셨더라면 의가 반드시 율법으로 말미암았으리라. 만일 하나님께서 우리에게 주신 율법을 우리가 완벽하게 지키고 행하여 의를 이루어서, 하나님 앞에 의로운 자로 설 수 있었다면, "의가 반드시 율법으로 말미암았을" 것이고, 사람들은 율법에 순종함으로써 하나님께 받아들여지고 하나님 앞에서 의롭다 하심을 받게 될 것을 기대할 수 있었을 것이며, 율법은 믿음으로 말미암는 의를 제시한 하나님의 약속들과 "반대되는 것"이 되었을 것이다. 그러나 실제로는 사람은 율법으로 말미암아서는 결코 의롭다 하심을 얻을 수 없었다.

22. 그러나 성경이 모든 것을 죄 아래에 가두었으니 이는 예수 그리스도를 믿음으로 말미암는 약속을 믿는 자들에게 주려 함이라.

그러나 성경이 모든 것을 죄 아래에 가두었으니. 만일 아담이 범죄하지 않고 계속해서 순전하고 흠 없는 상태를 유지하였더라면, 사람들은 하나님께서 주신 율법을 지킴으로써 생명을 얻을 수 있었을 것이다. 그러나 아담이 범죄함으로써, 그것은 불가능해졌다. 그래서 로마서 2:10에서는 "의인은 없나니 하나도 없으며"라고 말하고, 에베소서 2:3에서는 우리가 모두 "본질상 진노의 자녀"였다고 말한다. 이는 예수 그리스도를 믿음으로 말미암는 약속을 믿는 자들에게 주려 함이라. 하나님께서 율법을 주셔서 모든 것을 죄 아래에 가두신 것은, 복음의 새 언약에 따라 중보자 예수 그리스도를 영접하고 복음 안에서 하나님이 우리에게 제시하신 구원의 조건들을 받아들이는 자들에게, 하나님이 전에 약속하셨던 생명과 구원을 주시기 위한 것이었고, 하나님께서 전에 아브라함에게 주신 이 약속들은 "믿음"을 조건으로 해서 믿는 자들에게 주어질 것이었다. 하나님께서 자신의 영원하신 계획 속에서 은혜 언약을 따라 예수 그리스도를 믿는 자들을 구원하시기로 확고하게 정해 놓으시고도, 먼저 사람들에게 행위 언약을 제시하신 것은, 얼핏 생각하면 우리에게 이상해 보일 수 있지만, 다시 한 번 곰곰이 생각해 보면, 우리는 하나님이 그렇게 하시는 것이 꼭 필요하였다는 것을 알게 된다. 왜냐하면, 사람들이 하나님께서 주신 율법을 범하여 하나님과 맺은 첫 번째 계약을 어김으로써, 그들에게 중보자가 반드시 필요하다는 것을 깨닫게 될 때까지는, 그들이 중보자이신 예수 그리스도께 그들 자신을 의탁할 이유는 전혀 없을 것이었기 때문이다. 그래서 하나님께서는 사람들에게 먼저 행위 언약을 주셔서, 사람들로 하여금 그 언약을 깨뜨리지 않을 수 없게 하셨고, 그런 후에야 범죄한 인간에게 중보자이신 예수 그리스도를 계시하심으로써, 그 중보자를 믿는 자들로 하여금, 그들의 타락으로 인하여 상실하였던 생명이자 하나님이 전에 약속하셨던 생명을 얻을 수 있게 하셨다.

23. 믿음이 오기 전에 우리는 율법 아래에 매인 바 되고 계시될 믿음의 때까지 갇혔느니라.

믿음이 오기 전에 우리는 율법 아래에 매인 바 되고. "믿음이 오기 전"이라는 것은 은혜 언약, 또는 복음의 교훈, 또는 그리스도가 계시되기 전을 가리킨다. "우리는 율법 아래에 매인 바 되었다"는 것은, 하나님이 은혜 언약을 계시하실 때까지는, 온 인류가 행위의 율법으로 말미암는 구원 외에는 그 어떤 다른 구원의 길을 알지 못하였다는 의미이거나, 그리스도께서 오시기 전에도 유대인들은 복음에 대한 계시를 받았었지만, 그 계시가 불완전하고 모호했기 때문에, 그들 중 대다수는 "율법 아래에 매인 바 되어" 율법의 행위로 말미암아 의롭게 되는 것 외의 다른 길을 알지 못하였다는 의미이다. 계시될 믿음의 때까지 갇혔느니라. 사도는 우리가 율법 아래에 "갇혀" 있었다고 말한다. 왜냐하면, 하나님께서 율법을 주신 것은 사람들로 하여금 율법을 지켜서 구원을 얻게 하시기 위한 것이 결코 아니었기 때문이다. 물론, 율법 시대에도 하나님께서는 자기가 구원하고자 하신 자들에게는 좀 더 은밀한 방식으로 복음을 계시하셨지만, "믿음의 때"인 지금에 이르러서는, 하나님이 영원 전부터 확정하셨던 구원의 길을 좀 더 온전하고 분명하게 계시하셨다.

24. 이같이 율법이 우리를 그리스도께로 인도하는 초등교사가 되어 우리로 하여금 믿음으로 말미암아 의롭다 함을 얻게 하려 함이라.

이같이 율법이 우리를 그리스도께로 인도하는 초등교사가 되어. 예식법과 도덕법을 모두 포함한 "율법"은 어린 아이들을 대학교에서 고등 학문들을 배울 수 있도록 준비시키는 일을 하는 "초등교사" 같은 역할을 우리에게 한다. 즉, 율법 중에서 예식법은 여러 가지 희생제사들을 비롯한 온갖 모형들을 통해서 그리스도를 우리에게 보여 주는 역할을 하였고, 도덕법은 우리가 죄를 지으면 정죄와 저주를 받는다는 것, 우리에게는 죄의 권세를 이길 힘이 없다는 것, 우리가 저지른 죄로 말미암은 죄책은 우리 자신의 힘으로 해결할 수 없다는 것을 깨닫게 해 줌으로써, 우리에게 중보자가 절대적으로 필요하다는 것을 보여 주는 역할을 하였다. 우리로 하여금 믿음으로 말미암아 의롭다 함을 얻게 하려 함이라. 하나님께서 우리에게 율법을 주신 목적은, 우리로 하여금 그리스도에게 가서 배울 수 있게 하시고, 그리스도를 믿음으로 말미암아 의롭다 하심을 얻게 하시기 위한 것이었다.

25. 믿음이 온 후로는 우리가 초등교사 아래에 있지 아니하도다.

하나님께서 정하신 때가 되어서, 구원을 가져다주는 믿음의 대상이신 그리스도께서 계시되고, 믿음의 교훈인 복음이 온전히 계시되어 널리 알려지게 된 후에는, 우리가 초등교사 아래에서 배워야 할 때는 지났고 끝이 났다.

26. 너희가 다 믿음으로 말미암아 그리스도 예수 안에서 하나님의 아들이 되었으니.

너희가 유대인이든 이방인이든, 모든 믿는 자들은 예수 그리스도를 믿는 믿음으로 말미암아 "하나님의 아들들"이 되었다: "영접하는 자 곧 그 이름을 믿는 자들에게는 하나님의 자녀가 되는 권세를 주셨으니"(요 1:12). 그러므로 너희는 이제 구원이나 도움을 얻기 위해서 다시 율법으로 되돌아갈 필요가 없고, 오직 그리스도를 바라보기만 하면 된다. 왜냐하면, 율법은 단지 너희를 그리스도께로 인도하는 초등교사였을 뿐이고, 율법을 지킴으로써 의롭다 하심을 얻는 것은 불가능하며, 이제 그리스도께서 너희에게 온전히 계시되셨고, 너희는 그리스도를 믿음으로 말미암아 하나님의 아들들이 된 까닭에, 직접 하나님 앞으로 나아가서 구원과 도움을 구할 수 있기 때문이다.

27. 누구든지 그리스도와 합하기 위하여 세례를 받은 자는 그리스도로 옷 입었느니라.

"그리스도와 합하기 위하여 세례를 받았다"는 것은 성례전으로서의 세례를 받았다는 것을 가리킬 수 있는데, 이렇게 세례를 받은 자들은 그리스도를 고백하고 그리스도의 이름으로 세례를 받은 것일 뿐만 아니라, 성례전으로서의 세례라는 표징을 통해서 그리스도와 합한 것이다. 또는, 이것은 물로 세례를 받은 것만이 아니라, 성령과 불로 세례를 받은 것임을 의미할 수도 있는데, 뒤에 나오는 내용을 감안하면, 후자의 견해가 훨씬 더 유력해 보인다. 사도는 이렇게 세례를 받은 자들은 "그리스도로 옷 입은" 자들이라고 말한다. 즉, 그들은 그리스도를 영접하고 받아들여서 의롭다 하심을 얻고 거룩하게 되었다는 것이다. 로마서 13:14에도 비슷한 말씀이 나온다: "오직 주 예수 그리스도로 옷 입고 정욕을 위하여 육신의 일을 도모하지 말라."

28. 너희는 유대인이나 헬라인이나 종이나 자유인이나 남자나 여자나 다 그리스도 예수 안에서 하나이니라.

유대인이나 헬라인이나. 하나님 앞에서 의롭다 하심을 받는 것에는 유대인과 헬라인이 아무런 차별이 없이 동일하다. 사도가 이 말을 하는 것은, 갈라디아 교인들이 자신들은 그리스도께로 인도하는 초등교사인 율법 아래 있지 않아서, 유대인들에 비해서 불이익을 당하고 있다고 생각하지 않도록 하기 위한 것이다. 종이나 자유인이나. 그리스도께서는 사람들의 사회적 신분이나 처지를 고려하지 않으시기 때문에, 어떤 사람이 종이냐 자유인이냐 하는 것은 전혀 중요하지 않다. 따라서 사도는 고린도전서 7:22에서 "주 안에서 부르심을 받은 자는 종이라도 주께 속한 자유인이요 또 그와 같이 자유인으로 있을 때에 부르심을 받은 자는 그리스도의 종이니라"고 말하고, 에베소서 6:8에서는 "이는 각 사람이 무슨 선을 행하든지 종이나 자유인이나 주께로부터 그대로 받을 줄을 앎이라"고 말하며, 골로새서 3:11에서는 "거기에는 헬라인이나 유대인이나 할례파나 무할례파나 야만인이나 스구디아인이나 종이나 자유인이 차별이 있을 수 없나니 오직 그리스도는 만유시요 만유 안에 계시니라"고 말한다. 남자나 여자나. 율법 아래에서는 남자는 여자보다 많은 특권들을 지니고 있었지만, 그리스도 앞에서는 성별이 전혀 상관이 없다. 다 그리스도 예수 안에서 하나이니라. 복음 아래에서는 남자와 여자, 유대인과 이방인, 부자와 가난한 자, 노예와 노예 주인, 종과 자유인의 구별은 무의미하고 아무런 차별이 없다.

29. 너희가 그리스도의 것이면 곧 아브라함의 자손이요 약속대로 유업을 이을 자니라.

갈라디아 교인들은 하나님의 약속이 아브라함과 그의 자손에게 주어졌고, 그들은 아브라함의 자손이 아니라는 사실에 낙심하고 의기소침할 수 있었기 때문에, 사도는 그들이 "그리스도의 것"이면, 즉 그들이 진심으로 그리스도를 믿어서 그리스도께 접붙임이 되었다면, 그들은 명실공히 하나님의 약속이 주어진 저 아브라함의 자손이고, 육신을 따라서가 아니라 "약속"을 따라서 아브라함의 "유업을 이을 자"라고 말한다: "아브라함의 씨가 다 그의 자녀가 아니라 오직 이삭으로부터 난 자라야 네 씨라 불리리라 하셨으니 곧 육신의 자녀가 하나님의 자녀가 아니요 오직 약속의 자녀가 씨로 여기심을 받느니라"(롬 9:7-8).

MATTHEW POOLE'S COMMENTARY

갈라디아서 4장

개요

1. 상속자일지라도 성인이 될 때까지 후견인 아래에 있어야 하는 것과 마찬가지로, 유대인들은 그동안에 율법 아래에 있어야 하였다는 것(1-3).
2. 그러나 그리스도께서 오셔서, 율법 아래 있는 자들을 속량하시고 자유를 주셔서, 유대인과 이방인이 둘 다 하나님의 아들들이 되게 하셨다는 것(4-7).
3. 갈라디아 교인들이 우상들을 섬기다가 하나님을 알게 되고 하나님에 의해서 아신 바 되었는데도, 다시 율법을 지키는 것으로 되돌아가서 종살이하고자 한 것에 대하여 책망함(8-10).
4. 바울은 그들을 향한 자신의 염려와 사랑과 관심을 표명한 후에, 그들이 이전에 자기를 공경하고 선대하였던 것을 상기시키면서, 자기가 없는 동안에 미혹되지 말라고 경계함(11-20).
5. 하갈과 사라라는 모형들을 사용해서 알레고리적으로 유대교와 기독교를 설명한 후에, 우리는 자유 있는 여자의 자녀로서 자유자들이라고 말함(21-31).

1. 내가 또 말하노니 유업을 이을 자가 모든 것의 주인이나 어렸을 동안에는 종과 다름이 없어서.

사도는 앞에서 예수 그리스도를 믿는 모든 자들은 하나님의 약속이 주어진 아브라함의 자손이고, 아브라함에게 주어진 약속들을 이어받을 상속자들이라고 분명하게 선언한 바 있는데, 이제 여기에서는 인간 사회에서 어떤 아이가 큰 재산을 상속받게 될 상속자라고 할지라도, 미성년자일 동안에는 "종"과 다름없는 처지에 놓여 있게 되는 것과 마찬가지로, 율법 시대는 믿는 자들이 미성년자일 때여서 종과 다름없이 살았던 때라고 말한다.

2. 그 아버지가 정한 때까지 후견인과 청지기 아래에 있나니.

앞 절에 언급된 "유업을 이을 자"는 큰 재산을 물려받게 될 상속자이지만, 그 재산을 당장 소유하게 되는 것은 아니고, "그 아버지가 정한 때까지" 후견인과 청지기 아래에 있다가, 일정한 때가 되어서 후견을 받는 입장에서 벗어나게 되면, 그 때에서야 비로소 원래 자기가 물려받게 되어 있던 재산을 소유하게 된다.

3. 이와 같이 우리도 어렸을 때에 이 세상의 초등학문 아래에 있어서 종 노릇 하

였더니.

아브라함의 자손들, 즉 모든 믿는 자들도 바로 그러한 미성년자인 상속자와 같아서, 하나님께서는 애초부터 그들에게 복음의 자유를 주셔서 향유하게 할 계획을 갖고 계셨지만, 하나님이 정하신 때가 다 차서, 하나님의 아들 예수 그리스도께서 이 세상에 오실 때까지는, 그들을 율법이라는 후견인이자 청지기 아래 두시고서, 그리스도께로 인도함 받게 하셨기 때문에, 그들은 그 자유를 온전히 누릴 수 없었다. 사도가 여기에서 "이 세상의 초등학문"이라고 부르고 있는 것은 율법 중에서 주로 예식법을 가리킨다. 사도행전 15:10에서는 베드로가 "지금 너희가 어찌하여 하나님을 시험하여 우리 조상과 우리도 능히 메지 못하던 멍에를 제자들의 목에 두려느냐"고 말하고, 골로새서 2:20에서는 사도가 "너희가 세상의 초등학문에서 그리스도와 함께 죽었거든 어찌하여 세상에 사는 것과 같이 규례에 순종하느냐"고 말한다. 따라서 사도는 율법은 하나님께서 처음에 모세를 통해서 유대인들을 가르치실 때에 사용하셨던 초보적인 학문이었고, 하나님이 이 율법을 유대인들에게 주신 것은 그들을 통해서 "세상"을 가르치게 하셔서 세상으로 하여금 자신의 가르침을 알게 하기 위한 것이었기 때문에, 여기에서 "이 세상의 초등학문"이라는 표현을 사용한 것이다. 사도가 율법의 규례들과 예법들을 "초등학문"이라고 부른 것은 그것들은 하나님께서 사람들을 그리스도께로 인도하시기 위하여 그들에게 먼저 주신 가르침이어서, 마치 초등학생들이 배우는 초보적인 학문들과 같은 성격을 지니고 있었기 때문이다.

4. 때가 차매 하나님이 그 아들을 보내사 여자에게서 나게 하시고 율법 아래에 나게 하신 것은.

때가 차매. 여기에 언급된 "때"는 2절에서 육신의 아버지가 상속자인 자기 아들을 후견에서 벗어나게 하기로 정한 때와 상응하는 것으로서, 하나님께서 자기 백성이 현세에서 가능한 한도 내에서 가장 온전한 자유를 향유할 수 있게 하기로 정하신 때를 가리킨다. 하나님이 그 아들을 보내사. "산이 세워지기 전에, 언덕이 생기기 전에 내가 이미 났으니"라고 한 잠언 8:25의 말씀처럼, 하나님의 아들 예수 그리스도께서는 창세 전에 이미 계셨지만, 하나님께서는 자신이 정하신 때가 찰 때까지는 그 아들을 이 세상에 보내지 않으셨다. 여자에게서 나게 하시고 율법 아래에 나게 하신 것은. 하지만 때가 찼을 때, 하나님께서는 성령의 능력으로 동정녀 마리아를 덮으셔서 마리아의 태에 잉태되게 하시는 방식으로 자기 아들이 "여자에게서 나게" 하셨다.

또한, 하나님의 아들 예수 그리스도께서는 율법을 제정하신 분이시기 때문에 율법에 종속되신 분이 아니지만, 스스로 낮아지셔서 율법에 종속되어, 율법 아래에서 이스라엘 사람의 아들로 태어나셨고, 예식법에 순종하여 할례를 받으셨으며, 모든 일에서 율법의 규례를 따라 살아 가셨고, 율법의 저주를 감당하시고자 "우리를 위하여 저주를 받으셨다." 예수 그리스도께서 율법 아래에 계셨다는 것에 대한 이러한 설명들은 마지막에 말한 것 외에는 보충설명을 덧붙일 것이 없다. 내가 여기에 예수 그리스도께서 "우리를 위하여 저주를 받으셨다"는 것을 포함시킨 것은, 다음 절에서 사도는 그리스도께서 "율법 아래에 있는 자들을 속량하셨다"고 말하고 있고, 거기에는 그리스도께서 우리를 율법 아래에서 속량하시기 위하여 우리가 받아야 할 저주를 스스로 담당하셨다는 것이 전제되어 있기 때문이다. 그리고 이것은 갈라디아 3:13에서 사도가 말한 것이기도 하다: "그리스도께서 우리를 위하여 저주를 받은 바 되사 율법의 저주에서 우리를 속량하셨으니 기록된 바 나무에 달린 자마다 저주 아래에 있는 자라 하였음이라."

5. 율법 아래에 있는 자들을 속량하시고 우리로 아들의 명분을 얻게 하려 하심이라.

이것은 그리스도께서 "율법 아래에 나셨다"는 것을 우리가 예식법만이 아니라 도덕법에 비추어서도 이해하여야 한다는 것, 즉 그리스도께서는 율법의 저주를 받으셔야 하였을 뿐만 아니라 율법의 계명들도 지키셔야 했다는 것을 분명하게 보여 준다. 왜냐하면, 그리스도께서 율법 아래에 나신 목적이 "율법 아래에 있는 자들을 속량하시기" 위한 것이었다면, 이방인들은 율법 중에서 예식법 아래에는 있지 않았고 오직 도덕법 아래에만 있었던 까닭에, 이방인들을 속량하여 하나님의 "아들의 명분"이라는 큰 특권, 또는 양자로서의 권리들을 얻게 하기 위해서는, 그리스도께서는 단지 예식법만이 아니라 도덕법 아래에서도 살아가셔야 하였기 때문이다. 어떤 이들은 여기에서 "아들의 명분"은 하나님의 아들이라 불리고 하나님의 아들이 되는 권리를 가리킨다기보다는 하나님의 아들이 되어서 누릴 수 있는 권리들을 가리키는 것으로 이해하고, 어떤 이들은 사도는 믿는 자들이 복음의 때까지 미성년자의 상태로 지내야 하였던 것과는 반대로, 복음이 도래해서 온전한 자유를 누리게 된 것을 "아들의 명분"으로 표현한 것이라고 생각한다. 왜냐하면, 사도는 갈라디아서 5:1에서 "그리스도께서 우리를 자유롭게 하려고 자유를 주셨으니 그러므로 굳건하게 서서 다시는 종의 멍에를 메지 말라"고 말하고 있고, 이 마지막 해석은 사도가 앞의

1-3절에서 말한 것과 가장 잘 부합하는 것으로 보이기 때문이다. 따라서 우리는 사도가 여기에서 말한 "아들의 명분"은 하나님의 아들이라는 특권과 하나님의 아들이 되어서 누릴 수 있는 권리들을 가리키는 것이기도 하지만, 일차적으로는 믿는 자들이 하나님의 아들로서 온전한 자유를 누리게 된 것을 가리키는 것으로 보는 것이 좋을 것 같다.

6. 너희가 아들이므로 하나님이 그 아들의 영을 우리 마음 가운데 보내사 아빠 아버지라 부르게 하셨느니라.

사도는 유대인들이 자신들만이 하나님의 아들들이라고 주장하지 못하도록 하기 위해서, 갈라디아 교인들 같은 이방 그리스도인들도 하나님의 아들들이라고 말하고, 그것을 확증하기 위하여, 하나님께서 그들의 마음에 "그 아들의 영"을 보내셨다고 말한다. 성령은 아버지 하나님의 영임과 동시에 그리스도의 영이기도 하다. 사도가 여기에서 성령을 그리스도의 영이라고 한 이유는 사람들로 하여금 하나님의 아들들이 되게 하는 것이 "속량하심"의 목적이자 열매라고 앞에서 말하였고, 성경에서 이 속량하심은 성자이신 그리스도의 사역이기 때문이다. 사도는 로마서 9:4에서 "양자 됨"은 "이스라엘 사람"의 것이라고 말한다. 유대인들은 하나님께서 자신의 "아들들"이자 "장자들"(출 4:22)이라는 이름을 주셔서 존귀하게 하신 최초의 하나님 백성이었고, 그들 중 다수는 믿는 자들로서 성령을 받았다: "내 영을 너희 속에 두어 너희로 내 율례를 행하게 하리니 너희가 내 규례를 지켜 행할지라"(겔 36:27). 그러나 성령이 보편적으로 임하게 된 것은 그리스도께서 승천하신 후에 복음 시대가 본격적으로 시작된 때였다: "예수께서 아직 영광을 받지 않으셨으므로 성령이 아직 그들에게 계시지 아니하시더라"(요 7:39); "내가 너희에게 실상을 말하노니 내가 떠나가는 것이 너희에게 유익이라 내가 떠나가지 아니하면 보혜사가 너희에게로 오시지 아니할 것이요 가면 내가 그를 너희에게로 보내리니"(요 16:7).

성령이 오순절에 믿는 자들에게 부어졌을 때, 그 열매들은 일부 믿는 자들이 이적들을 행하는 능력을 받고 여러 방언으로 말하게 된 것에서만이 아니라, 믿는 자들에게 다양한 영적인 은사들과 거룩한 성품들이 주어진 것에서도 분명하게 나타났는데, 그 중의 하나가 성령이 믿는 자들의 마음속에서 역사하셔서, "아빠 아버지라 부르게" 하신 것이었다. 사도는 이것을 로마서 8:15에서는 "너희는 다시 무서워하는 종의 영을 받지 아니하고 양자의 영을 받았으므로 우리가 아빠 아버지라고 부르짖느니라"고 좀 더 자세하게 풀어서 설명한다. 이것은 성령의 감화가 믿는 자들의 기도에 미쳐서, 먼저는 그들의 마음에 기도할 마음이 생기게 하고, 다음으로는 그들의 입술을 주장하여 그때그때마다 적절한 말들로 기도하게 하신다는 것을 의미하는 것이기도 하지만, 일차적으로는 주로 성령이 우리의 마음에 은혜로 말미암은 성품들이 자라나게 하셔서, 우리의 기도가 하나님 앞에 열납될 수 있게 하신다는 것을 의미한다. 왜냐하면, 우리에게 믿음과 거룩한 담대함이 있을 때에만, 우리는 하나님을 아버지라고 부를 수 있고, 또한 우리에게 간절하고 열렬한 마음이 있을 때에만, 우리의 아버지이신 하나님께 끈질기게 구할 수 있게 되기 때문이다. 그런데 이러한 것들은 이제 오직 유대인들만의 특권이 아니라, 본래는 이방인들로서 하나님에 대하여 외인들이었던 갈라디아 교인들의 특권이 되었고, 이것은 그들이 지금 그리스도의 속량하심에 참여하고 있고, 장래에는 영원한 생명과 구원을 기대할 수 있다는 것을 보여 주는 확실한 증거였다.

7. 그러므로 네가 이 후로는 종이 아니요 아들이니 아들이면 하나님으로 말미암아 유업을 받을 자니라.

믿는 이방인인 너는 믿는 이스라엘 사람과 마찬가지로 더 이상 "종"이 아니고 "아들"이다. 여기에서 "종"은 율법에 묶여서 종 노릇하는 상태를 가리키고, "아들"은 성인이 되어서 아버지의 유업을 실제로 향유하여 자신에게 주어진 자유를 온전히 누리는 상태를 가리킨다. 그리스도께서는 자신의 제자들에게 "이제부터는 너희를 종이라 하지 아니하리니 종은 주인이 하는 것을 알지 못함이라 너희를 친구라 하였노니 내가 내 아버지께 들은 것을 다 너희에게 알게 하였음이라"(요 15:15)고 말씀하셨는데, 사도는 여기에서 갈라디아 교인들에게, 하나님이 그들을 아들들로 삼으셨기 때문에, 그들은 아들들이 되었다고 말한다. "아들"은 최고의 자유를 향유하고 누릴 수 있는 지위를 의미하고, 아버지이신 하나님이 물려주신 "유업을 받을 자"라는 것을 의미한다. 이것은 로마서 8:17이 "자녀이면 또한 상속자 곧 하나님의 상속자요 그리스도와 함께 한 상속자니"라고 말하고 있는 것과 일치한다. 인간 사회에서 아들이자 상속자인 사람은 아버지가 돌아가실 때까지는 아버지의 전 재산을 온전히 향유하고 누리며 자신의 뜻대로 사용하지는 못하지만, 아버지가 살아 계시는 동안에도 종들보다 훨씬 더 나은 처지에서 살아가는 것과 마찬가지로, 그리스도로 말미암아 하나님의 아들이자 상속자가 된 믿는 이방인들은, 그들을 위해 준비된 유업을 온전히 누리기 위해서는 천국에 가야 하기 때문에, 이 땅에 있는 동안에는 잠시 기다려야 하긴 하지만, 그들의 처지는 종들보다는 훨씬 낫다. 왜냐하면, 하나님을 섬긴다는 점에서 그들은 종들과 마찬가지이긴 하지만, 종들은 두려움 가운데서 하나님을 섬기는 반면에, 아들인 그들은 그러한 두려움 없이 사랑하는 마음으로 하나님을 아버지로 섬기는 것이기 때문이다.

8. 그러나 너희가 그 때에는 하나님을 알지 못하여 본질상 하나님이 아닌 자들에게 종 노릇 하였더니.

너희가 그 때에는 하나님을 알지 못하여. 이것은 그들이 나중에 하나님을 제대로 알게 된 그 정도만큼은 그 때에는 하나님을 알지 못하였다는 것이다. 왜냐하면, 이방인들조차도 하나님을 어느 정도는 알기 때문이다. 로마서 1:21에서 사도는 이방인들이 "하나님을 알되 하나님을 영화롭게도 아니하며 감사하지도 아니하고 오히려 그 생각이 허망하여지며 미련한 마음이 어두워졌나니"라고 말한다. 본질상 하나님이 아닌 자들에게 종 노릇 하였더니. 너희는 우상들을 섬기고 숭배하였다. 우상들은 "본질상"으로는 하나님이 아닌 존재들이지만, 단지 우상 숭배자들이 우상들을 하나님으로 생각할 뿐이다. 이방인들이 이렇게 하나님이 아닌 우상들을 하나님으로 여겨서 우상들에게 종 노릇 한 것은 참 하나님을 알았던 유대인들이 율법 아래에서 종 노릇 한 것보다 더 비참하고 끔찍한 일이었다. 그 때에는 하나님의 백성인 유대인들조차도 미성년의 상속자라는 처지에 있었기 때문에, 율법의 멍에 아래에서 율법의 예법들을 지키며 종과 다름없는 삶을 살았다.

9. 이제는 너희가 하나님을 알 뿐 아니라 더욱이 하나님이 아신 바 되었거늘 어찌하여 다시 약하고 천박한 초등학문으로 돌아가서 다시 그들에게 종 노릇 하려 하느냐.

이제는 너희가 하나님을 알 뿐 아니라 더욱이 하나님이 아신 바 되었거늘. 너희는 그리스도 안에서 하나님이 어떤 분이신지를 아는 참되고 구원을 가져다주는 지식을 얻게 되었을 뿐만 아니라, 그리스도로 말미암아 하나님께 열납되고 인정받게 되었다. 너희가 너희의 지각과 마음으로 하나님을 알게 된 것도 중요하지만, 너희가 하나님의 인정을 받게 된 것은 더욱 중요하다. 어찌하여 다시 약하고 천박한 초등학문으로 돌아가서 다시 그들에게 종 노릇 하려 하느냐. 그런데도 너희는 왜 율법의 예법들을 지키는 것으로 다시 돌아가고자 하는 것이냐? 사도가 율법의 예법들을 "초등학문"이라고 부르는 것은, 하나님께서 자기 백성으로 하여금 나중에 좀 더 온전한 예배로 나아가게 하시기 위하여, 먼저 그들에게 초보적인 방식으로 하나님을 예배하는 방법을 가르치신 것이었기 때문이다. 사도는 율법의 예법들이 그 어떤 것도 온전하게 할 수 없다는 의미에서, 그것들을 "약하다"로 부른다. 사람이 율법의 예법들을 지킨다고 하여도, 그것이 그 사람으로 하여금 하나님 앞에서 의롭다 하심을 얻게 하는 것은 불가능하였다. 또한, 사도는 복음 아래에서 좀 더 이치에 맞게 신령한 방식으로 하나님을 예배하는 것에 비하면, 율법의 예법들은 "천박하다"고 말한다. 갈라디아 교인들은 그리스도께서 그들에게 주신 자유를 알려고 하지도 않고 사용하려고 하지도 않았기 때문에, 사도는 그들이 그러한 율법의 예법들에 "종 노릇 하려" 한 것이라고 말한다.

여기에서 다음과 같은 반론이 있을 수 있다: 갈라디아 교인들은 유대교로 교육받지도 않았는데, 사도가 여기에서 그들이 율법의 예법들로 돌아가고자 한다고 질책한 것은 과연 타당한 일이었는가? 대답: 어떤 해석자들은 실제로 그런 문제가 있다고 생각해서, 이 절에 언급된 "약하고 천박한 초등학문"은 이방인들의 미신들과 우상 숭배를 가리키는 것이라고 본다. 그러나 사도는 이 서신 전체에 걸쳐서 갈라디아 교인들이 이전처럼 다시 미신들로 돌아가서 우상 숭배를 하고 있다고 질책하고 있는 것일 가능성은 희박하다. 어떤 이들은 사도가 이 절에서는 다시 율법의 예법들로 되돌아간 믿는 유대인들을 염두에 두고 이런 말을 한 것이라고 생각한다. 그러나 우리는 사도가 갈라디아 교회에 속한 개별 신자들의 행태와 관련해서가 아니라 교회 전체의 상태와 관련해서, "다시 약하고 천박한 초등학문으로 돌아가서 다시 그들에게 종 노릇 하려" 한다고 말하고 있는 것으로 볼 수 있다. 그들은 전에 그러한 초등학문 아래에 있다가, 그리스도를 영접함으로써 좀 더 온전한 상태로 나아갈 수 있었다. 그런데 이렇게 좀 더 온전한 상태로 나아간 갈라디아 교회가 율법 아래에서 종 노릇 하는 것으로 후퇴한다면, 그것은 정말 "돌아가는" 것이 된다. 즉, 여기에서 "돌아간다"는 것은 개별 신자들이 과거에 이미 내버렸던 행태로 다시 돌아간다는 의미가 아니고, 하나님의 교회가 과거의 상태보다 더 온전한 상태로 나아갔다가 다시 그 과거의 상태로 돌아간다는 의미이다.

10. 너희가 날과 달과 절기와 해를 삼가 지키니.

만일 이 갈라디아 교인들이 자신들이 전에 믿고 지키던 미신들로 되돌아갔음을 보여 주는 어떤 증거가 있다고 한다면, 우리는 여기에서 언급된 "날과 달과 절기와 해"를, 그들이 우상을 숭배하면서 지켰던 것들을 가리키는 것으로 이해할 수 있을 것이다. 그러나 사도는 이 서신 전체에 걸쳐서, 그들이 기독교 신앙을 버리고서, 전에 이방인으로 살아갈 때에 섬겼던 우상들과 그 때에 행하였던 헛된 것들로 다시 돌아간 것에 대해서 책망하고 있는 것이 아니라, 유대화주의자들인 거짓 교사들의 유혹에 넘어가고 미혹되어서, 그들이 의롭다 하심을 얻기 위해서는, 단지 그리스도를 믿는 것만으로는 부족하고, 반드시 유대 율법의 예법들을 아울러 지켜야 한다고 여기고서, 다시 거기로 돌아가서 종 노릇 하고 있는 것에 대해서 책망하고 있는 것이기 때문에, 여기에 언급된 "날과 달과 절기와 해"는 모두 유대교에서 지키던 것들을 가리키는 것일 가능성이 훨씬 더 높다. 따라서 여기에서 "날들"은 초하루 또는 월삭, 안식일 등을 가리키고, "달들"은 유대인들이 종교적인 금식을 행하던 첫째 달과 일곱째 달을 가리키며, "절기들"은 초실절, 장막절 등과 같은 명절들을 가리키고, "해들"은 희년과 안식년 등을 가리킨다. 사도가 여기에서 말하고자 하는 것은 유대교에서 지키는 "날과 달과 절기와 해"는 이미 하나님에 의해서 폐기된 것들인데, 갈라디아 교인들은 마치 그런 것들을 지키는 것이 여전히 하나님께서 명하신 것인 양 여기고서, 그러한 예법들에 매여 종 노릇 하고 있다는 것이다.

11. 내가 너희를 위하여 수고한 것이 헛될까 두려워하노라.

바울은 자기 자신과 관련해서는 자기가 헛되이 수고한 것이 아님을 알고 있었기 때문에, 이사야 선지자처럼 "이스라엘이 모이지 않는다고 하여도, 나는 영광을 받게 되리라"(사 49:5 흠정역)고 말할 수 있었다. 또한, 그는 고린도 교인들에게, 자기는 "구원받는 자들에게나 망하는 자들에게나 하나님 앞에서 그리스도의 향기"라고 말할 수 있었다(고후 2:15). 그러나 갈라디아 교인들과 관련해서는 자신의 수고가 헛되게 될까 두렵다고 말한다. 신실하고 충성된 사역자는 자신의 사역에도 불구하고 사람들의 심령 속에 아무런 열매가 맺히지 않는 것을 보면, 자신의 수고가 헛되었다고 생각한다. 바울은 갈라디아 교회에 속한 좀 더 진실한 자들과 관련해서가 아니라, 갈라디아 교회 전체와 관련해서 자기가 수고한 것이 헛되게 될 것을 염려한 것이었다. 왜냐하면, 좀 더 진실한 자들은 진심으로 그리스도를 믿고 의롭다 하심을 얻은 자들이어서, 다시 초등학문으로 되돌아가지 않았지만, 갈라디아 교회는 전체적으로 그리스도인들이 구원을 받는 데에는 유대교에서 정한 날들과 절기들을 지키는 것이 하나님의 명령이라고 생각하고서, 기독교 신앙을 떠나 유대교로 돌아가고 있었기 때문이었다.

또한, 사도는 그리스도인들이 율법 중에서 도덕법을 여전히 지켜야 하는 것과 마찬가지로, 그리스도 안에서의 하나님의 새로운 섭리들을 따라서 기존의 안식일 대신에 주일을 다른 날들로부터 구별해서 지키거나, 하나님이 그들에게 행하신 일들을 기념하여 어떤 특정한 날들을 따로 구별하여 하나님을 송축하는 것을 여기에서 금지하고 있는 것이 아니고, 단지 사람들이 예식법에서 정한 날들을 지키는 것을 하나님이 명하신 것으로 받아들여서, 그 날들을 예배의 일부로 지키는 것이 그들의 구원에 필수적인 것이라고 생각하여 지키는 것에 대하여 여기에서 말하고 있는 것이다. 우리에게는 하나님께 예배를 드리기 위해서 특정한 날을 따로 구별할 수 있고, 방백들은 하나님의 은혜나 심판을 기념해서 특정한 날들을 구별하여, 사람들로 하여금 하나님을 기리고 송축하게 할 수 있다. 그러나 특정한 날을 거룩한 날로 정해서 모든 사람들로 하여금 반드시 지키게 하는 것은 하나님을 대적하는 범죄이기 때문에, 그런 것을 명할 수 있는 권세는 그 누구에게도 없고, 마찬가지로 유대교의 성일들을 지키라고 명할 수 있는 권세도 그 누구에게도 없다.

12. 형제들아 내가 너희와 같이 되었은즉 너희도 나와 같이 되기를 구하노라 너희가 내게 해롭게 하지 아니하였느니라.

"내가 너희와 같이 되었은즉 너희도 나와 같이 되기를 구하노라"는 "내가 너희에게 잘하였듯이 너희도 내게 잘했으면 좋겠다"는 것이다. 이것과 비슷한 구절이 열왕기상 22:4에 나오는데, 거기에서 이스라엘 왕이 여호사밧에게 "당신은 나와 함께 길르앗 라못으로 가서 싸우시겠느냐"라고 묻자, 여호사밧이 이스라엘 왕에게 "나는 당신과 같고 내 백성은 당신의 백성과 같고 내 말들도 당신의 말들과 같으니이다"라고 대답한다. 그러나 여기에서 이런 반론이 제기될 수 있다: 갈라디아 교인들은 사도를 비방하고 중상모략한 것이 분명한데, 사도가 여기에서 그들이 자기에게 "해롭게 하지 않았다"고 말하고 있는 것은 이상한 일이 아닌가? 대답: 그것은 사도가 그들이 자기에게 그렇게 한 것을 이미 용서하였거나, 기꺼이 용서할 준비가 되어 있었고, 그들에게 보복할 마음이나 의도가 전혀 없었기 때문이었다고 할 수 있다. 또는, 사도는 그들이 유대주의화 되고 있는 것에 대해서 지금까지 책망해 왔지만, 사실 그것은 사도에게 개인적으로 해악을 끼친 것은 아니었다는 것이다. 따라서 사도가 여기에서 말하고자 한 취지는, 자기가 이렇게 그들에게 여러 가지 말로 책망한 것은 순전히 그들을 사랑하고 그들의 영혼이 잘되기를 바라는 마음에서 그런 것이었고, 그들이 자기에게 개인적으로 어떤 해악을 끼쳤기 때문에, 거기에 대하여 그들에게 보복하고자 하거나 그들에게 어떤 악감정이 있어서 그렇게 한 것이 결코 아니었다는 것이다.

13. 내가 처음에 육체의 약함으로 말미암아 너희에게 복음을 전한 것을 너희가

아는 바라.

성경은 바울이 갈라디아 사람들에게 처음으로 복음을 전하였던 때의 상황에 대해서 구체적으로 우리에게 알려 주는 것이 없기 때문에, 우리는 바울이 여기에서 "육체의 약함들"이라고 말한 것이 도대체 육체의 어떤 연약한 것들이었는지를 알기가 어렵지만, 아마도 그것들은 고린도 교회의 거짓 교사들이 "그의 편지들은 무게가 있고 힘이 있으나 그가 몸으로 대할 때는 약하고 그 말도 시원하지 않다"(고후 10:10)고 한 것에서 볼 수 있듯이, 사도가 갈라디아에서 처음 복음을 전할 때에 얼핏 보면 비굴하고 경멸받을 만한 정도로 약한 모습을 보인 것들을 가리키는 것이거나, 몇몇 옛 교부들의 추측처럼 바울이 당시에 가지고 있던 어떤 육체적인 질병을 가리키는 것이거나, 고린도후서 11:30에서 "내가 부득불 자랑할진대 내가 약한 것을 자랑하리라"고 말한 것처럼 사도가 복음을 위하여 받은 고난들과 환난들을 가리키는 것일 수 있다.

14. 너희를 시험하는 것이 내 육체에 있으되 이것을 너희가 업신여기지도 아니하며 버리지도 아니하고 오직 나를 하나님의 천사와 같이 또는 그리스도 예수와 같이 영접하였도다.

너희를 시험하는 것이 내 육체에 있으되 이것을 너희가 업신여기지도 아니하며 버리지도 아니하고. 사도는 12절에서 "너희가 내게 해롭게 하지 아니하였느니라"고 말한 것처럼, 여기에서도 그들이 자기에게 상처를 주기는커녕, 도리어 아주 따뜻하고 다정하게 대해 주었다고 말한다. 왜냐하면, 사도는 처음으로 그들에게 가서 복음을 전하였을 때, 아주 위풍당당한 사람의 모습이 아니라, 어떤 이들의 판단에 의하면 비굴하게 보일 정도로 미천하고 별 볼일 없는 사람의 모습이었거나, 육체적인 약함과 질병들로 가득한 자였거나, 사람들로부터 박해를 받는 자여서, 사도의 육체 속에 그들을 "시험하는 것들"이 있었음에도 불구하고, 그들은 그런 그를 배척하지도 않았고 멸시하지도 않았기 때문이다. 사도가 여기에서 자기 육체에 있었던 그들을 "시험하는 것들"이라고 말한 것은 앞에서 "육체의 약함들"이라고 말한 것을 가리킨다. 왜냐하면, 육체적인 약함들과 복음을 위하여 겪은 환난들은 사람들에게 얼마든지 시험거리들이 될 수 있기 때문이다. 여기에서 "시험하는 것들"로 번역된 단어는 실제로 사람들을 시험하는 것들을 의미한다.

오직 나를 하나님의 천사와 같이 또는 그리스도 예수와 같이 영접하였도다. 사도는 이렇게 말한다: 너희를 시험하는 것들이 내 육체에 있었는데도 불구하고, 너희는 나를 배척하거나 멸시하기는커녕, 도리어 내가 마치 천사인 것처럼 나를 영접해 주었다. 예수 그리스도께서 친히 너희 가운데 오셨을지라도, 너희가 나를 환대해 준 것만큼 환대를 받으셨을지 의문일 정도로, 너희는 나를 극진히 영접해 주었다. 사도가 여기에서 이런 말을 하는 이유는, 한편으로는 자기가 지금까지 말해 온 것이 그들에 대한 어떤 악의나 악감정에서 나온 것이 아니라는 것을 그들에게 알게 해주기 위한 것이었고, 다른 한편으로는 그들로 하여금 자기에 대한 그들의 선의를 이전처럼 그대로 유지하게 하여서, 자기에 대한 그들의 판단이나 감정이 달라지고 나쁘게 바뀌는 것을 막기 위한 것이었으며, 또 한편으로는 다음 절이 증명해 주듯이, 그들 중의 일부가 자기에 대한 그들의 처음의 판단과 감정, 즉 그들이 자기를 그토록 소중히 대해 주었던 것을 까맣게 잊어버리고, 지금 와서 자기를 비방하고 중상모략하고 있는 것은 경박하고 변덕스럽게 행하는 것임을 보여 주기 위한 것이었다.

15. 너희의 복이 지금 어디 있느냐 내가 너희에게 증언하노니 너희가 할 수만 있었더라면 너희의 눈이라도 빼어 나에게 주었으리라.

어떤 이들은 여기에서 "복"으로 번역된 단어가 수동의 의미로 사용된 것으로 이해해서, "너희의 복이 지금 어디 있느냐"는 구절을 이렇게 이해한다: 그 때에 너희는 참되고 순전한 복음의 교훈을 받아들인 복되고 행복한 사람들이었는데, 너희의 그러한 복 받은 모습이 지금은 어디로 가 버리고 없는 것이냐? 그러나 전후 문맥과 연결시켜서 볼 때, 이 구절은 이런 의미인 것으로 보인다: 너희가 그 때에 나를 복된 자라고 얘기한 것은 지금은 다 어디로 가 버린 것이냐? 그 때에 너희는 나를 복된 자라고 불렀고, 나에게 유익이 되는 것이고 너희가 할 수만 있었다면, 너희에게 가장 소중한 것들까지도 아끼지 않고 내게 주고자 할 정도로 나에 대하여 각별한 애정을 보여 주었다.

16. 그런즉 내가 너희에게 참된 말을 하므로 원수가 되었느냐.

그런데 지금 너희가 나에 대한 마음과 생각을 바꾸어서, 나에 대하여 악감정을 가지고 있는 이유가 무엇이냐? 내가 어떤 일로 너희를 화나게 하거나 너희에게 해악을 끼쳤다고 생각해서 그런 것이냐? 나는 너희에게 하나님의 진리 외에는 그 어떤 것도 말하지 않았는데, 그것 때문에 내가 너희의 원수가 되었고, 너희가 나를 너희의 원수로 취급하는 것이냐?

17. 그들이 너희에게 대하여 열심 내는 것은 좋은 뜻이 아니요 오직 너희를 이간시켜 너희로 그들에게 대하여 열심을 내게 하려 함이라.

여기에서 "그들"은 갈라디아 교인들에게 잘못된 것들을 가르쳐서 그 교인들의 복음 신앙을 변질시키고 왜곡시킨 거짓 교사들을 가리킨다. "너희에게 대하여 열심 내는 것"은 거짓 교사들이 갈라디아 교인들을 열렬하게 사랑하고 아끼는 체하는 것을 의미한다. 사도는 그들이 그렇게 하는 것은 선한 의도나 좋은 목적으로 그렇게 하는 것이 아니라고 말한다. "너희를 이간시켜"는 "너희를 우리와 이간시켜"라는 의미이다. 즉, 그들은 우리를 비방하고 중상모략해서, 너희가 우리를 좋게 생각하고 우리를 사랑하는 것은 잘못된 것이라고 주입시켜서, 너희가 우리를 나쁘게 생각하고 우리에 대한 사랑이 미움으로 변하게 만들려고 하는 것인데, 그들이 그렇게 하는 목적은 "너희로 그들에게 대하여 열심을 내게" 하려는 것이다. 즉, 그들은 너희 가운데서 우리에 대한 좋은 평판을 다 무너뜨리고, 그 위에서 그들에 대한 너희의 좋은 평판을 세움으로써, 너희의 사랑과 존경을 독차지하려고 하는 것이다.

18. 좋은 일에 대하여 열심으로 사모함을 받음은 내가 너희를 대하였을 때뿐 아니라 언제든지 좋으니라.

사도는 앞의 몇 절에 걸쳐서 "열심으로 사모함"에 대하여 말한 바 있다. 사도는 먼저 자기가 갈라디아 지역에 가서 처음으로 복음을 전하였을 때, 갈라디아 교인들이 당시에 그에게 보여 준 큰 열심 또는 뜨거운 사랑에 대하여 말하였었고, 다음으로는 거짓 교사들이 갈라디아 교인들에게 열심과 열렬한 사랑이 있는 것처럼 행한 것에 대하여 말하였었다. 따라서 "좋은 일에 대하여 열심으로 사모함을 받음은 좋으니라"는 사도의 말은 전자에도 적용될 수도 있고 후자에도 적용될 수 있지만, 거기에 덧붙여진 "내가 너희를 대하였을 때뿐 아니라 언제든지"라는 어구를 감안할 때, 전자에 적용되는 것으로 보아야 한다. 따라서 여기에서 "언제든지"는 강조의 의미로 사용된 것이다: 나에 대한 너희의 사랑이 아주 뜨겁고 열렬했던 때가 있었다. 그 때에 너희가 나를 사랑한 이유는 선한 것이었기 때문에, 나에 대한 너희의 그 뜨거운 사랑은 그 후로도 약화되지 않고, 내가 너희와 함께 있었을 때만이 아니라, 이렇게 너희를 떠나 있을 때에도 그대로 "언제든지" 변함없이 지속되어야 했다.

19. 나의 자녀들아 너희 속에 그리스도의 형상을 이루기까지 다시 너희를 위하여 해산하는 수고를 하노니.

나의 자녀들아. 사도는 갈라디아 교인들을 "자녀들"이라고 부름으로써, 한편으로는 자기가 그리스도를 위하여 그들을 낳은 그들의 영적인 아버지라는 것과 그들은 믿음에 있어서 다 자란 성인이 아니라 아직 연약한 어린 아이들이라는 것을 보여 주고, 다른 한편으로는 그들은 자기를 영적인 아버지로 인정하고 공경하지 않더라도, 마치 자녀들이 어떠하든지, 어머니가 그녀의 자녀들을 사랑하는 것과 마찬가지로, 자기가 자신의 "자녀들"인 그들을 변함없이 사랑하고 아끼고 있다는 것을 보여 준다. 다시 너희를 위하여 해산하는 수고를 하노니. 여기에서 사도는 아이를 낳기 위하여 산고를 겪는 여인에 빗대어서, 갈라디아 교인들의 영혼이 잘되게 하고자 하는 간절한 마음으로 그들을 위하여 노심초사하며 애쓰는 자신의 심정을 토로한다. 너희 속에 그리스도의 형상을 이루기까지. 너희가 유대주의적 신앙, 즉 사람이 의롭다 하심을 받기 위해서는 그리스도를 믿는 믿음만으로는 부족하고 반드시 율법의 행위들을 아울러 지켜 행하여야 한다고 가르치는 잘못된 신앙에서 벗어나서, 참된 복음의 진리에 뿌리를 내리고, 그리스도께서 너희에게 주신 복음의 자유에 견고히 서게 될 때까지, 나는 너희를 위하여 해산하는 여인 같은 그런 수고를 아끼지 않을 것이다.

20. 내가 이제라도 너희와 함께 있어 내 언성을 높이려 함은 너희에 대하여 의혹이 있음이라.

내가 이제라도 너희와 함께 있어 내 언성을 높이려 함은. 상황이 허락한다면, 나는 지금이라도 너희에게 가서 직접 너희를 대면하여서, 너희가 듣는 데서 내 입으로 너희를 책망하거나 권면하고 싶다. 너희에 대하여 의혹이 있음이라. 내가 그렇게 하고자 하는 것은, 너희가 복음 신앙에서 떨어져 나가서 유대주의적인 신앙을 받아들여 행하고 있다는 의혹이 있어서, 내가 너희를 어떻게 생각하여야 하는지를 모르겠기 때문이다.

21. 내게 말하라 율법 아래에 있고자 하는 자들아 율법을 듣지 못하였느냐.

내게 말하라 율법 아래에 있고자 하는 자들아. 너희는 오직 예수 그리스도를 영접함으로써 의롭다 하심을 얻을 수 있다는 복음의 가르침에 만족하지 못하고, 반드시 율법에 순종해서 할례를 비롯한 유대교의 예식들을 지켜야만 의롭다 하심을 얻을 수 있다고 생각해서, 율법 아래에 있고자 하는 자들이다. 율법을 듣지 못하였느냐. 하지만 너희는 율법이 거기에 기록되어 있는 모든 것들을 늘 행하도록 요구하고, 그렇지 않은 자들에 대해서는 저주를 선언한다는 것을 알 것이다. 또는, 사도는 이렇게 말하고 있는 것이다: 나는 이제 자기가 아래의 22-27절에서 모세의 율법책에 나오는 한 가지 이야기, 곧 장차 할례가 폐하여질 때가 올 것임을 알려 주시는 하나님의 뜻을 담고 있는 이야기를 너희에게 들려 주고자 하는데, 너희는 율법에서 그 이야기를 "듣지 못하였느냐"?

22. 기록된 바 아브라함에게 두 아들이 있으니 하나는 여종에게서, 하나는 자유 있는 여자에게서 났다 하였으며.

창세기 16장에서는 아브라함이 자신의 여종인 하갈과의 사이에서 이스마엘을 얻은 것에 관하여 말해 주고, 창세기 21:2에서는 아브라함이 자신의 정실 부인인 사라에게서 이삭을 낳은 것에 대하여 말해 준다.

23. 여종에게서는 육체를 따라 났고 자유 있는 여자에게서는 약속으로 말미암았느니라.

여종에게서는 육체를 따라 났고. 아브라함의 두 아들은 사람이 출생하는 통상적인 방식을 따라 태어났기 때문에, 어떤 의미에서는 "육체를 따라 났다"고 할 수 있지만, 이 절에서 "육체를 따라 났다"는 것은 "약속으로 말미암아 났다"는 것과 반대되는 의미로 사용되고 있다는 것은 너무나 분명하다. 따라서 "육체를 따라 났다"는 것이 의미하는 것은, 하갈에게서 태어난 아브라함의 아들인 이스마엘은 하나님이 "땅의 모든 족속이 너와 네 자손으로 말미암아 복을 받으리라"(창 28:14)고 약속하셨을 때에 말씀하신 바로 그 "자손"이 아니었다는 것이다: "여호와의 말씀이 그에게 임하여 이르시되 그 사람이 네 상속자가 아니라 네 몸에서 날 자가 네 상속자가 되리라 하시고"(창 15:4); "하나님이 이르시되 아니라 네 아내 사라가 네게 아들을 낳으리니 너는 그 이름을 이삭이라 하라 내가 그와 내 언약을 세우리니 그의 후손에게 영원한 언약이 되리라"(창 17:19).

자유 있는 여자에게서는 약속으로 말미암았느니라. 사도가 이삭은 "약속"을 따라 났다고 말하는 이유는, 하나님께서 아브라함에게 "네 몸에서 날 자가 네 상속자가 되리라"(창 15:4)고 약속하신 것을 이루시는 방식으로 이삭을 주셨기 때문이거나, 아브라함과 사라가 나이가 많이 들어서, 그들의 몸이 죽은 자와 방불한 그러한 상태에서, 하나님께서 자신의 권능과 이적으로 아브라함에게 이삭이 태어날 수 있게 하셨기 때문이다.

24. 이것은 비유니 이 여자들은 두 언약이라 하나는 시내 산으로부터 종을 낳은 자니 곧 하갈이라.

이것은 비유니. 우리가 어떤 것을 통해서 그것과 전혀 다른 그 무엇을 배우게 되거나, 어떤 것이 표면상의 의미와는 전혀 다른 어떤 신비적인 숨겨진 의미를 지니고 있을 때, 우리는 그것을 알레고리(allegory)라고 부르는데, 여기에서 "비유"로 번역된 단어는 바로 그러한 알레고리를 의미한다. 성경에는 어떤 것을 통해서 표면상으로는 그것과 전혀 다른 것 같은 어떤 것을 우리에게 알게 해 주는 특이한 종류의 알레고리들이 나오는데, 여기에서 그러한 숨겨진 의미를 담고 있었던 것은 아브라함의 정실 부인과 첩이었던 "사라"와 "하갈"이었다.

이 여자들은 두 언약이라. 사도는 사라와 하갈은 "두 언약"을 나타낸다고 말한다. 여기에서 "~이라"는 "나타낸다, 상징한다"라는 뜻이다. 따라서 이것은 "~이다"라는 동사가 "상징하다"라는 의미로 사용될 수 있음을 보여 주는 또 하나의 본문이다. 그런데도 우리 구주께서 성찬을 제정하실 때에 "떡"에 대해서는 "이것은 내 몸이니라"고 하시고 "잔"에 대해서는 "이것은 나의 피니라"고 말씀하신 것(마 26:26, 28)을, 여기에서처럼 떡은 주님의 몸을 상징하고 잔은 주님의 피를 상징한다고 해석하면 될 것인데, 교황주의자들과 루터파는 그렇게 해석하기를 완강하게 거부하고, 정반대의 해석을 그토록 집요하게 고집하는지, 나는 그 이유를 모르겠다. 주님께서는 "이것은 죄 사함을 얻게 하려고 많은 사람을 위하여 흘리는 바 나의 피 곧 언약의 피니라"(마 26:28)고 하시면서 "언약"에 대하여 언급하실 때, 여기에서 사용된 것과 동일한 '디아테카이'(διαθῆκαι)라는 단어를 사용하신다. 여기에서 사도는 "이 여자들은 두 언약이라"고 말하고, 거기에서 주님께서는 "이것은 새 언약이다"라고 말씀하시는 것이다. 사실 하갈과 사라가 상징하는 이 두 언약은 하나의 언약인데, 사도가 두 언약이라고 부르는 것은, 이 두 언약이 나타난 때와 경영 방식에서 많은 차이가 있기 때문이다. 또한, 우리는 사도가 이 말을 통해서, 모세가 그러한 목적과 의도를 가지고 사라와 하갈에 관한 이야기를 기록하였다고 우리에게 말하고 있는 것이라고 이해해서는 안 된다. 사도는 단지 그 이야기를 두 언약에 적용하고 있는 것일 뿐이다. 그래서 사도는 27절에서 선지자 이사야의 권위에 의거해서 그러한 적용을 정당화한다. 그리고 사도의 이러한 적용은 족장들의 이야기들은 문자적인 의미만이 아니라 신비적 의미도 아울러 지니고 있다고 생각한 유대인들의 일반적인 해석 방법론을 따른 것이기도 하다.

하나는 시내 산으로부터 종을 낳은 자니 곧 하갈이라. 두 언약 중에서 하갈이 상징하고 있던 언약은 시내 산에서 주어진 율법의 언약이었다. 하갈은 여종이었기 때문에, 그녀가 낳은 아들도 어머니와 똑같은 신분인 "종"일 수밖에 없었던 것과 마찬가지로, 율법도 율법 아래 있는 자들을 반드시 종의 상태로 만든다. 여기에서 사도가 율법을 "언약"이라고 부르는 이유는, 이스라엘 백성이 율법 안에 계시된 하나님의 뜻에 순종하기로 약속하였기 때문이다.

25. 이 하갈은 아라비아에 있는 시내 산으로서 지금 있는 예루살렘과 같은 곳이니 그가 그 자녀들과 더불어 종 노릇 하고.

여종인 "하갈"은 율법이 주어진 곳인 아라비아에 있는 "시내 산," 곧 지금의 "예루살렘"을 상징하는 데 제격이다. 왜냐하면, 시내 산에서 무시무시하고 두려운 방식으로 율법이 주어졌던 것과 마찬가지로, 지금의 예루살렘에서는 율법 교사들인 서기관들과 바리새인들이 자리를 잡고 앉아서 백성들에게 율법을 지킬 것을 엄격하게 강제하고 있어서, 유대인들은 꼼짝없이 "종 노릇" 하며 살아갈 수밖에 없었기 때문이다. 사도는 여기에서 유대인들이 로마인들의 압제 아래에서 조공을 바치며 속국으로 살아가고 있는 정치적 현실에 대해서 말하고 있는 것이 아니고, 유대인들이 서기관들과 바리새인들의 압제 가운데 율법 아래에서 종살이 하며 살아가고 있는 현실에 대해서 말하고 있는 것이다.

26. 오직 위에 있는 예루살렘은 자유자니 곧 우리 어머니라.

"사라"로 상징되는 새 언약, 또는 복음의 경륜, 또는 기독교회는 "위에" 있거나 위로부터 온다. 사도가 이렇게 새 언약이 "위에 있다"고 말하고 있는 이유는, 옛 언약에 속한 율법은 이 땅에서, 즉 시내 산에서 계시된 반면에, 새 언약은 아버지 하나님의 품으로부터 보내심을 받으신 그리스도에 의해서 하늘로부터 계시된 것이기 때문이다. 그래서 사도는 히브리서 12:25에서 "너희는 삼가 말씀하신 이를 거역하지 말라 땅에서 경고하신 이를 거역한 그들이 피하지 못하였거든 하물며 하늘로부터 경고하신 이를 배반하는 우리일까보냐"라고 말한다. 또는, 사도가 새 언약을 "위에 있다"고 말한 이유는 "하늘에 기록된 장자들의 모임"(히 12:23)이 바로 새 언약의 실체이기 때문일 수도 있다. 그래서 복음 교회는 "하늘의 예루살렘"(히 12:22)이라 불린다. 이 복음 교회에 대해서, 사도는 율법의 예식법의 멍에와 속박, 또는 율법의 언약과 저주로부터 벗어난 "자유자"이고, 동일한 믿음을 받아들여서 동일한 걸음으로 행하는 모든 믿는 자들의 "어머니"라고 말한다. 갈라디아 교인들은 사도의 이 말로부터 자신들이 율법으로부터 자유롭게 된 자유자라는 결론을 쉽게 이끌어낼 수 있었을 것이다.

27. 기록된 바 잉태하지 못한 자여 즐거워하라 산고를 모르는 자여 소리 질러 외치라 이는 홀로 사는 자의 자녀가 남편 있는 자의 자녀보다 많음이라 하였으니.

사도가 여기에서 인용한 본문은 이사야서 54:1에 기록되어 있다: "잉태하지 못하며 출산하지 못한 너는 노래할지어다 산고를 겪지 못한 너는 외쳐 노래할지어다 이는 홀로 된 여인의 자식이 남편 있는 자의 자식보다 많음이라 여호와께서 말씀하셨느니라." 어떤 이들은 이사야 선지자는 여기에서 유대인들이 바벨론에서 포로생활을 하고 있는 기간 동안 예루살렘은 황폐하게 되어 주민들도 별로 없이 황량할지라도, 때가 되면 다른 성들보다 더 많은 사람들로 또다시 붐비게 되고 번성하게 될 것임을 예언함으로써 당시의 유대인들을 위로하고자 한 것일 뿐이라는 이유를 들어서, 사도는 자기가 여기에서 하고자 하는 말을 위하여 이사야 선지자의 예언을 단지 간접적으로 인용하고 있는 것이라고 생각한다. 그러나 사도는 선지자의 예언을 단순히 간접적으로 인용하고 있는 것이 아니라 해석하고 있는 것으로 보인다. 따라서 선지자의 이 예언은 이사야서에서 장차 이방인들이 부르심을 받게 될 것임을 예언하고 있는 많은 본문들 중의 하나이다. 그런 의미에서 우리는 "잉태하지 못하고 홀로 사는" 여자는 이방인들을 나타내고, 남편과 자녀가 있는 여자는 유대 교회를 나타내는 것으로 이해하여야 한다. 이사야 선지자는 장래에는 유대인들 가운데서보다도 이방인들 가운데서 하나님의 자녀들, 즉 믿는 자들이 많이 나올 것이라는 의미에서, 지금은 하나님께 자녀를 낳아드리지도 못하고 하나님을 남편으로 두지도 않은 이방인들이 장차 즐거워하고 기뻐 소리 지르게 될 것이라고 성령의 감동을 따라 예언하였다. 따라서 이방 교회는 오래 전에 자녀를 낳지 못하다가 나중에 땅의 모든 족속에게 복을 가져다줄 약속의 자녀를 낳게 된 사라에 비유된다.

28. 형제들아 너희는 이삭과 같이 약속의 자녀라.

이삭은 "약속의 자녀"였다(창 21:12; 롬 9:7). 사도는 갈라디아 교인들에게 믿는 이방인들은 "이삭과 같이 약속의 자녀들"이라고 말한다. 아브라함이 "백 세나 되어 자기 몸이 죽은 것 같고 사라의 태가 죽은 것 같아서"(롬 4:19) 인간의 자연적인 생식능력으로는 태어나는 것이 불가능하였지만, 하나님의 약속과 초자연적인 권능을 따라 태어나게 된 이삭은, 믿음으로 그리스도의 지체들이 되어서 하나님의 약속을 유업으로 물려받게 된 신령한 자손인 믿는 이방인들의 모형이었다. 따라서 유대인들은 아브라함이 자신들의 조상이라고 자랑할 이유가 전혀 없었다. 왜냐하면, 유대인들 중에서 믿지 않는 자들은 단지 아브라함의 육신의 자손일 뿐이고, 오직 믿는 자들만이 신령한 자손이자 "약속의 자녀"인데, 믿는 이방인들은 믿는 유대인들과 동일한 권리를 갖게 되고, 유대인들 중에서 그리스도를 믿지 않는 자들보다 훨씬 더 나은 지위와 신분을 지니게 되기 때문이다.

29. 그러나 그 때에 육체를 따라 난 자가 성령을 따라 난 자를 박해한 것 같이 이제도 그러하도다.

아브라함의 때에 단지 육신적이고 통상적인 출생 방식을 따라 태어난 이스마엘이, 나이가 많아서 본성적으로는 아이를 낳을 수 없었던 아브라함과 사라로부터 하나님의 강력한 권능에 의해서 약속을 따라 태어난 이삭을 박해하고 희롱하였던 것과 마찬가지로(창 21:9), "이제도" 아브라함의 육신의 자손인 유대인들은 아브라함의 신령한 자손인 그리스도인들을 박해하고 있다. 이것으로부터 우리가 알 수 있는 것은, 성령께서는 신앙을 이유로 선한 백성을 조롱하고 희롱하는 것을 박해로 여기신다는 것이다. 그래서 히브리서 11:36에서는 믿는 자들 중에서 "어떤 이들은 조롱"을 당하는 "시련"을 겪었다고 말하고, 우리는 조롱을 당하는 것이 그리스도인들이 겪는 고난들 중의 하나였다는 것을 안다. 또한, 사도는 이 본문에서 하갈의 자녀인 이스마엘이 사라의 자녀인 이삭을 박해하였듯이, 지금 유대인들이 그리스도의 자손을 박해하고 있다고 말함으로써, 자기가 앞에서 말하였던 것, 즉 하갈은 유대인들의 모형이고, 사라는 이방인들의 모형이라는 것을 다시 한 번 확증한다.

30. 그러나 성경이 무엇을 말하느냐 여종과 그 아들을 내쫓으라 여종의 아들이 자유 있는 여자의 아들과 더불어 유업을 얻지 못하리라 하였느니라.

우리는 창세기 21:9-10에서 사라가 하갈의 아들 이스마엘이 이삭을 희롱하는 것을 보고서 참지 못하고, 남편인 아브라함에게 "이 여종과 그 아들을 내쫓으라 이 종의 아들은 내 아들 이삭과 함께 기업을 얻지 못하리라"고 말한 것을 본다. 사도가 여기에서 이 말을 하는 주된 의도는, 이스마엘이 아브라함의 권속으로부터 쫓겨난 모형적인 사건을 통해서, 갈라디아 교인들에게 다음과 같은 것들이 하나님의 마음과 뜻이라는 것을 알게 하기 위한 것으로 보인다: (1) 죄인들이 하나님 앞에서 의롭다 하심을 얻는 데에는 오직 그리스도와 그의 복음만 있으면 되고, 율법이 거기에 함께 있을 필요가 없다. (2) 하나님께서는 그리스도와 그의 복음을 배척한 유대인들을 버리시고, 그리스도와 그의 복음을 받아들인 이방인들을 부르셨다. (3) 그리스도와 기독교회를 박해한 유대 교회와 민족은 철저하게 멸망당하게 될 것이다.

31. 그런즉 형제들아 우리는 여종의 자녀가 아니요 자유 있는 여자의 자녀니라.

하나님께서는 옛적에 하갈이 아니라 사라를 모형으로 삼아서, 장차 자기가 부르시게 될 이방인들의 교회를 보여 주셨다. 이것으로부터 사도가 도출해 내고자 한 결론은, 우리는 율법 아래에 있지 않기 때문에 유대교의 여러 예법들을 지킬 필요가 없고, 율법의 지배로부터 벗어나 자유롭게 된 우리는 율법의 행위가 아니라 오직 그리스도를 믿는 믿음만으로 의롭다 하심을 얻는다는 것이다. 사도는 여기에서 이러한 결론을 도출해 냄으로써, 다음 장에서 갈라디아 교인들에게 그들에게 주어진 자유 위에 견고히 서 있으라고 강력하게 권면할 수 있는 토대를 마련해 놓는다.

MATTHEW POOLE'S COMMENTARY

갈라디아서 5장

개요

1. 갈라디아 교인들에게 그리스도인으로서의 그들의 자유를 견지하라고 권면함(1).
2. 할례를 받는 자는 그리스도 안에서의 소망을 잃게 됨을 보여 줌(2-6).
3. 스스로도 할례를 전하기를 거부하고, 할례를 전하는 다른 사람들을 단죄함(7-12).
4. 그들의 자유를 악용하지 말고, 사랑은 율법의 완성이기 때문에, 사랑 가운데서 서로를 섬기라고 권면함(13-15).
5. 육체와 성령은 서로 상반됨(16-18).
6. 육체의 일들(19-21).
7. 성령의 열매들(22-24).
8. 성령으로 행하고, 헛된 영광을 구하여 다투지 말라고 권면함(25-26).

1. 그리스도께서 우리를 자유롭게 하려고 자유를 주셨으니 그러므로 굳건하게 서서 다시는 종의 멍에를 메지 말라.

여기에 언급된 "자유"는 어떤 사람이 자기가 합당하거나 합당하지 않다고 여기는 일을 다른 사람의 지시나 방해 없이 자신의 뜻대로 행하거나 행하지 않을 권리이다. 이러한 의미에서의 자유는 세속적인 성격의 일들과 관련된 자유일 수도 있고, 영적인 성격의 일들과 관련된 자유일 수도 있는데, 여기에서 말하는 것은 전자가 아니라 후자이다. 왜냐하면, 신민들이 군주들의 합법적인 명령에 얽매임이 없이 자유롭거나, 자녀들이 부모의 훈계에 얽매임이 없이 자유롭거나, 종들이 주인들의 지시에 얽매임이 없이 자유로운 것은 그 어느 것도 "그리스도께서 우리를 자유롭게 하려고" 주신 "자유"가 아니기 때문이다. 신약성경에 속한 그 어떤 책에서도 그리스도 또는 사도들은 우리가 군주들이나 부모들이나 주인들의 합법적인 명령에 얽매이지 말고 자유롭게 행하라고 권하거나 가르치지 않는다. 따라서 여기에서 말하는 "자유"는 사도가 이 서신에서 지금까지 내내 말해 왔던 것, 즉 율법으로부터의 자유, 즉 도덕법의 저주와 강제로부터의 자유, 특히 일차적으로 규례들과 예법들에 담겨 있는 예식법으로부터의 자유이다. 이것은 그리스도께서 우리를 위하여 자신의 피값으로 사신 자유이고, 사도는 모든 믿는 자들에게 그 자유 위에 "굳건하게 서서," 하나님이 그들의 목에서 제거해 주신 "종의 멍에를 다시는 메지 말라"고 간곡하게 권면한다. 사도행전 15:10을 보면, 사도들은 예루살렘 공의회에서 그것을 "멍에"라고 부르며, "지금 너희가 어찌하여 하나님을 시험하여 우리 조상과 우리도 능히 메지 못하던 멍에를 제자들의 목에 두려느냐"고 말한다.

2. 보라 나 바울은 너희에게 말하노니 너희가 만일 할례를 받으면 그리스도께서 너희에게 아무 유익이 없으리라.

사도가 여기에서 모든 할례를 받는 것에 대하여 말하고 있는 것이 아니라, 그 중에서도 복음이 전파되고 있는 때에 사람이 의롭다 하심을 얻는 데 할례가 반드시 필요하다고 여기고서 할례를 받는 것에 대하여 말하고 있다는 것은 분명하다. 왜냐하면, 구약 시대에는 그리스도께서 할례를 받은 조상들에게 유익이 되어 주셨고, 할례를 비롯한 유대교의 예법들이 이미 효력을 상실한 복음 시대에도, 그러한 사실을 아직 알지 못하는 유대인들이 있어서, 유대인으로서 할례를 받지 않는 것이 유대인들이 기독교 신앙으로 회심하는 데 걸림돌이 될 우려가 있었던 까닭에, 유대인들 중의 몇 사람이라도 얻기 위하여, 바울이 할례를 받게 한 디모데(행 16:3)에게도 그리스도께서 유익이 되어 주셨기 때문이다. 그러나 복음의 교훈이 충분히 전파되고, 예식법이 이미 폐하여졌다는 것이 널리 알려졌는데도, 오직 그리스도를 믿는 믿음만으로 의롭다 하심을 얻는다는 복음의 교훈을 부정하고, 그러한 믿음만이 아니라, 율법의 예식들을 지키라고 하는 것이 하나님의 명령이고 구원에 반드시 필요한 것이라고 계속해서 주장하고 그렇게 행한다면, 그것은 히브리서 7:25에서 "자기를 힘입어 하나님께 나아가는 자들을 온전히 구원하실 수 있으니 이는 그가 항상 살아 계셔서 그들을 위하여 간구하심이라"고 말씀한 것과는 달리, 사람이 구원을 받는 데 그리스도만으로 충분하다는 것을 부정하고, 사도행전 4:12에서 "다른 이로써는 구원을 받을 수 없나니 천하 사람 중에 구원을 받을 만한 다른 이름을 우리에게 주신 일이 없음이라"고 말한 것과 로마서 10:4에서 "그리스도는 모든 믿는 자에게 의를 이루기 위하여 율법의 마침이 되시니라"고 말한 것을 전면적으로 부정하는 것이다. 따라서 사람은 오직 그리스도를 믿는 믿음만으로 하나님 앞에서 의롭다 하심을 얻을 수 있다는 가르침에 어떤 것을 더하든지, 분명히 그것은 그리스도를 부정하는 것이며, 그리스도와 그리스도께서 행하신 모든 일을 부정하는 것이다. 사도는 여기에서 "나 바울은 너희에게 말하노니"라고 말함으로써, 그것을 사도적인 권위와 위엄으로 선포한다.

3. 내가 할례를 받는 각 사람에게 다시 증언하노니 그는 율법 전체를 행할 의무를 가진 자라.

우리는 사도가 여기에서 말한 "할례를 받는 각 사람"은 할례를 행할 의무 아래 있지 않았던 이방인들, 또는 복음 시대에도 여전히 사람이 의롭다 하심을 얻고 구원을 받기 위해서는 반드시 할례를 행하여야 한다는 생각으로 할례를 받은 자들을 가리키는 것으로 이해하여야 한다. 사도는 그런 자들은 할례를 받음으로써 그들 자신을 "율법 전체를 행할 의무를 가진 자들"로 만들어 버린 것이라고 말한다. 그들은 율법의 어느 한 부분을 지켜 행할 의무를 지게 된 것이 아니라, 율법 전체를 지켜 행할 의무를 지게 되었다는 것이다. 신약 시대에 세례라는 성례전을 받은 자는 복음 전체에 순종하기로 고백한 것이듯이, 할례를 받았다는 것은 율법 전체를 지켜 행하겠다고 고백한 것이 된다. 여기에서 어떤 이들은 이런 반론을 제기할 수 있다: 그렇다면 모든 그리스도인들은 율법을 지키지 않아도 된다는 말인가? 대답: (1) 그리스도인들은 율법 중에서 오로지 유대 교회와 유대 나라에만 특별히 주어진 예법과 정치를 규율한 예식법과 절차법을 지킬 필요가 없다. (2) 우리가 최선을 다해서 율법을 성취하는 것이 마땅하다는 것과 우리가 율법을 행할 의무가 있다고 인정하는 것은 전혀 별개의 문제이다. 반론: 그렇다면, 구약 시대의 조상들은 할례를 받음으로써 그들 자신이 율법 전체를 행할 의무를 가진 자들로 인정하고 고백한 것인가? 대답: 그렇다. 그들은 율법을 지켜 행할 의무가 자신들에게 있다는 것과 율법을 어길 경우에는 저주를 감내하겠다는 것을 인정하고 고백한 것이다. 그러나 그들은 그들을 율법의 저주로부터 속량하시기 위하여 그들을 대신하여 저주를 받으신 주 예수 그리스도를 믿음으로써, 그러한 의무로부터 벗어났다. 그러나 그리스도를 부인하는 자들, 즉 사도가 앞 절에서 이미 말하였듯이, 사람이 의롭다 하심을 받기 위해서는 그리스도의 의와 그리스도를 믿는 믿음만으로는 충분하지 않고, 반드시 율법도 아울러 지켜 행하여야 한다고 하는 자들은, 그들 자신에게 하나님의 율법 전체를 지켜 행할 의무를 지운 것이다.

4. 율법 안에서 의롭다 함을 얻으려 하는 너희는 그리스도에게서 끊어지고 은혜에서 떨어진 자로다.

여기에서 "끊어지다"로 번역된 단어는 로마서 3:3("어떤 자들이 믿지 아니하였으면 어찌하리요 그 믿지 아니함이 하나님의 미쁘심을 폐하겠느냐")에서는 "폐하다"("무효가 되다, 무효로 만들다")라는 의미로 사용되고 있다. 율법으로 말미암아 의롭게 되는 것은 사람에게 불가능하기 때문에, "율법 안에서 의롭다 함을 얻으려 하는" 자들은 실제로는 전혀 의롭다 하심을 얻지 못한 자들이다. 이 본문의 의미는 이런 것이다: 율법의 행위로 말미암아 의롭다 하심을 얻고자 하는 자는 누구든지 그리스도의 의를 부인하는 것이다. 그런 자에게는 그리스도의 죽으심은 아무런 의미도 없고 아무런 효력도 없다. 왜냐하면, 사도는 이미 갈라디아서 2:21에서 "만일 의롭게 되는 것이 율법으로 말미암으면 그리스도께서 헛되이 죽으셨느니라"고 말하였고, 로마서 8:3-4에서는 "율법이 육신으로 말미암아 연약하여 할 수 없는 그것을 하나님은 하시나니 곧 죄로 말미암아 자기 아들을 죄 있는 육신의 모양으로 보내어 육신에 죄를 정하사 육신을 따르지 않고 그 영을 따라 행하는 우리에게 율법의 요구가 이루어지게 하려 하심이니라"고 말한 바 있기 때문이다. 그리스도께서 이 땅에 오셔서 십자가 위에서 죽으신 목적은, 스스로 하나님에 대한 온전한 순종으로 의를 이루셔서, 우리로 하여금 믿음으로 그 의를 덧입고서 하나님 앞에 설 수 있게 하시기 위한 것이었다. 그런데 만일 율법이 우리의 육신으로 말미암아 연약하여서, 우리로 하여금 하나님 앞에서 의롭다 하심을 얻게 할 수 없는 것이 아니었다면, 그리스도께서는 굳이 죽지 않으셔도 되었을 것인데 헛되이 죽으신 것이 되고 만다. 따라서 어떤 사람이 율법으로 말미암아 충분히 의롭다 하심을 얻을 수 있기 때문에, 그리스도의 죽으심은 자기에게 필요 없다고 생각해서, 율법의 행위를 의지해서 의롭다 하심을 얻고자 하여, 그리스도의 죽음을 헛된 것으로 만들어 버린다면, 그리스도의 죽으심은 그 자체로는 결코 헛되거나 효력이 없는 것이 아님에도 불구하고, 그 사람에게는 헛된 것이 되고 효력이 없는 것이 되고 만다. 왜냐하면, 사람이 의롭다 하심을 얻고자 할 때, 오로지 그리스도만을 의지하지 않고, 거기에 다른 것을 추가하는 경우에는, 그 사람은 그리스도의 의를 전혀 덧입을 수 없게 되기 때문이다. 따라서 그런 사람은 복음 안에 계시된 하나님의 은혜를 부정함으로써 "은혜에서 떨어진 자"가 된다. 우리는 여기에 언급된 "은혜"를 은혜의 상태가 아니라 복음의 은혜를 가리키는 것으로 이해하여야 한다. 왜냐하면, 은혜의 상태로부터는 그 누구도 온전히 최종적으로 떨어져 나갈 수 없는 반면에, 복음의 은혜는 하나님께서 복음 안에서 죄인들에게 그리스도의 의를 덧입으라고 초대하심으로써 자신의 값없는 사랑을 나타내시는 것을 가리키는 까닭에, 복음 안에서의 믿음이 아니라 율법의 행위를 의지하는 자는 바로 그 복음의 은혜에서 떨어져 나간 자가 되기 때문이다.

5. 우리가 성령으로 믿음을 따라 의의 소망을 기다리노니.

여기에서 "우리"는 진정으로 그리스도를 영접한 그리스도인들을 가리키는 것일 수도 있고, 어떤 이들의 생각처럼, 유대교에서 돌아서서 기독교 신앙으로 회심하여, 이방인들에게가 아니라 유대인들에게만 주어졌던 율법에 더 큰 관심을 갖고 있는 믿는 유대인들을 가리키는 것일 수도 있다. 이렇게 우리는 율법에 많은 관심을 갖고 있지만, 율법을 의지해서가 아니라, 우리 안에서 역사하시는 성령의 인도하심과 지도하심을 따라 "의의 소망을 기다린다." 우리가 "의의 소망을 기다린다"는 것은 우리로 하여금 하나님 앞에서 의롭다 하심을 얻게 해 줄 바로 그 의를 소망하며 기다린다는 뜻이다. 어떤 이들은 여기에서 "의"는 의의 면류관을 가리키는 것이라고 생각하지만, 나는 "의" 자체를 가리키는 것으로 보아야 한다고 생각한다. 왜냐하면, 사도는 앞에서 내내 이 "의"에 대하여 논증해 왔기 때문이다. 아울러, 사도는 우리가 율법을 지킬 때가 아니라 예수 그리스도를 믿을 때, 이 의의 소망이 우리에게 주어진다고 말한다.

6. 그리스도 예수 안에서는 할례나 무할례나 효력이 없으되 사랑으로써 역사하는 믿음뿐이니라.

그리스도 안에서 세워지고 그리스도의 죽으심으로 확증된 새 언약 아래에서는 유대인과 이방인 간에 그 어떤 차별이나 차이가 없고, 의롭다 하심을 얻는 것도 한 가지이며, 구원의 길도 한 가지인데, 그것은 그리스도 예수를 믿는 것이다. 이 믿음은 입술과 머리로만 믿는 죽은 믿음이 아니라, 하나님과 사람을 향한 "사랑으로써" 하나님의 모든 계명들에 순종하여 행하는 "믿음"이다. 믿음으로 행하지 않는 순종, 즉 믿음의 참되고 합당하며 필연적인 결과가 아닌 순종으로는, 아무도 하나님 앞에서 의롭다 하심을 얻을 수 없다.

7. 너희가 달음질을 잘 하더니 누가 너희를 막아 진리를 순종하지 못하게 하더냐.

이것이 이전에 너희의 믿음이었고 너희의 신앙 고백이었기 때문에, 너희의 삶과 행실은 그러한 믿음을 따라 이루어졌다. 그런데 누가 너희의 가던 길을 방해하고 가로막아서, 너희가 이전에 시인하고 고백하였던 진리에서 벗어나, 다른 길로 가게 만들어서, 그 진리에 불순종하게 만들었느냐?

8. 그 권면은 너희를 부르신 이에게서 난 것이 아니니라.

"그 권면," 거짓 교사들이 너희를 유혹해서 진리에서 떠나 어그러진 길로 가게 할 때에 사용하였고 그 새로운 교설, 그리고 너희가 받아들여서 너희 자신의 것으로 만든 그 새로운 교설은, "너희를 부르신 이에게서 난 것이 아니다." 왜냐하면, 하나님께서는 자기 아들 그리스도의 복음으로 어둠에 있던 너희를 기이한 빛 가운데로 불러내셔서, 자기와 사귐이 있게 하시고, 영생에 대한 소망을 가지고, 은혜와 은총 가운데서 살게 하신 분이기 때문이다. 그러므로 너희가 받아들인 그 새로운 교설은 이 땅을 두루 다니며 너희 같은 삼킬 자들을 찾아 미혹하여 타락시켜 멸망시키고자 하는 마귀와 그의 졸개들에게서 난 것이다.

9. 적은 누룩이 온 덩이에 퍼지느니라.

이것은 잠언적인 표현으로서, 잠언은 단지 한 경우만이 아니라 여러 경우에 적용될 수 있는 것이 그 특징인데, 여기에 나오는 것도 마찬가지이다. 사도는 고린도전서 5:6에서는 고린도 교회에게 근친상간을 범한 자를 그들의 교제로부터 내쫓으라고 명할 때에 이 잠언적인 표현을 사용한 바 있는데("너희가 자랑하는 것이 옳지 아니하도다 적은 누룩이 온 덩어리에 퍼지는 것을 알지 못하느냐"), 여기에서는 거짓된 가르침을 "누룩"에 비유해서, 거짓된 가르침은 조그만 것 하나라도 용납해서는 안 된다는 것을 강조하는 데 이 잠언적인 표현을 사용하고 있다(우리 구주께서도 동일한 맥락 속에서 "삼가 바리새인과 사두개인들의 누룩을 주의하라"[마 16:6]고 말씀하셨고, 제자들은 "떡의 누룩이 아니요 바리새인과 사두개인들의 교훈을 삼가라고 말씀하신 줄을 깨달았다"[마 16:12]). "누룩"은 부패시켜서 시게 만드는 성질과 급속하게 퍼지는 성질이 있다는 점에서, 이러한 비유는 아주 적절한 것이었는데, 사도는 여기에서 누룩이 지닌 후자의 성질을 특히 염두에 두고 이 말을 한 것이다. 하나님의 진리들은 모두 다 서로서로 연결되어 있어서, 신앙의 어느 한 진리가 잘못되면, 다른 진리들도 머지않아 다 잘못되어 버린다.

10. 나는 너희가 아무 다른 마음을 품지 아니할 줄을 주 안에서 확신하노라 그러나 너희를 요동하게 하는 자는 누구든지 심판을 받으리라.

나는 너희가 아무 다른 마음을 품지 아니할 줄을 주 안에서 확신하노라. 사도는 앞에서 복음 신앙을 벗어난 것에 대하여 갈라디아 교회를 호되게 책망한 후에, 이제 여기에서는 그럼에도 불구하고 자기는 그들이 하나님의 은혜로 말미암아 더 이상 진리를 떠나 방황하지 않고 진리 가운데로 다시 돌아와서, 신앙에 있어서 이전과 동일한 마음을 품게 될 것임을 믿어 의심하지 않는다고 분명하게 선언함으로써, 그들에 대한 자신의 신뢰를 천명하는 방식으로 그들의 마음을 어느 정도 풀어 주고 어루만져 주는데, 이것은 그가 통상적으로 사용하는 화법이다.

그러나 너희를 요동하게 하는 자는 누구든지 심판을 받으리라. 사도는 갈라디아 교인들을 유혹하고 미혹시켜서 잘못되게 하고자 한 자들에 대해서, 하나님께서는 그들이 행한 대로 그들에게 되갚아 주실 것이라고 단호하게 선포한다. 사도는 비록 그 이름을 구체적으로 거론하지는 않았지만, 갈라디아 교회를 흔들어 놓은 특정한 거짓 교사를 마치 지목하듯이 머리에 떠올리면서, 그 자에게 심판이 있을 것이라고 말하고 있는 것으로 보인다.

11. 형제들아 내가 지금까지 할례를 전한다면 어찌하여 지금까지 박해를 받으리요 그리하였으면 십자가의 걸림돌이 제거되었으리니.

사도가 이 절에서 이렇게 말하고 있는 것을 보면, 갈라디아 교회의 일부 거짓 교사들은, 마치 사도가 할례를 전한 것처럼, 사도의 말을 왜곡해서 자신들에게 유리하게 악용하였던 것으로 보인다. 즉, 아마도 그들은 사도가 디모데에게 할례를 받게 한 것을 들어서, 사도는 디모데가 유대인이어서, 그에게는 할례를 받느냐 안 받느냐 하는 것은 자신의 자유에 맡겨진 것이고, 여러 가지 상황을 고려할 때, 디모데가 할례를 받는 것이 모든 사람들에게 유익이 될 것이라고 생각하여, 디모데에게 할례를 받게 한 것인 반면에, 그들은 유대인들의 박해를 피하기 위해서, 사람이 하나님 앞에서 의롭다 하심을 얻는 데에는 그리스도를 믿는 것만으로는 부족하고, 반드시 할례를 비롯해서 율법에서 정한 모든 예법들을 지켜 행하여야 한다고 주장하는 것인데도, 마치 사도나 그들이나 한가지로 할례를 전한 것처럼 갈라디아 교인들에게 말한 것 같다.

이제 사도는 이렇게 말한다: "내가 지금까지" 사람이 구원을 받으려면 반드시 할례를 받아야 한다는 식으로 "할례를 전한다면 어찌하여 지금까지 박해를 받으리요." 내가 그런 식으로 할례를 전하였다면, "십자가의 걸림돌이 제거되었으리니," 왜 내가 유대인들에게 그들의 종교를 배신하고 배교한 자로 찍혀서 박해를 받고 있겠는가? 우리는 여기에서 "십자가"가 그리스도의 십자가를 가리키는 것으로 이해할 수 있는데, 그러면 "십자가의 걸림돌"은 이런 의미가 된다: 유대인들이 격분하여 나를 박해하는 이유는 내가 십자가에 못 박히신 그리스도를 전한다는 사실보다도 그들의 율법을 지켜 행하는 것으로는 구원을 얻을 수 없다고 말하며 유대교의 예법들을 반대하고 있기 때문이다. 따라서 내가 그들의 율법을 반대하지 않고 도리어 수용해서 행한다면, 그리스도의 십자가는 그들에게 더 이상 걸림돌이 되거나 그들의 분노의 대상이 되지 않을 것이다. 또는, 우리는 여기에서 "십자가"가 바울이 그리스도와 복음을 위하여 겪은 고난들을 가리키는 것으로 이해할 수도 있다. 실제로 마태복음 16:24; 누가복음 9:23; 14:22에서는 이 단어가 그런 의미로 사용된다. 이 해석을 따르면, "십자가의 걸림돌이 제거된다"는 것은 그리스도를 고백하고 전하는 데 따른 온갖 고난들이 그치게 된다는 것을 의미하게 된다. 우리가 그리스도인들도 모세 율법을 다 지켜 행하여야 한다고 천명하기만 하면, 유대인들이 우리를 철천지 원수로 여겨서 박해하고 죽이는 일은 더 이상 없게 될 것이다. 그러나 지금 그들은 날마다 나를 박해하고 있고, 이것은 내가 지금까지 할례를 전하지 않았다는 것을 극명하게 보여주는 증거가 된다.

12. 너희를 어지럽게 하는 자들은 스스로 베어 버리기를 원하노라.

나는 너희를 흔들어서 혼란스럽게 하고 요동하게 만드는 자들을 하나님께서 이런저런 방식으로 끝장내시기를 원한다. 사도의 이 말은 갈라디아 교회의 거짓 교사들에 대한 적대감에서 나온 것이 아니라, 하나님의 영광을 위한 열심에서 나온 것이고, 갈라디아 교회의 지체들의 구원을 심각할 정도로 방해하고 훼방해 온 자들에 대한 의로운 분노에서 나온 것이다. 그리고 사도는 여기에서 예언의 영으로 말미암아 하나님께서 그들을 "베어 버리실" 것을 알고서 이 말을 한 것일 가능성이 없지 않다. 따라서 성경에서 믿음이 좋은 거룩한 자들이 흉악한 악인들에 대하여 하나님에 의한 심판이나 저주를 기원하였다고 해서, 우리에게는 그들처럼 영들을 분별할 수 있는 능력이 없거나, 예언의 영으로 말미암아 장래의 일에 대한 하나님의 계시를 받은 것이 없는데도, 그들의 그러한 사례들을 선례로 삼아서 똑같이 따라하는 일이 있어서는 안 된다. 그러나 사역자들이나 개별 그리스도인들이 하나님이나 하나님의 교회의 원수들을 쳐서 기도하는 것이 일반적으로 합당한 일인지 합당하지 않은 일인지에 관한 문제는 우리가 이 자리에서 논의하기에는 너무나 방대한 문제이다.

13. 형제들아 너희가 자유를 위하여 부르심을 입었으나 그러나 그 자유로 육체의 기회를 삼지 말고 오직 사랑으로 서로 종 노릇 하라.

너희가 자유를 위하여 부르심을 입었으나. 여기에서 "자유"는 율법 언약과 율법의 저주로부터 벗어난 자유이고(갈 3:13, "그리스도께서 우리를 위하여 저주를 받은 바 되사 율법의 저주에서 우리를 속량하셨으니 기록된 바 나무에 달린 자마다 저주 아래에 있는 자라 하였음이라"), 종으로서의 두려움으로부터 벗어난 자유이며(눅 1:74, "우리가 원수의 손에서 건지심을 받고"), 죄로부터 벗어난 자유이다(롬 6:7, "이는 죽은 자가 죄에서 벗어나 의롭다 하심을 얻었음이라"). 그 자유로 육체의 기회를 삼지 말고. 너희는 너희에게 주어진 그러한 자유를 죄를 지을 기회로 악용해서, 너희의 육체에 더 큰 자유를 주어, 육체의 정욕과 욕심들을 충족시키는 데 그 자유를 악용하지 않도록 조심하여야 한다. 너희는 복음이 너희를 율법으로부터 해방시켜서 율법에 순종하지 않아도 되게 하였다고 생각해서는 안 된다. 복음이 너희를 율법에서 해방시켜 자유를 준 것은, 너희가 참된 자유를 얻어서, 그 자유로 하나님과 사람을 섬기게 하기 위한 것이다. 오직 사랑으로 서로 종 노릇 하라. 그러므로 너희는 "오직 사랑으로 서로 종 노릇 하는" 것이 마땅하다. 그리스도인으로서 우리가 가진 자유는, 사랑으로 하나님을 섬기고 사랑으로 서로를 섬기는 것으로부터 우리를 벗어나게 해 주는 그런 자유가 아니다. 그래서 로마서 13:8에서는 "피차 사랑의 빚 외에는 아무에게든지 아무 빚도 지지 말라 남을 사랑하는 자는 율법을 다 이루었느니라"고 말한다.

14. 온 율법은 네 이웃 사랑하기를 네 자신 같이 하라 하신 한 말씀에서 이루어졌나니.

사람들에 대하여 우리가 마땅히 행해야 할 것과 관련된 하나님의 뜻 전체는 "사랑"이라는 이 한 가지로 요약될 수 있다. 왜냐하면, 하나님께서 우리에게 사람들에 대하여 이러저러하게 행하라고 명하신 모든 것들은 단지 사랑이라는 이 뿌리로부터 솟아나온 가지들일 뿐이고, 사랑이라는 가장 근원적인 원리로부터 도출되는 행위들이기 때문이다. 또는, 사람에 관한 하나님의 뜻 전체는 사랑이라는 이 한 가지 속에서 성취된다. 사람들에 대한 사랑에서 하나님에 대한 사랑은 배제되는 것이 아니라, 우리의 이웃에 대한 우리의 사랑의 뿌리로서 전제된다. 왜냐하면, 우리는 하나님을 사랑하는 그 사랑으로 우리의 이웃을 사랑하여야 하기 때문이다. 그래서 로마서 8:8에서는 "남을 사랑하는 자는 율법을 다 이루었느니라"고 말하고, 디모데전서 1:5에서는 "이 교훈의 목적은 청결한 마음과 선한 양심과 거짓이 없는 믿음에서 나오는 사랑"이라고 말하며, 요한일서 4:20에서는 "누구든지 하나님을 사랑하노라 하고 그 형제를 미워하면 이는 거짓말하는 자니 보는 바 그 형제를 사랑하지 아니하는 자는 보지 못하는 바 하나님을 사랑할 수 없느니라"고 말함으로써, 자기 형제를 사랑하지 않는 자는 하나님을 사랑하는 것이 아니라는 것을 증명한다. 교황주의자들은 이 본문이 사람이 자기 이웃을 사랑하는 것이 가능하다고 말하고 있다고 해석해서, 그러한 해석을 근거로 삼아서, 사람은 율법을 온전히 지켜 행할 수 있다는 결론을 이끌어 내지만, 그들의 그러한 해석과 결론은 잘못된 것이다. 왜냐하면, 사도는 디모데전서 1:5에서 이 "사랑"은 "청결한 마음과 선한 양심과 거짓이 없는 믿음에서 나오는" 것이라고 분명하게 말하고 있기 때문이다.

칼빈 목사님이 사도는 여기에서 사람들을 사랑하는 것이 율법을 이루는 것이라고 말함으로써, 갈라디아 교회의 거짓 교사들의 가르침을 반박하고 있다고 본 것은 옳다. 즉, 사도는 거짓 교사들이 율법의 예식들과 예법들을 지켜 행하는 것이 율법을 이루는 것이라고 가르친 것을 반박하고, 하나님의 율법이 요구하는 모든 것은 "청결한 마음과 선한 양심과 거짓이 없는 믿음에서 나오는 사랑"이기 때문에, 거짓이 아닌 참된 믿음을 가지고서 그 믿음 위에서 순수한 마음과 선한 양심으로 이웃을 자신과 같이 사랑하는 자는 하나님에 의해서 율법을 이룬 것으로 여기심을 받게 될 것이라고 선언하고 있다는 것이다. 왜냐하면, 사랑은 율법의 완성이기 때문이다: "간음하지 말라, 살인하지 말라, 도둑질하지 말라, 탐내지 말라 한 것과 그 외에 다른 계명이 있을지라도 네 이웃을 네 자신과 같이 사랑하라 하신 그 말씀 가운데 다 들었느니라 사랑은 이웃에게 악을 행하지 아니하나니 그러므로 사랑은 율법의 완성이니라"(롬 13:9-10).

15. 만일 서로 물고 먹으면 피차 멸망할까 조심하라.

사도의 이 말은 갈라디아 교회의 지체들 사이에서는 무슨 이유들에서인지는 모르지만 칭의론을 둘러싼 견해 차이들로 인해서 큰 다툼과 분열이 존재하였다는 것을 우리에게 알게 해 준다. 그러나 그들이 무슨 이유에서 서로 견해 차이가 생기게 되었든지 간에, 그들 간의 다툼과 분열은 사도가 그들에게 사랑으로 서로를 섬기라고 권면한 것과 정면으로 배치되는 것이었다. 또한, 그들 간의 다툼과 분열은 단순히 서로에 대하여 불만을 가지고 싫어하는 것에서 그친 것이 아니라, 그리스도인들이 아니라 개들에게나 어울리는 행동들을 서로에게 행하는 것으로 표출되었기 때문에, 사도는 그들의 그러한 행동들을 "서로 물고 먹는" 것으로 표현하면서, 그들이 그런 식의 행동을 계속하면, 결국에는 서로가 다 멸망하게 될 것이라고 예언한다. 왜냐하면, 그들이 지금 보여 주고 있는 행동들은 멸망을 향해 치닫고 있는 본질적인 성향을 지니고 있었기 때문이다.

16. 내가 이르노니 너희는 성령을 따라 행하라 그리하면 육체의 욕심을 이루지 아니하리라.

너희는 성령을 따라 행하라. 사도는 13절에서 갈라디아 교인들이 자신들에게 주어진 "자유"를 자신들의 육체의 욕심들을 이룰 기회로 삼아서, 하나님의 은혜를 악용하여 방탕한 삶을 살아서는 안 된다고 경고한 바 있는데, 이제 여기에서는 그렇게 하는 것을 피할 수 있는 가장 좋은 방법을 그들에게 제시하는데, 그것은 "성령을 따라 행하는" 것이라고 말한다. 여기에서 "성령"으로 번역된 단어는 직역하면 "영"이 되지만, 헬라어 본문에 언급된 이 "영"은 우리 자신의 영이나, 우리 자신의 이성의 인도함을 가리키는 것이 아니다. 왜냐하면, 신약성경에서 "육체"의 반대 개념으로 제시된 "영"은, 신자들 속에 거하여 감화를 주고, 밖으로는 성령의 감동으로 된 하나님의 말씀을 수단으로 해서, 그리고 안으로는 내적인 감화와 역사를 통해 그들을 인도하는 성령을 가리키기 때문이다. 또한, 사도가 "행하라"고 말한 것은 성령이 신자들의 행실 전체를 인도할 것임을 의미한다. 여기에서 "성령을 따라"로 번역된 어구는 직역하면 "성령으로"이지만, 그 의미와 취지는 로마서 8:4에 나오는 "성령을 따라"(한글개역개정에는 "그 영을 따라")와 동일한 것으로 보인다. 하지만 사도가 여기에서 "성령을 따라"라는 어구가 아니라 "성령으로"라는 표현을 사용한 것은, 그리스도인들은 성령께서 그들의 삶의 규범으로 삼으라고 명령하시는 하나님의 말씀을 청종할 뿐만 아니라, 성령의 능력과 도우심을 바라야 한다는 것을 보여 주고, 성령의 그러한 도우심을 약속하고 있는 것일 수 있다. 따라서 "성령으로 행하라"는 것은 이런 것을 의미한다: 너희의 모든 행실은 한편으로는 복음이라는 외적인 규범을 따른 것이 되어야 하고, 다른 한편으로는 너희 안에 거하시고 역사하셔서 너희로 하여금 하나님의 말씀에 순종하도록 인도하시는 성령의 내적인 역사와 감화와 지시하심을 따른 것이 되어야 한다.

그리하면 육체의 욕심을 이루지 아니하리라. 너희가 그렇게만 한다면, 너희가 여전히 육체를 입고 있는 까닭에, 육체의 욕심들이 너희 속에서 아우성을 쳐도, 너희는 육체의 죄악된 욕심들과 욕망들을 이루지 않게 될 것이다. 즉, 죄가 여전히 너희 속에 있을지라도, 너희를 다스리지 못하게 될 것이고, 너희의 죽을 몸을 지배하지 못하게 될 것이다. 그래서 사도는 로마서 6:12에서 "너희는 죄가 너희 죽을 몸을 지배하지 못하게 하여 몸의 사욕에 순종하지 말라"고 말한다.

17. 육체의 소욕은 성령을 거스르고 성령은 육체를 거스르나니 이 둘이 서로 대적함으로 너희가 원하는 것을 하지 못하게 하려 함이니라.

우리는 여기에서 "육체"와 "성령"을 인간의 구성 부분인 감각적인 욕구와 이성적인 욕구를 가리키는 것으로 이해해서는 안 된다. 왜냐하면, 이 두 가지 욕구는 서로 반대되는 것이 아니라, 많은 일들에서 서로 아주 잘 일치하기 때문이다. 우리는 우리의 감각적인 부분에서만이 아니라, 우리의 마음과 이성적인 부분에 있어서도, 신령한 것들에 대하여 원수들이다. 그래서 골로새서 1:21에서는 "전에 악한 행실로 멀리 떠나 마음으로(ἐν τῇ διανοίᾳ - '엔 테 디아노이아') 원수가 되었던 너희"라고 말한다. 또한, 나중에 19-21절에서 나오는 "육체의 일들" 중에서 "우상 숭배"나 "이단" 같은 것들은 인간의 감각적인 부분에 속한 것이라고 할 수 없다. 따라서 우리는 여기에서 "육체"는 인간의 거듭나지 않은 부분이나, 우리가 아담으로부터 물려받아서 우리의 감각적인 욕구만이 아니라 우리의 이성적인 욕구에도 자리잡게 된 저 육적인 욕망이나 욕심을 가리키는 것으로 이해하여야 한다. 이러한 의미에서의 "육체" 또는 "육체의 소욕"은 하나님의 통치 및 성령의 지시나 역사와 반대된다.

육체의 소욕은 성령을 거스르고 성령은 육체를 거스르나니. 이러한 육체의 욕심은 성령의 지시를 강력하게 거스르는 쪽으로 움직이고, 성도들 안에 거하는 하나님의 성령은 육체의 성향이나 취향을 강력하게 거스르는 쪽으로 우리를 움직인다. **이 둘이 서로 대적함으로 너희가 원하는 것을 하지 못하게 하려 함이니라.** 이렇게 이 두 상반된 원리들은 우리에게서 서로 정반대의 것들을 원하고, 우리를 서로 정반대로 이끌어가기 때문에, 하나님의 백성 중에서 아무리 믿음이 좋은 사람이라고 할지라도, 하나님의 말씀이 그들에게 행하라고 명하는 것들이나, 그들의 거듭난 부분이 원하는 것들을 따라서 늘 행할 수는 없다.

18. 너희가 만일 성령의 인도하시는 바가 되면 율법 아래에 있지 아니하리라.

"성령의 인도하시는 바가 되는" 것과 "성령을 따라 행하는" 것은 동일한 것이고, "율법 아래에 있는" 것은 율법의 저주, 또는 율법의 강제 아래에 있는 것이며, 예식법을 지킬 의무 아래 있는 것이다. 우리가 성령의 인도하심을 따라 행할 때에 율법으로부터 벗어나서 율법 아래에 있지 않게 되는 이유는, 성령은 양자 됨과 자유의 영인 까닭에, 우리 안에 계신 성령께서는 자유함과 진실함의 원리 아래에서 두려움 없이 하나님을 섬기는 법을 우리에게 가르치기 때문이다.

19. 육체의 일은 분명하니 곧 음행과 더러운 것과 호색과.

"육체의 일들"은 사람의 마음속에 있는 본성적인 소질들과 성향들로부터 생겨나는 산물들이다. 육체의 일들의 추악함은 본성의 빛과 양심에 의해서 그대로 드러나기 때문에, 사도는 그러한 것들은 애매모호해서 알기 힘든 것이 아니라 "분명하다"고 말한다. 또는, "육체의 일"이 "분명하다"는 것은, 그러한 것들은 하나님의 통치와 반대되기 때문에, 하나님의 성령으로부터 나오는 것이 아니라, 사람의 부패하고 타락한 부분으로부터 나오는 것임이 너무나 분명하다는 의미일 수도 있다. 이제 사도는 현저하게 드러나는 육체의 일들이 어떤 것들인지를 열거해 나가기 시작한다. "간음"은 이웃의 침상을 더럽히는 것인 반면에, "음행"은 독신자들이 서로 성적으로 더러운 짓을 하는 것을 가리키고, "더러운 것"은 그 밖의 다른 온갖 추악한 짓들을 가리키며, "호색"은 앞에서 언급된 그러한 행위들로 이어지는 온갖 추잡한 행동거지나 태도를 가리킨다.

20. 우상 숭배와 주술과 원수 맺는 것과 분쟁과 시기와 분냄과 당 짓는 것과 분열함과 이단과.

"우상 숭배"는 창조주이신 하나님 대신에 피조물을 섬기거나, 피조물이나 형상을 통해서 하나님을 섬기는 것이다. "주술"은 사람이 마귀와 계약을 맺고, 악한 영들의 힘을 끌어와서, 자연질서와 통상적인 법칙을 초월하는 능력을 발휘하는 것을 가리키는데, 이러한 주술은 대체로 다른 사람들에게 해악을 가하는 데 사용된다. 하지만 이러한 극악무도한 범죄들만이 육체의 일들인 것은 아니고, 사람들에 대하여 적대감을 품고서 우리의 마음속에서 계속해서 사람들을 미워하여 "원수 맺는 것," 그 결과인 "분쟁," 즉 별 이유 없이 서로 다투고 싸우는 것, 남들이 잘되는 꼴을 보지 못해서 어떻게 해서든지 잘되지 못하도록 훼방하는 것인 "시기," 서로에 대하여 혈기를 절제하지 못하고 분노하는 것인 "분냄," 서로 끊임없이 싸우는 것(한글개역개정에는 "당 짓는 것"으로 번역됨), 서로 분열하여 파당을 만드는 것(한글개역개정에는 "분열함"으로 번역됨)으로서 교회에서는 분파주의라 불리는 것, 신앙의 중요한 교리에 있어서 잘못된 가르침을 가리키는 "이단들"도 육체의 일들에 속한다.

21. 투기와 술 취함과 방탕함과 또 그와 같은 것들이라 전에 너희에게 경계한 것 같이 경계하노니 이런 일을 하는 자들은 하나님의 나라를 유업으로 받지 못할 것이요.

"투기"는 남들이 잘되는 것을 보고 불평하고 투덜거리며 못마땅해하는 것이고, "술 취함"은 술을 적당한 선에서 절제하지 못하고 과도하게 마시는 것이며, "방탕함"은 절제하지 못하고 과도하게 먹는 것이다. 하나님의 피조물들을 필요 이상으로 과도하게 남용하거나 즐기는 모든 것들도 다 육체의 일들에 속한다. 전에 너희에게 경계한 것 같이 경계하노니. 너희가 알다시피, 나는 전에도 너희에게 말한 적이 있지만, 지금도 심판의 날이 이르기 전에 또다시 말할 것인데, 너희는 내가 지금 말하는 것이 진실이라는 것을 심판의 날에는 반드시 알게 될 것이다. 이런 일을 하는 자들은 하나님의 나라를 유업으로 받지 못할 것이요. "이런 일들," 즉 육체의 일들을 통상적으로 행하며 살아갈 뿐만 아니라, 죽을 때에도 자신의 그러한 삶을 회개함이 없이 죽은 자들은 결코 구원을 받지 못하게 될 것이다: "불의한 자가 하나님의 나라를 유업으로 받지 못할 줄을 알지 못하느냐 미혹을 받지 말라 음행하는 자나 우상 숭배하는 자나 간음하는 자나 탐색하는 자나 남색하는 자나 도적이나 탐욕을 부리는 자나 술 취하는 자나 모욕하는 자나 속여 빼앗는 자들은 하나님의 나라를 유업으로 받지 못하리라"(고전 6:9-10); "두려워하는 자들과 믿지 아니하는 자들과 흉악한 자들과 살인자들과 음행하는 자들과 점술가들과 우상 숭배자들과 거짓말하는 모든 자들은 불과 유황으로 타는 못에 던져지리니 이것이 둘째 사망이라"(계 21:8).

22. 오직 성령의 열매는 사랑과 희락과 화평과 오래 참음과 자비와 양선과 충성과.

"성령의 열매"는 하나님의 거룩한 영이 믿는 자들 안에 거하여 역사해서 만들어내는 성품들, 그리고 나무가 열매를 맺듯이, 그러한 성품들로부터 자연스럽게 흘러나오는 행위들로는 다음과 같은 것들이 있다. "사랑"은 하나님과 이웃을 사랑하는 것이고, "희락"은 우리의 영혼이 최고의 복인 하나님과 하나됨 속에서 만족하는 것이다. 고린도전서 13:6에서는 우리가 그리스도를 기뻐하고 그리스도의 존귀와 영광을 위한 것들을 기뻐하는 것을 "진리와 함께 기뻐하는" 것이라고 부르고, 로마서 12:15에서는 "즐거워하는 자들과 함께 즐거워하고 우는 자들과 함께 울라"고 말한다. "화평"은 하나님과 화목하여 화평하게 된 상태, 그러한 상태로부터 생겨나는 양심의 평안, 그리고 그러한 화평의 결과로서, 사람들과 다투거나 시기하거나 경쟁하는 것과는 정반대로 사람들과 진정으로 화목하고 평화롭게 지내는 것을 가리킨다. "오래 참음"은 남들로부터 해악을 입자마자 즉시 보복하고자 하고 원수를 갚고자 하는 것과 반대되는 것으로서, 해악을 인내로써 잘 감당하는 것이다. "자비"는 인자한 성품으로 자기 자신이나 남들을 너그럽게 받아들이는 것을 가리키고, "양선"은 아무에게도 해를 끼치지 않으려고 하고, 할 수 있는 한 모든 사람에게 유익을 끼치고 선하게 대하고자 하는 것을 가리키며, "충성"은 말에 있어서의 진실함과 약속이나 남들을 대할 때의 신실함을 의미하는 것으로 보인다.

23. 온유와 절제니 이같은 것을 금지할 법이 없느니라.

"온유"는 성급하게 화를 내지도 않고, 조급해하지도 않으며, 혈기를 잘 참는 것을 가리키고, "절제"는 먹을 것과 마실 것과 입을 것 등과 같이 우리의 감각들이 즐거워하는 모든 것들을 적정한 정도로만 사용하는 것을 가리킨다. 여기에서 사도가 성령의 열매들로 열거한 것들 중 다수는 일부 사람들이 도덕적인 훈련, 교육에 의한 본성의 계발, 도덕 철학에 의해서 도달한 바 있는 그런 도덕적인 덕목들이지만, 하나님의 성령이 믿는 자들의 심령 속에 거하여 다양한 정도와 분량으로 역사하여 만들어 내는 열매들이기도 하다. 하지만 도덕적인 훈련을 통해서 그러한 덕목들에 도달한 사람들은 이성의 원리들이 그들에게 보여 준 바에 따라서 그러한 덕목들이 아름답고 고귀하다는 것을 알고, 거기에 순종해서 현세에서의 행복한 삶과 명예와 명성을 얻고자 하는 것 이외의 더 높은 목표를 가지고 있지는 않다. 그러나 신령한 사람들은 하나님께 영광을 돌리고 그들 자신의 영혼을 구원받게 하고자 하는 더 높은 목표를 가지고 그렇게 행할 뿐만 아니라, 믿음에 의거해서, 하나님을 경외하고 사랑하는 마음으로, 그리고 하나님의 뜻에 순종하는 마음으로 그렇게 행한다. **이같은 것을 금지할 법이 없느니라.** 사도는 그렇게 행하는 자들을 고소하거나 정죄할 "법"이 없다고 말한다. 왜냐하면, 이러한 것들은 율법이 행하라고 명령한 것들이고 율법에 순종하여 행한 것들이기 때문이다. 따라서 이러한 것들을 행하는 자들은 "성령의 인도하시는 바가 된" 자들이기 때문에, 그들은 "율법 아래에," 즉 율법의 정죄하는 권세나 저주 아래 있지 않은 자들이다(18절).

24. 그리스도 예수의 사람들은 육체와 함께 그 정욕과 탐심을 십자가에 못 박았느니라.

"그리스도 예수의 사람들"은 믿음으로 말미암아 그리스도께 접붙인 바 되어 그리스도와 하나가 되고 그리스도의 지체들이 된 자들이다. 그들이 "육체를 못 박았다"는 것은, 그들이 그리스도의 십자가로부터 온 권능을 힘입어서, 그들의 거듭나지 못한 부분이 상당한 정도로 죽어지게 하였다는 것이다. 그들은 "육체"만이 아니라, "그 정욕과 탐심," 즉 육체의 무절제한 욕망들과 정욕들과 혈기들까지 "십자가에 못 박았다." 하지만 그들은 여전히 인간이기 때문에, 육체 및 그 정욕과 탐심을 모두 다 십자가에 못 박아서 죽게 한 것은 아니고, 육체가 과도하게 욕심 부리고 탐하는 것들을 죽여서 바로잡고 굴복시킨 것이었다.

25. 만일 우리가 성령으로 살면 또한 성령으로 행할지니.

우리가 고백하듯이, 하나님의 성령과 우리가 하나로 연합되어 있어서, 성령이 우리의 삶의 원리이고, 우리는 우리 자신 속에 있는 어떤 원리에 의거해서가 아니라 성령을 좀 더 힘입어서 살아가고 있는 것이라면, 우리의 모든 행실은 그 동일한 성령의 인도하심과 지시하심에 따라 이루어지는 것이 마땅하다. 우리의 모든 행실들은 우리가 토대로 하고 있는 삶의 원리로부터 자연스럽게 따라나오는 것이기 때문에, 오직 육체를 따라 살아가는 자들은 육체의 소욕을 따라 행하게 마련인 것과 마찬가지로, 성령으로 살아가는 자들에게서는 그들의 삶의 원리인 성령에 합당한 행실들이 나오는 것이 마땅하고, 실제로 그런 행위들이 나오게 된다.

26. 헛된 영광을 구하여 서로 노엽게 하거나 서로 투기하지 말지니라.

헛된 영광을 구하여. 야심 또는 헛된 영광은 우리 자신을 자랑하고 뽐내고 싶어하고, 사람들로부터의 명예와 칭찬을 구하는 우리 속에 있는 부패하고 타락한 본성이다. 서로 노엽게 하거나. 이것은 헛된 영광을 구하는 타락한 본성의 산물로서, 남들과 겨루고 경쟁해서 이기고자 하는 것이다. 또는, 이것은 남들에게 해악을 가함으로써 화나게 하는 것을 가리키는 것으로 이해할 수도 있는데, 이렇게 하는 것은 그리스도인의 본분인 이웃 사랑을 정면으로 거스르는 행위이다. 서로 투기하지 말지니라. 이것은 남들이 잘되는 것을 불평하거나 못마땅해하지 말라는 것이다. 어떤 사람이 잘되면, 그것이 배가 아파서, 그 사람은 잘못되고, 자기가 그렇게 잘되어야 한다고 생각하는 것이 "투기"이다. 사도는 다음 장에서 모든 그리스도인들에게 합당한 신령한 의무들을 계속해서 다루어 나간다는 점에서, 이 절은 다음 장의 첫 번째 절로 보는 것이 더 적절할 수 있는데, 루터(Luther)는 실제로 이 절을 그렇게 다룬다.

MATTHEW POOLE'S COMMENTARY

갈라디아서 6장

개요

1. 잘못한 자들을 온유한 마음으로 바로잡으라고 조언함(1).
2 서로의 짐을 지라고 권면함(2).
3. 허영을 경고함(3–5).
4. 영적인 가르침을 베푸는 자들에게 잘하라고 권면함(6–8).
5. 선을 행하는 데 지쳐서는 안 된다고 권면함(9–11).
6. 할례를 전하는 자들의 육신적인 의도를 보여 줌(12–13).
7. 자기는 오직 그리스도만을 의지할 뿐이고, 세상과는 아무 상관이 없다고 말함(14–17).
8. 기도로 마침(18).

1. 형제들아 사람이 만일 무슨 범죄한 일이 드러나거든 신령한 너희는 온유한 심령으로 그러한 자를 바로잡고 너 자신을 살펴보아 너도 시험을 받을까 두려워하라.

형제들아 사람이 만일 무슨 범죄한 일이 드러나거든. 사도는 갈라디아 교인들을 "형제들아"라고 부름으로써, 그리스도인들, 특히 동일한 교회의 지체들인 자들은 모두 형제들이라는 것을 상기시키는 방식으로, 자기가 지금까지 권면해 온 것들을 명심하고 행하려고 힘써야 할 의무가 그들에게 있다는 것을 은연중에 강조한다. "사람이 만일 무슨 범죄한 일이 드러나거든"은 어떤 사람이 공개적으로 죄를 저지른 경우가 아니라(그런 경우에는 공개적으로 호되게 질책하고 책망하여야 한다), 종종 연약함으로 인해서 시험에 빠져 죄를 저지르게 된 경우를 가리킨다.

신령한 너희는 온유한 심령으로 그러한 자를 바로잡고. "신령한 너희"는 교회의 목회자들과 장로들만이 아니라(물론, 교회의 목회자들과 장로들은 그러한 자들을 돌보고 살피는 데 더 힘을 쏟을 책임이 주어져 있기는 하지만), 그리스도의 영을 받은 자들, 특히 하나님의 길들에 대해서 잘 알고, 평소에 그 길들로 행함으로써 신령한 성품들이 좀 더 견고하게 세워진 자들을 가리키는데, 이러한 의미에서의 "신령한"은 사도가 고린도전서 3:1에서 "형제들아 내가 신령한 자들을 대함과 같이 너희에게 말할 수 없어서 육신에 속한 자 곧 그리스도 안에서 어린 아이들을 대함과 같이 하노라"고 말할 때에도 사용되고 있다. 여기에서 "바로잡다"로 번역된 단어는 다시 합치게 하거나, 올바른 곳에 두거나, 바르게 하는 것을 의미한다. 죄는 질서에서 벗어난 행위이기 때문에, 죄를 범한 영혼은 합당한 질서나 있어야 할 곳을 벗어나 있게 된다. 그러한 일이 일어난 경우에, 사도는 신령한 형제들이 모든 합당한 수단들을 사용해서, 떨어져 나간 그 지체로 하여금 다시 합쳐지게 하라고 권면하면서, 그럴 때에 화를 내며 심하게 꾸짖는 등 거칠게 대하지 말고, 온유하게 행함으로써, 죄를 범한 한 영혼을 최대한 다시 얻고자 하여야 한다고 말한다. **너 자신을 살펴보아 너도 시험을 받을까 두려워하라.** 아울러, 사도는 신령한 형제들에게, 그들도 결코 죄로부터 자유롭지 못하고, 언제 시험을 받아 죄를 짓게 될지 모르는 일이기 때문에, 어떤 지체가 죄를 지었을 때, 그것을 남의 일처럼 여기지 말고, 자신을 스스로 잘 살펴서 시험에 빠져 그런 죄를 짓지 않도록 삼가고 조심하여야 한다고 권면한다.

2. 너희가 짐을 서로 지라 그리하여 그리스도의 법을 성취하라.

너희가 짐을 서로 지라. 이것은 일반적인 명령이고 교훈인데, 우리는 이것을 다음 두 가지 중 하나로 이해할 수 있다. 그 중 하나는, 사도가 앞 절에서 말한 것과 관련하여 그런 경우에 우리가 어떻게 하는 것이 마땅한지를 암시한 것으로 이해하는 것이다. 즉, 우리는 어떤 형제가 죄를 지었다는 것을 알고, 그 형제도 자신의 죄를 깨닫고 있다는 것을 알게 되었다면, 그것은 우리에게 즐거움이 아니라 "짐"이 되는 것이 마땅하다. 왜냐하면, 우리는 그 형제의 죄를 묵인해 주거나 용납해 주어서는 안 되지만, 그 죄가 그 형제에게 큰 짐이 되어서, 그 형제가 괴로워하고 아파하는 것을 볼 때에 함께 괴로워하고 아파하는 것이 마땅하기 때문이다. 다른 하나는, 사도가 여기에서 앞에서 말한 것과는 상관없이 좀 더 일반적으로, 하나님이 주신 환난과 시련 속에서 무거운 짐을 진 형제들과 함께 짐을 지고 고통을 나누라고 우리에게 명하는 새로운 교훈으로 이해하는 것이다. 이 본문을 이런 식으로 이해하는 것은 사도가 로마서 12:15에서 "즐거워하는 자들과 함께 즐거워하고 우는 자들과 함께 울라"고 한 교훈과 일치한다.

그리하여 그리스도의 법을 성취하라. "그리스도의 법"은 복음에 계시된 그리스도의 뜻, 특히 그리스도께서 여러 차례에 걸쳐 강조하시고 역설하신 사랑의 법(요 13:15, 33-35; 15:12)을 의미한다. 이것이 그리스도의 법이라 불리는 것은, 그리스도께서 이 법을 가장 먼저 제시하셨기 때문이 아니라(주님은 십계명을 요약한 강령으로 이것을 제시하신 것일 뿐이다), 바리새인들이 왜곡시킨 이것을 올바르게 바로잡으셨을 뿐만 아니라(마 5:43-44, "네 이웃을 사랑하고 네 원수를 미워하라 하였다는 것을 너희가 들었으나 나는 너희에게 이르노니 너희 원수를 사랑하며 너희를 박해하는 자를 위하여 기도하라"), 이것을 자주 강조하시고 역설하시며 자신의 제자들에게 이것을 명하시고, 스스로 그 최고의 본을 보여 주시며, 성령으로 말미암아 자기 백성의 심령 속에 이것을 기록해 두셨기 때문이다.

3. 만일 누가 아무것도 되지 못하고 된 줄로 생각하면 스스로 속임이라.

이것은 일반적인 격언이고, 이 격언이 참되다는 것은 누구에게나 명백하다. 왜냐하면, "아무것"도 아닌 사람이 마치 자기가 무엇이라도 된 것처럼 생각한다면, 그 사람은 "스스로 속아서" 자기 자신에 대하여 그러한 과대망상을 품고 있는 것임에 틀림없기 때문이다. 이 본문이 사도가 앞에서 말한 것과 연결되어 있다는 것은 분명하다. 왜냐하면, 자신의 분수를 제대로 알지 못하고 자신을 무엇이라도 된 것처럼 생각하는 교만한 자들은 죄를 범한 다른 형제들을 대하여 대단히 비판적이어서 그 형제들을 거칠고 혹독하게 다루게 될 것이고, 오직 자기 자신도 죄를 범한 형제들처럼 연약한 자들이어서 언제라도 시험에 빠져 죄를 지을 수 있다는 것을 깨닫고 있는 자들만이 죄를 범한 형제들을 대할 때에 온유하고 겸손할 수 있기 때문이다. 우리로 하여금 무거운 짐을 진 형제들을 멸시하거나 무시함으로써 그리스도의 법을 망각하게 만드는 것은 우리 자신을 무엇이라도 된 자인 것처럼 여기는 교만(pride)이다. 따라서 사도가 앞에서 "너희가 짐을 서로 지라 그리하여 그리스도의 법을 성취하라"고 명한 후에, 우리에게 교만을 경고하고, 우리가 겸손하여야 한다는 교훈을 여기에 더한 것은 합당하다.

4. 각각 자기의 일을 살피라 그리하면 자랑할 것이 자기에게는 있어도 남에게는 있지 아니하리니.

"각각 자기의 일을 살피라." 사도가 여기에서 말하는 "자기의 일"은 각 사람의 행위들과 행실들을 의미한다. 따라서 사도는 각 사람은 자신의 행위와 행실이 하나님의 뜻에 합치하는지의 여부를 하나님의 규범에 비추어 꼼꼼히 살피고 시험하는 일에 힘써야 한다고 말하고 있다. 그런 후에, 사도는 각 사람이 그렇게 하기만 한다면, "자랑할 것이 자기에게는 있어도 남에게는 있지 아니할" 것이라고 말한다. 즉, 어떤 사람이 자신의 행위와 행실이 하나님의 뜻에 합치한다는 것을 발견한다면, 하나님께서 자기 속에서 역사하셔서, 자신으로 하여금 하나님의 뜻에 합치하게 행하게 하신 것에 대하여 감사하고 기뻐하는 것은 합당하지만, 마치 자신의 능력이나 힘으로 그렇게 된 것처럼 자신의 행위와 행실을 자신의 공로로 여겨서 자랑하거나, 죄를 범한 다른 사람들의 불완전함과 비교해서 마치 자기는 그 사람들보다 우월하고 온전한 것처럼 여겨서 자랑하고 기뻐하는 것은 큰 착각이고 잘못이라는 것이다. 이렇게 사도는 각 사람이 자기 자신을 평가할 때에 사용하여야 하는 잣대는 남들의 행위나 행실이 아니라 하나님의 규범이라고 말함으로써, 사람들에게 자신의 분수를 제대로 알아야 한다는 것을 지혜롭게 충고하고 있다.

5. 각각 자기의 짐을 질 것이라.

하나님께서는 마지막 날에 다른 사람들이 행한 것에 비추어서 상대적으로 각 사람을 심판하시는 것이 아니라, 고린도전서 3:8에서 "각각 자기가 일한 대로 자기의 상을 받으리라"고 말하고 있듯이, 각 사람이 행한 것을 하나님이 정하신 규범에 비추어 심판하실 것이다. 그러므로 각 사람은 "자기의 일을 살피는" 데 힘을 쏟아야 한다. 왜냐하면, 마지막에 어떤 사람이 영원한 기쁨을 누리게 될 것인지, 아니면 영원한 애곡과 통곡 속에서 지내게 될 것인지는, 다른 사람들이 어떻게 행하였느냐에 따라서가 아니라, 그 사람이 이 땅에서 어떻게 행하였느냐에 따라서 결정될 것이기 때문이다. 마지막 날에 있을 하나님의 심판에 따라 천국의 기쁨 속으로 들어가게 된 자들은 그들 자신이 행한 일을 기뻐하게 될 것이고, 영원한 애곡이 자신의 분깃이 된 자들은 그들 자신이 저지른 죄악의 무거운 짐 아래에서 신음하게 될 것인데, 그들은 다른 사람들의 죄가 아니라 그들 자신의 죄로 인하여 영원한 멸망 속으로 던져지게 될 것이다. 왜냐하면, 윗사람들은 자신의 아랫사람들의 죄악들에 대하여 하나님께 응분의 벌을 받게 될 것이기는 하지만, 그것은 아랫사람들이 저지른 죄악들 때문이 아니라, 아랫사람들을 책망하고 경고해서 죄악된 길로 가지 않게 할 책임이 윗사람들에게 있음에도 불구하고, 그러한 책임을 소홀히 한 윗사람들 자신의 죄악에 대한 벌이 될 것이기 때문이다.

6. 가르침을 받는 자는 말씀을 가르치는 자와 모든 좋은 것을 함께 하라.

"가르침을 받다"로 번역된 단어는 원래 교리문답을 통해서 가르침을 받는 것을 의미하지만, 여기에서는 교리문답을 통하여 가르침을 받는 것을 포함해서 좀 더 일반적으로 가르침을 받는다는 의미로 사용되고 있다. "가르침을 받는 자는 말씀을 가르치는 자와 모든 좋은 것을 함께 하라"는 명령은 사역자들을 부양하라는 것이다. 신자들은 세상적인 것들을 사역자들에게 나누어 주고, 사역자들은 신령한 것들을 신자들에게 나누어 준다는 점에서, 사도가 이것을 "함께 하다" 또는 "서로 나누다"로 표현한 것은 적절하다. 여기에서 "좋은 것들"은 가르치는 자가 자기 자신과 가족을 부양하는 데 소용되는 세상적으로 좋은 것들을 의미한다. 이 본문은 교회는 그들을 섬기는 사역자들을 부양하여야 한다는 것이 하나님의 뜻이고, 그렇게 하는 것이 공평하고 의로운 일이라는 것을 우리에게 가르쳐 준다. 왜냐하면, 신자들은 세상적인 것들을 사역자들에게 나누어 주지만, 사역자들은 그런 것들보다 훨씬 더 귀한 것들을 그들에게 나누어 주기 때문이다.

7. 스스로 속이지 말라 하나님은 업신여김을 받지 아니하시나니 사람이 무엇으로 심든지 그대로 거두리라.

사도는 사람들이 자신들의 지갑을 열지 않기 위해서 헛되고 거짓된 변명들을 늘어 놓지 못하도록 하기 위하여, 여기에서 "스스로 속이지 말라"고 경고한다. 그들이 이런저런 핑계나 구실을 대어서 사람들을 속일 수 있을지는 몰라도, 모든 것을 보시고 사람의 마음을 감찰하시는 하나님을 속일 수는 없고, 하나님은 그들의 생각대로 그런 식으로 우롱당하시는 그런 분이 아니시기 때문에("하나님은 업신여김을 받지 아니하시나니"), 그들은 자기 자신을 속인 것에 대한 대가를 반드시 치르게 될 것이다. 또한, 사도는 신자들에게 사역자들과 모든 좋은 것을 함께 하도록 더욱 격려하기 위해서, 그들이 사역자들에게 나누어 주는 것은 농부가 자신의 땅에 씨를 뿌리는 것과 같아서, 결코 헛되이 없어지는 것이 아니고, 때가 되면 싹이 나서, 농부에게 몇 배로 다시 돌아오게 될 것이라고 말한다. 성경에서는 종종 사람의 행위를 씨 뿌리는 것에 비유해서, 잠언 11:18에서는 "공의를 뿌린 자의 상은 확실하니라"고 말하고, 고린도후서 9:6에서는 "적게 심는 자는 적게 거두고 많이 심는 자는 많이 거둔다"고 말한다. 이것은 우리가 행한 행위들은 없어지고 사라져 버리는 것이 아니라, 우리의 몸이 다시 부활할 때, 우리가 육체로 행한 일들에 대하여 심판을 받게 될 것임을 우리에게 알게 해 준다. 질적으로나 양적으로나 "사람이 무엇으로 심든지 그대로 거두리라." 사도는 양적인 것과 관련해서는, 고린도후서 9:6에서 "적게 심는 자는 적게 거두고 많이 심는 자는 많이 거둔다"고 말하였고, 질적인 것과 관련해서는 다음 절에서 말한다.

8. 자기의 육체를 위하여 심는 자는 육체로부터 썩어질 것을 거두고 성령을 위하여 심는 자는 성령으로부터 영생을 거두리라.

"자기의 육체를 위하여 심는 자"는 육체의 소욕을 만족시키는 일에 자신의 재산이나 시간, 재능들을 사용하는 자를 의미하고, "육체로부터 썩어질 것을 거둔다"는 것은 머지않아 썩어 없어질 육신적인 만족을 거두게 된다는 뜻이다. "성령을 위하여 심는 자"는 자신의 재산이나 시간, 힘과 재능 같이 하나님이 자기에게 주신 모든 것을 하나님의 계시된 뜻이나 성령의 인도하심과 지시하심에 순종하여 하나님의 영광을 위해 사용하는 자를 의미하고, "성령으로부터 영생을 거둔다"는 것은 영원한 생명과 상과 만족을 거두게 된다는 뜻인데, 이것은 자신의 공로에 대한 대가가 아니라, 성령에 의해서 전적인 은혜로 주어진다.

자신의 돈과 시간과 힘을 얼마 못 가서 썩어질 것들에 사용하는 자만이 손해를 보고, 세상에서 가치 있고 오래가는 좋은 것들에 사용하는 자는 손해를 보지 않는 것과 마찬가지로, 복음과 그 사역을 지지하는 일에 자신의 재산을 사용하는 자도 결코 손해를 보지 않는다. 왜냐하면, 그런 자는 "성령을 위하여 심는 자"로서, 결국 영원한 생명과 구원을 수확하게 될 것이기 때문이다. 오직 자신의 육체의 욕심들을 만족시키며 육체를 기쁘게 하는 데 자신의 재산을 사용하는 자만이 손해를 보게 되는데, 그것은 그런 자는 현세에서는 좋아 보이지만, 쓸수록 없어지고, 내세에서는 아무런 쓸모도 없는 감각적이고 썩어질 비루한 것들만을 거두게 되기 때문이다.

9. 우리가 선을 행하되 낙심하지 말지니 포기하지 아니하면 때가 이르매 거두리라.

"우리가 선을 행하되 낙심하지 말라"는 교훈은 데살로니가후서 3:13에도 나온다: "형제들아 너희는 선을 행하다가 낙심하지 말라." 하나님께서 심판을 신속하게 집행하지 않으시는 것이 죄인들을 담대하게 만들고, 그들이 계속해서 죄악의 길로 달려가는 것과 마찬가지로, 하나님께서 의인들에게 상을 주시는 것을 늦추시는 것은 흔히 믿음이 있는 자들로 하여금 선을 행하는 데 지쳐서 그만두고 싶은 시험에 들게 만든다. 사도는 여기에서 모든 일에는 "때"가 있고, 그 때가 언제인지는 지혜로우신 하나님이 가장 잘 아신다는 것을 상기시키면서, 농부가 씨를 뿌린 후에 얼마 안 있어서 당장 수확을 거두고자 하지 않고, 씨가 무르익어 열매를 맺게 될 때까지 끈기 있게 참고 기다리는 것과 마찬가지로, 우리도 선을 행함으로써 계속해서 씨를 뿌리면, 하나님이 정하신 때에 반드시 수확을 하게 될 것이라고 말함으로써, 우리가 낙심해서 시험에 들어 선을 행하는 일을 중간에 그만두어서는 안 될 것이라고 우리에게 교훈한다. 우리가 열매를 거두고자 한다면, 반드시 "낙심하지 말고," 인내로써 선을 행하는 일을 계속해 나가야 한다. 만일 그렇게 하지 않는다면, 농부가 자기 밭에 씨를 잘 뿌린 후에, 열매가 맺힐 때까지 기다리지 못하고, 수확기가 되기도 전에 밭에 가서, 자기가 뿌린 씨에 열매가 맺혔는지를 확인하기 위해 밭을 갈아엎어서, 농사를 다 망쳐 놓는 것과 마찬가지로, 우리는 아무런 수확도 거두지 못하게 될 것이다: "가령 내가 의인에게 말하기를 너는 살리라 하였다 하자 그가 그 공의를 스스로 믿고 죄악을 행하면 그 모든 의로운 행위가 하나도 기억되지 아니하리니 그가 그 지은 죄악으로 말미암아 곧 그 안에서 죽으리라"(겔 33:13).

10. 그러므로 우리는 기회 있는 대로 모든 이에게 착한 일을 하되 더욱 믿음의 가정들에게 할지니라.

"기회 있는 대로"는 우리가 선을 행할 수 있는 대상들이 있을 때, 또는 하나님이 우리에게 시간과 재능을 주셨을 때를 의미한다. "모든 이에게 착한 일을 하되." 아무에게도 해를 끼치지 않고, 각 사람에게 필요한 것들을 공급해 주는 것이 우리가 해야 할 일이다. 따라서 우리는 영적인 조언이나 권면을 해 주는 것은 물론이고, 각 사람에게 영적으로 유익한 모든 것들로 사람들을 도와야 하고, 우리가 가진 세상 재물로 궁핍한 자들을 도와야 한다. "더욱 믿음의 가정들에게 할지니라." 그러나 선을 행하는 데도 질서와 순서가 있어서, 우리는 세상 사람들보다는 먼저 그리스도인들을 도와야 한다. 교회에 속한 사람들은 "하나님의 집"(딤전 3:15; 벧전 4:17)으로 불리기도 하고, "하나님의 권속"(엡 2:19)으로 불리기도 하는데, 우리가 행하는 선의 우선적인 대상은 교회와 아무 관련이 없는 자들이 아니라 "믿음의 가정들"이다.

11. 내 손으로 너희에게 이렇게 큰 글자로 쓴 것을 보라.

로마서 16:22에 나오는 "이 편지를 기록하는 나 더디오도 주 안에서 너희에게 문안하노라"는 구절이 보여 주듯이, 대체로 바울은 자신의 서신들을 다른 사람들의 손을 빌려썼고, 고린도전서 16:21에 나오는 "나 바울은 친필로 너희에게 문안하노니"라는 구절이 보여 주듯이, 종종 마지막에 나오는 문안인사만을 자신의 친필로 썼지만, 갈라디아 교인들에 대한 자신의 사랑과 각별한 관심을 보여 주기 위하여, 갈라디아 교회들에 보내는 이 서신 전체는모두 바울 자신이 친히 썼다.

12. 무릇 육체의 모양을 내려 하는 자들이 억지로 너희에게 할례를 받게 함은 그들이 그리스도의 십자가로 말미암아 박해를 면하려 함뿐이라.

사도는 여기에서 마치 갈라디아 교인들에게 선의와 호의를 베푸는 척하면서, 실제로는 갈라디아 교회를 잘못된 파멸의 길로 이끈 저 위선적인 거짓 교사들을 다시 한 번 질책하면서, 그들을 "육체의 모양을 내려 하는 자들," 즉 세상적으로 볼 때에 아주 경건하고 훌륭한 사람들로 보이고자 하는 자들이라고 부르는데, 예식들에 큰 열심을 내며 형식과 예법을 엄격하게 따지는 자들이 보통 그런 자들이다. 그들은 갈라디아 교인들에게 "할례를 받으라"고 강요하고 "억지로 할례를 받게" 하였는데, 그것은 그들에게 하나님의 율법을 공경하거나 갈라디아 교인들의 영혼을 사랑하는 마음이 있어서가 아니라, 단지 "그리스도의 십자가로 말미암은 박해"를 피하기 위한 것이었다. 왜냐하면, 유대인들은 그리스도의 가르침과 더불어서 유대교의 율법과 예식들을 지키는 그리스도인들에게는 좀 더 호의적이었고, 옛 교부들에 의하면, 몇몇 로마 황제들은 조서를 내려서, 유대인들에게 그들이 사는 경내에서 유대교를 자유롭게 믿을 수 있게 하였던 까닭에, 할례를 받지 않은 그리스도인들은 유대인과 이방인 방백들로부터 동시에 박해를 받았지만, 할례를 받은 그리스도인들은 그러한 박해로부터 좀 더 자유로울 수 있었기 때문이었다. 그래서 사도는 이 거짓 교사들이 이 이방인 교회, 즉 갈라디아 교회에 속한 신자들에게 할례를 받도록 그렇게 열심으로 강요한 것은 박해의 위험을 피하기 위한 것이라고 말한다. 이 거짓 교사들은 갈라디아 교인들이 계속해서 복음의 자유에 굳게 서서 그들 자신을 율법 아래에 두고자 하지 않는다면, 박해를 받게 될 것이라고 보았다. 사도는 여기에서 그리스도인들이 박해를 받는 것은 그들을 위하여 십자가를 견디신 그리스도를 위한 것이기 때문에, 그런 박해를 피하려고 그렇게 애쓸 필요가 없다는 뜻을 은연중에 내비친다.

13. 할례를 받은 그들이라도 스스로 율법은 지키지 아니하고 너희에게 할례를 받게 하려 하는 것은 그들이 너희의 육체로 자랑하려 함이라.

너희의 거짓 교사들이 이미 할례를 받아서, 그들 자신을 율법 전체에 빚진 자들이라고 선포한 것이고, 그들이 구원받고자 한다면 율법 전체를 지켜야 함에도 불구하고, 그들 스스로 율법을 지키지 않는 위선적인 모습을 보이는 것은, 그들이 너희로 하여금 할례를 받게 하려고 그렇게 큰 열심을 내는 이유가 그들이 하나님의 율법을 사랑해서가 아니라, 너희가 그들의 가르침을 따라 회심하여 할례를 받았다는 것을 공공연하게 떠들어대며 그들 자신을 자랑하기 위한 것임을 잘 보여 준다.

14. 그러나 내게는 우리 주 예수 그리스도의 십자가 외에 결코 자랑할 것이 없으니 그리스도로 말미암아 세상이 나를 대하여 십자가에 못 박히고 내가 또한 세상을 대하여 그러하니라.

거짓 교사들이 너희에게 할례를 강요하는 의도나 목적 같은 것이 내게는 없다. 나는 내가 너희를 회심시켰다고 자랑하고자 하는 야심이 전혀 없다. 내가 자랑하고자 하는 것은 오로지 복음의 교훈과 복음을 전파하기 위한 나의 고난들, 즉 내가 복음을 전파하면서 그리스도와 마찬가지로 고난을 겪은 것뿐이다. 왜냐하면, 그리스도의 십자가로 말미암아 "세상이 나를 대하여 십자가에 못 박히고 내가 또한 세상을 대하여 그러하기" 때문이다. 세상이 내게 관심이 없듯이, 나도 더 이상 세상에 관심이 없다. 세상은 나와 내가 두루 다니며 전파하는 십자가의 도를 멸시하고 단죄하는 것과 마찬가지로, 나도 세상과 그 모든 헛된 부귀영화를 멸시하고 단죄한다. 내가 그렇게 행하는 것은 "그리스도의 십자가" 또는 "그리스도"의 은혜 때문이다. 즉, 나는 세상이 그리스도를 어떻게 대하였고, 그리스도께서 세상을 얼마나 하찮게 여기셨는지를 기억하기 때문에, 또는 내게 힘 주셔서 세상에 대하여 그렇게 행할 수 있게 해 주신 그리스도의 은혜 때문에, 세상을 멸시하고 단죄할 수 있다. 여기에서 "그리스도로 말미암아"로 번역된 불변화사는 "그리스도의 십자가로 말미암아"를 가리킬 수도 있고, "그리스도로 말미암아"를 가리킬 수도 있기 때문에, 이러한 두 가지 해석이 가능하다.

15. 할례나 무할례가 아무것도 아니로되 오직 새로 지으심을 받는 것만이 중요하니라.

그리스도께서 열어 놓으신 복음 시대에서 사람이 구원을 받는 데에는, 그 사람이 유대인이냐 이방인이냐 하는 것은 전혀 중요하지도 않고 문제가 되지도 않으며, 오직 그 사람이 거듭나서 성령으로 새롭게 되어 옛것들은 지나가고 모든 것이 새롭게 되었느냐 그렇지 않으냐만이 중요할 뿐이다. 사도는 갈라디아서 3:28("너희는 유대인이나 헬라인이나 종이나 자유인이나 남자나 여자나 다 그리스도 예수 안에서 하나이니라")과 5:6("그리스도 예수 안에서는 할례나 무할례나 효력이 없으되 사랑으로써 역사하는 믿음뿐이니라")에서도 동일하게 말한 바 있다. 또한, 고린도후서 5:17을 보라: "그런즉 누구든지 그리스도 안에 있으면 새로운 피조물이라 이전 것은 지나갔으니 보라 새 것이 되었도다." 할례는 율법 아래에서는 하나님께서 이스라엘 백성에게 주신 언약을 나타내는 육신의 증표여서, 무할례는 약속의 언약들에 대하여 외인들이자 하나님의 교회에 속하지 않은 자들이라는 것을 나타내는 것이었기 때문에 의미가 있었지만, 복음 아래에서는 할례와 무할례는 아무런 의미도 없게 되었다. 하나님께서는 할례를 받은 자들을 더 귀하게 여기시는 것도 아니고, 할례를 받지 않은 자들을 배척하지도 않으신다. 하나님은 오직 어떤 사람의 심령과 속사람이 새롭게 되고 거룩하게 되었는지, 그렇지 않은지만을 보실 뿐이다.

16. 무릇 이 규례를 행하는 자에게와 하나님의 이스라엘에게 평강과 긍휼이 있을

지어다.

"이 규례"는 성경이라는 규례, 즉 하나님의 말씀 전체를 가리키는 것일 수도 있고, 사도가 이 서신 전체에 걸쳐서 갈라디아 교인들에게 가르쳐 온 교훈이나, 방금 전에 앞에서 한 말, 즉 할례나 무할례 같이 육신과 관련된 모든 것은 전혀 중요하지 않고, 오직 심령의 변화만이 중요하다고 한 것을 가리키는 것일 수도 있다. 사도가 "이 규례를 행하는 자들에게 평강과 긍휼이 있을지어다"라고 한 것은, 그들에게 평강과 긍휼이 있을 것이라고 예언한 것이거나, 그들을 위하여 평강과 긍휼을 기도한 것이다. 여기에서 사도는 내적으로나 외적으로 온갖 좋은 것들을 "평강과 긍휼"이라는 두 단어로 집약해서 나타낸다. 또한, 사도는 참 이스라엘 사람들을 "하나님의 이스라엘"이라고 부름으로써, 자기가 로마서 2:28-29에서 "무릇 표면적 유대인이 유대인이 아니요 표면적 육신의 할례가 할례가 아니니라 오직 이면적 유대인이 유대인이며 할례는 마음에 할지니 영에 있고 율법 조문에 있지 아니한 것이라 그 칭찬이 사람에게서가 아니요 다만 하나님에게서니라"고 말한 것, 그리고 우리 구주께서 요한복음 1:47에서 나다나엘에 대하여 "보라 이는 참으로 이스라엘 사람이라 그 속에 간사한 것이 없도다"라고 말씀하신 것을 암시하고 확증하는 한편, 하나님으로부터 이스라엘이라는 이름을 받은 야곱의 후손들이라는 이유만으로 명목상으로만 이스라엘인 자들과 진정으로 이스라엘인 자들을 아주 분명하게 구별해서, 유대인들이 이스라엘이라는 이름을 자랑하며, 이방인들은 하나님에 의해 버림받은 자들이기 때문에, 이스라엘의 샘 밖에서는 생수가 나올 수 없다고 의기양양해하는 것이 얼마나 허망한 자랑인지를 보여 줌과 아울러, 모든 이스라엘 사람이 아니라 오직 "하나님의 이스라엘," 즉 복음 안에서 계시된 예수 그리스도를 영접하여 믿은 자들에게만 평강과 긍휼이 주어질 것이라고 약속하거나 예언한다.

17. 이후로는 누구든지 나를 괴롭게 하지 말라 내가 내 몸에 예수의 흔적을 지니고 있노라.

"이후로는" 할례에 관한 문제로, 또는 내가 마치 사람이 구원을 받기 위해서는 믿음의 교훈만이 아니라 할례를 비롯한 율법의 예법들도 반드시 지켜야 한다고 말한 것처럼 내게 누명을 씌워서 "나를 괴롭게 하지 말라." 나는 나의 신앙 고백과 복음을 전파하는 일로 말미암아 고난을 겪음으로써, 할례를 비롯한 율법의 예법들에 대한 나의 태도를 이미 충분히 분명하게 천명한 바 있다. 사도가 그러한 고난들을 "예수의 흔적들"이라고 부르는 이유는 그 고난들은 자기가 복음을 증거하다가 이방인들로부터만이 아니라 유대인들에게도 박해를 받은 것의 증표들이었기 때문이다.

18. 형제들아 우리 주 예수 그리스도의 은혜가 너희 심령에 있을지어다 아멘.

사도는 자신의 모든 서신들에서 일반적으로 그러하듯이, 여기에서도 갈라디아 교인들에게 "우리 주 예수 그리스도의 은혜"가 있기를 기원하는 기도로 이 서신을 끝맺는데, "우리 주 예수 그리스도의 은혜"는 주 예수 그리스도의 공로로 인하여 믿는 자들의 영혼 위에 임하는 하나님의 값없는 사랑의 모든 결과들을 포괄한다. 사도는 그들이 이 은혜를 그들의 심령 속에서 느끼게 되기를 기도하고, 이 은혜가 그들의 영혼에 임하여, 은혜의 성령의 다양한 나타나심들에 따라 그들을 소생시키고 힘주며 위로하고 견고하게 붙들어 주기를 기도한다.

우리는 앞에서 사도 서신들의 연대를 표시한 사본의 후기들 속에는 명백한 오류들이 있기 때문에, 그 후기들을 성경의 일부로 보아서는 안 된다고 말한 바 있다. 그러나 대부분의 해석자들은, 갈라디아서 6:17에서 사도가 "이후로는 누구든지 나를 괴롭게 하지 말라 내가 내 몸에 예수의 흔적을 지니고 있노라"고 말하고 있는 것이, 그가 감옥에 갇혀서 고난을 받는 처지에 있다는 것을 부분적으로 암시해 주는 말로 여기고서, 이 서신이 바울이 로마에서 죄수로 구금되어 있는 동안에 씌어진 것으로 생각하지만, 이 서신의 저작연대와 관련해서 확실한 것은 없다.

매튜 풀 청교도 성경주석 18
고린도전후서 · 갈라디아서

1판 1쇄 발행 2015년 9월 2일
1판 2쇄 발행 2017년 4월 28일

펴낸이 박명곤
디자인 디자인집 지윤경, 요나미디어 고봉환(02-991-9191)
마케팅 박지성
경영지원 김영은
펴낸곳 크리스천다이제스트
출판등록 제406-1999-000038호
전화 031-911-9864 **팩스** 031-944-9820
주소 경기도 파주시 회동길 152 피노키오뮤지엄 4층
홈페이지 www.cdp1984.com **이메일** cdp1984@naver.com